부동산 투자의 숨은 보물찾기
온비드 공매 실전투자의 비밀

채움과 사람들

부동산 투자의 숨은 보물찾기
온비드 공매 실전투자의 비밀

초   판 1쇄 2020년 02월 15일
개 정 판 1쇄 2020년 07월 06일
개 정 3 판 1쇄 2022년 04월 15일
개 정 4 판 1쇄 2023년 03월 02일
개정증보판 1쇄 2025년 09월 24일

지은이 | 김동희
펴낸곳 | (주)채움과 사람들

판매처 | (주)채움과 사람들 Chaeum and People, Inc.

출판등록 | 2016년 8월 8일 (제 2016-000170호)
주   소 | 서울시 서초구 사평대로 52길 1, 3층(서초동)
전화번호 | 02-534-4112~3
팩스번호 | 02-534-4117

이 책의 저작권은 저자와 출판사에 있습니다.
서면에 의한 저자와 출판사의 허락없이
책의 전부 또는 일부 내용을 사용할 수 없습니다.

ISBN : 979-11-88541-46-1-13320

저자와 협의에 의해 인지는 붙이지 않습니다.
잘못 만들어진 책은 구입처나 본사에서 교환해 드립니다.

이 책을 읽기 전에

◇ 남들 경매 할때 나는 어떻게 공매투자를 시작하게 되었나?

필자가 부동산중개업을 오랫동안 하면서 깨달은 점은 중개업만으로는 성공할 수 없다는 것이다. 그렇다면 중개업 외 부동산 투자는 어떻게 하면 될까?

처음엔 급매물 등에 관심을 가지고 투자하다가 경매시장까지 개척했다. 이 시장은 내게 높은 수익을 가져다주었다. 그 과정에서 온비드 공매물건과 한국토지신탁 공매 물건 등에 투자하게 되었는데, 입찰자가 없어서 반값에 낙찰 받을 수 있었다. 이 당시에는 경매도 좋았지만, 공매처럼 싸게 살 수는 없었다. 공매는 경매보다 정보가 부족해서 아는 사람들만 입찰하던 시기로, 필자에게 인생역전의 기회를 만들어 주었다.

◇ 공매 관련 서적이 없었던 어려운 시기를 새로운 기회로 만들다!

공매 관련 서적이 없어서 권리분석을 공매 담당자를 통해서만 확인할 수밖에 없었다. 이러한 어려움은 필자에게 새로운 도약의 기회가 되었다. 권리분석의 어려움을 해결하기 위해서 독학으로 공매 연구를 하다 보니, 어느새 공매 핵심노트가 만들어졌고, 여기에 그동안의 경험을 더하여 2010년 2월에 『실전공매 완전정복』, 2012년 1월에 『남들 경매할 때 나는 공매한다』, 2014년 11월에 『연봉 2배 올리는 공매 투자 이야기』를 출간했다. 그리고 공매의 정석으로 2016년 11월 『손에 잡히는 공매투자의 정석(2019년 5쇄 출간)』, 2017년 12월 신탁공매 투자의 비밀 초판(2020년 개정판 2쇄 출간)을 출간한 바 있다.

이러한 역량으로 한국자산관리공사(KAMCO)에서도 강의를 하고, 2016년 5월엔 교육부와 한국직업능력개발원이 주관하는 NCS 국가직무능력 표준 공매전문 집필위원으로 선정되어 공매 분야를 알기 쉽게 표준화시켜 기술하기도 했다.

필자가 2020년 2월 1쇄로 출간한 『당신이 몰랐던 공매의 매력 온비드 공매 실전투자의 비밀』은 공매 입문자들 누구나 쉽게 배울 수 있도록 필자가 실전 투자해서 성공한 사례를 가지고 온비드 인터넷 공매, 신탁재산 공매, 그리고 공기관 등의 직접 공매까지 기술한 책이다.

<u>이 책은 개정4판 6쇄에 이어, 2025년 9월 개정증보판 1쇄는 총7쇄 『부동산 투자의 숨은 보물찾기 온비드 공매 실전투자의 비밀』로 2025년 온비드 입찰제도 변화와 개정된 법률에 따른 입찰 방법, 그리고 사회적으로 대두되고 있는 회생재단 물건과 파산재단 공매물건에 입찰하는 방법까지 추가하여 기술한 책이다.</u>

◇ 공매는 어떠한 장점이 있기에 재테크로 각광을 받고 있나?

● 공매는 경매보다 낮은 경쟁률로 싸게 살 수 있다!

공매는 경매보다 입찰경쟁률이 적어서 낮은 가격으로 물건취득이 가능하다는 것이 장점이다. 그로 인해 낮은 가격으로 낙찰 받아 높은 수익을 얻을 수 있다.

● 현장입찰이 아니라 온비드에 접속해서 입찰하는 온라인 입찰 방식!

공매는 경매와 같이 현장 입찰참여 방법이 아니라 인터넷으로 온비드에 접속해서 온라인으로 입찰하기 때문에 시간이 부족한 직장인들에게 회사업무에 방해가 되지 않는 시간 즉 월요일 14:00에서 수요일 17:00까지 24시간 온라인 입찰이 가능하다.

● 1주일 단위로 매각절차가 신속하게 진행된다!

경매는 입찰 참여자가 없어서 유찰되면 1개월마다 진행되지만, 공매는 기간입찰로 매주 1주일 단위로 10%씩 저감하여 매각절차가 신속하게 진행되어 첫 매각 후 1개월 정도 지나면 60% 가격으로 저감되므로 싸게 낙찰 받을 수 있다.

● 대금 납부기한과 납부최고기한에 지연이자가 없다!

압류재산 공매의 경우 매수희망가가 3,000만원 이상이면 잔금납부기한이 30일 + 납부최고기한 10일로 최장 40일의 기간 동안 지연이자 없이 납부가 가능하다.

● 공매물건은 다양하고, 매각공매와 임대(대부)공매도 있다!

공매물건에는 부동산, 자동차, 기계, 유가증권, 회원권, 불용품, 동식물, 골동품 및 미술품 등의 많고 다양한 물건 등이 공매로 매각되거나 임대(대부)절차가 진행되고 있다.

이러한 이유로 공매입찰에 있어서 먼저 판단해야 될 부분이 나는 어떤 공매 물건을 선택할 것인가와 그 대상이 선정된다면 그 분야에 대해서 오랜 기간 동안 실무경험과 연구를 통해서 기본적인 전문지식을 습득해야만 성공할 수 있는 투자를 계속적으로 할 수 있다.

◆ 3040때부터 내 집 마련과 부족한 연봉 채우기 위해서 준비가 필요하다!

그 준비로 공매시장은 좋은 비상구가 될 수 있다. 그래서 이 책에 다음과 같은 내용을 담아 놓았다.

- 좋은 공매 물건, 어떻게 찾아 투자하면 되나?
- 온비드 공매 이렇게 투자해야 성공할 수 있다!
- 내가 남들과 다르게 공매투자로 성공한 사례
- 공매와 경매의 차이점, 동시에 진행되는 경우 대응방법
- 공매에서 기본적인 권리분석과 채권 상호간의 우선순위
- 주택임차인과 상가임차인, 그리고 등기부에 등기된 채권 등을 정복하는 시간
- 온비드 화면에서 공매물건을 찾아서 권리분석 후 입찰서를 제출하는 실전연습
- 압류재산 공매의 매각절차와 공매로 낙찰 받아 재테크에 성공한 사람들
- 국유재산 공매로 투자해서 성공한 이야기!
- 수탁재산과 유입자산 공매는 어떻게 찾아서 입찰하면 되나?
- 다양한 이용기관재산 공매에서 실전투자는 어떻게 해야 하나?
- 희망임대리츠와 공무원연금공단의 공매물건 실전투자
- 신탁기관 등의 공매는 어떻게 진행되고 있나?
- 온비드에서 신탁공매 물건을 찾아 재테크로 성공한 사람들 이야기
- 온비드 공매로 낙찰 받고 명도는 이렇게 해라!
- 개인회생과 파산선고 절차에서 매매계약과 경·공매 투자비법!
- 일반 파산재단 공매물건을 법원과 온비드 사이트에서 찾아 투자하는 방법
- 예금보험공사 파산재단 공매물건을 예보공매정보와 온비드에서 찾아 투자하는 방법
- 공매 함정에서 탈출한 사례와 특수한 공매 물건 투자비법!

이 책은 3040때부터 내 집 마련과 부족한 연봉 채우기 위한 투자 비법서로 2020년 02월 15일 초판을 출간했는데, 독자 분들의 많은 사랑을 받아 2025년 9월 24일 개정증보판 총 7쇄를 출간했다.

◇ 공매 재테크 시장은 투자하는 그 순간부터 이익을 확보할 수 있다!

　부동산 시장이 좋으면 좋은 대로 나쁘면 나쁜 대로 그 시세보다 싸게 살 수 있어서 투자하는 그 순간부터 이익을 확보할 수 있다. 그러나 이런 시장을 알고 있다고 누구나 성공하는 것은 아니다. 제대로 알고 투자하는 습관이 필요하다. 공매나 경매투자로 성공하려면 한번 제대로 배워서 평생 써 먹을 수 있는 기술로 만들어야 한다.

　그래서 필자는『한 권으로 끝내는 경매투자의 정석』을 통해서 경매를 체계적으로 공부하면서 완전정복 할 수 있도록 기술한 바 있다.

　그리고 그 양대 산맥으로 통하는 공매 투자에서 체계적으로 공부할 수 있도록『손에 잡히는 공매 투자의 정석』을 집필한 바 있다.

　이 책들은 경매와 공매의 정석으로 처음 입문자들에겐 쉽지 않다. 그래서 이번에 실제로 투자해서 성공한 사례 등을 모아서 공매는『온비드 공매 실전투자의 비밀』을, 경매는『누구나 돈 버는 경매투자의 비밀』을 출간한 것이다.

이 한 권으로 온비드 공매 실전투자의 기본기를 다지면서 특수물건까지 정복할 수 있다.

공매의 완성도를 높이기 위해 "신탁공매 투자의 비밀"도 출간했다!

　필자는 2017년 11월 공매의 완성도를 높이기 위해『신탁공매 투자의 비밀』을 출간한바 있다. 신탁공매 시장은 얼마 전까지만 해도 소수만이 알고 투자해서 고수익을 올리던 부동산 재테크 시장이었다. 그런데 2017년부터는 신탁공매가 뜨고 있다. 아마도 경매보다 나은 공매, 그중에서도 신탁공매가 더 높은 수익을 가져다주기 때문일 것이다. 그래서 필자가 낙찰 받은 사례를 가지고 독자들이 신탁공매를 이해하고 투자하는데 많은 도움을 줄 수 있다고 기술했다. 이 책도 함께 보면 공매 틈새 시장에서 도움이 될 거라 믿고 소개하고자 한다.

　독자분들이 부동산 투자로 성공하려면 세무사 못지않은 지식을 가지고 있어야 성공할 수 있기 때문이다.

　마지막으로 이 책을 통해서 독자분들의 재테크에 도움이 되기를 진심으로 바란다.

2025년 09월 15일

저자 김 동 희

제목 차례

PART 01 온비드 공매 이렇게 투자해야 성공할 수 있다!

01 좋은 공매 물건, 어떻게 찾아 투자하면 되나? 30
- ◆ 가격보다는 가치가 높은 부동산을 찾아야 돈이 된다! 30
- ◆ 감정가와 국토부 실거래가를 시세로 판단하지 말라! 30
- ◆ 공매는 매각기관에 따라 권리분석을 다르게 해야 한다! 31
- ◆ 초기투자는 투자금이 적은 다세대 주택과 오피스텔부터! 31
- ◆ 입찰 전에 누가 거주하는가를 체크해서 명도문제 해결! 31
- ◆ 세금을 절세하는 방법으로 투자수익을 높여라! 32

02 온비드 공매는 경매보다 어떠한 장점이 있을까? 32
- ◆ 공매는 경매보다 낮은 경쟁률로 싸게 살 수 있다! 33
- ◆ 현장입찰이 아니라 온비드에 접속해서 입찰하는 온라인 입찰 방식! 33
- ◆ 경매에 비해 입찰참여 비용을 절약할 수 있다! 33
- ◆ 1주일 단위로 매각절차가 신속하게 진행된다! 34
- ◆ 대금 납부기한과 납부최고기한에 지연이자가 없다! 34
- ◆ 공매물건은 다양하고, 매각공매와 임대공매도 있다! 34
- ◆ 공매는 투자하는 순간부터 이익을 확보할 수 있다! 35

03 공매 1단계, 투자금액이 적은 다세대주택부터 시작해라! 36
- ◆ 온비드공매 다세대주택 입찰물건 정보내역 36
- ◆ 카보드빌 다세대주택 사진과 주변 현황도 37
- ◆ 입찰결과 확인 및 낙찰 후 대응 방법 38

04 공매 2단계, 관악우성 아파트를 낙찰 받아 성공한 사례 39
- ◆ 공매로 관악우성아파트에 입찰한 이유는? 39
- ◆ 관악 우성아파트 사진과 아파트 내부 구조 및 주변 현황도 40
- ◆ 관악 우성아파트 공매 입찰정보 내역 41
- ◆ 정확한 시세와 인수금액을 확인하고, 입찰해서 성공하다! 41
- ◆ 관악구에 있는 관악우성아파트를 6:1의 경쟁을 뚫고 낙찰 받다! 43

05 공매 3단계, 풍성위버폴리스 오피스텔을 낙찰 받아 성공한 사례 44
- ◆ 오피스텔을 살 때 주거용으로 사용하냐, 업무용으로 사용하냐가 중요! 44
- ◆ 풍성위버오피스텔 입찰정보내역 44
- ◆ 오피스텔 사진과 위치도 45
- ◆ 지하철 4호선 인덕원~동탄 복선전철과 수도권 광역급행철도(GTX) 3개 노선이 개통 46
- ◆ 권리분석은 공고문, 등기부와 전입세대열람 등을 분석하는 것! 48
- ◆ 수익분석 후 입찰에 참여해서 1억2,000만원을 벌다! 50

06 공매 4단계, 재건축·재개발구역 내 새봉빌라로 성공한 사례?   51
- ◆ 노량진 재개발1구역 새봉빌라 입찰물건 정보내역   51
- ◆ 새봉빌라 입찰결과 확인 및 낙찰 후 돈 버는 비법!   52
- ◆ 재개발구역의 도로 4분의 1지분을 낙찰 받아 성공한 사례   53

07 공매 5단계, 공매의 완성은 신탁공매로 끝이 난다!   56
- ◆ 신탁공매로 자양동 우성7차아파트에 입찰한 이유는?   56
- ◆ 광진구 자양동 우성7차아파트의 사진과 주변 현황도   57
- ◆ 우성7차 신탁공매 입찰정보 내역   58
- ◆ 정확한 시세와 인수금액을 확인하고, 입찰해서 성공하다!   59

PART 02 내가 남들과 다르게 공매투자로 성공한 사례

01 내가 대방2차 e-편한세상아파트를 수의계약으로 3억원을 벌다!   64
- ◆ 아파트 사진과 주변 현황도   64
- ◆ 대방2차 e-편한세상아파트 네이버 매물 시세   65
- ◆ 대방2차 e-편한세상아파트 신탁공매 입찰정보 내역   66
- ◆ 신탁재산 공매에서 권리분석하는 방법   67
- ◆ 공매 공고문에서 건물분 부가세와 근저당권 인수 조건을 확인하다!   68
- ◆ 신탁재산 공매 입찰 이력정보   68
- ◆ 필자는 이렇게 분석 후 수의매매계약하여 소유권을 취득하였다!   69
- ◆ 아파트를 매도하여 3억9,000만원의 시세 차익을 보다!   71

02 강남역 서초파라곤 오피스텔을 낙찰 받아 1억1천만원 벌다!   72
- ◆ 2023년 부동산 취득부터 양도 시까지 세금 절세 비법   72
- ◆ 필자가 강남역 서초파라곤 27평형 오피스텔에 관심을 가진 이유는?   74
- ◆ 강남역 서초파라곤 27평형 오피스텔의 사진과 주변 현황도   75
- ◆ 서초파라곤 오피스텔 입찰 정보 내역   75
- ◆ 압류재산 공매 권리분석 방법   76
- ◆ 공매재산 명세서를 통한 오피스텔 권리분석   77
- ◆ 입찰결과와 낙찰 받고, 팔아서 1억1천3백만원을 벌었다!   79

03 오피스텔 30평형을 일반매매로 사서, 임대수익 올리는 비법!   80
- ◆ 서초파라곤 30평형 오피스텔의 단지정보와 주변 현황도!   80
- ◆ 30평형 오피스텔 실거래가와 내부 구조도는 다음과 같다!   81
- ◆ 7억9,600만원에 매수한 매매 계약서와 임대차 계약서   82

04 재개발구역의 상가주택 ½로 수익률 255%를 만들다!   84
- ◆ 상가주택 2분의 1 지분 온비드공매 입찰정보 내역   85
- ◆ 상가주택 ½ 매수 이후 대응방법과 255% 수익률 만들기!   85
- ◆ 금광1구역 재개발사업에서 현금청산금을 받고 탈출하다   86

05 다가구주택 7분의 2를 공매로 낙찰 받아 성공한 사례   87
- ◆ 다가구주택 공매물건의 사진과 주변 현황도   89
- ◆ 다가구주택의 7분의 2지분 온비드 입찰정보 내역   90

- ◆ 다가구주택의 7분의 2지분 공매 물건에 대한 권리분석 … 91
- ◆ 필자가 다가구주택을 1등으로 낙찰 받았다! … 93
- ◆ 매수 이후의 대응과 기대수익은 얼마나 올렸나? … 93

06 공매로 마포트라팰리스 오피스텔을 낙찰 받아 3억원 벌다! … 94
- ◆ 마포트라팰리스 오피스텔 27평형 사진과 주변 현황도 … 95
- ◆ 오피스텔 입찰 정보 내역과 임차인 권리신고 및 배분요구 … 95
- ◆ 입찰결과와 낙찰 받고 2년 보유했는데 3억원 올랐다! … 97

07 근린생활시설을 공매로 낙찰 받아 신규아파트에 도전하다! … 100
- ◆ 북가좌6구역 근린생활시설 공매 입찰정보 내역 … 100
- ◆ 상가건물 사진과 주변현황도 … 101
- ◆ 매수하고 5억4,000만원 올랐고, 분양자격도 있다? … 102
- ◆ 북가좌6구역 단독주택 재건축 정비사업 사업 진행과정 … 103
- ◆ 조합설립 후 조합원분양권 전매제한과 가능한 사례 분석 … 104

08 상수역 주변 다가구주택을 낙찰 받아 원룸으로 리모델링하기 … 105
- ◆ 다가구주택의 온비드공매 입찰정보 내역 … 105
- ◆ 왜 다가구주택을 입찰대상으로 선정하게 되었을까? … 106
- ◆ 물건분석과 권리분석은 어떻게 하면 되나? … 108
- ◆ 투자대비 임대수익률은 어떻게 되겠는가? … 111
- ◆ 입찰에 참여해서 2대 1의 경쟁률을 뚫고 낙찰 받았다 … 111
- ◆ 매수 이후 대응방법 … 112

PART 03 공매와 경매의 차이점, 동시에 진행되는 경우 대응방법

01 온비드 공매물건은 어떠한 것이 있나? … 116
- ◆ KAMCO 공매대상물건과 매각방법 … 116
- ◆ 이용기관 등의 공매대상물건과 매각방법 … 118
- ◆ 금융기관, 신탁회사, 개인과 예보 파산재단 등의 직접 공매 … 120

02 공매와 경매는 어떠한 차이가 있나? … 120
- ◆ 공매는 무엇을 의미하나? … 120
- ◆ 경매는 어떻게 진행되나? … 121
- ◆ 공매와 경매는 이런 차이가 있다! … 121
- ◆ 공매와 경매에서 물건 선정 후 낙찰 받아 배당까지 마무리하는 과정 … 122

03 압류재산 공매와 법원경매가 동시에 진행되는 경우 대응방법 … 123
- ◆ 압류재산 공매와 법원경매가 동시에 경합 시 우선권은? … 123
- ◆ 국세징수법상 공매절차와 민사집행법상 경매절차가 동시에 진행되면? … 124
- ◆ 경매기입등기 ⇨ 임차인 전입 ⇨ 공매공고등기 순에서 소액임차인 판단기준은? … 124
- ◆ 공매와 경매가 동시에 진행될 때 배당요구 방법과 누가 소유권을 취득하나? … 125

04 경매가 진행되고 있는 것을 공매낙찰자가 먼저 대금 납부하여 소유권을 취득한사례 … 126
- ◆ 아파트의 사진과 지도 및 주변 현황도 … 126

- ◆ 경남아파트 공매물건 분석표 ... 127
- ◆ 공매물건에 대한 분석 및 배분표 작성 ... 127

05 농지의 정의, 왜 농지대장 열람과 농지취득자격증명이 필요할까? ... 129
- ◆ 농지의 정의와 농업인의 정의 ... 129
- ◆ 농지대장의 작성과 임대차계약서 작성 및 확인 ... 130
- ◆ 농지대장 열람 신청대상자와 법원경매에서 확인 방법 ... 133
- ◆ 농지취득자격증명 대상면적과 신청 방법 ... 134

06 농지가 공매와 경매로 매각되는 경우 대응 방법 ... 137
- ◆ 농지 공매절차에서 대응하는 방법은? ... 137
- ◆ 압류재산 공매에서 농취증을 매각결정 전까지 제출하지 못하는 경우 ... 141
- ◆ 농지 경매절차에서 대응 방법은? ... 142

07 농지 공매물건 입찰에서 어떻게 하면 성공하나? ... 144
- ◆ 농지 공매물건의 위치와 주변 현황도 ... 145
- ◆ 농지 압류재산 공매 입찰정보 내역 ... 145
- ◆ 공매재산 명세서를 통해서 선순위 임차인 등 분석 ... 147
- ◆ 농지 공매에서 상세 입찰결과와 수익분석 ... 148

08 공매와 경매의 법적 근거와 차이점의 내용 비교분석 ... 149

PART 04 공매에서 기본적인 권리분석과 채권 상호간의 우선순위

01 공매에서 권리분석은 어떻게 하나? ... 154
- ◆ 공매에서 권리분석이란? ... 154
- ◆ 압류재산 공매물건 권리분석 방법 ... 154
- ◆ 국유재산 공매에서 권리분석은? ... 158
- ◆ 수탁재산 공매는 두 가지로 분류할 수 있다! ... 158
- ◆ 유입자산 공매 권리분석 ... 159
- ◆ 이용기관 등의 공매는? ... 159
- ◆ 금융기관, 신탁회사, 개인과 예보 파산재단 등의 직접 공매는? ... 160

02 다양한 공매 사례에서 권리분석 방법 ... 160
- ◆ 공매에서 기본적인 권리분석과 배당 방법 ... 160
- ◆ 매수인이 선순위임차인을 인수하게 되는 사례 ... 162
- ◆ 매수인이 임차인을 인수하지 않아도 되는 사례 ... 162

03 공매 매각절차에서 하자가 발생 시 낙찰자의 대응 방법 ... 163
- ◆ 매각결정 전(① 기간)에 또는 매각결정 후(② 기간)에 대위변제로 1순위저당권이 말소된 경우 ... 163
- ◆ 선순위가등기권자가 ③ 기간 동안에 본등기를 한 경우 ... 164
- ◆ 배분기일 이후에 발생한 경우에 대처하는 방법은? ... 164
- ◆ 공매의 취소가능성에 대비해라! ... 165

04 물권과 채권의 종류와 이들 상호 간 우선순위 165
- ◈ 광의의 채권의 종류(물권과 채권을 포함) 166
- ◈ 물권의 종류와 물권 상호 간의 우선순위 167
- ◈ 채권의 종류와 채권 상호 간 우선순위 168
- ◈ 물권과 채권 상호 간의 우선순위 169
- ◈ 물권과 일반채권이 섞여 있는 기본적인 사례에서 배분 분석 170

05 공매에서 채권 상호 간의 우선순위는 어떻게 결정하나? 171
- ◈ 압류재산 공매집행비용 171
- ◈ 1순위 필요비, 유익비 상환청구권 172
- ◈ 2순위 주택 및 상가건물 임차인과 근로자의 최우선변제금 172
- ◈ 3순위 국세와 지방세 중 당해세 172
- ◈ 4순위 일반조세채권(저당권부 채권보다 법정기일이 빠른 경우) 174
- ◈ 5순위 법률상 우선권 있는 공과금(저당권부 채권보다 납부기한이 빠른 경우) 175
- ◈ 6순위 저당권부 채권 176
- ◈ 7순위 근로자의 일반임금채권 176
- ◈ 8순위 일반조세채권(저당권부 채권보다 법정기일이 늦은 경우) 177
- ◈ 9순위 법률상 우선권 있는 공과금(저당권부 채권보다 납부기한이 늦은 경우) 177
- ◈ 10순위 우선변제권 없는 일반채권 177

06 공매 물건별 공매집행비용 계산 방법 177
- ◈ 압류재산 공매집행비용 계산 방법 178
- ◈ 수탁재산 공매 매각수수료 178
- ◈ 이용기관수수료는 두가지로 분류할 수 있다! 179
- ◈ 국유재산 공매 매각수수료 179

PART 05 주택임차인과 상가임차인은 어떠한 권리를 가지고 있나?

01 주택임차인의 대항력이 발생하려면? 181
- ◈ 일반거래로 소유자가 바뀌는 경우 대항력은? 181
- ◈ 압류재산 공매와 경매절차에서는 조금 다르게 적용되고 있다! 181
- ◈ 압류재산 공매절차에서 대항력은 언제까지 유지해야 하나? 182
- ◈ 임대차계약서를 분실한 경우 배당요구 방법 183

02 공매절차에서 주택임차인의 우선변제권은? 183
- ◈ 주택임차인의 최우선변제에 관한 사항과 적용대상 184
- ◈ 확정일자에 의한 우선변제권은 어떻게 되는가! 187

03 임차인의 대항력·우선변제권, 다른 물권과의 우선순위 188
- ◈ 근저당권 설정 ➡ 임차인이 전입 ➡ 세금압류로 공매가 진행된 사례 188
- ◈ 임차인이 전입 ➡ 근저당권 설정 ➡ 세금압류로 공매가 진행된 사례 189
- ◈ 근저당권 설정 ➡ 을 임차인 확정일자 후에 전입하고 같은 날 병 세금압류가 진행된 사례 189

04 임차인의 최우선변제금과 확정일자 우선변제금, 다른 채권자 등과 배분연습 190
05 상임법으로 보호받을 수 있는 임차인은? 191
06 상가임차인의 대항력은 언제 어떻게 발생하나? 193
- ◆ 상가임차인의 대항요건과 대항력(상임법 제3조) 193
- ◆ 일반거래로 소유자가 바뀌는 경우 대항력은? 193
- ◆ 경매나 공매로 소유자가 바뀌는 경우 대항력은? 193
07 공매절차에서 상가건물임차인의 우선변제권은? 194
- ◆ 상가임차인이 최우선변제금을 받으려면 어떻게 해야 하나? 194
- ◆ 확정일자부 우선변제권은 어떠한 요건을 갖추고 있어야 하나? 196
- ◆ 상가임차인이 대항요건과 확정일자를 받았다면 그 효력은? 197
08 상가임차인의 권리분석과 배분은 어떻게 하면 되나? 198
- ◆ 상가건물은 주택에서 임차인의 권리를 공부한 것과 차이가 있다! 198
- ◆ 상임법상 환산보증금을 초과하는 상가임차인은 대항력이 없었다! 198
- ◆ 환산보증금 범위 내의 임차인도 유의할 점이 많다! 199
- ◆ 환산보증금 범위 내 임차인과 초과하는 임차인 권리분석 200
09 서울시 상가건물에서 임차인과 다른 채권자 간에 배분한 사례 201
- ◆ 등기부상의 권리와 부동산상의 권리를 분석해 보자! 201
- ◆ 배분순서와 금액은 다음과 같이 계산하면 된다! 202

PART 06 등기부에 등기된 권리를 공부하는 시간

01 근저당권의 효력과 실전 배당에서 우선순위 205
- ◆ 근저당권은 어떠한 권리를 가지게 되나? 205
- ◆ 근저당권과 다른 채권자와 우선순위 결정 방법은? 205
- ◆ 근저당권과 다른 채권자 간의 권리분석과 배분하는 방법 208
02 전세권은 어떠한 권리가 있고, 주임법상 임차권과의 차이점은? 211
- ◆ 전세권은 어떠한 권리인가? 211
- ◆ 전세권에 의한 경매신청 방법과 우선변제권은? 211
- ◆ 선순위전세권과 후순위전세권의 대항력과 소멸? 213
- ◆ 전세권이 선순위와 후순위인 사례를 통해서 분석하기 213
03 가압류와 압류의 차이와 어떠한 권리를 가지고 있나? 214
- ◆ 가압류채권은? 214
- ◆ 압류채권이란? 215
- ◆ 가압류채권과 타 권리 등과의 우선순위에 따른 배당방법 215
- ◆ 전소유자의 가압류(압류)와 다른 채권자 간의 권리관계 216

PART 07 조세와 공과금, 임금채권 완전 정복과 순환흡수 배분 방법

01 조세채권 간의 우선순위와 다른 채권과의 우선순위   219
- ◆ 조세채권의 우선특권은?   219
- ◆ 조세채권은 동순위가 원칙이지만 예외가 있다!   219
- ◆ 조세채권과 근저당권이 혼재 시 배분하는 방법은?   220
- ◆ 조세채권과 임금채권, 공과금, 일반채권 간의 우선순위   221

02 공과금 상호 간의 우선순위와 다른 채권 간의 우선순위   221
- ◆ 공과금 상호 간에는 동순위가 원칙이다!   221
- ◆ 공과금과 근저당권 간의 우선순위   222
- ◆ 공과금채권과 임금채권, 조세채권, 일반채권 간의 우선순위   222

03 임금채권 간의 우선순위와 다른 채권 간의 우선순위   223
- ◆ 근로자의 임금채권 중 최우선변제금   223
- ◆ 임금채권 상호 간에는 동순위가 원칙   223
- ◆ 임금채권(최우선변제금 제외)과 저당권 채권과의 우선순위   223
- ◆ 임금채권, 조세채권, 공과금채권, 일반채권 간의 우선순위   223

04 조세·공과금·임금채권과 다른 채권이 혼재 시 배분방법   224
- ◆ 병 당해세 ⇨ 갑 근저당 ⇨ 을 임차인 순에서 배분특강   224
- ◆ 갑 근저당 ⇨ 을 임차인 ⇨ 정 조세채권 ⇨ 병 임차인 순에서 배분특강   225
- ◆ 을 임금채권 ⇨ 정 당해세 ⇨ 갑 조세채권 ⇨ 병 공과금채권 순에서 배분특강   226

05 조세채권으로 순위가 상호모순관계(A=B, B〉C, C〉A)에서 순환흡수 배분한 사례   226
06 다가구주택에서 현행법상 소액임차인 때문에 순환흡수 배분한 사례   229

PART 08 온비드화면에서 공매물건을 찾아 권리분석하는 방법

01 한국자산관리공사(KAMCO)의 공매대행업무   234
02 KAMCO 온비드(Onbid)에서 어떤 일을 하고 있나?   236
03 온비드에서 입찰할 공매 물건을 찾는 비법!   237
- ◆ 온비드 회원가입 및 공인인증서 등록절차   237
- ◆ 온비드 홈페이지에서 로그인 후 공매물건을 검색하는 방법   239

04 온비드에서 입찰대상물건을 찾아 권리를 분석하는 방법   249
- ◆ 공매는 진행하는 기관마다 매각조건과 권리분석을 다르게 해야 한다!   249
- ◆ 입찰할 아파트의 온비드 입찰정보 내역   251
- ◆ 온비드 물건정보 내역에서 돈 되는 우량한 물건을 찾는 것이 먼저다!   253
- ◆ 말소기준권리를 찾고 인수할 권리가 있는지 확인해라!   255
- ◆ 이 공매물건 권리분석에서 어떤 점을 유의해야 하나!   259
- ◆ 예상배분계산서를 작성해서 임차인이 배당 받는 금액 확인   260

◆ 지금까지 조사한 자료를 통해 수익분석 후 입찰가를 결정해라! 261
◆ 마지막으로 매각조건을 공매공고문과 공매재산명세서로 확인하고 입찰해라! 261

PART 09 온비드에서 입찰서 제출과 매매대금 납부 방법

01 공매물건에서 매각조건을 확인하고 입찰하는 방법 263
◆ 입찰하기 전에 공매 공고문에서 매각조건을 확인해라! 264
◆ 온비드 입찰정보 내역에서 입찰에 참여하는 방법 267
◆ 입찰정보 확인 및 준수규칙 동의하는 화면 267

02 본인이 입찰서 제출하는 방법과 대리인 또는 공동으로 제출하는 방법 269
◆ 본인이 직접 입찰서를 작성하여 제출하는 방법 269
◆ 대리인이 입찰서를 작성하여 제출하는 방법 270
◆ 공동으로 입찰서를 작성하여 제출하는 방법 273
◆ 전자서명과 입찰서 제출 확인 276

03 입찰서 제출 완료와 입찰보증금 납부를 확인하는 방법 278
◆ 입찰서 제출 완료 내역 278
◆ 입찰보증금 납부를 확인하는 방법 279

04 온비드화면에서 입찰결과를 확인하는 방법 282
◆ 입찰에 참가한 본인이 입찰결과를 확인하는 방법 282
◆ 입찰에 참가하지 않은 사람이 입찰결과를 확인하는 방법 284

05 공유자우선매수신고와 차순위매수신고를 하는 방법 285
◆ 공유자우선매수를 신고하는 방법 285
◆ 차순위매수신고를 하는 방법 286

06 온비드에서 매각결정서와 입찰보증금 영수증 교부 방법 287
◆ 온비드에서 매각결정 여부를 확인하는 방법 287
◆ 매각결정서와 입찰보증금 영수증 교부, 대금 납부기한 확인 288

07 공매로 낙찰 받아 잔금 납부와 소유권이전등기 290
◆ 압류재산공매 매매잔대금 영수증(실제 발급 받았던 양식) 290
◆ 압류재산 공매에서의 소유권이전등기 절차 291
◆ 다양한 공매에서 낙찰 받아 잔금 납부와 소유권이전등기 291

PART 10 압류재산 공매 매각절차는 어떻게 진행되나?

01 KAMCO의 공매대행 업무와 그에 따른 공매 매각절차 293
◆ 과세관청 등의 체납처분은 어떻게 진행하게 되나? 293
◆ 세무관서 등의 공매 실익분석 의뢰와 KAMCO에 공매대행 의뢰 293
◆ KAMCO의 공매대행 업무 294

- ◆ 압류재산 공매집행비용 — 295
- ◆ KAMCO의 공매대행에 따른 공매 매각절차 — 296

02 공매대행의 통지와 공매 준비절차 — 298
- ◆ 체납자와 이해관계인 등에 대한 공매대행의 통지 — 298
- ◆ 공매(매각) 준비절차 — 298
- ◆ 공매 공고 후 공매공고 등기와 공매통지서 발송 — 298
- ◆ 공매 재산명세서 작성과 공매물건 기본정보 제공 — 300

03 공매 입찰 방법과 입찰참여 횟수, 입찰보증금 납부 방법 — 301
- ◆ 공매 입찰 시 입찰자격의 제한(국세징수법 제80조) — 301
- ◆ 입찰할 때 알고 있어야 할 내용 — 301
- ◆ 온비드 공매 입찰서 제출과 개찰 방법(국세징수법 제82조) — 301
- ◆ 본인이 입찰서를 작성하는 방법과 대리인 또는 공동으로 입찰하는 방법 — 302
- ◆ 공매물건별로 입찰참여 횟수가 다르다! — 302
- ◆ 공매 입찰보증금과 납부 방법 — 302
- ◆ 남을 가망이 없는 경우 공매와 경매 취소 — 303

04 입찰의 마감 및 개찰, 그리고 입찰보증금 반환 — 304
- ◆ 입찰의 마감 및 개찰 — 304
- ◆ 입찰보증금 보관 및 반환 — 304
- ◆ 압류재산 공매 입찰에서 매수신청인이 없는 경우 재공매 — 304

05 매각결정의 효력과 매각결정 취소 시 보증금 반환 여부 — 306
- ◆ 매각결정의 효력과 교부방법 — 306
- ◆ 공유자우선매수신청과 차순위매수신청을 하는 방법 — 306
- ◆ 전세사기피해자법에 따른 임차인 우선매수권 — 308
- ◆ 매각결정취소, 그리고 공매보증금 반환 여부 — 309
- ◆ 공매 매각결정 후에는 매수인 동의가 있어야만 취소할 수 있다는 법원 판결 — 310

06 매수대금 납부기한과 소유권이전등기 절차 — 313
- ◆ 매각결정과 매수대금 납부기한(징수법 제84조) — 313
- ◆ 채무인수와 매수대금 차액지급 — 314
- ◆ 매수대금의 납부최고 — 314
- ◆ 압류재산 공매에서의 소유권이전등기 절차 — 314

07 배분기일 지정 및 배분계산서 작성, 그리고 배분금 지급 — 315
- ◆ 공매 배분기일 지정 및 통보(징수법 제95조) — 315
- ◆ 배분계산서 작성 및 비치·열람 — 315
- ◆ 배분금의 지급방법과 배분계산서에 대한 이의 — 317
- ◆ 배분금 지급절차와 그에 관한 종합적인 설명 — 318

08 공매로 낙찰 받고 명도는 이렇게 해라! — 319
- ◆ 건물명도는 사람을 내보내는 것으로 전략이 필요하다! — 319
- ◆ 협의가 안 될 때 강제집행 방법은 어떻게 하면 되나? — 321

PART 11 압류재산 공매로 내 집 마련과 재테크로 성공하기

01 신둔아리버파크로 내 집 마련하면서, 3억원의 노후자금을 마련! 324
- ◆ 이 아파트의 사진과 내부 평면도 및 주변 현황도 325
- ◆ 송정민이 입찰할 주택의 정보내역 327
- ◆ 이 공매물건 분석에서 유의할 점에 대해서 알아보자! 329
- ◆ 종합적인 권리분석 후 입찰가격을 정해서 입찰하는 방법 330
- ◆ 송정민 부부가 낙찰 받아 내 집 마련에 성공하다! 331

02 광장3단지 현대아파트를 7억원에 샀는데, 12억원으로 오르다! 333
- ◆ 아파트의 사진과 주변 현황도 335
- ◆ 이민수 부부가 입찰할 주택의 정보내역 336
- ◆ 종합적인 권리분석 후 입찰가격을 정해서 입찰하는 방법 338
- ◆ 이민수 부부가 낙찰 받아 내 집 마련에 성공하다! 339

03 재건축대상 아파트를 내 집 만들고, 2년 보유 후 매각했다! 340
- ◆ 신반포 아파트의 사진과 내부 평면도 및 주변 현황도 341
- ◆ 신반포 아파트의 입찰정보 내역 343
- ◆ 박 소령이 단독으로 입찰에 참여해서 낙찰 받았다! 344

04 후곡마을아파트를 낙찰 받아 3년 거주 후 비과세 받은 사례 346
- ◆ 일산 후곡마을아파트의 사진과 내부 및 주변 현황도 346
- ◆ 일산 후곡마을아파트의 입찰정보 내역 348
- ◆ 이철민이 3대 1의 경쟁률을 뚫고 아파트를 공매로 낙찰 받다! 349

05 중원빌라 4분의 3 매수 후 나머지 지분을 매수해서 성공한 사례 350
- ◆ 재개발 예상 중원빌라 사진과 내부 및 주변 현황도 351
- ◆ 중원빌라 4분의 3 지분공매 입찰정보 내역 352
- ◆ 박OO가 7대 1의 경쟁률을 뚫고 중원빌라를 낙찰 받았다! 353
- ◆ 이OO의 4분의 1지분 매수 당시 작성했던 계약서 354

06 여의도 에스트레뉴 오피스텔을 낙찰받아 임대소득 올리기 356
- ◆ 여의도 에스트레뉴 오피스텔 사진 및 주변 현황도 356
- ◆ 에스트레뉴 오피스텔 매매 시세 및 임대 시세 357
- ◆ 여의도 에스트레뉴 오피스텔 입찰정보 내역 358
- ◆ 에스트레뉴 오피스텔 공매재산 명세서 359
- ◆ 에스트레뉴 오피스텔 상세입찰 결과와 임대 수익분석 361

PART 12 국유재산 공매로 투자해서 성공한 이야기!

01 국유재산 개념과 용도에 따른 분류 363
- ◆ 국유재산이란? 363
- ◆ 국유재산의 범위 363
- ◆ 국유재산의 용도에 따른 분류 363

02 국유재산 매각공매 방법 — 364
- ◆ 매각공매 방법과 공매공고 — 364
- ◆ 매각재산 입찰예정 가격결정 방법 — 365
- ◆ 국유재산과 공유재산 등의 매각예정금액과 유찰 시 체감율 — 365
- ◆ 입찰방법과 유찰계약(수의계약) — 366
- ◆ 낙찰자 결정과 계약체결 방법 — 369
- ◆ 잔금납부기한과 국유재산 소유권이전 — 370

03 국유재산 대부(임대)공매 방법 — 372
- ◆ 대부계약의 개념과 대부계약체결 방법 — 372
- ◆ 대부공매 방법과 공매공고 — 373
- ◆ 대부(임대)기간 및 대부료 산정방법 — 373
- ◆ 입찰방법과 유찰계약(수의계약) — 375
- ◆ 낙찰자 결정과 잔금납부 — 376
- ◆ 잔금납부 후 대부계약 체결과 사용방법 — 377
- ◆ 변상금의 의미와 변상금 징수 방법 — 378

04 국유재산 유가증권 공매 절차는 어떻게 진행되나? — 379
- ◆ 국세물납이란? — 379
- ◆ 국세물납 유가증권의 종류 — 380
- ◆ 국세물납 유가증권 관리기관 — 380
- ◆ 국세물납 증권 관리·처분 흐름도 — 381
- ◆ 국세물납 증권 매각방법 — 381
- ◆ 비상장증권 매각절차와 준비서류 — 382
- ◆ 잔대금 납부 및 증권 교부 — 382

05 국유재산 매각공매와 임대공매 입찰대상물건 검색방법 — 383
- ◆ 온비드 화면에서 용도별검색 방법을 통한 공매물건 검색하는 방법 — 383

06 영종주공아파트를 국유재산 공매로 낙찰 받아 성공한 사례 — 384
- ◆ 영종주공아파트의 입찰정보 내역 — 384
- ◆ 아파트의 사진과 지도 및 주변 현황도 — 386
- ◆ 2014년 제21회 국유재산 매각공고문과 매각조건 확인하기 — 387
- ◆ 박 사장이 주공아파트를 단독으로 낙찰 받아서 축하받고 있다! — 392

07 물납 국유재산 연립주택을 수의매매 계약으로 매수한 사례 — 393
- ◆ 그랜드하우스 연립주택 입찰정보 내역 — 394
- ◆ 그랜드하우스 연립주택 사진과 아파트 내부 평면도 — 396
- ◆ 그랜드하우스 연립주택 주변 현황도 — 396
- ◆ 이 공매물건을 어떻게 분석하고 입찰하면 되나? — 396

08 민기가 대부공매로 아파트를 낙찰 받아 신혼집을 마련하다! — 398
- ◆ 대부(임대)공매 아파트의 입찰정보 내역 — 398
- ◆ 대부(임대)아파트의 사진과 지도 및 주변 현황도 — 400
- ◆ 2014년 제12회 국유재산 대부 입찰 공고문과 대부조건 확인하기 — 401
- ◆ 민기가 아파트를 대부공매로 낙찰 받아 기뻐하고 있다! — 406

PART 13 수탁재산과 유입자산 공매는 어떻게 찾아서 입찰하면 되나?

01 금융기관과 공공기관 등의 수탁재산 공매 — 408
- ◆ 수탁재산 공매란? — 408
- ◆ 금융기관과 공공기관 등의 수탁재산 매각방법 — 408
- ◆ 낙찰자 결정과 계약체결 방법 — 411
- ◆ 매각대금 납부기한과 대금완납 전 점유사용 및 소유권이전 — 412
- ◆ 낙찰 받고 나서 소유권을 취득하는 방법 — 415
- ◆ 금융기관과 공공기관 등의 수탁재산 공매 매각수수료 — 416

02 양도세 감면대상 물건에 대한 수탁공매 — 417
- ◆ 매각 위임대상 주택 — 417
- ◆ 양도세 감면대상 수탁재산 매각방법 — 418
- ◆ 낙찰자 결정과 계약체결 방법 — 421
- ◆ 매각대금 납부와 소유권이전등기, 그리고 명도책임은? — 422
- ◆ 양도세 감면대상 물건에 대한 수탁공매 매각수수료 — 422

03 한국자산관리공사의 유입자산 공매 — 423
- ◆ 유입자산 공매란 — 423
- ◆ 유입자산의 매각방법 — 423
- ◆ 낙찰자 결정과 계약체결 방법 — 426
- ◆ 매각대금 납부기한과 대금완납 전 점유사용 및 소유권이전 — 427
- ◆ 낙찰 받고 나서 소유권을 취득하는 방법 — 429

04 수탁재산과 유입자산 공매 입찰대상물건 검색방법 — 430

05 에너지관리공단의 수탁재산 공매물건에 입찰하기 — 432
- ◆ 온비드 입찰정보 내역 — 432
- ◆ 이 오피스텔을 입찰대상으로 선정하게 된 이유는? — 433
- ◆ 2014년 제6회 수탁재산 공매공고문과 매각조건 확인하기 — 435
- ◆ 이 오피스텔은 5대 1의 경쟁을 뚫고 홍길동이 낙찰 받았다! — 440

06 양도세 감면대상 우남아파트 수탁재산 공매에 입찰하기 — 441
- ◆ 우남아파트 온비드 입찰정보 내역 — 441
- ◆ 우남아파트의 사진과 주변 현황도 — 442
- ◆ 수탁재산 공매가 유찰된 후 재매각 시 유찰계약을 할 수 있는 시기 — 444
- ◆ 이 아파트를 입찰대상으로 선정하게 된 이유는? — 444
- ◆ 2013년 제4회 수탁재산 공매공고문과 매각조건 확인하기 — 445
- ◆ 이 아파트를 단독으로 강감찬이 낙찰 받았다! — 445

PART 14 다양한 이용기관재산 공매에서 실전투자는 어떻게 해야 하나?

01 이용기관으로는 어떠한 기관 등이 있나? — 447

02 이용기관재산 매각공매 방법 · 448
- ◈ 매각공매 방법 및 공매공고 방법 · 448
- ◈ 감정평가에 따른 최초 매각예정가격 결정 · 449
- ◈ 입찰방법 및 유찰계약(수의계약) · 449
- ◈ 입찰기간, 개찰일시 및 개찰장소 · 451
- ◈ 입찰보증금 납부와 낙찰자 결정 방법 · 452
- ◈ 계약체결 방법과 대금납부 후 소유권이전 방법 · 452
- ◈ 이용기관 수수료는 두 가지로 분류할 수 있다! · 455

03 이용기관재산 등의 대부(임대)공매 방법 · 456
- ◈ 대부(임대)공매와 공매공고 방법 · 456
- ◈ 대부료(사용료) 산정방법 · 456
- ◈ 입찰 방법 및 유찰계약(수의계약) 방법 · 457
- ◈ 입찰기간, 개찰일시 및 개찰장소 · 458
- ◈ 낙찰자 결정과 입찰보증금 납부 방법 · 459
- ◈ 계약체결(사용허가 신청)방법과 대금 납부 후 임대 개시 · 459

04 용도별검색에서 부동산 공매물건을 검색하는 방법 · 460

05 한국감정원의 소유 아파트가 이용기관 매각공매로 진행되고 있다! · 462
- ◈ 상계주공아파트가 이용기관 공매로 매각되고 있다! · 462
- ◈ 박 사장이 상계주공아파트를 단독으로 낙찰 받았다! · 468

PART 15 희망임대리츠와 공무원연금공단의 공매물건 실전투자

01 온비드에서 공매물건 검색 후 권리분석하는 방법 · 470
- ◈ 온비드에서 공매물건을 검색하는 방법 · 470
- ◈ 이용기관재산 등의 공매에서 권리분석 방법 · 471

02 희망임대리츠 공매로 명일중앙하이츠아파트 실전투자 비법! · 472
- ◈ 희망임대리츠 공매는 어떻게 발생하나? · 472
- ◈ 온비드에서 희망임대리츠 공매 입찰대상목록을 검색 · 473
- ◈ 명일중앙하이츠아파트가 이용기관 공매로 매각되고 있다! · 474
- ◈ 희망임대리츠 제2호 주택매각공고(3차) · 476

03 어떻게 권리분석하고 입찰해야 하나? · 481
- ◈ 아파트 내부 확인 방법과 아파트를 방문해서 확인한 현장사진 · 482
- ◈ 네이버 부동산 매물시세 현황 · 484
- ◈ 온비드 화면에서 입찰결과를 확인하면 다음과 같다! · 485

04 희망임대리츠 공매로 우성2단지아파트를 낙찰 받은 사례 · 486
- ◈ 우성2단지아파트의 입찰정보 내역 · 486
- ◈ 아파트의 사진과 지도 및 주변 현황도 · 487
- ◈ 단독으로 낙찰 받아 어떻게 성공할 수 있었을까? · 488
- ◈ 2020년 2월 네이버부동산 매물시세 · 489

05 공무원연금공단 공매로 고덕주공 9단지 아파트 실전투자 비법!   490
- ◆ 공무원연금공단 공매는 어떻게 발생하나?   490
- ◆ 온비드에서 공무원연금공단 공매 입찰대상목록을 검색   491
- ◆ 고덕9단지 아파트가 공무원연금공단 공매로 매각되고 있다!   492
- ◆ 공무원 아파트 매각공고(2019년 5차) -재공고-   494

06 어떻게 권리분석하고 입찰해야 하나?   498

PART 16 신탁기관 등의 공매는 어떻게 진행되고 있나?

01 신탁기관의 업무와 어떠한 신탁회사가 있나?   501
- ◆ 신탁기관의 업무   501
- ◆ 부동산 신탁이란?   501
- ◆ 어떠한 신탁회사 등이 있나?   501
- ◆ 부동산 신탁재산의 종류   502

02 공매대상 부동산 신탁재산은?   504
- ◆ 부동산 담보신탁이란?   504
- ◆ 분양관리신탁과 토지신탁이란?   505
- ◆ 부동산 처분신탁이란?   506

03 부동산 담보신탁 신청 방법과 신탁재산의 환원 및 공매 실행 과정   506
- ◆ 부동산 담보신탁 신청 방법   506
- ◆ 담보신탁이 이루어지는 과정   507
- ◆ 신탁재산의 환원과 공매가 실행되는 과정   508

04 분양관리신탁 절차와 분양관리 후에 PF대출금 상환 및 사업정산   509

05 처분신탁 절차와 수탁사가 매각 후 매매대금으로 수익교부   510

06 신탁재산 공매투자는 어떤 장점과 단점이 있나?   510
- ◆ 신탁재산 공매투자의 장점   510
- ◆ 신탁재산 공매투자의 단점   511

07 신탁공매의 비공개성과 명도 및 부수 처리의 난이도   512
- ◆ 신탁공매의 비공개성과 특성   512
- ◆ 신탁공매는 볼륨에서 극단적인 차이를 보인다!   512
- ◆ 개발사업 자체와의 연관성 등을 분석하고 입찰 참여   513
- ◆ 명도 및 부수 처리의 난이도   514
- ◆ 대출의 어려움과 감정가가 높게 평가되어 있다!   514

PART 17 온비드에서 신탁공매 물건을 찾아 재테크로 성공한 사례

01 신탁공매는 온비드 인터넷공매와 현장공매가 있다! — 516
- ◆ 온비드 신탁공매 — 516
- ◆ 현장 신탁공매 — 516

02 온비드 화면에서 신탁재산 공매물건을 찾는 방법 — 516

03 신탁재산 등의 공매에서 권리분석 방법은? — 518
- ◆ 압류재산 공매와 법원경매는 소멸주의를 택하고 있다! — 518
- ◆ 신탁재산 공매 등에서 인수주의란 어떤 의미일까? — 518
- ◆ 신탁재산 공매에서 매수인의 부담으로 남는가, 아닌가는 성공을 좌우한다! — 519
- ◆ 신탁공매에도 말소기준과 유사한 권리가 있다? — 520
- ◆ 신탁재산 등의 공매에서 권리분석은 어떻게 하면 되나? — 520
- ◆ 신탁재산 납세의무와 신탁재산 수탁자의 물적납세의무 — 523
- ◆ 수탁자가 신탁공매 처분대금으로 정산하는 순서 — 526

04 벽산아파트를 신탁공매로 낙찰 받아 재테크로 성공한 사례 — 527
- ◆ 도봉구 벽산아파트의 주변 현황도 — 527
- ◆ 공매 입찰정보내역 물건분석 — 528
- ◆ 신탁재산 공매에서 권리를 분석하는 방법 — 529
- ◆ 신탁기관 등이 온비드로 공매절차를 진행하는 입찰공고 내용 — 530
- ◆ 이 신탁기관 아파트공매에서 권리분석은 어떻게 하면 되나? — 532
- ◆ 지금까지 조사한 자료로 수익분석 후 입찰에 참가해야 한다! — 536
- ◆ 박해정이 5대 1의 경쟁률을 뚫고 벽산아파트를 낙찰 받다! — 536

05 현대리버티하우스아파트가 신탁공매로 매각된 사례 — 537
- ◆ 현대리버티하우스아파트의 주변 현황도 — 537
- ◆ 현대리버티하우스아파트의 내부 구조도 — 538
- ◆ 현대리버티하우스 네이버 매물(매매, 전세) 시세 현황 — 538
- ◆ 신탁공매 입찰정보내역 물건분석 — 539
- ◆ 신탁기관 등이 온비드 공매로 진행하는 입찰공고 내용 — 540
- ◆ 등기사항증명서와 신탁원부 확인 — 542
- ◆ 주민센터에서 전입세대 열람과 신탁등기일을 기준으로 대항력 분석 — 543
- ◆ 박소령이 단독으로 낙찰 받았는데, 수익분석은? — 544

06 선순위저당권 인수조건으로 갑을아파트를 낙찰 받아 성공한 사례 — 545
- ◆ 관악구 신림동 아파트의 주변 현황도 — 546
- ◆ 공매 입찰정보내역 물건분석 — 546
- ◆ 신탁기관 등이 온비드로 공매절차를 진행하는 입찰공고 내용 — 548
- ◆ 이 신탁기관 아파트에서 권리분석은 어떻게 하면 되나? — 549
- ◆ 신탁재산 공매 매각대금에서 배당 우선순위 결정 방법 — 553
- ◆ 인터넷과 주변부동산에서 시세조사 후 입찰에 참여하다! — 553
- ◆ 관악구에 있는 보라매갑을아파트를 낙찰 받다! — 555

PART 18 온비드 공매로 낙찰 받고 명도는 이렇게 해라!

01 공매물건에 누가 거주하고 있는지에 따라 명도 문제 해결 방법이 다르다! 557
02 임차인 명도도 전략이 필요하다! 558
03 점유자가 없거나 있어도 문을 열어주지 않으면 어떻게 하나? 560
04 협의가 이루어져 명도합의각서를 작성하는 방법 562
05 반드시 이사비용을 지급하거나 강제집행을 하는 것은 아니다! 564
06 협의가 안 될 때 법적으로 어떻게 하면 되나? 565
　◈ 경매에서 부동산의 인도명령 신청 565
　◈ 공매에서 건물명도(인도)청구 소송 566
　◈ 점유이전금지가처분이란? 566
07 점유이전금지가처분 신청서와 건물명도청구 소장 작성 및 강제집행 방법 567
　◈ 점유이전금지가처분 신청서 작성과 집행과정 567
　◈ 건물명도청구 소장 작성 및 강제집행 방법 572

PART 19 회생과 파산절차에서 매매계약과 경·공매 물건 투자 비법

01강 회생 절차와 인가 결정 후 부동산 매수 어떻게 하면 되나? 578
01 회생관리인의 업무와 회생 결정 후 채무자의 재산 관리와 처분 578
　◈ 회생위원 및 회생관리인의 선임과 주요 업무 578
　◈ 회생 결정 후 채무자 재산의 관리와 처분할 권리는 관리인 등에 있다! 578
　◈ 회생결정 후 등기부에 등기된 채권과 통장 압류를 해제하는 방법 579
02 회생절차에서 법원경매나 압류재산공매가 진행되면 중지할 수 있을까? 579
　◈ 회생 신청 이후에도 강제경매가 진행될 수 있을까? 579
　◈ 회생 신청 이후에도 임의경매나 압류재산공매를 중지할 수 있을까? 580
03 회생 결정 후 채무자 부동산을 매수할 때 매매계약과 법원의 매각허가결정 581
　◈ 회생 결정 후 법원에서 선임된 관리인 확인과 매매계약을 체결하는 경우 581
　◈ 회생 인가 결정 후 채무자가 부동산을 매각할 때 필요한 서류와 매도 방법 584
04 매각으로 인한 회생절차개시 등기의 말소와 매수인에게 소유권이전등기 585

02강 회생 인가 결정 후 채무자로부터 직접 매수해서 성공한 사례 586
01 법원의 허가를 받아야 하는 행위(채무자 회생법 제61조) 586
02 회생개시결정 이후 채무자의 재산처분 및 소유권이전등기 방법 586
03 회생개시결정된 아파트를 관리인과 매매 계약해서 성공한 사례 587
　◈ 상봉프레미어스엠코 아파트를 어떤 과정으로 매수하게 되었나? 587

- ◈ 회생절차개시결정문과 관리인으로 선임된 심OO　589
- ◈ 회생개시결정된 아파트 매매 계약서와 별도로 특약으로 정한 약정서　592
- ◈ 법원의 (주)서울OOOO 부동산매각허가결정문　594

04 법원 나의사건 검색 후 회생과 파산절차가 진행되는 과정을 확인해라!　598
- ◈ 법원 나의사건 검색을 통해서 회생 및 파산 사건 검색 방법　598
- ◈ 나의사건 검색을 통해서 회생 및 파산 사건의 진행내용 확인　599

03강 파산선고 절차와 인가 결정 후 부동산 매수 어떻게 하면 되나?　600

01 파산관재인의 업무와 파산선고 결정 후 파산관재인의 재산 관리와 처분　600
- ◈ 법원의 파산관재인 선임과 주요 업무　600
- ◈ 법원 파산선고 결정 후 파산재단에 대한 관리·처분권은 파산관재인에게 있다!　601
- ◈ 파산선고 결정 후 등기부에 등기된 채권 등과 통장 압류 해제 방법　601

02 파산선고 결정 이후에도 임의경매나 압류재산공매를 중지할 수 있나?　602
- ◈ 파산선고 결정 이후에도 임의경매를 신청할 수 있을까?　602
- ◈ 파산선고 결정 이후에도 압류재산공매를 신청할 수 있을까?　602

03 파산선고 결정 후 채무자의 부동산 매수 시 매매계약서 작성 방법　603
- ◈ 파산선고 후 법원에서 선임된 관재인 확인과 부동산 매매계약을 체결하는 경우　603
- ◈ 파산관재인이 부동산을 매각할 때 필요한 소유권 이전 서류와 매도 방법　604

04 매각으로 인한 파산등기의 말소와 매수인에게 소유권이전등기　605

05 임대인이 개인회생 또는 파산 신청을 한 경우 임차인이 대처하는 방법　606
- ◈ 임대인이 개인회생 신청하면 보증금을 떼이게 되나?　606
- ◈ 임대인이 파산 신청하면 보증금을 떼이게 되나?　607
- ◈ 임대인의 회생 및 파산 절차에서 임차인의 차임, 보증금 상계　607
- ◈ 임대인이 개인회생 또는 파산 신청 시 임차인은 어떻게 대처하면 될까?　608
- ◈ 파산절차에서 파산면책의 효력은 우선변제권 있는 임차보증금에도 미친다!　609

PART 20 일반 파산재단과 예보 파산재단 공매투자 이야기

01강 일반 파산재단 공매물건을 법원과 온비드사이트에서 찾아 투자하는 방법　612

01 회생·파산재단 자산 매각이란?　612

02 개인과 법인 등의 일반 파산재단 공매물건 알아보기　613
- ◈ 법원사이트(www.scourt.go.kr)에서 대국민서비스 선택 후 공고메뉴 검색한 화면　613
- ◈ 공고게시판에서 각 관할법원에서 매각하는 회생·파산자산매각 공고문 확인　613
- ◈ 매각공고문에서 매각조건, 입찰 방법, 계약체결 및 대금 납부 방법 등을 확인　614
- ◈ 파산재단 공매절차와 낙찰받고 나서 소유권이전등기까지 마무리　616

03 회생·파산재단 매각물건 어떻게 분석하고 매수하면 되나?　618
- ◈ 회생 결정 후 법원에서 선임된 관리인 확인과 매매계약을 체결하는 경우　618

- ◈ 회생 인가 후 채무자가 부동산을 매각할 때 필요한 서류와 매도 방법　618

04 회생개시결정된 아파트를 관리인과 매매 계약해서 성공한 사례　619
- ◈ 상봉프레미어스엠코 아파트를 어떤 과정으로 매수하게 되었나?　619
- ◈ 회생절차개시결정문과 관리인으로 선임된 심OO　619
- ◈ 회생개시결정된 아파트 매매 계약서와 별도로 특약으로 정한 약정서　619
- ◈ 법원의 (주)서울OOOO 부동산매각허가결정문　619

05 온비드사이트에서 매각절차가 진행되는 일반 파산재단 공매　619
- ◈ 일반 파산재단 공매는 어떻게 온비드를 통해서 매각되나?　619
- ◈ 온비드사이트에서 용도별 물건검색으로 공매물건 알아보기　620
- ◈ 온비드사이트 통합검색란에 "파산재단"으로 검색 후 입찰물건 메뉴를 선택한 화면　621
- ◈ 입찰물건 메뉴에서 상세검색란 선택 후 상세조건을 입력한 화면　622
- ◈ 입찰할 일반 파산재단 공매물건 찾아 분석하는 방법　622

06 도시형생활주택이 온비드에서 일반 파산재단 공매로 매각되다!　624
- ◈ 파산재단 공매로 매각되는 도시형생활주택의 시세와 주변현황도　624
- ◈ 파산재단 공매로 매각되는 도시형생활주택 입찰정보 내역　625
- ◈ 파산재단 공매로 매각되는 도시형생활주택 매각공고문의 매각조건과 입찰 방법　626
- ◈ 도시형생활주택을 단독으로 7억6,200만원에 낙찰받다!　627

02강 예금보험공사 파산재단 공매물건을 예보공매정보와 온비드에서 찾아 투자하는 방법　629

01 예금보험공사의 파산금융회사 관리와 그 현황　629
- ◈ 일반 파산과 파산금융회사에서 파산관재인 선임과 그 업무　629
- ◈ 예금보험공사의 파산금융회사 관리 현황과 매각기관　629

02 금융회사 파산과 지원자금 회수에 따른 공매절차　630
- ◈ 예금보험공사의 파산금융회사 지원자금 회수　630
- ◈ 예금보험공사의 파산재단 공매의 절차　631
- ◈ 예금보험공사 파산금융기관 매물(부동산) 현황　631

03 예보공매정보 소개와 예보공매정보사이트에서 공매물건 찾는 방법　632
- ◈ 예보공매정보 소개　632
- ◈ 예보공매정보 홈페이지 화면　632
- ◈ 예보공매정보 홈페이지에서 통합매물검색 방법　633
- ◈ 통합매물검색으로 확인한 금융기관별 공매물건 현황　633
- ◈ 금융기관별 공매물건 현황에서 입찰할 공매물건 찾아 분석하는 방법　634
- ◈ 입찰할 공매물건 정보의 공매 공고문에서 매각조건과 입찰 방법 알아보기　634

04 예보 파산재단 공매 온비드 전자입찰 방법과 수의매매계약　636
- ◈ 예보 파산재단 공매 온비드 전자입찰 방법　636
- ◈ 수의매매계약(유찰매매계약) 체결 방법　637

05 예금보험공사 파산재단 온비드 입찰 공고　637
- ◈ 파산재단 보유 부동산 등 온비드 입찰 공고(입찰일자 2월 25일)　637
- ◈ 2025년 6월 파산재단 보유 부동산 온비드 개별공매 공고　638

06 온비드에서 예금보험공사 파산재단 공매물건 찾아 분석 후 입찰하는 방법　639

◆ 온비드사이트에서 예금보험공사 파산재단 공매물건 검색 방법　639
◆ 온비드사이트 통합검색란에 "예금보험공사 파산재단"으로 검색하는 방법　639
◆ 입찰할 예금보험공사 파산재단 공매물건 찾아 분석하는 방법　640

03강 회생과 파산절차에서 채권 상호 간에 우선순위 결정 방법　642
01 회생 및 파산재단 재산이 별제권에 의해 경매되는 경우 배당 순위　642
02 파산관재인 등이 온비드사이트에서 공매로 매각되는 경우 배당에서 우선순위　643
◆ 파산재단에 별제권을 포함해서 매각 시 파산재단 배당에서 우선순위　643
◆ 별제권을 인수하는 조건으로 매각 시 파산재단 배당에서 우선순위　644

PART 21 공매 함정에서 탈출한 사례와 특수한 공매 물건 투자비법

01 재건축대상 단독주택 2분의 1은 공매, 2분의 1은 경매로 매각되는 경우　646
◆ 단독주택 재건축대상 주택의 사진과 주변 현황도　646
◆ 단독주택의 2분의 1 온비드공매 입찰정보 내역　647
◆ 2분의 1 지분경매와 2분의 1 지분공매 물건 정보내역　648
◆ 공매물건에 대한 분석 및 배분표 작성　648

02 선순위보증금 1억원을 낙찰자가 인수하게 돼 실패한 사례　650
◆ 기본적인 권리분석을 간과해서 발생하는 일들!　651
◆ 오피스텔 사진과 주변 현황도　651
◆ 오피스텔 온비드 입찰정보 내역　652
◆ 이 오피스텔은 어떻게 권리분석하고 입찰해야 하나?　653
◆ 오피스텔을 단독으로 1억2,300만원에 낙찰 받았다!　655
◆ 매수인이 잔금 납부하고 어떻게 탈출할 수 있었나?　656

03 소액임차인으로 잘못 판단해서 낙찰자가 인수할 뻔했다가 탈출한 사례　656
◆ 입찰대상 물건정보와 입찰결과 내역　657
◆ 매수인의 잘못된 판단으로 보증금을 인수할 뻔한 사례　658
◆ 이러한 상황에서 어떻게 탈출할 수 있었을까?　658

04 조세채권을 몰라서 3번씩 입찰보증금을 포기하게 된 사례　659
◆ 채권 상호간의 우선순위　660
◆ 조세채권과 저당권부 채권이 혼재 시 우선순위 결정방법　661
◆ 극동아파트의 온비드공매 입찰정보 내역　661
◆ 입찰대상물건에 대한 분석과 실패한 낙찰　663
◆ 정확한 배분표 작성과 어떻게 해야 성공적인 낙찰자가 되는가?　664

05 전 경매에서 배당요구한 선순위임차인이 공매에서도 배당요구해 손해 볼 뻔한 사례에서 탈출!　666
◆ 선순위 임차인이 선행된 경매절차에서 배당요구를 했었다!　666
◆ 공매입찰물건 내역과 입찰결과　667
◆ 잘못 낙찰 받게 된 사연과 그 상황에서 탈출한 방법　668

06 아파트를 조합이 점유하고 있다면 유치채권액을 확인해야 한다? 670
- ◆ 공매로 낙찰 받았으나 조합이 유치권을 행사하여 실패한 사례 670
- ◆ 1등으로 낙찰 받았으나 입찰보증금을 떼이게 된 사연 671
- ◆ 조합의 유치채권액을 확인하고, 낙찰 받아 성공한 사례 672

07 집합건물의 대지 일부지분을 낙찰 받았으나 무효가 돼 실패한 사례 676
- ◆ 대지 지분을 공매로 낙찰 받았던 공매 입찰대상물건 내역 676
- ◆ 공매낙찰자들은 다음과 같이 토지사용료 청구소송을 진행했다! 677
- ◆ 대지 지분을 낙찰 받아 소송을 진행했지만 무효가 되는 사례들 678

08 신탁공매로 낙찰 받았으나 저당권인수로 실패한 사례 679
- ◆ 신탁공매물건은 어떻게 분석해야 하나? 679
- ◆ 저당권인수조건으로 매각한 입찰정보 내역 679
- ◆ 저당권인수조건으로 매각한 신탁공매 공고문 680
- ◆ 저당권인수로 신탁공매된 것을 몰라서 손해 본 사연 681

09 주임법상 대항요건을 갖춘 선순위전세권자가 배당요구해서 소멸되는 것으로 오판한 사례 682
- ◆ 입찰물건 정보내역과 입찰결과 683
- ◆ 선순위전세권은 소멸되지만 주임법상 임차권은 소멸되지 않는다! 683
- ◆ 이 사례에서 매수인은 1,978만원을 인수해야 한다! 684

10 지상에 다세대주택 14세대가 있는 토지만 공매로 낙찰받았다! 685
- ◆ 산곡재개발 6구역 내 토지 온비드공매 입찰정보 내역 685
- ◆ 토지만 공매가 진행된 입찰대상 물건분석표 686
- ◆ 토지만 공매가 진행된 물건에 대한 권리분석과 배분표 작성 687
- ◆ 공매물건의 주변현황과 사진 689
- ◆ 토지를 공매로 낙찰 받는 경우 분양대상자가 될 수 있을까? 689
- ◆ 낙찰 받고 난 다음 대응방법은? 690

11 지상에 다세대주택이 있는 대지지분이 공매로 매각된 경우 692
- ◆ 한국자산관리공사의 지분공매 입찰정보 내역 692
- ◆ 재개발구역 내의 토지 지분공매 입찰대상 물건분석표 693
- ◆ 토지 지분공매 물건의 현황도와 제시 외 지상의 다세대주택 사진 694
- ◆ 이 지분공매 물건에서 배분표를 작성하면 다음과 같다 694
- ◆ 공매물건을 낙찰 받는 경우 대응방법을 분석해 보자! 694

PART
01

온비드 공매 이렇게 투자해야 성공할 수 있다!

01 좋은 공매 물건, 어떻게 찾아 투자하면 되나?

◇ 가격보다는 가치가 높은 부동산을 찾아야 돈이 된다!

(1) 사면 계속해서 오르는 우수한 지역의 부동산에 투자해라!

이 지역은 사는 순간부터 계속해서 높은 수익을 창출할 수 있다. 그러나 자금이 부족한 분들이 투자하기 어렵다는 것이 단점이다.

(2) 지금 당장 오르지 않지만, 2년 뒤에 오르는 부동산에 투자해라!

첫째, 대중교통, 학군, 조망권 등이 우수한 지역에 있지만, 오래되어 주변 신축 아파트보다 저평가되어 있는 주택 등을 찾아서 투자하면 된다.

둘째, 침체기에는 주택가격이 하락하는 경향이 있다. 그러나 호경기가 되면 반드시 가격 상승을 맞볼 수 있다. 이렇게 2년 뒤에 오를 수 있는 ① 저평가된 주택과 ② 침체기에 사서 비과세 혜택까지 누리면서 파는 전략이 필요하다.

◇ 감정가와 국토부 실거래가를 시세로 판단하지 말라!

(1) 호경기에는 시세가 감정가보다 10~30% 정도 높다!

이 시기에는 입찰자가 경쟁적으로 증가하니 1차에 감정가 수준으로 입찰해도 남보다 높은 수익을 올릴 수 있다. 감정가는 5~6개월 전 시세를 반영하기 때문이다.

(2) 불경기에는 감정가가 시세보다 20~30% 정도 높다!

이 시기에는 입찰자가 감소하니 20~30% 저감된 금액으로 입찰해서 성공할 수 있다. 불경기에는 매수 의욕을 더 저감시키기 때문에 싸게 사서 호경기까지 보유하다 팔면 된다.

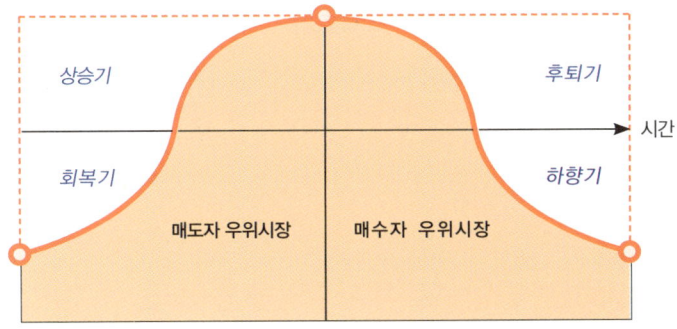

　남과 똑같은 생각으로 성공할 수 없으므로 다르게 생각해야 한다.
　시세는 항상 유동적이다. 특히 부동산 호경기 또는 불경기에 주의해야 한다.
　그래서 현장답사를 통해서 그것도 5~6개 부동산 중개업소 방문을 통해서 조사하는 것이 좋고, 하루에 마치지 말고 2일에서 3일간 조사하는 것이 더욱 좋은 방법이다.

◆ 공매는 매각기관에 따라 권리분석을 다르게 해야 한다!

　그래서 공매공고문과 공매입찰기록, 공적장부(등기부, 건축물대장, 전입세대열람), 그리고 공매담당자를 최대한 활용해서 꼼꼼하게 분석 후 입찰하는 습관을 가져라!

◆ 초기투자는 투자금이 적은 다세대 주택과 오피스텔부터!

　처음에는 소액 투자가 가능한 다세대 주택과 오피스텔 등에 투자했다가 자금이 확보되면 투자 금액을 증가시키는 순서로 투자하면 된다.

◆ 입찰 전에 누가 거주하는가를 체크해서 명도문제 해결!

　체납자겸 소유자가 거주하는지, 선순위임차인이 대항력을 주장하는지, 선순위임차인이 배당요구해서 전액 배당받고 소멸하는지, 후순위임차인이 보증금 일부를 배당 받는가에 따라 명도 문제 해결 방법이 다르다.

공매는 법원경매처럼 인도명령 신청제도가 없어서 이사가지 않고 버티면 부동산 소재지 관할 법원에 명도소송과 점유이전금지 가처분을 신청해야 한다. 이렇게 명도소송과 별도로 점유이전금지 가처분을 적극 활용하면 명도를 쉽게 해결할 수 있다.

◇ 세금을 절세하는 방법으로 투자수익을 높여라!

취득 시 부과되는 취득세, 보유 시 부과되는 재산세와 종부세, 양도 시 부과되는 양도소득세(개인명의)와 법인세(법인명의) 등을 통해서 수익분석 후 입찰가를 결정해서 입찰하는 순서로 진행해야 한다.

결론적으로 부동산 가치가 높은 부동산을 찾아서 권리분석 후 세금을 절세하는 방법으로 매도해서 높은 수익을 올려야 한다. 그 방법은 첫째, 1가구 1주택 또는 일시적 2주택으로 비과세 혜택을 12억원까지 받으면서 매각하는 방법, 둘째, 임대수익을 높일 수 있는 다가구주택, 상가건물, 오피스텔 등에 투자하는 방법이다.

02 온비드 공매는 경매보다 어떠한 장점이 있을까?

공매 관심을 가지기 시작하는 분들이 제일 많이 질문하는 것이 공매는 어떤 장점이 있는가와 공매와 경매의 차이점이다.

그리고 경매는 어느 정도 알 수 있는데 공매는 알 수가 없다는 말도 많이 들었다.

그만큼 공매시장은 아직까지도 보통 사람들이 쉽게 접근하기가 어렵다는 말과 같지만, 이는 공매가 어려워서가 아닐 것이다.

공매시장은 공공기관 등의 역할이 확대됨에 따라 계속적으로 확장되어 가고 있다. 공매에 대한 관심을 가지고 이 분야에 꾸준히 노력해야만 보다 높은 수익창출의 기회(틈새시장을 볼 수 있는 눈이 필요하다)를 얻을 수 있다. 그러면 공매는 어떠한 장점이 있을까?

◇ 공매는 경매보다 낮은 경쟁률로 싸게 살 수 있다!

공매는 경매보다 입찰자가 적어 낮은 가격으로 부동산을 취득할 수 있다는 것이 장점이다. 투자의 기본은 좋은 물건을 싼 가격으로 낙찰 받아 높은 가격으로 파는 것이다.

◇ 현장입찰이 아니라 온비드에 접속해서 입찰하는 온라인 입찰 방식!

공매는 경매와 같이 현장 입찰이 아니라 인터넷으로 온비드에 접속해서 입찰하는 방법이다. 시간이 부족한 직장인과 자영업자 등에게 업무에 방해가 되지 않는 시간 즉 월요일 14:00 ~ 수요일 17:00까지 24시간 입찰이 가능하다는 것이 장점이다. 그래서 바쁜 현대인에게 경매보다 공매로 입찰하는 것이 시간에 지장을 주지 않으면서도 부수적으로 높은 수입을 얻을 수 있다.

이 같이 공매는 인터넷으로 입찰절차가 진행되므로 시간과 장소에 구애됨이 없이 인터넷이 가능한 장소라면 제주도나 부산지역에서도 서울이나 수도권 지역의 공매물건 등에 입찰참여가 가능하다.

◇ 경매에 비해 입찰참여 비용을 절약할 수 있다!

공매는 24시간 언제라도 시간에 구애됨이 없이 입찰에 참여할 수가 있어서 경매에 비해 입찰참여 비용이 적다는 것이 장점이다.

경매는 현장입찰로 진행되므로, 직장인 등이 입찰하기 위해서는 입찰당일 휴가서를 제출하고 입찰해야 한다. 따라서 입찰법원 등으로 이동하는 시간과 입찰서를 제출하는 시간(5~6시간)등 금전적인 비용이 발생한다.

◆ 1주일 단위로 매각절차가 신속하게 진행된다!

　경매 매각물건은 입찰자가 없어서 유찰되면 약 1개월 후에 다음 매각기일이 진행되지만, 공매는 대부분이 1주일 단위로 진행되므로 1주일 후가 다음 매각되는 기간입찰(월요일 14:00 ~ 수요일 17:00)이다. 그래서 대부분의 공매물건은 한 달 안에 매각절차가 신속하게 진행된다(50% 가격까지 저감되므로)는 것이 장점이다.

◆ 대금 납부기한과 납부최고기한에 지연이자가 없다!

　경매의 대금납부기한은 매각결정이 확정된 날로부터 30일이 주어지는데, 그 기간 내에 납부하지 않으면 지연이자가 붙는다.

　공매는 압류재산 공매의 경우 30일에서 최장 40일(2013년부터 3천만원 이상인 경우 매각결정일로부터 30일 대금납부기한과 추가로 10일간의 납부최고기한이 지연이자 없이 주어짐)의 기간동안 지연이자 없이 납부가 가능하다는 장점이 있다.

◆ 공매물건은 다양하고, 매각공매와 임대공매도 있다!

　공매물건에는 부동산, 자동차, 기계, 유가증권, 회원권, 불용품, 동식물, 골동품 및 미술품 등 다양한 물건들이 있고, 매각공매 또는 임대공매(대부공매) 물건으로 절차가 진행되고 있다.

　공매물건 중에서도 특이한 분야로 임대공매(=대부공매) 물건들이 있는데, 학교 매점이나 주차장, 지하철 매점, 공공기관 등의 매점이나 사무실 등의 물건 등도 있고, 아파트, 단독·다가구주택부터 농지 등의 토지들까지 공매로 임대(대부)절차가 진행되고 있다. 보증금 없이 1년간의 사용료로 최저입찰가가 결정되고 이 최저입찰금액 이상으로 입찰에 참여한 입찰자를 최고액입찰자로 선정하는 방식으로 투자비용이 부족한 분들도 이 임대물건 중에서 좋은 물건을 낙찰 받아 영업을 할 수 있다.

그러나 공매에서 가장 많은 분야를 차지하는 것이 매각대상 물건이고, 그중에서도 부동산으로 아파트, 단독·다가구주택, 다세대주택, 연립주택, 상가, 오피스텔, 농지, 임야, 공장 등의 다양한 물건 등이 있다.

이러한 이유로 공매입찰에 있어서 먼저 판단해야 될 부분은 나는 어떤 공매 물건을 선택할 것인가와 그 대상이 선정된다면 그 분야에 대해서 오랜 기간 동안 실무경험과 연구를 통해서 기본적인 전문지식을 습득해야만 성공할 수 있는 투자를 계속적으로 할 수 있다.

◆ 공매는 투자하는 순간부터 이익을 확보할 수 있다!

최근 어느 세미나에서 30년 전에 들었던 말과 똑같은 말을 들었다. 안전성이 높은 부동산에 투자해서 돈을 벌고 싶다는 것이다. 이렇게 부동산 시장은 안정적인 투자 수익을 가져다주는 매력적인 시장으로 통하고 있다. 그중에서도 공매와 경매투자는 부동산중개업소에서 일반 매매로 구입하는 것보다 싼 가격으로 부동산을 취득할 수 있다.

시장이 좋으면 좋은 대로 나쁘면 나쁜 대로 그 시세보다 싸게 살 수 있어서 투자하는 그 순간부터 이익을 확보할 수 있다. 그러나 이런 시장을 알고 있다고 해서 누구나 투자에 성공하는 것은 아니다. 제대로 알고 투자하는 습관이 필요하다.

공매나 경매투자로 성공하려면 한번 제대로 배워서 평생 써 먹을 수 있는 기술로 만들어야 한다.

이러한 기술은 필자가 낙찰 받아 성공한 사례를 따라하면 될 것이다.

03 공매 1단계, 투자금액이 적은 다세대주택부터 시작해라!

　이 카보드빌 다세대주택은 서울시 동작구 사당동에 소재하고, 다세대주택의 전용면적이 62.63㎡로 아파트 분양평수로 계산하면 28평형에 해당한다. 주택 내부는 방 3개와 주방겸 거실 1개, 그리고 욕실 2개로 구성되어 있다. 도보로 3분 거리에 7호선 남성역과 버스정류장, 재래시장 등이 있어서 실수요자 분들이 선호하는 주택이다. 그래서 입찰하기 전에 주변 중개업소를 방문해서 매매와 전월세 시세를 조사해 보았더니 매매는 4억원~4억2,000만원이고, 전세 시세는 3억3,000만원~3억5,000만원 정도임을 확인할 수 있었다. 그래서 다음 온비드공매 입찰정보내역과 공매재산명세서, 등기부와 건축물대장 등을 통해서 권리분석 후 3억4,700만원에 입찰해서 낙찰 받았다.

◆ 온비드공매 다세대주택 입찰물건 정보내역

◇ 카보드빌 다세대주택 사진과 주변 현황도

이 주택은 선순위임차인이 전세보증금 3억원으로 전입신고와 확정일자를 갖추고 있어서 3억4,700만원에 입찰하면 0순위로 공매비용 10,757,000원과 1순위

당해세 880만원을 공제하고 2순위 임차인 3억원(확정일자부 우선변제금), 나머지 배분금은 3순위로 공매위임관서가 배분받고 모두가 소멸되므로 낙찰자가 인수할 권리나 금액은 없었다. 그래서 시세차익 5,000만원이 보장되는 선인 3억4,700만원으로 입찰해서 다음과 같이 낙찰 받았다.

◇ 입찰결과 확인 및 낙찰 후 대응 방법

상세입찰결과

물건관리번호	2019-07678-008		
재산구분	압류재산(캠코)	담당부점	서울서부지역본부
물건명	서울특별시 동작구 사당동 278-30 카보드빌 제1층 제000호		
공고번호	201909-32717-00	회차 / 차수	041 / 001
처분방식	매각	입찰방식/경쟁방식	최고가방식 / 일반경쟁
입찰기간	2019-10-28 10:00 ~ 2019-10-30 17:00	총액/단가	총액
개찰시작일시	2019-10-31 11:03	집행완료일시	2019-10-31 11:14
입찰자수	유효 1명 / 무효 0명(인터넷) 호		
입찰금액	347,609,800원		
개찰결과	낙찰	낙찰금액	347,609,800원
감정가 (최초 최저입찰가)	370,000,000원	최저입찰가	333,000,000원
낙찰가율 (감정가 대비)	93.95%	낙찰가율 (최저입찰가 대비)	104.39%

대금납부 및 배분기일 정보

대금납부기한	2019-12-04	납부여부	미납
납부최고기한	2019-12-16	배분기일	-

낙찰 받고 나서 임차인과 명도에 관해서 협의를 했고, 그 과정에서 주택 내부를 확인했더니 집안 내부가 깨끗해서 별도로 수리하지 않고도 매매하거나 전세를 놓는 것이 가능했다. 그래서 잔금을 12월 5일 경에 납부하고 임차인이 이사가는 1월 20일 경에 매매할 계획을 세웠다. 이 주택은 법인명의로 취득해서 양도차익에 대한 세금은 법인세 20%와 지방소득세 2%(기본 법인세 10% + 주택양도차익에

대한 추가 법인세 10%를 합한 20%와 이 법인세액의 10%에 해당하는 지방소득세 2%)가 추가되나 실제로 지급할 금액은 법인 운영비용 등을 공제해서(기본법인세 10% − 법인사업 운영비용 5%정도 = 5%) 계산하므로 16.5%(법인세15%+지방소득세1.5%)의 세금을 납부하면 될 것으로 적어도 4,000만원 정도 소득이 발생할 것을 예상할 수 있다. 독자분들도 이렇게 계산하고 입찰에 참여하면 될 것이다.

그러나 2021년부터는 기본 법인세 10%와 주택양도차익에 대한 추가 법인세 20%(주택양도차익에 대한 추가 법인세가 2020년 12월 31일까지는 10%)로 변경되어 시행 중에 있다.

04 공매 2단계, 관악우성 아파트를 낙찰 받아 성공한 사례

◇ 공매로 관악우성아파트에 입찰한 이유는?

이 아파트는 서울시 관악구 봉천동에 있는 아파트로, 지하철 2호선 서울대입구역과는 도보로 6분 거리에 있다. 그래서 서초역 ⇨ 교대역 ⇨ 강남역 방향으로 출근하는 분들이 많이 거주하고 있다고 한다. 주거지역으로 재래시장과 초·중·고등학교 등의 학군 등이 근접해 있는 것도 장점이다.

입찰하기 전에 시세를 조사했는데, 10억원에서 10억5,000만원 정도였다. 이 시세는 2021년에 12억원까지 올랐다가 하락한 것으로 10억원 정도에는 매도할 수 있다는 것이 주변 중개업소의 판단이다. 주변 교육학군과 버스, 지하철, 교통 역시 우량한 편이어서 2년 거주하다가 팔면, 12억원 정도는 받을 수 있다고 판단했다. 아파트 가격은 떨어졌다가도 부동산 경기가 좋아지면 과거 가격으로 회귀하는 경향이 있기 때문이다. 이 아파트의 사진과 주변 현황도, 입찰정보 및 입찰결과 내역은 다음과 같다.

◇ 관악 우성아파트 사진과 아파트 내부 구조 및 주변 현황도

◇ 관악 우성아파트 공매 입찰정보 내역

대표소재지	서울특별시 관악구 봉천동 1706 관악우성아파트 제104동 제27층 제0000호			
처분방식	매각	위임기관	관악세무서	
물건상태	낙찰	소유자	-	
재산종류	압류재산(캠코)	입찰시작일	2022.10.17 (10:00)	
감정평가액	1,140,000,000원	입찰종료일	2022.10.19 (17:00)	
최저가	(50%) 570,000,000원	개찰일	2022.10.20 (11:00)	
용도	아파트	배분종기일	2022.08.29	
면적	토지: 37.85㎡ / 건물: 114.78㎡			
주의사항	● 명도책임자 - 매수인			
진행기관	한국자산관리공사	담당부서	서울서부지역본부	담당자	조세정리팀 ☎1588-5321

❶ 임대차정보

임대차내용	이름	전입일	확정(설정)일	보증금	차임(월세)
전입세대주	이○○	2014.03.31		-	-

❶ 등기사항증명서 주요정보

구분	권리	권리자명	등기일	설정액(원)	비고
	압류	연제구청	2016-09-07	-	
	위임기관	관악세무서	2017-04-06	-	
	압류	동래구청	2017-04-11	-	
	압류	서울특별시(체납자 이○○)	2021-06-01	-	
	압류	동래세무서(체납자 이○○)	2021-06-08	-	
	가압류	이태의(채무자 이○○ 이○○)	2021-07-06	40,301,550	
	가압류	이이영(채무자 이○○ 이○○)	2021-07-06	40,301,550	
	압류	동래세무서(체납자 이○○)	2021-10-05	-	
	압류	관악세무서(체납자 이○○)	2021-10-05	-	
	압류	동래세무서(체납자 이○○)	2021-10-05	-	
	압류	동래세무서(체납자 이○○)	2021-10-06	-	
	압류	관악세무서(체납자 이○○)	2021-10-06	-	
	압류	서초세무서(체납자 이○○)	2021-12-08	-	
	압류	관악세무서(체납자 이○○)	2022-04-21	-	
	압류	서초구청(세외)(체납자 이○○)	2022-05-06	-	

◇ 정확한 시세와 인수금액을 확인하고, 입찰해서 성공하다!

이 아파트는 공매재산명세서를 확인해 보았더니 채무자겸 소유자 가족들만 다음과 같이 거주하고 있어서 인수할 권리 등이 없었다.

압류재산 공매재산 명세

처분청	관악세무서	관리번호	2022-00000-001
공매공고일	2022-07-06	배분요구의 종기	2022-08-29
공매재산의 표시	서울특별시 관악구 봉천동 1706 관악우성아파트 제104동 제27층 제0000호 대 지분 37.85 ㎡ 건물 114.78 ㎡		
공매(매각)예정가격/입찰서제출(입찰)기간/개찰일자/매각결정기일		온비드 입찰정보 참조	
공매보증금		공매(매각)예정가격의 100분의 10	

점유관계	성명	계약일자	전입신고일자(사업자등록 신청일자)	확정일자	보증금	차임	임차부분	비고
체납자	이OO	미상	2014-03-31	미상	미상	미상	미상	전입세대 열람내역 및 체납자 구두진술 사항

■ 임차인 배분 요구 및 채권신고 현황

임대차구분	성명	계약일자	전입신고일자(사업자등록 신청일자)	확정일자	보증금	차임	임차부분	배분요구일자	채권신고일자	비고

신고된 내역이 없습니다.

그리고 아파트 시세를 조사해 보았더니 다음과 같이 10억원에서 10억5,000만원이었다.

아파트 시세/단지정보

시세정보		단지정보			
아파트명	관악우성 43평형	건설사	우성건설	입주년도	1999.12.
총세대	2314 세대	총 층	최저12층 ~ 최고29층	동수/현관구조	10동/계단
매매 :10억1500 ~ 10억5000만원 전세 : 6억2500 ~ 6억5000만원		난방방식/연료	중앙/도시가스		
		버스/지하철	일반 142, 150, 151, 55-2, 92-2/2호선, 7호선 서울대입구역, 숭실대입구역		
		교육시설	봉천, 봉원		
관리사무소	02-876-8164	편의시설	관악, 봉천6, 관악, 우리은행, 연세소아과, 강남고려, 놀이터, 낙성대4적공원, 롯데		

이 아파트는 최초 매각예정금액은 감정가인 11억4,000만원에 시작해서 5회차까지 10%씩 저감하여 6억8,400만원까지 저감된 상태였다. 그래서 지인이 7억 5,900만원에 입찰해서 다음과 같이 낙찰 받았다.

◇ **관악구에 있는 관악우성아파트를 6:1의 경쟁을 뚫고 낙찰 받다!**

상세입찰결과

물건관리번호	2022-00000-001		
재산구분	압류재산(캠코)	담당부점	서울서부지역본부
물건명	서울특별시 관악구 봉천동 ****		
공고번호	202207-19810-00	회차 / 차수	039 / 001
처분방식	매각	입찰방식/경쟁방식	최고가방식 / 일반경쟁
입찰기간	2022-10-11 10:00 ~ 2022-10-12 17:00	총액/단가	총액
개찰시작일시	2022-10-13 11:00	집행완료일시	2022-10-13 11:12
입찰자수	유효 6명 / 무효 3명(인터넷)		
입찰금액	759,000,000원/ 731,888,999원/ 702,000,000원/ 700,199,999원/ 689,000,000원/ 684,011,300원		
개찰결과	낙찰	낙찰금액	759,000,000원
감정가 (최초 최저입찰가)	1,140,000,000원	최저입찰가	684,000,000원
낙찰가율 (감정가 대비)	66.58%	낙찰가율 (최저입찰가 대비)	110.96%

대금납부 및 배분기일 정보

대금납부기한	2022-11-16	납부여부	납부

이렇게 아파트를 759,000,000원에 낙찰 받아 10억원 정도에 바로 팔아도 최소한 1억원의 시세차익을 볼 수 있다. 필자는 지인에게 1주택자로 2년 보유 및 거주해서(취득당시 조정대상지역임) 비과세 혜택을 보면서 12억원 정도에 매도하는 전략이 양도차익을 극대화시킬 수 있고, 이러한 전략으로 내 집 마련과 양도차익을 보는 두 마리 토끼를 잡아야 성공할 수 있다고 알려주었다.

05 공매 3단계, 풍성 위버폴리스 오피스텔을 낙찰 받아 성공한 사례

◆ 오피스텔을 살 때 주거용으로 사용하냐, 업무용으로 사용하냐가 중요!

종합부동산와 건물분 부가가치세, 그리고 양도소득세에 있다.

주거용으로 사용하면 주택의 과세 체계로, 업무용으로 사용 시에는 주택외 건물로 과세체계가 적용된다.

주거로 사용하면 건물분 부가세가 면제되지만, 양도세율은 주택으로 중과 또는 비과세된다.

업무용으로 사용하면 건물분 부가세가 되지만, 양도세율은 주택으로 중과되지 않고 일반세율이 적용된다는 차이가 있다.

◆ 풍성위버오피스텔 입찰정보내역

◆ 오피스텔 사진과 위치도

◇ 지하철 4호선 인덕원~동탄 복선전철과 수도권 광역급행철도 (GTX) 3개 노선이 개통

(1) 지하철 4호선 인덕원역에서 동탄신도시를 잇는 18개 정차역

 인덕원~동탄 복선전철은 지하철 4호선 인덕원역에서 동탄신도시를 잇는 18개 정차역, 총 37.1㎞ 길이의 노선이다. 노선의 표정속도(역 정차 시간을 포함한 속도)는 완행이 약 50㎞, 급행이 65.3㎞로 빠르게 운행될 예정이다. 특히 동탄에서는 SRT 및 GTX, 영통에서는 분당선, 광교에서는 신분당선과 환승이 가능해 수도권 서남부 지역의 핵심 광역교통망이 될 것으로 기대를 모으고 있다. 〈new1 2020. 08. 18. 기사입력〉

(2) 수도권 광역급행철도(GTX) 3개 노선이 개통

 수도권 광역급행철도(GTX) 3개 노선이 개통하면 경기도 아파트값이 평균 12% 오를 것이란 연구 결과가 나왔다. 경기 남·북부 간 아파트값 격차는 좁혀질 전망이다.

경기연구원이 27일 펴낸 '경기도 대중교통 교통비용과 주택가격의 관계에 관한 연구:GTX 개통 효과를 중심으로) 연구보고서'에 따르면 GTX 3개 노선 개통 시 경기도 아파트값이 평균 12%(㎡당 50만원) 오르는 것으로 나타났다. 경기도 아파트 값 추정모형을 구축해 GTX 3개 노선 개통에 따른 아파트 가격변화를 예측한 결과다. GTX-A 노선은 운정~동탄, GTX-B 노선은 송도~마석, GTX-C 노선은 덕정~수원 구간에 각각 건설할 예정이다. 〈중앙일보 2020. 09. 27. 기사입력〉

◆ 권리분석은 공고문, 등기부와 전입세대열람 등을 분석하는 것!

(1) 매각조건을 공매공고문으로 확인해라!

신탁부동산 공매공고

1. 공매대상 부동산의 표시

입찰번호	물건번호	소재지/지번/건물번호	구분/용도	면적(㎡)	비고(전입세대·등록사항 열람내역 등)
1	(1)	경기도 화성시 반송동 00-0 풍성위버폴리스 000호	오피스텔	90.2060	- 전입세대열람내역(2020-03-05자 열람)에 최초전입일자를 2012-01-30으로 하는 거주자의 기재가 있는 것으로 조사되었음, 세대주성명: 송○○ - 건물분에 대하여 부가가치세 과세거래로 처리함

2. 입찰차수별 최저입찰금액

단위: 원, 부가가치세 별도

입찰번호	최저입찰금액(1~6차)					
	1차	2차	3차	4차	5차	6차
1	259,000,000	234,000,000	211,000,000	190,000,000	171,000,000	154,000,000

3. 입찰일정 (~이하본문 내용 생략함)
4. 공매장소 등 (~이하본문 내용 생략함)
5. 입찰방법: 일반경쟁입찰 (단독입찰가능) (~이하본문 내용 생략함)
6. 계약체결
   1) 낙찰자는 낙찰 후 5영업일 이내에 당사에 방문하여 소정의 매매계약서로 계약을 체결하여야 하며, 입찰보증금은 매매계약금으로 대체하고, 낙찰일로부터 5영업일 이내에 계약을 체결하지 않을 경우 낙찰은 무효로 하고, 입찰보증금은 당사 신탁원본으로 귀속됩니다.
   2) 매매계약 체결 필요서류
      - 개인: 본인확인 신분증(주민등록증 등), 인감도장 및 인감증명서, 주민등록초본
      - 법인: 대표자 확인서류 (법인등기부등본 및 대표자 신분증), 사용인감계(인감증명서 포함)
      - 대리인의 경우 위임장 및 위임용 인감증명서, 대리인 신분증 지참
8. 안내사항
   (~이하본문 내용 생략함)

2020년 04월 23일

KYOBO 교보자산신탁

(2) 권리는 등기부와 전입세대열람을 통해서 분석해라!

① 등기사항증명서에서 위탁자와 수탁자 확인

[집합건물] 경기도 화성시 반송동 93-1 풍성위버폴리스 제5층 제 호

순위번호	등 기 목 적	접 수	등 기 원 인	권리자 및 기타사항
19	소유권이전	2016년10월14일 제175797호	2016년10월14일 신탁	수탁자 코리아신탁주식회사 110111-2937831 서울특별시 강남구 테헤란로 508, 10층 (대치동, 해성2빌딩)

20	17번가압류등기말소	2016년 10월 17일 제176928호	2016년 10월 14일 해제	
21	16번임의경매개시결정등기말소	2016년 10월 20일 제179393호	2016년 10월 14일 취하	
22	14번가압류등기말소	2016년 10월 26일 제183485호	2016년 10월 14일 해제	
23	소유권이전	2017년 12월 26일 제236188호	2017년 12월 26일 신탁재산의귀속	소유자 송OO 740709-******* 경기도 화성시 동탄지성로 17, 502호(반송동, 풍성위버폴리스)
	19번 신탁등기말소		신탁재산의귀속	
24	소유권이전	2017년 12월 26일 제236189호	2017년 12월 19일 증여	소유자 조OO 790329-******* 경기도 화성시 동탄지성로 17, 502호(반송동, 풍성위버폴리스)
25	소유권이전	2017년 12월 26일 제236190호	2017년 12월 26일 신탁	수탁자 주식회사생보부동산신탁 110111-1617434 서울특별시 서초구 강남대로 299(서초동)

② 전입세대열람을 통해서 대항력 있는 임차인 여부를 확인해라!

전입세대 열람 내역(동거인포함)

행정기관: 경기도 성남시 분당구 서현2동
신청주소: 경기도 화성시 동탄지성로 17, 000호
출력일시: 2020년 5월 18일 11:21:10
출력자: 권OO
페이지: 1

순번	세대주성명	전입일자	등록구분	최초전입자	전입일자	등록구분	동거인수	동거인사항 순번성명 전입일자 등록구분
		주소						
1	송OO	2012-01-30	거주자	송OO	2012-01-30	거주자		
	경기도 화성시 동탄지성로 17, 000호(반송동, 풍성위버폴리스)							

 공매공고문을 통해서 매수인이 인수할 권리가 있는가 등을 확인해 보았는데, 국민주택규모를 초과하므로 건물분부가세 10%를 입찰금액과 별도로 추가(토지와 건물 감정가 비율을 매각대금에 곱해서 건물분부가세 10%) 되는 것 이외에 인수할 권리는 없었다.

 다음으로 등기부와 전입세대열람 등을 통해서 신탁등기일과 전입신고일을 비교해 보았다. 신탁등기 전에 전입신고한 임차인이 있다면 대항력이 있어서 낙찰자가 인수해야 한다.

 확인해 본 결과 위탁자는 조OO이고, 신탁등기일은 2017년 12월 26일이므로, 이보다 앞선 송OO는 임차인이라면 대항력이 있어서 매수인이 인수해야 한다. 그래서 우선수익자(대출한 금융기관) 채권담당자에 문의해보니 현 위탁자겸 소유자의 배우자라는 사실을 확인했다. 따라서 이 신탁공매물건을 낙찰 받아도 매수인이 인수할 권리나 임차인은 없었다.

◆ 수익분석 후 입찰에 참여해서 1억2,000만원을 벌다!

주변 부동산에서 최초 분양가가 4억5,000만원이었는데, 입찰할 당시 교통사정 등으로 인하여 거래되는 시세는 3억원이고, 지하철4호선 연장과 수도권 광역급행철도(GTX) 3개 노선이 개통이 되면 최소한 4억5,000만원에서 5억원은 충분할 것이라고 했다. 그래서 다음과 같이 단독으로 156,789,000원에 낙찰 받았다.

상세입찰결과

항목	내용	항목	내용
물건관리번호	2020-0000-000000	기관명	교보자산신탁(주)
물건명	경기도 화성시 반송동 93-1 풍성위버폴리스 000호 오피스텔		
공고번호	202004-00000-00	회차 / 차수	006 / 001
처분방식	매각	입찰방식/경쟁방식	최고가방식 / 일반경쟁
입찰기간	2020-05-20 10:00 ~ 2020-05-20 17:00	총액/단가	총액
개찰시작일시	2020-05-21 09:10	집행완료일시	2020-05-21 09:22
입찰자수	유효 2명 / 무효 0명(인터넷)		
입찰금액	비공개		
개찰결과	낙찰	낙찰금액	156,789,000원
감정가 (최초 최저입찰가)	259,000,000원	최저입찰가	154,000,000원
낙찰가율 (감정가 대비)	60.54%	낙찰가율 (최저입찰가 대비)	101.81%

그리고 명도 후 2억원에 재 임대했으니 투자금을 공제하고도 3,000만원 정도 잉여가 발생했다.

지인은 지하철4호선 연장과 수도권 광역급행철도(GTX) 3개 노선이 개통이 되면 최소한 4억5,000만원에서 5억원에 팔 계획인데 이는 충분할 것으로 예상했다.

그리고 2023년 2월에 주변 중개업소에서 시세를 조사해 보니 5억원이면 매도할 수 있다고 한다.

06 공매 4단계, 재건축·재개발구역 내 새봉빌라로 성공한 사례?

필자는 2019년 8월 16일에 노량진 재개발구역에서 두 개의 물건을 낙찰 받았다.

하나는 서울시 동작구 노량진 재개발구역 내 새봉빌라에 입찰하기 전에 주변 부동산중개업소에서 시세를 조사해 보았는데, 9억5,000만원에 팔 수 있다고 해서 압류재산 공매로 786,609,800원에 낙찰받았다. 이 새봉빌라는 대지지분 44㎡, 건물 전용면적 68.3㎡로, 재개발로 25평형 아파트를 추가부담금 없이 1:1로 분양 받을 수 있는 다세대주택이다. 따라서 새아파트에 분양 받아서 입주해도 좋고, 법인으로 매수해서 세금을 절세하는 방법으로 바로 팔아도 높은 수익을 볼 수 있는 물건이었다.

◆ 노량진 재개발1구역 새봉빌라 입찰물건 정보내역

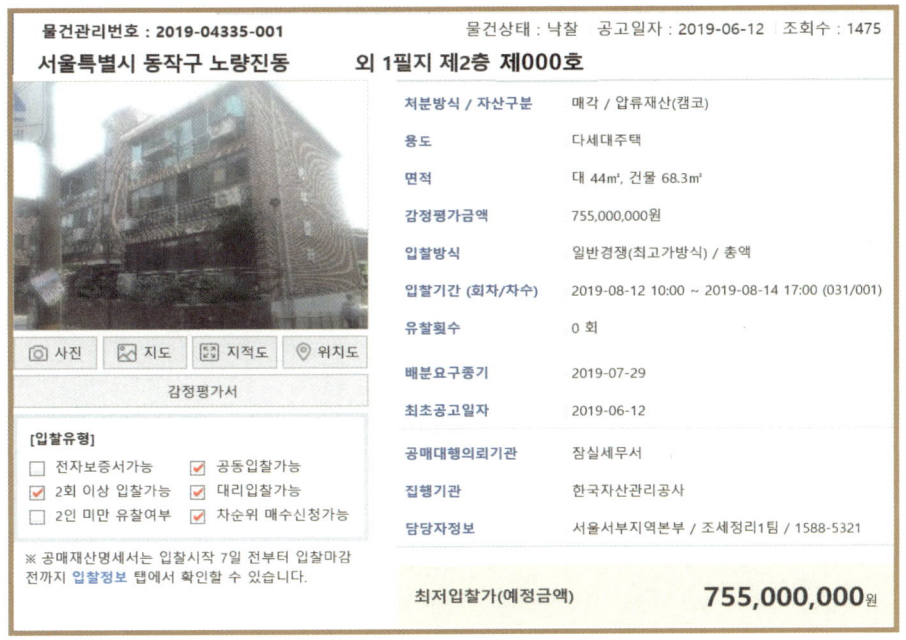

◇ 새봉빌라 입찰결과 확인 및 낙찰 후 돈 버는 비법!

■ 상세입찰결과

물건관리번호	2019-04335-001		
재산구분	압류재산(캠코)	담당부점	서울서부지역본부
물건명	서울특별시 동작구 노량진동 000-0 외 1필지 제2층 제000호		
공고번호	201906-19472-00	회차 / 차수	031 / 001
처분방식	매각	입찰방식/경쟁방식	최고가방식 / 일반경쟁
입찰기간	2019-08-12 10:00 ~ 2019-08-14 17:00	총액/단가	총액
개찰시작일시	2019-08-16 11:02	집행완료일시	2019-08-16 11:20
입찰자수	유효 2명 / 무효 0명(인터넷)		
입찰금액	786,609,800원/ 784,300,000원		
개찰결과	낙찰	낙찰금액	786,609,800원
감정가 (최초 최저입찰가)	755,000,000원	최저입찰가	755,000,000원
낙찰가율 (감정가 대비)	104.19%	낙찰가율 (최저입찰가 대비)	104.19%

■ 대금납부 및 배분기일 정보

대금납부기한	2019-09-18	납부여부	미납
납부최고기한	2019-09-30	배분기일	-

(1) 공매로 매수 후 전소유자와 임대차계약서를 작성하다!

필자가 낙찰 받고 나서 잔금을 지급하기 전에 새봉빌라를 방문해서 명도를 협협의했는데 이 과정에서 전소유자가 임차인으로 거주하기로 합의되어 전세보증금 2억원에 임대차계약서를 작성했다.

(2) 잔금 납부 후 팔아서 1억3,000만원의 양도차익을 남기다!

이 새봉빌라는 2019년 8월 16일 786,609,800원에 공매로 낙찰 받아 2019년 9월 26일 잔금을 납부했다. 새봉빌라가 위치하고 있는 노량진 재개발1구역은 지하철 1호선과 9호선이 교차하면서 인근에 7호선까지 이용 가능한 트리플 역세권이다. 그래서 그런지 잔금 납부 후 일주일도 안돼 9억5,000만원에 매도할 수 있었다.

(3) 그러니 팔아서 1억3,000만원의 양도차익을 남겼다.

낙찰금액 786,609,800원+등기비용 18,535,000원+은행대출이자 400만원+중개수수료 800만원이 소요되어 양도차익은 132,855,200원이다. 여기에 법인세 20%(기본법인세 10%와 주택양도차익 법인세 10%)+지방소득세 2%(법인세액의 10%)를 공제하면 29,228,144원으로 103,627,056원의 순이익이 발생하게 되었다. 그러나 법인세액에서 법인 사업운영 비용(5% 정도)을 공제하면 15%와 그에 대한 10%로 16.5%가 예상되니 실제 순이익은 110,934,092원이 될 것이다.

그런데 낙찰 금액에서 5억6,700만원을 대출 받아 구입했으니 실제 현금은 250,144,800원을 투자해서 110,934,092원을 올린 것으로 44.34%의 순이익이 발생했다. 이 다세대주택을 법인 명의로 매수할 당시에는 법인의 취득세 중과제도(12.4%, 13.4%)가 없었던 시기이고, 이 취득세 중과는 새정부들어 인하가 예상되기 때문에 기술해 놓은 것이다.

◆ 재개발구역의 도로 4분의 1지분을 낙찰 받아 성공한 사례

<u>두 번째로</u> 노량진 재개발6구역과 5구역 두 곳의 지역에 걸쳐져 있는 도로 4분의 1지분으로 30.25㎡이다(총면적은 121㎡×1/4=30.25㎡). 그리고 토지 분할 시점이 1978년도이므로 단독으로 90㎡ 이상의 도로 지분을 가지고 있으면 분양 자격을 얻을 수 있는 도로 지분이었다.

(1) 입찰결과 확인 및 낙찰 후 대응 방법

상세입찰결과			
물건관리번호	2018-12465-001		
재산구분	압류재산(캠코)	담당부점	서울서부지역본부
물건명	서울특별시 동작구 노량진동 000-000		
공고번호	201906-19472-00	회차 / 차수	031 / 001
처분방식	매각	입찰방식/경쟁방식	최고가방식 / 일반경쟁
입찰기간	2019-08-12 10:00 ~ 2019-08-14 17:00	총액/단가	총액
개찰시작일시	2019-08-16 11:02	집행완료일시	2019-08-16 11:20
입찰자수	유효 4명 / 무효 0명(인터넷)		
입찰금액	53,609,900원/ 46,780,000원/ 46,150,000원/ 45,682,500원		
개찰결과	낙찰	낙찰금액	53,609,900원
감정가 (최초 최저입찰가)	45,677,500원	최저입찰가	45,678,000원
낙찰가율 (감정가 대비)	117.37%	낙찰가율 (최저입찰가 대비)	117.36%
대금납부 및 배분기일 정보			
대금납부기한	2019-09-18	납부여부	미납
납부최고기한	2019-09-30	배분기일	-

이 도로지분은 노량진6구역에서는 2020년 상반기 현금청산 받을 수도 있고, 노량진5구역에서는 지분을 추가로 매입하여 분양 신청할 수 있는 권리가 있는 물건이었다.

(2) 그래서 두 가지 전략을 세웠다.

<u>첫 번째로</u>, 추가지분을 매수해서 5구역에 분양신청을 하는 방법이다. 이때 6구역에서는 권리가액에 해당하는 만큼을 받고, 5구역에 넘겨주기로 동작구청과 5구역 조합 등이 합의를 본 상태였다.

두 번째로, 현금청산금을 받는 방법이다. 이 방법도 그리 나쁘지 않았다. 6구역에서는 2020년 상반기에 현금청산금을 받을 수 있고, 5구역도 1년 이내에 현금청산금을 받을 수 있다. 그리고 이 재개발구역 내의 대지 시세가 평당 6,000만원 정도이므로, 대지가의 70~80% 선으로 현금청산금이 정해진다고 가정하면, 대지에 대한 현금청산금은 평당 4,200만원이 예상된다. 그러나 도로는 대지가의 3분의 1 정도로 현금청산되고 있으니, 적어도 1,400만원이 예상되기 때문이다.

이보다 적게 평당 1,100만원만 잡아도 1억원 정도 받을 수 있으니 5,000만원 정도 기대수익이 예상되는 물건이라 입찰해서 낙찰 받았다.

그리고 분양자격을 얻기 위해서 59.75㎡를 추가로 매수하는 방법(90㎡-30.25㎡)과 권리가액이 부족한 조합원에게 내 지분을 파는 전략, 마지막으로 현금청산금을 받는 방법으로 접근했다. 이 방법 중에서 현금청산금을 받고 탈출하는 방법으로 수익을 높일 수 있었던 사례이다.

독자분들도 이러한 도로 지분이 경매나 공매 또는 일반 매물로 나왔다면 필자와 같이 매수해서 돈을 벌기 바란다.

07 공매 5단계, 공매의 완성은 신탁공매로 끝이 난다!

필자는 2017년 11월 공매의 완성도를 높이기 위해 "신탁공매 투자의 비밀"을 출간한 바 있다.

신탁공매 시장은 얼마 전까지만 해도 소수만이 알고 투자해서 고수익을 올리던 부동산 재테크 시장이었다. 그런데 2017년부터는 신탁공매가 뜨고 있는데, 아마도 경매보다 나은 공매, 그중에서도 신탁공매가 더 높은 수익을 가져다주기 때문일 것이다. 그래서 필자가 낙찰 받은 사례를 가지고 독자분들이 신탁공매를 이해하고 투자하는데 도움을 줄 수 있을 것 같아서 다음과 같이 기술하게 되었다.

◈ 신탁공매로 자양동 우성7차아파트에 입찰한 이유는?

이 아파트는 서울시 광진구 자양동 지하철 건대입구역에 있다. 신탁공매로 1회차 최초매각예정금액은 1,146,000,000원에 시작되었지만, 아파트 시세는 10억 5,000만원 정도였다. 따라서 1회차 최초매각예정금액이 높은 가격에서 시작되었다는 사실을 알 수 있다. 이러한 이유로 최초매각예정금액과 감정평가금액 등을 시세로 판단해서는 안 된다는 것을 알 수 있다. 어쨌든 1일 4회 10%씩 저감하여 이틀 간격으로 매각하다보니, 1회차 가격이 시세보다 높은 가격으로 시작되었더라도, 이틀 사이에 낮은 금액으로 낙찰 받을 수 있다는 것이 장점이다. 필자가 이 아파트 시세를 조사할 당시에는 10억5,000만원 정도였고, 주변 교육학군과 버스, 지하철, 교통 역시 우량한 편이어서 2년 거주하다가 팔면, 오르는 아파트로 높은 시세차익을 예상할 수 있었다.

특히 이 아파트의 장점은 첫째, 지하철 2호선과 7호선이 교차하는 건대입구역에서 도보로 5분 거리에 있고, 둘째, 롯데백화점과 이마트 등의 쇼핑센터와 건국

대학교 및 건국대학병원 등이 위치하고 있다는 점과, 셋째, 한강이 보이는 정남향 20층에 있다는 것이다.

이 물건에는 유의할 점이 있었는데 공매공고문을 확인하면 1순위로 설정된 농협근저당권(채권최고액 5억2,800만원)을 인수하는 조건으로 매각하는 것이었다.

여기서 실제로 인수할 금액은 채권최고액이 아니라, 채권최고액의 범위 내에서 채권원금과 낙찰자가 잔금을 납부할 때까지 지연이자를 인수하는 것이므로, 1순위 근저당권을 설정한 농협 금융기관에 확인하고 입찰해야 한다.

따라서 매수인의 아파트 총취득가격은 입찰서에 기재한 매수금액과 농협 근저당권 인수금액(채권최고액 5억2,800만원)을 포함한 금액이 된다.

이 아파트의 사진과 주변 현황도, 입찰정보 및 입찰결과 내역은 다음과 같다.

◆ **광진구 자양동 우성7차아파트의 사진과 주변 현황도**

◆ 우성7차 신탁공매 입찰정보 내역

		집행기관	국제자산신탁 주식회사
부동산정보 조회	감정평가서	담당자정보	금융서비스팀 / 노OO. / 02-6202-0000

[입찰유형]
- ☐ 전자보증서가능
- ☑ 2회 이상 입찰가능
- ☐ 2인 미만 유찰여부
- ☐ 차순위 매수신청가능
- ☐ 공동입찰가능
- ☐ 대리입찰가능
- ☐ 공유자 여부

최저입찰가(예정금액)   1,146,000,000원

회차별 입찰 정보

입찰번호	회차/차수	구분	대금납부/납부기한	입찰기간	개찰일시	개찰장소	최저입찰가(원)
0001	001/001	인터넷	일시불/매매계약체결일로부터 30일 이내	2018-12-03 09:00~ 2018-12-03 11:00	2018-12-04 14:00	온비드	1,146,000,000
0001	002/001	인터넷	일시불/매매계약체결일로부터 30일 이내	2018-12-03 11:00~ 2018-12-03 13:00	2018-12-04 14:00	온비드	1,031,400,000
⋮	⋮			⋮	⋮		⋮
입찰번호	회차/차수	구분	대금납부/납부기한	입찰기간	개찰일시	개찰장소	최저입찰가(원)
0001	009/001	인터넷	일시불/매매계약체결일로부터 30일 이내	2018-12-07 09:00~ 2018-12-07 11:00	2018-12-10 14:00	온비드	493,315,423
0001	010/001	인터넷	일시불/매매계약체결일로부터 30일 이내	2018-12-07 11:00~ 2018-12-07 13:00	2018-12-10 14:00	온비드	443,983,880
0001	011/001	인터넷	일시불/매매계약체결일로부터 30일 이내	2018-12-07 13:00~ 2018-12-07 15:00	2018-12-10 14:00	온비드	399,585,492
0001	012/001	인터넷	일시불/매매계약체결일로부터 30일 이내	2018-12-07 15:00~ 2018-12-07 17:00	2018-12-10 14:00	온비드	359,626,943

◆ 정확한 시세와 인수금액을 확인하고, 입찰해서 성공하다!

(1) 인터넷과 주변부동산에서 시세조사 후 입찰에 참여하다

    이 아파트는 채무자겸 위탁자 가족들이 거주하고 있어서 권리분석에 문제가 없을 것 같지만 앞의 신탁공매 공고 내역을 확인한 바와 같이 선순위저당권(농협은행주식회사) 채권최고액 528,000,000원을 인수해야 한다. 그래서 농협 금융기관

에 확인해보니 근저당권을 유암코에서 인수해서 경매가 진행되니 유암코에서 확인하라고 담당자 전화번호를 알려 주었다. 전화해서 문의하니 원금 4억3,000만원과 지연이자 2,000만원 정도 되는데 최종 인수일인 12월 27일까지 가봐야 정확한 것을 알수 있다고 했다. 나머지는 개인정보법으로 인해 알려 줄 수 없다고 했다. 그래서 원금 4억3,000만원과 지연이자 2,000만원을 인수하는 조건으로 입찰하면 될 것으로 분석해본 사례이다. 그러니 인수할 선순위저당권은 4억5,000만원이고 입찰가를 387,609,800원으로 하면 총취득가는 837,609,800원으로 다음 네이버 시세조사표를 참고하면 알 수 있듯이 시세차익을 2억1,200만원 정도 볼 수 있는 물건이다.

그래서 387,609,800원에 입찰하기로 결정했다.

(2) 광진구에 있는 우성7차아파트를 낙찰 받아 어떻게 성공했나?

상세입찰결과			
물건관리번호	2018-1100-000000	기관명	국제자산신탁 주식회사
물건명	서울특별시 광진구 자양동 783-1 제000동 제20층 제0000호 아파트		
공고번호	201811-43412-01	회차 / 차수	012 / 001
처분방식	매각	입찰방식/경쟁방식	최고가방식 / 일반경쟁
입찰기간	2018-12-07 15:00 ~ 2018-12-07 17:00	총액/단가	총액
개찰시작일시	2018-12-10 14:09	집행완료일시	2018-12-10 14:09
입찰자수	유효 4명 / 무효 0명(인터넷)		
입찰금액	387,609,800원/ 386,211,100원/ 363,789,000원/ 359,700,123원		
개찰결과	낙찰	낙찰금액	387,609,800원
감정가 (최초 최저입찰가)	965,000,000원	최저입찰가	359,626,943원
낙찰가율 (감정가 대비)	40.17%	낙찰가율 (최저입찰가 대비)	107.78%

이 아파트는 서울시 광진구 자양동에 소재하고, 지하철 2호선과 7호선 더블역세권 건대입구역이 인근에 위치하고 있다. 시세는 10억5,000만원 정도인데, 12회차 입찰기간에 387,609,800원에 낙찰 받아 싸다고 생각할 수 있지만, 선순위 저당권 채권최고액 5억2,800만원을 인수하게 되므로 총취득가는 915,609,800원으로 시세차익을 1억3,439만원 정도 볼 수 있는 물건이다. 일반적으로 입찰자들은 여기까지만 생각한다.

그러나 **인수하는 농협근저당권은** 지연이자를 포함해서 채권최고액까지 인수하는 것은 맞지만, 실제 채권(입찰해서 잔금을 납부할 때까지 원금과 지연이자)만 인수하는 것이므로, 입찰하기 전에 농협과 이 채권을 매입한 유암코주식회사에 확인하니 지연이자를 포함해서 4억5,000만원이었다.

그래서 내가 이 아파트를 취득한 총 금액은 837,609,800원이 된다. 이 아파트 하나로 2억원의 시세차익을 보게 된 셈이다.

(3) 나는 낙찰 받고 나서, 다섯 개의 선물을 받았다!

첫째, 농협은행에 정확한 인수금액을 확인하니 잔금납부까지 지연이자를 계산해도 4억4,500만원으로 인수금액이 500만원 줄었다.

둘째, 배당잉여금을 확인해 보니 위탁자겸 소유자가 1억원을 받을 수 있어서 명도비용을 줄일 수 있었다(배당잉여금을 채무자가 수령하려면 낙찰자의 명도확인서가 필요하다).

셋째, 낙찰 받고 다음날 명도하러 갔는데, 또 하나의 선물을 받았다. 이전 소유자가 3년 전 4,000만원을 들여 아파트 내부를 수리한 것이다.

넷째, 한강이 보이는 아파트라는 것에 다시 한 번 놀랐다.

다섯째, 매수 후 3년이 지났는데, 시세가 16억5,000만원~17억원으로 올랐다.
앞으로 가격이 오를 수도, 떨어질 수도 있지만 지금 당장은 17억원으로 생각하고 살기로 했다.

PART
02

내가 남들과 다르게 공매투자로 성공한 사례

내가 대방2차 e-편한세상아파트를 수의계약으로 3억원을 벌다!

◆ **아파트 사진과 주변 현황도**

　서울시 동작구 대방동에 있는 대방2차 e-편한세상아파트는 주변에 우수학군으로 서울영화초등학교와 영등포 중·고등학교 등이 있고, 도보로 4분 거리에 지하철 1호선 대방역과 10분 거리에 지하철 9호선 노량진역이 위치해 있다. 그리고 아파트 사진과 주변현황 등은 다음과 같다.

(1) 아파트 사진 및 내부 평면도

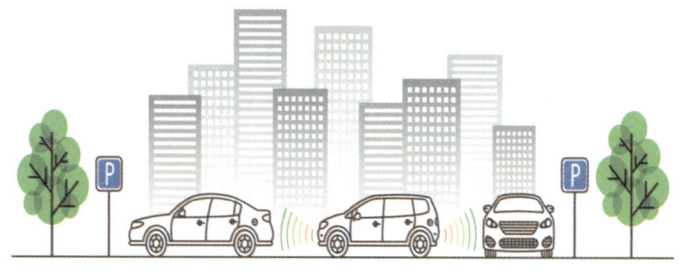

(2) 아파트 주변 현황도

◇ 대방2차 e-편한세상아파트 네이버 매물 시세

이 아파트 시세는 다음 네이버 부동산 매물 시세와 같이 12억5,000만원에서 12억8,00만원이다.

집주인 대방e-편한세상2차 201동	집주인 대방e-편한세상2차 201동
매매 14억	매매 12억 5,000
아파트 · 160/131㎡, 9/18층, 남향	아파트 · 160/131㎡, 5/18층, 동향
수리올 확장공사되어 깨끗함. 가격조정가능.입주협의	거실, 방2확장, 방4, 욕실2, 바이오세라믹시공
하나공인중개사사무소 ｜ 매경부동산 제공	대명공인 ｜ 부동산114 제공
확인 20.01.23.	확인 20.01.17.　네이버에서 보기 >
집주인 대방e-편한세상2차 201동	대방e-편한세상2차 201동
매매 12억 8,000	매매 12억 5,000
아파트 · 160/131㎡, 10/18층, 동향	아파트 · 160/131㎡, 고/18층, 남향
올확장, 방4, 정상입주매물	48p.방4,남향,로얄층,집상태 깨끗
대명공인 ｜ 부동산114 제공	서울공인중개사사무소 ｜ 매경부동산 제공
확인 20.01.22.　네이버에서 보기 >	확인 20.01.23.

그런데 이 아파트는 신탁공매로 1회차 13억, 2회차 11억7,000만원, 3회차 10억5,300만원, 4회차 9억4,770만원으로 다음 입찰정보 내역과 같이 매각절차가 진행되었다.

◆ 대방2차 e—편한세상아파트 신탁공매 입찰정보 내역

이 아파트는 1회차 13억에 시작해서 4회차까지 매각절차가 진행되었지만, 입찰자가 없어서 유찰되었다.

그 이유는 다음 공매공고문을 확인하면 알 수 있듯이 건물분 부가세 10%와 2018년 10월 10일 근저당권 148,000만원(채권최고액)을 인수하는 조건으로 매각 절차가 진행되었기 때문이다.

◆ 신탁재산 공매에서 권리분석하는 방법

신탁공매물건에 입찰하기 위해서 1차적으로 공매공고문을 통해서 인수할 권리 등 매각조건을 분석해야 한다.

2차적으로 입찰정보 내역에서 과거 입찰내역을 확인해서 공매 입찰자가 잔금 미납으로 공매가 취소되거나 무잉여로 공매가 취소된 사실 등, 아니면 정상적으로 공매가 유찰되어 왔는지 등을 분석한다.

3차적으로 신탁공매 물건 입찰정보 내역과 공매 담당자를 통해서 인수할 권리나 매각조건, 그리고 입찰할 때 주의할 사항 등을 확인하고,

4차적으로 공적장부인 신탁원부를 포함한 등기부를 발급 받고, 건축물대장상 위반건축물, 그리고 주민센터에서 전입세대 열람을 통해서 주택에서 인수할 임차인과 등기부에서 인수할 권리가 있는가를 분석해야 한다(신탁원부를 포함한 등기부를 제출용으로 발급받기 위해서는 등기소를 방문해서 발급받아야 하지만, 권리분석만을 위해서 열람용으로 발급받는 것은 2025년 1월 31일부터 대법원 인터넷 등기소에서 간단하게 발급받을 수 있도록 개정되어 시행하고 있다).

5차적으로 4차에 확인한 사항을 바탕으로 등기부상 등기된 채권과 신탁등기 전에 입주한 전입세대원 등이 있는 경우 공매 담당자와 우선수익자(대출금융기관) 등을 통해서 인수 여부를 판단하고 수익분석(취득세와 보유세, 양도세 등) 후 입찰하면 된다.

◆ 공매 공고문에서 건물분 부가세와 근저당권 인수 조건을 확인하다!

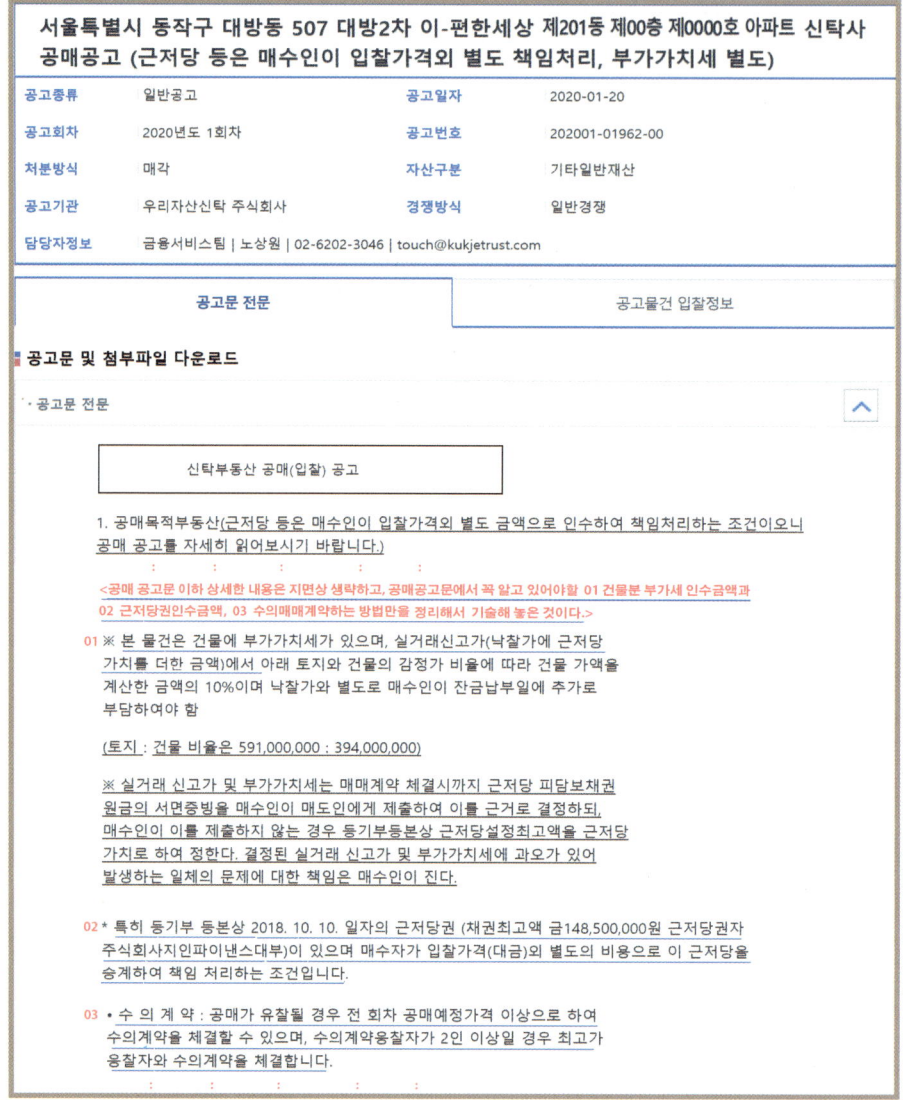

◆ 신탁재산 공매 입찰 이력정보

입찰 정보내역(다음 이미지 참조)을 확인해서 과거 입찰내역을 확인해서 공매 입찰자가 잔금 미납으로 공매가 취소되거나 무잉여로 공매가 취소된 사실 등, 아니면 정상적으로 공매가 유찰되어 왔는지 등을 분석한다.

◆ **필자는 이렇게 분석 후 수의매매계약하여 소유권을 취득하였다!**

<u>첫째</u>, 인수할 권리나 금액 여부를 ① 등기소에서 신탁원부를 포함한 등기부 열람, ② 주민센터에서 건축물대장과 전입세대열람 등을 통해서 분석했다. 그런데 채무자겸 소유자(위탁자)가 거주하고, 신탁등기 이후에 등기된 근저당권이 있어서, 근저당권만 인수하면 되었다(신탁등기 이후 대외적으로 신탁사가 소유자이기 때문에 신탁회사가 동의해야만 근저당권을 설정할 수 있어서 매수인이 인수해야 한다. 그리고 신탁등기 후에 입주한 임차인은 대항력이 없지만, 수탁자와 우선수익자의 동의를 얻어 위탁자와 계약했다면 대항력이 있어서 매수인이 인수해야 한다).

<u>둘째</u>, 신탁회사 공매담당자에게 인수할 권리나 금액을 확인해보니 건물분 부가세 10%와 근저당권 1억4,800만원이 있다는 사실을 확인할 수 있었다. 이때까지도 공매담당자는 근저당권을 인수하는 것으로 알고 있었다. 그러나 다음과 같이 우선수익자를 통해서 인수하지 않아도 된다는 사실을 알고 남보다 발 빠르게 유찰매매계약(수의매매계약)에 참여한 것이다.

셋째, 대출금융기관인 우선수익자에게 인수할 근저당권의 채권금액을 확인해보았더니 근저당권은 추후 공매를 진행할 수 없을 때를 대비해서 근저당권을 설정한 것이라 인수하지 않고 공매 매매대금만 납부하면, 즉 수의매매계약한 대금만 납부하면 말소해 준다는 사실을 알게 되었다.

넷째, 현장답사를 통해서 아파트 시세를 조사했더니 앞의 네이버 매물 시세와 같이 12억5,000만원에서 13억원 정도였다.

이와 같은 분석 하에 수의매매계약(유찰매매계약) 시에 인수할 금액은 건물분 10%[토지 감정가 591,000,000원(60%), 건물감정가 394,000원(40%)]인 37,908,000원을 포함해서 총취득가는 다음과 같이 985,608,000원이다.

공매부동산수의매매계약서

본 공매부동산은 온비드 및 우리자산신탁(주) 홈페이지에 공매공고된 바에 따라 실시한 공매에서 2020. 2. 4. 유찰된 바 다음과 같이 매매계약을 체결한다.

매도인(甲): 우리자산신탁(주)
매수인(乙): 주식회사 채움모닝

○ 부동산의 표시

<이하 본문내용은 생략하고 수의매매계약서에서 건물분부가세를 포함한 매매대금란만 표기함>

(단위 : 원)

구 분	공급가격	VAT	합계	지급일자
계약금(원)	94,770,000	0	94,770,000	입찰보증금으로 대체
잔 금(원)	852,930,000	37,908,000	890,838,000	계약체결일로부터 30일 이내 (2020년 3월 9일이내)
합 계(원)	947,700,000	0	985,608,000	

이렇게 남보다 발 빠른 대응으로 12억5,000만원 정도 가는 아파트를 2억 정도 낮은 금액으로 살 수 있었다. 필자는 매수 후 재임대하기 위해서 전세 시세를 확인해보았는데, 7억원 정도여서 임대하여 장기간 보유할 계획이었다.

왜냐하면 앞의 PART 1의 06 공매 4단계, 재건축·재개발구역 내 새봉빌라로 성공한 사례?(51쪽)에서 알 수 있듯이 주변 지역 전체가 재개발 1~8구역이 진행되고 있어서, 앞으로 계속해서 오를 수 있는 위치에 있기 때문이다. 필자가 이런 판단으로 낙찰 받았고, 아파트 명도는 협의가 안되어서 PART 18의 06번(565~567쪽)과 같이 점유이전금지가처분신청서와 명도소송을 진행해서, 1차로 점유이전금지결정문을 매수한 아파트 거실에 부착하고, 2차로 명도소송 판결문으로 강제집행절차를 진행했다. 그래서 이 사례를 참고해서 명도 방법을 공부하면 독자분들에게 도움이 될 것 같아서 이번 개정판에 추가로 기술한 것이다.

◆ 아파트를 매도하여 3억9,000만원의 시세 차익을 보다!

필자가 낙찰 받고 명도하는 과정에서 임대 시세는 8억원으로, 매매 시세는 14억원으로 올랐다.

그래서 마음을 바꾸어 14억5,000만원에 매물로 내놓고, 13억9,000만원에 매도한 것이다. 법인으로 매수했고, 세금을 공제하고 나니 3억원을 내가 번 셈이다.

알아두면 좋은 내용

유찰매매계약(=수의매매계약)하는 방법

01 신탁부동산 공매(입찰) 공고에서 유찰매매계약 방법 확인

〈수의계약〉 공매가 유찰될 경우 전 회차 공매예정가격 이상으로 하여 수의계약을 체결할 수 있으며, 수의계약응찰자가 2인 이상일 경우 최고가 응찰자와 수의계약을 체결합니다.

02 유찰계약하는 순서

① 신탁공매기관에 유찰계약 의사 전달 ⇨ ② 공매집행기관이 우선수익자의 동의 후 ⇨ ③ 매수신청자에게 수의계약 의향서 서식을 메일로 발송 ⇨ ④ 매수신청자가 수의계약 의향서 작성 제출 ⇨ ⑤ 공매집행기관에서 가상계좌를 메일 또는 문자로 발송 ⇨ ⑥ 수의매매계약금 가상계좌로 입금 후 신탁기관과 날짜와 시간을 약속해서 수의매매 계약서를 작성하면 된다. 이런 절차는 공매집행기관에 따라 다소 차이는 있지만 모두 비슷하게 진행되고 있다.

02 강남역 서초파라곤 오피스텔을 낙찰 받아 1억1천만원 벌다!

◆ 2023년 부동산 취득부터 양도 시까지 세금 절세 비법

개인명의 또는 법인명의로 부동산 취득부터 보유 및 양도 시까지 발생하는 세금(취득세, 재산세, 종합부동산세, 개인의 양도소득세, 법인의 법인세)을 알고, 절세하는 방법으로 투자해야 성공할 수 있다.

(1) 오피스텔을 주거용으로 사용하느냐, 업무용으로 사용하느냐의 큰 차이점은?

① **주거용으로 사용하면**(본인이 전입신고 또는 임차인이 전입신고 시) 주택의 과세 체계로, 건물분 부가세가 면제되고(임대한 경우에도 임차인의 월세에 대한 부가세가 면세이다), 주택임대차보호법의 적용대상으로 오피스텔을 1주택자로 보아 2년 이상 보유하면 양도세 비과세 혜택을 볼 수 있다(조정대상 지역 내는 2년 보유 및 거주해야 비과세).

그러나 다주택자의 경우에는 주택 수에 포함되어 새로운 주택을 취득할 때 취득세가 중과될 수 있다. 2022년 12월 21부터 조정대상지역 내 1가구 1주택자에서 2주택자까지는 국민주택규모 이하 1.1%~3.3%(국민주택규모 초과 1.3~3.5%)의 기본 취득세율만 적용되지만, 새로운 주택을 취득해서 1가구 3주택자 이상이 되는 사람과 법인 명의로 취득하는 경우에는 6.4%(국민주택규모 초과 6.8%)의 중과된 취득세율이 적용된다.

그러나 오피스텔을 주거용으로 취득하는 경우에는 건축물대장상 업무용으로 지어졌기 때문에 주택 수와 무관하게 4.6%가 적용된다는 사실이다.

양도소득세 중과는 2021년 6월 1일부터 조정대상지역 내에서 2주택자는 기본세율+20%, 3주택자는 기본세율+30% 중과되었다. 이 중과 제도는 2022년 5월 9일부터 2026년 5월 9일까지 한시적으로 완화되어 현재는 중과 없이 기본 양도세율과 장기보유특별공제까지 받을 수 있다.

그리고 주택에 해당하는 재산세와 종합부동산세가 부과된다.

　② **업무용으로 사용 시에는** 즉 업무용(본인이 사업자등록 또는 임차인이 사업자등록, 사업자가 없이 업무용으로 사용하는 경우도 포함)으로 사용하면, 주택 외 건물로 과세체계가 적용된다. 따라서 매매대금 중 건물분은 부가세 10%가 포함된 세금계산서와 토지분은 면세로 부가세가 없는 계산서를 발행해야 한다. 임대한 경우에는 임차인의 월세에 대한 부가세가 10%를 세무서에 납부해야 한다. **상임법의 적용대상으로 주택과 같이 비과세 혜택은 누릴 수는 없지만 주택 수에 포함되지 않아서,** 오피스텔을 보유한 상태에서 주택을 취득해도 취득세가 중과되지 않고, 기본취득세율 4.6%가 부과된다. 그리고 기존 1주택자가 업무용 오피스텔을 보유하면서 기존 1주택을 양도 시에 비과세 혜택도 볼 수 있다. 기존주택 여러 채를 보유하고 있더라도, 오피스텔 양도 시에 중과되지 않고, 1년 미만은 50%, 2년 미만은 40%, 2년 이상은 6~45%의 기본세율만 적용 받는다는 장·단점이 있다. 그리고 업무용에 해당하는 재산세와 종합부동산세가 부과되는데, 오피스텔은 공시가격이 80억원을 초과해야만 종부세가 과세되므로 절세효과가 높다.

따라서 매도인의 사정에 따라 용도를 주거용, 또는 업무용으로 선택해서 매도해야 한다. 이는 매수인 역시 같은 방법으로 용도를 정해서 매수해야 한다.

(2) 법인사업자로 취득하는 것이 개인명의보다 절세가 될까?

　① 법인이 주택을 취득하는 경우에는 중과된 취득세율 12.4%(국민주택규모 이하)가 적용되지만, 오피스텔을 취득하는 경우에는 주거용으로 사용하든, 업무용으로 사용하든 동일하게 4.6%의 기본세율만 적용된다.

② 법인소득(부동산 양도차익)이 발생하면 2억 이하인 경우 9%, 2억~200억 이하는 19%, 200억 초과~3,000억 이하는 21%, 3,000억 초과는 24%의 법인세가 부과된다. 그리고 법인이 주택 및 비사업용 토지 등의 양도차익에 대해서 20%(2021년부터 20%)의 법인세가 추가된다.

㉠ <u>법인이 주택 및 비사업용 토지를 양도한 경우</u> = 법인세 9%(법인사업소득 − 임대료 및 관리비, 인건비, 기타 비용 등의 법인사업비용) + 지방소득세 0.9%(법인세액의 10%) + 추가되는 법인세 20%(2021년부터는 20%)(주택양도가액 − 주택취득 장부가액) + 지방소득세 2%(추가법인세액의 10%)가 된다. 여기서 주택취득 장부가액은 낙찰대금 + 소유권이전 제비용 + 리모델링 등의 자본적지출비용 등이 포함된다.

㉡ <u>상가건물과 오피스텔 등은 추가되는 법인세가 없어서</u> 법인세 9% + 지방소득세 0.9%(법인세액의 10%)만 납부하면 된다. 따라서 주택이 아닌 상가나 오피스텔을 법인명의로 취득하면, 취득세 4.6%, 건물분 부가세 10%, 법인세 9%, 법인세액의 10%인 지방소득세만 납부하게 되므로 개인보다 절세효과가 높다.

필자도 그래서 법인명의로 오피스텔에 투자해서 다음 사례 등과 같이 높은 수익을 낼 수 있었다.

◇ 필자가 강남역 서초파라곤 27평형 오피스텔에 관심을 가진 이유는?

앞에서 설명한 바와 같이 주택 취득부터 양도 시까지 세무사도 버거울 정도로 중과세율이 적용되고 있다. 그래서 세금을 모르고 투자했다가 낭패를 본 사람들이 증가하고 있다. 필자가 세금을 절세하면서 수익성을 높일 수 있는 부동산을 찾아보았다. 주거를 대체할 수 있는 오피스텔이면서 위치가 좋으면, 그 가치가 증가될 수 있다고 판단했다. 왜냐하면 임대차 3법의 영향에 따라 전세 물건의 부족현상이 발생하고, 그에 따라 전세가와 주택 가격의 상승으로 이어질 것으로 판단했기 때문이다. 그래서 다음 사례와 같이 주거용을 대체할 수 있는 방 2개와 욕실 2개의 오피스텔로 강남역 5번 출구에 위치하고 있는 물건을 찾아 입찰했다. 이 주변은 삼성사옥과 다수의 기업체, 우수한 학군 등으로 업무용과 주거용 수요가 많아서 미래가치가 높을 것이라고 판단했다. 특히 롯데칠성 부지 13,000평 개발과 경부고속도로 지하화, 1차적으로 신분당선 신사역까지 연장 등으로 계속적으로 수요가 증가할 것이다.

오피스텔은 주택과 다르게 업무용 수요가 많은 곳이라야 계속적으로 가격이 상승할 수 있고, 주거용으로 대체할 수 있는 물건이라면, 그 영향력은 더욱 증가할 수 있기 때문이다.

◆ **강남역 서초파라곤 27평형 오피스텔의 사진과 주변 현황도**

◆ **서초파라곤 오피스텔 입찰 정보 내역**

◇ 압류재산 공매 권리분석 방법

압류재산 공매물건에 입찰하기 위해서 <u>1차적으로</u> 공매공고문을 통해서 인수할 권리 등 매각조건과 입찰절차를 확인해야 해야 한다.

<u>2차적으로</u> 입찰 정보내역을 확인해서 과거 입찰내역을 확인해서 공매 입찰자가 잔금 미납으로 공매가 취소되거나 무잉여로 공매가 취소된 사실 등, 아니면 정상적으로 공매가 유찰되어 왔는가 등을 분석한다.

• 입찰 이력 정보

회/차	입찰번호	개찰일시	최저입찰가	입찰결과	낙찰가	낙찰가율
020/001	0021	20.06.04 11:00	655,000,000	유찰	-	-
019/001	0049	20.05.28 11:00	458,500,000	취소	-	-
018/001	0049	20.05.21 11:00	524,000,000	취소	-	-
017/001	0049	20.05.14 11:00	589,500,000	취소	-	-
016/001	0049	20.05.07 11:00	655,000,000	취소	-	-

3차적으로 공매 물건 입찰정보 내역과 공매 담당자를 통해서 인수할 권리나 매각조건, 그리고 입찰할 때 주의할 사항 등을 확인하고,

4차적으로 다음 압류재산 공매재산 명세서를 통해서 권리 분석한다.

5차적으로 공적장부인 등기부와 건축물대장, 주민센터에서 전입세대 열람을 통해서 주택에서 인수할 임차인과 등기부에서 인수할 권리, 위반건축물 등이 있는가를 분석해야 한다.

6차적으로 4차와 5차에서 확인한 사항을 바탕으로 등기부상 등기된 채권과 말소기준권리 이전에 입주한 전입세대원 등이 있는 경우 공매 담당자와 등기부에 등기된 채권자 등을 통해서 인수 여부를 판단하고 수익분석(취득세와 보유세, 양도세 등) 후 입찰하면 된다

◆ 공매재산 명세서를 통한 오피스텔 권리분석

압류재산 공매재산 명세

처 분 청	서초세무서	관 리 번 호	2019-17129-001
공매공고일	2020-04-22	배분요구의 종기	2020-04-20
공매재산의 표시	서울특별시 서초구 서초동 0000-00 서초파라곤 제4층 제000호 대 지분 13.25 ㎡ 건물 75.69 ㎡		
매각예정가격/입찰기간/개찰일자/매각결정기일		온비드 입찰정보 참조	
공 매 보 증 금		매각예정가격의 100분의 10	
■ 공매재산 이용 및 점유현황		[조사일시: 2020-03-17 /정보출처 : 현황조사서 및 감정평가서]	
공매재산의 현황 이용현황(감정평가서)	공동주택		
위치 및 부근현황 (감정평가서) 공매재산기타	1. 본건 개요 및 현황 - 본건은 서울특별시 서초구 서초동 지하철 강남역 남서측 인근에 위치하며, 공동주택(오피스텔)으로 관찰되나, 정확한 용도 및 이용상태는 별도 재확인을 요함. 2. 관공서 열람내역 - 주민센터: 해당주소의 세대주가 존재하지 않음. 3. 점유관계 현황 - 본건 방문시, 이해관계인의 폐문부재로 조사안내문 부착 및 배분요구서를 우편함에 유치함. - 본건은 방문시, 이해관계인의 부재로 관할 주민센터에 주민등록전입된 세대를 등록하였으나, 정확한 점유관계 및 임차내역은 별도 재확인을 요함.		

점유관계	성명	계약일자	전입신고일자 (사업자등록 신청일자)	확정일자	보증금	차임	임차부분	비고
조회된 데이터가 없습니다.								

■ 임차인 배분 요구 및 채권신고 현황

임대차 구분	성명	계약일자	전입신고일자 (사업자등록 신청일자)	확정일자	보증금	차임	임차부분	배분요구 일자	채권신고 일자	비고
신고된 내역이 없습니다.										

■ 배분요구 및 채권신고 현황

번호	권리관계	성명	압류/설정 (등기)일자	법정기일 (납부기한)	설정금액(원)	배분요구 채권액(원)	배분요구일
1	임차인	임차인			0	0	배분요구 없음
2	근저당권	손○○ (채무자:손○○)	2012-07-06		500,000,000	663,500,000	2019-12-19
3	압류	서초구청(서울특별시 이하)	2014-01-27	2013-06-14 ~ 2013-06-14	0	165,026,800	2019-12-18
4	압류	국민건강보험공단 서초남부지사	2019-03-11	2017-04-10 ~ 2020-04-24	0	7,523,050	2020-03-06
5	교부청구	서울특별시		2013-06-14 ~ 2015-02-05	0	165,155,230	2020-03-11
6	위임기관	서초세무서	2013-04-16	2013-06-01 ~ 2015-02-01	0	1,916,124,110	2019-10-25

* 채권신고 및 배분요구현황은 배분요구서를 기준으로 작성하였으며 신고된 채권액은 변동될 수 있습니다.
* 배분요구일자 미등록 건에 대해서는 담당자를 통해 배분요구 여부를 반드시 확인하여 주시기 바랍니다.

2020. 05. 22

한국자산관리공사 서울동부지역본부

공매재산 명세서를 확인하니, 전입신고나 사업자등록을 갖춘 임차인이 없었으나 근저당권을 설정한 손○○가 있는 것으로 보아 전세권등기 대신 근저당권 5억원을 설정한 것으로 분석되었다. 물론 근저당권을 설정하고 입주한 임차인이라도 대항요건을 갖추고 있지 않아서 대항력이 없는 임차인이므로, 미배당금이 발생해도 소멸되는 임차인에 불과하다. 따라서 이 오피스텔을 매수하는 경우에는 인수할 권리가 없었다. 입찰할 당시에 7억5,000만원 정도여서 세금을 절세하기 위해서 다음과 같이 법인 명의로 6억3,800만원에 낙찰 받았다.

◆ 입찰결과와 낙찰 받고, 팔아서 1억1천3백만원을 벌었다!

■ 상세입찰결과

물건관리번호	2019-00000-001		
재산구분	압류재산(캠코)	담당부점	서울동부지역본부
물건명	서울특별시 서초구 서초동 0000-00 서초파라곤 제4층 제000호		
공고번호	202004-00000-00	회차 / 차수	021 / 001
처분방식	매각	입찰방식/경쟁방식	최고가방식 / 일반경쟁
입찰기간	2020-06-08 10:00 ~ 2020-06-10 17:00	총액/단가	총액
개찰시작일시	2020-06-11 11:02	집행완료일시	2020-06-11 11:17
입찰자수	유효 3명 / 무효 0명(인터넷)		
입찰금액	비공개		
개찰결과	낙찰	낙찰금액	비공개
감정가 (최초 최저입찰가)	비공개	최저입찰가	비공개
낙찰가율 (감정가 대비)	비공개	낙찰가율 (최저입찰가 대비)	비공개

응찰자가 3명 중에서 필자가 법인 명의로 6억3,800만원에 낙찰 받았다.

잔금은 2020년 7월 22일에 은행에서 75% 정도 대출을 받아 잔금을 납부했고, 2020년 7월 22일 잔금 납부와 동시에 8억원에 매매 계약을 체결했다.

취득금액은 낙찰 금액 638,000,000원과 소유권이전등기비용 30,000,000원(취득세 4.6%+법무사비용)이다.

따라서 법인 명의로 취득부터 양도 시까지 소요된 비용을 공제하고 남은 수익은 다음과 같다.

법인 양도금액 8억원－매수금액 6억3,800만원－등기비용 3,000만원－매도시 중개수수료 400만원－법인세 1,280만원－지방소득세 128만원으로 총수익은 1억1,392만원이 발생했다. 이렇게 세금을 절세하는 방법으로 투자해야 성공할 수 있다.

03 오피스텔 30평형을 일반매매로 사서, 임대수익 올리는 비법!

　필자는 앞의 02번과 같은 이유로 오피스텔에 관심을 갖는 분들이 증가되고 있다는 사실을 알고 있다. 그래서 온비드 공매로 낙찰 받아 8억에 팔았던 경험을 바탕으로, 급매물로 나온 30평형대 오피스텔을 일반매매로 매수했다. 이 30평형대는 방 3개와 욕실 2개로 구성되어 있어서 주거용을 대체할 수 있는 물건으로 미래가치가 높은 물건이었는데, 매수자가 지방에 근무하고 있었던 관계로 시세보다 낮은 금액인 8억2,000만원(매매대금 7억9,600만원+건물분 부가세 2,400만원)에 매수할 수 있었다. 이러한 물건을 사면 높은 임대수익과 팔아서 시세차익도 볼 수 있지만, 필자는 팔지 않고 임대소득을 통한 노후생활자금을 만들 계획이다.

◆ **서초파라곤 30평형 오피스텔의 단지정보와 주변 현황도!**

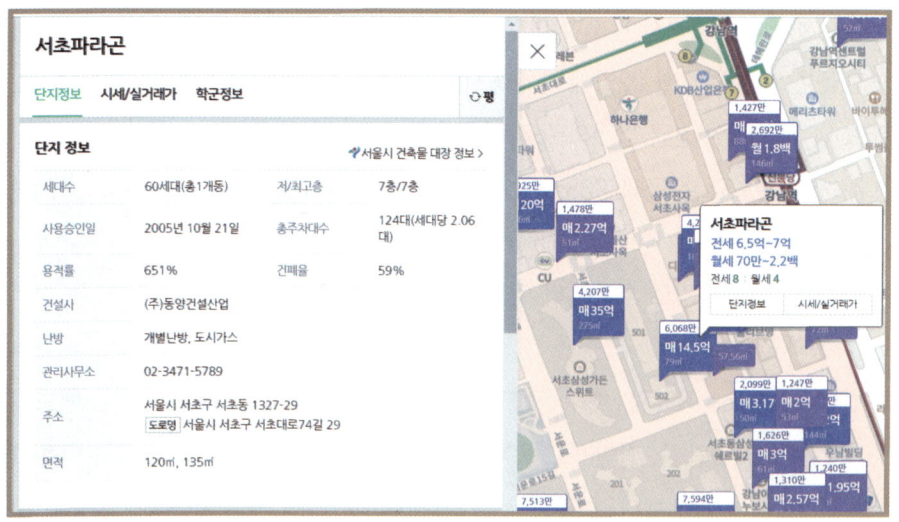

◆ **30평형 오피스텔 실거래가와 내부 구조도는 다음과 같다!**

앞의 이미지 좌측 상단에 거래된 9억2,000만원은 필자가 지인에게 소개해서 매수한 실거래가이다.

그리고 하단을 보면 알 수 있듯이 매매물건이 없다. 필자가 8억2,000만원(매매대금 7억9,600만원+건물분 부가세 2,400만원)에 매수할 당시에는 11억원 매물 1개가 있었지만, 매도인이 지방에 거주하는 관계로 시세보다 싼 가격에 매수할 수 있었다.

2022년 4월 네이버 매물 시세를 확인하니 16억원에 나온 매물을 확인할 수 있었다. 그러니 매수 후 1년 6개월 정도 지나서 2배로 오른 셈이다.

어쨌든 이 물건을 매수할 때 매매 계약서는 다음과 작성했다.

◇ 7억9,600만원에 매수한 매매 계약서와 임대차 계약서

(1) 매수당시 오피스텔 매매 계약서

부동산(오피스텔) 매매 계약서

매도인과 매수인 쌍방은 아래 표시 부동산에 관하여 다음 계약 내용과 같이 매매계약을 체결한다.

1. 부동산의 표시

소 재 지	서울특별시 서초구 서초동 1327-29 서초파라곤 제0층 제000호					
토 지	지목	대	면적	2148.4㎡	대지권종류	소유권
	대지권비율	2148.4분의14.93				
건 물	구조	철근콘크리트구조	용도	업무시설	면적	85.31㎡

2. 계약내용

제1조 [목적] 위 부동산의 매매에 대하여 매도인과 매수인은 합의에 의하여 매매대금을 아래와 같이 지불하기로 한다.

매매대금	금 칠억구천육백만원정 (₩796,000,000)
계약금	금 칠천구백육십만원정 은 계약시에 지불하고 영수함 ※영수자
중도금	금 오천만원정 은 2020년 11월 12일에 지불한다
잔 금	금 육억육천육백사십만원정 은 2020년 11월 23일에 지불한다

제2조 [소유권 이전 등] 매도인은 매매대금의 잔금 수령과 동시에 매수인에게 소유권 이전등기에 필요한 모든 서류를 교부하고 등기절차에 협력하여야 하며, 위 부동산의 인도일은 2020년 11월 23일 로 한다.

제3조 [제한물권 등의 소멸] 매도인은 위 부동산에 설정된 저당권, 지상권, 임차권 등 소유권의 행사를 제한하는 사유가 있거나 제세공과금 기타 부담금의 미납 등이 있을 때에는 잔금 수수일까지 그 권리의 하자 및 부담 등을 제거하여 완전한 소유권을 매수인에게 이전한다. 다만, 승계하기로 합의하는 권리 및 금액은 그러하지 아니하다.

제4조 [지방세 등] 위 부동산에 관하여 발생한 수익의 귀속과 제세공과금 등의 부담은 위 부동산의 인도일을 기준으로 하되, 지방세의 납부의무 및 납부책임은 지방세법의 규정에 의한다.

제5조 [계약의 해제] 매수인이 매도인에게 중도금(중도금이 없을때에는 잔금)을 지불하기전 까지 매도인은 계약금의 배액을 상환하고, 매수인은 계약금을 포기하고 본 계약을 해제할 수있다.

제6조 [채무불이행과 손해배상의 예정] 매도인 또는 매수인은 본 계약상의 내용에 대하여 불이행이 있을 경우, 그 상대방은 불이행한 자에 대하여 서면으로 최고하고 계약을 해제할 수 있다. 그리고 계약 당사자는 계약해제에 따른 손해배상을 각각 상대방에게 청구할 수 있으며, 손해배상에 대하여 별도의 약정이 없는 한 계약금을 손해배상의 기준으로 본다.

제7조 [중개보수] 개업공인중개사는 매도인 또는 매수인의 본 계약 불이행에 대하여 책임을 지지 않는다. 또한 중개보수는 본 계약 체결에 따라 계약 당사자 쌍방이 각각 지불하며, 개업공인중개사의 고의나 과실없이 본 계약이 무효, 취소 또는 해제 되어도 중개보수는 지급한다. 공동중개인 경우에 매도인과 매수인은 자신이 중개 의뢰한 개업공인중개사에게 각각 중개보수를 지급한다.

제8조 [중개보수 외] 매도인 또는 매수인이 본 계약 이외의 업무를 의뢰한 경우, 이에 관한 보수는 중개보수와는 별도로 지급하며 그 금액은 합의에 의한다.

제9조 [중개대상물확인설명서교부 등] 개업공인중개사는 중개대상물확인설명서를 작성하고 업무보증관계증서(공제증서 등) 사본을 첨부하여 거래당사자 쌍방에게 교부한다.(교부일자 : 2020년 10월 12일)

[특약사항]
1. 현 시설 상태에서의 매매 계약이며, 등기사항 증명서를 확인하고, 계약을 체결함.
2. 2020년 10월 8일 계약금 일부인 금이천만원정을 지불하였으며, 나머지 계약금 오천구백육십만원은 10월 12일 지불함.
3. 계약일 현재 을구에 명시된 저당이 없으며, 매도인은 잔금 및 등기 이전일까지 이를 유지함.
4. 본계약은 사업자(매도인)와 사업자(매수인)간의 매매계약으로, 위 매매대금 원에 건물분부가세24,000,000원(건물본부가세별포함으로 매수자부담임)으로 정하고, 매도인은 토지매매대금 계산서와 건물매매대금 세금계산서를 잔금지급시에 발행하여 매수인에게 교부함.
5. 계약일 현재 보증금 금이천만원 월세이백이십만원(부가세별도)로 임차중이며, 2020년 10월 28일 까지 매도인 책임하에 명도하며, 10월 29일 이후 임차인이 맞춰지지 않을 경우 관리비는 매수인이 부담함. 잔금일 전 임차 조건 변경에 따라 보증금을 승계하는 조건이며 잔금일은 당겨질 수 있음.
6. 선수관리예치금은 잔금일 매도인에게 반환하기로 함.
7. 잔금 시까지의 각종 공과금은 매도자 부담으로 함.
8. 본 계약은 양 당사자가 위 특약사항과 확인 설명서를 확인 후, 계약 서명 및 날인함.
9. 본 특약사항에 기재되지 않은 사항은 민법상 계약에 관한 규정과 부동산매매 일반 관례에 따른다.
10. 매도인계좌번호: 신한은행110-019-000000 예금주 ○○○

(2) 매수 후 임대할 때 작성한 오피스텔 월세 계약서

부동산(오피스텔) 월세 계약서

임대인과 임차인 쌍방은 아래 표시 부동산에 관하여 다음 계약 내용과 같이 임대차계약을 체결한다.

1. 부동산의 표시

소재지	서울특별시 서초구 서초동 1327-29 서초파라곤 제0층 제 000 호					
토 지	지 목	대	면 적	2148.4㎡	대지권종류	소유권	대지권비율	2148.4분의14.93
건 물	구 조	철근콘크리트구조	용 도	업무시설			면 적	85.31㎡
임대할부분	701호전부					면 적	85.31㎡

2. 계약내용

제1조 [목적] 위 부동산의 임대차에 한하여 임대인과 임차인은 합의에 의하여 임차보증금 및 차임을 아래와 같이 지불하기로 한다.

보증금	금 육천만원정	(₩60,000,000)
계약금	금 일천만원정	은 계약시에 지불하고 영수함 ※영수자 (인)
잔 금	금 오천만원정	은 2021년 01월 23일에 지불한다.
차 임	금 이백오십만원정	은 매월 23일(선불) 지불한다. 부가세(별도)

제2조 [존속기간] 임대인은 위 부동산을 임대차 목적대로 사용할 수 있는 상태로 2021년 01월 23일 까지 임차인에게 인도하며, 임대차 기간은 인도일로부터 2023년 01월 22일 (24개월) 까지로 한다.
제3조 [용도변경 및 전대 등] 임차인은 임대인의 동의없이 위 부동산의 용도나 구조를 변경하거나 전대 임차권 양도 또는 담보제공을 하지 못하며 임대차 목적 이외의 용도로 사용할 수 없다.
제4조 [계약의 해지] 임차인의 차임 연체액이 2기의 차임액에 달하거나, 제3조를 위반 하였을 때 임대인은 즉시 본 계약을 해지 할 수 있다.
제5조 [계약의 종료] 임대차 계약이 종료된 경우 임차인은 위 부동산을 원상으로 회복하여 임대인에게 반환한다. 이러한 경우 임대인은 보증금을 임차인에게 반환하고, 연체 임대료 또는 손해배상금이 있을 때는 이들을 제하고 그 잔액을 반환한다.
제6조 [계약의 해제] 임차인이 임대인에게 중도금(중도금이 없을때는 잔금)을 지불하기 전까지 임대인은 계약금의 배액을 상환 하고, 임차인은 계약금을 포기하고 이 계약을 해제할 수 있다.
제7조 [채무불이행과 손해배상의 예정] 임대인 또는 임차인은 본 계약상의 내용에 대하여 불이행이 있을 경우 그 상대방은 불이행 한 자에 대하여 서면으로 최고하고 계약을 해제할 수 있다. 이 경우 계약 당사자는 계약해제에 따른 손해배상을 각각 상대방에게 청구할 수 있으며, 손해배상에 대하여 별도의 약정이 없는 계약금을 손해배상의 기준으로 본다.
제8조 [중개보수] 개업공인중개사는 임대인 또는 임차인의 본 계약 불이행에 대하여 책임을 지지 않는다. 또한 중개보수는 본 계약 체결에 따라 계약 당사자 쌍방이 각각 지불하며, 개업공인중개사의 고의나 과실 없이 본 계약이 무효, 취소 또는 해제 되어도 중개보수는 지급한다. 공동중개인 경우에 임대인과 임차인은 자신이 중개 의뢰한 개업공인중개사에게 각각 중개보수를 지급한다.
제9조 [중개대상물확인설명서교부 등] 개업공인중개사는 중개대상물확인설명서를 작성하고 업무보증관계증서(공제증서 등) 사본을 첨부하여 거래당사자 쌍방에게 교부한다. (교부일자 : 2020년 12월 28일)

[특약사항]
1. 위 오피스텔은 계약 시의 현 시설상태로 임차인에게 인도하기로 하며, 등기사항 증명서를 확인 후 서명 및 날인함.
2. 위 계약은 임대인이 업무용 용도로만 임대하는 조건으로 임차인과 합의했고, 그에 따라 임차인은 건물인도와 동시에 사업자등록을 마치고 임대차기간동안 유지해야 한다.
3. 따라서 임차인이 업무용으로 사용하지 않고 주거용으로 사용해서는 임대인에 손해가 발생 시, 임대인은 임대차기간 중이라도 계약을 해지할 수 있고, 그에 따른 손해배상책임을 물을 수 있다.
4. 위 계약은 임대인이 오피스텔에 2020. 11. 23. 설정된 중부새마을금고 근저당권(접수번호 제206629호)의 융자금 채권최고액 718,800,000원(채권원금 599,000,000원)은 있는 상태에서 계약하는 것이다.
5. 임대인은 현 시설물의 고착물에 대해 관리 및 수리비를 지불하며, 임차인은 그외 소소한 부분을 부담한다.
  (단, 임차인의 사용 부주의로 발생하는 고착물의 수리비용은 임차인이 부담함)
6. 임차인은 만기전 퇴실시 차기 임차인 확정 후 보증금을 반환 받으며, 관리비,중개보수를 부담함.
7. 임차인은 잔금일 이후 관리비를 지불하며, 관리실 규정에 따른다.
8. 임대인은 임차인의 임대보증금에 대한 전세권 설정에 동의 및 협조함.
9. 본 업무용오피스텔은 (주)크로스포스트에서 본점 이외에 사무소로 추가로 임차하여 사용하는 건으로 세금계산서는 법인 본 사업장으로 발행함.
10. 기타사항은 민법 임대차보호법 및 부동산임대차 계약 일반 관례에 따르기로 한다.
11. 임차인은 월차임 250만원(부가세25만원별도),총275만원(부가세포함)은 매월 23일 임대인의 계좌
   [신한은행 140-012-000000 예금주 ㈜0000   ]에 선불로 입금한다.

필자는 매수하고 나서 2,000만원을 들여 수선하고, 보증금 6,000만원에 월세 250만원(부가세 별도)로 임대했다가 2023년 1월 23일 계약갱신하면서 265만원(부가세 별도)로 증액해서 임대수익을 올리고 있다.

04 재개발구역의 상가주택 ½로 수익률 255%를 만들다!

　이 상가주택은 지하1층과 지상1~2층은 근린상가이고 3층만 주택이다. 그리고 이 상가주택은 소유자가 2명으로 각 1/2씩 공유지분으로 되어 있는데 그 중 1/2 지분만 공매가 진행된 물건이다. 이 지역은 LH공사가 주관하고 대림산업이 시공하는 재개발구역으로 2017년 12월경에 4,800여 세대의 공동주택 사업이 착공될 예정이다. 그래서 매수인은 다른 공유자와 협의해서 공동으로 분양을 신청하든가, 현금청산 받는 방법이 있는데 입찰 전에 확인해 본 결과 현금청산을 받더라도 감정가 정도가 예상되는 물건이었다. 그렇게 판단하게 된 동기는 감정가가 6억 700만원인데 반해서 시세는 6억8,000만원에서 7억원을 호가하고 있었기 때문이다. 따라서 3억4천만원에 공매 낙찰 받아 감정가수준의 현금청산을 받을 경우 약 2억5천만원 정도의 수익이 예상되었다.

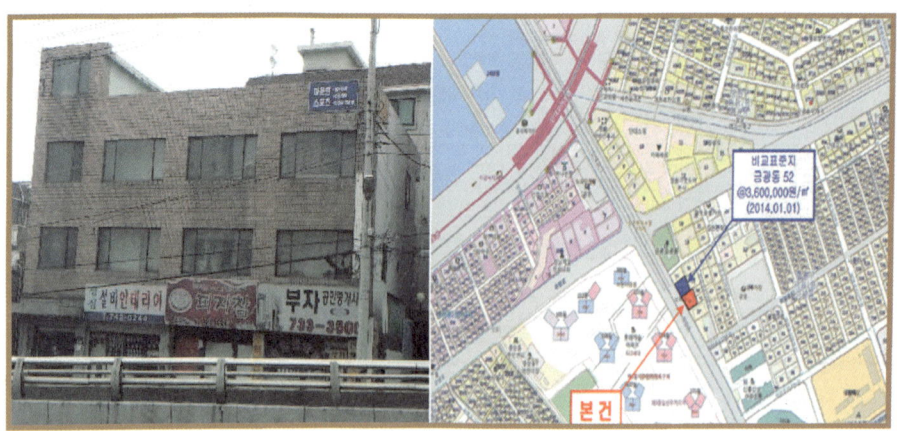

◆ 상가주택 2분의 1 지분 온비드공매 입찰정보 내역

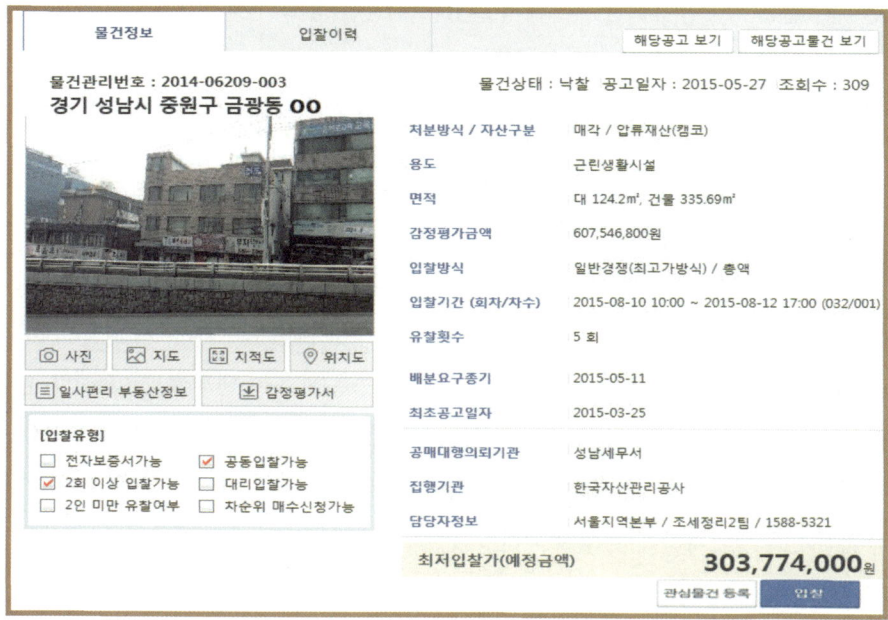

이 물건은 필자가 345,600,000원에 입찰하여 낙찰 받았고, 차순위자는 333,770,000원에 입찰하였다.

◆ 상가주택 ½ 매수 이후 대응방법과 255% 수익률 만들기!

필자가 낙찰받고 명도하러 갔는데, 체납자겸 소유자가 2층에 거주하고, 다른 공유자는 3층에 거주하고 있었다. 2층에 거주하는 체납자를 명도하고 나서, 다른 공유자 문OO와 상의하여 2층 전체를 2억원에 전세를 놓았고, 분양 신청대신

현금청산을 선택했다. 입찰 전에도 분석한 바 있지만 감정가 정도로 현금 청산되면 매수인은 약 9천여만원 투자해서 2억5,000만원 정도 시세차익을 보게 되므로 입찰에 참여할 때부터 양도세 절세를 목적으로 법인사업자 명의로 낙찰 받았다.

필자가 3억4,560만원에 낙찰 받고, 잔금대출 2억4,200만원(낙찰금액의 70%)을 받아 실제 투자금은 소유권이전등기 비용(16,934,000원) 등까지 포함해 120,534,000원이 들었다. 2017년 중순경 현금청산을 받을 것이라고 예상하고 투자하였으나, 2017년 1월 현금청산을 받았다. 현금청산금은 685,188,490원이었으며, 총수익(현금청산금)에서 본인투자원가(3억4,560만원 + 소유권이전비용 등 16,934,000원+대출이자 15,000,000원 = 377,534,000원)를 공제할 경우 총수익은 307,654,490원이다. 따라서 현금투자 대비 수익률은 307,654,490원/120,534,000원 = 255.24%로 성공적인 투자가 되었다. 이러한 금액을 가지고 부족한 노후생활자금에 보태면 된다.

◆ 금광1구역 재개발사업에서 현금청산금을 받고 탈출하다

성남시 금광1구역 재개발사업에서 현금청산금을 받게 된 감정평가금액과 현금청산협의요청문서를 첨부했으니 독자 분들도 이러한 물건이 일반매물로 나오거나 공매 등으로 매각되면 투자해서 성공의 기쁨을 맛보기 바란다.

한국토지주택공사 경기지역본부

문서번호 :
수   신 : 주식회사조이 귀하
제   목 : 현금청산협의요청

에 편입된 귀 소유 토지 등에 대한 현금청산계획을 다음과 같이 정하고 「도시 및 주거환경정비법」 제47조 및 동법시행령 제48조에 따라 협의를 요청하오니 계약체결기간내에 협의에 응하여 주시기 바랍니다.

- 다   음 -

계약체결기간	2016.10.05~2016.11.03	협의 및 계약체결장소	금광1 재개발 현장사무소
계약 및 지급조건	['별첨' 보상 안내문 참조]		
제출요구서류	['별첨' 보상 안내문 참조]		

현금청산내역

구분	소재지	지번	지분면적(㎡)	물건의 종류	구조및규격	수량	보상액(원)	비고
토지	경기도 성남시 중원구 금광동	56	124.20				533,439,000	
물건	경기도 성남시 중원구 금광동	56		가옥-가외 3건	알씨및연와조,철근콘크리트조		151,749,490	

토지 현금청산명세

소유자 : 주식회사   귀하   주소 : 경기도 성남시 중원구 희망로422번길   (금광동)

일련번호	소재지	지번	공부지목	편입면적(㎡)	지분	지분면적(㎡)	보상금액
1	경기도 성남시 중원구 금광동	56	대	248.40	1/2	124.20	533,439,000

물건 현금청산명세

소유자 : 주식회사   귀하   주소 : 경기도 성남시 중원구 희망로422번길   (금광동)

일련번호	소재지	지번	물건의종류	구조 및 규격	수량(건)	단위	지분	보상금액
1	경기도 성남시 중원구 금광동	56	가옥-가	알씨및연와조,철근콘크리트조	671	㎡	1/2	150,984,240
2	경기도 성남시 중원구 금광동	56	기타지장물-창고	판넬조, 3.3*2.2	7	㎡	1/2	435,600
3	경기도 성남시 중원구 금광동	56	기타지장물-지하출입구	시멘트벽돌조, 1.1*2	2	㎡	1/2	254,650
4	경기도 성남시 중원구 금광동	56	기타지장물-대문	소	1	식	1/2	75,000

05 다가구주택 7분의 2를 공매로 낙찰 받아 성공한 사례

 김선생의 특별과외

다가구주택을 부친으로부터 모친이 7분의 3, 장녀가 7분의 2, 막내 아들이 7분의 2를 상속 받았다. 이 중에서 장녀의 세금체납으로 다음사례와 같이 장녀 7분의 2지분이 공매로 매각되는 사례에서 필자가 낙찰 받아 성공한 사례이다. 이 사례에서 선순위 임차인의 보증금을 얼마나 인수하느냐와 낙찰 받지 못한 7분의 5지분을 어떻게 해결하느냐가 성공의 지름길이다. 왜냐하면 공매투자로 취득하는 금액은 입찰금액+인수할 권리나 금액이 포함되기 때문이다. 그런데 선순위임차인으로 예상되는 전입세대 2명이 있었다. 이때 다음과 같이 분석하면 될 것이다.

이 다가구주택은 건물과 대지 전체가 일괄매각되는 것이 아니고, 장녀지분 7분의 2만 공매로 매각되는 사례이다. 이 사례에서 지분 매수 후 다른 지분까지 매수할 수만 있다면 성공할 수 있다. 이 주택은 지하철 2호선 서울대입구역에서 도보로 7분 거리에 있고, 강남역까지 지하철로 여섯 정거장에 불과해서 제2의 강남으로 불리어지고 있다. 그래서 주변 주택과 상가건물 등의 가격이 상승하고 있다. 특히 지역주택조합이 매수하거나 매수를 준비하고 있어서 가격 상승을 유발하고 있는 지역이다. 어쨌든 주택가격은 대지 평당 가격으로 평가하기 때문에 주변부동산을 통해서 확인해 본 결과 평당 3,300만원을 형성하고 있었다.

감정가가 308,080,180원인데 반해서 시세는 440,550,000원(평당 3,300만원×13.35평)으로 감정평가가 낮게 평가된 것을 현장답사를 통해서 확인할 수 있었다. 이렇게 감정가가 낮게 평가된 물건을 찾아서 입찰에 참가하는 것, 역시 재테크에서 성공하는 지름길이다. 그런데 이 물건은 최저매각가가 184,849,000원으로 저감 되었다. 이는 지분공매물건이라는 사실과 인수금액 여부를 정확하게 판단하기 어려워서 그런 것 같았다.

어쨌든 필자가 196,409,800원으로 입찰해서 낙찰 받고, 지역주택조합에 팔아서 높은 수익을 올릴 수 있었다. 이 사례에서 주목할 점은 다른 지분을 매수해서 주택을 수선해서 파는 전략이있다면 더 높은 수익을 올렸겠지만, 필자가 낙찰 받고 다른 공유지분권자 등과 협의하는 과정에서 다른 지분이 지역주택에 팔려서 어쩔 수 없이 필자 지분도 팔았던 사례로, 그 과정을 다음과 같이 독자분들에게 소개하고자 한다.

◆ 다가구주택 공매물건의 사진과 주변 현황도

◇ 다가구주택의 7분의 2지분 온비드 입찰정보 내역

물건관리번호 : 2018-00000-003   물건상태 : 낙찰 | 공고일자 : 2018-07-25 | 조회수 : 2299

서울특별시 관악구 봉천동 0000-0

처분방식 / 자산구분	매각 / 압류재산(캠코)
용도	기타주거용건물
면적	대 44.142㎡, 건물 63.851㎡
감정평가금액	308,080,180원
입찰방식	일반경쟁(최고가방식) / 총액
입찰기간 (회차/차수)	2018-10-29 10:00 ~ 2018-10-31 17:00 (042/001)
유찰횟수	4 회
배분요구종기	2018-09-17
최초공고일자	2018-07-25
공매대행의뢰기관	고양세무서
집행기관	한국자산관리공사
담당자정보	서울서부지역본부 / 조세정리2팀 / 1588-5321

[입찰유형]
- ☐ 전자보증서가능   ☑ 공동입찰가능
- ☑ 2회 이상 입찰가능 ☑ 대리입찰가능
- ☐ 2인 미만 유찰여부 ☑ 차순위 매수신청가능

※ 공매재산명세서는 입찰시작 7일 전부터 입찰마감 전까지 입찰정보 탭에서 확인할 수 있습니다.

최저입찰가(예정금액)   184,849,000원

| 물건 세부 정보 | 압류재산 정보 | 입찰 정보 | 시세 및 낙찰 통계 | 물건 문의 | 부가정보 |

■ 임대차 정보 (감정평가서 및 신고된 임대차 기준)

임대차내용	성명	보증금(원)	차임(월세)(원)	환산보증금(원)	확정(설정)일	전입일
임차인	조O희(B02호 임차인)	70,000,000	-	-	2013-10-29	2013-10-29
임차인	임차인(B01호)	-	-	-	-	-
임차인	임차인(제1층)	1층 전체 모친인 신O분 (주택의 3/7지분권자임)	-	-	-	-
임차인	임차인(제2층)	-	-	-	-	-

■ 등기사항증명서 주요정보

번호	권리종류	권리자명	설정일자	설정금액(원)
1	위임기관	고양세무서	2017-08-29	미표시
2	압류	파주세무서	2017-07-19	미표시
3	공유자	신O분	-	미표시
4	공유자	오O환	-	미표시

◆ **다가구주택의 7분의 2지분 공매 물건에 대한 권리분석**

토지.건물 감정평가명세표

일련번호	소재지	지번	지목 용도	용도지역 및 구조	면 적 (㎡) 공부	면 적 (㎡) 사정	감정평가액 단가	감정평가액 금액	비고
1	서울특별시 관악구 봉천동	0000-0	대	제2종 일반주거지역	154.5x2/7	44.142	6,690,000	295,309,980	(오○주 지분 : 7분의 2)
가	서울특별시 관악구 봉천동 [도로명주소] 서울특별시 관악구 남부순환로 234길 00-0	0000-0 위지상	주택	연와조 스라브위기와 2층					
				1층	77.15x2/7	63.851	200,000	12,770,200	800,000 x 10/40 : 관찰감가
				2층	69.18x2/7				(오○주 지분 ; 7분의 2)
				지하실	77.15x2/7				
	합 계			< 이 하 여 백 >				₩308,080,180.-	

이 다가구주택은 위 감정평가명세표와 같이 공동소유였는데, 1층은 공유자인 모친(7분의 3)이 거주하고, 나머지 지층과 2층에서 선순위 임차인으로 예상되는 임차인 등이 3명이 있었다. 그 중 한 사람은 권리신고 및 배분요구신고서를 한국자산관리공사에 제출하고, 나머지 2명은 배분요구를 하지 않아서 낙찰자가 인수하는 상황이다.

(1) 필자가 권리분석을 하는 과정에서 확인한 사항은 다음과 같다!

1차적으로 공매재산명세서를 통해서 지층B02호 임차인 조○희가 7,000만원으로 배분요구 했고, 전액 배분 받는 것이 예상되었다. 2차적으로 등기부를 통해서 1층 거주하는 분이 7분의 3지분권자인 신○분이라는 사실까지 확인할 수 있었다.

3차적으로 현장을 방문해서 배분요구한 지층B02호를 만났고, 이 임차인을 통해서 지층B01호와 2층에 임차인이 거주하고 있다는 사실을 확인할 수 있었다. 그런데 임차보증금은 확인할 수가 없어서, 지층B01호는 임차보증금을 지층B02호와 같이 7,000만원으로 분석하고, 2층 전체 현 임대 시세(구건물인 경우를 전제로) 2억5,000만원 정도 예상할 수 있었다.

4차적으로 주변부동산을 이틀에 거쳐 매매와 전·월세 시세를 확인했는데, 그 과정에서 시세가 평당 3,300만원 정도 되는 주택 등이 매물로 나온 사실과 임대차계약서를 작성한 중개업자도 만날 수 있었다. 그런데 다른 공유자들의 입단속으로 정확한 답변을 얻을 수 없었지만, 2억 이하라는 사실은 확인할 수 있었다.

(2) 인수금액은 이렇게 분석하고 입찰에 참여했다!

그래서 인수할 보증금을 지층B01호 7,000만원과 2층 임차인 2억원으로 계산해서 합계금액 2억7,000만원의 7분의 2지분에 해당하는 77,142,857원을 인수하는 것으로 분석하고 다음과 같이 입찰에 참여하게 되었다. 왜냐하면 이 주택은 상속으로 공유등기가 이루어졌고, 임차인 등은 부친이 사망하기 전에 임대차계약서를 작성했기 때문에 그 상속지분대로 공동임대인이 된다. 또 세금을 절세하기 위해서 매수인도 개인 명의로 한 것이 아니라 과밀억제권 밖에 있는 법인을 통해서 매수해 취득 시 등록세 3배 중과와 양도소득세를 절세할 수 있었다.

개인으로 매수해서 팔았다면 1년 미만 40% + 조정대상지역 내에서 3주택 이상인 경우 20%가 중과되므로 60%, 여기에 지방소득세 10%가 추가되니 66%를 납부해야 한다. 하지만, 법인명의로 취득 후 1년 이내에 팔면 기본법인세 10%와 주택양도차익에 대한 10%의 법인세만 납부하면 되므로 절세효과를 톡톡히 볼 수 있다.

◆ 필자가 다가구주택을 1등으로 낙찰 받았다!

상세입찰결과

물건관리번호	2018-04412-003		
재산구분	압류재산(캠코)	담당부점	서울서부지역본부
물건명	서울특별시 관악구 봉천동 0000-0		
공고번호	201807-27486-00	회차 / 차수	042 / 001
처분방식	매각	입찰방식/경쟁방식	최고가방식 / 일반경쟁
입찰기간	2018-10-29 10:00 ~ 2018-10-31 17:00	총액/단가	총액
개찰시작일시	2018-11-01 11:07	집행완료일시	2018-11-01 11:21
입찰자수	유효 2명 / 무효 1명(인터넷)		
입찰금액	196,409,800원/ 191,700,000원		
개찰결과	낙찰	낙찰금액	196,409,800원
감정가 (최초 최저입찰가)	308,080,180원	최저입찰가	184,849,000원
낙찰가율 (감정가 대비)	63.75%	낙찰가율 (최저입찰가 대비)	106.25%

대금납부 및 배분기일 정보

대금납부기한	2018-12-05	납부여부	납부
납부최고기한	2018-12-17	배분기일	2019-01-11

◆ 매수 이후의 대응과 기대수익은 얼마나 올렸나?

낙찰 받고 나서 인수금액을 확인했더니, 지층B01호 7,000만원과 2층 임차인 1억9,500만원으로 합계금액이 2억6,500만원이다. 이 금액의 7분의 2를 계산하니 실제로 인수할 금액은 75,714,285원이다. 그리고 다른 공유자인 모친 신○○와 막내 아들인 오○○와 협의하는 과정에서 감정가로 팔라고 했더니 알았다고 하더니 연락이 없었다. 얼마 후 부동산 중개업소에서 전화가 왔다. 우리부동산이 지역주택조합을 대신해서 매수활동을 하는 중개업소라고 하면서 7분의 2지분을 팔라는 것이다. 그래서 고심하다가 평당 3,000만원에 팔았다.

어쨌든 낙찰가 196,409,800원 + 인수금액 75,714,285원으로 총취득가는

272,124,085원이다. 소유권이전등기비용 500만원 정도 소요되고, 400,500,000원에 팔았으니 양도차익은 128,375,915원이다. 여기에 법인세 20%를 공제해도 102,700,732원이다. 2019년 1월 7일 잔금납부하고 1월 20일 매매 계약서를 작성하고, 열흘 뒤인 1월 31일에 잔금까지 완료했다. 이렇게 마무리가 되어 2억원 투자해서 한 달만에 1억300만원이라는 높은 수익을 올릴 수 있었던 사례이다.

> **〈중원빌라 4분의 3 매수해서 성공한 사례〉**
> 이 내용은 PART 11의 05 중원빌라 4분의 3 매수 후 나머지 지분을 매수해서 성공한 사례(350쪽)에 기술된 내용으로, "박OO 지분공매로 4분의 3을 낙찰 받고, 나머지 4분의 1을 매수함과 동시에 주택을 인도 받아 재임대하는 방법으로 장기보유하다가 재개발사업구역으로 지정되면 조합원분양권으로 기대수익을 높인다는 내용을 담고 있다."

06 공매로 마포트라팰리스 오피스텔을 낙찰 받아 3억원 벌다!

이 오피스텔은 지하철 5호선과 6호선 공덕역과 경의 중앙선이 위치한 트리플역세권으로 앞으로 주거용을 대체할 수 있는 물건이다. 그래서 전세가격과 주택가격이 상승하면 동반 상승할 수 있는 우량한 물건으로 판단해서 지인에게 소개한 것이다.

◆ 마포트라팰리스 오피스텔 27평형 사진과 주변 현황도

◆ 오피스텔 입찰 정보 내역과 임차인 권리신고 및 배분요구

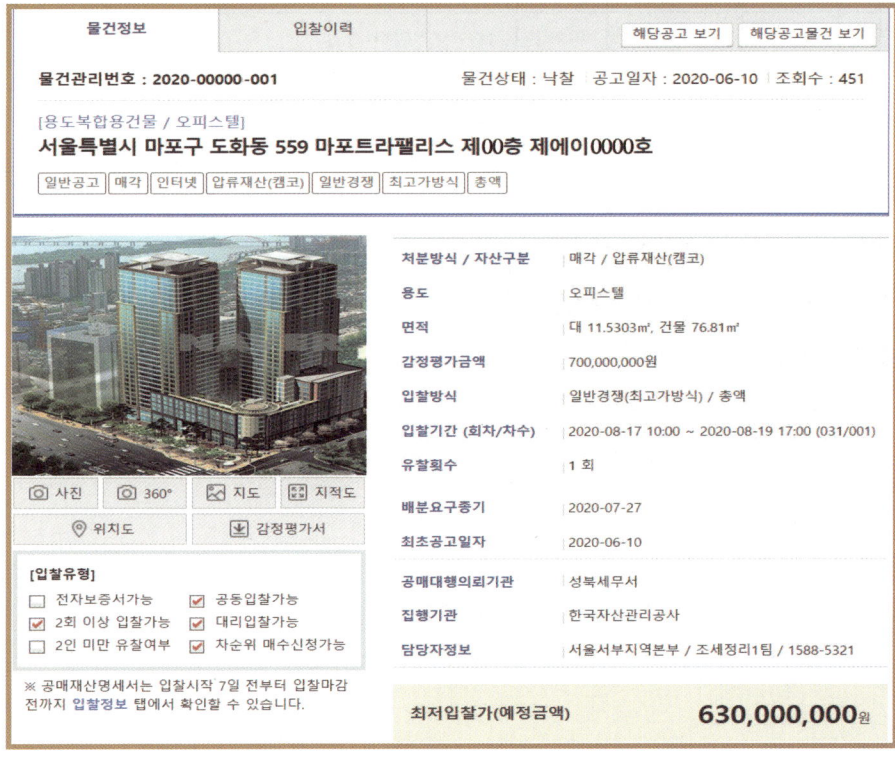

■ 임차인 배분 요구 및 채권신고 현황

임대차 구분	성명	계약일자	전입신고일자 (사업자등록 신청일자)	확정일자	보증금	차임	임차부분	배분요구 일자	채권신고 일자	비고
임차인	지OO	미상	2020-05-08	2020-05-14	38,000,000	1,000,000	미상	2020-07-24	2020-07-24	

■ 배분요구 및 채권신고 현황

번호	권리관계	성명	압류/설정 (등기)일자	법정기일 (납부기한)	설정금액(원)	배분요구 채권액(원)	배분요구일
1	임차인	지OO			0	38,000,000	2020-07-24
2	근저당권	중소기업은행	2015-03-27		252,000,000		배분요구 없음
3	압류	성북구청	2017-06-30		0	0	2020-03-19
4	압류	마포구청	2018-02-01	2016-09-10 ~ 2020-07-10	0	6,055,420	2020-03-25
5	교부청구	용산구청		2019-09-10 ~ 2020-07-10	0	1,031,450	2020-07-18
6	교부청구	서울특별시		2017-04-01 ~ 2017-04-01	0	369,135,310	2020-03-25
7	물건지지방자치단체	마포구청		2016-09-10 ~ 2020-07-10	0	6,055,420	
8	위임기관	성북세무서	2015-04-15	2015-04-01 ~ 2019-11-01	0	10,516,446,640	2020-03-09

임차인 지OO는 말소기준권리인 중소기업은행 근저당권보다 후순위로 대항력이 없는 임차인이다. 따라서 매수인이 인수하지 않아도 되는 임차인이지만 오피스텔을 인도 받기 위해서 배당금이 있는 지가 중요하다. 배당금이 있다면 낙찰자의 명도확인서가 있어야만 배당을 받을 수 있기 때문에 그 만큼 명도가 쉬워지기 때문이다.

◆ 입찰결과와 낙찰 받고 2년 보유했는데 3억원 올랐다!

(1) 마포트라팰리스를 6억8천7백만원에 낙찰 받았다!

상세입찰결과			
물건관리번호	2020-00000-001		
재산구분	압류재산(캠코)	담당부점	서울서부지역본부
물건명	서울특별시 마포구 도화동 559 마포트라팰리스 제00층 제에이0000호		
공고번호	202006-21092-00	회차 / 차수	031 / 001
처분방식	매각	입찰방식/경쟁방식	최고가방식 / 일반경쟁
입찰기간	2020-08-17 10:00 ~ 2020-08-19 17:00	총액/단가	총액
개찰시작일시	2020-08-20 11:03	집행완료일시	2020-08-20 11:18
입찰자수	유효 3명 / 무효 0명(인터넷)		
입찰금액	비공개		
개찰결과	낙찰	낙찰금액	비공개
감정가 (최초 최저입찰가)	비공개	최저입찰가	비공개
낙찰가율 (감정가 대비)	비공개	낙찰가율 (최저입찰가 대비)	비공개

이 오피스텔은 지인이 687,709,900원에 입찰해서 낙찰 받았다.

그러니 임차인의 배당금액은 다음과 같이 된다.

매각대금 687,709,900원-공매집행비용 21,319,000원으로 실제 배당할 금액은 666,390,900원이다. 이 금액을 가지고 배당하면

- **1순위**: 임차인 지OO 3,200만원(최우선변제금 1) – 소액임차인 결정기준 중소기업은행 근저당권(9,500만원 이하/3,200만원)
- **2순위**: 마포구청 6,055,420(당해세 우선변제금)
- **3순위**: 중소기업은행 근저당권 252,000,000원
- **4순위**: 임차인 지OO 500만원(최우선변제금 1) – 소액임차인 결정기준 배당시점으로 현행법상 소액임차인(1억1천만원 이하/3,700만원)

- **5순위**: 성북세무서 371,335,480원(최초압류권자로 압류선착주의에 따라 우선변제) – 조세채권 상호간의 우선순위는 1순위 당해세, 2순위 납세담보물권, 3순위 최초압류권자, 4순위 참가압류, 그리고 마지막으로 교부청구한 조세채권자가 배당받게 된다.

따라서 낙찰자는 잔금을 납부 이후 차임 100만원까지 받으면서 명도를 쉽게 진행할 수 있었다.

(2) 마포트라팰리스 27평형 오피스텔의 단지정보와 주변 현황도!

(3) 마포트라팰리스 27평형 오피스텔 실거래가와 내부 구조도

앞의 이미지 좌측 상단을 보면 알 수 있듯이 같은 평형대 매매물건은 존재하지 않지만, 전용면적 80㎡가 11억원으로, 이 매물 전용면적 76.81㎡는 최소한 10억원 이상으로 분석할 수 있다. 2020년 8월 24일 입찰할 당시 8억원이라 687,709,900원에 낙찰 받았지만, 2년 정도 지나서 10억원으로 오른 것을 보면 미래가치 분석은 잘한 것이다. 이렇게 오르는 부동산을 세금절세하면서 투자해야 성공할 수 있다.

07 근린생활시설을 공매로 낙찰 받아 신규아파트에 도전하다!

이 공매물건은 근린생활시설 1층 000호(건물전용면적 78.66㎡, 대지면적 36.66㎡)로 공부상으로는 근린생활시설인데, 현황상은 주거용으로 사용하고 있어서 불법 건축물로 이행강제금이 부과되고 있었다.

2018년 4월 26일 이런 사실을 확인했지만 북가좌6구역 단독주택재건축사업 구역 내에 있고, 매수 당시 시세가 3억원 정도이고, 분양자격이 있다는 분석하에 2억6,000만원에 매수하기로 결정했다.

◆ 북가좌6구역 근린생활시설 공매 입찰정보 내역

◉ 기본정보

대표소재지	서울특별시 서대문구 북가좌동 373-6 제0층 제000호		
처분방식	매각	위임기관	서대문구청(지방세외)
물건상태	낙찰	소유자	-
재산종류	압류재산(캠코)	입찰시작일	2018.04.23 (10:00)
감정평가액	298,000,000원	입찰종료일	2018.04.25 (17:00)
최저가	(70%) 208,600,000원	개찰일	2018.04.26 (11:00)
용도	근린생활시설	배분종기일	2018.03.26
면적	토지: 36.99㎡ / 건물: 78.66㎡		
주의사항	명도책임자 - 매수인		
진행기관	한국자산관리공사	담당부서	서울서부지역본부	담당자	조세정리1팀 ☎1588-5321

◉ 입찰정보

회차/차수	대금납부 (납부기한)	입찰시작일시 입찰마감일시	개찰일자	최저가(원) 낙찰가(원)	결과 (응찰자수)	공매재산명세
016/001	일시불 (30일)	2018.04.23 (10:00) 2018.04.25 (17:00)	2018.04.26 (11:00)	238,400,000 (80%) 257,409,800 (86%)	낙찰	

◆ 상가건물 사진과 주변현황도

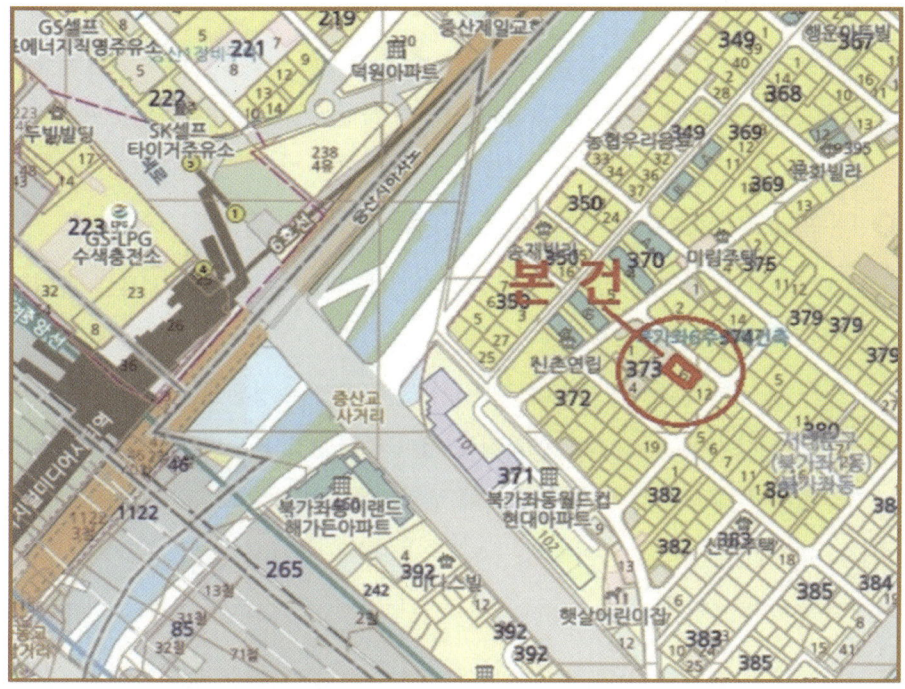

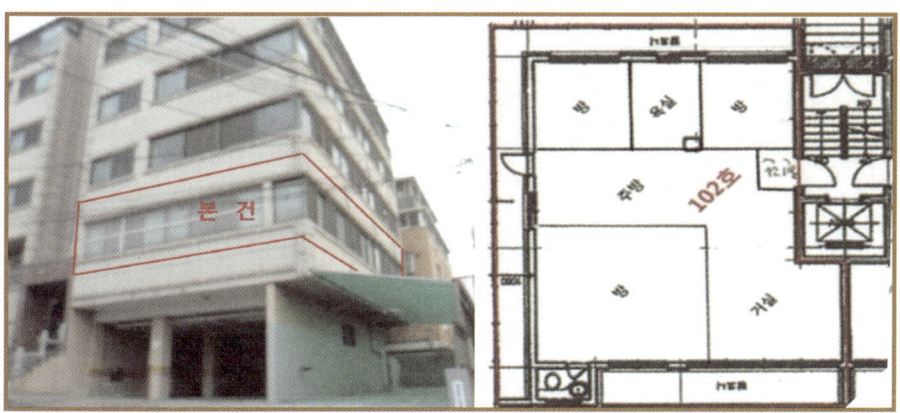

 이 구분상가는 서울특별시 서대문구 북가좌동 소재 '북가좌초등학교' 남서측 인근에 위치하며, 부근은 다세대주택, 아파트, 단독주택, 근린생활시설 등이 혼재해

있다. 주변교통 현황은 인근에 디지털미디어시티역(6호선, 경의중앙선, 공항철도의 환승역), 노선버스 정류장이 소재하여 좋은 편이다.

그리고 상가건물의 구조는 철근콘크리트조 평스라브지붕 5층 건물 중 1층 000호이지만 실제 사용은 주거용(방3, 거실, 주방, 욕실 등)으로 이용하고 있다.

◆ 매수하고 5억4,000만원 올랐고, 분양자격도 있다?

2018년 4월 26일 2억6,000만원에 매수했는데, 2021년 10월에 시세를 확인해 보았더니 8억원까지 올랐다.

북가좌6구역 단독주택재건축내 구분상가를 구입하는 경우에는 분양자격 여부가 성공의 지름길이다. 간혹 분양자격이 없어서 현금청산금 되는 경우가 있는데 이 경우에는 손해를 볼 수도 있기 때문에 주의해야 한다.

단독주택재건축 상가, 오피스텔 등이 분양자격을 가지려면, 다음 2가지 중 하나에 해당되어야 한다.

〈서울시 도시 및 주거환경 정비조례 제37조(단독주택재건축사업의 분양대상 등)〉

제1항 단독주택재건축사업으로 건립되는 공동주택의 분양대상자는 관리처분계획기준일 현재 다음 각 호의 어느 하나에 해당하는 토지등소유자로 한다.

1. 종전의 건축물 중 주택 및 그 부속토지를 소유한 자
2. 분양신청자가 소유하고 있는 권리가액이 분양용 최소규모 공동주택 1가구의 추산액 이상인 자. 다만, 분양신청자가 동일한 세대인 경우의 권리가액은 세대원 전원의 가액을 합하여 산정할 수 있다.

단독주택재건축 사업구역 내에 있는 이 근린생활시설은 상가를 분양 받는 것이 원칙이지만, 서울시 도시정비조례 제37조 제1항 2호(새로 분양하는 가장 작은 평수의 조합원분양가보다 크면)에 해당되면 공동주택(아파트)도 분양 받을 수 있다.

그래서 이 근린상가는 신축이 예상되는 최소평형의 권리가액보다 커서 분양자격

이주어질 것으로 분석하고 매수한 것이다.

이 북가좌 6구역은 단독주택재건축지역으로 2014년 5월 29일 정비구역으로지정된 후 사업이 급물살을 타기 시작한 후 2020년 02월 13일 조합설립이 되었다. 그리고 시공사를 선정하기 위해서 준비 중에 있었다. 따라서 예상분양가 등을 분석해 보면 이 구분상가로 새 아파트 25평형을 분양 받으려면 추가부담금 2억원, 34평형을 분양 받으려면 추가부담금 3억원이 예상된다.

그런데, 앞으로 지어지는 새 아파트 시세는 25평형은 최소 15억원, 34평형은 17억원으로 예상되므로 기대수익이 상당하다. 그래서 지인은 신축아파트를 분양 받을 때까지 보유할 예정이다.

◆ 북가좌6구역 단독주택 재건축 정비사업 사업 진행과정

(1) 사업개요

- 사업명 : 북가좌제6구역 주택재건축 정비 사업
- 위치 : 서울특별시 서대문구 북가좌동 372-1번지 일원
- 구역면적 : 104,656㎡
- 연면적 : 330,032.55㎡
- 건폐율 : 20.22%
- 용적률 : 249.88%
- 사업규모 : 아파트 1970세대 및 부대복리시설

(2) 북가좌6구역 단독 재건축 사업 진행과정

북가좌6구역 재건축 사업은 역세권 단지로 DMC역(디지털미디어시티) 지하철 6호선, 경의중앙선, 공항철도(강북횡단선, 홍대원종선 예정)가 가까이 있다. 단지 바로 옆에 북가좌 초등학교가 있으며 중학교 및 고등학교도 가까이 있는데 진행과정은 다음과 같다.

- 2014년 5월 29일 : 정비구역지정
- 2006년 11월 14일 : 조합추진위원회

- 2020년 2월 13일 : 조합설립인가
- 2020년 12월 22일 : 조합설립변경인가(동의율 87.76%)
- 2020년 12월 : 한국토지신탁(사업대행자 신탁계약)
- 북가좌6구역 재건축사업은 신탁 방식으로 진행한다. 사업 진행 속도가 빠르기 때문에 입주시기(2028년 입주 예정)도 일반적인 재개발 사업방식보다 빠를 것으로 예상된다.

◇ 조합설립 후 조합원분양권 전매제한과 가능한 사례 분석

　북가좌 6구역은 단독주택 재건축지역으로 지난 2014년 5월 29일 정비구역으로 지정된 후 사업이 급물살을 타기 시작한 후 2020년 02월 13일 조합설립이 되었다.

　이 당시에 도정법상 투기과열지구 내 재건축이므로 소유권이전등기시까지 조합원 지위 양도가 제한된 구역이었다. 그러나 2023년 1월 5일부터 서울시 강남3구(서초구, 강남구, 송파구), 용산구 4지역을 제외한 서울시 21개 구가 투기과열지구 등 규제지역에서 해제되어서 현재는 조합설립인가 후라도 전매가 가능하다.

08 상수역 주변 다가구주택을 낙찰 받아 원룸으로 리모델링하기

◆ 다가구주택의 온비드공매 입찰정보 내역

물건정보 | 입찰이력 | 해당공고 보기 | 해당공고물건 보기

서울 마포구 상수동 000-00

처분방식 / 자산구분	매각 / 압류재산(캠코)
용도	단독주택
면적	대지 152㎡, 건물 122.99㎡, 미등기건물 26.5㎡
감정평가금액	753,207,500원
입찰방식	일반경쟁(최고가방식) / 총액
입찰기간 (회차/차수)	2011-10-17 10:00 ~ 2011-10-19 17:00 (040/001)
유찰횟수	5 회
배분요구종기	
최초공고일자	

※ 최초공고일자가 조회되지 않을 경우 담당자에게 확인하시기 바랍니다.

공매대행의뢰기관	마포세무서
집행기관	한국자산관리공사
담당자정보	조세정리부 / 기획팀 / 1588-5321

최저입찰가(예정금액) 376,604,000원

[입찰유형]
- 전자보증서가능
- 공동입찰가능
- 2회 이상 입찰가능
- 대리입찰가능
- 2인 미만 유찰여부
- 차순위 매수신청가능

물건 세부 정보 | 압류재산 정보 | **입찰 정보** | 시세 및 낙찰 통계 | 물건 문의 | 부가정보

■ 입찰 방법 및 입찰 제한 정보

전자보증서 사용여부	사용 불가능	차순위 매수신청 가능여부	신청 불가능
공동입찰 가능여부	공동입찰 가능	2인 미만 유찰여부	1인이 입찰하더라도 유효한 입찰로 성립
대리입찰 가능여부	대리입찰 불가능	2회 이상 입찰 가능여부	동일물건 2회 이상 입찰 가능

■ 회차별 입찰 정보

입찰번호	회차/차수	구분	대금납부/납부기한	입찰기간	개찰일시	개찰장소	매각결정일자	최저입찰가(원)
2201105061003	035/001	인터넷	일시불/낙찰금액별 구분	2011-09-05 10:00~ 2011-09-07 17:00	2011-09-08 11:00	전자자산처분시스템(www.onbid.co.kr)	2011-09-09 14:00	753,208,000
⋮	⋮	⋮					⋮	⋮
2201105061003	039/001	인터넷	일시불/낙찰금액별 구분	2011-10-10 10:00~ 2011-10-12 17:00	2011-10-13 11:00	전자자산처분시스템(www.onbid.co.kr)	2011-10-14 14:00	451,925,000
2201105061003	040/001	인터넷	일시불/낙찰금액별 구분	2011-10-17 10:00~ 2011-10-19 17:00	2011-10-20 11:00	전자자산처분시스템(www.onbid.co.kr)	2011-10-21 14:00	376,604,000

◇ 왜 다가구주택을 입찰대상으로 선정하게 되었을까?

온비드 입찰정보내역 화면 중간부분에서 물건정보와 감정평가서, 매각물건의 사진정보, 위치도 및 지도를 다음과 같이 분석해서 내가 사고자하는 목적에 맞으면서도 돈이 되는 물건을 찾아야 한다.

(1) 이 다가구주택의 사진과 내부 및 평면도

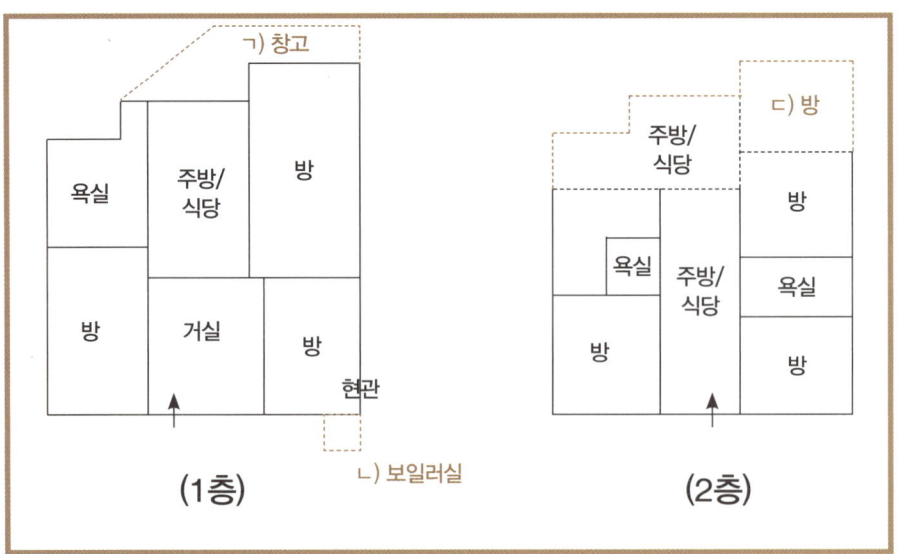

(2) 다가구주택 주변 현황도

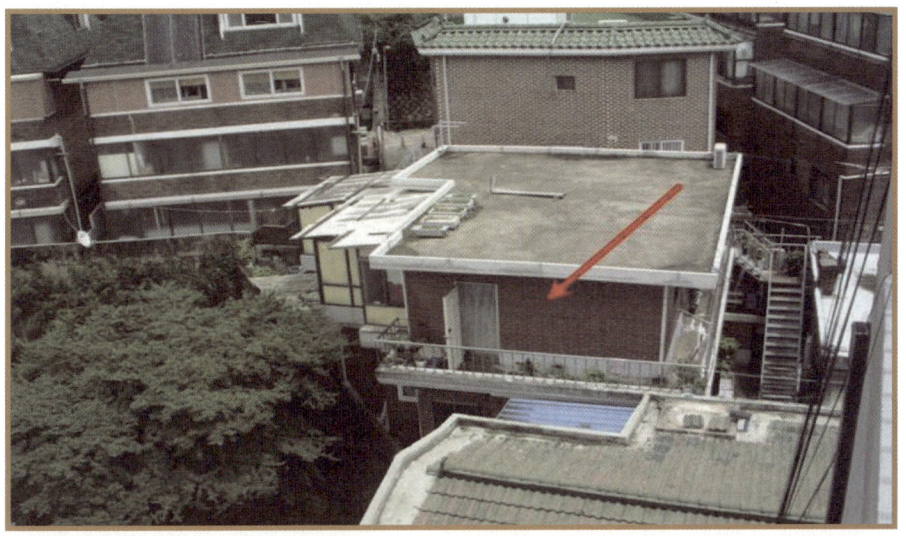

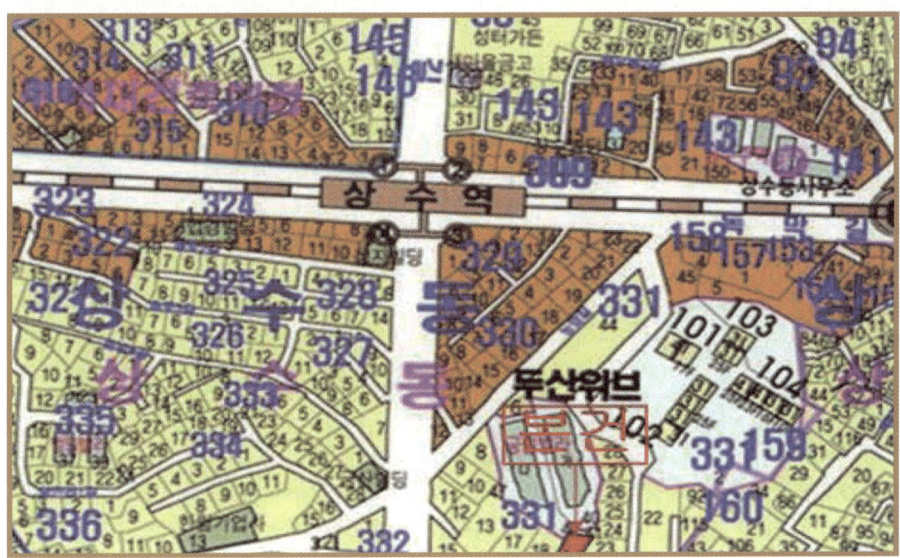

이 공매물건은 상수동 주택가에 위치하고, 6호선 지하철 상수역이 3분 거리에 위치하고 있어서 대중교통이 편리하고 초등학교와 중학교 등의 학군이 우수하여 입주자 등이 선호하는 지역으로 낙찰 받고 임대 또는 매도하기가 쉬운 지역이므로 입찰대상물건으로 선정하고 다음과 같이 권리분석 후에 현장답사를 나갔었다.

◇ 물건분석과 권리분석은 어떻게 하면 되나?

(1) 물건분석 및 주변현황

이 공매물건은 서울시 마포구 상수동 소재 6호선 상수역 3번 출구에서 3~4분 거리에 위치하고 있어서 다가구주택을 1층 3개 호수와 2층 3개 호수로 총 6개 호수의 원룸으로 리모델링하면 각 보증금 1,000만원에 월 50만원씩 임대수익이 예상되어 보증금 6,000만원에 매월 300만원의 임대소득이 예상되는 우량한 다가구주택이다.

인근에 홍익대학교와 서강대 그리고 신촌이 가까이에 위치하고 있어서 대학생과 직장인이 선호하는 지역으로 원룸 임대 수요가 많다는 것을 주변부동산 중개업소에서 알 수 있었다. 따라서 원룸으로 리모델링하면 계속적인 임대소득이 예상되는 지역이다.

그리고 주변 가까이에 있는 주택단지가 삼성래미안을 시공사로 선정하여 대단지 재개발사업이 진행 중인데, 2012년 초부터 이주계획이 잡혀 있어서 주택수요는 더욱 부족하게 되므로 이는 임대수익률의 증가로 이어질 전망이다.

(2) 다가구주택의 임대차 정보와 등기부 상의 권리내역

① 다가구주택의 임대차정보

임대차 정보 (감정평가서 및 신고된 임대차 기준)

임대차내용	성명	보증금(원)	차임(월세)(원)	환산보증금(원)	확정(설정)일	전입일
전입세대주	이강민	0원	0원	0원	-	1995-06-30
전입세대주	박미희	0원	0원	0원	-	2009-09-11
전입세대주	서순향	0원	0원	0원	-	2010-10-18

② 등기부상의 권리내역

순번	권리종류	권리자 및 기타사항	등기일	설정액(원)
1	소유자	이한구	1995년3월28일	
2	근저당권	북부천 새마을금고	2010년5월26일	481,000,000원(배분요구 374,368,180원)
3	근저당권	안미순	2010년5월27일	90,000,000원(배분요구 90,000,000원)
4	압류	마포세무서	2010년6월30일(법정기일 2009년12월3일)	체납세액 32,800,000원
5	임의경매개시결정	북부천 새마을금고	2011년8월19일(서부지원2011타경13537)	청구 374,368,180원
6	가압류	여철민	2011년9월21일	50,000,000원

(3) 권리분석과 배분 계산서 작성

이 공매물건은 한국자산관리공사의 압류공매와 북부천 새마을금고의 임의경매가 중복하여 진행중인 물건이다. 이 물건에서 유의할 점은 전입세대원 중 이강민(전입 95.06.30.)과 박미희(전입 09.09.11.)는 말소기준권리인 북부천 새마을금고의 2010년 5월 26일 근저당권보다 먼저 대항요건을 갖추고 있어서 서류상으로는 대항력이 있었다. 주민센터를 방문해서 조사해본 결과도 체납자겸 소유자인 이한구와 관련도 없었다.

그런데 이강민의 전입일자가 이한구 소유자와 같은 날짜이고, 대항력 있는 임차인이 있는 데도 북부천 새마을금고의 대출이 이루어졌다는 점에서 임차인이 아닐 것이라는 판단을 하게 되었다. 그래서 등기부상에 기재된 채권자 등을 통해서 원인분석을 하게 되었고, 그 과정에서 임의경매를 신청한 북부천 새마을금고를 통해서 이강민이 체납자의 아들이고, 대출할 때 무상거주확인서를 제출한 사실까지 확인할 수 있었다.

특히 현장을 방문하여 물건을 조사하는 중에 이 물건이 중개업소에 6개월 전에 6억7,000만원 매물로 나온 적이 있었고, 그 매물을 내 놓은 사람이 1층에 살고 있는 아들이라는 말과 2층에 살고 있는 임차인 등은 두 명으로 6,000만원과 2,500만원에 임차하여 거주하고 있다는 사실을 확인할 수 있었다. 이러한 정황을 분석해본 결과 이강민은 대항력 있는 임차인으로 볼 수 없었고, 선순위 박미희 임차인은 보증금이 2,500만원으로 배분계산서 전까지 배분요구하면 배분에 참여할 수 있고, 배분요구를 하지 않는다면 2,500만원을 낙찰가 인수하면 되었다.

그리고 시세를 조사해본 결과 시세는 평당 2,000만원에 형성되어 있었으나 거래는 어려운 실정이었다. 그러나 주변부동산 중개업소에서 6억5,000만원 정도이면 거래가 가능할 것이라는 말과 원룸수요가 많은 지역으로 주택을 원룸으로 리모델링하면 높은 임대수익을 얻을 수 있다는 말을 함께 들을 수 있었다.

이 공매물건을 420,700,800원에 입찰하면 어떻게 배분될까?

420,700,800원에서 공매비용 12,880,800원을 공제하면 배분금액은 407,820,000원이다. 소액임차인 여부와 임차인이 배분요구가 없어서 이들을 제외하고 배분계산서를 작성했으나 공매절차에서는 2011년 12월 31일까지는 배분계산서 작성 전까지 배분요구하면 되므로 낙찰 받고 나서 배분요구하도록 할 수 있다.

그러나 **이 제도는 2012. 01. 01. 부터 첫 매각기일 이전에 배분요구종기 제도가 시행되므로, 2011년 말까지만 최초 공매공고한 물건만 가능한 제도**이다.

1순위 마포세무서 32,800,000원(우선변제금 1등)

2순위 북부천 새마을금고 375,020,000원(우선변제금 2등)

북부천 새마을금고는 청구채권액이 374,368,180원이지만 법원경매신청비용과 지연이자 등을 포함하여 배분잔여금 375,020,000원 전액 배분될 것으로 예상된다. 공매와 경매로 중복해서 매각절차가 진행되는 경우에 먼저 대금을 납부한 매수인이 소유권을 취득하고 그 상대방의 매각절차는 취소된다.

◇ 투자대비 임대수익률은 어떻게 되겠는가?

낙찰금액이 420,700,800원이고 필요제경비 포함 취득비용이 11,899,200원이라면 총 취득가는 4억3,260만원이다. 낙찰금액에서 70%를 연 6% 이자로 대출받았다면 현금투자는 1억3,860만원이다. 그리고 다가구주택을 1층 3개 호수와 2층 3개 호수로 총 6개 호수의 원룸으로 리모델링하기 위해서 든 공사비가 3,000만원이면 총 현금투자는 1억6,860만원이다. 그래서 각 호수를 보증금 1,000만원에 월 50만원씩 임대하면 총 보증금 6,000만원에 매월 300만원의 임대소득이 예상된다.

이 금액을 가지고 현금투자대비 임대수익금액과 수익률을 계산하면 연간 임대수익금액 = 3,600만원−1,764만원(2억9,400만원×6%)(연대출이자) = 1,836만원이다. 총 현금투자 = 1억6,860만원−6,000만원(보증금의 합계) = 1억860만원이 된다.

따라서 총 현금투자대비 임대수익률은 1,836만원/1억860만원으로 16.90%로 높은 투자수익을 볼 수 있다.

◇ 입찰에 참여해서 2대 1의 경쟁률을 뚫고 낙찰 받았다

앞에서 분석한 방법과 같이 계산한 예상수익금액을 바탕으로 입찰가를 결정해서 420,700,800원으로 입찰해서 다음과 같이 2대 1의 경쟁률을 뚫고 낙찰 받았다.

■ 상세입찰결과

물건관리번호	2011-05061-003		
재산구분	압류재산(캠코)	담당부점	조세정리부
물건명	서울 마포구 상수동 ○○○-○○		
공고번호	201107-01568-00	회차 / 차수	040 / 001
처분방식	매각	입찰방식/경쟁방식	최고가방식 / 일반경쟁
입찰기간	2011-10-17 10:00 ~ 2011-10-19 17:00	총액/단가	총액
개찰시작일시	2011-10-20 11:01	집행완료일시	2011-10-20 11:33

입찰자수	유효 2명 / 무효 0명(인터넷)		
입찰금액	420,700,800원/ 377,700,000원		
개찰결과	낙찰(매각결정(낙찰자))	낙찰금액	420,700,800원
감정가 (최초 최저입찰가)	753,207,500원	최저입찰가	376,604,000원
낙찰가율 (감정가 대비)	55.85%	낙찰가율 (최저입찰가 대비)	111.71%
대금납부 및 배분기일 정보			
대금납부기한	2011-12-20	납부여부	납부
납부최고기한	-	배분기일	2011-12-22

◇ 매수 이후 대응방법

다가구주택을 2011년 10월 20일 낙찰 받고, 다음날 10월 21일 14:00에 매각결정서를 온비드에서 발급 받았다(현재는 3일 후인 월요일 10시 정각에 매각결정으로 변경). 그리고 10월 22일 낙찰 받은 주택을 방문하여 체납자겸 소유자와 임차인 등을 만날 수 있었다. 이 과정에서 임차인 등은 법원경매절차에서는 배당요구를 하였는데, 이 경우 공매절차에서도 배분절차에 참여하는 것으로 오해를 하고 있었다. 필자는 이러한 오해를 풀어주는데 오랜 시간을 설명했고, 금년 말까지는 배분계산서 작성 전까지만 배분요구하면 배분 받을 수 있다는 사실과 배분요구 방법 등에 대해서 알려 주고 돌아왔다. 필자가 낙찰 받은 주택을 방문해서 이강민은 체납자겸 소유자의 아들인 사실과 임대차 내역은 다음 도표와 같음을 확인할 수 있었다.

임대차 정보 (감정평가서 및 신고된 임대차 기준)						
임대차내용	성명	보증금(원)	차임(월세)(원)	환산보증금(원)	확정(설정)일	전입일
전입세대주	이강민	0원	0원	0원	-	1995-06-30
전입세대주	박미회	25,000,000원	0원	25,000,000원	2009-09-11	2009-09-11
전입세대주	서순향	60,000,000원	0원	60,000,000원	2010-10-18	2010-10-18

필자가 낙찰 받은 주택을 신속히 방문하게 된 이유는 입찰 전의 권리분석과 실제 상황의 일치 여부, 그리고 배분요구하지 않은 임차인으로 하여금 배분요구하

도록 하여 대항력 있는 박미희 임차인의 인수 금액을 줄이고, 대항력 없는 서순향 임차인은 최우선변제금 이라도 받도록 하여 주택명도를 쉽게 하기 위해서였다. 이 같은 노력으로 박미희와 서순향 임차인 등은 배분요구하게 되었고, 그에 따라 배분계산서는 다음과 같이 작성되었다.

실제 배분금액은 407,820,000원이므로 1순위 ① 박미희 2,000만원 + ② 서순향 2,000만원(소액임차인 결정기준은 북부천 새마을금고로 서울의 경우 6,000만원 이하의 소액임차인은 2,000만원을 최우선변제금으로 우선변제받을 수 있다)
2순위 박미희 500만원(확정일자 우선변제금 1)

그런데 다음이 문제가 된다. 3순위에서 순위가 충돌되는 경우로 배분잔여금을 가지고 순환배분을 하게 된다는 점이다. 배당을 모르는 분들은 임차인이 최우선변제금으로 2,000만원만 받고 종결되는 것으로 생각하지만 이는 잘못된 판단이다.

① 마포세무서 3,280만원, ② 북부천새마을금고 근저당 374,368,180원, ③ 안미순 근저당 9,000만원, ④ 서순향 500만원(배분 시점을 기준으로 한 최우선변제금) 상호간의 우선순위는 다음과 같이 분석해야 한다.

> ①은 ②와 ③보다 선순위이지만 ④보다는 후순위가 된다.
> ②는 ③과 ④보다는 선순위이지만 ①보다는 후순위가 된다.
> ③은 ④보다는 선순위이지만 ①과 ②보다는 후순위가 된다.
> ④는 ①보다는 선순위 이지만 ②와 ③보다는 후순위가 된다.

따라서 1차로 안분배분하고 2차로 흡수절차를 진행하는 순환배분을 하게 된다.

1차 안분배분

① 마포세무서 = 3억6,782만원 × 3,280만원/502,168,180원 = 24,024,812원

② 북부천 근저당 = 3억6,782만원 × 374,368,180원/502,168,180원 =

274,211,130원

③ 안미순 근저당 = 3억6,782만원 × 9,000만원/502,168,180원 = 65,921,739원

④ 서순향 최우선변제금 = 3억6,782만원 × 500만원/502,168,180원 = 3,662,319원

2차 흡수절차

① 마포세무서 = 24,024,812원(1차안분액) + 8,775,188원(③를 흡수) − 1,337,681원(④에 흡수당함) = 31,462,319원(종결)

② 북부천 = 274,211,130원(1차안분액) + 3,662,319원(④를 흡수) + 57,146,551원(③을 흡수) = 335,020,000원(종결)

③ 안미순 = 65,921,739원(1차안분액) − 8,775,188원원(①에 흡수당함) − 57,146,551원(②에 흡수당함) + 0원(④을 흡수)=0원(종결)

④ 서순향 = 3,662,319원(1차안분액) − 3,662,319원(②에 흡수당함) + 1,337,681원(①을 흡수) = 1,337,681원(종결)

따라서 총 배분금액은 가) 박미희 = 25,000,000원, 나) 서순향 = 21,337,681원, 다) 마포세무서 = 31,462,319원, 라) 북부천 새마을금고 = 335,020,000원, 마) 안미순 = 0원이다.

대항력 있는 임차인 박미희가 전액 배분 받게 되어 매수인의 인수 금액은 없었다. 그리고 여철민 가압류권자는 배분절차에서 배제되었는데, 그 이유는 2011년 12월 31일까지는 압류공매절차에서는 담보물권보다 후순위인 가압류채권자 등은 배분에 참여할 수가 없었기 때문이다. 그러나 2012년 1월 1일부터는 국세징수법이 개정되어 가압류권자는 물론이고 집행권원으로 배분 요구한 일반채권자까지 배분절차에 참여할 수 있도록 변경되어 시행중에 있다.

PART
03

공매와 경매의 차이점, 동시에 진행되는 경우 대응방법

01 온비드 공매물건은 어떠한 것이 있나?

◆ KAMCO 공매대상물건과 매각방법

　부동산, 차량, 불용품, 유가증권, 회원권 등의 다양한 물건이 공매대상이 되고 있다. 이들 물건을 위임 받아 KAMCO(한국자산관리공사)가 매각절차를 대행하는 압류재산공매, 국유재산공매, 수탁재산공매와 KAMCO 소유인 유입자산공매가 있다. 매각 또는 임대(대부)를 경쟁 입찰방식으로 공매를 진행하게 되는 것이 원칙이나 일정 이하로 저감되면 유찰계약(=수의계약)으로 매각하는 절차를 병행하기도 한다.

(1) 압류재산 공매(공개경쟁입찰원칙)

　세무서장, 지방자치단체장, 공과금기관장(국민건강보험, 국민연금보험, 고용 및 산재보험 기관장) 등이 기한 내 납부되지 아니한 세금이나 공과금을 강제징수 하기 위해 체납자 소유의 재산을 압류한 후 KAMCO(한국자산관리공사)에 매각대행 의뢰한 재산을 압류재산 공매라 한다. 그러한 물건을 평가해서 공고 후 배분절차까지 전과정을 KAMCO가 공개경쟁 입찰방식으로 매각하고 있다.

(2) 수탁재산 공매(공개경쟁입찰+유찰(수의)계약)

　수탁재산에는 비업무용 재산에 대한 공매와 양도세 감면대상 물건에 대한 공매가 있다.

　① 비업무용 재산에 대한 공매 – 금융기관이 연체대출금을 회수하기 위하여 법원경매를 통해 금융기관 명의로 유입한 후 KAMCO(한국자산관리공사)에 매각 의뢰된 재산과 공공기관이 소유하고 있는 비업무용재산으로 KAMCO에 매각 의뢰된 재산, 즉, 금융기관소유 비업무용 재산과 공공기관소유 비업무용 재산 등을 금

융기관 또는 공공기관으로부터 매각이 위임된 재산을 KAMCO가 수탁을 받아 일반인에게 공개경쟁 입찰방식으로 매각하는 부동산을 수탁재산 공매라 한다.

② 양도세 감면대상 물건에 대한 공매 – KAMCO에 매각을 의뢰하면 양도한 것과 동일하게 인정되어 양도세의 비과세 또는 중과세 제외혜택을 받을 수 있다.

(3) 국유재산 공매(공개경쟁입찰+유찰(수의)계약)

국가 소유 잡종재산의 관리와 처분을 위임받아 일반인에게 매각 또는 임대(대부)하는 재산을 말한다. 즉 국가기관 등으로부터 매각이 위임된 재산을 KAMCO가 수탁을 받아 일반인에게 공개경쟁 입찰방식으로 매각하는 부동산을 국유재산 공매라 한다.

(4) 유입자산 공매(공개경쟁입찰+유찰(수의)계약)

부실채권정리기금으로 인수한 금융기관 부실채권을 회수하는 과정에서 법원경매를 통해 KAMCO(한국자산관리공사) 명의로 유입한 재산으로 KAMCO가 소유자로 일반인에게 공개경쟁 입찰방식으로 공매절차를 진행하게 된다.

(5) 고정자산 공매(공개경쟁입찰+유찰(수의)계약)

KAMCO(한국자산관리공사)가 금융구조조정과정에서 정리금융기관(퇴출금융기관 등) 등으로부터 취득한 자산으로 사옥·점포·연수원, 비업무용자산 등을 일반인에게 공개경쟁 입찰방식으로 매각하는 부동산을 고정자산 공매라 한다.

〈온비드 공매 낙찰금액 비중 분석〉
(1) KAMCO 매각부동산 압류재산(43%), 국유재산(11.6%), 수탁재산(0.3%), 유입자산 등(0.1%)으로 55%를 차지하고 있다.
(2) 이용기관 매각부동산이 45%(국유재산+공유재산+기타일반재산)를 차지하고 있는데, 기타일반재산이 대부분이다.

◇ 이용기관 등의 공매대상물건과 매각방법

(1) 이용기관 등의 공매재산의 종류

이용기관 등의 매각 또는 임대(대부) 재산은 아파트, 토지, 자동차, 기계, 골프회원권, 유가증권, 기타불용품, 지하철상가, 학교매점운영권, 주차장운영권 등의 다양한 물건이 그 대상이 되고 있다.

이들 물건을 매각하는 이용기관 등의 공매는 국유재산공매, 공유재산 공매, 기타일반재산 공매, 금융권담보재산 공매가 있다.

① **국유재산 공매** – 국가기관(국유재산), 지방자치단체(시·군·구·읍·면·주민센터 등의 재산) 등이 소유하고 있는 비업무용 재산 등을 온비드에 이용기관으로 회원가입해서 직접 매각하는 것을 말한다.

② **공유재산 공매** – 국가 또는 지방자치단체가 출자·출연한 기관과 기타의 공공기관 등이 있으며 이들 이용기관 등을 보면 행정자치부, 기획재정부, 정보통신부, 국방부, 경찰청 등의 중앙행정기관과 서울특별시 등의 지방자치단체 및 교육기관, 한국전력공사, 서울메트로, 한국철도공사, 한국가스공사 등의 이용기관 등이 있다. 이들 공공기관 등의 비업무용 재산을 이용기관으로 회원가입해서 직접 매각하는 것을 말한다.

③ **기타일반재산 공매** –이용기관이 보유하고 있던 불용품(업무용 자동차, OA기기, 사무용 가구 등) 및 불용품을 제외한 모든 기타재산(동산)을 온비드에 이용기관으로 회원가입해서 직접 매각하는 절차를 말한다. 그러나 이용기관 등이 공매물건을 등록하는 절차에서 국유재산, 공유재산 등으로 구분하여 등록할 수 없는 물건에 대해서 기타일반재산 공매로 등록 후 매각절차를 진행하고 있다.

그래서 기타일반재산 공매로 매각절차를 진행하는 이용기관에는 ① 신탁기관, ② 공공기관, ③ 법인단체(사기업), ④ 개인회생·파산재단, ⑤ 예금보험공사의 파산재단 공매 등이 있다.

특히 최근 인기가 높아진 **신탁재산 공매와 개인회생 · 파산재단 공매, 예금보험공사의 파산재단 공매(예보공매)는** ① 온비드사이트에서 이용기관 등록 후 매각절차를 진행하기도 하고, ② 이용기관 등의 본사 또는 관재인(법원이 전한 파산재단 관재인)이 정한 장소에서 직접 매각절차를 진행하기도 한다.

④ **금융권담보재산 공매** − 금융기관 소유의 동산 및 양도담보재산 등으로 금융기관이 담보로 잡은 물건 중 온비드에 이용기관으로 회원가입해서 직접 매각하는 것을 말한다(보통 중장비, 공장기계설비 등).

(2) 이용기관재산에 대한 매각 또는 임대(대부)방법

① 이용기관 등이 매각이나 임대(대부)하는 업무를 KAMCO(한국자산관리공사)온비드 사이트에 이용기관 회원 가입 후 온비드사이트의 전자처분시스템을 이용하여 KAMCO에 입찰등록(입찰등록수수료 면제)하고, 낙찰수수료(낙찰금액에 낙찰수수료 부과기준을 적용하여 산정한 금액 455쪽 참조)를 지급하고 매각 또는 임대(대부)하는 이용기관 공매가 있다.

② 이용기관재산의 매각 또는 임대하는 방법은 공개경쟁 입찰방식에 의한 매각방식을 원칙으로 하고 있지만 각 기관별로 정한 방법에 따라서 일정횟수 이상 유찰되는 경우 유찰계약(수의계약)방식으로도 매각할 수 있다. 특히 이용기관 매각방식 등은 이용기관별로 다소 차이가 있으므로 이용기관 매각 공고문 등을 참조하여 입찰에 참여해야 한다.

③ 온비드사이트의 전자자산처분시스템을 이용하여 매각 또는 임대(대부)로 매각되면 그 이후의 모든 절차, 즉 온비드에서 공매 낙찰자 결정 후 5일 이내에 매매 계약체결부터 매매 잔금 납부 후 소유권이전등기 절차까지 이용기관 등에서 직접 진행한다.

◆ 금융기관, 신탁회사, 개인과 예보 파산재단 등의 직접 공매

은행 및 금고·신탁회사·법인단체(주식회사 등의 사기업), 개인회생·파산재단, 예금보험공사의 파산재단 등의 직접 공매가 있다. 이들기관 등이 매각물건에 대해서 감정평가를 실시해서 그 평가금액을 기초로 하여 최초 매각예정금액으로 정하고 이를 신문에 공고하여 공개경쟁 입찰방식으로 직접 매각절차를 진행한다.

이들은 공개경쟁 입찰방식으로 매각을 진행했으나 유찰된 경우에는 유찰되기 전 최저금액 이상으로 유찰계약(수의계약)으로도 매각할 수 있다.

<u>앞의 사례들이 온비드에서 찾아볼 수 있는 공매물건인데 반해서</u> 이 공매물건은 ① 은행 및 금고·신탁기관·법인단체(주식회사 등의 사기업) 공매는 각 기관 홈페이지, ② 개인회생·파산재단 공매는 대법원사이트 회생·파산자산매각안내 공고게시판), ③ 예금보험공사의 파산재단 공매는 예보공매정보사이트를 검색해서 입찰할 물건을 찾은 다음, 앞에서 설명했던 온비드사이트에서 진행하는 이용기관 재산 등의 공매와 같이 분석하고 입찰하면 된다. 이러한 물건은 정보가 빠른 사람들만 접근할 수 있고 그렇지 못한 사람들이 접근하기가 어려워서 경매나 온비드 공매보다 싸게 살 수 있다는 장점이 있다. 단점으로는 물건이 많지 않아서 입찰자의 입맛에 맞는 물건을 고르기가 쉽지 않다. 그러나 실수요자가 아니고 재테크로만 본다면 분명 다음 공매물건들은 희망적인 분야이다.

02 공매와 경매는 어떠한 차이가 있나?

◆ 공매는 무엇을 의미하나?

공매란 앞에서 설명한 바와 같이 KAMCO(한국자산관리공사)가 공매를 대행하는 물건으로 국유재산 공매, 수탁재산 공매, 압류재산 공매 등이 있고, KAMCO 소유자산을 매각하는 유입자산 공매가 있다. 그리고 이용기관 등이 이용기관 등의 재산을 KAMCO 온비드사이트의 전자처분시스템을 이용하여 매각하는 이용기관 재산의 공매, 이밖에도 금융기관 또는 신탁회사, 기업 등의 비업무용 재산 등을 자체적으로 공개경쟁입찰로 직접 매각하는 공매가 있다.

◆ 경매는 어떻게 진행되나?

법원경매는 담보물권자와 일반채권의 채권회수방법으로 담보물권자(근저당권자, 담보가등기권자, 전세권자 등)나 집행권원이 있는 채권자 등이 변제기가 도래했음에도 채무자 등이 채무변제의 의무를 이행하지 아니할 경우 변제받고자 하는 채권자가 관할법원에 채무자 등(물상보증인 또는 연대보증인)의 소유부동산을 강제로 매각하여 줄 것을 신청하는 절차이다. 그래서 담보물권자가 경매 신청하는 임의경매가 있고, 채권자가 집행권원에 의해 채무자 소유 부동산에 경매를 신청하는 강제경매가 있는데, 이들 모두 공매와 같이 경쟁입찰방식을 통해 일반인에게 매각하고 그 매각대금을 통해서 채권자들이 채권을 회수하면서 경매절차가 종료되는 것이다.

◆ 공매와 경매는 이런 차이가 있다!

① 공매는 공공기관 등의 공공목적을 가진 채권(조세채권, 공과금채권 등)과 비업무용재산을 국세징수법 등의 매각절차로 진행되고 그 집행기관도 법원에서 매각하는 것이 아니라 공공기관에서 매각하게 되는데 공매의 대부분을 KAMCO(한국자산관리공사)가 진행하고 있다.

② 경매는 개인채권자(담보물권자, 일반채권자)가 민사집행법의 매각절차로 진행되고 그 매각기관은 부동산 소재지 관할 법원에서 매각절차를 진행하게 된다.

	집행기관	집행법률	신청 채권자
KAMCO 공매	대부분 KAMCO가 진행	국세징수법, 지방세징수법	조세와 공과금 채권자
법원 경매	부동산 소재지 관할법원	민사집행법	담보권자와 일반채권자

그러므로 개인채권에 의해 법원에서 매각하는 것을 경매로 이해하면 되고, 공채권 등으로 KAMCO 등의 공공기관에서 매각하는 것을 공매로 이해하면 된다.

◇ 공매와 경매에서 물건 선정 후 낙찰 받아 배당까지 마무리하는 과정

(1) 공매물건 낙찰 받고 잔금납부 및 배분까지 마무리 되는 과정

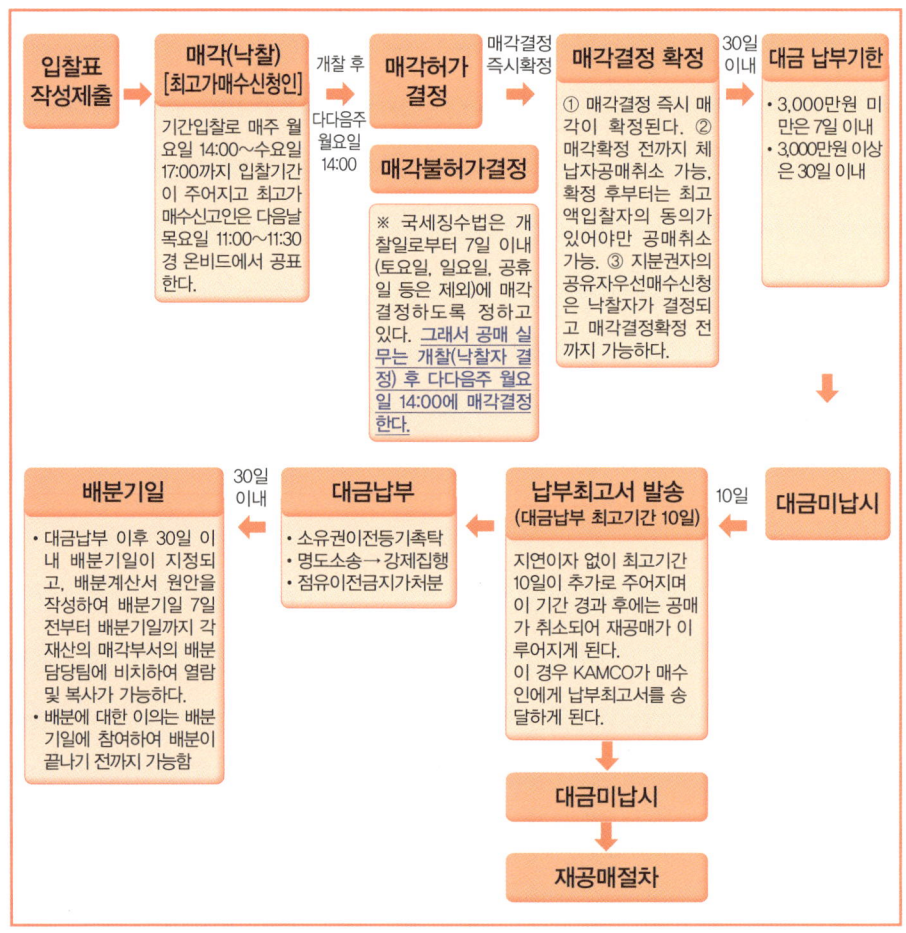

(2) 경매물건 낙찰 받고 공매와 같이 마무리되는 과정

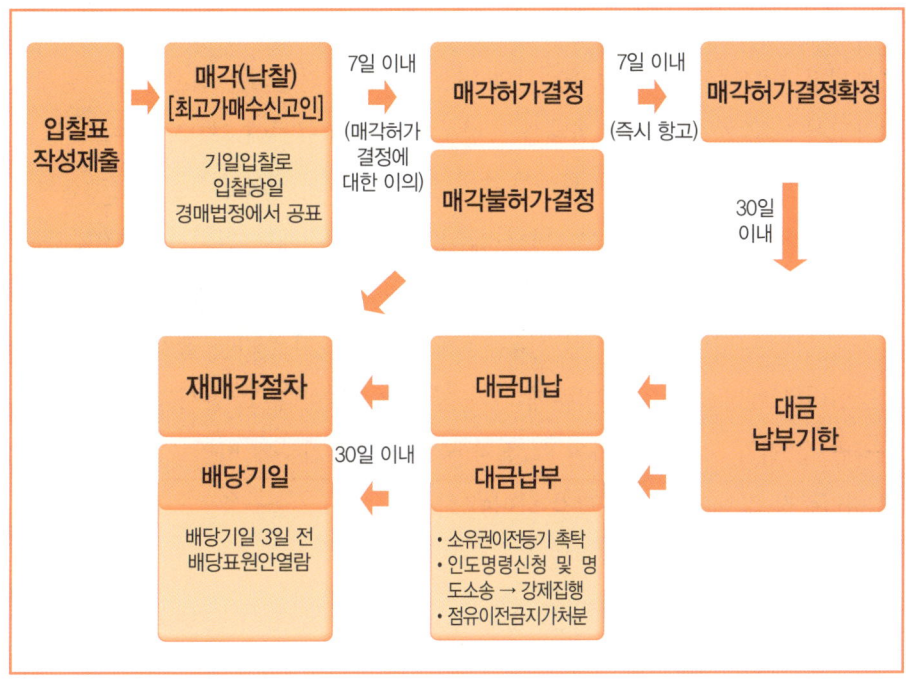

03 압류재산 공매와 법원경매가 동시에 진행되는 경우 대응방법

◆ 압류재산 공매와 법원경매가 동시에 경합 시 우선권은?

　공매와 경매는 법률이 다르고 존재목적이 다르기 때문에 양 제도는 상호불간섭에 의해 동시에 진행될 수 있고 먼저 종료된 절차가 우선하게 된다. 따라서 공매와 경매에서 낙찰된 경우 양쪽 낙찰자 중 먼저 대금 납부한 낙찰자가 우선하여 소유권을 취득한다.

◇ 국세징수법상 공매절차와 민사집행법상 경매절차가 동시에 진행되면?

국세징수법상 진행되는 공매절차와 민사집행법상 진행되는 경매절차는 별개의 절차로서 그 절차 상호간의 관계를 조정하는 법률의 규정이 없으므로 어느 한 쪽이 다른 한 쪽의 진행절차에 관여할 수가 없다. 따라서 국세징수법상 공매절차가 진행되는 과정에도 법원은 그 부동산에 대하여 강제경매나 임의경매절차를 진행할 수 있고, 이와 반대로 경매절차가 진행되는 과정에서도 국세징수법상 공매절차가 진행될 수도 있다. 이러한 경우 각 채권자 등은 서로 다른 절차에서 정한 매각방법이나 배당요구 등의 기준에 따라 참여할 수밖에 없고 동시에 진행되는 절차라면 두 절차 모두에 대하여 그 절차에서 규정한 기준에 따라 이해관계인으로서 권리주장 및 배당요구를 각각 하여야 한다.

◇ 경매기입등기 ⇨ 임차인 전입 ⇨ 공매공고등기 순에서 소액임차인 판단기준은?

소액임차인은 경매개시결정 기입등기 또는 공매공고 기입등기 이전에 주임법 제3조 제1항의 요건(대항력)을 갖추고 있어야 한다.

그러나 경매와 공매가 중복해서 진행되는 경우에는 어떻게 해야 하나?

경매 후 공매가 진행되는 상태에서 공매로 매각된 경우에도 소액임차인은 경매기입등기 전에 대항요건을 구비해야 하고(대법원 2003다65940 판결), 경매기입등기 후에 주택임대차보호법 제3조 제1항의 요건(대항력)을 갖춘 임차인은 최우선변제금 대상이 아니다. 이렇게 경매 기입등기 이후에 공매공고 등기가 이루어졌더라도 소액임차인 기준점은 최초 압류 효력이 발생하는 경매 기입등기를 기준으로 판단해야 한다는 것이 대법원 판단이다.

번호	등기목적	접수일	채권자	금액(만원)
1	근저당권	2022. 01. 30	국민은행	3억6,000
2	압류	2023. 03. 13.	마포세무서	
3	임차인(전입/확정일자)	2024. 02. 12.	홍성수	7,500
4	임의경매개시결정등기	2025. 05. 15.	국민은행	청구: 3억6,000
5	임차인(전입/확정일자)	2025. 07. 10.	이정민	7,000
2-1	공매 공고등기	2025. 10. 20.	마포세무서	청구 5,350
6	공매로 낙찰받음	2026. 04. 13.	박영수	금액: 0,000

주택은 서울에 소재하면서 배당할 금액은 5억원, 그리고 마포세무서 조세채권은 당해세가 500만원이고 나머지는 부가세(4,850만원)로 법정기일이 2022. 04. 25.이다.

배당순서는 **1순위** : 홍성수 5,000만원(최우선변제금 1)(국민은행 근저당권 설정 당시를 기준으로 소액임차인을 판단하면 1억5,000만원 이하, 최우선변제금 5,000만원), **2순위** : 마포세무서 500만원(당해세 우선변제금), **3순위** : 국민은행 근저당권 3억6,000만원, **4순위** : 홍성수 500만원(최우선변제금 2) - 임차인의 확정일자와 배당 시점으로 소액임차인(1억6,500만원 이하/5,500만원), **5순위** : 마포세무서 4,850만원(조세채권 우선변제금), **6순위** : 홍성수 2,000만원(확정일자부 우선변제금), **7순위** : 이정민 1,150만원(확정일자부 우선변제금)으로 배당절차가 종결하게 된다.

이러한 이유는 이정민이 국민은행 설정 당시에 해당하는 소액임차인이더라도 대항요건을 경매 기입등기 이후에 갖추었기 때문이다. 이렇게 경매로 매각된 것이 아니라 공매로 매각된 경우에도 선순위 경매나 공매공고 기입등기가 있으면 그 선순위 기입등기를 기준으로 소액임차인 여부를 판단해야 된다는 것이 대법원 판단이다.

◆ 공매와 경매가 동시에 진행될 때 배당요구 방법과 누가 소유권을 취득하나?

공매와 경매가 동시에 진행되는 경우에 권리신고 및 배당요구를 각각 해야 모든 배당절차에 참여가 가능하다. 그리고 공매나 경매 어떤 집행기관의 매각절차에서도 낙찰자가 발생할 수 있으나 이들의 소유권취득은 대금을 먼저 납부한 낙찰자가 소유권을 취득하게 된다. 이때 그 상대방이 경매인 경우는 공매집행기관에서 경매법원에 경매중지요청서를 보내게 되고, 이로 인해서 임의경매개시결정을 기각처리하면서 경매절차가 종결되고 임의경매개시결정기입등기는 공매절차에서 촉탁으로 말소되게 된다. 그러나 그 상대방이 공매인 경우 또한 경매절차와 같은 절차가 진행되는데 공매절차에서는 공매가 해제된 것으로 표시되고 공매절차가 종결된다.

04 경매가 진행되고 있는 것을 공매낙찰자가 먼저 대금 납부하여 소유권을 취득한 사례

공매에서 성공투자 비법

공매와 경매가 동시에 중복하여 진행되는 경우 먼저 낙찰 받아 대금납부한 자가 소유권을 취득하게 되고, 그 상대 집행절차는 취소된다.

◇ **아파트의 사진과 지도 및 주변 현황도**

◇ 경남아파트 공매물건 분석표

주 소	면 적	공매가 진행과정	1) 임차인조사내역 2) 기타청구	등기부상의 권리관계
경기도 안양시 동안구 호계동 ○○○번지 경남아파트 제306동 제○○호 체납자겸 소유자 : 김문기 공매위임 관서 : 안양세무서 공매집행 기관 : 자산관리 공사	대지 46.47㎡ 총면적 26,372.500㎡ 건물 전용면적 84.9㎡ (33평형) 대지 46.47㎡ 총면적 26,372.500㎡ 건물 전용면적 84.9㎡ (33평형)	감정가 3억7,000만원 〈2005.8.26〉 최저가 1차 3억7,000만원 유찰 2차(10% 저감) 3억3,300만원 유찰 3차 2억9,600만원 낙찰 3억2,570만원 〈2005.12.8〉	1) 임차인 ① 최순애 전입 94.8.30. 확정 × 배분 × 보증 × 2) 기타청구 ① 압류 만안구청 취득세 법정기일 04. 08. 31. 금 7,875,300원 ② 압류 동안구청 재산세 497,300원(법정 04.7.10) ③ 임의경매 중소기업은행 청구금액 2억1,000만원 (2005.4.6. 사건접수)	소유자 김문기 1994.11.15. 근저당 중소기업은행 1999.6.28. 150,000,000원 근저당 중소기업은행 2003.3.27. 60,000,000원 근저당 진영철 2004.7.7. 100,000,000원 압류 안양시만안구청 2005.1.11. 압류 안양세무서장 2005.4.6. 임의경매개시결정 중소기업은행 2005.4.13.(수원지방 법원 2005타경18435) 압류 안양시동안구청장 2005.4.15. 압류공매 안양세무서 청구금액 44,879,000원 ① 부가세 24,089,500원 (법정 04.1.25~04.4.25) ② 부가세 20,789,500원 (법정 04.7.31) 〈공매공고 : 05.10.26〉

◇ 공매물건에 대한 분석 및 배분표 작성

이 공매사건은 안양세무서에서 위임한 압류공매로서 말소기준권리는 중소기업은행이다. 그런데 중소기업은행에서도 이미 임의경매가 진행되고 있는 것으로 경매와 공매가 중복하여 진행된 사건이다. 경남아파트는 평촌 무궁화마을에 위치하고 근처에 유명학원 등이 위치하고 있어서 시세가 4억원 정도였다. 그런데도 불구하고 다른 입찰자들이 입찰에 참여하지 않은 것은 선순위로 전입한 세대원 최순애가 있어서 그렇다. 선순위 전입세대원이 임차인이라면 임차보증금은 최소한 1억5천만원이 예상되기 때문이다. 소유자 김문기가 퇴거한 관계로 최순애가 김문기 처인데도 부부관계로 인식할 수 있는 근거도 없었고 중소기업은행 측에서도 확인해주지 않아서 근저당권자 진영철에게 전화를 걸어 최순애는 임차인이 아니고 김문기의 처라는 사실을 확인하고 입찰하게 되었다.

배분금액은 316,246,000원(325,700,000원 – 공매집행비용 9,454,000원)이므로,
- **1순위** : 동안구청 497,300원(당해세우선변제권 1)
- **2순위** : 중소기업은행 210,000,000원(우선변제 2)
- **3순위** : 안양세무서 24,089,500원(우선변제 3)
- **4순위** : 근저당 진영철 81,659,200원(우선변제 4)

그러나 3순위 안양세무서는 1차적으로 법정기일에 따라 근저당권 등에 우선해서 배분 받았지만 안양세무서보다 선순위 압류권자가 있어서 조세채권끼리는 선순위 압류권자가 후순위 참가압류 또는 교부청구한 기관보다 압류선착주의에 의해서 흡수한다. 따라서 선순위압류 만안구청이 7,875,300원을 우선 배분 받고, 나머지는 안양세무서가 16,214,200원을 배분 받는다.

그래서 최종 배당결과는 가) 동안구청 497,300원. 나) 중소기업은행 210,000,000원. 다) 만안구청 7,875,300원. 라) 안양세무서 16,214,200원. 마) 근저당 진영철 81,659,200원이다. 배분은 이 같이 종결되며 낙찰자 (주)대산투자는 인수할 금액이 없었다.

2005. 12. 08. 낙찰 받고 60일 후인 2006. 02. 07. 잔금을 납부하였다. 그리고 명도는 아파트 방문 시 김문기 자녀가 있어서 자녀에게 명도에 관하여 상의하자는 내용의 문서를 전달했다. 보름 후에 연락이 와서 이사비용 주고 명도한 사건이다.

표면적으로 선순위 임차인이 있는 것 같아 보이지만 자세히 분석해 보면 부부 관계나 부모라는 사실을 확인할 수 있다. 이러한 사실을 근저당권자(금융기관), 등기사항증명서, 주민센터 전입세대열람 서류, 관리사무소, 경비 등을 통해서 대항력 있는 임차인이 거주하는 것이 아니라는 사실을 확인할 수 있다면 뜻밖의 높은 수익을 얻을 수 있다. 어쨌든 이 아파트는 4억5천만원까지 가격이 상승했고, 매도해서 높은 시세차익을 얻을 수 있었던 사례이다.

05 농지의 정의, 왜 농지대장 열람과 농지취득자격증명이 필요할까?

◆ 농지의 정의와 농업인의 정의

(1) 농지법에서 농지의 정의(농지법 제2조)

① <u>전, 답, 과수원 그 밖에 법적 지목을 불문하고 실제로 농작물의 경작 또는 다년생식물 재배지로 계속하여 3년 이상 이용되는 토지</u>(지목이 전, 답, 과수원은 실제 상황에 관계없이 농지이나, 지목이 전, 답, 과수원가 아닌 타 지목를 3년 이상 연속하여 농작물을 경작하거나 다년생식물을 재배하면 농지로 본다. 다만, 지목이 임야인 토지를 산지전용 받지 않고 농지로 사용하여도 농지에서 제외한다.)

② 유지, 농로, 수로 등 농지의 개량시설의 부지. 다만, 초지법에 따라 조성된 초지는 농지가 아니다.

③ 고정식온실 · 버섯재배사 및 비닐하우스와 그 부속시설, 축사 · 곤충사육사와 그 부속시설, 농막 · 간이저온저장고 · 간이퇴비장 또는 간이액비저장조 등 농업생산에 필요한 일정시설의 부지를 말한다.

(2) 농업인의 정의(농지법 시행령 제3조)

① 1,000제곱미터 이상의 농지에서 농작물 또는 다년생식물을 경작 또는 재배하거나 1년 중 90일 이상 농업에 종사하는 자

② 농지에 330제곱미터 이상의 고정식온실·버섯재배사·비닐하우스, 그 밖의 농림축산식품부령으로 정하는 농업생산에 필요한 시설을 설치하여 농작물 또는 다년생식물을 경작 또는 재배하는 자

③ 대가축 2두, 중가축 10두, 소가축 100두, 가금(家禽: 집에서 기르는 날짐승) 1천수 또는 꿀벌 10군 이상을 사육하거나 1년 중 120일 이상 축산업에 종사하는 자

④ 농업경영을 통한 농산물의 연간 판매액이 120만원 이상인 자

◇ 농지대장의 작성과 임대차계약서 작성 및 확인

(1) 농지대장의 작성과 비치(농지법 제49조)

제1항 시·구·읍·면의 장은 농지 소유 실태와 농지 이용 실태를 파악하여 이를 효율적으로 이용하고 관리하기 위하여 대통령령으로 정하는 바에 따라 농지대장을 작성하여 갖추어 두어야 한다.

제2항 제1항에 따른 **농지대장에는 농지의 소재지·지번·지목·면적·소유자·임대차 정보·농업진흥지역 여부 등을 포함한다.**

종전에는 "농지원부"라고 하였으나, 2022년 8월 17일부터 농지대장으로 명칭이 변경되었다.

다만, 농업인별로 작성 및 관리되던 농지원부와 달리, 농지대장은 토지대장처럼 필지별로 작성 및 관리되며, 일정 면적 이상의 농지에 대해서만 작성되던 농지원부와 달리 농지대장은 면적 제한도 없어졌다.

(2) 임대차 · 사용대차 계약 방법과 확인(농지법 제24조)

① 임대차계약(농업경영을 하려는 자에게 임대하는 경우만 해당한다. 이하 이 절에서 같다)과 사용대차계약(농업경영을 하려는 자에게 무상사용하게 하는 경우만 해당한다)은 서면계약을 원칙으로 한다. 〈개정 2020. 2. 11.〉

② 제1항에 따른 임대차계약은 그 등기가 없는 경우에도 임차인이 농지소재지를 관할하는 시·구·읍·면의 장의 확인을 받고, 해당 농지를 인도(引渡)받은 경우에는 그 다음 날부터 제삼자에 대하여 효력이 생긴다.

③ 시·구·읍·면의 장은 농지임대차계약 확인대장을 갖추어 두고, 임대차계약증서를 소지한 임대인 또는 임차인의 확인 신청이 있는 때에는 농림축산식품부령으로 정하는 바에 따라 임대차계약을 확인한 후 대장에 그 내용을 기록하여야 한다. 〈개정 2013. 3. 23.〉

(3) 임대차계약의 확인(농지법 시행규칙 제21조의2)

① <u>법 제24조 제3항에</u> 따라 임대차계약의 확인을 받으려는 임대차계약의 당사자는 임대차계약증서(이하 "계약증서"라 한다)를 시·구·읍·면의 장에게 제출하여야 한다.

② 시·구·읍·면의 장은 제1항에 따라 제출받은 계약증서가 다음 각 호의 요건을 갖추었는지를 확인하여야 한다.
1. 임대인과 임차인의 인적사항, 임대차계약 농지의 소재지 및 면적, 임대차계약 기간, 임차료 등이 적혀 있는 완성된 문서일 것. 2. 계약당사자의 서명 또는 기명날인이 있을 것. 3. 계약증서에 정정한 부분이 있는 경우에는 계약당사자가 그 부분에 서명하거나 날인 하였을 것

③ 시·구·읍·면의 장은 제2항에 따라 확인한 계약증서의 내용을 별지 제13호의3 서식의 농지임대차계약 확인대장에 등재하고, 계약증서 여백에 별지 제13

호의4 서식에 따른 확인일자인을 찍고, 인영(印影: 도장을 찍은 모양)안에 확인일자와 농지임대차계약 확인대장의 등재번호를 부여하여야 한다. 〈개정 2016. 1. 21., 2019. 8. 26.〉

⑤ 시·구·읍·면의 장은 농지임대차 계약의 당사자와 이해관계가 있다고 소명한 제삼자가 농지임대차계약 확인대장의 열람을 요청한 경우에는 열람하게 하여야 한다. [본조신설 2012. 7. 18.]

(4) 농지임차인의 묵시적갱신과 임대인의 지위 승계

① 농지법 제25조(묵시의 갱신) 임대인이 임대차 기간이 끝나기 3개월 전까지 임차인에게 임대차계약을 갱신하지 아니한다는 뜻이나 임대차계약 조건을 변경한다는 뜻을 통지하지 아니하면 그 임대차 기간이 끝난 때에 이전의 임대차계약과 같은 조건으로 다시 임대차계약을 한 것으로 본다.

② 농지법 제26조(임대인의 지위 승계) 임대 농지의 양수인(讓受人)은 이 법에 따른 임대인의 지위를 승계한 것으로 본다.

알아두면 좋은 내용

농지임차인을 확인해야 하는 이유!

2013. 01. 01.부터 농지법 제24조의2 개정으로 농지 임차인 보호제도가 생겼기 때문이다. 농지 임차인이 대항요건(농지소재 시·구·읍·면의 장의 확인과 농지인도)을 갖추면 다음날 오전 0시부터 대항력이 있어서 인수할 수도 있다.
물론 말소기준 이후의 임차인이면 소멸되는 것은 주택임차인과 같지만 주택임차인처럼 배당요구해 우선해서 변제받을 권리는 없고 대항력만 있다. 그래서 일반매매로 매매되면 또는 경매(공매)절차에서 말소기준권리 전에 대항요건을 갖춘 임차인은 대항력이 있어서 새로운 소유자(낙찰자)가 인수하게 되므로 주의해야 한다

◇ 농지대장 열람 신청대상자와 법원경매에서 확인 방법

(1) 농지대장 열람 신청대상자

농지대장 소유자 및 임차인, 경매 낙찰자, 그리고 이들 권리자로부터 위임받은 자만 열람신청이 가능하다.

유의할 점은 농지 입찰자는 농지대장을 직접 열람 신청할 수 없으므로 집행관의 현황조사 시, 농지대장 열람을 통해서 농지임차인 등의 내역을 현황조사보고서에 작성 비치하도록 하고 있으니 현황조사보고서를 확인해서 선순위 농지임차인을 확인하면 된다.

(2) 농지에 대한 매각절차에 있어서의 유의사항(재민 97-1)

1. 목적

이 예규는 농지에 대한 매각절차에서 매각목적물의 현황에 대한 정확한 파악과 적정한 매각가격의 형성을 통한 농지매각절차의 합리화를 도모하기 위하여, 농지에 대한 집행관의 현황조사 및 감정인의 감정평가시에 유의할 사항과 최고가매수신고인 등의 농지취득자격증명 발급신청을 위한 증명서 교부 등을 규정함을 목적으로 한다.

2. 집행관의 현황조사시 유의사항

① 집행관은 등기부상의 지목이 전, 답, 과수원에 해당하는 매각목적물에 대한 현황조사 시에는 그 현황 및 이용 상황을 객관적으로 조사하여 이를 정확히 기재한 현황조사보고서에 현장 사진 및 도면을 첨부하여 집행법원에 제출하여야 한다.

② 다만 등기부상의 지목은 전, 답, 과수원에 해당하지만 그 현황지목이 농지법 제2조 소정의 농지에 해당하는지 여부에 대하여 의문이 있는 경우에는 이를 즉시 집행법원에 보고하여야 한다.

5. 집행관은 매각기일 종결 후 최고가매수신고인 또는 차순위매수신고인이 농지취득자격증명의 발급을 신청하기 위하여 최고가매수신고인 또는 차순위매수신고인이라는 사실을 증명하여 줄 것을 신청하는 경우에는 최고가(차순위)매수신고인증명〔전산양식 A3369〕을 교부하여 주어야 한다.

그러나 낙찰 받고 나서는 업무편람 규정에 의해 적법하게 읍·면·동·주민센터 등에서 농지대장 열람을 통해서 농지임차인을 확인하면 된다.

따라서 농지 경매 또는 압류재산 공매에 입찰하기 전에 ① 농지에서 선순위 임차인 확인, ② 농지취득자격증을 발급 받을 수 있는가 등을 먼저 확인하고 입찰해야 한다.

◇ 농지취득자격증명 대상면적과 신청 방법

(1) 농지취득자격증명 대상면적

매매나 경매로 농지 즉 논·밭·과수원 등을 취득하고자 하는 도시인 또는 비영농인은 농지취득자격증명을 받아야 한다. 단 주말체험, 영농용도일 경우는 1,000㎡ 미만인 경우에도 농지취득자격증명을 취득할 수 있는데 이때 1,000㎡는 세대원 모두를 합산한 면적을 말한다.

(2) 농지취득자격증명 신청방법

농지취득자격증명을 발급 받으려는 자는 취득대상 농지의 면적, 취득대상 농지에서 농업경영을 하는 데에 필요한 노동력 및 농업 기계·장비·시설의 확보 방안, 소유 농지의 이용 실태 등이 포함된 농업경영계획서를 작성하여 농지 소재지를 관할하는 시·구·읍·면장에게 발급신청을 하여야 한다.

농업경영 이외의 목적으로 취득하는 경우 즉 시험, 연구, 실습용, 농지전용, 주말체험영농 등으로 이용하고자 하는 경우에는 농지취득자격증명발급 신청 시 농업경영계획서 제출의무가 면제된다.

첫째, 농업경영계획 서식 개편과 주말/체험영농장 서식 신설(2022년 8월 18일부터 시행).

① 지자체가 농지취득 자격증명원을 취득하려는 자의 농업 경영 의지와 실현 가능성을 확인해서 발급을 해준다.

② 농업경영계획서/주말체험영농계획서 작성 시 직업과 영농경력, 영농거리 등을 기재와 함께 입증자료를 의무적으로 제출해야 한다. 이때 영농거리에 특별한 제한을 두지 않았기 때문에 주거지와 먼 거리의 농지도 취득할 수 있다. 다만 합당한 목적과 실현 가능성에 대해서 뒷받침할 수 있는 서류를 제출해야 한다. 이렇게 세밀하게 검사할 수 있게 농업경영계획서 양식이 변경됨. 만약 거짓으로 작성한다면 250만원에서 최대 500만원까지 과태료를 내야 한다.

③ 공유 취득자의 농지 취득자격 심사 강화!
1필지의 농지를 공유로 가지려고 할 때 공유된 농지의 각 지분 비율과 공유자 각각 취득하려는 농지의 장소를 정확하게 기입하여야 하고 이를 보증할 수 있는 서류로 된 약정서나 도면자료를 제출해야 한다.

④ 농지취득자격증명서 발급처리기간
농업경영 목적과 주말영농 목적인 경우 **7**일 이내, 농지전용 목적인 경우 **4**일 이내, 농지위원회의 심의를 거쳐야하는 경우에는 **14**일 이내

둘째, 농지를 취득하려면 소유권 등기 시 농지취득자격증명서를 첨부해야 한다.
① 법원경매에서는 매각허가결정 전(낙찰받고 **7**일 이내)까지 농지취득자격증명서를 법원에 제출해야 한다. 제출하지 못할 경우에 매각불허가결정으로 입찰보증금이 몰수되니 입찰하기 전부터 농취증 발급 가능 여부를 확인하여 신속히 발급 받을 수 있도록 준비해야 한다.

② 압류재산 공매절차에서 농지를 낙찰 받은 사람(최고가매수신청인)은 농지취득자격증명은 소유권이전 시까지 첨부하면 되었고 첨부하지 못하면 소유권이전등기를 할 수 없었다. 그러나 이제도는 2023년 1월 1일부터 개정되어 법원경매처럼 매각허가결정 전까지 제출해야 하고 미제출시 매각불허가결정을 하고 있다. 유의할 점은 법원경매에서는 농지증을 제출하지 못해서 매각불허가 되면 입찰보증금을 몰수당해서 배당재단에 포함되지만, 압류재산공매에서는 농지증을 제출하지 못해서 매각불허가 되면 입찰보증금을 몰수당하지 않고 낙찰자에게 반환하고 있다는 차이점을 알고 있어야 한다.

③ 일반 매매절차에서는 소유권이전등기 신청 전까지 발급 받아 등기관에게 제출하면 소유권이전등기를 할 수 있고 첨부하지 못하면 소유권이전등기가 불가하다.

(3) 관할 발급관청과 경매집행법원의 농지에 대한 해석 차이

농지는 그 법적지목 여하에도 불구하고 실제의 토지현상이 농작물의 경작 또는 다년생식물재배지로 이용되는 토지를 말한다. 그런데 법원과 농지취득 발급대상 시·군청의 농지에 대한 해석이 다소 차이가 있다. 관할허가관청은 위와 같은 경우 발급하고 있으나 지목이 농지이더라도 현황이 주거지거나 공장용지를 사용할 경우 발급대상이 아니다. 그러나 경매법원은 지적법상 농지이면 농지취득자격증명을 요청한다. 이때 농취증 발급기관에 농취증발급을 신청하게 되면 이 토지는 발급대상이 아님을 증명하는 서류를 발급해 준다. 이 서류를 제출해서 소명하면 된다.

 김선생 한마디

농지자격증명을 발급받지 않고 농지를 취득할 수 있는 경우

상속에 의하여 농지를 취득하거나 또는 담보농지 취득 그리고 농지법 제36조제2항 및 제37조의 규정에 의하여 농지의 전용에 관한 허가 협의 신고를 거친 농지를 취득하는 경우로서 도시계획법 제2조제1항제2호의 규정에 의한 도시계획구역 안에 주거, 상업, 공업지역 또는 도시계획시설 예정지로 지정 또는 결정된 농지, 도시계획구역안의 녹지지역, 개발제한구역 및 도시개발예정지구 안의 농지로서 도시계획법 제4조의 규정에 의한 토지형질변경허가를 받은 농지 등이다.

06 농지가 공매와 경매로 매각되는 경우 대응 방법

◇ **농지 공매절차에서 대응하는 방법은?**

(1) 농지 공매물건의 위치와 주변 현황도

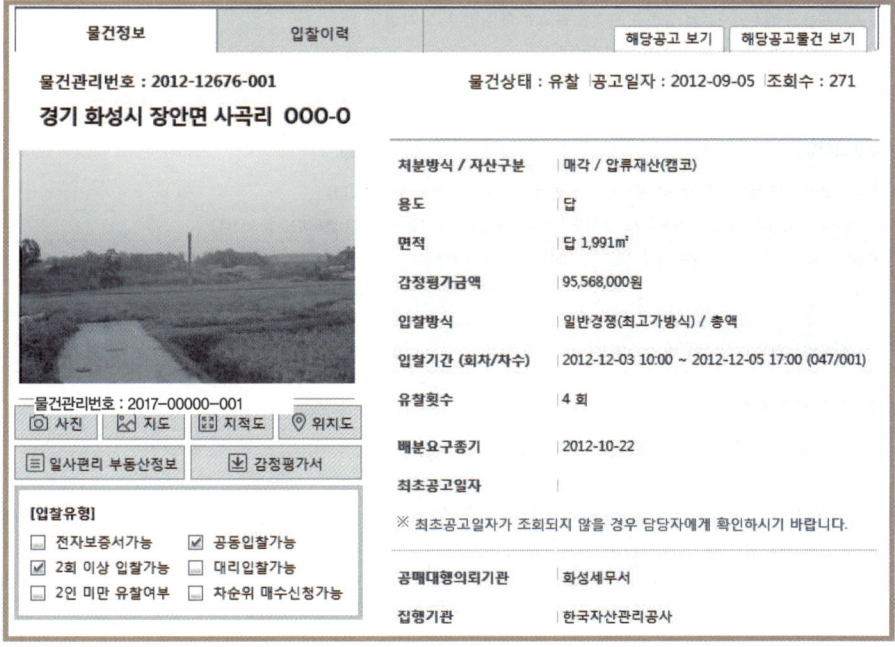

		담당자정보	경기지역본부 / 조세정리팀 / 1588-5321
		최저입찰가(예정금액)	**66,898,000**원
		관심물건 등록	입찰

| 물건 세부 정보 | 압류재산 정보 | 입찰 정보 | 시세 및 낙찰 통계 | 물건 문의 | 부가정보 |

: : < 물건세부정보 내용은 위온비드화면에서 기본적인 내용을 확인할 수 있으므로 지면상 생략함 > : :

| 물건 세부 정보 | **압류재산 정보** | 입찰 정보 | 시세 및 낙찰 통계 | 물건 문의 | 부가정보 |

▌임대차 정보

임대차내용	성명	보증금(원)	차임(월세)(원)	환산보증금(원)	확정(설정)일	전입일
			조회된 데이타가 없습니다.			

▌등기사항증명서 주요정보

번호	권리종류	권리자명	설정일자	설정금액(원)
1	위임기관	화성세무서	-	미표시
2	근저당권	조암농업협동조합	2009-02-16	70,414,246

▌공매재산에 대하여 등기된 권리 또는 가처분으로서 매각으로 효력을 잃지 아니하는 것

▌공매재산의 매수인으로서 일정한 자격을 필요로 하는 경우 그 사실

농지(전, 답, 과수원 등)에 대해서는 농지법 제8조의 규정에 의거 농지취득자격증명을 발급 받을 수 있는 개인과 농업법인만이 소유권이전등기를 받을 수 있고, 농지취득자격증명을 발급 받지 못하는 개인이나 일반법인이 농지를 낙찰 받은 후 농지취득자격증명을 발급받지 못하여 소유권이전등기를 할 수 없더라도 매각결정은 취소되지 않으므로 입찰자 책임 하에 사전 조사하고 입찰에 참가하시기 바랍니다

▌유의사항

▌권리분석 기초정보 (권리분석 기초자료는 입찰시작 7일전부터 제공됩니다)   권리분석 기초정보 인쇄

• 배분요구 및 채권신고현황 (배분요구서를 기준으로 작성하였으며, 신고된 채권액은 변동될 수 있습니다.)

번호	권리종류	권리자명	설정일	설정금액(원)	배분요구일	배분요구채권액(원)	말소가능 여부	기타
:	:	:	<이하 내용은 지면상 생략했음>	:	:			

| 물건 세부 정보 | 압류재산 정보 | **입찰 정보** | 시세 및 낙찰 통계 | 물건 문의 | 부가정보 |

▌회차별 입찰 정보

입찰번호	회차/차수	구분	대금납부/납부기한	입찰기간	개찰일시	개찰장소	매각결정일시	최저입찰가(원)
2201212676001	047/001	인터넷	일시불/낙찰금액별 구분	2012-12-03 10:00~ 2012-12-05 17:00	2012-12-06 11:00	전자자산처분시스템(www.onbid.co.kr) 공매재산명세	2012-12-10 10:00	66,898,000

(3) 농지를 공매로 낙찰 받을 때 유의할 3가지!

첫째 공매와 경매가 경합할 때 <u>잔금을 먼저 납부한 사람이 소유권</u>을 취득한다. 따라서 공매절차에서 낙찰 받고 경매 낙찰자보다 먼저 잔금을 납부했다면 공매낙찰자가 소유권을 취득하게 된다.

둘째 농지 압류재산 공매 또는 법원경매에 입찰하기 전 선순위 임차인을 확인해야 한다.

농지 입찰자는 농지대장을 직접 열람 신청할 수 없으므로 공매 현황조사관의 현황 조사 시, 농지대장 열람을 통해서 농지임차인 등의 내역을 현황조사보고서에 작성 비치하도록 하고 있으니 현황조사보고서가 기재되어 있는 공매재산 명세서와 공매입찰 기록 등을 확인해서 선순위 농지임차인을 확인하면 된다. 농지 경매에서도 마찬가지로 집행관의 현황조사보고서를 확인해서 선순위 농지임차인을 확인하면 된다.

셋째 농지 압류재산 공매에 입찰하기 전 농지취득자격증명서를 발급받을 수 있는지!

① 법원 경매에서는 매각허가결정 전까지 농지취득자격증명서를 제출해야 하고, 미제출 시에는 매각불허가결정을 하고, 입찰찰보증금은 몰수되어 배당 재단에 편입되어 채권자 등에게 순차 배당하게 된다.

② 압류 공매에서도 매각허가결정 전까지 농지취득자격증명서를 제출해야 하고, 미제출 시에는 매각불허가결정을 한다. 입찰찰보증금은 경매와 다르게 몰수되지 않고 매수신청인에게 반환된다.

<u>다음 〈김선생 한마디〉 대법원 판례는</u> 법이 개정되기 전인 2022년 12월 31일까지 최초 공고한 공매물건에 대해서 적용되었던 사례이다. 이 당시에는 공매 대금을 납부하고 소유권이전등기를 신청할 때 농지취득자격증명서를 첨부해야만 소유권이전등기를 할 수 있고, 첨부하지 못하면 대법원 2000다65147 판결처럼 등기를 하지 못해서 손해를 보던 시기이다.

김선생 한마디

잔금을 납부하고 농취증을 발급받지 못한 상태에서 체납자의 매매행위

공매절차에서 농지를 매수하고 대금을 완납한 매수인이 농지취득자격증명을 발급받지 못한 이상 여전히 소유권을 취득하지 못한 상태에 있었다고 봐야 하므로, 공매대상 농지의 원소유자가 그 농지에 관한 소유권자였다고 할 것이어서 원소유자가 체납액을 납부한 후 제3자에게 그 농지를 매도함으로써 그로부터 제3자 앞으로 경료된 소유권이전등기는 무권리자로부터 경료받은 무효의 등기라고 볼 수 없다(대법 2000다65147).

공매물건의 최고가매수신고인은 낙찰 받고 7일 이내(공매실무에서는 개찰 후 다다음주 월요일 14:00)에 매각허가결정이 확정되고 ⇨ 30일 이내 잔금을 납부하면서 소유권이전등기를 하면 된다.

공매로 농지를 취득하는 경우에는 농지취득자격증명서를 제출해야 하는데, 법 개정 전에는 소유권이전등기 시 첨부사항으로 등기할 때까지만 제출하면 되었지만, 2023년 1월부터는 매각허가결정 전(공매 실무상 개찰 후 다다음주 월요일 14:00에 매각허가결정과 동시에 확정됨) 제출해야 된다. 그래서 입찰하기 전에 내가 농지를 공매로 낙찰 받으면 농지취득자격증명서를 발급 받을 수 있는가를 관할 읍·면사무소 등에서 확인해야 한다.

농지취득자격증명서 어떻게 제출하면 되나?

01 압류재산 공매 최고가매수신청인

농지를 압류재산 공매로 낙찰 받아 최고가매수신청인으로 정해지면 한국자산관리공사에서 최고가매수신청인 증명서를 발급받아 그 증명서를 가지고 농지 소재지를 관할하는 시장, 구청장, 읍장 또는 면장에게 농지취득자격증명을 발급 받아 매각결정 전까지 한국자산관리공사에 제출해야 한다.

02 법원 경매 최고가매수신고인

농지를 법원 경매로 낙찰 받아 최고가매수신고인으로 정해지면 **법원에서 최고가매수신고인 증명서를 발급받아** 그 증명서를 가지고 농지 소재지를 관할하는 시장, 구청장, 읍장 또는 면장에게 농지취득자격증명을 발급 받아 매각허가결정 전까지 법원에 제출해야 한다.

◇ 압류재산 공매에서 농취증을 매각결정 전까지 제출하지 못하는 경우

(1) 농지위원회 심의 대상에 해당하는 경우

① 토지거래허가구역에 있는 농지를 취득하는 경우
② 농업 법인이 농지를 취득하는 경우
③ 1필지의 농지를 3인 이상이 공유지분으로 취득하는 경우
④ 농지소재지 시·군·자치구 또는 시·군·자치구 내에 거주하지 않으면서 해당 관할 시·군·자치구에 있는 농지를 처음으로 취득하는 경우
⑤ 외국인이나 외국국적 동포가 농지를 취득하는 경우
- 농지위원회 심의 처리기간은 농지취득자격증명 신청 후 14일 이내 발급(농지법 시행령 제7조)

(2) 농지위원회 심의 등으로 농취증을 매각결정기일 전까지 제출하기 어려운 경우

① 농지심의위원회 접수증과 ② 매각결정기일 연기신청서를 공매집행기관에 제출하여 당초 매각결정기일로부터 10일 이내의 범위에서 1회 한정 연기를 요청할 수 있다.

이 제도는 국세징수법 개정에 따라 2024년 1월부터 공고된 공매 물건부터 적용된다.

(3) 농지취득자격증명서(약칭:농취증)를 매각결정 전까지 제출해야 한다.

농취증을 제출하지 못해서 매각불허가결정이 나면 매수신청보증금(=입찰보증금)은 최고가매수신청인(=낙찰자)에게 반환된다.

유의할 점은 농지위원회 심의 등으로 매각결정기일 10일이 연기된 경우에도 그 기간까지 농취증을 제출하지 못해서 매각불허가된 경우에도 매수신청보증금을 낙찰자가 반환받을 수 있다는 것이다.

이것이 법원경매에서 농취증을 미제출 시 입찰보증금이 몰수되어 배당재단에 포함시키는 것과 다른 것이다.

◇ 농지 경매절차에서 대응 방법은?

(1) 농지의 경매 물건정보 내역

2013타경767 (4)			• 수원지방법원 본원	• 매각기일 : 2013.11.22.(金) (10:30)	• 경매 8계 (전화:031-210-1268)	
소재지	경기도 화성시 장안면 사곡리 000-0외 1필지 도로명주소검색					
물건종별	농지	감정가	119,021,000원	오늘조회: 1 2주누적: 0 2주평균: 0 조회동향		
				구분	입찰기일	최저매각가격	결과
토지면적	2429㎡(734.772평)	최저가	(49%) 58,321,000원	1차	2013-09-25	119,021,000원	유찰
				2차	2013-10-25	83,315,000원	유찰
건물면적		보증금	(10%) 5,840,000원	3차	2013-11-22	58,321,000원	
매각물건	토지 매각	소유자	문○○	낙찰 : 81,000,000원 (68.06%) (입찰1명,낙찰:문소령)		
개시결정	2013-01-07	채무자	문○○	매각결정기일 : 2013.11.29 - 매각허가결정 대금지급기한 : 2014.01.09		
사건명	강제경매	채권자	대성개발에스비(주)	대금납부 2013.12.18 / 배당기일 2014.05.12 배당종결 2014.05.12		

• 매각토지.건물현황 (감정원 : 정일감정평가 / 가격시점 : 2012.10.09)

목록	지번	용도/구조/면적/토지이용계획	㎡당 단가	감정가	비고
토지	1	사곡리 000-1	농림지역, 농림진흥구역<농지법>, 성장관리권역<수도권정비계획법>, <...	답 1991㎡ (602.278평)	49,000원	97,559,000원	표준지공시지가: (㎡당)33,000원
	2	사곡리 000-2	위와같음	답 438㎡ (132.495평)	49,000원	21,462,000원	
		면적소계 2429㎡(734.772평)		소계 119,021,000원	
감정가	토지:2429㎡(734.772평)		합계	119,021,000원	토지 매각

• 임차인현황 (배당요구종기일 : 2013.08.20)
===== 조사된 임차내역 없음 =====

• 토지등기부 (채권액합계 : 448,550,698원)

No	접수	권리종류	권리자	채권금액	비고	소멸여부
1	2007.11.29	소유권이전(상속)	문○○		협의분할에 의한 상속	
2	2009.02.16	근저당	조암농협	70,000,000원	말소기준등기	소멸
3	2012.05.21	압류	화성세무서			소멸
4	2012.09.05	공매공고	화성세무서		한국자산관리공사2012-12676-001	소멸
5	2012.11.27	가압류	대성개발에스비(주)	64,839,894원		소멸
6	2012.11.30	가압류	김○	156,855,402원		소멸
7	2012.11.30	가압류	대성개발에스비(주)	156,855,402원		소멸
8	2013.01.07	강제경매	대성개발에스비(주)	청구금액: 188,490,932원	2013타경767	소멸
9	2013.06.27	압류	화성시			소멸

(2) 이 농지를 경매로 낙찰 받아 소유권을 취득하려면

이 농지는 일반 매매가 아니라 경매(또는 공매)로 매각되므로 토지거래허가구역 내에 있는 농지라도 허가가 면제되므로 전매제한도 없다. 전매제한은 토지거래허가를 받는 농지만 해당된다. 그렇다고 하더라도 농지이므로 농지취득자격증명을 받아야 한다. 경매에서 농지취득자격증명은 낙찰 받고 매각허가 전까지 제출해야 되므로 입찰하기 전에 화성시 장안면 사무소를 방문해서 확인해 본 결과 가능하다는 통보를 받을 수 있었다.

이때 함께 확인해야 되는 사항이 농지 임차인 여부다.

2013. 01. 01.부터 농지법 제24조의2 개정으로 농지 임차인 보호제도가 생겼기 때문이다. 농지 임차인이 대항요건(농지소재 시·구·읍·면의 장의 확인과 농지인도)을 갖추면 다음날 오전 0시부터 대항력이 있어서 인수할 수도 있다. 물론 말소기준 이후의 임차인이면 소멸되는 것은 주택임차인과 같지만 주택임차인처럼 배당요구해 우선해서 변제받을 권리는 없고 대항력만 있다. 그래서 일반 매매로 매매되면 또는 경매(공매)절차에서 말소기준권리 전에 대항요건을 갖춘 경우 새로운 소유자에게 대항력을 주장할 수 있게 되었다.

이 농지는 채무자가 농사를 짓고 있어서 임차인이 없었다.

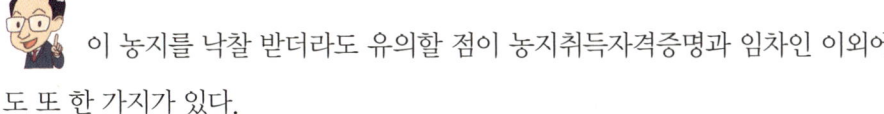 이 농지를 낙찰 받더라도 유의할 점이 농지취득자격증명과 임차인 이외에도 또 한 가지가 있다.

공매와 경합해서 매각절차가 진행되고 있기 때문이다.

이때 잔금을 먼저 잔금을 납부한 사람이 소유권을 취득하게 되는데, 이 농지는 시세가 1억2천만원 정도에 형성되어 있어서 8,100만원에 낙찰 받았고, 입찰보증금 영수증 수령과 동시에 최고가매수신고인을 증명하는 서류를 받아 장안면 사무소에 농지취득자격증명서를 신청해서 적법하게 소유권을 취득할 수 있었던 물건이다.

그리고 공매절차는 앞에서와 같이 2012. 12. 06. 까지 진행되다가 남을 가망이 없어서 중지 되었는데, 공매는 중지되었다가 다시 처음부터 공고하고 입찰절차가 진행되므로 유의해서 살펴봤지만 공매절차가 진행되지 않아 경매로 낙찰 받았던 사례이다. 왜 이렇게 공매가 진행되는 것에 관심을 가지고 있었냐 하면 그 이유는 공매 낙찰자가 잔금을 먼저 납부하면 소유권을 취득하지 못하게 될 상황과 공매로 사면 더 싸게 살 수 있다는 판단 때문이었다. 경매로 낙찰 받은 사람이 공매로 낙찰 받았다면 경매가 취소되기 때문에 입찰보증금을 반환 받을 수 있어서, 공매와 경매가 중복해서 진행되면 이러한 틈새를 잘 활용만 할 수 있으면 돈을 벌 수 있는 기회로 만들 수 있다.

07 농지 공매물건 입찰에서 어떻게 하면 성공하나?

  이 농지는 내가 태어나서 고등학교까지 다녔던 고향, 이천에 있어서 공매로 낙찰받아 논 농사를 지으면 좋겠다고 생각해서 입찰에 참여했었다. 낙찰받지는 못했지만 농지 공매 입찰을 위해서 어떻게 준비하고 입찰하면 되나?에 대한 분석은 충분하다고 생각해서 기술한 것이다. 이 공매 책에서 농지에 관해 기술한 부분이 Part 03의 05번에서 06번밖에 없어서 추가로 이번 07번 내용을 추가한 것이다. 따라서 독자분들이 농지 공매에 입찰하기 위해서는 앞의 05 농지의 정의, 왜 농지대장 열람과 농지취득자격증명이 필요할까?와 06 농지가 공매와 경매로 매각되는 경우 대응 방법을 숙지하고 나서 07번을 공부하는 과정으로 농지 입찰을 진행하면 된다.

◆ 농지 공매물건의 위치와 주변 현황도

◆ 농지 압류재산 공매 입찰정보 내역

이 농지는 서대문세무서가 한국자산관리공사에 공매대행을 의뢰한 물건이다. 농지 면적은 3,654㎡(1,105평)이고 트랙터와 경운기 등이 들어갈 수 있는 도로 등에 붙어 있어서 농지 가격은 평당 18만원선이다. 이러한 농지를 공매나 경매 등으로 낙찰받아 소유권을 취득하려면 첫째, 낙찰받고 다다음주 월요일 14:00의 매각허가결정 전까지(법에서는 7일 이내이지만 휴일 등을 감안하면 10일 이내) 농지취득자격증명서를 발급받아 공매집행기관에 제출해야 한다. 그런데 유의할 점은 관할 시·군에 거주하는 사람은 3일~4일 이내에 농지취득자격증명서를 발급해 주므로 낙찰받고 신청해도 되지만, 타지역 거주하는 분들은 앞의 ㅁ 압류재산 공매에서 농취증을 매각결정 전까지 제출하지 못하는 경우의 (1) 농지위원회 심의 대상에 해당하는 경우(141쪽 참조)로 14일 이내의 기간이 소요될 수 있으니 입찰 전에 입찰할 농지에 대해서 농지취득자격증명서를 신청해서 발급 받고 입찰하는 방법이 좋다. 본인도 이와 같이 입찰 전에 신청이 가능하다는 것을 면사무소 농취증 담당자와 통화 후 신청하고 입찰에 참여한 것이다. <u>둘째</u>, 농지 압류재산 공매 또는 법원경매에 입찰하기 전 선순위 임차인을 확인해야 한다.

<u>농지 입찰자는 농지대장을 직접 열람 신청할 수 없으므로</u> 공매 현황조사관의 현황 조사 시, 농지대장 열람을 통해서 농지임차인 등의 내역을 현황조사보고서에 작성 비치하도록 하고 있으니 현황조사보고서가 기재되어 있는 공매재산 명세서와 공매입찰 기록 등을 확인해서 선순위 농지임차인을 확인하면 된다. 농지 경매에서도 마찬가지로 집행관의 현황조사보고서를 확인해서 선순위 농지임차인을 확인하면 된다. <u>셋째</u>, 시세분석과 수익분석 후 입찰해야 한다.

◆ 공매재산 명세서를 통해서 선순위 임차인 등 분석

압류재산 공매재산 명세

처 분 청	서대문세무서	관 리 번 호	2024-00000-001
공매공고일	2024-09-11	배분요구의 종기일자	2024-10-14
공매재산의 표시	경기도 이천시 율면 OO리 000 답 3654㎡		
공매(매각)예정가격/입찰서제출(입찰)기간/개찰일자/매각결정기일		온비드 입찰정보 참조	
공 매 보 증 금		공매(매각)예정가격의 100분의 10	

■ 공매재산 이용 및 점유현황   [조사일자 : 2024-07-31 / 정보출처 : 감정평가서]

공매재산의 현황 (감정평가서)	기타 (답으로 이용중임.)
위치 및 부근현황 (감정평가서)	경기도 이천시 율면 OO리 소재 OO리 마을회관 북동측 인근에 위치하는 토지로서 인근 일대는 주로 경지정리된 농경지대이며, 농가촌락, 축사, 야산 등이 산

점유 관계	성명	계약일자	전입신고일자 (사업자등록 신청일자)	확정일자	보증금	차임	임차부분	비고
			조회된 데이터가 없습니다.					

■ 임차인 배분 요구 및 채권신고 현황

임대차 구분	성명	계약일자	전입신고일자 (사업자등록 신청일자)	확정일자	보증금	차임	임차부분	배분요구 일자	채권신고 일자	비고
				신고된 내역이 없습니다.						

■ 배분요구 및 채권신고 현황

번호	권리관계	성명	압류/설정 (등기)일자	법정기일 (납부기한)	설정금액(원)	배분요구 채권액(원)	배분요구일
1	교부청구	마포세무서		2024-04-01 ~ 2024-07-21	0	3,167,600	2024-09-13
2	교부청구	국민건강보험공단 부천북부지사		2021-09-10 ~ 2024-09-10	0	1,974,090	2024-09-19
3	교부청구	부천세무서		2021-05-28 ~ 2024-05-28	0	3,756,420	2024-04-05
4	물건지지방자 치단체	이천시청		2024-09-10 ~ 2024-09-10	0	74,130	
5	위임기관	서대문세무서	2011-11-09	2020-01-23 ~ 2023-10-01	0	15,278,460	2024-03-27

* 채권신고 및 배분요구현황은 배분요구서를 기준으로 작성하였으며 신고된 채권액은 변동될 수 있습니다.
* 배분요구일자 미등록 건에 대해서는 담당자를 통해 배분요구 여부를 반드시 확인하여 주시기 바랍니다.

이 공매재산 명세서를 확인해 본 결과 현황조사관이 조사한 내역에는 농지임차인이 없어서 인수할 임차인이 없는 것으로 분석했다. 그래서 앞에서와 같이 입찰하기 전에 농지취득자격증명서를 신청하고 입찰에 참여한 것이다.

◆ 농지 공매에서 상세 입찰결과와 수익분석

▌상세입찰결과

물건관리번호	2024-00000-001		
재산구분	압류재산(캠코)	담당부점	경기지역본부
물건명	경기도 이천시 율면 OO리 000		
공고번호	202409-36554-00	회차 / 차수	048 / 001
처분방식	매각	입찰방식/경쟁방식	최고가방식 / 일반경쟁
입찰기간	2024-11-25 14:00 ~ 2024-11-27 17:00	총액/단가	총액
개찰시작일시	2024-11-28 11:00	집행완료일시	2024-11-28 11:08
입찰자수	유효 3명 / 무효 0명(인터넷)		
입찰금액	127,690,000원/ 126,709,900원/ 125,430,000원		
개찰결과	낙찰	낙찰금액	127,690,000원
감정가(최초 최저입찰가)	190,008,000원	최저입찰가	114,005,000원
낙찰가율(감정가 대비)	67.2%	낙찰가율(최저입찰가 대비)	112%

▌대금납부 및 배분기일 정보

대금납부기한	2025-01-08	납부여부	납부
납부촉구(최고)기한	-	배분기일	2025-01-16

이 농지 공매에서 입찰자는 총 3명으로 필자는 2등을 했다. 시세가 18만원에서 20만원 정도 가므로, 127,690,000원에 낙찰 받은 사람은 평당 6만원 정도 시세차익으로 총 6,600만원(6만원×1,100평)을 볼 수 있을 것으로 판단된다. 더욱 중요한 것은 농지 수요는 많은데 매물이 없다는 점을 고려하면 20만원까지 매도할 수도 있을 것이다.

08 공매와 경매의 법적 근거와 차이점의 내용 비교분석

구분		차이점의 내용 비교분석	
		법원 경매	압류재산 공매(온비드 공매)
1	법적 근거	민사집행법 제78조(집행 방법) 부동산 강제집행은 채권자의 신청에 따라 법원이 한다.	① 국세징수법 제66조(공매)−국세, ② 지방세징수법 제71조(공매)−지방세, ③ 국민건강보험법 제81조(보험료 등의 독촉 및 체납처분)−국민건강보험공단이 자신의 건강보험, 고용보험, 산재보험 등의 징수업무(독촉, 압류, 공매대행 업무 등)를 통합하여 수행하고 있다.
2	집행기관	부동산 소재지 관할 법원	공매대행을 의뢰받은 한국자산관리공사
3	신청채권자와 매각의 종류	① 임의경매−담보물권자(근저당권, 담보가등기, 집합건물전세권 등)가 신청한 경매(법 제80조) ② 강제경매−집행권원(확정판결, 집행력 있는 공정증서 등)으로 신청한 경매(법 제80조)	① 압류재산 공매−세무서장, 지방자치단체장, 공과금기관장 등이 체납자의 재산을 압류하고, 한국자산관리공사에 공매대행 의뢰(법 제103조). ② 수탁재산 공매 ③ 국유재산공매 ④ 유입자산 공매 ⑤ 고정자산 공매 ⑥ 이용기관재산 공매 등
4	경매개시결정의 등기와 공매공고 등기의 촉탁	① 경매절차를 개시하는 결정에는 동시에 그 부동산의 압류를 명하여야 한다(법 제83조 제1항). ② 법원이 경매개시결정을 하면 법원사무관등은 즉시 그 사유를 등기부에 기입하도록 등기관에게 촉탁하여야 한다(법 제94조 제1항). ③ 등기관은 제1항의 촉탁에 따라 경매개시결정사유를 기입하여야 한다(법 제94조 제2항).	① 등기원인은 압류부동산인 경우에는 "공매공고"로, 납세담보로 제공된 부동산인 경우에는 "납세담보물의 공매공고"로 그 연월일은 "공매공고일"로 갑구에 표시한다(국세징수법에 따른 공매공고 등기 사무처리지침 제3조 제2항). ② 공매공고 등기는 공매를 집행하는 압류등기의 부기등기로 하고(제5조 제1항), 납세담보로 제공된 부동산에 대한 공매공고 등기는 갑구에 주등기로 실행한다(제5조 제2항).
5	압류효력과 소액임차인	① 경매 압류효력은 채무자에게 경매개시결정이 송달된 때 또는 경매개시결정의 등기가 된 때 중 빠른 날에 그 효력이 발생한다(법 83조 제4항). ② 소액임차인이 경매개시결정의 등기 전에 주임법 제3조 제1항의 요건(대항력)을 갖추고 있으면 최우선변제권 있음.	① 공매 압류효력은 등기부에 최초 압류한 날이다. ② 소액임차인이 공매 공고등기 전 주임법 제3조 제1항의 요건(대항력)을 갖추고 있으면 최우선변제권 있음.

6	채무자 사망 시 매각절차 진행방법	① 경매 개시 전에 채무자가 사망한 경우 • 강제경매: 채권자가 승계집행문을 부여받아서 경매 신청. • ㅁ임의경매: 채권자가 대위하여 상속등기를 후 상속인을 채무자, 소유자로 경매 신청. ② 경매 개시 후에 채무자가 사망한 경우(민집법 제52조 제1항) • 강제경매를 개시 후에 채무자가 사망한 경우 경매는 계속 진행된다. 다만 상속인에게 송달을 해야 하며 이 경우 승계집행문은 필요 없으나 상속인이 없거나 상속인의 소재가 불분명하면 특별대리인을 선임해야 한다(대법 70다1894 판결 참조). • 임의경매 개시 후에 채무자가 사망한 경우 경매는 계속 진행된다(대법 98마2509 판결참조).	체납처분으로 인한 압류등기가 마쳐진 후에 체납자가 사망한 경우에 세무서장은 대위에 의한 상속등기를 하지 아니하고 공매공고등기를 촉탁할 수 있다(국세징수법 제27조 제1항과 지방세 징수법 제47조 제1항). 체납자가 사망한 후 체납자 명의의 재산에 대하여 한 압류는 그 재산을 상속한 상속인에 대하여 한 것으로 본다(국세징수법 제27조 제2항과 지방세 징수법 제47조 제2항).
7	배당요구 종기일의 지정 시기	배당요구종기에 대한 예규(재민 2004-3, 제6조 1항)는 배당요구종기 결정일로부터 2월 이상 3월 이하의 범위 안에서 정하도록 규정하고 있다.	공매실무는 최초 공매공고일로부터 45일 이내에 배분요구종기를 정해서 공고하고 있다.
8	경매 매각물건명세서와 공매 재산명세서	① 경매 매각물건명세서 작성 및 비치(법 제105조) ② 매각기일의 1주일 전까지 매각물건명세서, 현황조사보고서, 감정평가서의 사본 등을 법원에 비치.	① 공매 재산명세서의 작성 및 비치(법 제77조) ② 입찰서 제출 시작 7일 전부터 입찰서 제출 마감 전까지 일반인이 열람할 수 있도록 비치.
9	입찰 방법과 입찰 참여 횟수	① 기일입찰로 매각당일 부동산 소재지 관할 법원에서 현장경매로 진행(예외적으로 기간입찰도 진행함) ② 법원 경매는 1회 입찰만 가능하다. 같은 물건에 대해서 2회 이상 입찰 시 무효 처리됨	① 기간입찰(월요일 14:00~수요일 17:00)로 온비드에 접속해서 입찰하는 온라인 입찰 방식 ② 압류재산공매, 수탁재산공매, 유입자산공매 등은 입찰 마감 전까지는 같은 물건에 2회 이상 입찰이 가능
10	입찰보증금과 납부 시 유의사항	① 입찰보증금은 최저매각예정금액의 10%(재매각은 20% 또는 30%) ② 입찰보증금은 입찰 현장에서 입찰서 제출 시 현금으로 일시 납부	① 입찰보증금은 최저입찰가의(재매각도 10%) ② 입찰보증금은 온라인으로 입금하는데, 1,000만원 이하 일시 납부, 1,000만원 초과는 2회 이상 분할 납부 가능.
11	잔금 미납 시 보증금 처리 방법	입찰보증금은 몰수되고, 배당재단에 포함되어 배당요구한 채권자에게 순차 배당	입찰보증금은 몰수되어 1순위 체납처분비(공매집행비용), 2순위 압류와 관계되는 국세의 순으로 충당한 후 남은 금액은 3순위 체납자에게 지급한다.
12	유찰에 의한 새매각 가격의 저감과 진행 절차	① 최저매각예정금액에서 20% 또는 30%씩 저감(다음 회차는 저감된 금액의 20% 또는 30% 저감) ② 새매각기일은 1개월 후에 지정. ③ 50% 이상 저감되어도 계속해서 진행함	① 최초매각예정금액(10억원)의 10%씩 정액으로 저감(1회차 10억원, 2회차 9억원, 3회차 8억원, ······) ② 새매각기일은 1주일 후에 지정함. ③ 50% 이상 저감되면 50% 가격으로 재공매 공고 후 매각절차를 진행함.

13	최고가 매수인이 2인 이상인 경우	재매각에 따른 재입찰 후 동일한 금액이면 추첨으로 결정한다.	온비드 무작위 추첨 방식으로 결정한다.
14	공유자우선매수와 차순위매수신청	① 공유자우선매수 신청은 입찰절차에서 최고가매수신고인을 결정하기 전까지 신청 가능함. ② 차순위매수 신청은 입찰절차에서 최고가매수신고인 결정 후 입찰을 종료하기 전까지 신청 가능함.	① 공유자우선매수 신청은 최고가매수신청인 결정 후 매각결정 전까지 신청이 가능함. ② 차순위매수 신청은 최고가매수신청인 결정 후 매각결정 전까지 신청이 가능함.
15	최고가매수신고인 결정 후 취소 방법	최고가매수신고인 결정 후 잔금 납부 전까지 채무자가 최고가매수신고인 또는 매수인 동의와 경매신청채권자의 동의를 얻어야만 경매 취소 가능	① 매각결정 전까지는 체납자가 최고가매수신청인의 동의 없이 체납액 상환 후 공매 취소 가능. ② 매각결정 후에는 최고가매수신청인의 동의를 얻어 체납액 상환 후 공매 취소 가능.
16	농지취득자격 증명서 제출 시기	① 매각허가결정 전에 농지취득자격증명서를 제출해야 한다. ② 매각허가결정 전까지 미제출 시에는 매각불허가결정이 내려진다. ③ ②항에 따라 매각불허가 결정되면, 입찰보증금은 몰수돼 배당재단에 포함되어 채권자에게 순차 배당	① 매각허가결정 전에 농지취득자격증명서를 제출해야 한다. ② 농지위원회 심의 등으로 해당 서류를 매각결정기일 전까지 제출하기 어려운 때에는 ㉠ 농지심의위원회 접수증과 ㉡ 매각결정기일 연기신청서를 제출하여 당초 매각결정기일로부터 10일 이내의 범위에서 1회 한정 연기를 요청할 수 있다. ③ 매각허가결정 전까지 미제출 시에는 매각불허가결정이 내려진다. ④ ③항에 따라 매각불허가 결정되면, 입찰보증금은 몰수되지 않고 최고가매수신청인(낙찰자)에게 반환한다는 것이 경매와 차이점이다.
17	매각결정기일	① 최고가매수신고인 결정 후 7일 이내 매각허가결정 ② 매각허가결정 후 7일 이내 매각결정 확정	① 최고가매수신청인 결정 후 7일 이내 매각결정 – 매각결정기일은 공매 실무상 개찰 후 다다음 주 월요일 14:00에 결정한다. ② 매각결정의 효력은 매각결정 즉시에 발생한다 (법 제84조 제2항).
18	즉시항고 제도의 유무	낙찰대금의 10% 공탁 후 즉시항고를 할 수 있다.	즉시항고 제도가 없음
19	매각대금의 납부 시기와 납부 방법	① 매각허가결정 확정 후 30 이내 법원이 정한 잔금 납부기한에 납부하면 된다. ② ①항 기간 미납 시 재매각하기 3일 전까지 지연이자를 포함한 잔금을 납부하면 소유권을 취득한다.	① 낙찰가격이 3,000만원 미만이면 매각결정일로부터 7일 이내에, 낙찰가격이 3,000만원 이상이면 30일 이내에 매수대금을 납부한다. ② ①항 기간에 미납 시 또다시 납부최고기한 10일이 지연이자 없이 주어지며 이 기간이 지나면 입찰보증금은 몰수돼 앞의 11번과 같이 처리됨.
20	인도명령 신청과 건물명도 청구 소송	인도명령 신청은 경매로 낙찰 받고 매각대금을 납부한 날로부터 6개월 이내에 채무자, 소유자 등에 대하여 매수인에게 부동산을 인도하도록 법원에 인도명령을 신청하는 제도이다.	공매의 경우 법원과 같은 인도명령 신청제도가 없으므로 건물명도청구 소송을 진행해야 한다.

21	배당절차	① 매각대금을 지급하면 3일 안에 배당기일을 지정하되 배당기일을 대금지급 후 4주 이내로 정해야 한다(재민 91-5). ② 배당기일의 3일 전까지 배당표원안을 작성하여 이를 법원에 비치하여야 한다(법 149조 1항).	① 세무서장은 금전을 배분하려면 체납자, 제3채무자 또는 매수인으로부터 해당 금전을 받은 날부터 30일 이내에서 배분일을 정하여 배분하여야 한다(법 제95조). ② 관할 세무서장은제96조에 따라 금전을 배분하는 경우 배분계산서 원안을 작성하고, 이를 배분기일 7일 전까지 갖추어 두어야 한다.
22	채무인수와 매수대금 차액지급	① 민사집행법 제143조 제1항에 따른 채무인수 방식으로 매매대금을 납부하는 경우 차액지급과 같은 신고의 종기가 없고, 채무인수의 신청이 받아들여지면 매각허가결정이 확정된 이후이면 바로 대금지급기한과 배당기일을 같은 날로 정하게 된다. ② 민사집행법 제143조 제2항에 따른 차액지급 방식으로 매매대금을 납부하는 경우에는 채권자가 매각결정기일이 끝날 때까지 법원에 신고하고 배당받아야 할 금액을 제외한 대금을 배당기일에 낼 수 있다. 이 경우 대금 납부기일과 배당기일을 같은 날에 지정하게 된다.	① 압류재산공매절차에서는 민사집행법 제143조 제1항에 따른 채무인수 방식으로 매매대금을 납부하는 제도가 없다. ② 국세징수법 제84조의2에 따라 압류재산 공매물건에 저당권, 전세권 또는 가등기담보권, 대항력 있는 임차권 또는 등기된 임차권을 가진 채권자가 해당 공매물건을 매수하고 매수대금 차액납부를 신청하여 허용된 경우 국세징수법 제84조의2에 따라 계산된 차액납부 금액을 매매대금 잔금일과 같은 날로 정해진 배분기일 전까지 납부해야 한다.
23	전세사기피해자 지원 및 주거안정에 관한 특별법(약칭 : 전세사기피해자법)에 따른 임차인 우선매수권	전세사기피해자법 제20조(경매절차에서 우선매수권) 제1항 전세사기피해주택을 「민사집행법」에 따라 경매하는 경우 전세사기피해자는 매각기일까지 같은 법 제113조에 따른 보증을 제공하고 최고매수신고가격과 같은 가격으로 우선매수하겠다는 신고를 할 수 있다.	전세사기피해자법 제21조(국세징수법에 따른 공매절차에서 우선매수권) 및 제22조(지방세징수법에 따른 공매절차에서 우선매수권), 제25조 제2항에 따른 전세사기피해자의 우선매수 신청이 있는 경우
24	남을 가망이 없을 경우 경매와 공매 취소	민사집행법 제102조(남을 가망이 없을 경우의 경매취소) 제1항 법원은 최저매각가격으로 압류채권자의 채권에 우선하는 부동산의 모든 부담과 절차비용을 변제하면 남을 것이 없겠다고 인정한 때에는 압류채권자에게 이를 통지하여야 한다.	국세징수법 제78조(국세에 우선하는 제한물권 등의 인수 등) 관할 세무서장은 공매재산에 압류와 관계되는 국세보다 우선하는 제한물권 등이 있는 경우 제한물권 등을 매수인에게 인수하게 하거나 매수대금으로 그 제한물권 등에 의하여 담보된 채권을 변제하는 데 충분하다고 인정된 경우가 아니면 그 재산을 공매하지 못한다.

PART
04

공매에서 기본적인 권리분석과 채권 상호간의 우선순위

01 공매에서 권리분석은 어떻게 하나?

◆ 공매에서 권리분석이란?

공매나 경매로 물건을 취득하기 위해서는 입찰에 참여해서 낙찰을 받으면 된다. 이렇게 낙찰을 받았을 경우에 내가 입찰서에 기재한 매수희망가격 이외에 추가로 인수하게 되는 부동산상의 권리와 등기부상의 권리가 있는가 등을 분석하는 것이다. 공매나 경매로 낙찰 받아 매각대금을 납부하면 소유권이전과 동시에 등기사항전부증명서에 설정되었던 권리 등이 모두 소멸되어 매수인에게 인도되는 것이 원칙이지만, 간혹 소멸되지 않고 매수인의 부담으로 남게 되는 권리가 있다. 그래서 인수할 권리 등이 없다면 매수 희망가가 총 취득가가 되지만, 있다면 그만큼 부담을 안고 사게 된다는 사실을 이해하고 매수 희망가를 정해야 한다.

그리고 유의할 점은 공매는 다양한 종류가 있고, 공매를 진행하는 기관마다 매각조건이 다를 수 있으므로, 그에 따라 다음과 같이 권리분석을 다르게 해야 한다.

◆ 압류재산 공매물건 권리분석 방법

압류재산 공매물건은 KAMCO(한국자산관리공사)가 세무관서 등으로부터 공매대행을 의뢰받아 체납자의 부동산을 강제로 매각하는 절차로, 경매와 같은 매각결정 방식으로 압류재산 공매로 낙찰 받고 나서 매각결정 이후 30일 이내에 잔금을 납부하면 말소기준권리 이후의 권리나 채권을 소멸시키는 소멸주의를 택하고 있다. 그리고 매각대금을 가지고 공매를 위임한 세무관서와 그 밖에 등기부에 등기된 채권, 등기되어 있지 않지만 배분 받을 권리가 있는 채권자에게 배분하는 절차로 마무리가 된다. 그러므로 말소기준권리를 기준으로 선순위의 권리(임차인, 전세권등기, 지상권, 가등기, 가처분 등)는 인수하고, 후순의의 권리나 채권 등은 소멸하게 되므로 인수할 권리가 있는가를 자세히 확인하고 입찰해야 한다.

밑줄친 <u>그리고 유의할 점은</u> 국세징수법에서 정한 법정 매각조건을 확인하기 위해서 공매공고문을, 특별매각조건을 확인하기 위해서 공매재산명세서를 확인하는 것을 잊지 말아야 한다(압류재산 권리분석은 PART 11을 참조).

(1) 말소기준권리가 인수하는 권리와 소멸하는 권리를 판단하는 기준점이다!

말소기준권리는 근저당권, 가압류, 압류, 담보가등기, 전세권(집합건물인 경우 예외적으로 인정), 강제경매기입등기 중에서 제일 먼저 등기부에 등기된 채권을 말한다. 전세권이 예외적으로 말소기준권리로 인정되는 경우는 집합건물(아파트, 다세대, 연립 등)에서 최선순위 전세권이 경매를 신청하였거나 타인의 경매절차에서 배당요구한 경우에는 매각으로 소멸하면서 말소기준권리가 될 수 있다(민집법 제91조 4항 단서). 그러나 배당요구를 하지 않았다면 대항력이 있어서 매수인이 인수해야 한다.

> **국세징수법 제92조(공매재산에 설정된 제한물권 등의 소멸과 인수 등)**
> ① 공매재산에 설정된 모든 질권·저당권 및 가등기담보권은 매각으로 소멸된다.
> ② 지상권·지역권·전세권 및 등기된 임차권 등은 압류채권(압류와 관계되는 국세를 포함한다)·가압류채권 및 제1항에 따라 소멸하는 담보물권에 대항할 수 없는 경우 매각으로 소멸된다.
> ③ 제2항 외의 경우 지상권·지역권·전세권 및 등기된 임차권 등은 매수인이 인수한다. 다만, 제76조 제2항에 따라 전세권자가 배분요구를 한 전세권의 경우에는 매각으로 소멸된다.
> ④ 매수인은 유치권자에게 그 유치권으로 담보되는 채권을 변제할 책임이 있다.

(2) 한눈으로 분석해 본 소제주의와 인수주의

공매로 입찰할 때 부동산 위에 거주하는 임차인 등의 권리와 등기부에 기재되어 있는 권리가 소멸되는지, 매수인의 부담으로 인수하게 되는지를 분석해야 된다.

여기서 소제주의는 낙찰로 인하여 소멸되는 권리이고, 인수주의는 낙찰자에게 인수되는 권리이다.

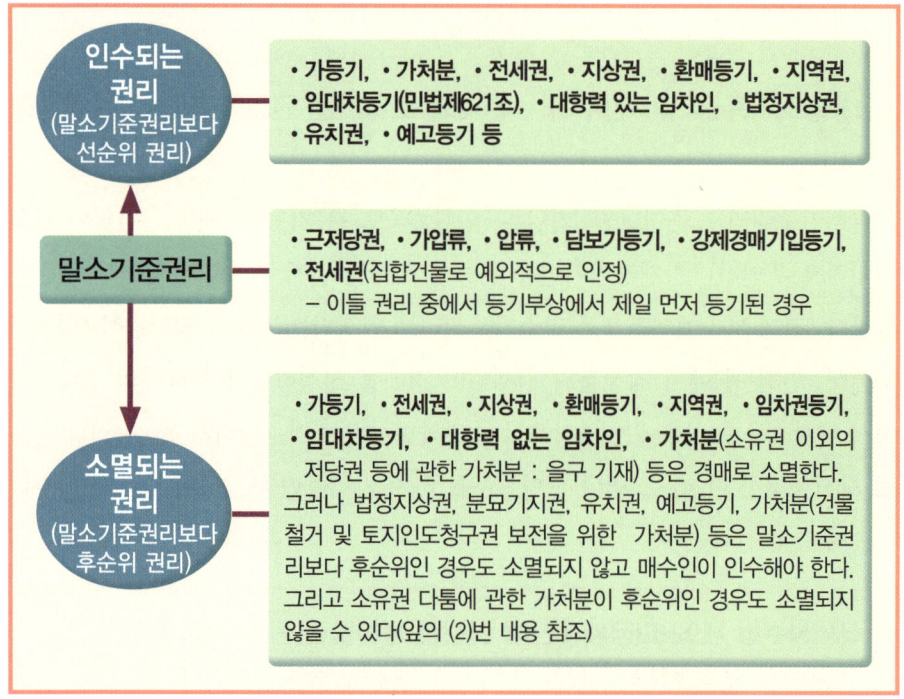

(3) 주택 등을 공매로 낙찰 받으면 임차인은 어떻게 되나?

① 주택과 상가 임차인의 대항력은?

임차인이 주임법상 대항요건(주민등록+주택인도) 또는 상임법상 대항요건(사업자등록+건물인도)을 갖추면 다음날 오전 0시에 대항력이 발생해서 소유자가 변경되더라도 새로운 소유자가 임대인의 지위를 승계하게 된다. 따라서 임차인은 잔여 임대차 계약기간 보호와 계약기간 종료 후 보증금 반환 청구를 주장할 수 있다. 이렇게 주택이 일반매매, 상속, 증여 등으로 소유권이 이전되는 경우에는 말소기준권리를 기준으로 하는 것이 아니라 소유권이전등기되기 전까지만 대항력을 갖추고, 계속 유지하고 있으면 되는 것이다.

② 압류재산공매나 법원경매로 매각되는 경우 임차인 대항력 유무 판단!

등기부에 가장 먼저 등기된 채권 즉 말소기준권리를 보호하기 위해서 말소기준권리 전에 대항요건을 갖춘 임차인은 대항력이 있어서 대항력으로 보호받을 수 있지만, 말소기준권리 이후에 대항요건을 갖춘 임차인은 대항력이 없어서 낙찰자가 잔금 납부 즉시 임차권이 소멸된다.

③ 압류재산공매나 법원경매로 매각되는 경우 선순위임차인은?

선순위임차인은 대항력을 주장할 수도 있고, 대항력을 포기하고 우선변제권으로 배분요구할 수도 있는 권리가 있다.

㉠ 대항력을 주장하는 경우 – 새로운 소유자(낙찰자)에게 대항력을 주장해서 잔여 임대차 기간동안 거주하고, 계약갱신요구권을 주장해서 계약기간을 연장할 수도 있다. 그리고 계약기간이 만료되는 경우 임대인의 지위를 승계한 새로운 소유자(낙찰자)에게 임대차보증금 반환을 청구할 수 있는 권리를 가진다.

㉡ 배분요구하는 경우 – 대항력을 스스로 포기하고 배분요구종기 전까지 우선변제권(최우선변제권, 확정일자부 우선변제권)으로 배분요구해서 전액 배분받으면 배분 시점으로 임차권이 소멸된다. 그러나 미배분금이 발생하면 임차권이 소멸되지 않고 낙찰자가 미배분금을 지급할 때까지 주택인도를 거부할 수 있는 동시이행항변권을 갖는다.

④ 압류재산공매나 법원경매로 매각되는 경우 후순위임차인은?

후순위임차인은 대항력이 없어서 낙찰자(매수인)가 잔금 납부 즉시 임차권이 소멸되므로, 이 시점부터 배분 여부와 무관하게 명도대상이면서 부당이득의 반환 시점이다. 따라서 공매 낙찰자는 잔금 납부 즉시 명도소송을 진행할 수 있다.

이러한 대항력 없는 후순위임차인도 우선변제권(최우선변제권, 확정일자부 우선변제권)이 있어서 배분요구종기 전까지 우선변제권으로 배분요구해서 배분에 참여할 수 있는 권리가 있다.

<u>선순위임차인과 다르게 미배분이 발생해도</u> 매수인이 인수하지 않고 소멸되며, 설령 전액 배분받는 임차인이라도 낙찰자가 잔금 납부 이후부터는 부당이득을 청구할 수 있다는 것이다.

◆ 국유재산 공매에서 권리분석은?

국가 소유재산의 관리와 처분을 위임받아 일반인에게 매각 또는 임대(대부)하는 재산을 말한다. 즉 국가기관 등으로부터 매각이 위임된 재산을 KAMCO가 수탁을 받아 일반인에게 공개경쟁 입찰방식으로 매각하게 되니 매각조건만 공매공고문과 공매담당자를 통해 확인하면 압류재산 공매럼 예측하지 못한 손실은 발생하지 않게 돼 안전하다(국유재산 권리분석은 앞의 압류재산공매 이외에 다른 공매 권리분석 방법과 PART 12 국유재산 공매를 참조).

〈압류재산공매 이외에 다른 공매 권리분석 방법〉

매각절차가 국세징수법으로 진행되는 압류재산 공매와 민사집행법으로 진행되는 법원경매는 낙찰 받고 나서 매각결정 확정(매매계약 체결 효력 발생) 후 30일 이내에 잔금을 납부하면 말소기준 권리를 기준으로 소멸하는 소멸주의를 택하고 있다.
그러나 이 두 매각절차를 제외하고 <u>이 국유재산 공매와 다음 수탁재산 공매, 유입자산 공매, 이용기관재산 등의 공매, 금융기관 신탁기관 등의 직접공매는 낙찰 받고 나서 5일 이내에 매매계약을 체결하는 계약체결 방식을 택하고 있어서 소멸주의가 아닌 인수주의를 택하고 있다.</u>
그래서 인수할 권리가 있는가를 ① 공매공고문, ② 공매입찰기록, ③ 공적장부(등기부, 건축물대장, 전입세대열람 등) 열람과 ④ 공매담당자에게 문의해서 확인하고 입찰에 참여해야 한다.

◆ 수탁재산 공매는 두 가지로 분류할 수 있다!

첫째, 금융기관과 공공기관소유 비업무용 재산 등을 금융기관 또는 공공기관으로부터 매각을 위임받아 KAMCO가 일반인에게 공개경쟁 입찰방식과 둘째, 양도세 감면대상 물건을 위임받아 KAMCO가 일반인에게 공개경쟁 입찰방식이 있다. 이렇게 KAMCO가 수탁을 받아 일반인에게 공개경쟁 입찰방식으로 매각하게 되니 매각조건만 공매공고문과 공매담당자에게 확인하고 낙찰 받으면 인수할 권리 없이 안전하게 소유권을 취득할 수 한다(수탁재산 권리분석은 앞의 압류재산공매 이외에 다른 공매 권리분석 방법과 PART 13 수탁재산 공매를 참조).

◆ 유입자산 공매 권리분석

유입자산 공매는 부실채권을 회수하는 과정에서 법원경매를 통해 한국자산관리공사 명의로 유입한 재산으로 소유자 KAMCO(한국자산관리공사)가 일반인에게 공개경쟁 입찰방식으로 매각절차를 진행하게 되니 일반 부동산중개업소에서 파는 것과 같이 안전하다고 볼 수 있지만, KAMCO가 소유자로 매각하니 앞에서 설명한 것처럼 매각조건을 공매공고문과 공매담당자를 통해서 확인하고 입찰에 참여해야 한다(유입자산 권리분석은 앞의 압류재산공매 이외에 다른 공매 권리분석 방법과 PART 13 유입자산 공매를 참조).

◆ 이용기관 등의 공매는?

이용기관 등이 매각이나 임대(대부)를 KAMCO(한국자산관리공사) 온비드 사이트에 이용기관 회원 가입 후 온비드사이트의 전자처분시스템을 통해서 이용기관 등이 직접 매각절차를 진행하게 되니 이 공매물건 역시 앞에서와 같이 매각조건을 확인하고 입찰에 참여하면 안전하다(이용기관재산 권리분석은 앞의 압류재산공매 이외에 다른 공매 권리분석 방법과 PART 14~15 이용기관재산 등의 공매를 참조).

따라서 이용기관 공매 물건에 대한 권리분석은 첫째, 공매 공고문과 공매 입찰기록을 통해서 인수할 권리 확인, 둘째 공적장부인 등기부와 건축물대장, 그리고 전입세대 열람, 셋째, 현장답사를 통해서 시세와 관리비 연체 내역 등을 확인하고, 넷째, 공매 담당자를 통해서 최종적으로 인수할 권리 여부 확인, 다섯째, 취득세와 양도세 등을 통한 수익분석 후 입찰가를 결정해서 입찰하면 된다.

◇ 금융기관, 신탁회사, 개인과 예보 파산재단 등의 직접 공매는?

은행 및 금고·신탁기관·법인단체(주식회사 등의 사기업), 개인회생·파산재단, 예금보험공사 파산재단 등의 직접 공매가 있다. 이들기관 등이 매각물건에 대해서 감정평가를 실시해서 그 평가금액을 기초로 하여 최초 매각예정 금액으로 정하고 이를 신문에 공고하여 공개입찰방식으로 금융기관 등이 직접 매각절차를 진행하게 되니 매각조건만 확인하고 낙찰 받으면 안전하다(신탁회사, 개인회생·파산재단, 예금보험공사 파산재단 등의 직접 공매 권리분석은 앞의 압류재산공매 이외에 다른 공매 권리분석 방법과 앞에서 설명했던 온비드사이트에서 진행되는 이용기관 등의 공매와 같이 분석하고 입찰하면 된다.

02 다양한 공매 사례에서 권리분석 방법

◇ 공매에서 기본적인 권리분석과 배당 방법

(1) 을구에 등기된 담보물권 상호간의 우선순위

권리자	권리일자	권리내용	비고
갑	1월 1일	근저당권 1억원	
을	1월 2일	근저당권 2억원	
병	1월 3일	근저당권 3억원	

배당액 2억원(공매공고 등기일 3월 2일)일 때 배당순위

1순위 갑 근저당권(물권) 1억원(말소기준권리)

2순위 을 근저당권(물권) 1억원

3순위 병 근저당권(물권) 0원

근저당권은 물권으로 우선변제권이 있다. 이러한 근저당권 등은 등기된 날짜

순위에 따라 우선순위가 정해지고, 같은 날인 경우에는 접수번호 순위에 따라 우선순위가 정해진다.

(2) 갑구에 등기된 채권 상호간의 우선순위

권리자	권리일자	권리내용	비 고
갑	1월 1일	가압류 1억원	
을	1월 2일	가압류 2억원	
병	1월 3일	가압류 3억원	
정	1월 4일	가압류 4억원	

배당액 5억원(공매공고 등기일 3월 2일)일 때 배당순위

1순위 갑 가압류(채권) 5천만원(말소기준권리), 1순위 을 가압류(채권) 1억원, 1순위 병 가압류(채권), 1억5천만원 1순위 정 가압류(채권) 2억원

가압류는 일반 채권으로 우선변제권이 없다. 따라서 등기된 순서와 상관없이 모두 동순위로 채권액에 따라 안분 배당 받게 된다.

(3) 갑구와 을구에 등기된 채권 상호간의 우선순위

권리자	권리일자	권리내용	비 고
갑	1월 1일	근저당권 1억원	
을	1월 2일	가압류 2억원	
병	1월 3일	근저당권 1억원	

배당액 2억원(공매공고 등기일 3월 2일)일 때 배당순위

1순위 갑 근저당권(물권) 1억원(말소기준권리)

2순위 을 가압류(채권)=66,666,667원(잔여배당액×채권액/총채권액=1억원×2억원/3억원

2순위 병 근저당권(물권)=33,333,333원(1억원×1억원/3억원)

1순위로 갑이 배당 받고 잔여금 1억원을 가지고 을과 병이 동순위로 안분 배당

받는다. 이는 선순위 가압류의 처분금지효에 따라 병 근저당권의 우선변제권을 주장할 수 없기 때문이다.

◆ 매수인이 선순위임차인을 인수하게 되는 사례

권리자	권리일자	권리내용	전입일자	확정일자	배당요구
A		임차인 1억원	1월 1일	1월 1일	X
갑	1월 2일	근저당권 1억원			
을	1월 3일	가압류 1억원			

배당액 2억원(공매공고 등기일 3월 2일)일 때 배당순위

1순위 갑 근저당권 1억원(말소기준권리)

2순위 을 가압류 1억원

임차인은 선순위임차인으로 배당요구를 하면 1순위로 배당받게 되지만, 배당요구를 하지 않고 대항력을 주장해서 매수인이 잔여 임대차기간과 보증금 1억원을 인수해야 한다.

◆ 매수인이 임차인을 인수하지 않아도 되는 사례

권리자	권리일자	권리내용	전입일자	확정일자	배당
A		임차인 7,000만원	11년 1월 11일	11년 1월 12일	O
갑	11년 2월 1일	근저당권 1억원			
B		임차인 7,000만원	11년 3월 11일	11년 3월 12일	O
을	11년 4월 11일	가압류 1억원			

배당액 2억원(소재지 서울시)(공매공고 등기일 15년 9월 7일)일 때 배당순위

1순위 ① A 임차인 2,500만원, ② B 임차인 : 2,500만원 최우선변제 합 5,000만원 – 소액임차인 결정기준 근저당권과 확정일자부 우선변제권(7,500만원 이하/2,500만원)

2순위 A 임차인 4,500만원(확정일자부 우선변제권)

3순위 갑 근저당권 1억원

4순위 B 임차인 500만원으로 배당이 종결된다.

따라서 선순위인 A 임차인이 전액 배당 받아서 매수인이 인수할 보증금은 없고, B임차인은 대항력이 없어서 매수인이 인수할 보증금은 없다.

03 공매 매각절차에서 하자가 발생 시 낙찰자의 대응 방법

– 매각기일(최고액입찰자가 되고나서) 이후 권리변동(대위변제, 가등기권자의 본등기, 기타 권리변동 등)에 대한 대응방안

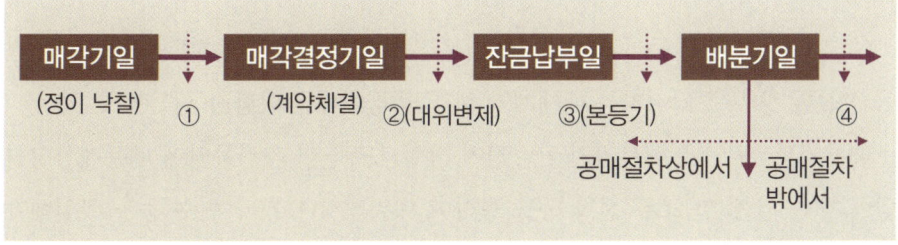

◆ **매각결정 전(① 기간)에 또는 매각결정 후(② 기간)에 대위변제로 1순위저당권이 말소된 경우**

갑 근저당권(1차말소기준) ⇨ 을 임차인 ⇨ 병 조세채권압류(2차말소기준) ⇨ 병 압류공매 의뢰 ⇨ 정 낙찰 : 인수권리 없음.

여기서, 임차인 을이 갑 근저당권 채권액을 대위변제한 경우라면 상황이 달라진다. 말소기준권리가 병 조세채권압류가 되므로 을 임차인은 대항력이 있어서 (순위상승의 원칙) 낙찰자는 을 임차인을 인수해야 한다. 대위변제로 을 임차인이

대항력이 발생되는 경우 : ① 기간 동안에 대위변제 시에는 매각불허가 신청 또는 ② 기간 동안에 대위변제 시에는 매각결정 취소신청을 할 수 있다. 따라서 말소기준권리의 채권액이 소액인 경우 낙찰자는 항상 대위변제를 대비해야 한다. 대위변제는 공매낙찰자가 잔금 납부하기 전까지 가능하므로 선순위저당권이 소액인 경우는 물론 소액이 아니더라도 최소한 대금납부 전에 등기사항증명서 열람과 공매 실행기관 등에 확인하여 대위변제 사실 등을 확인하고 매각잔금을 납부해야 한다.

◆ 선순위가등기권자가 ③ 기간 동안에 본등기를 한 경우

갑 가등기 ▷ 을 근저당권 ▷ 병 세금압류 ▷ 병의 압류공매 의뢰 ▷ 정 낙찰자 ▷ 대금납부 ▷ 갑이 본등기(③) ▷ 배분기일

③ 기간 동안에 가등기권자가 본등기로 낙찰자가 대금완납 하였음에도 소유권을 상실한 경우 ▷ 낙찰자는 매매계약 해제 및 공매대금 반환청구를 할 수 있다.

배분계산서원안은 배분기일 7일 전에 작성되므로 이 기간동안에 배분계산서원안에 대한 열람 및 교부 신청 등을 통하여 대위변제나 기타 변수 등을 확인해야 한다.

이때 문제가 발생시 매매계약해제와 대금반환청구 소송을 해야 한다.

◆ 배분기일 이후에 발생한 경우에 대처하는 방법은?

공매절차 밖에서 ④ 기간 동안에 가처분의 말소회복소송으로 등기가 말소된 경우
민법 제578조 경매와 매도인의 담보책임(이 규정은 공매에서도 똑 같이 적용이 가능한 규정임) ㉠ 채무자에게 청구하거나, ㉡ 배분받은 채권자를 상대로 별도의 소송, 즉 부당이득 반환청구 소송을 제기할 수 있다.

① 낙찰자가 소유권을 상실하게 된 경우 민법 제578조(=경매와 매도인의 담보책임) 규정에 의해 채무자에게 계약해제를 요청할 수 있다. 그러나 대부분 채무자

가 자력이 없기 때문에 배분 받은 채권자를 상대로 부당이득반환을 청구하면 될 것이다.

② 선순위 갑 근저당권의 채권액이 없는 경우에 형식적 말소기준권리가 되기 때문에 말소기준권리가 될 수 없어서 후순위 을 가처분은 공매절차상에서 소멸되었으나 공매절차 밖에서 이를 회복시켜주어야 한다. 따라서 대금납부 전 또는 배분기일 전까지는 최소한 등기부등본이나 공매 기록 등을 점검해야 한다.

민법 제578조 경매와 매도인의 담보책임에 의해서 (1) 채무자에게 청구하거나, (2) 배분받은 채권자를 상대로 별도의 소송, 즉 부당이득 반환청구 소송을 제기할 수 있다.

◆ 공매의 취소가능성에 대비해라!

부동산 가격에 비해 공매 신청자의 채권액이 적은 경우에는 매각 후에도 매각대금 납부일까지 체납자 또는 소유자가 변제할 가능성이 크다. 이때 체납자의 공매취소신청방법으로 (1) 낙찰자에게 매각결정 전까지는 낙찰자 동의 없이 체납세액을 상환 후 취소신청이 가능하다. (2) 낙찰자에게 매각결정이 확정되고 나서는 낙찰자의 동의가 있어야만 공매취소가 가능하다(압류재산공매는 매각결정 즉시 확정된다). 이 경우 공매는 취소된다. (3) 선순위채권이 많아서 공매신청채권자의 실익이 없게 되면(공매신청자에게 배분여력이 없는 경우) 공매가 취소될 수 있다.

04 물권과 채권의 종류와 이들 상호 간 우선순위

채권은 광의적으로 해석하면 담보물권, 저당권부 채권(담보물권적 효력이 있는 채권), 무담보 채권이 있다. 무담보 채권에는 우선특권이 있는 채권으로 특별우선채권과 일반우선채권이 있고, 우선특권이 없는 일반채권으로 배당요구가 가능한 채권과 불가능한 채권으로 나눌 수 있다. 이렇게 분류할 수 있어야 채권 상호 간에 우선순위에 따른 배당을 쉽게 정리할 수 있다.

◆ 광의의 채권의 종류(물권과 채권을 포함)

(1) 특별우선채권

민법상 필요비와 유익비 상환청구권, 주임법과 상임법상 소액보증금 중 일정액, 근로자의 최우선변제금, 조세채권 중 당해세이다.

(2) 담보물권

근저당권, 전세권 등.

(3) 저당권부 채권

담보가등기(채권을 담보로 가등기한 채권), 확정일자부 임차권(대항요건과 확정일자를 갖춘 임차인), 등기된 임차권(임차권등기명령에 의한 임차권등기와 임대차등기).

(4) 우선특권이 있는 채권

조세채권(당해세 제외), 공과금(국민건강 · 국민연금보험, 고용 · 산재보험 등), 근로자의 임금채권(최우선변제금 제외).

(5) 일반채권

① 배당에 참여할 수 있는 채권 : 가압류, 강제경매신청채권, 집행권원에 의한 배당요구채권, 우선특권 없는 공과금채권.

② 배당에 참여할 수 없는 채권 : 집행권원이 없는 차용증 등을 소지한 채권자, 확정일자 없는 주택임차인(소액보증금 중 일정액은 제외), 주임법 및 상임법상 보호대상이 아닌 상가 또는 토지 임차인 등은 경매목적 부동산에 가압류 등기를 하지 아니하거나 보증금에 대한 채권원인증서만으로 배당요구가 불가하다.

◇ 물권의 종류와 물권 상호 간의 우선순위

(1) 물권의 정의와 종류

물권이란 특정물건을 직접적, 배타적으로 지배하여 이익을 얻을 수 있는 권리(사용, 수익, 처분할 수 있는 권리)로서 지배권이며, 대물권이다. 모든 사람에게 주장이 가능한 절대권이기 때문에 대부분 등기부에 공시된다. 물권은 설정계약에 의해서 성립되지만 법률 또는 관습법에 의해서도 발생한다. 이런 물권의 종류는 물건을 사용, 수익, 처분권을 모두 가지고 있는 소유권과 물건을 사실상 점유할 수 있는 점유권, 소유권을 제한할 수 있는 제한물권으로 담보물권과 용익물권이 있다. 담보물권에는 유치권, 질권, 저당권 등이 있으며, 용익물권에는 지상권, 지역권, 전세권 등이 있다. 이 밖에도 관습상의 물권으로 분묘기지권과 관습법상의 법정지상권 등이 있다. 이 밖에도 물권은 아니지만 물권적 효력을 갖는 저당권부 채권으로 담보가등기, 확정일자부 임차권, 주택과 상가건물의 임대차등기 등이 있다.

(2) 동일한 물권 상호 간의 우선순위(일물 일권주의)

일물일권주의는 한 개의 물건 위에는 동일한 내용의 물권이 동시에 두 가지 이상 성립하지 못한다는 원칙이다.

이는 물권의 배타적 지배권의 성격을 보장하기 위한 것으로, 하나의 물건 위에는 동일한 종류, 내용, 순위의 물권은 동시에 성립할 수 없다는 것이다. 즉 1개의 물건 위에 2개의 소유권·전세권·지상권 등이 중복해서 성립할 수 없다. 일물일권주의는 한 개의 물건위에 그 내용이 양립될 수 없는 물권은 하나만 존재할 수 있고, 물건의 일부에 관하여는 물권이 존재할 수 없으며, 수개의 물건 위에는 하나의 물권이 있을 수 없다.

그러나 내용이 모순되지 않는 물권 상호간에는 즉 두 개 이상 양립이 가능한 물권은 한 개의 물건 위에 동시에 성립할 수 있다.

따라서 서로 용납하는 지배를 내용으로 하는 물권(종류, 성질, 범위 등을 달리하는 물권)이 동시에 두 개 이상 성립함은 일물일권주의에 반하는 것이 아니다.

(3) 동일한 물권이 아닌 경우에 우선순위

① 소유권과 제한물권(담보물권, 용익물권)이 동일 물건 위에 존재하는 경우 시간의 선후에 관계없이 항상 제한물권이 우선한다.

> **예** 이도령 소유 ➪ 국민은행 근저당권 ➪ 춘향이로 소유권이 이전되는 경우, 근저당권은 이도령이 소유자로 있을 때나 춘향이로 소유자가 변경돼도 우선한다.

② 제한물권(담보물권과 용익물권) 상호 간의 우선순위는 먼저 등기된 담보물권이 우선한다. 같은 날짜에 설정된 것은 접수번호에 따라 선후가 정해진다.

③ 저당권부 채권 상호 간 우선순위는 등기일자와 효력발생 일시에 따라 우선순위가 정해지다.

(4) 물권우선주의

하나의 물건 위에 물권과 채권이 함께 존재하는 경우 그 성립의 선후와 관계없이 물권이 채권에 우선하는 것이 원칙이다. 그러나 이 원칙에도 예외가 있다. 그 예외는 다음 채권설명에서 다루어 보겠다.

◇ 채권의 종류와 채권 상호 간 우선순위

(1) 채권의 정의와 종류

채권이란, 특정인(채권자)이 특정인(채무자)에 대하여 일정한 행위(=급부)를 청구할 수 있는 권리로서 상대적이고 비배타적인 권리이다. 채권은 채무자에게만 주장할 수 있는 대인적 권리로서 채무자의 행위에 의하여 권리내용이 실행되는 권리이다. 채권은 특정한 사람에게만 주장이 가능한 상대권으로 대부분 등기부에 공시되지 않는다. 이러한 채권은 계약(청약과 승낙)에 의해서 성립된다. 그리고 채무자가 임의로 그 행위를 하지 않을 경우 채권자는 법원의 청구하여 강제집행을 청구할 수 있다. 채권의 종류는 우선특권이 있는 채권으로 특별우선채권(1순위 필요비와 유익비, 2순위로 최우선변제금, 당해세)과 일반우선채권(조세, 공과금, 임금채권)이 있고, 우선특권이 없는 일반채권으로 배당요구가 가능한 채권(가압류, 강제경매신청채권, 집행권원에 의한 배당요구채권, 우선특권 없는 공과금채권)과 불가능한 채권(집행권원이 없는 차용증 등을 소지한 채권자, 확정일자 없는 주택임차인(소액임차인의 소액보증금 중 일정액은 제외)으로 나눌 수 있다.

(2) 채권 상호 간의 우선순위

원칙적으로 채권자 평등의 원칙에 따라서 우열이 없이 그 채권의 성립시기, 효력발생 시기를 불문하고 동순위로서 안분배당하게 된다. 그러나 채권이 특별우선채권과 일반우선채권, 일반채권 간에는 동순위가 되는 것이 아니라, 항상 특별우선채권이 우선하고, 그 다음 일반우선채권, 일반채권 순이 된다.

◆ 물권과 채권 상호 간의 우선순위

(1) 물권우선주의가 원칙

'매매는 임대차를 깬다.' 라는 말이 있다. 이 말은 채권과 물권이 충돌하면 물권이 우선한다는 것으로 주택임대차보호법이 탄생하기 전 임차인이 대항력이 없던 시기로, 임차주택이 매매로 소유자가 변경되면 임차인은 새로운 소유자에게 대항할 수 없었다. 그래서 계약기간 중이라도 새로운 소유자가 주택을 비워 달라고 요구할 수 있었다. 새로운 소유자는 소유권이전등기로 물권을 취득한 반면에, 임대차는 채권이기 때문이다. 이와 같이 민법에서는 물권이 채권에 우선한다는 물권우선주의 원칙을 택하고 있다.

(2) 물권우선주의의 예외

채권은 물권과 같이 등기부에 등기되지 않아서 등기부에 등기된 물권에 우선할 수 없는 것이 대부분이다. 그러나 등기되지 않은 채권도 특별우선채권과 일반우선채권이라면 우선특권이 있어서 물권과의 관계에서 우선할 수도 있고, 우선특권이 없는 채권이라도 등기된 일반채권(가압류등기, 압류등기, 강제경매신청기입등기)이라면 물권과 선후 등기순위에 따라 일반채권이 선순위인 경우 처분금지효력이 물권에 미치게 되어 후순위 물권과 동순위로 안분 배당한다. 그러나 후순위 가압류등기는 물권이 우선하게 된다.

◇ 물권과 일반채권이 섞여 있는 기본적인 사례에서 배분 분석

> ① 갑 근저당권 ➡ 을 가압류 ➡ 병 임차인 전입/확정일자 (최우선변제금은 계산하지 아니함)

- **1순위** : 갑 근저당권. 2순위 : 을 가압류=병 임차인(확정일자 임차인)이므로 동순위로서 안분 배분한다.

> ② 갑 임차인 전입/확정일자 ➡ 을 가압류 ➡ 병 강제경매 신청 ➡ 정 가압류 ➡ 을의 강제경매 신청

- **배분순위** : 1순위 : 갑 임차인의 확정일자 우선변제권. 2순위 : 을 가압류 = 병 강제경매신청 = 정 가압류는 동순위로서 안분 배분하다.

> ③ 갑 가압류 ➡ 을 근저당권 ➡ 병 임차인 전입/확정 ➡ 을의 임의경매

- **물권은** 일반채권에 우선하고 물권은 우선변제권이 있으나 우선변제권은 물권보다 후순위 권리자에 해당되는 것이지 선순위로 등기된 일반채권자까지 해당되지 아니하므로 동순위로 안분 배분한다. 일반채권 역시 우선변제권 없고, 채권자 평등주의로 모두가 평등하다.

- **배분순위** : 1차 갑 = 을이고, 갑 = 병이므로 동순위로 1차 안분배분 : ① 갑, ② 을, ③ 병을 안분배분하고, 2차 흡수배분 : 을은 병보다 우선순위로 을은 병의 1차 안분액 한도 내에서 을의 채권이 만족할 때까지(안분부족액 을) 흡수하는 절차를 거치게 된다.

05 공매에서 채권 상호 간의 우선순위는 어떻게 결정하나?

공매에서 배분순서는 매각대금에서 공매집행비용을 0순위로 공제한 금액(실제 배분할 금액)을 가지고 다음 순위에 따라 배분하게 된다.

◆ 압류재산 공매집행비용

첫째, 국세 압류재산 공매 집행비용은 ① 국세 매각대금 수수료= 매각대금× 3.6%, ② 압류재산 공매 공매공고등기를 할 때 등기비용이 면제, ③ 부동산현황 조사료, ④ 송달료, ⑤ 신문공고료, ⑥ 감정평가비용 등이 발생한다. 그래서 ① 매각 수수료율 3.6%와 ③~⑥ 수수료율 0.2%를 추가해 총 3.8%를 곱한 금액으로 공매 집행비용을 계산하면 될 것이다.

둘째, 공과금 압류재산 공매 집행비용은 ① 국세 압류재산 공매 집행비용을 준용하도록 정하고 있어서 3.8% 정도로 계산하면 된다.

셋째, 지방세 압류재산 공매 집행비용은 ① 지방세 매각대금 수수료= 매각대금 ×3.0%, ② 압류재산 공매 공매공고등기를 할 때 등기비용이 면제, ③~⑥ 수수료율 0.2%를 추가해 총 3.2%를 곱한 금액으로 공매집행비용을 계산하면 될 것이다 (자세한 내용은 176쪽~178쪽 참조).

◆ 1순위 필요비, 유익비 상환청구권

저당물의 제3취득자나 임차권, 점유권, 유치권자가 그 부동산에 보존개량을 위하여 필요비, 유익비를 지출한 경우 매각대금에서 우선 변제한다.

◆ 2순위 주택 및 상가건물 임차인과 근로자의 최우선변제금

① 주택임차인의 소액임차보증금 중 일정액(주임법 제8조 1항)
② 상가임차인의 소액임차보증금 중 일정액(상임법 제14조 1항)
③ 근로자의 최종 3개월분 임금, 최종 3년간 퇴직금, 재해보상금

위 ①+②+③은 동순위이며 배당금이 부족하면 안분배당하게 된다.

◆ 3순위 국세와 지방세 중 당해세

그 부동산에 대하여 부과된 국세나 지방세를 말한다.

(1) 국세 당해세의 우선 징수

가. 국세기본법 제35조 제3항 제1항 제3호에도 불구하고 해당 재산에 대하여 부과된 상속세, 증여세 및 종합부동산세는 같은 호에 따른 채권 또는 임대차보증금반환채권보다 우선하며, 제1항 제3호의2에도 불구하고 해당 재산에 대하여 부과된 종합부동산세는 같은 호에 따른 채권 또는 임대차보증금반환채권보다 우선한다.

나. 국세기본법 제35조 제7항 제3항에도 불구하고 주택임대차보호법 제3조의2 제2항에 따라 대항요건과 확정일자를 갖춘 임차권에 의하여 담보된 임대차보증금반환채권 또는 같은 법 제2조에 따른 주거용 건물에 설정된 전세권에 의하여 담보된 채권은 해당 임차권 또는 전세권이 설정된 재산이 국세의 강제징수 또는 경매 절차 등을 통하여 매각되어 그 매각금액에서 국세를 징수하는 경우 그 확정일자 또는 설정일보다 법정기일이 늦은 해당 재산에 대하여 부과된 상속세, 증여세 및 종합부동산세의 우선 징수 순서에 대신하여 변제될 수 있다.

〈국세 우선 징수에서 알고 있으면 좋은 내용〉

첫째, 국세기본법 제35조 제3항 제1항 제3호에서 법정기일 전에 설정된 채권(전세권, 질권 또는 저당권, 가등기 담보권, 확정일자부 임차권)은 조세채권에 우선한다는 조항(일반 조세채권만 적용되는 조건이다)과 무관하게 당해세(상속세, 증여세 및 종합부동산세)는 현소유자의 저당권부 채권보다 항상 우선한다. 그렇지만 전소유자의 저당권부 채권(전세권, 질권 또는 저당권, 가등기 담보권, 확정일자부 임차권)에 대해서는 ① 상속세와 증여세 당해세는 우선하지 못하지만, ② 종합부동산세의 당해세는 우선한다. 즉 종부세는 전소유자와 현소유자의 저당권부 채권보다 항상 우선하도록 법이 개정된 것이다.

둘째, 국세기본법 제35조 제1항 제3호의2 단서조항에서 해당 재산의 직전 보유자가 전세권등의 설정 당시 체납하고 있었던 국세 등을 고려하여 대통령령(시행령 제18조 3항)으로 정하는 방법에 따라 계산한 금액의 범위에서는 국세(제2항에 따른 법정기일이 전세권등의 설정일보다 빠른 국세로 한정한다)를 우선하여 징수한다.

〈보충설명〉 전소유자의 저당권부 채권보다 법정기일이 빠른 전소유자의 조세채권은 압류하지 않은 상태에서도 현소유자의 공매나 경매절차에서 교부청구할 수 있다. 그러나 다음의 경우에는 교부청구할 수 없다. ① 전소유자의 저당권부 채권이 없거나 ② 전소유자의 저당권부 채권보다 법정기일이 늦은 경우, ③ 전소유자가 소유권을 취득하기 전(전전소유자)에 설정된 저당권부 채권만 있는 경우에는 교부청구를 할 수 없다.

이때 교부청구 방법은 현소유자의 조세채권자가 교부청구할 때 교부청구서(국세징수법 시행규칙 별지 제52호 서식)에 해당 재산의 직전 보유자와 관계된 국세 체납액의 내용을 기재해서 교부청구하도록 개정되어 시행 중에 있다(2026년 1월 1일부터는 세무관서 등이 캠코에 공매대행의뢰 단계에서 조사해서 공매 대행 의뢰서(국세징수법 시행규칙 별지 제86호 서식)에 기재해서 제출하도록 변경해서 시행할 예정이다.

셋째, 이 내용은 국세에만 적용되는 것이고, 지방세에는 이러한 규정이 없어서 적용되지 않는다는 사실이다.

넷째, 대법원 2011다44160에서 당해세에 대한 부대세의 일종인 가산금 및 중가산금의 경우에도, 교부청구 이후 배당기일까지의 가산금 또는 중가산금을 포함하여 지급을 구하는 취지를 배당요구종기 이전에 명확히 밝히지 않았다면, 배당요구종기까지 교부청구를 한 금액에 한하여 배당받을 수 있다고 판결했다.

(2) 지방세 당해세의 우선 징수

가. 지방세기본법 제71조 제5항 제1항 제3호 각 목 외의 부분 및 제2항 단서에 따른 그 재산에 대하여 부과된 지방세(당해세)는 다음 각 호와 같다.

1. 재산세, 2. 자동차세(자동차 소유에 대한 자동차세만 해당한다), 3. 지역자원시설세(소방분에 대한 지역자원시설세만 해당한다), 4. 지방교육세(재산세와 자동차세에 부가되는 지방교육세만 해당한다).

이렇게 그 부동산에 대하여 부과된 재산세 등은 당해세이고, 그 재산세 등의 납부지연가산세도 당해세이다. 즉 본세가 당해세이면 그 납부지연가산세도 당해세이다. 이러한 지방세 당해세는 저당권부 채권과 공과금채권, 일반채권보다 우선해서 배분 받을 수 있는 우선권이 있다.

유의할 점은 대법원 2011다44160 판결과 같이 교부청구당시 교부청구서에 배당기일까지 납부지연가산세를 포함해서 교부청구를 해야 배분받을 수 있다는 사실이다.

나. 지방세기본법 제71조 제6항 제1항 제3호 각 목 외의 부분 및 제2항 단서에도 불구하고 ~ 이 본조 내용은 국세기본법 제35조 제7항과 같은 내용이므로 생략하기로 한다.

따라서 지방세 당해세(재산세, 자동차세, 지역자원시설세, 지방교육세 등) 역시 당해세의 법정기일 전에 설정된 임차권, 전세권등기, 대항요건과 확정일자를 갖춘 임차인에 대해서 당해세가 우선 배당받아서 대신하여 변제하는 방법으로 배당순위가 정해진다.

〈국세·지방세 당해세와 임차인 간의 우선순위〉
국세·지방세 당해세 3,000만원(법정기일이 2025년 01월 20일) ⇨ 국민은행 근저당 1억원(설정일 2024년 03월 10일) ⇨ 마포세무서 일반세금 압류 5,000만원(법정기일이 2024년 05월 20일) ⇨ 이도령 임차인 2억원(전입/확정일자 2024년 10월 20일) ⇨ 2025년 5월 25일 공매 공고등기(배분할 금액 2억원이고, 주택이 서울시에 소재 시 배분하는 방법)
1차적으로 1순위 국세·지방세 당해세 3,000만원, 2순위 국민은행 근저당 1억원, 3순위 마포세무서 5,000만원, 4순위 이도령 임차인 2,000만원으로 배분하고, 2차적으로 국세기본법 제35조 제7항과 지방세기본법 제6항에 따라 국세·지방세 당해세보다 법정기일이 빠른 임차보증금 미배분금을 대신 변제하는 방법(국세·지방세 당해세 3,000만원을 이도령 임차인에게 배분하므로 임차인은 총 5,000만원 배분받고 국세·지방세 당해세는 0원 배분)으로 배분절차를 진행해야 한다.

◆ 4순위 일반조세채권(저당권부 채권보다 법정기일이 빠르거나 같은 경우)

일반조세채권은 조세채권 중에서 3순위로 배분 받는 당해세를 제외한 조세채권을 말한다. 이런 일반조세채권이 6순위 저당권부 채권보다 법정기일이 빠르거나 같은 경우 4순위로 배분 받는다.

> **〈개정된 조세채권 법률을 확인해라!〉**
> **첫째,** 당해세에 관한 개정된 법률은 172~173쪽을 참조하면 된다.
> **둘째,** 국세기본법 제35조 제1항 3의2호 단서조항으로, 전소유자의 저당권부 채권보다 법정기일이 빠른 전소유자의 조세채권은 압류하지 않은 상태에서도 현소유자의 공매나 경매절차에서 교부청구할 수 있다는 내용이다(이 내용은 173쪽 〈국세 우선징수에서 알고 있으면 좋은 내용〉 둘째 내용을 참조).
> **셋째,** 가산세, 가산금 중가산금의 법정기일이 본세의 법정기일로 통일되었다.
> ① 국세기본법 제47조의4 제3항과 지방세기본법 제55조, 56조에 따라 납부불성실 가산세와 가산금, 중가산금 등을 일원화하여 "납부지연가산세"로 규정했다.
> ② 국세기본법 제35조 제2항 제2호와 지방세기본법 제71조 제1항 제3호에 "과세표준과 세액을 정부가 결정·경정 또는 수시부과 결정을 하는 경우 고지한 해당 세액(제47조의4에 따른 납부지연가산세 중 납부고지서에 따른 납부기한 후의 납부지연가산세와 제47조의5에 따른 원천징수 등 납부지연가산세 중 납부고지서에 따른 납부기한 후의 원천징수 등 납부지연가산세를 포함한다): 그 납부고지서의 발송일"을 규정하고 있기 때문이다.
> **넷째,** 당해세와 일반 조세채권 교부청구시 교부청구서에 배당기일까지 납부지연가산세를 포함해서 교부청구를 해야 한다(대법원 2011다44160 판결참조).

◆ 5순위 법률상 우선권 있는 공과금(저당권부 채권보다 납부기한이 빠르거나 같은 경우)

법률상 우선권 있는 공과금은 국민건강보험료, 국민연금보험료, 고용보험료, 산재보험료, 개발부담금, 고용부담금 등이다.

이런 공과금이 6순위 저당권부 채권보다 납부기한이 빠르거나 같은 경우 5순위로 배분 받는다.

따라서 공과금의 납부기한이 근저당권설정등기일보다 빠르고 근저당권이 일반조세채권의 법정기일이 빠르다면 순환관계가 발생된다.

> **예** 공과금 납부기한(2월 10일) ⇨ 근저당권설정등기일(3월 10일) ⇨ 일반조세채권의 법정기일(4월 10일) 순이면 공과금〉근저당권이고, 근저당권〉일반조세이고, 일반조세〉공과금이므로 순환흡수배분절차에 의해서 배분하게 된다.

◇ 6순위 저당권부 채권

저당권부 채권은 근저당권, 전세권, 담보가등기, 확정일자부 임차권, 등기된 임차권이 있다. 이들 간의 우선순위와 다른 조세채권 등과의 우선순위는 다음과 같다.

① 담보물권(근저당권, 전세권, 담보가등기) 상호간의 순위는 설정등기된 순위이다. 즉 접수일자가 빠른 담보물권이 우선하고 접수일자가 같은 경우 접수번호에 따라 우선순위가 정해진다.

② 확정일자부 임차권은 대항요건(주택의 인도와 주민등록)을 먼저 갖추고 나서 임대차계약서에 확정일자를 받으면 그 당일 주간에 우선변제권이 발생한다. 그러나 대항요건과 확정일자를 같은 날에 부여받았다면 익일 오전 0시에 확정일자부 우선변제권이 발생한다(∵ 대항력은 대항요건을 갖춘 날 익일 오전 0시에 발생하기 때문이다).

③ 조세채권 확정일은 그 조세의 법정기일 및 납부기일이다.

④ 등기된 임차권은 등기일자가 아니라 그 전의 대항요건과 확정일자를 갖춘 시기이다. 그러나 대항요건을 갖추기 전에 민법제621조에 의해 임대차등기가 이루어졌다면 임대차등기일자에 대항력과 확정일자부 우선변제권이 발생된다.

◇ 7순위 근로자의 일반임금채권

임금채권 중에서 1순위로 배분 받는 최우선변제금을 제외한 금액을 일반임금채권이라고 한다.

이런 일반임금채권은 6순위의 저당권부 채권에는 항상 후순위가 되지만, 조세(당해세 포함), 공과금, 일반채권에 대해서는 우선한다. 그러나 6순위의 저당권부 채권보다 우선하는 조세나 공과금에 대해서는 일반임금이 우선하지 못한다. 따라서 위와 같이 4순위에서 7순위로 배당순위가 정해지게 된다(근로기준법 제38조 제1항과 근로자 퇴직급여 보장법 제11조).

◆ 8순위 일반조세채권(저당권부 채권보다 법정기일이 늦은 경우)

일반조세채권이 6순위 저당권부 채권보다 법정기일이 늦은 경우에는 8순위로 배분 받는다.

◆ 9순위 법률상 우선권 있는 공과금(저당권부 채권보다 납부기한이 늦은 경우)

법률상 우선권 있는 공과금이 6순위 저당권부 채권보다 납부기한이 늦은 경우에는 9순위로 배분 받는다.

◆ 10순위 우선변제권 없는 일반채권

가압류채권, 강제경매신청채권, 집행권원이 있는 채권(확정된 판결문, 공증된 약속어음 등), 재산형, 과태료 및 국유재산법상의 사용료, 대부금 등이 모두 배분요구가 가능하며 배분절차에서 이들 순위는 모두 동순위로 안분배분하게 된다.

06 공매 물건별 공매집행비용 계산 방법

◆ 압류재산 공매집행비용 계산 방법

(1) 국세징수법시행규칙 제78조 제2항 관련 별표 3의 공매대행 수수료율은 ① 완납 수수료율(공매공고 전 06%, 공매공고 후 매각결정 전 0.9%, 매각결정 후 대금납부 전 1.2%), ② 해제 수수료율(공매공고 전 06%, 공매공고 후 매각결정 전 0.9%, 매각결정 후 대금납부 전 1.2%), ③ 매각 수수료율 3.6%, ④ 매각결정 취소 수수료율 2.4%이다.

(2) 지방세징수법 시행규칙 제73조의8(매각대행수수료) 별표의 지방세 압류재산 공매 매각대행수수료는 인상되지 않아서 종전과 같이 매각수수료 3%(최저수수료 30만원)와 매각결정 취소 수수료 1.2%(최저수수료 24만원)만 차이가 있고, 나머지 수수료는 국세와 동일하다.

(3) 국민건강보험공단이 공매대행을 의뢰한 경우에는 국민건강보험법 시행규칙 제53조(공매대행 수수료) 법 제81조 제6항에 따른 수수료 산정에 관하여는 국세징수법 시행규칙 제41조의5(공매대행수수료 등)를 준용한다. 국세징수법 시행규칙 제41조의5는 국세징수법 시행규칙 제78조(공매대행수수료 등)으로 변경되었으므로, 국민건강보험법 시행규칙 제53조 본문 내용도 이 변경된 조항에 따른다고 봐야 한다. 따라서 국민건강보험 등의 압류재산 공매 대행 수수료는 위 (1)번과 같이 매매각대금의 3.6%이다.

〈압류재산 공매집행비용 계산 방법〉

(1) 국세 압류재산 공매 집행비용 계산은 ① 매각대금 수수료 = 매각대금×3.6%, ② 압류재산 공매 공매공고등기를 할 때 등기비용이 면제, ③ 부동산 현황조사료, ④ 송달료, ⑤ 신문공고료, ⑥ 감정평가비용 등이 발생한다. 그래서 ① 매각 수수료율 3.6%와 ③~⑥ 수수료율 0.2%로 총 3.8%를 매각대금에 곱한 금액으로 공매 집행 비용을 계산하면 된다.

(2) 지방세 압류재산 공매 집행비용 계산은 매각 수수료율 3.0%와 ③~⑥ 수수료율 0.2%로 총 3.2%를 매각대금에 곱한 금액으로 공매 집행비용을 계산하면 된다.

(3) 국민건강보험 등의 공과금 압류재산 공매 집행비용 계산은 01 국세 압류재산 공매 집행비용과 같으므로 매각대금에 3.8%를 곱한 금액으로 공매 집행비용을 계산하면 된다.

◆ 수탁재산 공매 매각수수료

(1) 온비드 온라인으로 매각되는 경우

수탁재산 공매 매각수수료는 매각금액의 1%이고, 지급 방법은 입찰보증금에서

0.5% 공제 후 지급하고, 잔금에서 0.5% 공제 후 지급하는 방식으로 진행된다(양도세 비과세 대상과 공기관 등의 수탁재산도 동일함).

(2) 수의매매계약(수의계약)으로 매각되는 경우

수탁재산 공매 매각수수료는 수의매매대금의 0.8%고, 지급 방법은 수의매매계약 체결 시 계약금에서 0.4% 공제 후 지급하고, 잔금에서 0.4% 공제 후 지급하는 방식으로 진행된다.

◇ 이용기관수수료는 두가지로 분류할 수 있다!

이용기관수수료 확인은 온비드 화면에서 이용기관전용 홈페이지를 검색 후 수수료 메뉴를 클릭하면 다음과 같은 수수료를 확인할 수 있다.

① 현장 등록수수료 : 온비드에 공고 등록하고 이용기관이 지정하는 현장에서 입찰절차를 진행하는 경우, 온비드에 물건을 등록할 때 물건별로 등록수수료 100,000원을 납부해야 한다.

② 낙찰수수료 : 온비드에 공고 등록과 전자입찰을 진행하여 낙찰된 물건에 대해 낙찰 금액별 부과기준(이용기관회원 온비드이용약관 제23조 제1항 제2호 참조)에 따라 청구되는 금액이다.

이용기관 수수료에 관한 자세한 내용은 455쪽을 참고하면 된다.

◇ 국유재산 공매 매각수수료

국유재산공매는 국가재산을 처분하는 행위로 국가가 심의해서 실비만을 한국자산관리공사에 지급하고 있다.

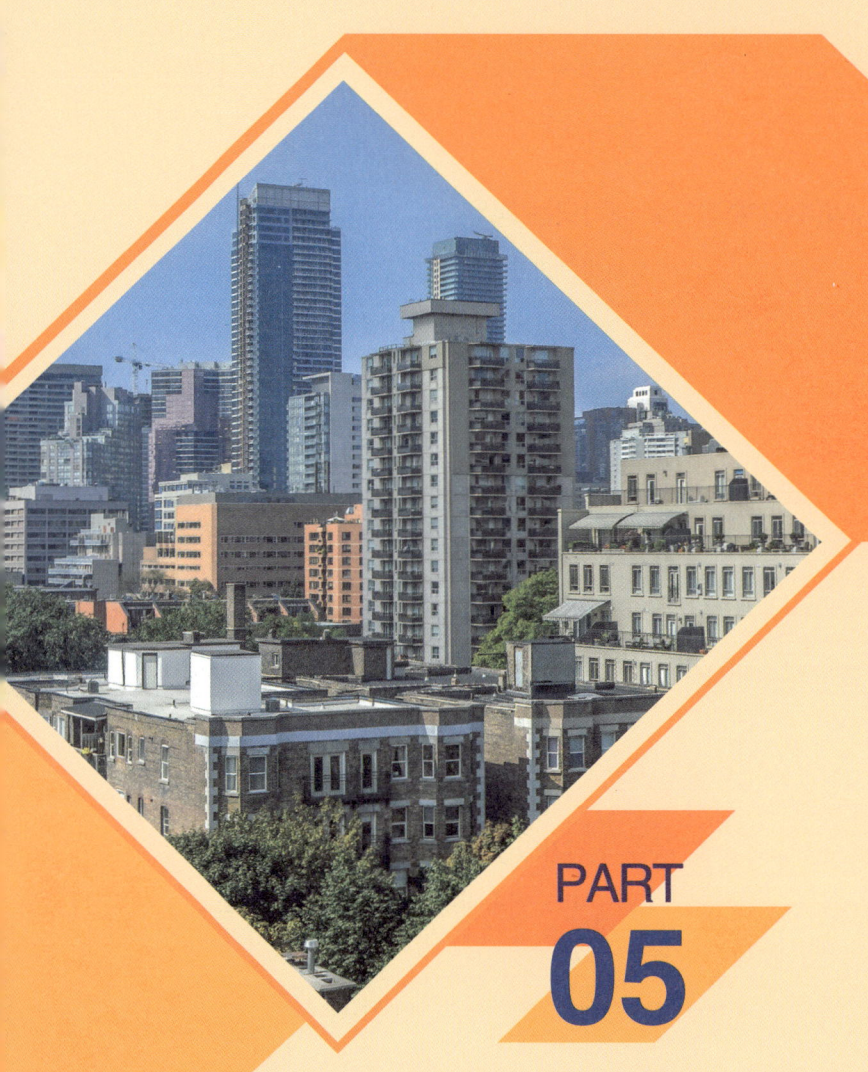

PART
05

주택임차인과 상가임차인은 어떠한 권리를 가지고 있나?

01 주택임차인의 대항력이 발생하려면?

◆ 일반거래로 소유자가 바뀌는 경우 대항력은?

임차인이 주택의 인도와 주민등록이라는 대항요건을 모두 갖추면 다음날 오전 0시에 대항력이 발생하게 돼(대법 2001다30902) 소유자가 바뀌어도 새로운 소유자에게 임대차기간동안 주택을 사용·수익할 수 있고, 종료 시에 주택인도와 동시에 보증금반환을 청구할 권리를 갖게 된다. 일반거래는 매매, 상속, 증여 등으로 소유자가 변경되는 것을 말한다. 주의할 점은 새로운 소유자가 소유권이전등기를 마치기 전에 대항력이 발생해야 하고, 이러한 대항력은 임대차계약 기간동안 계속 유지하고 있어야 한다는 것이다.

> 〈핵심 법률 체크〉
> 주택임대차보호법 제3조 제1항 임대차는 그 등기가 없는 경우에도 임차인이 주택의 인도와 주민등록을 마친 때에는 그 다음 날부터 제삼자에 대하여 효력이 생긴다. 이 경우 전입신고를 한 때에 주민등록이 된 것으로 본다.
> 여기서 주민등록이라는 대항요건은 임차인 본인뿐만 아니라 그 배우자나 자녀 등 가족의 주민등록을 포함한다(대법원 94마2134 결정, 95다30338 판결, 97다43468 판결).

◆ 압류재산공매와 경매절차에서는 조금 다르게 적용되고 있다!

말소기준권리 전에 대항요건을 갖추고 있는 선순위임차인은 대항력이 있어서 ① 대항력을 주장할 수도 있고, ② 대항력을 스스로 포기하고 우선변제권(최우선변제금과 확정일자부 우선변제금)으로 배분요구해서 우선 변제받을 수 있는데, 전액 배분받으면 배분 시점으로 임차권이 소멸되지만 미배분금이 발생하면 낙찰자가 미배분금을 지급할 때까지 주택인도를 거부할 수 있는 동시이행항변권을 갖는다.

그러나 말소기준권리보다 후순위로 대항요건을 갖춘 임차인은 대항력이 없어서 낙찰자가 잔금 납부 즉시 임차권이 소멸되므로, 미배분금이 발생하더라도 낙찰자에게 청구할 수 없고, 전소유자에게만 청구할 수 있어서 손실이 예상된다.

> 주택 등을 공매로 낙찰 받으면 임차인은 어떻게 되나?
> ① 압류재산공매나 법원경매로 매각되는 경우 선순위임차인은? (157쪽 ③참조)
> ② 압류재산공매나 법원경매로 매각되는 경우 후순위임차인은? (157쪽 ④참조)
> 여기서 주민등록이라는 대항요건은 임차인 본인뿐만 아니라 그 배우자나 자녀 등 가족의 주민등록을 포함한다(대법원 94마2134 결정, 95다30338 판결, 97다43468 판결).

◇ 압류재산 공매절차에서 대항력은 언제까지 유지해야 하나?

(1) 선순위 임차인이 대항력을 주장하는 경우

압류재산 공매절차에서 임차인이 배분요구하지 않고 대항력을 주장하면 매수인이 임대인의 지위를 승계하게 되므로 임대차 기간동안 계속해서 대항력을 유지하고 있어야 한다. 낙찰자가 잔금 납부 후 소유권이전등기를 하기 전에 퇴거하면 대항력을 상실하게 되니 주의해야 한다.

(2) 주택 임차인이 최우선변제금을 배분 받을 수 있는 요건

① 배분요구종기까지 배분요구를 해야 한다.
② 보증금의 액수가 소액보증금에 해당할 것
③ 첫 공매 공고등기 전에 대항력이 발생해야 한다.
④ 배분요구종기까지 대항력을 유지할 것

※ **배분요구종기일이 연기된 경우** 연기된 배분요구종기일까지 대항력을 유지하고 있어야 한다. 연기되기 전에 배분요구하고 퇴거하면 대항력과 우선변제권(최우선변제금과 확정일자부 우선변제금)을 상실하게 된다. 대법원 2000다61466판결에서 동일한 임차주택에 대하여 대항력을 가진 임차인이 중복하여 나타나거나 가장임차인이 나타남으로 말미암아 경매절차의 다른 이해관계인들에게 피해를 주거나 경매절차의 진행을 방해하는 것을 방지하여야 할 필요성은 배당요구가 있을 수 있는 최종 시한인 마지막 경락기일(현 배당요구종기일)까지 존재하는 것이기 때문이다.

(3) 주택 임차인이 확정일자부 우선변제금을 배분 받을 수 있는 요건

① 대항요건을 갖추고 계약서에 확정일자를 받아야 한다.

② 배분요구종기까지 배분요구를 하였을 것

③ 배분요구종기까지 대항력을 유지할 것(배분요구종기가 연기된 경우 연기된 배분요구종기일까지 대항력을 유지하고 있어야 한다).

◆ **임대차계약서를 분실한 경우 배당요구 방법**

(1) 법원 경매나 압류재산 공매에서 임차인이 임대차계약서 원본을 상실한 경우

확정일자를 부여받은 기관(등기소, 주민센터, 구청, 공증인사무소) 등에서 확정일자부 또는 확정일자 발급대장 사본을 교부받고, 부동산중개업소에서 보관 중인 임대차계약서 부본을 교부받아 경매집행기관 또는 공매집행기관에 제출하는 방법으로 배당요구하면 된다.

<u>임대차계약서 부본마저 없어서 보증금의 액수를 특정할 수 없는 경우</u> ① 경찰서에 임대차계약서원본 분실 신고서를 제출해서 임대차계약서원본 분실신고 확인서를 발급 받고, ② 계약서 작성당시 보증금의 지불방법과 지불내역 등의 증빙자료, ③ 임차인 권리신고 및 배당요구서에 첨부해서 권리신고 및 배당요구를 하면 된다.

(2) 전세권등기권자가 전세권설정계약서 원본을 분실한 경우

법원경매나 압류재산 공매절차에서 ① 경찰서에 전세권설정계약서 원본 분실 신고서를 제출해서 전세권설정계약서 원본 분실신고 확인서를 발급 받고, ② 임차인 권리신고 및 배당요구서에 첨부해서 권리신고 및 배당요구를 하면 된다.

02 공매절차에서 주택임차인의 우선변제권은?

일반거래로 소유자가 달라지는 경우에는 오로지 새로운 소유자에게 대항력을 주장하고 계약기간이 종료되면 보증금반환청구를 해서 계약관계가 종료되는 것이지 우선변제권이란 용어를 사용할 수 없다.

우선변제권이란 압류재산공매와 경매절차에서만 그 권리를 주장할 수 있는 것으로 소액임차인인 경우 소액임차보증금 중 일정액을 최우선변제금으로 우선변제 받고, 소액임차인이 아닌 경우는 확정일자부 우선변제금으로 우선변제 받을 수 있다. 따라서 소액임차인이 확정일자까지 받아 두었다면 압류재산공매와 법원경매 배당금으로 1차적으로 최우선변제금, 2차적으로 확정일자에 의한 우선변제금으로 우선해서 변제받을 수 있다.

◆ 주택임차인의 최우선변제에 관한 사항과 적용대상

주택임차인이 최우선변제금을 받으려면 주임법 제8조 제1항에 따라 경매기입등기 이전, 또는 공매공고등기 이전에 주임법 제3조 제1항의 요건 즉 대항력(주민등록과 주택인도를 갖춘 다음날 오전 0시에 대항력 발생)을 갖추고 있으면서 소액임차인에 해당되면 보증금 중 일정액에 대하여 주택가액(대지가액을 포함한다)의 2분의 1 범위 안에서 다른 담보물권보다 우선해서 변제받을 수 있는 권리를 갖게 된다(주임법 제8조). 이때 최우선변제금은 대항요건만 갖추고 있으면 되는 것이지 확정일자까지 요구되는 것이 아니다. 그런데 소액임차인에 해당된다고 하더라도 배당요구종기일까지 배당요구를 해야만 최우선변제금을 배당 받을 수 있고, 하지 않았다면 배당 받을 수 없다. 임차인이 소액임차인으로 최우선변제금을 받으려면 다음 각 구간에 해당되는 보증금의 범위 내에 있어야 한다.

(1) 주택임차인의 소액보증금과 최우선변제금 기간별 지역별 변천사

담보물권설정일	주택소액임차인 최우선변제금		
	지역	보증금 범위	최우선변제액
생략 :	생략 :	생략 :	생략 :
1990.02.19.~ 1995.10.18.	특별시, 직할시	2,000만원 이하	700만원까지
	그 밖의 지역	1,500만원 이하	500만원까지
1995.10.19.~ 2001.09.14.	특별시, 광역시, 군지역 제외	3,000만원 이하	1,200만원까지
	그 밖의 지역	2,000만원 이하	800만원까지

기간	지역	보증금 범위	최우선변제액
2001.09.15.~ 2008.08.20.	수도권 과밀억제권역	4,000만원 이하	1,600만원까지
	광역시(인천광역시, 군지역 제외)	3,500만원 이하	1,400만원까지
	그 밖의 지역	3,000만원 이하	1,200만원까지
2008.08.21.~ 2010.07.25.	수도권 과밀억제권역	6,000만원 이하	2,000만원까지
	광역시(인천광역시, 군지역 제외)	5,000만원 이하	1,700만원까지
	그 밖의 지역	4,000만원 이하	1,400만원까지
2010.07.26.~ 2013.12.31.	① 서울특별시	7,500만원 이하	2,500만원까지
	② 수도권 과밀억제권역(서울시 제외)	6,500만원 이하	2,200만원까지
	③ 광역시(과밀억제권역, 군지역은 제외), 안산시, 용인시, 김포시, 광주시(경기)	5,500만원 이하	1,900만원까지
	④ 그 밖의 지역	4,000만원 이하	1,400만원까지
2014.01.01.~ 2016.03.30.	① 서울특별시	9,500만원 이하	3,200만원까지
	② 수도권 과밀억제권역(서울시 제외)	8,000만원 이하	2,700만원까지
	③ 광역시(과밀억제권역, 군지역은 제외), 안산시, 용인시, 김포시, 광주시(경기)	6,000만원 이하	2,000만원까지
	④ 그 밖의 지역	4,500만원 이하	1,500만원까지
2016.03.31.~ 2018.09.17.	① 서울특별시	1억원 이하	3,400만원까지
	② 수도권 과밀억제권역(서울시 제외)	8,000만원 이하	2,700만원까지
	③ 광역시(과밀억제권역, 군지역은 제외), 세종시, 안산시, 용인시, 김포시, 광주시(경기)	6,000만원 이하	2,000만원까지
	④ 그 밖의 지역	5,000만원 이하	1,700만원까지
2018.09.18.~ 2021.05.10.	① 서울특별시	1억1,000만원 이하	3,700만원까지
	② 수도권 과밀억제권역(서울시 제외), 세종시, 용인시, 화성시	1억원 이하	3,400만원까지
	③ 광역시(과밀억제권역, 군지역은 제외), 안산시, 김포시, 광주시(경기), 파주시	6,000만원 이하	2,000만원까지
	④ 그 밖의 지역	5,000만원 이하	1,700만원까지
2021.05.11.~ 2023.02.20.	① 서울특별시	1억5,000만원 이하	5,000만원까지
	② 수도권 과밀억제권역(서울시 제외), 세종시, 용인시, 화성시	1억3,000만원 이하	4,300만원까지
	③ 광역시(과밀억제권역, 군지역은 제외), 안산시, 김포시, 광주시(경기), 파주시	7,000만원 이하	2,300만원까지
	④ 그 밖의 지역	6,000만원 이하	2,000만원까지
2023.02.21.~ 현재	① 서울특별시	1억6,500만원 이하	5,500만원
	② 수도권과밀억제권역(서울시 제외) 세종시, 용인시, 화성시, 김포시	1억4,500만원 이하	4,800만원
	③ 광역시(과밀억제권역, 군지역 제외), 안산시, 광주시, 파주시, 이천시, 평택시	8,500만원 이하	2,800만원
	④ 그 밖의 지역	7,500만원 이하	2,500만원

〈법 개정 전에 설정된 담보물권과 법 개정 후 소액임차인〉
소액임차인의 보증금 범위와 최우선변제금은 계속적으로 개정되어 왔다. 이때 개정된 법률은 존속 중인 임대차계약에도 적용하되, 개정법령 시행 전 존재하는 담보물권자는 종전의 규정에 따르도록 부칙을 규정함으로써 기존 담보물권자의 재산권 침해를 보호하고 있다.

(2) 현행법상 소액임차인이면 최우선변제금을 받는 것이 원칙이다!

주임법 제8조 1항에서 임차인은 보증금 중 일정액을 다른 담보물권자 보다 우선하여 변제받을 권리가 있다. 이 경우 임차인은 주택에 대한 경매신청의 등기 전에 제3조 제1항(대항력)의 요건을 갖추어야 한다. 따라서 소액임차인에 해당되면 2분의 1범위 내에서 최우선변제금을 받을 수 있는 것이 원칙이다.

(3) 그러면 소액임차인을 결정하는 기준은 왜 생겨난 것일까?

담보물권자가 예측하지 못한 손실을 막고자 ① 주임법 부칙 제4항(소액보증금의 보호에 관한 경과조치) 제8조의 개정규정은 이 법 시행 전에 임차주택에 대하여 담보물권을 취득한 자에 대하여는 이를 적용하지 아니한다. ② 주임법 시행령 부칙 제4조(소액보증금의 범위변경에 따른 경과조치) 이 영 시행 전에 임차주택에 대하여 담보물권을 취득한 자에 대하여는 종전의 규정을 적용한다는 예외 조항을 두고 있다.

그래서 이 예외조항에 근거해서 우리의 귀에 익숙한 소액임차인의 결정기준이 탄생하게 되었다. 담보물권자를 보호하기 위해 담보물권이 설정된 시기에 해당하는 소액임차인만 담보물권보다 우선해서 변제받을 수 있지만, 그 구간에서 소액임차인에 해당하지 못하면 담보물권보다 우선하지 못하게 된 것이다(대법원 2001다84824 판결, 92다49539판결 참조).

예를 들어 서울의 경우 2008. 08. 21.~2010. 07. 25. 까지 설정된 근저당권이 있다면 소액임차인이 되기 위해서는 임차보증금이 6,000만원 이하여야 하고, 이 경우 일정액 2,000만원을 최우선변제금으로 담보물권보다 우선해서 배당 받을 수 있다. 따라서 현행법상 소액임차인(서울시에서 2018년 9월 18일 이후 1억 1,000만원 이하)이더라도, 앞의 구간에 설정된 담보권에 우선할 수 없다.

이때 현행법상 소액임차인에 대해서 예외조항을 둔 담보물권은 근저당권, 담보가등기, 전세권임에는 분명하다. 그리고 확정일자도 포함시켜야 하는가에 대해서 공매절차를 주관하는 한국자산관리공사는 확정일자부 임차권을 소액임차인결정기준으로 삼고 배분하고 있고, 법원경매 역시 서울중앙지방법원 사법보좌관 및 실무자분들을 통해서 확인해 본결과 배당실무에서도 소액임차인결정기준에 확정일자도 포함해서 계산하고 있다는 사실을 확인할 수 있었다.

이렇게 확정일자가 소액임차인 결정기준이 된다면 확정일자와 동일한 효력을 갖게 되는 등기된 임차권(임대차등기와 임차권등기) 역시 포함돼야 하기 때문에 **주임법 시행령 부칙 제4조에서 정하고 있는 담보물권은 근저당권, 담보가등기, 전세권, 확정일자부 임차권, 등기된 임차권으로 이해하고** 소액임차인을 결정하는 기준으로 삼으면 된다.

따라서 공매 배분에서 담보물권 등이 있다면, 그 담보물권 설정 시기에 해당하는 구간의 소액임차인이면 임차인이 1순위로 최우선변제금을 받고 그 다음 담보물권 순으로 배분하고, **담보물권 등의 설정당시에 소액임차인이 아니면** 1순위로 담보물권 등이 먼저 배분받고 2순위로 그 다음 담보물권을 기준으로 소액임차인을 결정하고, 더이상 담보물권이 없다면 배분 시점으로 현행법상 소액보증인에 해당하는가를 판단해서 최우선변제금이 다른 채권보다 우선해서 배분 받게 된다.

◆ 확정일자에 의한 우선변제권은 어떻게 되는가!

(1) 확정일자부 우선변제권

주택임대차보호법 제3조 제1항의 대항요건인 주택의 인도(점유)와 주민등록(전입신고)을 갖춘 임차인이 확정일자를 갖추었다면 주택이 공매나 경매로 매각되는 과정에서 후순위 채권자들보다 우선하여 보증금을 변제받을 수 있는 우선변제권을 갖는다.

여기서 확정일자에 의한 우선변제권 효력은 반드시 대항요건을 갖추고 나서 대항력이 발생해야만 다음 (2)번과 같이 그 효력이 발생하게 됩니다.

(2) 대항력과 확정일자 우선변제 효력발생일시 계산방법

① 05. 01. 전입신고와 주택인도 ⇨ 05. 10. 계약서에 확정일자 :
대항력은 05월 02일 오전 0시, 우선변제권은 05월10일 주간.
(주간의 의미 : 주민센터 근무 시간으로 09:00 ~ 18:00)

② 05. 01. 계약서에 확정일자 ⇨ 05. 10. 전입신고와 주택인도 :
대항력과 우선변제권은 05월 11일 오전 0시

③ 05. 01. 전입신고와 주택인도 ⇨ 05. 01. 계약서에 확정일자 :
대항력과 우선변제권은 05월 02일 오전 0시에 발생한다.

④ 05. 01. 전입신고와 계약서에 확정일자 ⇨ 05. 10. 주택인도 :
대항력과 우선변제권은 05월 11일 오전 0시에 발생한다.

03 임차인의 대항력 · 우선변제권, 다른 물권과의 우선순위

이 과정은 임차인의 대항력과 확정일자부 우선변제금만 가지고 근저당권, 조세채권 간의 우선순위에 따라 배분하면서 인수할 권리가 있는가를 분석하는 시간이다. 따라서 **임차인의 최우선변제금과 공매집행비용은 계산하지 않고** 분석한 것이다.

◇ **근저당권 설정 ⇨ 임차인이 전입 ⇨ 세금압류로 공매가 진행된 사례**

> 갑 근저당권(2015.01.10.) ⇨ 을 (전입 및 확정일자)(2015.01.10.) ⇨ 병 세금(압류일자 2015.10.10.)(법정기일 2015.01.10.) ⇨ 병 공매신청

① 병 세금 우선변제권 효력발생 일시(법정기일 기준) : 15. 01. 10. 주간
② 갑 근저당권 우선변제권 효력발생 일시 : 15. 01. 10. 주간
③ 을 임차인 대항력 발생 시기 : 15. 01. 11. 오전 0시 ⇨ 확정일자에 의한 우선변제권 효력발생 일시 : 15. 01. 11. 오전 0시

따라서 배분순위는 1순위로 병 세금이 먼저 배분받고(세금은 저당권부 채권과는 법정기일이 빠르거나 같을 때에는 우선하지만 늦은 경우에는 후순위가 되기 때문이다), 2순위로 갑 저당권, 3순위로 을 임차인 확정일자 순으로 배분 받게 되고, 임차인은 대항력이 없어서 낙찰자가 인수해야 할 금액이 없다.

◆ **임차인이 전입 ⇨ 근저당권 설정 ⇨ 세금압류로 공매가 진행된 사례**

> 갑 임차인(전입 및 확정일자)(2015.05.10) ⇨ 을 근저당권(2015.05.11) ⇨ 병 세금(압류일자 2015.10.10.)(법정기일 2015.05.10.) ⇨ 병 공매신청

① 병 세금 우선변제권 효력발생 일시(법정기일 기준) : 15. 05. 10. 주간

② 갑 임차인 대항력 발생 일시 : 15. 05. 11. 오전 0시 ⇨ 확정일자에 의한 우선변제권 효력발생 일시 : 15. 05. 11. 오전 0시

③ 을 근저당권 우선변제권 효력발생 일시 : 15. 05. 11. 주간

따라서 배분순위는 1순위로 병 세금, 2순위로 갑 임차인, 3순위로 을 근저당권이 배분 받게 되는데 갑 임차인은 대항력이 있어서 미배분금액이 있으면 낙찰자가 인수해야 한다.

◆ **근저당권 설정 ⇨ 을 임차인 확정일자 후에 전입하고 같은 날 병 세금압류가 진행된 사례**

> 갑 근저당권(15.05.9) ⇨ 을 임차인(확정일자)(15.05.10) ⇨ 을 전입 (15.05.11) ⇨ 병 세금(압류일자 2015.10.10)(법정기일 2015.05.11) ⇨ 병 공매신청

① 갑 근저당권의 우선변제권 효력발생 일시 : 2015. 05. 09. 주간

② 병 세금 우선변제권 효력발생 일시(법정기일 기준) : 2015. 05. 11. 주간

③ 을 임차인의 대항력 발생 일시 : 2015. 05. 12. 오전 0시 ⇨ 확정일자 우선변제권 효력발생 일시 : 2015. 05. 12. 오전 0시

따라서 배분순위는 1순위로 갑 근저당권, 2순위로 병 세금, 3순위로 을 임차인이 배분 받게 되는데 임차인은 대항력이 없어서 낙찰자가 인수할 금액은 없다.

04 임차인의 최우선변제금과 확정일자 우선변제금, 다른 채권자 등과 배분연습

서울시 양천구 신월동에 있는 다가구주택이 6억5,000만원에 매각되어 공매집행비용 2,015만원을 공제하고 실제 배분할 금액은 6억2,985만원이다.

① 2007.05.20. 기업은행 근저당권 1억3,000만원
② 2009.10.20. 박수진 임차인(전입/확정일자)(6,500만원)
③ 2012.05.25. MK새마을금고 근저당권 1억원
④ 2013.08.20. 김철수(전입/확정일자)(보증금 6,000만원)
⑤ 2021.06.10. 정수민 근저당권 1억원
⑥ 2021.09.25. 안영철(전입/확정일자)(보증금 7,000만원)
⑦ 2021.11.20. 우선명(전입/확정일자)(보증금 1억6,000만원)
⑧ 2022.05.10. 마포세무서 5,000만원(부가가치세로 법정기일은 2021.10.10.))
⑨ 2022.11.10. 마포세무서가 KAMCO에 공매의뢰 ⇨ 2023.01.10. 공매 공고등기
⑩ 2023.03.02. 낙찰 6억5,000만원 ⇨ 2023.03.13. 매각결정확정
 ⇨ 2023.04.13. 잔금납부 ⇨ 2023.05.15. 배분기일

이 사건에 대해서 배분할 금액 6억2,985만원(공매비용 2,015만원 공제)을 가지고 배분하면 다음과 같다.

- **1순위** : 기업은행 1억3,000만원(근저당권 우선변제금)
- **2순위** : 김철수 임차인 2,000만원(최우선변제금 1) − **1차적 소액임차인 결정기준 : 2009. 10. 20. 박수진 확정일자**(6천만원 이하/2천만원)
- **3순위** : 박수진 임차인 6,500만원(확정일자부 임차권)
- **4순위** : ① 김철수 임차인 500만원(법개정에 따른 소액보증금 중 일정액 증가분) + ② 안영철 임차인 2,500만원(최우선변제금 2) − **2차적 소액임차인 결정기준 : MK새마을금고 근저당권, 김철수 확정일자**(7,500만원 이하/2,500만원)

- **5순위** : MK새마을금고 근저당 1억원(근저당권 우선변제금)
- **6순위** : 김철수 임차인 3,500만원(확정일자부 우선변제금)
- **7순위** : 안영철 임차인 2,500만원(법개정에 따른 소액보증금 중 일정액 증가분 – 3차적 소액임차인 결정기준 : 정수민 근저당권, 안영철과 우선명 확정일자(1억5,000만원 이하/5,000만원)
- **8순위** : 정수민 1억원(근저당권 우선변제금)
- **9순위** : 안영철 2,000만원(확정일자부 우선변제금)
- **10순위** : 우선명 임차인 5,500만원(최우선변제금 4) – 4차적 배분시점으로 현행 주택임대차보호법상 소액임차인(2023.02.21.~ 현재)(1억6,500만원 이하/5,500만원)
- **11순위** : 마포세무서 4,985만원(조세채권 우선변제금)으로 배분절차가 마무리 된다.

이 주택에서 대항력 있는 임차인이나 권리 등이 없어서 매수인이 추가로 인수할 권리나 인수할 금액은 없다.

05 상임법으로 보호받을 수 있는 임차인은?

① 상가건물임대차보호법의 보호를 받으려면 사업자등록을 할 수 있는 건물에서 대항요건(사업자등록+건물인도)을 갖추고, 대통령이 정하는 **환산보증금(보증금 +월세×100)이 상임법 적용대상 범위 내**에 있어야 했다(상임법 제2조 1항). 즉 기존에는 대통령이 정하는 환산보증금 기준(2014년 1월 1일부터 현재)으로 4개의 권역으로 나누어 ■서울특별시는 4억원, ■수도권 과밀억제권역은 3억원, ■광역시는 2억4천만원, ■그 밖의 지역은 1억8천만원을 범위 내에 있는 임차인만 보호대상이고, 초과하는 임차인은 보호대상이 아니어서 대항력이 없었다. 그래서

건물주가 바뀌면 기존 임대차 계약을 주장할 수 없고, 강제 퇴거당하는 사례가 빈번했었다.

② 그런데 2015. 05. 13. 부터 상임법 개정(상임법 제2조 3항)에 따라 ①항의 환산보증금(보증금 +월세×100)을 초과하는 상가임차인에게도 상가건물 소유자가 변경 돼도 새로운 소유자에게 임대인의 지위를 승계하도록 대항력을 인정했고, 최소 5년간 계약갱신요구권도 보장 받을 수 있게 되었다. 다만 백화점과 대형마트 등 유통산업발전법에서 규정한 대규모 점포는 적용대상에서 제외된다. 그리고 이 법은 2015년 05월 13일 이후 새로 계약하거나 갱신된 임대차부터 적용한다. 이젠 환산보증금에 관계없이 모든 상가 임차인들이 적법한 대항요건(사업자등록과 건물인도)만 갖추고 있으면 소유자가 변경돼도 대항력과 5년간 계약갱신요구권으로 보호를 받을 수 있게 되었다.

이러한 계약갱신요구권 행사기간은 5년에서 10년으로 연장(상임법 제10조 제2항)되어 2018년 10월 16일부터 새로 계약을 체결한 임차인과 시행 전 존속적인 임대차는 계약을 갱신한 경우만 인정된다.

③ 2019년 4월 02일부터 현재는 상임법 시행령 제2조 1항이 개정되어 대통령이 정하는 환산보증금 기준은 4개의 권역으로 나누어 ■ 서울특별시는 9억원이하, ■ 수도권 과밀억제권역 및 부산광역시는 6억9천만원 이하, ■ 광역시(과밀억제권역과 군지역, 부산시 제외), 세종특별자치시, 파주시, 화성시, 안산시, 용인시, 김포시 및 광주시는 5억4천만원 이하, ■ 그 밖의 지역은 3억7천만원 이하로 변경되었다.

결론적으로 현재는 상임법상 보호대상인 환산보증금 범위 내에 있는 임차인은 대항력(계약갱신요구권 10년 포함)과 우선변제권(최우선변제권, 확정일자부 우선변제권)을 가지고 있으나 환산보증금 범위를 초과하는 임차인은 대항력(계약갱신요구권 10년 포함)만 있고, 경매나 공매절차에서 배당요구할 수 있는 우선변제권(최우선변제권, 확정일자부 우선변제권)은 없다.

06 상가임차인의 대항력은 언제 어떻게 발생하나?

◇ 상가임차인의 대항요건과 대항력(상임법 제3조)

① 임대차는 그 등기가 없는 경우에도 임차인이 건물의 인도와 사업자등록을 신청하면 그 다음 날부터 제3자에 대하여 효력이 생긴다.

② 임차건물의 양수인(그 밖에 임대할 권리를 승계한 자를 포함한다)은 임대인의 지위를 승계한 것으로 본다.

③ 이 법에 따라 임대차의 목적이 된 건물이 매매 또는 경매의 목적물이 된 경우에는 민법 제575조 제1항·제3항 및 제578조를 준용한다.

◇ 일반거래로 소유자가 바뀌는 경우 대항력은?

상가임차인은 상임법상 대항요건(사업자등록과 건물인도)을 모두 갖춘 다음 날 오전 0시부터 대항력이 발생하므로, 그 후에 소유자가 바뀌어도 새로운 소유자에게 임대차기간 동안 주택을 사용·수익할 수 있고, 종료 시에 주택인도와 동시에 보증금 반환을 청구할 권리를 갖게 된다. 일반거래는 매매, 상속, 증여 등으로 소유자가 변경되는 것을 말한다.

◇ 경매나 공매로 소유자가 바뀌는 경우 대항력은?

경매·공매 절차에서는 일반거래와 다르게 분석해야 한다.
말소기준권리 이전에 임차인이 대항요건(사업자등록과 건물인도)을 갖춘 경우만 대항력이 있고, 이후에 대항요건을 갖춘 경우에는 대항력이 없다.
경매·공매 절차에서 상가임차인의 대항력만 가지고 판단할 때에 ◇ 환산보증금(보증금+월세×100)이 상임법 적용대상 범위 내(상임법 제2조 1항)에 있는 임차인과 ◇ 환산보증금(보증금+월세×100)을 초과하는 임차인이 차이가 없어 보인다. 그러나 다음과 같은 차이점이 있음에 유의해야 한다.

(1) 환산보증금의 범위 내에 있는 임차인

① 선순위인 경우 대항력과 우선변제권(최우선변제금과 확정일자부 우선변제금) 중 선택할 수 있고, ② 후순위인 경우에는 대항력은 없지만 우선변제권(최우선변제금과 확정일자부 우선변제금)으로 배당받고 소멸된다.

(2) 환산보증금을 초과하는 임차인의 권리

① 선순위인 경우 대항력만 인정되고 배당요구해서 우선변제 받을 수 있는 권리는 없다. 그래서 ② 후순위인 경우에는 심각해진다. 대항력이 없어서 소멸되는 임차권에 불과한데, 배당요구해서 우선변제 받을 수 있는 권리(최우선변제금과 확정일자부 우선변제금)도 없어서, 일반채권자로 채권가압류 후 배당요구종기 전까지 배당요구해야만 배당참여가 가능하다.

07 공매절차에서 상가건물임차인의 우선변제권은?

◆ 상가임차인이 최우선변제금을 받으려면 어떻게 해야 하나?

(1) 소액임차인으로 최우선변제금을 받으려면?

임차인은 보증금 중 일정액을 다른 담보권자보다 우선하여 변제받을 권리가 있다. 이 경우 임차인은 건물에 대한 경매신청의 등기 전에 상임법 제3조 제1항의 요건(대항력, 즉 사업자등록과 건물인도을 갖춘 다음날 오전 0시 대항력 발생 이후)을 갖추어야 한다(상임법 제14조 1항). 경매신청등기 전에 대항력을 갖춘 상가임차인은 전세의 경우 보증금을, 월세일 경우 보증금+(월세×100)으로 환산하여 그 보증금액이 다음 소액보증금과 최우선변제금 기간별 지역별 변천사의 보증금 범위 내에 있는 경우는 일정액을 담보물권자보다 우선하여 변제받을 수 있다. 이때 유의할 점은 보증금 중 일정액의 합산 액이 상가건물(대지포함)의 가액의 2분의 1(2014.1.1.부터 개정됨, 개정 전 2013. 12. 31. 까지는 3분의 1)을 초과하는 경우에는 각 임차인의 보증금 중 일정액의 비율로 그 상가건물의 가액의 2분의 1에 해당하는 금액을 분할한 금액을 각 임차인의 보증금 중 일정액으로 본다. 최우선변제금액은 아래 ①, ②, ③, ④권역에서 환산보증금이 소액보증금액에 해당할 때에 소액보증금 중 일정액을 우선하여 변제받을 수 있는 금액이다.

개정 전			개정 후				
권역별	2002.11.1.부터 2010.7.25.까지		권역별	1차 개정 2010.7.26.부터 2013.12.31.까지		2차 개정 2014.1.1.부터 현재까지	
	보증금	최우선변제금		보증금	최우선변제금	보증금	최우선변제금
① 서울특별시	4,500만원	1,350만원	① 서울특별시	5,000만원	1,500만원	6,500만원	2,200만원
② 수도권 과밀억제권역 (서울 제외)	3,900만원	1,170만원	② 수도권 과밀억제권역(서울 제외)	4,500만원	1,350만원	5,500만원	1,900만원
③ 광역시(인천, 군 지역 제외)	3,000만원	900만원	③ 광역시(수도권 과밀억제권역과 군지역은 제외), 안산,용인,김포,광주(경기)	3,000만원	900만원	3,800만원	1,300만원
④ 그 밖의 지역	2,500만원	750만원	④ 그 밖의 지역	2,500만원	750만원	3,000만원	1,000만원
환산보증금			환산보증금				

김선생 한마디

환산보증금 계산법 : 임대보증금+(월세×100)

2차 개정 이후인 2014.1.1. 이후부터 현재까지를 기준으로 계산하면,
① 서울소재 보증금 1,000만원에 월세 50만원이라면 1,000만원+(50만원×100)5,000만원=6,000만원으로 소액임차인에 해당되어 저당권 등에 우선하여 최우선변제금 2,200만원을 받을 수 있다.
② 보증금 3,000만원에 월세 40만원이라면 3,000만원+(40만원×100)4,000만원=7,000만원으로 소액임차인에 해당되지 않아 최우선변제 대상이 아니다.

(2) 현행법상 소액임차인이면 누구나 최우선변제금을 받을 수 있나?

첫 번째로 매각물건에 등기된 담보물건이 없다면 현행법에 따라 서울의 경우 6,500만원 이하인 임차인이 상가건물가액의 2분의 1 범위 내에서 2,200만원을 1순위로 배당 받을 수 있다.

두 번째로 담보물권(근저당권, 담보가등기, 전세권, 확정일자부 임차권, 등기된 임차권)**이 있고 그 담보물권이 상임법 시행일 이전에 설정되었다면** 상임법 적용 대상이 아니어서 최우선변제권이 인정되지 않으므로 1순위로 담보물권이 배당 받게 되고, 2순위로 최우선변제금 순으로 배분 받게 된다.

세 번째로 담보물권이 상임법 시행일 이후에 설정되었다면, 소액보증금이 각 지역 별에 해당되는 금액 이하인 경우만 최우선변제금을 받을 수 있다. 그런데 유의할 점은 현행상임법상 환산보증금이 소액임차인에 해당되어도, 그 이전에 담보물권이 설정되어 있다면 그 담보물권 설정 당시에 해당하는 구간에 소액임차보증금이어야 그 담보물권보다 우선해서 최우선변제금을 받을 수 있다. 담보물권자가 예측하지 못하는 손실을 막고자 상임법 시행령 부칙 제4조(소액보증금 보호에 관한 적용례) 이 영 시행 전에 담보물권(근저당권, 담보가등기, 전세권, 확정일자부 임차권, 등기된 임차권)을 취득한 자에 대해서는 종전의 규정에 따른다는 예외 조항을 두었기 때문이다.

◆ 확정일자부 우선변제권은 어떠한 요건을 갖추고 있어야 하나?

상임법 제5조제2항 상가임차인이 제3조제1항의 대항요건을 갖추고 관할세무서장으로부터 임대차 계약서상 확정일자를 받으면 경매에서 임차건물(임대인소유의 대지를 포함)의 매각대금에서 후순위권리 그 밖의 채권자보다 우선하여 임차보증금을 변제 받을 권리가 있다.

(1) 상가임대차보호법의 적용대상은 어떻게 되는가!

상가임대차는 영세상인을 보호하기 위한 것이므로 다음 (2)번과 같이 4개의 권역별 기간별에 해당하는 환산보증금 이하인 임차인만 대항요건과 확정일자를 갖춘 경우 대항력(계약갱신요구권 10년)과 확정일자부 우선변제권으로 후순위채권자보다 우선해서 변제 받을 수 있다. 그러나 환산보증금이 법 적용 기준금액을 초과한다면 대항력(계약갱신요구권 10년)만 인정되고 확정일자부 우선변제권으로 배당요구할 수 있는 우선변제권은 없다. 그래서 말소기준권리 이전에 대항요건을 갖추고 있는 선순위임차인만 대항력으로 보호받고, 후순위임차인은 대항력과 우선변제권이 없는 일반채권에 불과해서 손해를 볼 수밖에 없다는 사실을 알고 있어야 한다.

(2) 상임법 적용대상 환산보증금의 권역별 기간별 변천사

권역별	2002.11.1.~2008.8.20.	2008.8.21.~2010.7.25.	권역별	2010.7.26~2013.12.31.	2014.1.1.~2018.1.25	권역별	2018.1.26.~2019.4.1.	2019.4.2.~현재까지
① 서울특별시	2억4천만원 이하	2억6천만원 이하	① 서울특별시	3억원 이하	4억원 이하	① 서울특별시	6억1천만원 이하	9억원 이하
② 수도권 과밀억제권역(서울시 제외)	1억9천만원 이하	2억1천만원 이하	② 수도권 과밀억제권역(서울 제외)	2억5천만원 이하	3억원 이하	② 수도권과밀억제권역(서울시 제외), 부산광역시	5억원 이하	6억9천만원 이하
③ 광역시(인천, 군지역 제외)	1억5천만원 이하	1억6천만원 이하	③ 광역시(과밀억제권역과 군 지역 제외), 안산, 용인, 김포, 광주(경기)	1억8천만원 이하	2억4천만원 이하	③ 광역시(수도권 과밀억제 권역과 군 지역은 제외), 안산, 용인, 김포, 광주, 파주, 화성시(경기도), 세종시	3억9천만원 이하	5억4천만원 이하
④ 그 밖의 지역	1억4천만원 이하	1억5천만원 이하	④ 그 밖의 지역	1억5천만원 이하	1억8천만원 이하	④ 그 밖의 지역	2억7천만원 이하	3억7천만원 이하
비고	환산보증금	환산보증금		환산보증금	환산보증금			환산보증금

◆ 상가임차인이 대항요건과 확정일자를 받았다면 그 효력은?

상가 임차인에 대한 대항력과 우선변제권은 이렇게 알고 있으면 된다.

① 상임법 시행 전인 2002년 05월 10일 사업자등록/건물인도 ⇨ 2002년 11월 01일 확정일자를 받았다면 : 대항력과 확정일자 우선변제권은 2002년 11월 02일

오전 0시에 발생(기존임대차는 상임법 시행 후에 상임법적용대상이 되므로 그때 비로소 대항요건을 갖춘 것)

② 상가임차인이 2015년 05월 01일 사업자등록/건물인도 ⇨ 5월 10일 확정일자를 받았다면 : 대항력은 05월 02일 오전 0시, 확정일자부 우선변제권은 05월 10일 당일 주간에 발생하게 된다.

③ 상가임차인이 2015년 05월 01일 확정일자를 받고 ⇨ 05월 10일 사업자등록/건물인도를 받았다면 : 대항력은 05월 11일 오전 0시, 확정일자부 우선변제권은 05월 11일 오전 0시에 발생.

④ 상가임차인이 2015년 05월 01일 사업자등록/건물인도와 확정일자를 받았다면 : 대항력과 우선변제권은 05월 02일 오전 0시에 발생하게 된다.

08 상가임차인의 권리분석과 배분은 어떻게 하면 되나?

◆ **상가건물은 주택에서 임차인의 권리를 공부한 것과 차이가 있다!**

주택임차인은 월세와 상관없이 보증금만을 가지고 계산하고 임차보증금의 상한선도 없어서 모두가 주임법의 보호대상이 되지만, 상가임차인은 임차보증금의 상한선이 있는데 중요한 점은 주택임차인과 다르게 월세도 보증금으로 환산해서 적용하여 4개의 권역별로 각기 다르게 환산보증금을 적용하고 있다.

◆ **상임법상 환산보증금을 초과하는 상가임차인은 대항력이 없었다!**

종전에는 환산보증금을 초과하는 상가임차인은 상임법의 보호대상이 아니어서 대항력과 우선변제권(경매나 공매절차에서 배당요구해서 최우선변제금과 확정일자부 우선변제권으로 배당받을 수 있는 권리)이 없는 일반채권자에 불과 했었다.

그러나 2015년 5월 13일부터 개정된 법률에 따라 환산보증금을 초과하는 임차인도 대항력을 인정받게 되었다.

이들 간의 차이점은 ① 상임법상 보호대상인 환산보증금 범위 내에 있는 임차인은 대항력과 우선변제권을 인정하고 있지만, ② 초과하는 임차인은 대항력(10년 계약갱신요구권까지 인정)만 있고, 우선변제권(최우선변제권과 확정일자부 우선변제권)이 없어서 경매나 공매절차에서 배당에 참가할 수 없다. 그러나 상가건물이 일반 매매로 소유자가 바뀌면 대항력으로 보호받을 수 있게 되었다(10년 동안 계약갱신요구권까지 포함). 그래서 경매나 공매로 소유자가 변경되면 말소기준권리 이전에 대항요건을 갖춘 임차인은 대항력으로 보장 받을 수 있지만, 이후에 갖춘 후순위임차인은 대항력도 없고, 배당요구할 수 있는 우선변제권도 없는 일반채권자에 불과하다. 이러한 임차인이 배당요구를 하기 위해서는 배당요구종기 전까지 임차보증금반환 채권을 원인으로 경매대상부동산에 채권 가압류해 배당요구를 하면 되나 우선변제권이 없는 일반채권자에 불과해서 임차보증금을 손해 볼 수밖에 없다.

◆ **환산보증금 범위 내의 임차인도 유의할 점이 많다!**

첫째, 말소기준권리가 누가 되고, 말소기준권리가 되는 근저당권 등이 상임법 시행일 전인가, 이후인가를 계산해서, 담보물권(근저당권, 전세권, 담보가등기) 등이 시행일 이전에 설정되었다면 이 법의 적용대상이 아니어서 상가임차인보다 우선해서 변제받게 된다(환산보증금을 초과하는 임차인 역시 마찬가지다).

둘째, 담보물권 등이 시행일 이후에 등기된 경우, 상가임차인이 최우선 변제받을 수 있는 소액임차보증금의 범위 내에 있는 지와 있는 경우에도 개정 전(소액보증금 4,500만원)이냐, 1차 개정~2차 개정 전(소액보증금 5,000만원), 2차 개정 이후(소액보증금 6,500만원)이냐로 구분해서 담보물권을 기준으로 소액임차인을 판단해 최우선변제금을 계산해야 한다.

이때도 유의해야 할 사항은 2013. 12. 31. 이전에 설정된 담보물권에 대해선 소액보증금 중 일정액(최우선변제금)의 합계가 상가건물가액의 3분의 1범위 내에서만 우선변제 받고, 2014. 01. 01. 이후에 설정된 담보물권에 대해선 상가건물가액의 2분의 1(2014. 1. 1.부터 현재) 범위 내에서 담보물권보다 우선해서 배당받을 수 있다는 사실이다.

<u>셋째</u>, 상임법으로 보호받을 수 있는 환산보증금 적용대상 범위 내에 있는 임차인이 소액임차인이 아니면, 또는 소액임차인으로 최우선변제금을 제외한 나머지 금액은 확정일자부 우선변제권으로 배당받을 수 있는데 이때도 다음과 같은 내용에 유의해야 한다.

상임법의 적용기준도 개정 전이냐(서울기준 현행 환산보증금 2억4천만원), 1차 개정 이후냐(2억6천만원), 2차 개정 이후냐(3억원), 3차 개정 이후냐(4억원), 4차 개정 이후냐(6억1천만원), 5차 개정 이후냐(9억원)에 따라 적용대상 금액이 달라지고, 상임법 적용기준 이하인 경우만 대항요건을 갖추고 계약서에 확정일자를 부여받고 있으면 확정일자에 의해 후순위 채권자보다 우선해서 변제받을 권리가 있다는 사실에 입각해서 권리분석과 배당표를 작성하면 된다.

◆ 환산보증금 범위내 임차인과 초과하는 임차인 권리분석

<u>A 소유자</u> ➪ 갑 상가임차인(보증금 5억원/월세 300만원)(사업자등록과 확정일자) ➪ 을 상가임차인(보증금 1억원/월세 1,000만원)(사업자등록) ➪ <u>마포세무서 압류</u> ➪ 병 상가임차인(보증금 2억원/월세 800만원)(사업자등록) ➪ 정 상가임차인(보증금 2억원/월세 700만원)(사업자등록과 확정일자) ➪ 마포세무서 압류재산 공매 신청(서울특별시 소재 주택)

① 갑 상가임차인은 환산보증금 범위 내에 있어서 대항력 주장, 또는 우선변제권으로 배당요구할 수 있는 권리가 있다. ② 을 상가임차인은 대항력만 있고 배당요구할 수 있는 우선변제권이 없다. ③ 병 상가임차인은 후순위로 대항력이 없는데, 환산보증금을 초과해서 배당요구할 수 있는 우선변제권도 없다. ④ 정 상가임차인은 후순위로 대항력이 없는데, 환산보증금 범위 내에 있어서 우선변제권으로 배당요구할 수 있는 권리가 있다.

09 서울시 상가건물에서 임차인과 다른 채권자 간에 배분한 사례

이 건물은 상가건물이므로 상임법 시행 전, 시행 후의 근저당권이 있는 경우와 소액보증금 합계가 낙찰가의 2분의 1(2014.1.1.부터 현재)(개정 전 2013. 12. 31. 까지는 3분의 1)을 초과하는 경우라면 어떻게 권리분석과 배당표를 작성해야 하는지를 분석해야 한다.

주소	면적	경매가 진행과정	법원임차조사내역	등기부상 권리관계

서울시 양청구 신정동 OOO 번지	대지 195㎡ (58.98평)
	
	상가건물
	1층 98㎡
	2층 98㎡
	3층 84㎡
	지층 64㎡
		감정가
		5억2,000만원
		
		공매진행과정
		최저가
		1차 5억2,000만원
		
		유찰
		2차 4억6,800만원
		
		유찰
		3차 4억1,600만원
		
		낙찰
		(4억1,800만원)
			① 김수민 2,000/20만원
			   사업자등록 02.11.01.
			   확정일자 02.12.10.
			   배당요구 14.03.20.
			② 장효조 5,000/50만원
			   사업자등록 10.12.10.
			   확정일자 10.12.10.
			   배당요구 14.03.16.
			③ 이기준 2,500/20만원
			   사업자등록 11.07.10.
			   배당요구 14.03.20.
			④ 성동수 1억/300만원
			   사업자등록 12.10.10.
			   확정일자 14.03.10
			   배당요구 14.03.10.
			⑤ 문정식 4,000/10만원
			   사업자등록 12.03.10.
			   확정일자 12.08.15.
			   배당요구 14.03.15.
				소유권자 김정숙
				2001.10.01.
				근저당권 신한은행
				2001.12.10.
				(6,000만원)
				근저당권 기술신협
				2008.05.10.
				(7,200만원)
				가압류 박정희
				2011. 05.25
				(3,500만원)
				압류 영등포구청
				2013.10.05.
				(취득세 1,500만원)
				(법정기일:12.04.10)
				공매공고등기 영등포구청
				2014. 01. 15.
				(교부 청구금액은 1,500만원)

◆ 등기부상의 권리와 부동산상의 권리를 분석해 보자!

<u>첫째,</u> 말소기준권리인 신한은행 근저당권의 등기일이 2001. 12. 10. 이므로, 상임법 시행일 2002. 11. 1. 전에 설정되어 이 법에 의한 대항력 등은 적용되지 않는다.

<u>둘째,</u> 최우선 변제받을 수 있는 임차보증금의 범위 내에 있는 경우 즉 보증금이 4,500만원(개정 전)이냐, 1차 개정 후 ~ 2차 개정 전(5,000만원), 2차 개정 후

(6,500만원)이냐로 구분해 소액임차인을 판단해서 최우선변제금을 계산해야 한다. 유의할 점은 주택과 달리 보증금 + 월세 × 100으로 하는 환산보증금이 소액임차보증금 범위 내에 있어야 한다.

셋째, 소액임차인이 아니면, 상임법의 적용대상에 해당되는 환산보증금 내이어야 상임법상 대항력과 우선변제권이 인정되지, 초과하면 선순위임차인만 대항력이 인정되고, 후순위는 대항력과 우선변제권이 없는 일반채권자에 불과하다.

이때 상임법의 적용기준도 개정 전이냐, 1차 개정 후냐, 2차 개정 후냐에 따라 적용대상 금액이 달라지는데, 상임법 적용기준 이하인 경우만 상임법을 적용받을 수 있어서 대항요건을 갖추고 확정일자를 받으면 확정일자에 의해 후순위채권자보다 우선변제권이 발생한다.

◆ 배분순서와 금액은 다음과 같이 계산하면 된다!

매각금액 4억1,800만원 − 공매비용 1,260만원으로 배분금액은 4억540만원이므로,

- **1순위** : 신한은행 6,000만원(근저당권 우선변제금) − 상임법 시행전에 설정되었으므로 1순위로 우선변제 받는다.

- **2순위** : ① 김수민 1,350만원[환산보증금:2,000만원＋2,000만원(20×100)＝4,000만원] + ② 이기준 1,350만원[환산보증금:2,500만원＋2,000만원(20×100)＝4,500만원](최우선변제금) − 1차적 소액임차인 결정기준 : 김수민 확정일자, 기술신협 근저당권(4,500만원 이하/1,350만원)

- **3순위** : 김수민 650만원(확정일자부 우선변제금) − 대항요건이 2002. 11. 01.이 되므로 대항력은 2002. 11. 02. 오전 0시에 발생하고, 확정일자 효력발생일시는 02. 12. 10. 당일 주간에 발생한다.

- **4순위** : 기술신협 7,200만원(근저당권 우선변제금)

- **5순위** : ① 이기준 150만원(소액임차보증금 증가분) + ② 문정식 1,500만원(최우선변제금 2) − 2차적 소액임차인 결정기준 : 장효조 확정일자, 문정식

확정일자(5,000만원 이하/1,500만원)
- **6순위** : 장효조 5,000만원(확정일자부 우선변제금)
- **7순위** : ① 이기준 700만원(소액임차보증금 증가분) + ② 문정식 700만원(소액임차보증금 증가분) - 3차적 현행 상가건물임대차보호법상 소액임차인 (6,500만원 이하/2,200만원)을 계산하고, 그 한도도 3분의 1이 아닌 2분의 1(2014년부터 개정됨)로 배분해야 한다.
- **8순위** : 영등포구청 1,500만원(조세채권 우선변제금)
- **9순위**에서는 배당잔여금 1억4,440만원을 가지고 ① 박정희 가압류 3,500만원 ⇨ ② 문정식 1,800만원(확정일자) ⇨ ③ 성동수 1억원(확정일자)이 동순위로 1차 안분배분하고, 2차로 문정식 확정일자가 후순위 성동수 확정일자 1차 안분배분금을 다음과 같이 흡수하면 된다.

1차 안분배분

① **가압류** = 1억4,440만원 × 3,500/15,300 = 33,032,679.73 = 33,032,680(종결)

② **문정식** = 1억4,440만원 × 1,800/15,300 = 16,988,235.29 = 16,988,235원

③ **성동수** = 1억4,440만원 × 10,000/15,300 = 94,379,084.96 = 94,379,085원

2차 흡수배분 절차

② **문정식** = 16,988,235원(1차안분액) + 1,011,765원(③을 흡수) = 1,800만원(종결)

③ **성동수** = 94,379,085원(1차안분액) - 1,011,765원(②에 흡수당함) = 93,367,320원(종결)으로 배분이 종결된다.

그리고 대항력 있는 임차인 등이 없어서 낙찰자 인수금액은 없다.

성동수 임차인을 제외하고 모두 전액 배분 받는다. 성동수만 보증금의 일부가 손실이 발생하지만, 배분금 93,367,320원을 받으려면 낙찰자의 명도확인서가 필요하기 때문에 상가건물을 인도 받는 데에는 어려움이 없을 것이다.

PART
06

등기부에 등기된 권리를 공부하는 시간

01 근저당권의 효력과 실전 배당에서 우선순위

◆ 근저당권은 어떠한 권리를 가지게 되나?

근저당권은 계속적 거래관계로부터 생기는 다수의 불특정채권을 장래의 결산기에 일정한 한도액까지 담보할 목적으로 설정된 근저당권을 말한다. 법적성질은 장래의 증감, 변동하는 불특정채권을 말하고 근저당권은 피담보채권의 소멸에 관한 부종성의 예외로서 피담보채권액이 일시감소하거나 없어지게 되더라도 근저당권의 존속자체에는 아무런 영향이 없는 부종성에 대한 예외가 인정된다.

◆ 근저당권과 다른 채권자와 우선순위 결정 방법은?

(1) 특별우선채권과의 우선순위

① 필요비 · 유익비 상환청구권

② 주임법상(상임법상) 소액보증금 중 일정액(최우선변제금)

③ 근로자의 임금채권 중 최종 3월분 임금과 최종 3년분 퇴직금, 재해보상금 (최우선변제금)

④ 국세, 지방세 중 당해세로 인정되는 조세채권

이들과의 우선순위에서는 근저당권 등(근저당권, 전세권, 담보가등기, 확정일자부 임차권, 등기된 임차권)은 그 성립시기와 상관없이 후순위가 된다.

(2) 근저당권의 우선변제권은?

채무불이행이 있으면 근저당권은 임의경매를 신청(처분권 행사)하여 후순위권리자보다 우선해서 변제 받을 수 있다(우선변제권). 근저당권자들 간에는 등기일자를 기준으로 우선순위가 정해지는데, 같은 날에 발생한 경우라면 접수번호에 의해 우선순위를 정한다.

(3) 저당권부 채권(근저당권, 전세권, 담보가등기, 확정일자부 임차권, 등기된 임차권) 간의 우선순위

① 근저당권과 전세권, 담보가등기권 간의 우선순위는 등기부의 설정일자를 기준으로 한다. 단, 같은 날에 발생한 경우는 접수번호에 의하여 순위가 정해진다.

② 근저당권과 확정일자부 임차권, 임대차등기권자와는 확정일자부 임차권과 임대차등기권자의 효력발생 시기와 근저당권의 등기일자를 비교해서 우선순위를 정한다.

(4) 근저당권과 조세채권 및 공과금 간의 우선순위는?

① 당해세가 아닌 일반조세채권은 압류한 조세채권과 배분요구종기일까지 교부청구한 조세채권이 있다. 이들은 조세채권의 법정기일과 근저당권설정등기일을 기준으로 우선순위를 정하는 것이지 압류한 날짜를 기준으로 하는 것이 아니다. 그리고 같은 날짜일 때에는 조세채권이 우선한다.

② 법률상 우선권 있는 공과금(국민건강보험료, 국민연금보험료, 고용보험료, 산재보험료, 개발부담금, 고용부담금)과의 관계에서는 공과금의 납부기한과 근저당권설정등기일을 기준으로 하는 것이지, 압류일자를 기준으로 하는 것이 아니다. 그리고 같은 날짜일 때에는 공과금채권이 우선한다.

③ 일반조세채권과 공과금과의 관계에 있어서는 조세채권이 항상 우선한다.

(5) 근저당권과 일반임금채권 간의 우선순위는?

① 근저당권과 일반임금채권 간에는 임금채권의 성립 시기를 따지지 아니하고, 항상 근저당권이 우선한다.

② 조세채권·공과금과의 관계에서는 일반임금채권(최우선변제대상 아닌 임금)은 조세채권(당해세 포함), 공과금, 일반채권에 우선한다. 다만 근저당권에 우선하는 조세채권, 공과금에 대하여는 그러하지 아니한다. 저당권에 우선하는 조세(당해세 포함), 공과금만이 우선하지 저당권부 채권이 없는 경우 항상 이들에 우선하게 된다.

(6) 근저당권과 일반채권 간의 우선순위

① 근저당권과 일반채권(가압류, 집행권원에 의한 배당요구채권자, 강제경매신청채권자) 간에는 근저당권이 일반채권보다 선순위로 등기돼 있으면 우선변제권이 있어서 후순위 일반채권보다 우선변제 받는다.

② 근저당권이 일반채권보다 후순위이면 선순위채권에 대해서 우선변제권을 가지지 못해서 동순위로 안분배분하게 된다.

갑 가압류 ⇨ 을 근저당권 ⇨ 병 강제경매신청채권순인 경우는 1차적으로 안분배분하고 2차적으로 을 근저당권이 병 일반채권을 흡수하는 배분절차를 진행하면 된다.

◆ 근저당권과 다른 채권자 간의 권리분석과 배분하는 방법

주 소	면적	공매가 진행과정	법원임차인 조사내역	등기부상 권리관계
서울시 구로구 시흥동 ○○○ 번지 단독주택 체납자겸 소유자 : 김정미 압류공매 위임관서 : 근로복지공단 관악지사 압류공매 집행기관 : 자산관리공사	대지 215㎡ (65평) 건물 1층 110㎡ 2층 105㎡	감정가 550,000,000원 최저가 1차 550,000,000원 유찰 2차(10% 저감) 495,000,000원 유찰 3차(10% 저감) 440,000,000원 낙찰 456,706,000원 2016.07.30. 낙찰자 이한기	① 김철수 전입 2013.06.10. 확정 2013.06.10. 배분 2016.04.10. (보) 70,000,000원 ② 이미숙 전입 2014.07.05. 확정 2014.07.05. 배분 2016.04.15. (보) 75,000,000원 ① 구로구청 교부청구 (법정기일 2014.07.01) 당해세 4,575,000원 ② 구로구청교부청구 (법정기일 2014.08.10) 주민세 184,570원 ③ 구로구청 교부청구 (법정기일 2014.08.30) 취득세 10,864,900원 ④ 임금채권(선정당사자) 우선명 최우선임금채권 51,494,540원 배분요구일자 2016.04.30.	소유자 김정미 2012.05.30. 근저당 국민은행 2012.05.30. 130,000,000원 근저당 기업은행 2013.05.10. 120,000,000원 압류 근로복지관리공단 관악지사 2014.06.30. 가압류 국민은행 2014.07.10. 18,370,000원 가압류 김이숙 2014.08.10. 33,745,000원 압류공매 근로복지관리공단 관악지사 산재보험료 청구 29,500,520원 (납부기한 14.06.30) 〈공매의뢰 : 16.01.30〉 〈공매공고 : 16.02.20〉

상기 공매절차에서 배분계산서를 작성하면 다음과 같다.

이 주택에서 말소기준권리는 국민은행의 2012. 05. 30. 근저당권이므로 대항력 있는 임차인이나 소멸되지 않는 권리가 없고 모두가 소멸대상이다. 근로복지공단 산재보험료는 압류일자가 납부기한과 같다고 가정하고, 배분계산서를 우선순위에 따라 작성해 보면 다음과 같다.

배분금액 442,749,000원[456,706,000원-13,957,000원(공매집행비용)]을 가지고 배분하는 다음과 같다.

- **1순위** : ① 김철수 25,000,000원＋이미숙 25,000,000원(최우선변제금 1)
  ② 임금채권(선정당사자) 우선명 : 51,494,540원(최우선변제금 1)

- **2순위** : 구로구청 4,575,000원(당해세 우선변제금)

- **3순위** : 국민은행 130,000,000원(근저당권 우선변제금)

- **4순위** : 기업은행 120,000,000원(근저당권 우선변제금)

- **5순위** : 김철수 45,000,000원(확정일자부 우선변제금)

- **6순위** : 이미숙 9,000,000원(최우선변제금 2)

- **7순위**에서는 ① 근로복지공단(29,500,520원) ＞ ② 이미숙 확정일자 우선변제권(41,000,000원)이고, ② 이미숙 ＞ ③ 구로구청 주민세와 취득세(11,049,470원)이고, ③ 구로구청 주민세와 취득세 ＞ ① 근로복지공단인 관계로 서로 순환관계에 있다. 따라서 1차로 동순위로 안분배분하고, 2차로 순환흡수배분 절차를 진행해야 한다.

1차적 안분배분

① 근로복지공단 ＝ 32,679,460원 × $\dfrac{29,500,520}{81,549,990}$ ＝ 11,821,718.96
  ＝ 11,821,719원

② 이미숙 ＝ 32,679,460원 × $\dfrac{41,000,000}{81,549,990}$ ＝ 16,429,896.06 ＝ 16,429,896원

③ 구로구청 ＝ 32,679,460원 × $\dfrac{11,049,470}{81,549,990}$ ＝ 4,427,844.86 ＝ 4,427,845원

따라서 최종적으로 배분결과는

① **근로복지공단** = 11,821,719(1차안분액)+16,429,896(② 이미숙 흡수) − 6,621,625(③에 흡수당함) = 21,629,990원

② **이미숙** = 16,429,896(1차안분액)−16,429,896(①에 흡수당함)+ 4,427,845(③ 구로구청 흡수) = 4,427,845원

③ **구로구청** = 4,427,845(1차안분액)−4,427,845(②에 흡수당함)+ 6,621,625(① 근로복지공단 흡수) = 6,621,625원

따라서 최종적으로 배분결과는

가) **김철수** = 2,500만원(1)+4,500만원(5) = 7,000만원

나) **임금채권(선정당사자)우선명** = 51,494,540원(1)

다) **국민은행** = 1억3,000만원원(3)

라) **기업은행** = 1억2,000만원(4)

마) **근로복지공단** = 21,629,990원(7-1)

바) **이미숙** = 2,500만원(1)+900만원(6)+4,427,845(7-1) = 38,427,845원

사) **구로구청** = 4,575,000(2)+6,621,625(7-1) = 11,196,625원

02 전세권은 어떠한 권리가 있고, 주임법상 임차권과의 차이점은?

◆ 전세권은 어떠한 권리인가?

전세권은 전세목적물을 전세 기간 동안 사용·수익할 수 있는 용익물권이면서 전세권 기간만료 시에는 소유자가 전세금을 반환해주지 아니할 경우 전세권을 처분(임의경매신청)하여 그 매각대금으로부터 우선 변제받을 수 있는 담보물권적 성격까지 가지고 있는 권리입니다.

주택임대차보호법이 태동하기 전에 임차인의 권리는 매우 불안정한 지위에 있었기 때문에 임차인이 권리를 지키기 위해 가장 많이 이용했던 방법이 전세권 제도 였다. 이러한 전세권은 전세기간 동안 사용·수익은 물론 기간 만료 후 전세금을 반환 받지 못하는 경우 다음과 같이 경매를 신청해서 우선 변제받을 권리도 함께 가지고 있다.

◆ 전세권에 의한 경매신청 방법과 우선변제권은?

(1) 아파트 등의 집합건물에 등기된 전세권(임의경매신청)

아파트, 다세대, 연립주택, 오피스텔 등의 집합건물에 설정된 전세권은 집합건물 소유 및 관리에 관한 법률에서 구분 소유자의 대지 사용권과 전유부분을 분리하여 처분할 수 없고, 공유부분에 대한 지분은 전유부분의 처분에 따른다고 규정하고 있다. 따라서 전세권자가 직접 경매신청 또는 제3자의 경매절차에서 배당요구해 건물과 토지매각대금 모두에서 우선해서 배당 받는다. 이때 최선순위전세권자라면 말소기준권리가 된다.

(2) 단독 · 다가구주택 등에 등기된 전세권(강제경매신청)

단독주택, 다가구주택과 같이 건물의 일부에 설정된 전세권은 건물 일부에 대해서만 그 효력이 미치고, 토지에 대해서는 효력이 미치지 못한다. 따라서 최선순위전세권이라도 말소기준권리가 될 수 없다. 그리고 아파트 등의 집합건물 전세권처럼 임의경매 신청도 할 수 없다. 이렇게 건물 일부에 설정된 전세권자는 경매신청권이 없다. 따라서 임대차보증금 반환청구소송 또는 임대차보증금 지급명령 신청을 통해서 판결문 등의 집행권원을 얻어서, 토지와 건물 전부를 강제경매 신청할 수밖에 없다. 그리고 건물 전체 매각대금에 대해서 전세권차로 우선변제를 받을 수 있지만, 토지매각대금에 대해서는 우선변제권이 없는 강제경매신청채권자로서 일반채권자와 동순위로서 안분배당 받게 된다.

그러나 전세권자가 주임법상 대항요건까지 함께 갖추고 있다면 상황이 달라진다.

전세권자로 배당요구할 권리와 주임법상 배당요구할 권리를 동시에 갖는다. 따라서 두 개의 권리를 가지고 동시에 배당요구할 수도 있고, 분리해서 배당요구할 수도 있게 돼, 임차인의 권리를 안전하게 보호 받을 수 있다. 왜냐하면 최선순위 전세권자가 직접 경매를 신청하거나 제3자의 경매나 공매절차에서 배당요구하면 설령 미배당금이 발생해도 무조건 소멸되지만, 주임법상 선순위임차권은 전액변제 받을 때까지 소멸되지 않고 낙찰자가 인수하기 때문에 임차보증금을 손해 보지 않기 때문이다. 그리고 전세권자가 주임법상 대항요건만 갖추고 확정일자를 받지 못한 경우에도, 전세권등기 날짜에 확정일자를 갖춘 것으로 봐 주임법상 확정일자에 의한 우선변제권을 갖게 된다. 이런 이유로 전세권만 갖추지 말고, 주임법상 대항요건을 함께 갖추고 있어야 한다.

◇ 선순위전세권과 후순위전세권의 대항력과 소멸?

기본적으로 말소기준권리보다 선순위의 전세권·지상권·지역권·등기된 임차권 등은 매각으로 소멸되지 아니하고 매수인이 인수한다(민사집행법 제91조 4항). 다만 이 용익권 중 전세권의 경우에는 전세권자가 민집법 제88조에 따라 배당요구를 하면 매각으로 소멸한다. 이러한 최선순위전세권은 실제 존속기간이 지났는지, 지나지 않았는지 상관없이 오로지 전세권자의 배당요구에 의해서만 매각으로 소멸되므로, 첫 경매개시결정등기 전에 등기되어 있더라도 자동 배당되는 것이 아니고, 반드시 배당요구가 필요하다.

왜냐하면 배당요구가 없으면 낙찰자가 인수해야 되므로 배당절차에 참여할 수 없다. 즉 최선순위전세권은 목적물이 건물인지 토지인지 상관없이 오로지 배당요구에 의해서 소멸되지만, 배당요구를 하지 아니하면 매수인(낙찰자)의 인수가 된다.

◇ 전세권이 선순위와 후순위인 사례를 통해서 분석하기

(1) 전세권설정등기가 최선순위인 경우

> 갑 전세권설정등기 ⇨ 을 근저당권 ⇨ 병 공과금채권압류(납부기한이 을 저당권보다 늦은 경우) ⇨ 병이 공매신청 ⇨ 정이 낙찰

① 아파트와 다세대주택 등의 집합건물인 경우

㉠ 갑 전세권이 배분요구하지 않았다면 낙찰자 정이 갑 전세권을 인수해야 되고 이때 말소기준권리는 을 근저당권이다.

㉡ 갑 전세권이 배분요구했다면 갑은 배분받고 소멸되며 갑이 말소기준권리가 될 수 있다. 이 경우에는 낙찰자 정은 인수금액이 없게 된다.

② 단독·다가구주택과 같은 일반 건물인 경우

갑 전세권이 배분요구하지 아니 하였다면 낙찰자 병이 갑 전세권을 인수해야 한다.

유의할 점은 건물 일부에 설정된 전세권은 건물매각대금에 대해서만 우선변제권이 있고, 토지매각대금에 대해서는 우선변제권이 없다. 그리고 배분요구를 하였던, 하지 아니 하였던 간에 말소기준권리가 될 수 없다.

(2) 전세권설정등기가 후순위인 경우

> 갑 근저당권 ⇨ 을 전세권 ⇨ 병 일반세금압류(법정기일이 을 전세권보다 늦은 경우) ⇨ 병이 공매신청 ⇨ 정이 낙찰받은 경우

을 전세권이 집합건물이든, 단독주택이든 간에 구분하지 아니하고 모두가 말소기준권리 갑 근저당권보다 후순위로서 대항력이 없어 소멸대상이 된다.

03 가압류와 압류의 차이와 어떠한 권리를 가지고 있나?

◆ 가압류채권은?

가압류는 채권이 확정되지 않은 상태에서 채무자가 재산을 처분하지 못하도록 보전을 목적으로 채권자의 일방적인 청구에 의해서 이루어진다. 본안소송에서 승소하여 채권이 확정되면 압류를 할 수 있는 집행권원(판결문 등)을 얻게 된다.

◆ 압류채권이란?

압류는 확정된 채권을 가지고 채무자가 재산을 처분하지 못하도록 보전처분하는 것을 말하고, 압류 이후에는 처분금지효가 발생되어 무효가 된다. 그런데 압류든, 가압류든, 처분금지효력이 미치는 범위가 압류 이후의 권리자에게는 가압류 또는 압류금액에 대해서만 효력이 미치게 되는 것이지, 초과되는 금액에 대해서는 미치지 못한다.

◆ 가압류채권과 타 권리 등과의 우선순위에 따른 배당방법

> **(1) 이철민 가압류 ⇨ 이기자 근저당권순인 경우**

선순위 이철민 가압류채권자는 우선변제청구권을 가지는 권리가 아니므로 채권자끼리는 발생 시기와 상관없이 채권자평등주의에 의거 동순위로 한다. 따라서 가압류채권자보다 후순위 가압류채권이나 후순위 저당권 등의 담보물권에 우선변제권을 주장할 수가 없으므로 이들은 동순위로 보게 되는 것이다. 즉 후순위의 물권은 선순위가압류권자에 대하여 가압류의 처분금지효력 때문에 우선변제권을 주장할 수 없고, 가압류권자 역시 우선변제청구권이 없는 채권이므로 동순위로 안분 배분받게 된다.

> **(2) A 가압류 5,000만원 ⇨ B 근저당 3,000만원 ⇨ C 가압류 2,000만원 ⇨ C 강제경매 신청시**

이 사례는 A는 A=B, A=C인 관계에 있고, B는 B=A, B>C인 관계에 있어서, 선순위 A에서 보면 모두가 동순위(A=B=C)로 1차적으로 안분배당하고, 2차적으로 B는 후순위 C를 흡수하게 된다.

배당금액 6,000만원을 가지고 1차적으로 동순위로 안분배당하고
- A=6,000만×5,000만원/(5,000+3,000+2,000)1억원=3,000만원(종결)

- B=6,000만×3,000만원/1억원=1,800만원
- C=6,000만×2,000만원/1억원=1,200만원

2차적으로 흡수절차는 B는 C보다 선순위이므로 B의 부족한 채권만큼 C의 1차 안분배당액에서 흡수하게 된다.

따라서 B=1,800만원+1,200만원(C에서 흡수)=3,000만원,
C=1,200만원(1차안분액)−1,200만원(B에 흡수당함)=0원

◆ 전소유자의 가압류(압류)와 다른 채권자 간의 권리관계

(1) 전소유자의 가압류(압류)와 다른 채권자 간에 배분하는 방법

전소유자의 가압류채권자은 공매나 경매절차에서 배분받고 소멸시키는 것이 원칙이다. 이 경우 가압류는 말소되며 최선순위인 경우에는 말소기준권리가 될 수 있다. 그러나 전 소유자의 가압류를 낙찰자가 인수하는 매각조건으로 매각하는 경우라면 가압류는 말소되지 않고, 말소기준권리도 될 수 없다. 따라서 공매절차에서 전소유자의 가압류를 매수인의 인수하는 조건 없이 진행되었다면 배분 받고 소멸되는 것으로 이해하면 될 것이다.

그리고 전소유자의 가압류채권자에 대한 배분방법은?

<u>이 배분방법에 대해 대법원은</u> 부동산에 가압류 집행 후 소유권이 제3자에게 이전된 경우 가압류 처분금지적 효력이 미치는 것은 가압류 결정 당시의 청구금액한도 안에서 가압류 목적물의 교환가치이고, 위와 같은 처분금지적 효력은 가압류채권자와 제3취득자 사이에서만 있는 것이므로 가압류채권자가 우선적인 권리를 행사할 수 있고, 제3취득자의 채권자들은 이를 수인해야하므로 가압류채권자는 그 매각 절차에서 당해 가압류목적물의 매각대금에서 가압류결정 당시 청구금액을 한도로 하여 배분 받을 수 있고 청구금액을 넘어서는 이자와 소송비용 채권을 받을 수 없고, 제3취득자 채권자들은 위 매각대금

중 가압류의 처분금지적 효력이 미치는 범위에 대해서는 배분 받을 수 없다 (대법원 2006다19986 판결)고 판단하고 있다. 따라서 전소유자의 가압류채권자는 현소유자에 대해서 처분금지효를 주장할 수가 있어서 현소유자의 채권자보다 우선해서 배분 받을 수 있다.

그래서 전소유자의 가압류채권자는 현 소유자로 변경되고 나서 발생한 ① 임차인의 최우선변제금과 ② 근로자의 임금 최우선변제금, ③ 당해세(①상속세 또는 증여세, ②재산세, ③종합부동산세가 모두 당해세인 경우), ④ 근저당권보다 항상 우선한다.

(2) 전소유자의 가압류 등과 타 권리 등과의 우선순위에 따른 권리분석

> A 가압류 ⇨ B 소유권이전 ⇨ C 근저당권 ⇨ D 공과금압류 ⇨ D의 공매신청

이 사건에서는 A 가압류=C 근저당 동순위이고, A<D로 봐서 순환흡수절차를 거쳐서는 안 되고, 전 소유자 가압류권자에게 전액 우선 변제하고, 잔액이 있을 때만 현 소유자의 채권자에게 배분하게 된다. 이때 말소기준권리는 전 소유자의 가압류채권이다.

(3) 전소유자의 근저당권과 타 권리 등과의 우선순위에 따른 권리분석

이도령 소유자 ➡ 국민은행 근저당(건물 존재) ➡ 춘향이로 소유권이전등기 ➡ 임차인 최우선변제금 ➡ 임금 최우선변제금 ➡ 당해세(①상속세 또는 증여세, ②재산세, ③종합부동산세가 모두 당해세인 경우) ➡ 신한은행 근저당 순인 경우 배분하는 순서

1차적으로 1순위 임차인 최우선변제금, 2순위 종합부동산세 당해세(전소유자의 저당권부 채권보다 종부세가 우선하도록 국세기본법 제35조 제3항이 개정됨, 172~173쪽 참조), 3순위 국민은행 근저당, 4순위 임금 최우선변제금, 5순위 상속세 또는 증여세 당해세(172~173쪽 참조), 6순위 신한은행 근저당 순으로 배분하고, 2차적으로 임차인 최우선변제금과 임금 최우선변제금은 동순위가 되므로 배분금이 부족한 경우 안분 배분 절차를 진행해야 한다

PART
07

조세와 공과금, 임금채권 완전 정복과 순환흡수 배분 방법

01 조세채권 간의 우선순위와 다른 채권과의 우선순위

◆ 조세채권의 우선특권은?

조세채권은 원칙적으로 납세자의 총재산에 대하여 다른 공과금 및 기타 채권에 우선하여 징수하게 된다. 여기서 기타의 채권이란 사법상 금전채권을 말하므로, 특정물의 급부를 목적으로 하는 저당권부 채권 등은 해당하지 않는다. 따라서 사채권이 저당권부 채권이면 조세채권의 법정기일과 담보물권 등의 설정등기일, 임차인의 확정일자부 우선변제권의 효력발생일시를 비교해서 그 우열을 정하는 것이다.

그리고 유의할 점은 저당권부 채권과 우선순위를 정할 수 없는 경우에는 즉 조세채권의 법정기일과 근저당권의 등기 날짜가 같은 날일 경우에는 동순위가 되는 것이 아니라 조세채권이 우선하고, 공과금채권과 무담보채권(=일반채권)과는 조세채권이 항상 우선한다는 사실이다.

◆ 조세채권은 동순위가 원칙이지만 예외가 있다!

조세채권 상호 간에는 동순위가 원칙이지만, 조세채권 상호 간에도 예외적으로 체납처분비 우선의 원칙(비용우선원칙), 당해세 우선의 원칙, 납세담보우선의 원칙, 압류선착주의가 적용되어 공매나 경매집행비용을 제외한 매각대금에서 1순위로 당해세, 2순위로 납세담보, 3순위로 압류선착주의, 4순위로 참가압류와 교부청구한 조세채권 상호 간에는 법정기일의 우선과는 상관없이 항상 동순위로 안분배분하게 된다.

이 순서에서 유의할 점은 당해세와 납세담보된 채권을 제외한 조세채권 상호 간에는 법정기일의 선후는 의미가 없으며 단지 압류 여부에 따라 압류선착주의가 적용되고, 압류하지 아니한 조세채권 상호 간에는 동순위로 안분 배분받게 되는데, 압류선착주의에 적용을 받게 되는 압류권자는 최초압류권자에 한하고, 참가압류권자는 교부청구한 조세채권자와 동순위로 안분배분하게 된다는 점에 유의해야 한다. 이는 법원경매에서 배당할 때 그렇다는 것이고, 한국자산관리공사에서 매각절차를 진행하는 압류재산 공매절차에서는 참가압류권자 역시 압류선착주의에 따라 우선해서 배분받게 되므로, 1순위 국세와 지방세의 당해세, 2순위 납세담보한 조세채권, 3순위 최초로 압류한 조세채권자의 압류선착주의, 4순위 첫 번째 참가압류한 조세채권자의 압류선착주의, 5순위 두 번째 참가압류한 조세채권자의 압류선착주의, 6순위 교부청구한 조세채권자 순으로 배분된다. 이것이 경매와 공매 배분절차에서 다른 점이다.

◆ 조세채권과 근저당권이 혼재 시 배분하는 방법은?

1차적으로 1순위로 당해세를 배분하고, 2차적으로 담보물권보다 법정기일이 빠른 조세채권 ⇨ 저당권부 채권(근저당권, 담보가등기, 전세권, 확정일자부 임차권, 등기된 임차권) ⇨ 저당권부 채권보다 법정기일이 늦은 조세채권 순으로 배분하고, 3차적으로 조세채권 중에서 2차에서 법정기일에 따라 배분받은 조세채권 합계금액에서 1등으로 납세담보된 조세채권이 흡수하고(납세담보된 채권은 압류된 채권보다 우선하여 변제받게 되기 때문) ⇨ 납세담보된 조세채권을 배분하고 남은 배분금을 가지고 압류선착주의를 적용하여 압류한 조세채권이 흡수하고 ⇨ 최초압류권자에 흡수되고 남은 배분금을 가지고 참가압류권자와 교부청구권자가 동순위로 안분 배분한다.

그런데 유의할 점은 법원경매가 그렇다는 것이고, 압류재산 공매절차에서는 압류선착주의가 참가압류권자에게도 확대해서 실시하고 있다. 그래서 공매에서는 ⇨ 최초압류권자에 흡수되고 남은 배분금을 가지고 ⇨ 참가압류권자들이 참가압류한 순서에 따라 흡수하고, 나머지 배분금은 교부청구권자들이 동순위로 안분 배분받는 순서로 배분하게 된다.

◆ **조세채권과 임금채권, 공과금, 일반채권 간의 우선순위**

조세채권은 원칙적으로 임금채권과의 관계에서 후순위가 되나 예외적으로 조세가 저당권부 채권(근저당권, 담보가등기, 전세권, 확정일자부 우선변제권, 등기된 임차권)에 우선하는 경우만 임금채권보다 우선해서 배분 받게 된다. 이는 임금채권(최우선변제금 제외)이 항상 저당권부 채권에 후순위가 되기 때문에 이보다 선순위가 되는 당해세나 법정기일이 빠른 조세가 있고 그 다음 저당권부 채권이 있다면 임금채권이 이러한 조세채권에 후순위가 될 수밖에 없게 되는 것이다. 그러나 공과금과 일반채권에 대해서는 조세채권이 항상 우선한다. 따라서 가압류(공과금) ⇨ 근저당 ⇨ 조세채권 등과 같이 배분순위가 충돌하게 되면, 1차적으로 동순위로 안분배분하고, 2차적으로 순환흡수배분 절차를 진행해야 한다.

02 공과금 상호 간의 우선순위와 다른 채권 간의 우선순위

공과금이란 조세채권 이외에 국가 또는 공공단체에 대한 공적부담금으로 국세징수법상 체납처분 또는 국세징수의 예에 따라 징수할 수 있는 채권을 말한다. 이러한 공과금채권이 미납된 경우 국세징수법상의 체납처분 예에 따라서 압류 · 참가압류 · 교부청구가 가능하고, 공매나 경매 배당절차에서 법률상 우선변제권을 갖는다.

◆ **공과금 상호 간에는 동순위가 원칙이다!**

공과금끼리만 있는 경우 공과금의 납부기한의 우선순위는 무시되고 동순위로 안분배분하는 것이 원칙이다.

◇ **공과금과 근저당권 간의 우선순위**

이들 간에는 공과금의 납부기한과 근저당권의 설정등기일을 기준으로 우선순위가 정해진다.

> 국민연금(납부기한 2014. 05. 10.) ⇨ 근저당(2014. 06. 15.) ⇨ 국민건강보험(납부기한 2014. 07. 10.) ⇨ 고용산재보험(납부기한 2014. 09. 30.) ⇨ 국민연금의 공매신청

배분순위는 근저당권보다 납부기한이 빠른 국민연금 1순위로 배분받고, 2순위는 근저당, 3순위에서는 국민건강보험과 고용산재보험이 동순위로 안분배분 받게 된다.

◇ **공과금채권과 임금채권, 조세채권, 일반채권 간의 우선순위**

공과금채권은 임금채권과 조세채권보다는 후순위가 되는 것이 원칙이지만, 예외적으로 공과금채권이 저당권부 채권보다 선순위인 경우에는 임금채권보다 우선할 수 있지만, 조세채권보다는 항상 후순위가 된다. 그러나 일반채권에 대해서는 항상 선순위로 배분 받는다.

03 임금채권 간의 우선순위와 다른 채권 간의 우선순위

◆ 근로자의 임금채권 중 최우선변제금

근로자의 임금채권 중 최종 3월분의 임금·최종 3년간의 퇴직금·재해보상금 등의 최우선변제금은 사용자의 총재산에 대하여 질권·저당권 등에 따라 담보된 채권, 조세·공과금 및 다른 채권에 우선하여 변제받을 수 있다. 그러나 사용자가 재산을 취득하기 전에 설정된 담보권은 즉 전소유자를 채무자로 설정된 근저당권에 대해서 현소유자를 사용인으로 하는 최우선변제금이 우선하지 못한다(2002다65905 판결).

◆ 임금채권 상호 간에는 동순위가 원칙

최우선변제금이 1순위로 배분받고, 일반임금채권 상호간에는 동순위이다.

◆ 임금채권(최우선변제금 제외)과 저당권 채권과의 우선순위

임금채권은 저당권부 채권(근저당, 담보가등기, 전세권, 확정일자부 우선변제권, 임차권등기)보다 항상 후순위이다.

◆ 임금채권, 조세채권, 공과금채권, 일반채권 간의 우선순위

조세채권(당해세포함)과 공과금채권은 임금채권(최우선변제대상을 제외)에 뒤지는 것이 원칙이나 그 법정기일 등이 저당권부 채권(저당권, 전세권, 담보가등기, 확정일자임차권, 임차권등기)보다 앞서는 경우나 같은 경우에는 조세채권과 공과금채권이 우선순위가 된다. 그리고 조세와 공과금 상호 간에는 항상 조세채권이 우선하고, 일반채권에 대해서는 조세나 공과금채권이 항상 선순위가 된다.

그리고 유의할 점은 임금자체에 대해서만 우선변제권이 인정되지만, 임금 등의 지연손해금에 대해서 우선변제권이 없으므로 임금채권자 등이 집행력 있는 정본에 의하여 배분요구하는 경우 임금원금만 우선 배분하고 지연손해금은 일반채권자들과 동순위로서 안분 배분받게 된다는 사실이다.

04 조세 · 공과금 · 임금채권과 다른 채권이 혼재 시 배분방법

◇ 병 당해세 ⇨ 갑 근저당 ⇨ 을 임차인 순에서 배분특강

> 갑 근저당권 5,000만원(16. 04. 10.) ⇨ 을 임차인 1억원(전입/확정 16. 05. 10.) ⇨ 병 조세채권(당해세) 300만원(압류 16. 06. 10.)(법정 15. 03. 15.) ⇨ 병의 공매신청(16. 09. 10.)

배분금 1억2,000만원이고 주택이 서울 소재라면
- 1순위 : 을 3,400만원(최우선변제금 1),
- 2순위 : 병 300만원(당해세 우선변제금),
- 3순위 : 갑 5,000만원(근저당권 우선변제금),
- 4순위 : 을 3,300만원(확정일자 우선변제금)이 된다.

을은 대항력이 없어서 낙찰자가 인수할 금액이 없다.

◆ **갑 근저당 ⇨ 을 임차인 ⇨ 정 조세채권 ⇨ 병 임차인 순에서 배분특강**

> 갑 근저당권 3,000만원(2010. 02. 10.) ⇨ 을 임차인 7,000만원(전입/확정 12. 03. 10.) ⇨ 병 임차인 6,000만원(전입/확정 13. 10. 10.) ⇨ 정 일반조세채권 2,000만원(압류 2014. 02. 30.)(법정 13. 08. 20.) ⇨ 정의 공매신청(2016. 05. 20.)

배분금이 1억5,000만원이고 주택이 서울에 소재하는 경우
- 1순위 : 병 2,000만원(최우선변제금 1) - 소액임차인 결정기준 : 갑 근저당권(6,000/2,000만원).
- 2순위 : 갑 3,000만원(근저당권 우선변제금)
- 3순위 : ① 을 2,500만원 +② 병 500만원(최우선변제금 2) - 소액임차인 결정기준 : 을 확정일자와 병 확정일자(7,500/2,500만원)
- 4순위 : 을 4,500만원(확정일자부 우선변제금)
- 5순위 : 병 900만원(최우선변제금 1) - 소액임차인 결정기준 : 현행임대차보호법상 소액보증금 중 일정액(1억원/3,400만원)을 지급하더라도 이에 우선하는 담보물권자 등이 없기 때문에 배분시점을 기준으로 소액임차인을 결정하게 된다.
- 6순위 : 정 1,600만원(조세채권 우선변제금)으로 배분이 종결.

◆ 을 임금채권 ⇨ 정 당해세 ⇨ 갑 조세채권 ⇨ 병 공과금채권 순에서 배분특강

> 갑 일반조세채권 2,000만원(압류 15. 02. 10)(법정 13. 08. 10) ⇨ 을 임금채권(일반임금채권) 2,500만원(가압류 15. 05. 10) ⇨ 병 건강보험료 500만원(압류 15 07. 10)(납부기한 14. 03. 10) ⇨ 갑이 공매신청(15. 12. 10) ⇨ 정 당해세 교부청구 300만원(법정기일 16. 03. 01)

배분금이 5,000만원인 경우 배분절차는 다음과 같다.
- 1순위 : 을 2,500만원(임금채권 우선변제금)
- 2순위 : 정 300만원(당해세 우선변제금)
- 3순위 : 갑 2,000만원(조세채권 우선변제금 3)
- 4순위 : 병 200만원(공과금 우선변제금 4)

일반임금채권은 조세채권(당해세 포함)보다 우선하고, 조세채권끼리는 당해세가 우선하고, 조세채권은 공과금 및 기타 일반채권에 우선한다.

05 조세채권으로 순위가 상호모순관계(A=B, B>C, C>A)에서 순환흡수 배분한 사례

> 갑 가압류(2,500만원)(13.02.20.) ⇨ 을 근저당(6,500만원)(13.04.10.) ⇨ 병 조세압류(3,000만원)(압류 14.01.10. 법정기일 13.07.10. 당해세가 아님) ⇨ 정 가압류(4,500만원)(2014.03.10.) ⇨ 병 압류공매 신청(3,000만원)(2015.01.30.) − 매각대금 1억2,350만원, 주택은 서울에 소재한다.

이러한 경우에는 갑은 을·정과는 동순위이고, 병보다는 후순위이다. 을은 갑과는 동순위이나 병과 정보다는 우선한다. 병은 을보다는 후순위이나 갑과 정보다는 우선하므로 순위가 상호모순관계에 있다. 이러한 경우 배분은 1차 동순위로 각 채권자의 채권액을 비례하여 안분배분하고, 2차로 후순위채권자의 1차 안분배분액을 자기채권이 만족할 때까지 흡수하면 된다.

배분할 금액 1억1,950만원(매각대금 1억2,350만원 − 공매비용 400만원)을 가지고, 1차로 동순위로 각자의 채권액 비례해서 안분배분하게 된다(채권 합계금액은 1억6,500만원이다).

1차 동순위로 안분배분

① 갑 가압류 = 1억1,950만원 × $\dfrac{2,500만원}{1억6,500만원}$ = 18,106,061원

② 을 근저당 = 1억1,950만원 × $\dfrac{6,500만원}{1억6,500만원}$ = 47,075,757원

③ 병 조세 = 1억1,950만원 × $\dfrac{3,000만원}{1억6,500만원}$ = 21,727,273원

④ 정 가압류 = 1억1,950만원 × $\dfrac{4,500만원}{1억6,500만원}$ = 32,590,909원

2차 흡수배분 절차

갑 가압류는 흡수할 수 있는 지위에 있지 못하는 채권이므로, 흡수할 수 있는 지위에 있는 채권자 중에서 선순위인 을은 병보다 선순위이므로 을이 먼저 흡수하고 나서 병이 흡수한다. 흡수금액은 1차 안분배분에서 배당 받지 못한 금액 내에서 후순위자들의 1차 안분배분금 내에서만 흡수하면 된다.

② 을 근저당 = 47,075,757원(1차안분액) + 17,924,243원(④에서 흡수) = 6,500만원(종결)

3차 흡수배분 절차

병 조세채권이 흡수하는 방법에도 두 가지로 나누어 볼 수 있다.

첫 번째로 갑과 정이 동순위관계에 있지만 ① 갑 가압류가 ② 을 근저당권에 대해서 처분금지효력이 있어서 동순위관계에 있고, ② 을 근저당권보다 후순위인 ④ 정 가압류는 갑보다 열후하다. 따라서 정이 먼저 흡수당하고, 그다음 갑이 흡수당하는 순서로 진행하는 방법이다.

③ 병 조세 = 21,727,273원(1차안분액)+8,272,727원(④를 흡수함) = 3,000만원(종결)

따라서 ④ 정 가압류 = 32,590,909원(1차안분액)−17,924,243원(을에 흡수당함)−8,272,727원(병에 흡수당함) = 6,393,939원(종결).

① 갑 가압류 = 18,106,061원(1차안분액)−0원(병에 흡수당함) = 18,106,061원(종결)

두 번째로 갑과 정이 동순위 관계에 있으므로 다음과 같이 안분흡수하는 방법이다.

③ 병 조세 = 21,727,273원(1차안분액)+8,272,727원(①4,570,462원+④3,702,265원을 흡수함) = 3,000만원(종결)

> **〈갑과 정이 병에게 흡수당하는 금액 계산방법〉**
> 안분할 때 정하는 비율은 갑은 1차안분액, 정은 1차안분액에서 을에 흡수당한 금액을 공제하고 계산해야 한다.
>
> 갑 = 8,272,727원(흡수당할 금액) × $\frac{18,106,062원}{32,772,727원}$ = 4,570,462원
>
> 정 = 8,272,727원(흡수당할 금액) × $\frac{14,666,666원}{32,772,727원}$ = 3,702,265원

① 갑 가압류 = 18,106,061원(1차안분액)−4,570,462원(병에 흡수당함) = 13,535,599원

④ 정 가압류 = 32,590,909원(1차안분액) - 17,924,243원(을에 흡수당함) - 3,702,265원(병에 흡수당함) = 10,964,401원(종결)으로 배분이 종결된다.

이 사례에서도 첫 번째 방법을 선택해서 배분하는 방법이 무난하다는 것이 사견이다. 왜냐하면 갑 가압류의 처분금지효가 후순위 가압류권자에게 미치지 않는다고 하더라도 후순위채권보다 우선변제권 있는 근저당권에 미치고 있는 한 분명 ④ 정 가압류채권은 열후하다고 판단할 수 있기 때문이다.

06 다가구주택에서 현행법상 소액임차인 때문에 순환흡수 배분한 사례

국민은행 근저당(9,600만원) 2010. 01. 10. ⇨ 이정희 임차인(5,000만원) 2010. 03. 10. 전입 ⇨ 김석기 임차인(1억원) 2010. 08. 22. 전입/확정일자 ⇨ 서천새마을금고 근저당(8,400만원) 2011. 10. 30. ⇨ 이철수 임차인(1억1,000만원) 2012. 08. 10. 전입/확정일자 ⇨ 마포세무서 일반세금 압류(7,800만원) 2013. 01. 30(법정기일 12. 07. 25, 당해세 아님) ⇨ 구수민 임차인(7,000만원) 2013. 02. 10. 전입/확정일자 ⇨ 박기영 임차인(4,000만원) 2013. 05. 10. 전입/확정일자 ⇨ 2016년 05월 10일 마포세무서 압류재산공매 신청
- 이 주택 소재는 서울이고 배당금액은 4억인 경우

배분에서는 1순위로 최우선변제금, 2순위로 당해세, 3순위로 순위배분을 하게 되는데, 담보물권(주임법 시행령 부칙 제4조에서 의미하는 담보물권은 근저당권, 전세권, 담보가등기, 확정일자부 임차권, 등기된 임차권)이 있다면, 1순위로 배분시점으로 현행 주택임대차보호법상 소액임차인(2016. 03. 31. ~ 2018. 09. 17.

구간, 서울시 기준 1억원 이하/3,400만원)에 해당되더라도 주임법이 개정되기 전에 설정된 담보물권이 있다면 그 담보물권에 소액임차인을 주장할 수 없어서 다음과 같은 방법으로 배분해야 한다. 제일 먼저 설정된 국민은행 근저당권에 우선하는 소액임차인(최우선변제금)이 있는 가를 분석해야 되는데 근저당권이 2010. 01. 10.에 설정등기가 이루어졌으므로 이 기간(2008. 08. 21. ~ 2010. 07. 25)에 소액임차인 되려면 6,000만원 이하인 임차인이 2,000만원을 최우선변제금으로 국민은행 근저당권보다 먼저 배분 받을 수 있다. 그래서 1순위로 이정희와 박기영이 최우선변제금을 배분 받고, 2순위로 국민은행이 배분 받게 된다. 그러면 매각대금에서 공매비용을 빼고 실제 배분할 금액이 4억3,000만원이므로 다음과 같이 배분하면 된다.

1순위 : ① 이정희 2,000만원 + ② 박기영 2,000만원(최우선변제금 1) - **1차적 소액임차인 결정기준** : 국민은행 (6,000만원/2,000만원)

2순위 : 국민은행 9,600만원 (근저당권 우선변제금)

3순위 : ① 이정희 500만원 + ② 박기영 500만원(법 개정에 따른 소액보증금 중 일정액 증가분) + ③ 구수민 2,500만원 (최우선변제금 2) - **2차적 소액임차인 결정기준** : 김석기 확정일자, 서천새마을금고 근저당권, 이철수 확정일자, 구수민 확정일자, 박기영 확정일자(7,500만원/2,500만원)

4순위 : 김석기 임차인 1억원 (확정일자부 우선변제금)

5순위 : 서천 새마을 8,400만원 (근저당권 우선변제금)

6순위에서는 ① 마포세무서 7,800만원 ⇨ ② 이철수 임차인 1억1,000만원 ⇨ ③ 구수민 임차인 4,500만원 ⇨ ④ 박기영 임차인 1,500만원 순이기 때문에 배당잔여금이 7,500만원을 마포세무서가 전액 배분받고 마무리하면 될 것이라고 판단해선 안된다. 왜냐하면 배분시점으로 현행 주택임대차보호법상 소액임차인(2016. 03. 31. ~ 2018. 09. 17. 구간, 서울시 기준 1억원 이하/3,400만원)은 항상 조세채권에 우선하기 때문에 ⇨ 세금은 확정일자를 이기고, 확정일자는 최우선변제금을 이기고, 최우선변제금은 조세채권을 이기는 관계에 있다. 이렇게 순위가 충돌하면 순환흡수배분 절차를 진행해야 한다.

① 마포세무서 7,800만원	
② 이철수 확정일자 1억1,000만원	
③ 구수민 확정일자 3,600만원	하나의 확정일자로 묶어서 순환배당하고 그 배당금을 가지고 구수민이 먼저 배당받으면 된다.
④ 박기영 확정일자 600만원	
⑤ 이정희 최우선변제금 900만원	
⑥ 구수민 최우선변제금 900만원	이들은 동순위이므로 2,700만원을 하나의 최우선변제금으로 묶어서 순환배당하고, 그 배당 받은 금액을 안분하면 된다.
⑦ 박기영 최우선변제금 900만원	

1차 동순위로 안분배분하면

① 마포세무서 = 7,500만원(배당잔액) × 7,800만원/2억5,700만원 = 22,762,646원

② 이철수 확정일자 = 7,500만원(배당잔액) × 1억1,000만원/2억5,700만원 = 32,101,167원

③ 확정일자(합계) = 7,500만원(배당잔액) × 4,200만원/2억5,700만원 = 12,256,809원

④ 최우선변제금(합계) = 7,500만원(배당잔액) × 2,700만원/2억5,700만원 = 7,879,378원

2차 흡수배분절차는 다음과 같이 한다.

흡수절차는 선순위채권자가 먼저하고, 흡수당하는 순서는 제일 열후한 채권자가 흡수당하는 순서로 진행하게 되는데 ①·②·③·④ 딱히 선순위가 없다. 이때 어떤 채권자로 먼저 흡수절차를 진행해도 모두 같은 결과가 나오게 된다.

① 마포세무서 = 22,762,646원(1차안분액) + 44,357,976(③12,256,809원+②32,101,167원을 흡수함) − 19,120,622원(④에 흡수당함) = 48,000,000원(종결)

② 이철수 확정일자 = 32,101,167원(1차안분액) − 32,101,167원(①에 흡수당함) + 7,879,378원(④7,879,378원을 흡수함) = 7,879,378원(종결).

③ 확정일자(합계) = 12,256,809원(1차안분액) − 12,256,809원(①에 흡수당함) + 0원(④를 흡수함) = 0원(종결).

④ 최우선변제금(합계) = 7,879,378원(1차안분액) − 7,879,378원(②에 흡수당함) + 19,120,622원(①을 흡수함) = 19,120,622원(종결)

따라서 6순위에서 다음과 같이 배분금을 정리하면 된다.

① 마포세무서 = 48,000,000원, ② 이철수 확정일자 = 7,879,378원, ③ 이정희 최우선변제금 6,373,541원, ④ 구수민 최우선변제금 6,373,541원, ⑤ 박기영 최우선변제금 6,373,540원,

이렇게 모든 배분절차를 마무리하면 되므로 낙찰자의 인수사항은 없고, 이정희는 확정일자가 없어서 최우선변제만 받고 소멸한다.

PART
08

온비드화면에서 공매물건을 찾아 권리분석하는 방법

01 한국자산관리공사(KAMCO)의 공매대행업무

세무서장, 지방자치단체장, 각종 공과금 징수기관의 장 등은 압류재산을 환가할 때 이를 공매에 붙이며(국세징수법 제66조 제1항, 지방세징수법 제71조 제1항) 공매는 원칙적으로 입찰방법에 의하고 유찰된 이후 공매물건에 따라서 수의계약으로도 진행할 수 있다. 이때 수의계약금액은 전(前) 입찰가의 최저가 이상의 금액이면 체결가능하다. 국세징수법 제103조(공매 등의 대행) 제1항과 지방세징수법 제103조의2(공매 등의 대행) 제1항에 의하여 한국자산관리공사가 위 관계기관의 위임을 받아 공매를 대행할 수 있다. 이러한 공매대행업무에 관한 공매대상 물건은 아래와 같이 4가지가 있다.

① 압류재산공매
② 수탁재산공매 절차공매
③ 국유재산관리매각절차 및 대부(임대)
④ 유입자산공매
⑤ 고정자산공매 등이 있다.

이중에서도 가장 많은 공매물건을 차지하고 있는 분야가 압류재산공매로 다음과 같은 매각절차로 진행되고 있다.

온비드 공매 낙찰금액 비중 분석
(1) 캠코매각부동산이 압류재산(43%), 국유재산(11.6%), 수탁재산(0.3%), 유입자산 등(0.1%)으로 55%를 차지하고 있다. (2) 이용기관 매각부동산이 45%(국유재산+공유재산+기타일반재산)를 차지하고 있는데, 기타일반재산이 대부분이다.

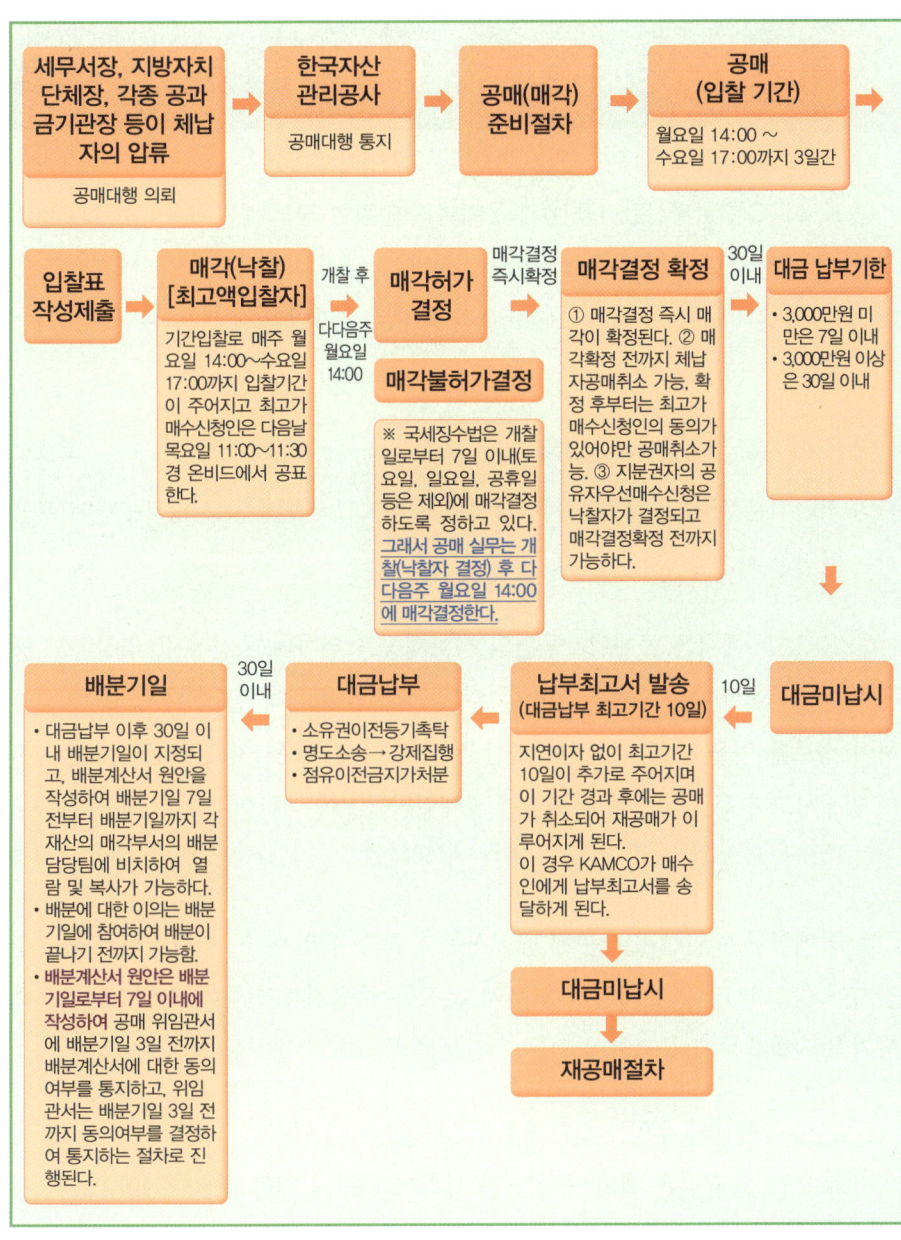

02 KAMCO 온비드(Onbid)에서 어떤 일을 하고 있나?

① KAMCO(한국자산관리공사)의 공매물건에 관한 정보는 기획재정부장관이 지정정보처리장치로 고시한 Onbid(www.onbid.co.kr) 홈페이지에서 확인할 수 있다. 여기서 온비드란 On-line Bidding의 약자로 온라인 입찰 또는 온라인이 가능한 모든 입찰거래를 의미한다.

② 온비드는 국가기관, 지자체, 교육기관[집행기관(이용기관)] 등 모든 공공기관의 자산처분 시 이용할 정보처리장치로 지정·고시 받은 전자정부구현에 부응하는 안전한 시스템이다.

③ KAMCO에서는 공매입찰물건의 정보제공을 위하여 물건정보, 입찰공고 등을 인터넷사이트(온비드)에서 열람할 수 있을 뿐만 아니라 일간신문공고 등을 통하여 정보를 얻을 수 있고, 이에 관한 상담을 위해서 공사자체 콜센터를 운영하여 입찰하고자 하는 사람들 누구나가 공매입찰물건에 대하여 전문상담을 받을 수 있다.

④ 공매공고는 일간지 신문에 공고하는데 보통 유입자산·수탁재산은 중앙일간지에 공고하고, 압류재산의 경우에 본사는 주요경제지에, 지사인 경우는 해당지역 지방신문에 공고하게 되므로 신문을 통하여서 정보를 얻을 수 있다.

⑤ 온비드 콜센터 운영 : 전화번호 1588-5321, 상담시간 : 평일 9:30~17:30까지(토요일, 공휴일은 제외) 콜센터를 통하여 해당 공매물건에 대하여 공매담당자와 전문상담을 받을 수 있고, 이를 통한 정보와 부동산등기사항전부증명서상의 권리분석, 부동산상의 권리(임차인 등)를 종합적으로 하는 권리분석을 할 수 있게 된다.

⑥ KAMCO가 모든 공공기관의 부동산 등의 공고, 입찰정보를 실시간으로 제공하고 입찰·계약·등기 등의 절차를 인터넷으로 원스톱으로 처리할 수 있는 시스템이다.

03 온비드에서 입찰할 공매 물건을 찾는 비법!

◇ 온비드 회원가입 및 공동인증서 등록절차

KAMCO 온비드사이트를 이용하기 위해서는 온비드에 회원가입 후 ➪ 거래은행에서 인터넷뱅킹 신청과 공동인증기관에서 범용으로 공동인증서(구 공인인증서)를 범용으로 발급받고 자신의 PC 또는 휴대용 USB에 저장한 다음 ➪ 온비드에서 공동인증서 등록절차를 마치면, 언제든지 온비드사이트를 방문하여 열람하거나 입찰참여가 가능하다. 기존에 범용으로 공동인증서(구 공인인증서)를 가지고 있으면 또다시 발급받을 필요 없이 그것으로도 온비드에 등록해서 사용하면 된다.

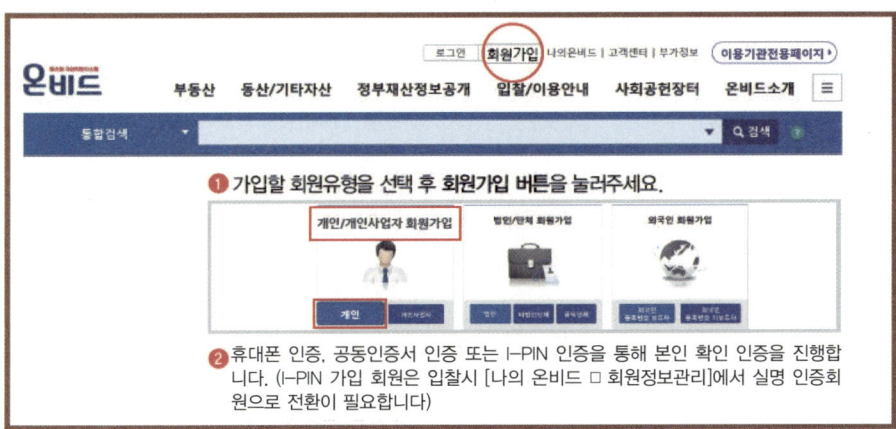

그리고 회원가입과 공동인증서 등록 방법을 알기 쉽게 도표로 그려 봤으니 참고하면 된다.

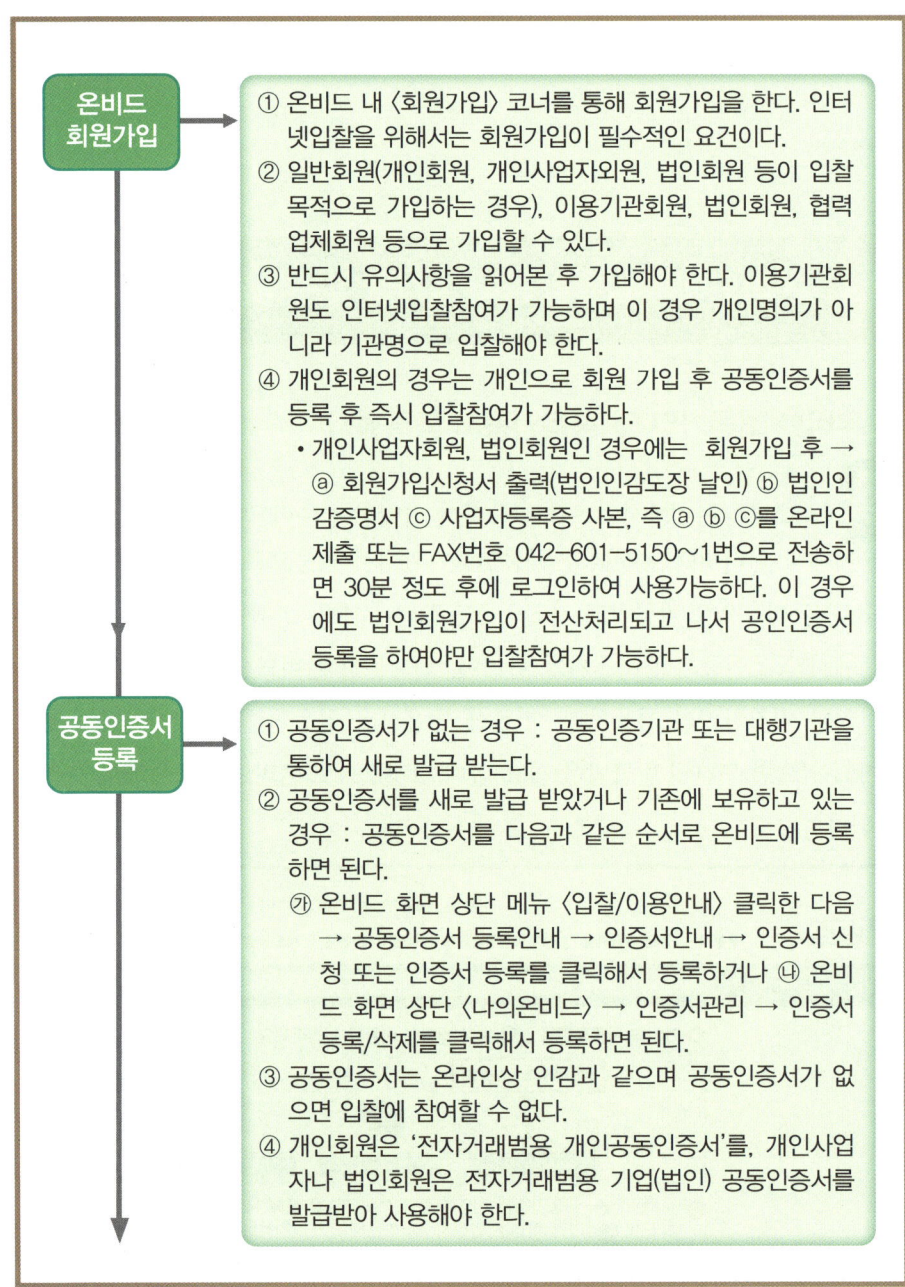

◇ 온비드 홈페이지에서 로그인 후 공매물건을 검색하는 방법

(1) 온비드 홈페이지에서 로그인하면 다음과 같은 화면을 확인할 수 있다

① 온비드 이용 동영상 매뉴얼을 클릭 후 ⇨ 입찰자용을 검색하면 다음과 같은 화면이 나타난다.

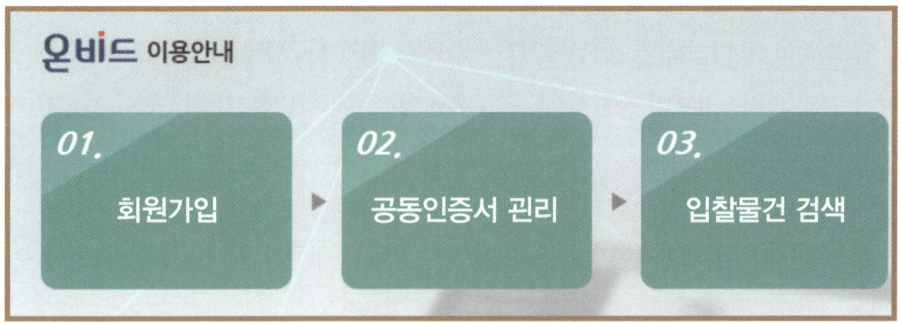

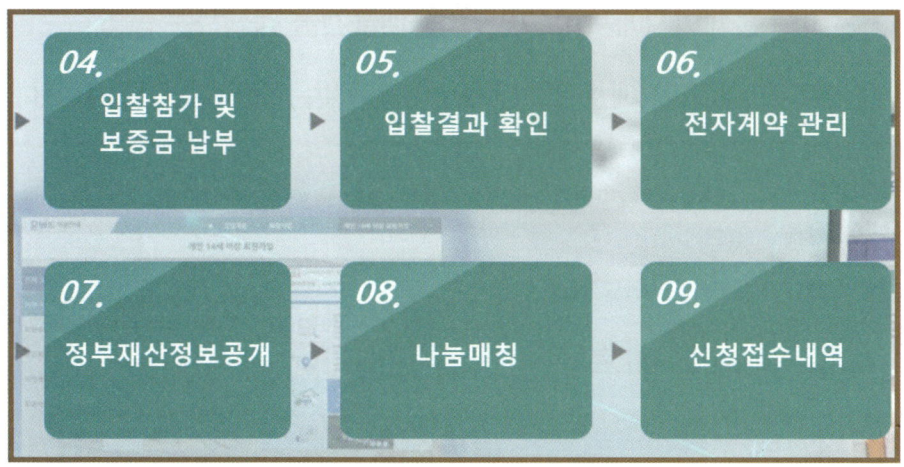

이 화면을 클릭해서 01 회원가입 방법 ⇨ 02 공동인증서 관리 ⇨ 03 입찰물건 검색 ⇨ 04 입찰참가 및 보증금 납부 ⇨ 05 입찰결과 확인 …… ⇨ 09 신청서 접수내역 등을 동영상으로 시청할 수 있다.

② 온비드 이용 방법은 온비드 이용설명서를 클릭하면 ⇨ ■온비드 압류재산 매뉴얼, ■국유재산 매뉴얼, ■스마트온비드 이용 매뉴얼, ■회원가입 및 공동인증서 사용안내 …… 등을 검색하면 알기 쉽게 설명되어 있는 PDF 파일을 확인할 수 있다.

그래서 온비드 이용방법은 ①번 동영상 매뉴얼과 ②번을 통해서 공부하면 된다. 그래도 궁금하다면 온비드 콜센터 1588-5321로 문의해서 확인하면 된다.
앞의 ①과 ② 방법을 이번 PART 08(237~261쪽)과 다음 PART 09(263~293쪽)에 알기 쉽게 회원가입부터 잔금 납부 후 소유권이전등기 방법을 기술해 놓았으니 참고하면 될 것이다.

③ 이 온비드 홈페이지에서 다음과 같이 다양한 공매물건 검색 방법을 확인할 수 있다.

이 온비드 화면에서 ① 통합검색 방법과 ② 용도별 검색, ③ 기관별 물건검색 방법 등으로 입찰하고자 하는 공매물건을 검색할 수 있다. 이 중에서 ① 통합검색 방법과 ② 용도별 검색 방법이 자주 이용하는 방법이므로 독자분들도 이 방법으로 공매물건을 찾으면 될 것이다.

(2) 온비드 화면에서 통합검색 방법을 통한 공매물건 검색하는 방법

통합검색란에서 ■물건지 소재지, ■관리번호, ■물건명, ■기관명 등을 입력해서 다음과 같이 공매물건을 검색할 수 있다.

　이 화면 하단 입찰물건(21개)와 공고(5건) 등의 물건정보 내용을 검색해서 입찰에 참여할 공매물건을 선정하면 된다. 그래서 서울시 서초구 반포동 산 60-1 근린생활시설을 임대공매로 선택해서 입찰에 참여하고자 한다.

(3) 온비드 화면에서 용도별 검색 방법으로 공매물건을 검색하는 방법

가) 용도별 검색에서 부동산 공매물건을 검색하는 방법

　온비드 홈페이지 상단 부동산 또는 동산/기타자산[자동차와 운송장비, 물품(기계), 물품(기타)] 등의 메뉴에서 용도를 부동산 을 선택해서 검색하면 ⇨ 좌측메뉴에 부동산 HOME이 나타나는데 이 타이틀에는 ⇨ 물건, 공고, 테마물건, 입찰결과 등이 나타난다. 여기서 물건을 선택하면 ⇨ 물건검색, 신규물건, 캠코 국유재산 전용관, 캠코 압류재산 전용관, 캠코 수탁·유입자산 전용관, 수의계약 가능 물건 등의 세부항목을 확인할 수 있다. ⇨ 이 세부항목에서 물건검색을 선택해서 상세조건검색을 검색하면 다음과 같은 화면이 나타난다.

이 화면에서 찾고자하는 물건명이나 물건관리번호, 입찰기간, 최저입찰가, 용도선택, 기관명, 감정평가금액, 물건소재지, 면적, 자산구분 등을 입력하거나 선택하면 입찰대상 공매물건이 나타난다. 이 공매물건검색 방법에서는 ① 처분방식과 ② 입찰기간, ③ 소재지(서울시, 경기도, 인천광역시… 등), ④ 자산구분(■캠코물건 – 압류재산, 국유재산, 수탁재산, 유입자산과 ■이용기관 – 국유재산, 공유재산, 기타일반재산, 금융권담보재산)을 선택해서 찾는 방법이 가장 많이 이용하는 방법이다.

 **알아두면 좋은 내용**

온비드 화면에서 공매물건을 종류별로 검색하는 방법

자산구분에서 ① 캠코물건으로 압류재산, 국유재산, 수탁재산, 유입자산과 ② 이용기관으로 국유재산, 공유재산, 기타일반재산, 금융권담보재산이 있다. 이 물건에서 찾고자하는 물건을 선택하면 된다.

⟨캠코 공매물건⟩
- **압류재산 공매** – 세무서장, 지방자치단체장, 공과금기관장세무서장 등으로부터 KAMCO가 매각대행 의뢰한 재산을 압류재산 공매라 한다.
- **국유재산 공매** – 국가 소유 일반재산의 관리와 처분을 위임받아 일반인에게 매각 또는 임대하는 재산을 말한다.
- **수탁재산 공매** – 금융기관 등의 비업무용 재산에 대한 공매와 양도세 감면대상 물건에 대한 공매가 있다.
- **유입재산 공매** – 부실채권을 회수하는 과정에서 법원경매를 통해 한국자산관리공사 명의로 유입한 재산을 일반인에게 공개경쟁 입찰방식으로 매각하는 공매이다.

⟨이용기관 공매물건⟩
이용기관의 매각 물건의 분류는 기본적으로 국유재산, 공유재산, 기타일반재산, 금융권담보재산 이상 4가지로 분류하며, 매각 물건에 대한 실질적인 분류 결정은 공고를 등록하는 이용기관에서 결정하게 된다.
- **국유재산 공매** – 국가기관(국유재산), 지방자치단체(시·군·구·읍·면·주민센터 등의 재산) 등이 소유하고 있는 비업무용 재산 등을 온비드에 이용기관으로 회원가입해서 직접 매각하는 것을 말한다.
- **공유재산 공매** – 국가 또는 지방자치단체가 출자·출연한 기관과 기타의 공공기관 등이 있으며 이들 이용기관 등을 보면 행정자치부, 기획예산처, 정보통신부, 국방부, 경찰청 등의 중앙행정기관과 서울특별시 등의 지방자치단체 및 교육기관, 한국전력공사, 서울메트로, 한국철도공사, 한국가스공사 등의 이용기관 등이 있다. 이들 공공기관 등의 비업무용 재산을 이용기관으로 회원가입해서 직접 매각하는 것을 말한다.
- **기타일반재산 공매** – 이용기관이 보유하고 있던 불용품(업무용 자동차, OA 기기, 사무용 가구 등) 및 불용품을 제외한 모든 기타재산(동산)을 온비드에 이용기관으로 회원가입해서 직접 매각하는 절차를 말한다. 신탁회사 공매물건도 기타일반재산으로 등록해서 공매를 진행하고 있다.
- **금융권담보재산** – 금융기관 소유의 동산 및 양도담보재산 등으로 금융기관이 담보로 잡은 물건 중 온비드에 이용기관으로 회원가입해서 직접 매각하는 것을 말한다(보통 중장비, 공장기계설비 등).

따라서 위 온비드 화면에서와 같이 <u>처분방식과 입찰기간, 그리고 소재지, 자산구분을 선택하면</u> 다음과 같은 공매 입찰대상물건목록 화면을 확인할 수 있다.

① 경기도에 소재하는 압류재산을 선택해서 확인한 입찰대상물건목록 화면

온비드 홈페이지 상단 메뉴에서 용도를 부동산을 검색하고 ⇨ 좌측메뉴에서 물건을 선택해서 물건검색 타이틀을 검색 후 ⇨ ■처분방식을 매각, ■입찰기간, ■소재지는 경기도 의정부시, ■자산구분은 압류재산 등으로 선택하면 아래 화면을 확인할 수 있다.

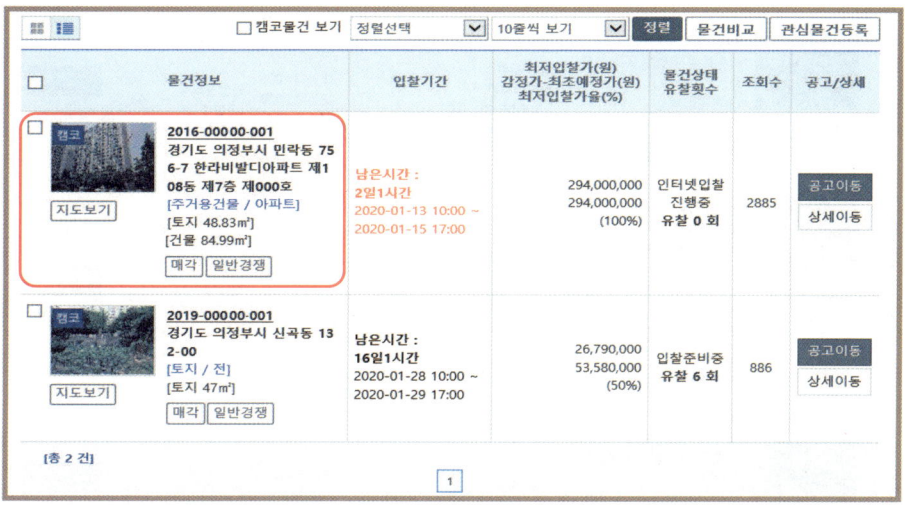

이 압류재산 공매물건 목록에서 입찰할 경기도 의정부시 민락동 76-7 한라비발디아파트 제108동 제000호를 찾아서 권리분석과 수익분석 후 입찰가를 결정해서 입찰에 참여하면 된다.

② 서울시에 소재하는 국유재산을 선택해서 확인한 입찰대상물건목록 화면

온비드 홈페이지 상단 메뉴에서 용도를 부동산을 검색하고 ⇨ 좌측메뉴에서 물건을 선택해서 물건검색 타이틀을 검색 후 ⇨ ■처분방식을 매각, ■입찰기간, ■소재지는 서울특별시, 자산구분은 국유재산 등으로 선택하면 아래 화면을 확인할 수 있다.

☐	물건정보	입찰기간	최저입찰가(원) 감정가-최초예정가(원) 최저입찰가율(%)	물건상태 유찰횟수	조회수	공고/상세
캠코 [지도보기]	2008-082714-234 서울특별시 강서구 공항동 000-00 [토지/전] [토지 27㎡] 매각 일반경쟁	남은시간 : 5일23시간 2016-08-01 10:00 ~ 2016-08-03 17:00	17,226,000 17,226,000 (100%)	입찰준비중 유찰 1 회	125	공고이동 상세이동
캠코 [지도보기]	2007-062731-578 서울특별시 영등포구 영등포동 000-0 [토지/도로] [토지 43㎡] 매각 지명경쟁	남은시간 : 5일23시간 2016-08-01 10:00 ~ 2016-08-03 17:00	189,415,000 189,415,000 (100%)	입찰준비중 유찰 1 회	40	공고이동 상세이동
캠코 [지도보기]	2016-040773-450 서울특별시 강서구 등촌동 669-1,000호서울시니어스 강서타워 [주거용건물 / 기타주거용건물] [토지 23.77㎡] [건물 76.09㎡] 매각 일반경쟁	남은시간 : 5일23시간 2016-08-01 10:00 ~ 2016-08-03 17:00	352,400,000 440,500,000 (80%)	입찰준비중 유찰 3 회	121	공고이동 상세이동
캠코 [지도보기]	2014-120495-862 서울특별시 강서구 공항동 000-0 [토지/대지] [토지 173.1㎡] 매각 일반경쟁	남은시간 : 5일23시간 2016-08-01 10:00 ~ 2016-08-03 17:00	692,400,000 865,500,000 (80%)	입찰준비중 유찰 3 회	374	공고이동 상세이동
캠코 [지도보기]	2016-012665-120 서울특별시 영등포구 양평동3가 000-00 [토지/대지] [토지 14.4㎡] 매각 일반경쟁	남은시간 : 5일23시간 2016-08-01 10:00 ~ 2016-08-03 17:00	49,154,000 81,922,000 (60%)	입찰준비중 유찰 5 회	90	공고이동 상세이동

　이 국유재산 공매물건 목록에서 입찰할 서울시 강서구 등촌동 669-1, 서울시니어스 강서타워 OOO호를 찾아서 권리분석과 수익분석 후 입찰가를 결정해서 입찰에 참여하면 된다.

③ 서울시에 소재하는 기타일반재산을 선택해서 확인한 입찰대상물건목록 화면
　온비드 홈페이지 상단 메뉴에서 용도를 부동산을 검색하고 ▷ 좌측메뉴에서 물건을 선택해서 물건검색 타이틀을 검색 후 ▷ ■처분방식을 매각, ■입찰기간,

■ 소재지는 서울특별시, 자산구분은 기타일반재산 등으로 선택하면 아래 화면을 확인할 수 있다.

	물건정보	입찰기간	최저입찰가(원) 감정가-최초예정가(원) 최저입찰가율(%)	물건상태 유찰횟수	조회수	공고/상세
□	2016-0700-010627 서울특별시 양천구 신정동 ○○○ (구.신정4동주민센터) [용도복합용건물 / 기타용도복합건물] [토지 577.7㎡] [건물 1,075.4㎡] 매각 일반경쟁	남은시간 : 5일2시간 2016-07-26 10:00 ~ 2016-08-09 16:00	2,705,912,840 2,705,912,840 (100%)	인터넷입찰 진행중 유찰 0 회	571	공고이동 상세이동
□	2016-0700-010502 서울특별시 강서구 화곡동 ○○○-○제401호 빌라 [주거용건물 / 빌라] [토지 35.835㎡] [건물 73㎡] 매각 일반경쟁	남은시간 : 0일22시간 2016-08-05 10:00 ~ 2016-08-05 12:00	157,464,000 200,000,000 (78%)	입찰준비중 유찰 4 회	91	공고이동 상세이동
□	2016-0700-009950 서울특별시 은평구 구산동 371-2 ○○○호빌라 [주거용건물 / 빌라] [토지 46.03㎡] [건물 49.97㎡] 매각 일반경쟁	2016-08-04 09:40 ~ 2016-08-04 10:00	195,000,000 215,000,000 (90%)	현장입찰마 감 유찰 0 회	49	공고이동 상세이동
□	2016-0700-009292 서울특별시 종로구 종로1가 24 제비.○○○호 등 21개호 실 판매시설 [상가용및업무용건물 / 판매시설] [건물 1,129.65㎡] 매각 일반경쟁	남은시간 : 0일21시간 2016-08-05 10:00 ~ 2016-08-05 11:00	비공개 10,937,500,000	입찰준비중 유찰 0 회	5	공고이동 상세이동

이 기타일반재산 공매물건 목록에서 입찰할 서울시 은평구 구산동 371-2, ○○○호 다세대주택을 찾아서 권리분석과 수익분석 후 입찰가를 결정해서 입찰에 참여하면 된다.

이러한 과정으로 ① 캠코물건으로 압류재산, 국유재산, 수탁재산, 유입자산과 ② 이용기관으로 국유재산, 공유재산, 기타일반재산, 금융권담보재산 공매물건 등을 확인하면 되므로 나머지 검색 방법은 지면상 생략하기로 한다.

나) 용도별 검색에서 동산 및 기타재산 공매물건을 검색하는 방법

온비드 홈페이지 상단 부동산 또는 동산/기타자산[자동차와 운송장비, 물품(기계), 물품(기타)] 등의 메뉴에서 **용도를 동산/기타자산 을 선택해서 검색하면** ⇨ 좌측메뉴에 동산/기타자산 HOME이 나타나는데 이 타이틀에는 ⇨ 물건, 공고, 테마물건, 입찰결과 등이 나타난다. 여기서 물건을 선택하면 ⇨ 물건검색, 신규물건, 금융권담보재산 전용관, 캠코 국유증권 전용관, 캠코 압류재산 전용관, 수의계약 가능물건 등의 세부항목을 확인할 수 있다. ⇨ 이 세부항목 중에서 물건검색을 선택 후 상세조건검색 방법으로 ① 자동차와 운송장비, ② 물품(기계), ③ 물품(기타) 등을 확인할 수 있다.

온비드화면에서 확인하는 방법은 앞에서 용도별 검색에서 부동산을 검색하는 방법과 같이 확인하면 되므로 지면상 생략했다.

04 온비드에서 입찰대상물건을 찾아 권리를 분석하는 방법

◆ **공매는 진행하는 기관마다 매각조건과 권리분석을 다르게 해야 한다!**

공매는 다양한 공매가 있어서 매각하는 기관에 따라 매각조건이 다를 수 있으므로, 그에 따라 권리분석 방법도 다르게 해야 한다.

첫 번째로 압류재산 공매는 KAMCO가 세무관서 등으로부터 공매대행을 의뢰받아 체납자의 부동산을 강제로 매각하는 절차로, 경매와 같은 매각결정방식으로 말소기준권리를 기준으로 소멸주의를 택하고 있다. 그리고 매각대금을 가지고 공매를 위임한 세무관서와 그 밖에 등기부에 등기된 채권, 등기되어 있지 않지만 배분받을 권리가 있는 채권자에게 배분하는 절차로 마무리가 된다. 그러므로 말소기준권리를 기준으로 선순위권리는 인수하고, 후순위권리나 채권은 소멸하게 되므로 인수할 권리가 있는가를 자세히 확인하고 입찰해야 한다. **그리고 유의할 점은** 국세징수법에서 정한 법정매각조건을 확인하기 위해서 공매공고문을, 특별매각조건을 확인하기 위해서 공매재산명세서를 확인하는 것을 잊지 말아야 한다. 압류재산 공매물건으로 권리분석하는 방법과 입찰하는 방법은 다음 경기도 용인시 수지구 상현동 832 상현마을금호베스트빌 제252동 제○○○○호를 참고하면 된다.

두 번째로 국유재산 공매는 국가 소유재산의 관리와 처분을 위임받아 일반인에게 매각 또는 임대(대부)하는 재산을 말한다. 즉 국가기관 등으로부터 매각이 위임된 재산을 KAMCO가 수탁을 받아 일반인에게 공개경쟁 입찰방식으로 매각하게 되니 매각조건만 공매공고문과 공매담당자를 통해 확인하면 압류재산 공매처럼 예측하지 못한 손실은 발생하지 않게 돼 안전하다.

세 번째로 수탁재산 공매는 두 가지가 있는데 하나는 금융기관과 공공기관소유 비업무용 재산 등을 금융기관 또는 공공기관으로부터 매각을 위임받아 KAMCO가 일반인에게 공개경쟁 입찰방식과 다른 하나는 양도세 감면대상 물건을 위임받아 KAMCO가 일반인에게 공개경쟁 입찰방식이 있다. 이렇게 **KAMCO가 수탁을 받아 일반인에게 공개경쟁 입찰방식으로 매각하게 되니 매각조건만 공매공고문과 공매담당자에게 확인하고 낙찰 받으면** 인수할 권리 없이 안전하게 소유권을 취득할 수 있다.

네 번째로 유입자산 공매는 부실채권을 회수하는 과정에서 법원경매를 통해 KAMCO(한국자산관리공사) 명의로 유입한 재산으로 소유자 KAMCO가 일반인에게 공개경쟁 입찰방식으로 매각절차를 진행하게 되니 일반 부동산중개업소에서 파는 것과 같이 안전하다고 볼 수 있지만, **KAMCO가 소유자로 매각하니 앞에서 설명한 것처럼 매각조건을 공매공고문과 공매담당자를 통해서 확인하고 입찰에 참여**해야 한다.

다섯 번째로 이용기관 등의 공매는 이용기관 등이 매각이나 임대(대부)를 KAMCO(한국자산관리공사) 온비드 사이트에 이용기관 회원 가입 후 온비드사이트의 전자처분시스템을 통해서 **이용기관 등이 직접 매각절차를 진행하게 되니 이 공매물건 역시 앞에서와 같이 매각조건을 확인하고 입찰에 참여**하면 안전하다.

여섯 번째로 금융기관, 신탁회사, 기업 등의 직접 공매는 은행 및 금고·신탁회사·기업 등이 감정평가기관의 평가금액을 기초로 하여 최초 매각예정금액으로 정하고 이를 신문에 공고하여 공개입찰방식으로 **금융기관 등이 직접 매각절차를 진행하게 되니 매각조건만 확인하고 낙찰 받으면** 안전하다.

입찰할 물건을 앞에서와 같은 방법으로 찾았다면 다음과 같은 순서로 분석해야 합니다.

◆ **입찰할 아파트의 온비드 입찰정보 내역**

Part 08 온비드화면에서 공매물건을 찾아 권리분석하는 방법

| 물건 세부 정보 | 압류재산 정보 | 입찰 정보 | 시세 및 낙찰 통계 | 물건 문의 | 부가정보 |

■ 공고 후 수정내용

수정일	항목	수정 전	수정 후
2020-01-02	유의사항	없음	본건은 매수자 책임하에 처리하여야 하는 유치권신고가 있는 건으로 사전 조사하시고 응찰하시기 바람

■ 면적 정보

번호	종별(지목)	면적	지분	비고
1	토지 > 대	48.83㎡	-	지분(총면적 31,668.6㎡)
2	건물 > 건물	84.99㎡	-	-

■ 위치 및 이용현황

소재지	지번	경기도 의정부시 민락동 756-7 한라비발디아파트 제108동 제7층 제000호
	도로명	경기도 의정부시 오목로 73 제108동 제7층 제000호 (민락동, 한라비발디아파트)
위치 및 부근현황		의정부부용초등학교 서측에 위치하며, 주위는 아파트단지, 근린생활시설등으로 형성된 공동주택지대임. 버스정류장 및 전철역 소재하는바 대중교통사정 보통임.
이용현황		아파트로 이용중임
기타사항		해당사항 없음.

■ 감정평가정보

감정평가기관	평가일	평가금액(원)	감정평가서
청계감정평가사사무소	2018-06-05	294,000,000	⬇ 감정평가서

■ 명도이전책임

명도책임	매수자

| 물건 세부 정보 | 압류재산 정보 | 입찰 정보 | 시세 및 낙찰 통계 | 물건 문의 | 부가정보 |

■ 임대차 정보 (감정평가서 및 신고된 임대차 기준)

임대차내용	성명	보증금(원)	차임(월세)(원)	환산보증금(원)	확정(설정)일	전입일
조회된 데이타가 없습니다.						

■ 등기사항증명서 주요정보

번호	권리종류	권리자명	설정일자	설정금액(원)
1	위임기관	구로세무서	2005-05-09	미표시
2	근저당권	농업협동조합중앙회	2003-08-26	80,400,000
3	압류	국민연금관리공단	2005-08-29	미표시
4	압류	근로복지공단 서울관악지사	2008-10-02	미표시
5	압류	국민건강보험공단 의정부지사	2018-02-27	미표시
6	압류	의정부세무서	2019-03-22	미표시

| 물건 세부 정보 | 압류재산 정보 | 입찰 정보 | 시세 및 낙찰 통계 | 물건 문의 | 부가정보 |

입찰 방법 및 입찰 제한 정보

전자보증서 사용여부	사용 불가능	차순위 매수신청 가능여부	신청 가능
공동입찰 가능여부	공동입찰 가능	2인 미만 유찰여부	1인이 입찰하더라도 유효한 입찰로 성립
대리입찰 가능여부	대리입찰 가능	2회 이상 입찰 가능여부	동일물건 2회 이상 입찰 가능

회차별 입찰 정보

입찰번호	회차/차수	구분	대금납부/납부기한	입찰기간	개찰일시	개찰장소	매각결정일시	최저입찰가(원)
0015	002/001	인터넷	일시불/낙찰금액별 구분	2020-01-13 10:00~ 2020-01-15 17:00	2020-01-16 11:00	전자자산처분시스템 (www.onbid.co.kr) 공매재산명세	2020-01-20 10:00	294,000,000
0015	003/001	인터넷	일시불/낙찰금액별 구분	2020-01-28 10:00~ 2020-01-29 17:00	2020-01-30 11:00	전자자산처분시스템 (www.onbid.co.kr)	2020-02-03 10:00	264,600,000

◆ 온비드 물건정보 내역에서 돈 되는 우량한 물건을 찾는 것이 먼저다!

온비드 입찰물건정보내역 화면에서 물건정보와 매각물건의 사진정보, 지도, 지적도, 위치도, 감정평가서, 그리고 화면 하단의 물건세부정보, 압류재산정보, 입찰정보 등을 분석해서,

첫 번째로 물건정보와 감정평가서에서 토지와 건물 전체가 매각되는 것으로 감정평가가 이루어졌는지, 일부 지분(1/2지분, 1/3지분)만 매각되는 것으로 평가가 되었는지, 토지 또는 건물만 매각으로 평가되었는지, 제시외 건물이 있는 경우에 감정평가된 경우와 평가되지 않은 경우를 확인하고, **두 번째로** 매각물건의 사진과 위치도 및 지도, 그리고 감정평가서를 분석해서 내가 사고자하는 목적에 맞으면서도 돈이 되는 물건을 찾아야 하는데, 그 이유는 **공매의 왕도는 돈이 될 수 있는 물건을 찾는 것이 제일 중요하기** 때문이다.

① 아파트의 사진

② 아파트 내부 평면도와 주변 현황도

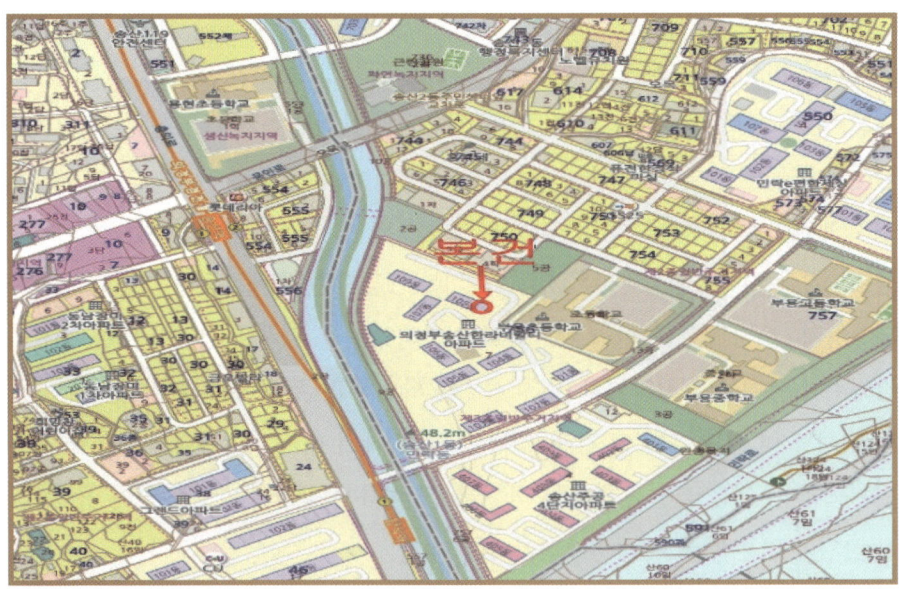

온비드 입찰정보 내역에서 아파트의 사진과 내부 및 평면도, 그리고 아파트 주변 현황도를 보면 알 수 있듯이 이 아파트는 경기도 의정부시 민락동에 위치하고 있는 아파트로, 주변은 대단지 아파트와 상가 등이 발달한 상업지역입니다.

그리고 주변에 버스 등의 대중교통과 의정부경전철 등으로 시세가 3억6,000만 원~3억8,000만원을 호가하고 있는데, 294,000,000원에 매각되고 있어서 관심을 가지게 되었습니다. 296,070,800원에 **입찰해서 낙찰 받아 2년 거주 후 비과세로 팔게 되면 양도세도 비과세 되고, 시세 차익도 5,000만원 이상 볼 수 있기 때문입니다.**

입찰하기 전에 아파트를 낙찰 받으면 인수할 권리나 금액은 없는지를 확인해야 하는데, 그 이유는 인수할 금액이 있다면 입찰한 금액과 별도로 추가되는 취득비용이 발생하기 때문입니다. 권리분석 방법은 압류정보 내역과 입찰정보의 공매재산명세서, 그리고 등기부 등의 공부를 발급 받아서 확인하고, 부족한 내용은 공매 담당자에게 문의해서 확인하는 절차로 진행해 보겠습니다.

◆ 말소기준권리를 찾고 인수할 권리가 있는지 확인해라!

온비드 물건정보내역 화면에서 1차적으로 <u>압류재산정보 내용과 입력정보에서 공매재산명세서를 확인해서</u> 인수할 권리가 있는지를 확인해야 한다. 그리고 2차적으로 등기사항증명서와 건축물대장 등을 직접 발급 받아 말소기준권리를 찾고, 인수할 권리가 있는가를 다시 확인한다.

(1) 온비드 물건정보내역에서 기본적으로 분석하는 방법

온비드 물건정보내역 화면에서 1차적으로 <u>압류재산정보에서</u> 임대차정보와 등기사항증명서 주요정보, 기타매수인이 인수할 권리, 그리고 권리분석 기초정보내역에서 배분요구 및 채권신고내역 등을 확인하고, <u>입력정보에서 공매재산명세서를 검색</u>해서 압류재산정보에서 확인했던 내용과 비교해서 분석해야 한다.

(2) 공매재산명세서를 통한 분석

① 공매재산명세서에 어떠한 내용이 기재되어 있나?

KAMCO는 처분청(공매위임관서), 관리번호, 공매공고일, 배분요구의 종기, 압류재산의 표시, 부동산의 점유관계(공매 현황조사관이 조사한 점유자의 권리관계가 기재되어 있음), 임차인 신고현황, 채권자의 배분요구 및 채권신고 현황, 매각으로 그 효력을 잃지 아니하는 것, 매각에 따라 설정된 것으로 보게 되는 지상권의 개요, 기타 유의사항 등을 기재한 공매재산명세서를 작성하고, 감정평가서도 함께 매각기일 1주일 전부터 매각절차가 종료될 때까지 온비드에 비치하고 있어서 입찰희망자들은 언제든지 확인할 수 있다.

이는 입찰자에게 공매부동산의 물적 부담상태, 취득할 종물, 종된 권리의 범위 등과 최저매각가격 산출의 기초가 되는 사실을 공시하여 신중한 판단을 거쳐 입찰에 참여하도록 하기 위해 마련된 제도이다.

압류재산 공매재산 명세

처 분 청	구로세무서	관 리 번 호	2016-00000-001
공매공고일	2019-11-13	배분요구의 종기	2016-06-27
공매재산의 표시	경기도 의정부시 민락동 756-7 한라비발디아파트 제108동 제7층 제000호 대 지분 48.83 ㎡ 건물 84.99 ㎡		
매각예정가격/입찰기간/개찰일자/매각결정기일		온비드 입찰정보 참조	
공 매 보 증 금		매각예정가격의 100분의 10	

공매재산 이용 및 점유현황	[조사일시 : 2016-04-28 / 정보출처 : 현황조사서 및 감정평가서]
공매재산의 현황 이용현황(감정평가서)	아파트
위치 및 부근현황 (감정평가서) 공매재산기타	1. 본건 개요 및 현황 - 본건은 경기도 의정부시 민락동 소재 "의정부부용초등학교" 서측 인근에 위치하며, 아파트로 이용중인 것으로 관찰되므로 정확한 이용 상태는 별도 재확인을 요함. 2. 관공서 열람내역 - 주민센터 : 전입세대주 " 박OO " 등록 됨. 3. 점유관계 현황 - 본건은 체납자 및 체납자의 가족이 사용중인 것으로 탐문조사되었으나, 정확한 점유관계 및 임차 내역은 별도 재확인을 요함.

점유관계	성명	계약일자	전입신고일자 (사업자등록 신청일자)	확정일자	보증금	차임	임차부분	비고
체납자	박OO	미상	2003-10-16	미상	미상	미상	미상	

◘ 임차인 배분 요구 및 채권신고 현황

임대차구분	성명	계약일자	전입신고일자 (사업자등록 신청일자)	확정일자	보증금	차임	임차부분	배분요구일자	채권신고일자	비고
신고된 내역이 없습니다.										

◘ 배분요구 및 채권신고 현황

번호	권리관계	성명	압류/설정 (등기)일자	법정기일 (납부기한)	설정금액(원)	배분요구 채권액(원)	배분요구일
1	임차인	전세입자			0	0	배분요구 없음
2	근저당권	농업협동조합중앙회	2003-08-26		80,400,000	59,623,236	2016-05-27
3	압류	국민연금관리공단	2005-08-29			0	배분요구 없음

◘ 배분요구 및 채권신고 현황

번호	권리관계	성명	압류/설정 (등기)일자	법정기일 (납부기한)	설정금액(원)	배분요구 채권액(원)	배분요구일
4	압류	근로복지공단 서울관악지사	2008-10-02		0	0	배분요구 없음
5	압류	국민건강보험공단 의정부지사	2018-02-27		0	0	배분요구 없음
6	압류	의정부세무서	2019-03-22	2017-09-01 ~ 2017-09-01	0	10	
7	교부청구	의정부시청	2019-07-03	2018-10-01 ~ 2018-10-01	0	1,720,130	2016-03-14
8	교부청구	국민건강보험공단 구토지사		2004-01-10 ~ 2019-08-05	0	49,206,570	2016-03-24
9	위임기관	구로세무서	2005-05-09	2017-03-23 ~ 2017-12-31	0	14,952,850	2016-03-04

* 채권신고 및 배분요구현황은 배분요구서를 기준으로 작성하였으며 신고된 채권액은 변동될 수 있습니다.
* 배분요구일자 미등록 건에 대해서는 담당자를 통해 배분요구 여부를 반드시 확인하여 주시기 바랍니다.

◘ 공매재산에 대하여 등기된 권리 또는 가처분으로서 매각으로 그 효력을 잃지 아니하는 것

◘ 매각에 따라 설정된 것으로 보게 되는 지상권의 개요

◘ 기타 유의 사항

유치권(본건은 매수자 책임하에 처리하여야 하는 유치권신고가 있는 건으로 사전 조사하시고 응찰하시기 바람)

2020. 01. 03
한국자산관리공사 서울서부지역본부

② 공매재산명세서에서 유의해서 확인할 사항

㉠ 채권자의 배분요구 및 채권신고 현황에서 등기부에서 가장 먼저 등기된 채권이 말소기준권리다(말소기준권리와 그 밖의 권리를 확인하기 위해 등기부와 함께 분석하는 것을 잊지 말아야 한다).

ⓒ 공매위임관서(처분청)의 배분요구채권액과 그 우선순위를 확인하는 것이 중요한데 우선순위는 압류일자로 결정되는 것이 아니라, 1순위로 최우선변제금이 배분 받고, 2순위로 당해세, 그리고 3순위로 조세채권의 법정기일과 저당권부 채권 간의 우선순위에 따라 배분하게 되므로 대항력 있는 임차인의 확정일자부 우선변제권이 조세채권의 법정기일보다 늦은 경우 낙찰자가 임차보증금을 인수하게 되는 경우가 발생할 수 있다는 사실에 유의해서 분석해야 한다.

(3) 등기사항증명서와 건축물대장 등을 열람 확인 방법

① 인터넷 대법원등기소(www.iros.go.kr)를 검색하면 다음과 같은 화면이 나타나게 된다.

이 화면에서 발급받고자하는 부동산의 주소를 선택해서 등기사항증명서를 열람하거나 발급받아서 분석하면 된다. 입찰정보 내역과 른 내용이 있는가를 확인하고 분석해야 한다.

② 건축물대장 등을 열람해서 확인하는 방법

건축물대장과 등기사항증명서에 등기된 내용이 다를 때, 소유권에 관한 사항은 등기부가 우선하지만, 등기사항증명서의 표제부에 기재되는 지번 · 구조 · 용도 · 면적 등은 대장이 우선하므로, 임차인은 특히 전입신고를 할때 대장과 일치한 주소로 한다.

김선생의 조언

건축물대장에 위반건축물이 표시되어 있는가를 확인해라!

시 · 군 · 구청의 단속이나 민원에 의해 위반건축물로 단속이 되면 몇 차례의 계고와 시정명령을 하고 그래도 시정하지 않으면 건축물대장 갑구에 위반건축물과 그 위반에 해당하는 부분 및 면적 등을 기재하게 되는데, 이러한 경우에도 철거하고 증빙자료를 시 · 군 · 구청에 제출하면 건축물대장에서 위반건축물이라는 표시를 삭제하게 되지만 철거가 이루어질 때까지 위반건축물로 표시되고 이행강제금을 건축소유자(낙찰자의 부담으로 남게 된다)에게 부과하게 된다.

◆ 이 공매물건 권리분석에서 어떤 점을 유의해야 하나!

① 말소기준권리와 기준일자는 어떻게 되는가!

이 공매물건은 한국자산관리공사가 구로세무서로부터 공매를 위임받아 매각한 공매물건으로 말소기준권리는 2003. 08. 26. 농업협동조합중앙회 근저당권 80,400,000원(채권최고액)이다.

② 점유자의 권리신고 및 배분요구와 대항력 유무

이 주택은 체납자겸 소유자 박OO가 거주하고 있어서, 매수인에게 대항력 있는 임차인이 없고 모두 소멸대상이다.

③ 그 밖에 인수할 권리 여부는 없다.

> **잠깐만, 이런 내용을 확인하는 것을 잊지 말아야 한다.**

❶ 공매재산명세서에서 배분요구 및 채권신고 내역을 확인하니 공매위임관서 구로세무서의 압류일자(2005. 05. 09.)와 법정기일(2017. 03. 23. ~ 2017. 12. 31.), 배분요구한 채권액 14,952,850원, 그리고 배분요구일(2016. 03. 04.)이 표시되어 있다. 그래서 조세채권이 당해세인지, 일반 세금인지를 구분할 수 없다. 이러한 내용은 온비드 입찰정보내역 중간부분 우측에 있는 공매담당자에게 문의해서 예상배분계산서를 작성하고 인수할 금액이 있는가를 판단해서 입찰해야 한다.

❷ 경기도 의정부세무서 역시 압류일자와 법정기일, 체납세액을 공매재산명세서에서 확인하고, 궁금한 내용은 공매담당자에게 문의해서 예상배분계산서를 작성해야 한다.

❸ 교부청구한 경기도 의정부시청 역시 압류일자와 법정기일, 체납세액을 공매재산명세서에서 확인하고, 공매담당자에게 문의해 본 결과 체납세액 1,720,130원은 재산세로 당해세에 해당하는 세금이다.

❹ 압류한 공과금과 교부청구한 공과금 역시 압류일자와 납부기한, 체납공과금을 공매재산명세서에서 확인하고, 인수할 금액이 있는가를 판단해서 입찰해야 한다.

어쨌든 이 아파트에서는 대항력이 있는 권리가 없어서 확인하는 것이 의미는 없지만 다른 물건에 입찰할 때 이와 같이 알고 입찰해야 한다.

◇ 예상배분계산서를 작성해서 임차인이 배당 받는 금액 확인

매각대금을 가지고 배분표를 작성하고 인수할 권리에 대해 분석

매각금액이 296,070,800원 + 매각대금이자 105,200원이고 – 공매비용이 9,178,190원으로 배분금은 286,997,810원이 된다.

- 1순위 : 의정부시청 재산세 1,720,130원(당해세 우선변제금)
- 2순위 : 농업협동조합중앙회 근저당 59,623,236원(근당권 우선변제금)
- 3순위 : 구로세무서 14,952,850원(조세채권 우선변제금)
- 4순위 : 국민공과금 등 49,206,570원(공과금채권 우선변제금)
- 5순위 : 배분잉여금 161,495,024원으로 체납자겸 소유자에게 배분이 되고, 낙찰자가 인수할 권리나 금액이 없다(＊이 공매물건은 입찰서 제출 후 낙찰자를 결정하기 전에 후 취소된 물건이지만, 온비드화면에서 권리분석과 입찰서 제출하는 방법을 알려 주기 위해서 그대로 기술한 것이다).

◆ 지금까지 조사한 자료를 통해 수익분석 후 입찰가를 결정해라!

입찰가는 지금까지 조사한 모든 자료 등을 종합 분석하여 기대수익을 계산해서 입찰 참가 하루 전까지 입찰가를 결정하여 입찰에 참여하면 된다.

그래서 필자도 앞에서와 같이 기대수익을 분석하여 입찰가를 296,070,800원으로 결정한 것이다.

수익분석에서 주요한 사항은 소유권이전등기시 취득세 비용과 양도시 세금절세 방법이다.

◆ 마지막으로 매각조건을 공매공고문과 공매재산명세서로 확인하고 입찰해라!

입찰가가 결정되었다면 마지막으로 국세징수법에서 정한 법정매각조건을 확인하기 위해서 공매공고문(온비드화면 우측상단 "해당공고 보기"를 클릭해서)을, 특별매각조건을 인하기 위해서 공매재산명세서(온비드화면 중간의 입찰정보에서 "공매재산명세서"를 클릭해서)를 확인하고 입찰에 참여하면 된다. 왜냐하면 공매는 매각절차를 진행하는 기관마다 다른 매각조건으로 매각할 수 있고 공매가 진행하는 과정에서 그 내용이 달라지기도 하므로 사전에 확인한 경우에도 입찰 전에 다시 확인해야 한다. 특히 압류재산공매의 경우 매각결정 방식으로 말소기준권리 이후의 권리가 소멸되는 소멸주의를 택하고 있지만 그밖의 공매는 특별매각조건으로 인수주의로 매각되는 사례가 많기 때문이다.

PART
09

온비드에서 입찰서 제출과 매매대금 납부 방법

01 공매물건에서 매각조건을 확인하고 입찰하는 방법

　온비드화면에서 앞의 PART 08(239~248쪽)과 같은 방법으로 입찰대상물건을 찾아 검색하면 다음과 같은 화면을 확인할 수 있다. 이 온비드 입찰정보 내역 화면에서, 입찰에 참여하기 전에 (1) 해당공고 보기를 검색해서 공매 공고문에 기재된 매각조건을 먼저 확인한 다음, (2) 입찰이력(과거 입찰 내역 확인), 우측하단에 있는 (3) 입찰참가를 클릭하여 입찰서를 제출하면 된다.

입찰하기 전 핵심체크

입찰 과정에서 어떤 내용을 확인하고 입찰해야 하나?

- **첫째**, 공매공고문을 확인해서 입찰절차와 매각조건 등 분석
- **둘째**, 공매입찰정보내역에서 ① 감정평가서(물건의 사진, 주변현황도, 교통 및 개발현황 등) 확인
- **셋째**, 공매재산 명세서를 확인해서 말소기준권리보다 선순위여부 확인
- **넷째**, 공적장부(등기부, 건축물대장, 전입세대) 확인 매수인 부담이므로 남는 권리 조사
- **다섯째**, 현장답사를 통해서 시세조사와 관리비, 유치권 등을 분석
- **여섯째**, 취득시 부과되는 취득세, 보유시 부과되는 재산세와 종부세, 양도시 부과되는 양도소득세 등을 통해서 수익분석 후 입찰가를 결정해서 입찰하는 순서로 진행하면 된다.

◆ 입찰하기 전에 공매 공고문에서 매각조건을 확인해라!

이 공매물건이 어떠한 매각조건으로 공매가 진행되는가를 확인해야 한다. 왜냐하면 공매는 매각기관마다 다른 조건으로 매각하는 경우가 많기 때문에 일반적인 조건으로 매각된다고 생각하고 공매공고 내용을 확인하지 않고 낙찰 받았다가 낭패를 볼 수도 있다. 그래서 온비드화면의 입찰정보 내역 좌측 상단 (1) 해당공고 보기 메뉴를 검색해서 다음과 같은 공매공고문을 확인해야 한다.

(서울서부지역본부) 2016년 제046차 압류재산 공매공고

국세 및 지방세 등 체납에 의한 압류재산을 아래와 같이 공매공고 합니다.

1. 입찰방법

가. 압류재산 공매는 국세기본법상의 정보통신망을 이용한 인터넷 공매이므로 입찰에 참가하려는 자는 반드시 온비드에 회원가입 및 실명확인을 위한 공인인증기관의 공인인증서를 등록하여야 합니다.

나. 입찰기간 내에 온비드에 입찰서를 제출하고 입찰마감 시간 전까지 지정된 예금계좌에 공매보증금을 납부하여야 유효합니다.

① 2016년 1월 1일 이후 최초로 공매공고 : 매각예정가격의 100분의 10

② 2016년 1월 1일 이전 공매공고 : 입찰가격의 100분의 10

〈다항~라항 본문 내용은 지면상 생략함〉

2. 낙찰자의 결정

〈가항~나항 본문 내용은 지면상 생략함〉

3. 대금납부

가. 낙찰자는 매각결정 통지서를 교부받아 납부기한까지 지정된 입금계좌로 매수대금을 납부하여야 합니다.

나. 납부기한

① 2013년 1월 1일 이후 최초로 공매공고

▶ 낙찰가격 3,000만원 이상은 매각결정기일로부터 30일 이내

▶ 낙찰가격 3,000만원 미만은 매각결정기일로부터 7일 이내

〈②항과 ③항 본문 내용은 지면상 생략함〉

다. 납부방법 : 일시납부

〈4~11 본문 내용은 지면상 생략함〉

12. 공매재산의 명도책임 및 인도

- 부동산의 명도책임은 매수인이며, 동산은 물건소재지에서 인수시점 상태로 인도합니다.

13. 매각재산의 권리이전

가. 매수인은 매수대금을 납부한때에 매각재산을 취득하며, 매수인이 인수하지 않는 부담의 등기는 모두 말소됩니다.

〈나항~다항은 지면상 본문내용 생략함〉

14. 공매(입찰)의 취소

〈가항~바항은 지면상 본문내용 생략함〉

15. 공유자 우선매수 신고

가. 공매재산이 공유물의 지분인 경우 공유자가 매각결정기일 전까지 국세징수법 제65조에 따른 공매보증금을 제공하고 매각예정가격 이상인 최고 입찰가격과 같은 가격으로 우선매수하겠다는 신고를 한 때에는 공유자에게 매각결정 합니다.

나. 공유자에게 매각결정한 경우 매수대금의 납부 전까지 낙찰자가 공매보증금을 반환받지 아니한 때에는 최고액의 입찰자 지위를 가지게 되며, 우선매수신고한 공유자가 매수대금을 납부하지 아니하였을 때에는 최고액의 입찰자에게 다시 매각결정을 합니다.

다. 최고액의 입찰자가 없는 때에 공매재산의 공유자가 우선매수를 신고하는 경우에는 매각예정가격을 최고액의 입찰가격과 같은 가격으로 하여 신고하여야 합니다.

16. 입찰자의 차순위 매수신고

〈가항~나항 본문 내용은 지면상 생략함〉

17. 매각결정 및 매각여부 결정

〈가항~나항 본문 내용은 지면상 생략함〉

18. 매각결정의 취소

〈다항 본문내용은 지면상 생략함〉

19. 주의사항

〈가항~하항 본문 내용은 지면상 생략함〉

한국자산관리공사 서울서부지역본부장

◆ 온비드 입찰정보 내역에서 입찰에 참여하는 방법

앞의 Part 08의 04번 입찰할 아파트의 온비드 입찰정보 내역에서(251쪽 참조) 또는 Part 09의 온비드화면 우측하단 [입찰]을 클릭(263쪽 참조)하면 다음과 같이 "입찰정보 확인 및 준수규칙 동의하는 화면"이 나타난다.

◆ 입찰정보 확인 및 준수규칙 동의하는 화면

이 화면에서 입찰자정보 내용을 확인하고 이상이 없으면 "수정사항을 개인정보에 반영합니다." 에 체크하고 ⇨ 공고내용을 확인하고 "위 내용을 확인하였습니다." 에 체크하고 ⇨ 입찰참가자 준수규칙에 "동의합니다." 에 체크하고 ⇨ "모든 주의사항...동의합니다." 에 체크하고 ⇨ 다음단계를 클릭하면 입찰서 작성 및 제출 화면으로 이동한다.

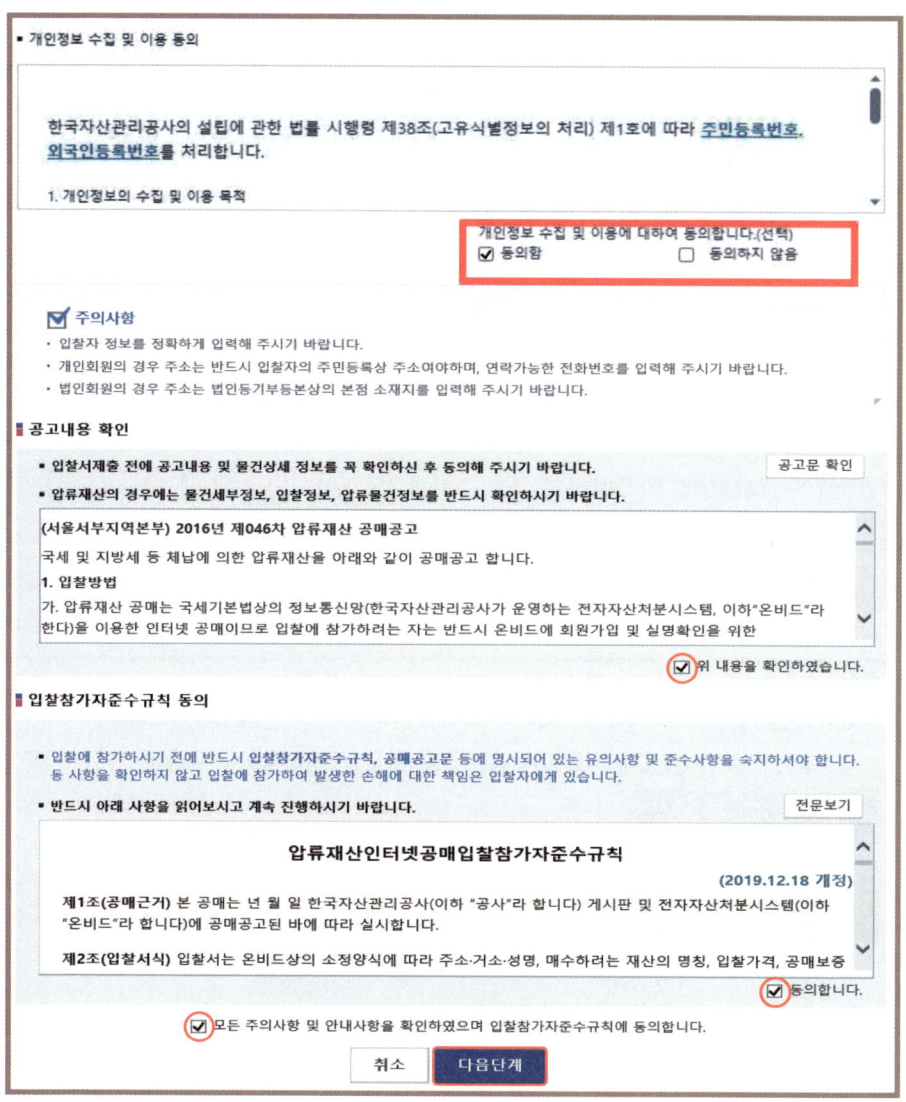

　다음 입찰서 작성 및 제출 화면에서 입찰방법은 ① **본인**, ② **대리입찰(서류제출방식)**, ③ **공동입찰(전자서명방식, 서류제출방식)**이 있다. 여기서 본인 또는 대리입찰, 그리고 공동입찰을 선택해서 다음과 같이 입찰서를 작성해서 제출하면 된다.

02 본인이 입찰서 제출하는 방법과 대리인 또는 공동으로 제출하는 방법

◆ 본인이 직접 입찰서를 작성하여 제출하는 방법

입찰서 작성 및 제출 화면에서 ① 입찰방법 ■본인, ■대리입찰(서류제출방식), ■공동입찰(전자서명방식, 서류제출방식)에서 〈본인〉을 체크하고 ⇨ ② 최저입찰가 입력 ⇨ ③ 입찰금액 입력 ⇨ ④ 보증금계산을 클릭하면 자동으로 보증금이 입력된다. ⇨ ⑤ 납부총액확인을 클릭하면 자동으로 납부총액이 입력된다. ⇨ ⑥ 입찰보증금 납부를 현금 또는 전자보증서 납부를 선택 ⇨ ⑦ 보증금 납부계좌은행 선택(입찰에 참가하고 나면 입찰내역과 입찰보증금 납부 가상계좌가 나타나는데 이때 가상계좌은행을 선택하는 것임) ⇨ ⑧ 환불계좌 입력(낙찰 받지 못한 경우 보증금을 환불 받을 은행계좌) ⇨ ⑨ 잔대금 납부계좌 은행을 선택 ⇨ ⑩ 매각결정통지서와 잔대금 영수증 수령방법을 선택(온비드 직접 교부 또는 현장 수령) ⇨ ⑪ 각 항목의 모든 주의사항을... 동의합니다에 체크하고 ⇨ 입찰서 제출을 클릭하면 된다.

입찰금액 및 보증금 납부 방식 선택	
입찰방법	☑ 본인입찰 ☐ 대리입찰(서류제출방식) ☐ 공동입찰 ○ 전자서명방식 ○ 서류제출방식
최저입찰가	294,000,000원
입찰금액	296,070,800 원 (금 이억구천육백칠만팔백원) · 입력하신 금액은 최저입찰가의 **100.70%**입니다. [보증금계산]
보증금액	· 보증금액은 '최저입찰가X입찰보증금율(최저입찰금액의 10%)'로 계산됩니다. 29,400,000 원 (금 이천구백사십만원) [납부총액확인]
납부총액	**29,400,000**원 (금 이천구백사십만원) · 입찰을 위해 납부하실 보증금총액입니다.
보증금 납부방식	⦿ 현금 ○ 전자보증서 선택
보증금 납부계좌 은행선택	신한은행 BNK부산은행 우리은행 KEB하나은행 IBK기업은행
환불계좌	신한은행 110033****** [환불계좌추가]

◇ 대리인이 입찰서를 작성하여 제출하는 방법

입찰서 작성 및 제출 화면에서 ① 입찰방법 ■본인, ■대리입찰(서류제출방식), ■공동입찰(전자서명방식, 서류제출방식)에서 <대리입찰>을 체크하고 ⇨ ② 입찰자정보등록 하단의 "입찰자조회" 또는 "입찰자정보 직접입력" 버튼을 클릭하여 입찰자(위임자)의 정보를 입력한다(■입찰자조회는 온비드 가입회원만 조회가능, ■입찰자정보 직접입력은 온비드 비회원인 경우 입찰자정보 직접입력). ⇨ 이후 나머지 입찰서를 작성하는 방법은 본인이 입찰서를 작성하는 방법으로 다음과 같이 작성하면 된다.

알아두면 좋은 내용

이 입찰 방식은 온비드 비회원인 경우 [입찰자정보 직접입력]으로 입찰한 것이지만 입찰자 본인이 온비드 회원인 경우에는 다음과 같이 [입찰자조회]를 통해서 입찰하면 된다.

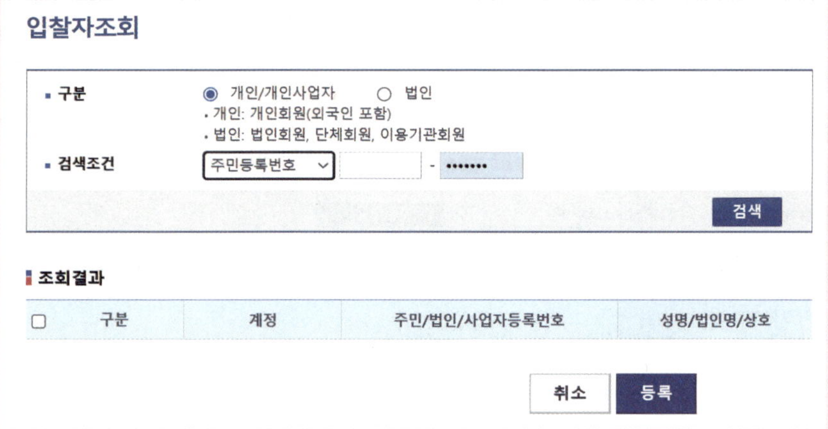

> **김선생의 핵심 요약정리**
>
> **대리입찰방법은 다음과 같은 순서로 해야 합니다.**
> 1. 앞에서와 같이 입찰서 작성단계에서 대리입찰을 선택해서 입찰서를 작성 제출하면 된다(대리행위는 개인이 개인 또는 법인을, 법인이 개인 또는 법인을 대리하는 것도 가능하다).
> 2. 입찰서 제출과 입찰보증금을 납부했다면 ⇨ 개인의 경우 대리매수신청서와 인감증명서를 첨부해서 공매담당자에게 공매 마감시간인 수요일 17:00까지 직접방문해서 전달하거나 등기우편 등으로 전달해야 한다.
> 3. 직접 방문할 때도 공매담당자에게 공매 마감시간인 수요일 17:00까지 제출해야 하고, 대리로, 입찰자 본인, 또는 등기우편 등으로 제출하는 경우에는 ① 대리매수신청서(인감도장 날인)와 ② 인감증명서 1부를 제출하면 된다.
> 그러나 제3자가 직접 방문해서 제출하는 경우에는 ① 대리매수신청서(인감도장 날인), ② 인감증명서 1부, ③ 인감도장이 날인된 위임장 등을 가지고 방문해서 제출하면 된다. 그리고 등기우편으로 송달할 때에는 공매 마감시간까지 도착할 수 있게 해야 한다.

◇ 공동으로 입찰서를 작성하여 제출하는 방법

입찰서 작성 및 제출 화면에서 ① 입찰방법 ■본인, ■대리입찰(서류제출방식), ■공동입찰(전자서명방식, 서류제출방식)에서 〈공동입찰〉을 체크하고 ⇨ ② 입찰자정보등록 하단의 "입찰자조회" 또는 "입찰자정보 직접입력" 버튼을 클릭하여 입찰자(위임자)의 정보를 입력한다(■ 입찰자조회는 온비드 가입회원만 조회가능. ■입찰자정보 직접입력은 온비드 비회원인 경우 입찰자정보 직접입력). ⇨ 이후 나머지 입찰서를 작성하는 방법은 본인이 입찰서를 작성하는 방법으로 다음과 같이 작성하면 된다.

- **공동입찰 안내 및 주의사항**
- 공동입찰은 수인이 공동으로 입찰에 참여하고자 하는 경우로서, 입찰자정보등록 하단의 '입찰자조회' 또는 '입찰자정보 직접입력' 버튼을 클릭하여 본인을 제외한 공동입찰자 전원의 정보를 정확히 입력해야 하며 별도의 '공동입찰참가신청서'를 입찰기간 중에 공고기관에 제출 또는 로그인 후 전자서명하여야 유효한 입찰로 처리됩니다.

- **입찰자정보등록**
- 주소는 반드시 번지가 포함된 입찰자의 주민등록상 주소(법인의 경우에는 법인등기부 등본상 본점소재지)여야 하며, 전화번호는 반드시 연락 가능한 것이어야 합니다.
- 입찰자 조회를 하시거나, 조회되지 않는 경우 직접 입력해 주시기 바랍니다.

알아두면 좋은 내용

이 입찰 방식은 온비드 비회원인 경우 [입찰자정보 직접입력]으로 입찰한 것이지만 공동입찰자들이 온비드 회원인 경우에는 〈상단 공동입찰 → [전자입찰방식]을 선택 후 다음과 같이 입찰자조회를 통해서 입찰하면 된다.

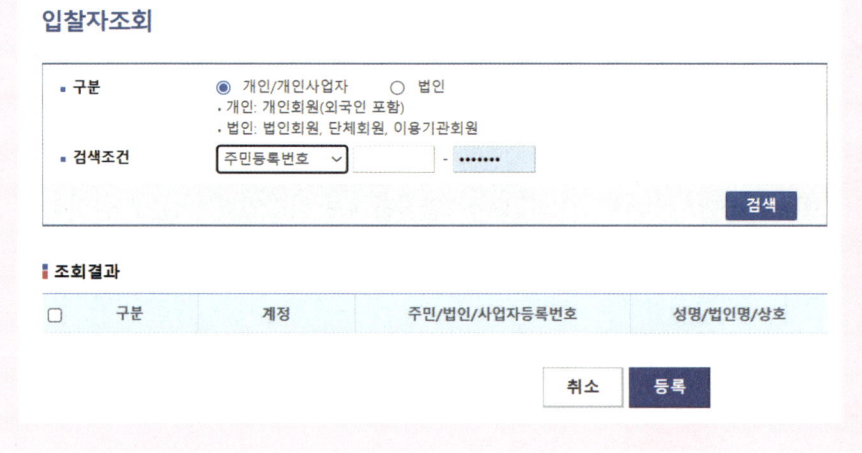

Part 09 온비드에서 입찰서 제출과 매매대금 납부 방법

 **김선생의 핵심 요약정리**

공동입찰방법은 다음과 같은 순서로 해야 합니다.

1. 앞에서와 같이 입찰서 작성단계에서 공동입찰을 선택해서 입찰서를 작성 제출해야 한다.
2. 공동입찰서를 제출한 후 올바른 입찰이 되기 위해선 〈전자서명방식〉 또는 〈서류제출방식〉을 선택해야 한다.
   ❶ 전자서명방식은 공동입찰자 전부 온비드회원가입과 공인인증서를 등록하고 있을 때 사용하는 방법으로 먼저 대표입찰자가 온비드에 로그인해서 공동입찰서를 제출하고 나서 나머지 공동입찰자들은 나의 온비드 ▶ 나의 입찰내역에서 공동입찰을 선택하고 전자서명하면 된다.
   이때에는 별도 서류제출이 필요하지 않는다.
   ❷ 서류제출 방식은 대표입찰자만 회원이고 나머지는 비회원일 때 입찰방법이다. 이때 먼저 대표입찰자가 온비드에 로그인해서 공동입찰서를 제출하고 나서 나머지 공동입찰자들은 입찰 마감시간인 수요일 17:00까지 인감도장이 날인된 공동입찰서와 인감증명서를 등기우편으로 송달해서 도착하게 하거나 직접 방문해서 제출하면 된다.

◇ 전자서명과 입찰서 제출 확인

입찰서 제출하기 전에 [중요 체크리스트] 확인및 동의절차에 체크한 다음 전자서명절차를 진행해야 한다.

입찰 전 중요체크리스트 확인 및 동의 체크

구분	내용	확인
집행기관	입찰공고에서 낙찰까지 모든 절차는 이용기관과 판단에 근거한 행위임을 알고 있습니까?	☑
공고내용	해당 공고내용 및 물건상세 정보를 확인했고 충분히 인지하고 있습니까?	☑
입찰참가자 준수규칙	명시된 준수사항을 읽어보았으며, 숙지하였습니까? ※ 입찰서 제출 후, 변경 및 취소 불가	☑
입찰서 작성	입찰금액 등 모든 입찰정보는 정확히 입력했습니까?	☑
입찰보증금	입찰보증금 미납부시, 해당 입찰은 최종 무효처리 됨을 알고 있습니까?	☑

※ 중요정보에 대한 미확인으로 인한 책임은 입찰자에게 있습니다.

[동의]

전자서명 정보 확인과 전자서명(아래의 문서에 전자서명)

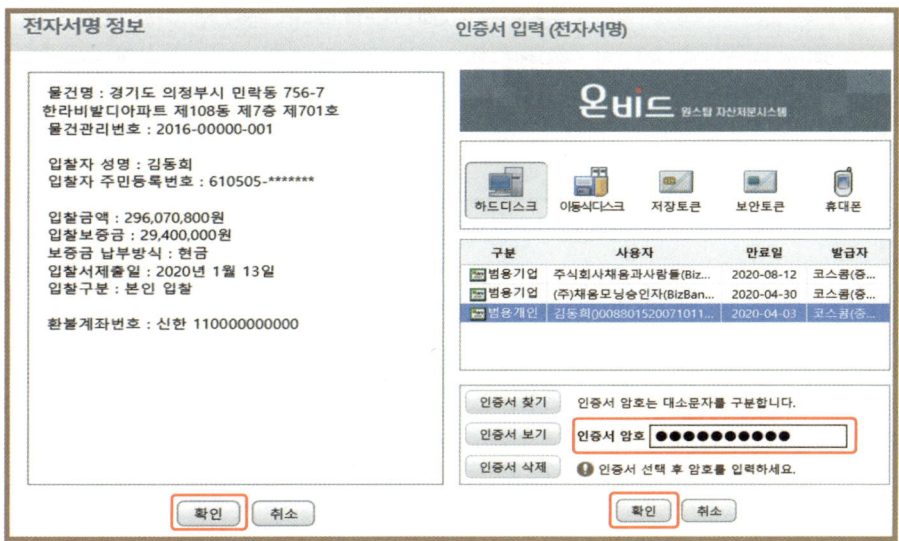

　이 화면에서 서명에 사용할 공인인증서를 선택 후 인증서 암호를 등록하여 확인을 클릭하면 ⇨ "입찰서가 제출되었습니다" 창이 나타나는데 여기서 확인을 클릭하면 입찰서를 제출한 것이다. 이렇게 절차가 마무리 되면, 다음 입찰서 제출완료사항 및 입찰내역과 입찰보증금 확인 온비드화면 창이 나타난다.

03 입찰서 제출 완료와 입찰보증금 납부를 확인하는 방법

◆ **입찰서 제출 완료 내역**

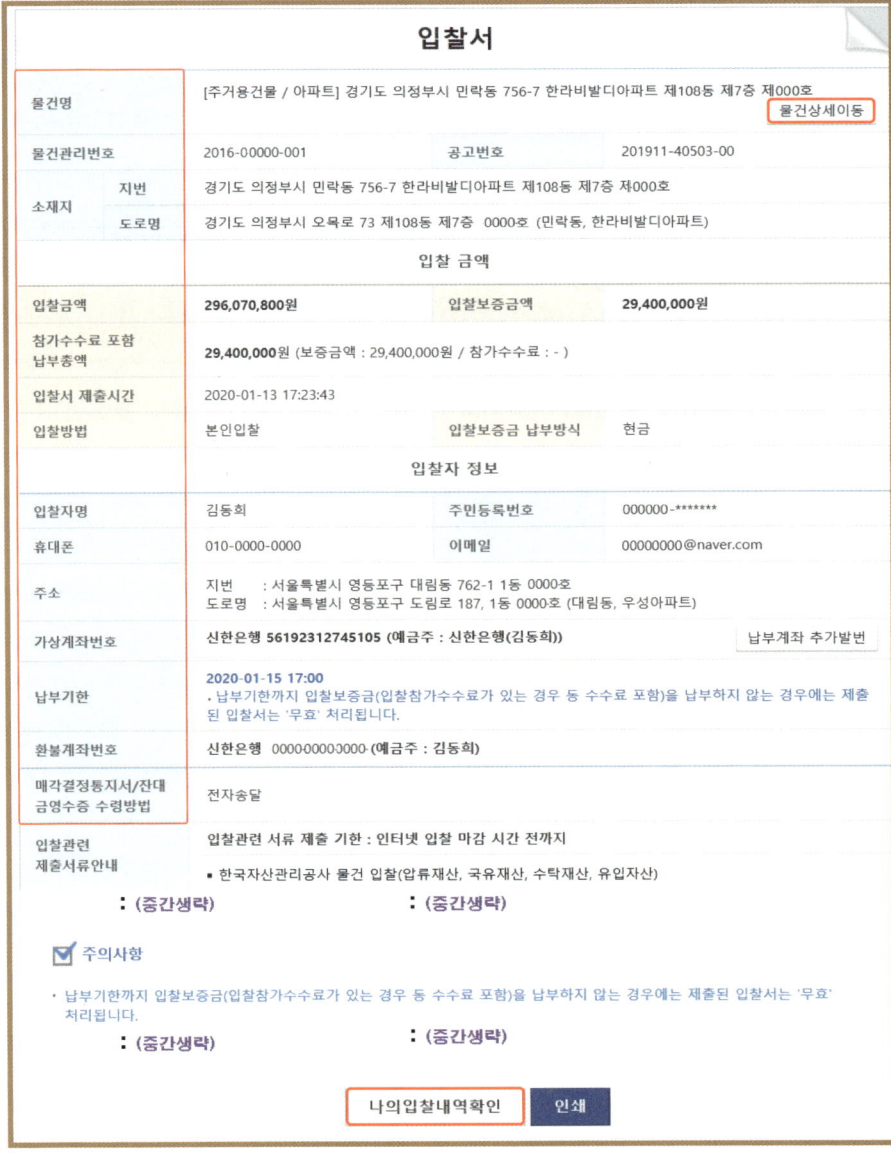

① 입찰한 물건에 대한 입찰서 내용을 최종적으로 확인한다.

② 입찰자가 납부해야 할 입찰보증금액 및 입찰참가수수료 등을 확인하고, **입찰보증금 납부 가상계좌번호와 납부기한(납부시간)을 확인**한다. 입찰서를 제출한 경우에도 입찰보증금을 입찰보증금 납부기한(시간)까지 입금하여야 유효한 입찰이 된다.

③ 참고로 압류재산 공매 입찰은 2회 이상 입찰이 가능하다는 사실을 알고 있어야 한다. 그래서 입찰서만 제출한 경우 또는 입찰서 제출 후 보증금까지 납부한 경우라도 2회 이상 입찰이 가능한데, 보증금을 납부한 경우라면 높은 가격으로 입찰한 것만 유효하고, 낮은 가격으로 입찰한 것은 다른 유찰자와 같이 환불계좌에 자동이체 된다.

④ 이밖에도 유찰 또는 취소 시 입찰보증금 환불계좌번호가 정확히 입력되었는가를 확인한다.

⑤ 매각결정통지서/잔대금영수증 수령 방법에서 전자송달을 선택한 것은 월요일 10:00에 매각결정이 나면 온비드에서 직접 교부 받겠다는 내용을 기재한 것이다.

⑥ 주의사항을 확인하고 이상이 없으면 우측 하단에 "나의 입찰내역 확인"을 클릭해서 입찰보증금 미납을 확인하고 ⇨ 입찰서를 인쇄해서 입찰보증금을 가상계좌로 입금할 때 참고하면 된다.

◆ 입찰보증금 납부를 확인하는 방법

① 입찰보증금을 납부하기 전에는 "나의 입찰내역"을 클릭해서 미납된 상태를 확인

입찰서 제출 완료 내역 화면에서 "나의 입찰내역"을 클릭하거나 온비드 홈페이지 상단 "나의 온비드"를 검색 후 "나의 입찰내역"을 클릭하면 다음과 같이 입찰보증금이 미납된 상태를 확인할 수 있다.

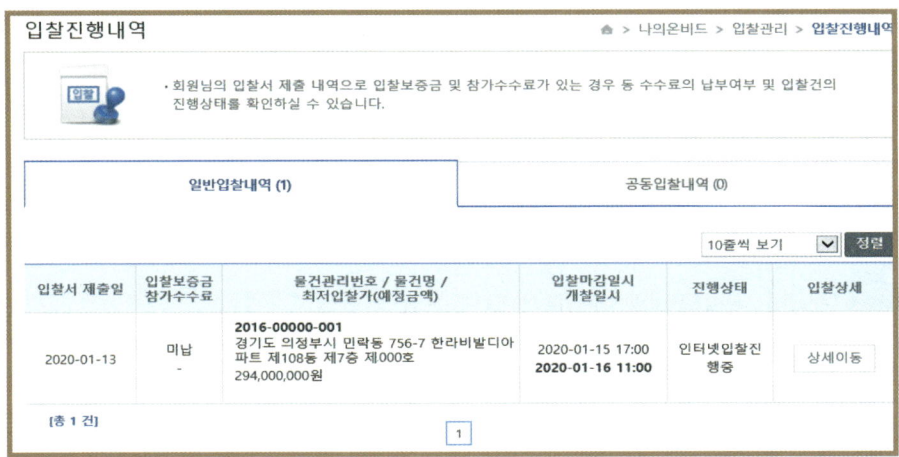

이 화면에서와 같이 입찰서를 제출하고 입찰보증금을 납부하기 전까지는 미납으로 나타난다.

> **입찰보증금 납부 시 유의할 사항**
> 입찰보증금은 입찰서 제출 시 등록한 환불계좌(내가 낙찰 받지 못하고 보증금을 반환 받는 계좌)에서 입찰보증금 납부용 가상계좌로 이체하는 방법으로만 입금하여야 한다. (단, 10억 원 이상의 입찰보증금을 한 번에 입금하는 경우에는 예외로 한다)

② 입찰보증금 납부하고, "나의 입찰내역"을 클릭해서 '완납'을 확인해야 한다.

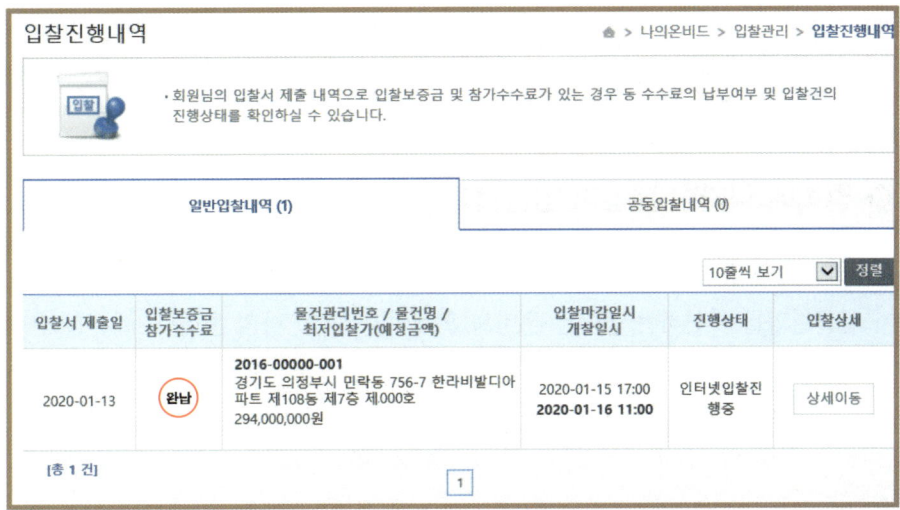

입찰보증금을 가상계좌로 입금하고 ⇨ 나의 온비드를 검색하면 ⇨ 나의 입찰내역이 위와 같이 나타난다. 이 화면에서 입찰 중 **동그라미를** 클릭해서 일반입찰내역(또는 공동입찰내역)에서 입찰서 제출일, 입찰보증금과 참가수수료, 그리고 입찰보증금 완납이 표시된 내용을 확인하면 된다.

입찰보증금 납부 방법 알아 두기

❶ 입찰서 제출 시 납부계좌를 선택한 신한은행, 하나은행, 우리은행의 가상계좌로 입찰보증금을 납부해야 유효한 입찰이 성립된다(보증금입금계좌는 "입찰서 제출 완료 내역"을 프린트한 내용의 가상계좌로 납부).
❷ 입찰보증금이 1,000만원 이하이면 일시 입금만 가능하고, 1,000만원을 초과하는 경우에는 여러 번으로 나누어 입금하여도 그 합계금액이 입찰보증금액이 되면 된다(본인에게만 주어진 가상계좌이므로 입금자가 입찰자와 달라도 괜찮다).
❸ 입찰보증금은 입찰서 제출 시 등록한 환불계좌(내가 낙찰 받지 못하고 보증금을 반환 받는 계좌)에서 입찰보증금 납부용 가상계좌로 이체하는 방법으로만 입금해야 한다.

04 온비드화면에서 입찰결과를 확인하는 방법

◇ **입찰에 참가한 본인이 입찰결과를 확인하는 방법**

압류재산의 경우에는 목요일 오전 11:00에 입찰결과를 공표하고 있다. 입찰자가 입찰결과를 확인하는 방법은 온비드 홈페이지 상단 "나의 온비드" 메뉴를 선택 후 ⇨ 나의 입찰내역이 나타나면 이 중에서 ⇨ 입찰중, 개찰완료 등을 선택하면 되는데 ⇨ 입찰이 완료되었으므로 개찰완료를 선택하면 된다.

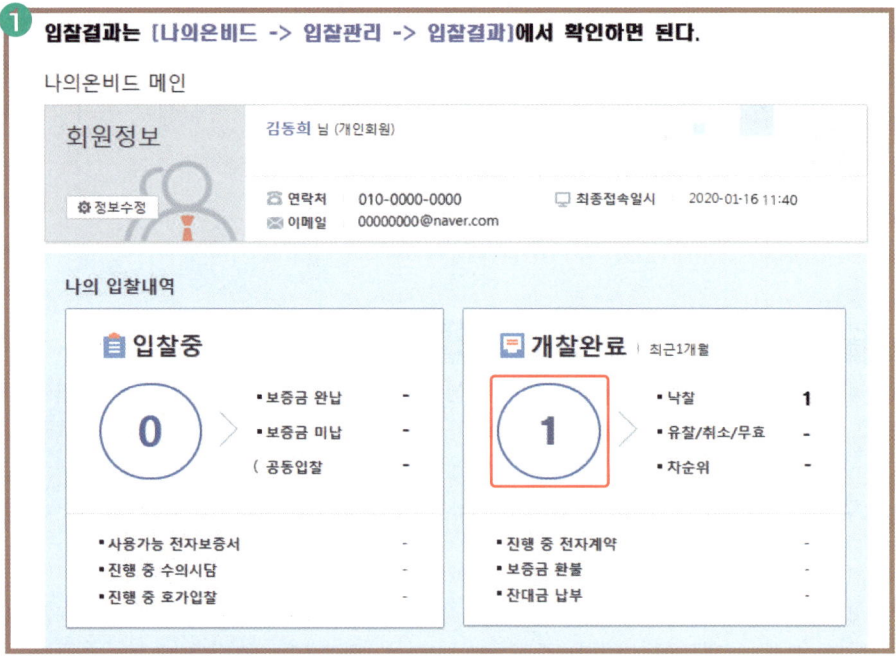

이 화면에서 <u>동그라미를</u> 선택하면 ⇨ 다음 (2)와 같이 나의 입찰결과(낙찰, 유찰)를 확인할 수 있다.

이 화면 우측 하단부분 상세이동을 클릭하면 다음과 같은 화면을 확인할 수 있다.

이 화면에서 상세입찰결과를 검색하면 다음과 같은 상세입찰결과를 확인할 수 있다.

■ 상세입찰결과 ④

물건관리번호	2016-00000-001		
재산구분	압류재산(캠코)	담당부점	경기지역본부
물건명	경기도 의정부시 민락동 756-7 한라비발디아파트 제108동 제7층 제000호		
공고번호	201911-40503-00	회차 / 차수	002/001
처분방식	매각	입찰방식/경쟁방식	최고가방식 / 일반경쟁
입찰기간	2020-01-13 10:00 ~ 2020-01-15 17:00	총액/단가	총액
개찰시작일시	2020-01-16 11:05	집행완료일시	2020-01-16 11:12
입찰자수	유효 4명 / 무효 2명(인터넷)		
입찰금액	296,070,800원 / 295,780,000원 / 295,108,000원 / 294,300,000원		
개찰결과	낙찰	낙찰금액	296,070,800원
감정가 (최초 최저입찰가)	294,000,000원	최저입찰가	294,000,000원
낙찰가율 (감정가 대비)	100.70%	낙찰가율 (최저입찰가 대비)	100.70%

■ 대금납부 및 배분기일 정보

대금납부기한	2020-02-21	납부여부	미납
납부최고기한	2020-03-02	배분기일	

　이 화면을 통해서 입찰자수와 입찰금액 조회수 등을 분석하여 유찰된 원인 등을 점검하고, 다음 공매물건 입찰에서 입찰가격 등을 결정하는 데 주요한 분석 자료로도 활용할 수 있다.

◆ 입찰에 참가하지 않은 사람이 입찰결과를 확인하는 방법

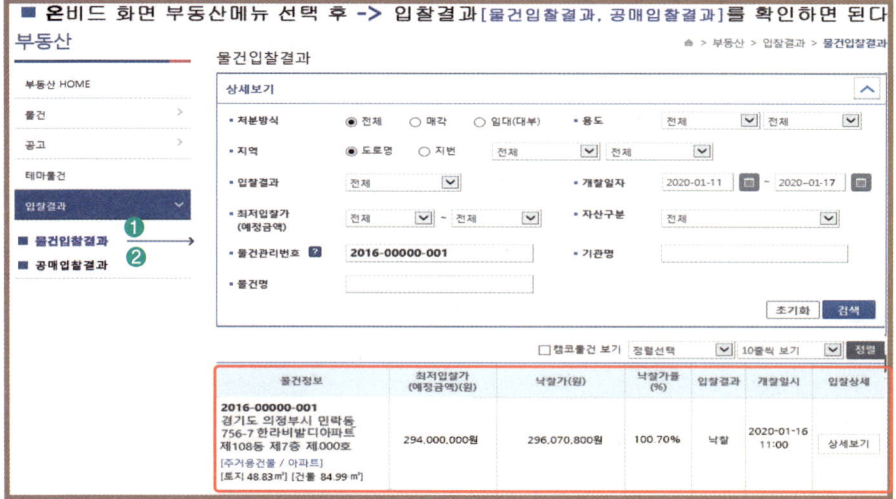

■ 온비드 화면 부동산메뉴 선택 후 → 입찰결과[물건입찰결과, 공매입찰결과]를 확인하면 된다

이 화면에서 (1) **물건입찰결과를 검색** ⇨ 소재지나 자산구분, 또는 관리번호 등을 입력해서 입찰결과를 확인할 수 있다. 그리고 (2) **공매입찰결과를 검색** ⇨ 공고기관별로 진행되는 입찰결과를 확인할 수도 있다. 어쨌든 이렇게 확인해서 위와 같은 화면이 나타나면 우측 하단부분 상세보기를 클릭하여 상세입찰결과를 검색하면 ⇨ 앞에서와 같이 상세입찰결과 화면을 확인할 수 있다. 이 화면은 중복을 피하기 위해서 생략했다.

05 공유자우선매수신고와 차순위매수신고를 하는 방법

◆ 공유자우선매수를 신고하는 방법

2015. 12. 31. 이전 최초공매공고분은 낙찰자가 결정되고 나서 매각결정기일 전까지만 가능하다. 그러나 2016. 1. 1. 이후 최초공매공고분부터는 입찰자가 없어서 유찰된 경우에는 종전 매각예정금액으로 할 수 있고, 제3자가 낙찰 받은 경우에는 낙찰 받은 금액으로 공유자우선매수를 신청하면 된다. 신청 방법은 온비드 비회원의 경우에는 온비드 자료실에서 공유자우선매수신고서를 다운받아 작성하고, 통장사본, 주민등록등본. 등기사항증명서, 신분증을 지참해서 매각결정하기 전까지(개찰 후 다다음주 월요일 14:00에 매각결정한다) 공매담당자에게 제출하면 된다. 온비드 회원의 경우에는 온비드 화면 상단메뉴에서 〈부동산 또는 동산/기타자산〉 선택 후 〈입찰결과〉 ⇨ 〈물건입찰결과〉란을 확인하여 우측상세란 〈상세보기〉를 클릭하면 상세입찰결과 화면이 다음과 같이 나타난다. 이 화면에서 공유자우선매수신청 글씨를 선택해서 공유자우선매수신청을 하면 된다.

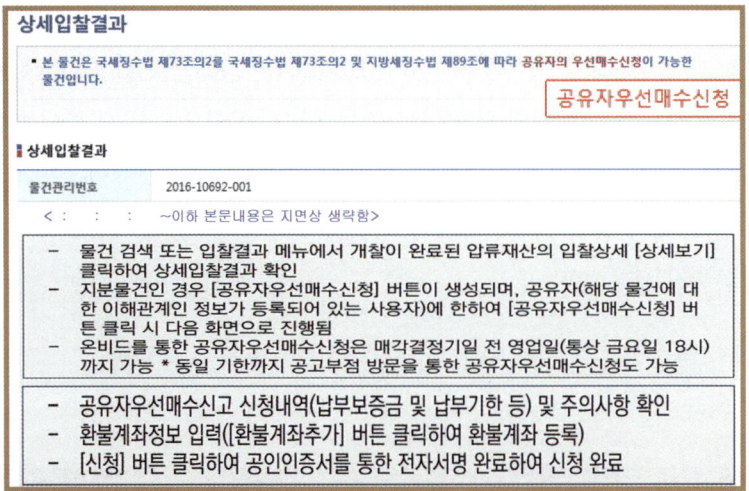

◇ 차순위매수신고를 하는 방법

차순위매수신고를 할 수 있는 사람은 최고액입찰가격(낙찰가격) − 공매보증금 이상으로 입찰한 자가 차순위매수신고를 할 수 있다. 그 시기는 목요일 11:00 경에 최고액입찰자가 공표되고 나서 다다음주 월요일 14:00에 매각결정하기 전까지 공매보증금을 제공하고 차순위매수신고를 하면 된다.

신청 방법은 온비드 화면 상단메뉴 〈나의온비드〉 ⇨ 〈입찰관리〉 ⇨ 〈입찰결과내역〉을 확인하면 나의 입찰결과란에 [유찰/차순위매수신고가능]과 입찰결과상세란에 [상세이동]이 다음 이미지와 같이 나타난다.

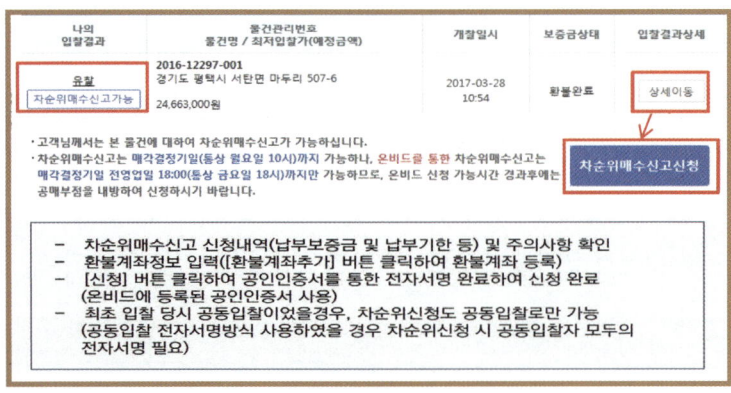

06 온비드에서 매각결정서와 입찰보증금 영수증 교부 방법

◆ 온비드에서 매각결정 여부를 확인하는 방법

 입찰결과를 확인해서 최고가매수신청인이 되었더라도 개찰 후 다다음주 월요일 14:00에 본인에게 매각결정되었는지 또는 매각불허가결정이 되었는지, 공유자에게 매각결정되었는지(공유자가 우선 매수신청 시) 등을 확인해야 한다. 이러한 매각결정 여부를 확인하는 방법은 온비드사이트에서 로그인하고 ⇨ 상단메뉴에서 나의온비드 검색하면 ⇨ 나의 입찰내역(입찰중, 개찰완료)이 나타난다.

 이 화면에서 개찰완료를 선택 후 동그라미를 클릭하여 ⇨ 공인인증서 확인절차를 거치면 다음과 같은 화면이 나타난다.

나의 입찰결과	물건관리번호 물건명 / 최저입찰가(예정금액)	개찰일시	보증금상태	입찰결과상세
낙찰	2016-00000-001 경기도 의정부시 민락동 756-7 한라비발디아 파트 제108동 제7층 제000호 294,000,000원	2020-01-16 11:00	이체완납	상세이동

위 화면의 나의 입찰결과목록에서 낙찰(적색) 또는 상세이동을 클릭해서 나오는 상세입결과 화면 하단에서 **낙찰 후 절차안내**를 검색해서 ⇨ **매각결정통지서 및 잔대금납부 영수증을** 발급 받으면 된다.

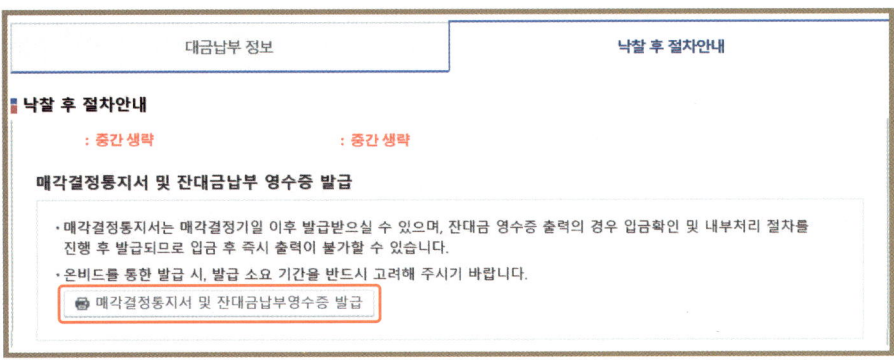

이밖에도 온비드화면 상단메뉴에서 (1) 나의온비드를 검색 후 ⇨ (2) 좌측 메뉴 입찰관리 ⇨ (3) 입찰결과 내역을 선택해서 ⇨ (4) 낙찰 또는 상세이동을 검색 한 후 ⇨ (5) 낙찰 후 절차안내를 통해서 매각결정통지서와 잔대금 납부 영수증을 발급 받을 수도 있다.

◆ 매각결정서와 입찰보증금 영수증 교부, 대금 납부기한 확인

최고가매수신고인에게 개찰 후 다다음주 월요일 18:00에 매각결정되었다면 매각결정과 동시에 확정의 효력이 발생한다. 따라서 앞에서와 같이 온비드 홈페이지 나의온비드를 검색해서 잔금 납부기한과 납부최고기간 등이 기재되어 있는 **매각결정통지서와 입찰보증금 영수증을 교부** 받으면 된다. 이 매각결정서와 입찰보증금 영수증은 추후 대금 납부하고 나서 소유권이전등기 시 첨부할 서류가 되므로 보관하고 있어야 한다.

① 매각결정 후에는 나서는 낙찰자 동의가 없으면 공매를 취소할 수 없다.

② 매각결정 전까지 전까지 체납자는 체납액을 상환하고 공매를 취소 신청할 수 있고, 공유자는 공유자우선매수를 신청할 수가 있다. 이러한 이유로 낙찰 받았더라도 최고가매수신고인에게 매각결정되지 못하는 사례, 즉 매각불허가결정되거나 또는 공유자에게 매각결정이 되기도 한다는 사실을 알고 있어야 한다.

(1) 매각결정통지서(최근에 발급 받았던 양식)

(2) 입찰보증금 영수증(실제 발급받았던 양식임)

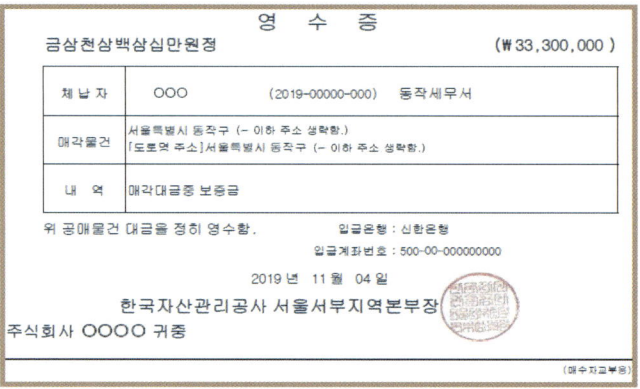

이 매각결정서와 입찰보증금 영수증은 필자가 다른 공매물건을 낙찰 받았을 때 발급받은 내용을 첨부한 것이다.

07 공매로 낙찰 받아 잔금 납부와 소유권이전등기

압류재산공매는 매각결정통지서에 기재된 매매잔대금 입금은행 계좌로 잔대금을 납부하고, 공매담당자와 유선통화 후 온비드에 접속하여 잔대금납부 영수증을 다음과 같이 발급 받을 수 있다.

◇ 압류재산공매 매매잔대금 영수증(실제 발급 받았던 양식)

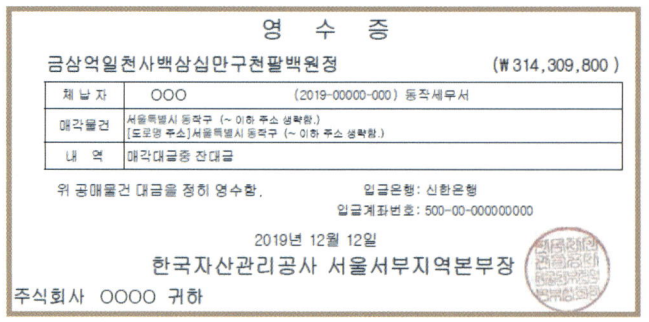

이 매각대금 완납 영수증은 필자가 다른 공매물건을 낙찰 받았을 때 발급받은 내용을 첨부한 것이니 참고하면 된다.

◇ 압류재산 공매에서의 소유권이전등기 절차

한국자산관리공사는 매수인이 매각대금을 완납하고, 그 증명서와 소유권이전에 필요한 서류를 첨부하여 소유권이전등기를 청구해 오면 ① 관할등기소 등에 소유권이전 및 매수인이 인수하지 아니한 제권리(말소기준권리 이후의 권리) 등의 말소 등을 촉탁하게 된다. ② 등기소의 촉탁방법으로는 등기우편으로 촉탁하는 데 3~4일이 소요된다. 금융기관 등의 잔금대출이나 긴급을 요할 경우 등의 사유로 당일 접수해야 하는 경우 당일 특급우편제도를 이용하게 되는데 이 경우 오전 12시 이전에 소유권이전등기신청에 관한 모든 마무리된 후 신청해야 가능하다. ③ 매수인 또는 대리인이 신청서 제출 시 등기필증수령 요청서를 함께 제출하여 등기필증이 발급되면 수령요청서에 기재된 장소에서 수령할 수 있다.

◇ 다양한 공매에서 낙찰 받아 잔금 납부와 소유권이전등기

압류재산공매 이외에 국유재산, 수탁재산, 유입·유동화재산 등의 소유권이전 절차도 약간의 차이가 있겠지만 압류재산공매 같은 순서로 진행되고 있다. 따라서 압류재산 공매 소유권이전 절차를 참고하고, 자세한 내용은 공매담당자와 상의해서 잔금납부와 소유권이전등기 절차를 진행하면 될 것이다.

PART
10

압류재산 공매 매각절차는 어떻게 진행되나?

01 KAMCO의 공매대행 업무와 그에 따른 공매 매각절차

◆ 과세관청 등의 체납처분은 어떻게 진행하게 되나?

체납처분이란 과세관청(세무서장, 지방자치단체장, 국민건강보험공단기관장, 국민연금보험공단기관장, 고용 및 산재보험공단기관장) 등이 징수금의 납부 또는 납부 의무가 있는 자에 대하여 독촉 또는 최고를 하였음에도 그 독촉 또는 최고기한까지 납부하지 않았을 경우에 <u>납세자의 재산을 직접 압류하거나 제3자의 경매나 공매 등의 절차에서 교부청구 등의 수단을 통해서 조세채권 등을 강제적으로 실현하는 강제징수절차이다.</u> 이러한 체납처분은 광의로 협의의 체납처분(압류 후 공매처분)과 참가압류, 교부청구 등으로 구분할 수 있다. 우리들이 입찰에 참여하게 되는 압류재산 공매 등은 협의의 체납처분에 속하고, 협의의 체납처분은 다음과 같은 단계로 진행한다.

◆ 세무관서 등의 공매 실익분석 의뢰와 KAMCO에 공매대행 의뢰

(1) 세무관서 등의 공매 실익분석 의뢰

세무관서 등이 체납자의 재산을 압류하고, KAMCO에 공매 대행을 의뢰하기 전에 공매를 진행해도 남을 가망이 있는가를 분석하기 위해서 먼저 KAMCO에 공매 실익분석을 의뢰한다(국세징수법 시행령 제66조 제3항).

(2) KAMCO의 공매 실익분석 방법과 실익분석 결과표 통지

세무관서 등이 KAMCO에 공매 실익분석을 의뢰하면, KAMCO는 등기사항전부증명서 등을 통한 약식감정 방법으로 분석해서 실익분석 결과표를 작성해서 통지하고 있다. 이 실익분석 결과표를 통지 받은 세무관서 등은 실익이 있으면 공매대행을 의뢰하여 공매절차가 진행되고, 실익이 없으면 공매를 진행하지 않게된다.

(3) 세무관서 등의 KAMCO에 공매대행 의뢰서 통지와 체납자 및 이해관계인 등에 통지

첫 번째로 국세 압류재산 공매는 국세징수법 시행령 제66조(공매대행 의뢰 등)

제1항 관할 세무서장은 법 제103조 제1항 제1호에 따른 공매(공매와 관련한 같은 항 제3호 및 제4호의 업무를 포함한다)를 **한국자산관리공사에 대행하게 하는 경우 기획재정부령으로 정하는 공매대행 의뢰서를 한국자산관리공사에 보내야 한다.**

제2항 관할 세무서장은 제1항에 따른 공매대행의 사실을 다음 각 호의 자에게 통지해야 한다.

1. 체납자, 2. 납세담보물 소유자, 3. 공매의 대상이 되는 재산에 전세권·질권·저당권 또는 그 밖의 권리를 가진 자, 4. 법 제49조(압류 동산의 사용·수익) 제1항 전단에 따라 압류재산을 보관하고 있는 자.

제3항 관할 세무서장은 공매 여부 결정을 위하여 필요한 경우 제1항에 따라 공매대행을 의뢰하기 전에 **한국자산관리공사에 해당 압류재산의 공매를 통한 매각의 적절성 등에 관한 분석을 의뢰할 수 있다.**

두 번째로 지방세 압류재산 공매는 지방세징수법 시행령 제91조의2(공매대행 의뢰 등)

제1항 지방자치단체의 장은 법 제103조의2 제1항 제1호에 따라 **압류재산의 공매를 공매등대행기관에 대행하게 하는 경우에는 행정안전부령으로 정하는 공매대행 의뢰서를 공매등대행기관에 보내야 한다.**

제2항 지방자치단체의 장은 제1항에 따라 **공매를 대행하게 하는 경우 공매대행 사실을 다음 각 호의 자에게 통지해야 한다. 통지대상자는 국세징수법 시행령 제66조 제2항과 같다.**

◆ KAMCO의 공매대행 업무

관할 세무서장 등은 압류한 부동산등, 동산, 유가증권, 그 밖의 재산권과 제52

조 제2항에 따라 체납자를 대위하여 받은 물건을 대통령령으로 정하는 바에 따라 공매에 붙이고(국세징수법 제66조 1항과 지방세징수법 제71조 제1항), 공매는 원칙적으로 입찰의 방법에 의한다. 그리고 세무서장 등은 압류한 재산의 공매에 전문 지식이 필요하거나 그 밖에 특수한 사정이 있어 직접 공매하기에 적당하지 아니하다고 인정할 때에는 대통령령으로 정하는 바에 따라 한국자산관리공사로 하여금 공매를 대행하게 할 수 있으며 이 경우의 공매는 세무서장 등이 한 것으로 본다(국세징수법 제103조 1항과 지방세징수법 제103조의3 제1항). 1항에 따라 압류한 재산의 공매를 한국자산관리공사가 대행하는 경우에는 "세무서장"은 "한국자산관리공사"로, "세무공무원"은 "한국자산관리공사의 직원(임원을 포함한다. 이하 같다)"으로, "공매를 집행하는 공무원"은 "공매를 대행하는 한국자산관리공사의 직원"으로, "세무서"는 "한국자산관리공사의 본사·지사 또는 출장소"로 보고 있다. 이렇게 한국자산관리공사가 국세징수법 제103조 제1항에 따라 세무관서 등으로부터 공매대행을 받을 경우 실무의 절차로 공매대행을 받았다는 뜻과 자진납부를 최고하는 공매대행통지서를 체납자·이해관계인 등에게 송달해야 한다. 그 다음 매각절차로 공매기일을 열어 매각되면 매각결정을 하고, 매수인이 매각대금을 완납하면 체납자를 대위하여 매수인을 위하여 등기소에 권리이전과 제 등기 말소를 촉탁하는 절차를 진행한다. 그리고 배분기일을 열어 공매위임관서와 배분에 참여할 수 있는 채권자 등에게 배분하는 절차로 공매가 마무리된다.

◆ 압류재산 공매집행비용

국세징수법시행규칙 제78조 제2항 관련 별표 3의 공매대행 수수료율은 ① 완납 수수료율(공매공고 전 0.6%, 공매공고 후 매각결정 전 0.9%, 매각결정 후 대금납부 전 1.2%), ② 해제 수수료율(공매공고 전 0.6%, 공매공고 후 매각결정 전 0.9%, 매각결정 후 대금납부 전 1.2%), ③ **매각 수수료율 3.6%**, ④ 매각결정 취소 수수료율 2.4%이다.

따라서 국세와 공과금 압류재산 공매 집행비용은

① 매각대금수수료= 매각대금×3.6%, ② 압류재산 공매 공매공고등기를 할 때 등기비용이 면제, ③ 부동산현황조사료, ④ 송달료, ⑤ 신문공고료, ⑥ 감정평가비용 등이 발생한다. 그래서 ① 매각수수료율 3.6%와 ③~⑥ 수수료율 0.2%를 추가해 총 3.8%를 매각대금에 곱한금액으로 공매 집행비용을 계산하면 될 것이다.

반면, 지방세징수법 시행규칙 제73조의8(매각대행수수료) 별표의 지방세 압류재산 공매 매각대행수수료는 인상되지 않아서 종전과 같이 매각수수료 3%(최저수수료 30만원)와 매각결정 취소 수수료 1.2%(최저수수료 24만원)만 차이가 있고, 나머지 수수료는 국세와 동일하다. 따라서 매각수수료 3.0%와 ③~⑥ 수수료율 0.2%로 총 3.2%를 곱한금액으로 공매집행비용을 계산하면 된다. 〈공매물건별 공매집행비용 계산 방법은 176~178쪽 06 공매물건별 공매집행비용 계산 방법을 참고하면 된다〉

◆ KAMCO의 공매대행에 따른 공매 매각절차

공매대행을 의뢰 받은 한국자산관리공사는 공매를 다음과 같은 절차로 진행한다.

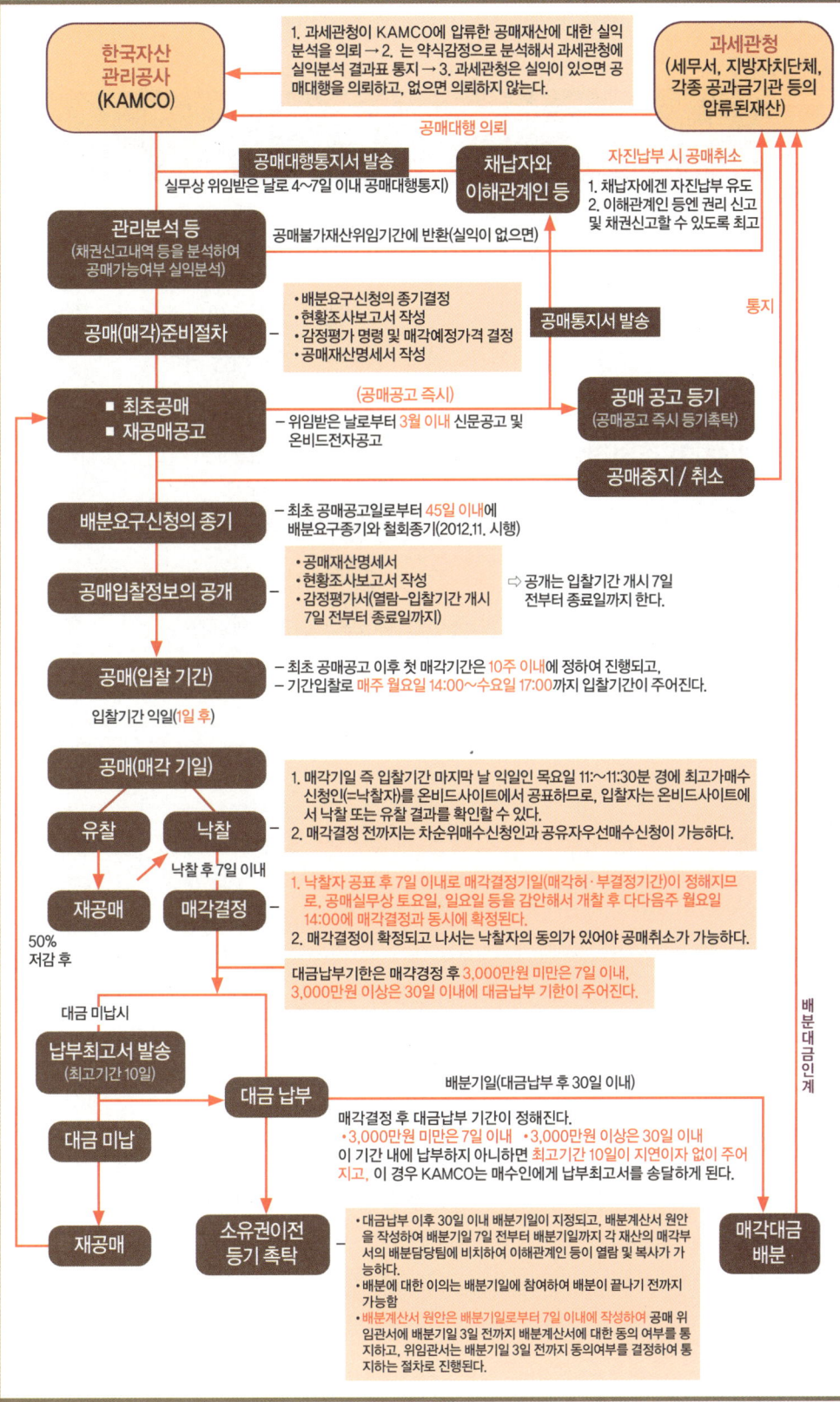

02 공매대행의 통지와 공매 준비절차

◆ 체납자와 이해관계인 등에 대한 공매대행의 통지

세무관서 등으로부터 공매대행을 받은 한국자산관리공사는 위임받은 날로부터 즉시(실무에서는 4~7일 이내) 이해관계인 등에게 이를 통지해야 된다.

◆ 공매(매각) 준비절차

(1) 공매물건에 대한 감정평가와 최저 매각예정가격결정(국징법 제68조 제1항, 제2항)

(2) 공매대상물건에 대한 현황조사(국징법 제69조 제1항, 제2항)

(3) 배분요구신청의 종기 결정 및 배분요구종기 연기(국징법 제72조 제4항)

(4) 공매재산명세서의 작성 및 비치 등(국징법 77조)

◆ 공매 공고 후 공매공고 등기와 공매통지서 발송

(1) 공매공고 절차 및 시기(국징법 제72조 제1항~제4항)

한국자산관리공사가 공매를 대행하는 경우 공매공고는 본사·지사 게시판에 게시 및 전자자산처분시스템(온비드)을 통하여 공고하고 필요한 경우 일간신문에 게재한다(통상 매각금액이 500만원 이상인 경우 일간신문에 공고). 이 공매공고는

① 위임 받은 날로부터 3월 이내에 하여야 하며, 공매공고 즉시

② 공매공고등기 촉탁과 공매통지서 발송하고, 첫 매각은 공매공고 후 10주 이내에 진행하게 된다.

(2) 공매공고등기와 소액임차인의 대항력

① 2012. 01. 01.부터 공매공고 등기제도가 시행되도록 국세징수법이 개정되어, 세무서장은 공매공고 후 즉시 공매공고등기를 촉탁해야 된다.

② 주택임대차보호법 제8조(상가건물임대차보호법 제14조) 제1항 임차인은 보증금 중 일정액을 다른 담보물권자보다 우선하여 변제받을 권리가 있다. 이 경우 임차인은 주택에 대한 경매신청의 등기 전에 제3조 제1항의 요건(대항력)을 갖추어야 한다. 이는 압류재산 공매절차에서 마찬가지로 공매공고 등기 전에 제3조 제1항의 요건(대항력)을 갖추고 있어야 한다.

③ 최우선변제권은 대항력을 배당요구종기 시까지 유지하고 있어야 한다.

(3) 이해관계인에 대한 공매통지서 발송

공매공고를 한 때에는 세무서장 등은 국세징수법 제75조(공매통지) 규정에 의하여 공매통지서를 다음과 같은 이해관계인 등에게 통지해야 한다.

① 체납자

② 납세담보물 소유자

③ 공매재산이 공유물의 지분인 경우 공매공고의 등기 또는 등록 전일 현재의 공유자, 공매재산이 부부공유의 동산·유가증권인 경우: 배우자

④ 공매재산에 대하여 공매공고의 등기 또는 등록 전일 현재 전세권·질권·저당권 또는 그 밖의 권리를 가진 자에게 통지하여야 한다. 여기서 그밖의 권리를 가진 자란 공매공고등기 전에 등기부에 등기된 가압류권자, 압류권자, 가처분권자, 강제경매신청자, 지상권, 지역권, 등기된 임차권, 가등기, 토지별도등기 등이다.

⑤ 그리고 국세징수법 제76조 제7항에 따라
1. 행정안전부(지방세 등으로 부동산소재지 관할 지자체 등)
2. 국세청(체납자주소지 관할 세무서 등)

3. 관세청

4. 「국민건강보험법」에 따른 국민건강보험공단

5. 「국민연금법」에 따른 국민연금공단

6. 「산업재해보상보험법」에 따른 근로복지공단의 장에게 배분요구의 종기까지 배분요구를 하여야 한다는 사실을 통지하고 있다.

이 공매통지서는 배달증명으로 송달하고 있다.

◇ 공매 재산명세서 작성과 공매물건 기본정보 제공

(1) 공매재산명세서의 작성

세무서장은 공매재산에 대하여 제69조(공매재산에 대한 현황조사)에 따른 현황조사를 기초로 다음 각 호 의 사항이 포함된 공매재산명세서를 작성하여야 한다(국세징수법 제77조 1항).

1. 공매재산의 명칭, 소재, 수량, 품질, 매각예정가격, 그 밖의 중요한 사항. 2. 공매재산의 점유자 및 점유 권원, 점유할 수 있는 기간, 차임 또는 보증금에 관한 관계 인의 진술. 3. 제76조 제1항 및 제2항에 따른 배분요구 현황 및 같은 조 제4항에 따른 채권신고 현황. 4. 공매재산에 대하여 등기된 권리 또는 가처분으로서 매각으로 효력을 잃지 아니하는 것. 5. 매각에 따라 설정된 것으로 보게 되는 지상권의 개요 등.

(2) 공매물건에 대한 기본정보 제공

세무서장은 입찰 시작 7일 전부터 입찰 마감 전까지 세무서에 ① 공매재산명세서, ② 감정인이 평가한 가액에 관한 자료, ③ 그 밖에 입찰가격을 결정하는 데 필요한 자 료 등을 갖추어 두거나 정보통신망을 이용하여 게시함으로써 입찰에 참가하려는 자 가 열람할 수 있게 하여야 한다(국세징수법 제77조 2항). 실무적으로 온비드에 게재해서 입찰자 누구나 자유롭게 열람할 수 있다. 특히 매수인(=낙찰자)이 임차인 등의 배분금을 확인하는 방법은 317쪽 (5)번을 참고하면 된다.

03 공매 입찰 방법과 입찰참여 횟수, 입찰보증금 납부 방법

◆ 공매 입찰 시 입찰자격의 제한(국세징수법 제80조)

체납자, 관련공무원 등(공매 관련 세무서 및 지방자치단체 공무원, 공매 관련공과금 기관 직원 등), 한국자산관리공사 직원, 매각부동산을 평가한 감정평가사 등은 직접적으로든 간접적으로든 압류재산을 매수하지 못한다.

◆ 입찰할 때 알고 있어야 할 내용

온비드 화면 좌측(입찰유형 박스) 또는 하단에 있는 입찰정보 내역에서

① 전자보증서 사용 가능 여부(입찰보증금을 현금이 아닌 보증보험증권으로 대체할 수 있는지 여부를 표시)

② 공동입찰 가능 여부(공동으로 입찰할 수 있는가를 표시)

③ 대리입찰 가능 여부(대리인이 입찰할 수 있는지 여부를 표시)

④ 차순위 매수신청 가능 여부

⑤ 2인 미만 유찰 여부(1인이 입찰하면 무효가 되는지, 또는 유효한 입찰이 되는가를 표시함)

⑥ 2회 이상 입찰 가능여부(동일물건에 동일인이 2회 이상 입찰서를 제출할 수 있는가와 불가능한가를 표시함)

◆ 온비드 공매 입찰서 제출과 개찰 방법(국세징수법 제82조)

① 공매를 입찰의 방법으로 하는 경우 공매재산의 매수신청인은 그 성명·주소·거소, 매수하려는 재산의 명칭, 매수신청가격, 공매보증, 그 밖에 필요한 사항을 입찰서에 적어 개찰이 시작되기 전에 공매를 집행하는 공무원에게 제출하여야 한다.

② 개찰은 공매를 집행하는 공무원이 공개적으로 각각 적힌 매수신청가격을 불러 입찰조서에 기록하는 방법으로 한다.

③ 공매를 집행하는 공무원은 최고가 매수신청인을 정한다. 이 경우 최고가 매수신청가격이 둘 이상이면 즉시 추첨으로 최고가 매수신청인을 정한다.

④ 공매를 집행하는 공무원은 제3항 후단을 적용할 때 해당 매수신청인 중 출석하지 아니한 자 또는 추첨을 하지 아니한 자가 있는 경우 입찰 사무와 관계없는 공무원으로 하여금 대신하여 추첨하게 할 수 있다.

⑤ 공매를 집행하는 공무원은 공매예정가격 이상으로 매수신청한 자가 없는 경우 즉시 그 장소에서 재입찰을 실시할 수 있다.

◆ 본인이 입찰서를 작성하는 방법과 대리인 또는 공동으로 입찰하는 방법

(1) 본인이 입찰서를 작성하여 제출하는 방법
- 이 내용은 Part 9의 02번 269쪽을 참고해서 작성하면 된다.

(2) 대리인이 입찰서를 작성하여 제출하는 방법
- 이 내용은 Part 9의 02번 270쪽을 참고해서 작성하면 된다.

(3) 공동으로 입찰서를 작성하여 제출하는 방법
- 이 내용은 Part 9의 02번 273쪽을 참고해서 작성하면 된다.

◆ 공매물건별로 입찰참여 횟수가 다르다!

인터넷공매 중에서 국유재산과 이용기관재산 공매를 제외하고는 압류재산공매, 수탁재산공매, 유입자산공매 등은 인터넷입찰서 제출 후 보증금 납부 전까지 또는 납부 후라도 입찰 마감 전까지는 2회 이상 다시 입찰에 임할 수 있다.

◆ 공매 입찰보증금과 납부 방법

① 입찰보증금은 2015. 12. 31. 까지 최초공매공고물건까지는 매수희망가의

100분의 10이나 2016. 01. 01. 부터는 매각예정가격의 10% 이상 납부(최저매각예정가액의 10%)하면 된다. 이는 국세징수법 제71조 제2항에 규정하고 있다.

② 입찰보증금이 1,000만원 이하인 경우만 일시납부만 인정되지만, 1,000만원을 초과하는 입찰보증금은 입찰 마감 시까지, 온비드상에서 주어진 가상계좌로 여러 번 본인 또는 제3자 명의로 나누어 입금하는 것도 가능하다.

③ 입찰보증금은 입찰서 제출 시 등록한 환불계좌(내가 낙찰 받지 못하고 보증금을 반환 받는 계좌)에서 입찰보증금 납부용 가상계좌로 이체하는 방법으로만 입금하여야 한다. (단, 10억 원 이상의 입찰보증금을 한 번에 입금하는 경우에는 예외로 한다)

알아두면 좋은 내용

온비드 화면에서 입찰서 제출 완료와 입찰보증금 납부를 확인하는 방법
이 내용은 Part 9의 03번 278쪽~282쪽을 참고해서 작성하면 된다.

◆ 남을 가망이 없는 경우 공매와 경매 취소

(1) 국세징수법 제78조(국세에 우선하는 제한물권 등의 인수 등)

관할 세무서장은 공매재산에 압류와 관계되는 국세보다 우선하는 제한물권 등이 있는 경우 제한물권 등을 매수인에게 인수하게 하거나 매수대금으로 그 제한물권 등에 의하여 담보된 채권을 변제하는 데 충분하다고 인정된 경우가 아니면 그 재산을 공매하지 못한다.

(2) 민사집행법 제102조(남을 가망이 없을 경우의 경매취소)

제1항 법원은 최저매각가격으로 압류채권자의 채권에 우선하는 부동산의 모든 부담과 절차비용을 변제하면 남을 것이 없겠다고 인정한 때에는 압류채권자에게 이를 통지하여야 한다.

04 입찰의 마감 및 개찰, 그리고 입찰보증금 반환

◇ 입찰의 마감 및 개찰

압류재산 인터넷공매에서는 월요일 14:00 ~ 수요일 17:00까지 3일간의 입찰기간이 주어지며, 익일 목요일 11시에 개찰해서 최고가매수신청인(낙찰자)을 공표하고 있다. 그래서 입찰자들은 이 시간에 입찰결과를 온비드화면에서 나의 온비드를 검색해서 확인할 수 있다.

◇ 입찰보증금 보관 및 반환

최고가매수신청인(낙찰자) 1명의 입찰보증금만 위임기관의 보관계좌로 입금하고, 그 밖의 낙찰되지 못한 사람은 입찰서 제출 시에 기재한 환급계좌에 즉시 이체된다.

> 국세징수법 제71조 제4항 관할 세무서장은 다음 각 호의 경우 다음 각 호의 구분에 따른 자가 제공한 공매보증을 반환한다.
>
> 1. 개찰(開札) 후: 최고가 매수신청인을 제외한 다른 매수신청인
>
> 2. 매수인이 매수대금을 납부하기 전에 체납자가 매수인의 동의를 받아 압류와 관련된 체납액을 납부하여 제86조 제1호(매각결정 후 체납자가 매수인의 동의를 얻어 매각결정을 취소한 경우)을 한 에 따라 압류재산의 매각결정이 취소된 경우: 매수인
>
> 3. 차순위 매수신청인이 있는 경우로서 매수인이 대금을 모두 지급한 경우: 차순위 매수신청인

◇ 압류재산 공매 입찰에서 매수신청인이 없는 경우 재공매

① 국세징수법 제87조(재공매) 제2항 관할 세무서장은 재공매를 할 때마다 최초의 공매예정가격의 100분의 10에 해당하는 금액을 차례로 줄여 공매하며, 최초의 공매예정가격의 100분의 50에 해당하는 금액까지 차례로 줄여 공매하

여도 매각되지 아니할 때에는 제68조에 따라 새로 공매예정가격을 정하여 재공매를 할 수 있다.

② 지방세징수법 제91조(재공매) 제3항 지방자치단체의 장은 재공매할 때마다 매각예정가격의 100분의 10에 해당하는 금액을 차례로 줄여 공매하며, 매각예정가격의 100분의 50에 해당하는 금액까지 차례로 줄여 공매하여도 매각되지 아니할 때에는 제74조에 따라 새로 매각예정가격을 정하여 재공매할 수 있다.

공매 회차별 입찰정보와 재공매 공고 후 재매각 절차

(1) **2024년 12월 31일까지 최초공매 공고한 물건은** 국세징수법 제87조와 지방세징수법 91조에 따라 1회차 최초매각예정금액의 100분의 100부터 시작해서, 유찰로 재매각 시 최초매각예정금액의 10%씩 저감하여…. 6회차 100분의 50까지 매각절차를 진행한다.

(2) **2025년 1월부터 최초공매 공고한 물건은** ① 국세징수법 제87조와 지방세징수법 91조 규정에도 불구하고, 국세청 압류재산 매각대행 업무처리요령 개정으로 법 제57조 제1항 제4호 본문(총 재산의 추산가액이 강제징수비를 징수하면 남을 여지가 없어 강제징수를 종료할 필요가 있는 경우)에 해당될 때까지 계속 재공매할 수 있도록 변경되어 시행 중이다.
따라서 1회차 최초매각예정금액의 100분의 100부터 시작해서, 유찰로 재매각 시 최초매각예정금액의 10%씩 다음 도표와 같이 저감하여… 10회차 100분의 10까지 진행한다.

1회차	2회차	3회차	4회차	5회차	6회차	7회차	8회차	9회차	10회차
100%	90%	80%	70%	60%	50%	40%	30%	20%	10%
10억원	9억원	8억원	7억원	6억원	5억원	4억원	3억원	2억원	1억원

② 100분의 10까지 매각절차를 진행했으나 입찰자가 없는 경우 100분의 10에 해당하는 금액으로 재공매 공고 후 재매각절차를 진행할 수도 있다. 이때 재공매 1회차 매각예정금액은 최초매각예정금액의 100분의 10인 1억원이며, 각 회차별 저감금액은 1억원의 10%에 해당하는 1,000만원씩 정액으로 감액하는 방법으로 진행한다.

05 매각결정의 효력과 매각결정 취소 시 보증금 반환 여부

◆ 매각결정의 효력과 교부방법

　세무서 등의 압류재산 공매인 경우 최고가매수신청인(=낙찰자)을 온비드상에 공표(목요일 11:00 경)하고 7일이내 매각결정기일을 정해야 한다(국세징수법 제72조 제5항). 공매실무상 토요일, 일요일 등을 감안하여 개찰 후 다다음주 월요일 14:00에 매각결정을 내리고, 매각결정 즉시 확정되는 효력이 발생한다(국세징수법 제84조 제2항). 매각결정서 교부 방법은 본인이 직접 온비드에 접속하여 상단 나의 온비드를 검색해서 교부 받으면 된다.

김선생 TIP

국세징수법 제72조 제5항 <u>제1항 제9호에 따른 매각결정기일은</u> 같은 항 제4호에 따른 개찰일부터 7일(토요일, 일요일, 공휴일에 관한 법률 제2조의 공휴일 및 같은 법 제3조의 대체공휴일은 제외한다) 이내로 정하여야 한다.
이 조항에 따라 2023년 1월 1일 최초공매공고분부터 개찰일로부터 7일 이내로 정한 날에 매각결정을 하고 있다. 그런데 토요일과 일요일 등을 감안해서 **공매 실무상 매각결정기일은 개찰 후 다다음주 월요일 14:00에 매각결정한다.**

◆ 공유자우선매수신청과 차순위매수신청을 하는 방법

(1) 공유자 · 배우자의 우선매수권(징수법 제79조)

　① 공유자는 공매재산이 공유물의 지분인 경우 매각결정기일 전까지 공매보증을 제공하고 다음 각 호의 구분에 따른 가격으로 공매재산을 우선매수하겠다는 신청을 할 수 있다.
　1. 최고가 매수신청인이 있는 경우 : 최고가 매수신청가격
　2. 최고가 매수신청인이 없는 경우 : 공매예정가격

② 체납자의 배우자는 공매재산이 제48조 제4항에 따라 압류한 부부공유의 동산 또는 유가증권인 경우 제1항을 준용하여 공매재산을 우선매수하겠다는 신청을 할 수 있다.

③ 관할 세무서장은 제1항 또는 제2항에 따른 우선매수 신청이 있는 경우 제82조 제3항 및 제87조 제1항 제1호에도 불구하고 그 공유자 또는 체납자의 배우자에게 매각결정을 하여야 한다.

④ 관할 세무서장은 여러 사람의 공유자가 우선매수 신청을 하고 제3항의 절차를 마친 경우 공유자 간의 특별한 협의가 없으면 공유지분의 비율에 따라 공매재산을 매수하게 한다.

⑤ 관할 세무서장은 제3항에 따른 매각결정 후 매수인이 매수대금을 납부하지 아니한 경우 최고가 매수신청인에게 다시 매각결정을 할 수 있다.

이때 종전 낙찰자(최고가매수신청인)는 차순위매수신청인의 지위를 갖게 되므로 다음과 같은 선택을 해야 한다.

① 종전 최고가매수신청인이 차순위매수신청인의 지위를 포기할 수 있는 기간은 공유자우선매수신청인에게 매각결정하기 전까지 할 수 있고, 차순위매수신청인의 지위 포기와 동시에 입찰보증금을 반환 받게 된다. 이때 제출하게 되는 서류가 최고가매수신청인 지위 포기신청서이다.

② 차순위매수신청인의 지위를 유지하게 되면 매수인(공유지분우선매수청구권자)이 대금납부를 해야 차순위매수신청인 지위에서 벗어날 수 있고 이때 입찰보증금을 반환받게 된다.

공유자우선매수신청 방법에 대한 자세한 내용은 285쪽을 참고하면 된다.

(2) 차순위매수신청 방법

차순위매수신청을 할 수 있는 사람은 최고가매수신청가격(낙찰금액) − 공매보증금 이상으로 입찰한 자가 차순위매수 신청을 할 수 있다. 그리고 **매각결정기일**

은 개찰일의 다다음주 월요일 14:00에 결정하고 있다.

① 최고가 매수신청인이 결정된 후 해당 최고가 매수신청인 외의 매수신청인은 매각결정기일 전까지 공매보증을 제공하고 제86조 제2호 또는 제3호에 해당하는 사유로 매각결정이 취소되는 경우 최고가 매수신청가격에서 공매보증을 뺀 금액 이상의 가격으로 공매재산을 매수하겠다는 신청(이하 "차순위 매수신청")을 할 수 있다(징수법 제83조 1항). 차순위매수신청 방법은 ㉮ 온비드 화면에서 "나의 온비드"를 클릭해서 차순위매수신청 가능 여부를 확인하고, 가능하다면 온비드에서 차순위매수신청절차를 진행하고, ㉯ 온비드 자료실에서 차순위매수신청서를 다운받아 작성하고와 신분증, 통장사본을 가지고 공매담당자에게 매각 결정기일 전까지 제출하면 된다(궁금한 내용은 콜센터 1588-5321로 문의해서 진행하면 된다).

② 관할 세무서장은 제1항에 따라 차순위 매수신청을 한 자가 둘 이상인 경우 최고액의 매수신청인을 차순위 매수신청인으로 정하고, 최고액의 매수신청인이 둘 이상인 경우에는 추첨으로 차순위 매수신청인을 정한다(제83조 제2항).

③ 관할 세무서장은 차순위 매수신청이 있는 경우제86조 제2호에 해당하는 사유로 매각결정을 취소한 날부터 3일(토요일, 일요일,공휴일에 관한 법률제2조의 공휴일 및같은 법 제3조의 대체공휴일은 제외한다) 이내에 차순위 매수신청인을 매수인으로 정하여 매각결정을 할 것인지 여부를 결정하여야 한다(제3항).

차순위매수신청 방법에 대한 자세한 내용은 286쪽을 참고하면 된다.

◆ 전세사기피해자법에 따른 임차인 우선매수권

(1) 법원 경매절차에서 우선매수권

전세사기피해자 지원 및 주거안정에 관한 특별법(약칭:전세사기피해자법) 제20조(경매절차에서 우선매수권) 제1항 전세사기피해주택을 「민사집행법」에 따라 경매하는 경우 전세사기피해자는 매각기일까지 같은 법 제113조에 따른 보증을 제공하고 최고매수신고가격과 같은 가격으로 우선매수하겠다는 신고를 할 수 있다.

(2) 압류재산 공매절차에서 우선매수권

전세사기피해자 지원 및 주거안정에 관한 특별법 제21조(국세징수법에 따른 공매절차에서 우선매수권) 및 제22조(지방세징수법에 따른 공매절차에서 우선매수권), 제25조 제2항에 따른 전세사기피해자의 우선매수 신청이 있는 경우, 전세사기피해자는 매각기일까지 같은 법 제113조에 따른 보증을 제공하고 최고매수신고가격과 같은 가격으로 우선매수하겠다는 신고를 할 수 있다.

1. 최고가 매수신청인이 있는 경우 : 최고가 매수신청가격
2. 최고가 매수신청인이 없는 경우 : 공매예정가격

공유자, 배우자, 전세사기피해자법에 의한 우선매수 신청 시 최고가매수신청인의 지위

① **최고가 매수신청인이 없는 경우에는** 매각결정기일을 다음회차 입찰 전까지로 하므로 다음회차 입찰 전까지 공유자, 배우자, 전세사기피해자법에 의한 우선매수 신청을 하여야 한다.

② **최고가 매수신청인이 있는 경우에는** 공유자, 배우자, 임차인이 전세사기피해자법에 의한 우선매수 신청을 매각결정기일 전까지 하여야 한다. 이 경우 최고가매수신청인은 매각결정기일 전까지 최고가 매수신청인의 지위를 유지할지, 아니면 포기할지 여부를 신청하여야 한다. 최고가매수신청인의 지위를 포기하면 바로 입찰보증금을 반환 받고, 포기하지 않으면 차순위매수신청인의 지위에 놓에게 되므로, 우선매수신청자가 잔금을 납부할 때까지 입찰보증금을 반환 받을 수 없다.

③ **2인 이상의 공유자, 배우자, 전세사기피해자법에 의한 우선매수 신청 시** : 공유자 간의 특별한 협의가 없으면 공유지분 비율에 따라 공매재산을 매수하게 되며, 우선매수 신청을 한 공유자는 각각 공매보증금 전액을 납부하여야 한다.

◆ 매각결정취소, 그리고 공매보증금 반환 여부

(1) 매각결정 이전에 공매취소 방법

공매에서 낙찰되지 않았거나 낙찰자가 결정되었더라도 매각결정되기 전까지는 체납자 또는 제3자가 국세징수법 제88조(공매의 취소 및 정지)에 의거 압류에 관

련된 세금 및 가산금과 체납분을 완납할 경우 공매를 취소하고 공매취소 사실을 공고하여야 한다. 따라서 최고가매수신청인 결정 후 매각결정 전까지는 체납자겸 소유자가 최고가매수신청인 동의 없이 체납액을 상환하거나 국세징수법 제88조에 의해 공매를 취소할 수 있다.

(2) 매각결정 이후에 공매를 취소하는 방법

최고가매수신청인(낙찰자)에게 매각결정되고 나서 매수인(매각결정 후에는 최고가매수신청인의 지위가 매수인으로 변경) 매수대금을 납부하기 전까지 체납자겸 소유자가 매수인의 동의를 얻어 압류와 관련된 체납액 및 체납처분비를 납부하고 매각결정의 취소를 신청하는 경우 공매는 취소된다.

국세징수법 제86조(매각결정의 취소) 제1호 제84조에 따른 매각결정을 한 후 매수인이 매수대금을 납부하기 전에 체납자가 압류와 관련된 체납액을 납부하고 매각결정의 취소를 신청하는 경우. 이 경우 체납자는 매수인의 동의를 받아야 한다. 이 규정에 따라 매수인의 동의가 필요하다.

(3) 매수인이 대금을 납부하지 아니한 경우(국징법 제86조 제3호)

매수인이 매각대금을 납부하지 아니하는 경우 매각결정은 취소되고 재공매 절차가 이루어진다. 이때 입찰보증금은 몰수되어 경매법원처럼 배당재단에 포함되는 것이 아니라 1순위로 체납처분비, 2순위로 위임관서의 압류세금, 3순위로 체납자겸 소유자에게 배분하게 된다.

(4) 공매와 경매가 동시에 매각되는 절차에서 경매낙찰자가 먼저 대금 납부한 경우

공매와 경매가 동시에 매각되는 절차에서 법원경매 매수자가 매각대금을 먼저 납부한 경우 공매절차는 취소된다. 이때 공매 매수인은 보증금을 반환 받을 수 있다.

◇ 공매 매각결정 후에는 매수인 동의가 있어야만 취소할 수 있다는 법원 판결

(1) 조세심판원 2024. 06. 17. 선고 2023지4029 판결

① 개정된 국세징수법 제78조(매각결정의 취소)(현행 제86조) 제1항 1호~3호

와 지방세징수법 제95조(매각결정의 취소) 제1항 1호~3호에서 매각결정의 취소 요건으로 개정 전 "매각결정을 한 이후 매수인이 매수대금을 지정된 기한까지 납부하지 아니한 때" 이외에 **"매수인이 매수대금을 납부하기 전에 체납자가 매수인의 동의를 받아 압류와 관련된 체납액을 납부하고 매각결정의 취소를 신청하는 경우"를 신설하였는바**, 동 규정은 압류재산의 매각결정 이후 체납자 보호와 매수인 보호라는 이해관계를 조정하기 위하여 종전 불분명하였던 매각결정 효력의 기준시점 및 취소요건을 명확히 한 것이라 하겠다.

② 쟁점 부동산에 대하여 쟁점 매각결정이 이루어진 이 건의 경우, **비록 청구인이 체납액을 완납하였다 하더라도 매수인의 동의를 얻지 못하였다면, 지방세징수법 제95조 제1항 제1호에서 규정하는 매각결정 취소의 요건을 충족하지 못하였다고 봄이 타당하므로, 쟁점 매각결정 이후 매수인이 매수대금을 납부하기 전 청구인이 압류와 관련된 체납액을 완납했다는 사유만으로는 처분청이 쟁점 부동산에 대해 한 쟁점 매각결정을 취소할 수는 없다고 판단했다.**

(2) 조세심판원 2017. 8. 24. 선고 2017서1196 판결

청구인이 쟁점 부동산의 매수대금을 최고기한까지 완납하지 아니하여 쟁점 보증금 중 일부를 체납처분비에 충당하고 나머지 금액을 체납자에게 준 처분은 달리 잘못이 없어 보이는 점, **매수대금을 납부하기 전 체납 세액이 완납되었다 하더라도 기존의 매각결정은 여전히 유효하여 청구인이 쟁점 부동산의 소유권을 취득할 수 있었던 점 등에 비추어 처분청이 청구인에게 쟁점보증금의 반환을 거부한 처분은 잘못이 없는 것으로 판단했다.**

(3) 조세심판원 2024. 02. 07. 선고 2023구10793 판결

쟁점 부동산에 대한 공매절차에서 공매 대상 물건에 대한 실물확인, 실제 현황 확인 등이 입찰자의 책임 아래에 있음이 "압류재산 인터넷공매 입찰참가자 준수규칙", 공매공고 전문의 주의사항 등을 통하여 입찰자인 청구법인에게 고지되었는바, **쟁점부동산에 대한 유치권의 존재 여부가 비록 공매공고에 명시되어 있지 아니하더라도** 이를 들어 이 건 공매에 중대한 하자가 있다고 보기 어려운 점, 공매 대상 물건의 공고된 내용과 실제 현황이 다를 경우에 그에 대한 확인 책임은 입찰자에게 있다할 것인바 청구법인이 쟁점 부동산에 대한 현장조사를 소홀히 한 것으로 보이는 등 국세기본법」 제57조 제1항 단서에 따른 중대한 손해가 생기는 것을 예방할 필요성이 긴급하다고 인정하기 어려운 점 등에 비추어 볼 때, **쟁점 부동산의 공매절차에 중대한 하자가 있다거나 공매절차의 집행을 정지하여야 한다는 등의 청구법인의 주장을 받아들이기 어렵다고 판단된다.**

(4) 대법원 2009. 9. 24. 선고 2009두1085 판결

이 대법원의 핵심 판단요지는 공매절차에서 매각결정이 이루어진 이후에는 낙찰자의 권리가 확정되므로, 체납자가 체납액을 납부하거나 법원이 공매집행정지를 결정하더라도, 낙찰자의 동의 없이 매각결정을 취소할 수 없다는 것이 대법원의 판단이다.

① 지방세징수법 제95조 제1항 제1호에 따르면, 매각결정 후 체납자가 체납액을 납부하더라도 매수인의 동의 없이는 매각결정을 취소할 수 없다고 규정되어 있다.

② 대법원은 이 규정을 근거로, 체납자가 납부하거나 법원이 공매집행정지를 결정하더라도 이미 성립된 매각결정은 매수인의 동의 없이는 취소할 수 없다고 판시했다.

③ 이는 공매절차의 법적 안정성과 낙찰자가 신뢰하고 참여한 절차에 대한 권리 보호를 위한 것이다.

공매 실무에서는 매각결정 이후에 법원의 공매집행정지 결정문이 공매집행기관에 도달되면, 체납자의 본안 소송 판결이 확정될 때까지 공매 매각결정 효력을 정지했다가 법원의 결정에 따라 정지를 취소하고 잔금 납부기한을 다시 정해서 잔금을 매수인에게 통지하고 있다.

06 매수대금 납부기한과 소유권이전등기 절차

◆ 매각결정과 매수대금 납부기한(징수법 제84조)

최고가매수신청인에게 공매 개찰 다다음주 월요일 14:00에 매각결정을 하고 매각결정통지서를 교부한다. 이 매각결정통지서에는 매수인에게 대금지급기한을 정하여 교부하게 되는데, ① 매각대금이 3,000만원 미만인 경우는 7일 이내, ② 3,000만원 이상인 경우는 30일 이내로 납부기한을 정하여 매각결정통지서를 교부한다.

(1) 매각결정과 매각결정기일 연기

국세징수법 제84조 제1항 관할 세무서장은 다음 각 호의 사유가 없으면 매각결정기일에 제82조에 따른 최고가 매수신청인을 매수인으로 정하여 매각결정을 하여야 한다.

제2항 관할 세무서장은 최고가 매수신청인이 공매재산의 매수인이 되기 위하여 다른 법령에 따라 갖추어야 하는 자격을 갖추지 못한 경우에는 매각결정기일을 1회에 한정하여 당초 매각결정기일부터 10일 이내의 범위에서 연기할 수 있다.

제3항 매각결정의 효력은 매각결정기일에 매각결정을 한 때에 발생한다.

(2) 매각결정 통지서 발급과 대금납부기한

국세징수법 제84조 제4항 관할 세무서장은 매각결정을 한 경우 매수인에게 대금납부기한을 정하여 매각결정 통지서를 발급하여야 한다.

제5항 제4항의 대금납부기한은 매각결정을 한 날부터 7일 이내로 한다. 다만, 관할 세무서장이 필요하다고 인정하는 경우에는 그 대금납부기한을 30일의 범위에서 연장할 수 있다.

◇ 채무인수와 매수대금 차액지급

(1) 채무인수

압류재산공매절차에서는 민사집행법 제143조 제1항에 따른 채무인수 방식으로 매매대금을 납부하는 제도가 없다.

(2) 매수대금 차액지급

국세징수법 제84조의2에 따라 압류재산 공매물건에 저당권, 전세권 또는 가등기담보권, 대항력 있는 임차권 또는 등기된 임차권을 가진 채권자가 해당 공매물건을 매수하고 매수대금 차액납부를 신청하여 허용된 경우 국세징수법 제84조의2에 따라 계산된 차액납부 금액을 매매대금 잔금일과 같은 날로 정해진 배분기일 전까지 납부해야 한다.

◇ 매수대금의 납부최고

대금납부기한까지 납부하지 않은 경우 납부최고기한 10일이 지연이자 없이 주어진다(국세징수법 시행령 제61조). 이때 매수대금납부 최고서를 낙찰자에게 통지하게 된다. 따라서 3,000만원 미만인 경우에는 7일 + 10일(납부최고기한)로 17일 이내에 납부가 가능하고, 3,000만원 이상인 경우에는 30일 + 10일(납부최고기한)로 최장 40일 이내에 지연이자 없이 납부가 가능하다.

◇ 압류재산 공매에서의 소유권이전등기 절차

국세징수법 제91조 제1항 매수인은 매수대금을 완납한 때에 공매재산을 취득한다. 따라서 한국자산관리공사는 매수인이 매각대금을 완납하고, 그 증명서와 소유권이전에 필요한 서류를 첨부하여 소유권이전등기를 청구해 오면, 관할등기소 등에 소유권이전 및 매수인이 인수하지 아니한 제권리(말소기준권리 이후의 권리) 등의 말소 등을 촉탁한다(국징법 제92조).

국세징수법 제93조는 동법 시행령이 정하는 바에 따라 세무서장이 대위하여 소유 권이전절차를 밟도록 하고 있으므로 세무서장 등은 매각대금을 완납한 매수인이 소 유권이전등기청구에 의하여 등기·등록을 요하는 재산에 대해서 관할등기소 등에 소유권이전 및 매수인이 인수하지 아니한 제권리(말소기준권리 이후의 권리) 등의 말소 등을 촉탁하게 된다. 이 경우 한국자산관리공사가 공매를 대행한 경우라면 자산관리 공사가 이러한 절차를 대행하게 된다.

07 배분기일 지정 및 배분계산서 작성, 그리고 배분금 지급

◆ 공매 배분기일 지정 및 통보(징수법 제95조)

① 세무서장은 금전을 배분하려면 체납자, 제3채무자 또는 매수인으로부터 해당 금전을 받은 날부터 30일 이내에서 배분기일을 정하여 배분하여야 한다. 다만, 30일 이내에 배분계산서를 작성하기 곤란한 경우에는 배분기일을 30일 이내에서 연기할 수 있다(1항).

② 세무서장은 제1항에 따른 배분기일을 정하였을 때에는 체납자, 채권신고대상채 권자 및 배분요구를 한 채권자에게 통지하여야 한다(2항).

◆ 배분계산서 작성 및 비치·열람

(1) 국세징수법 제98조(배분계산서의 작성)

① 관할 세무서장은 제96조에 따라 금전을 배분하는 경우 배분계산서 원안(原案)을 작성하고, 이를 배분기일 7일 전까지 갖추어 두어야 한다.

② 체납자등은 관할 세무서장에게 교부청구서, 감정평가서, 채권신고서, 배분

요구서, 배분계산서 원안 등 배분금액 산정의 근거가 되는 서류의 열람 또는 복사를 신청할 수 있다. 여기서 서류의 열람 및 복사를 신청할 수 있는 체납자 등은 ① 체납자, ② 공매공고등기 전 등기된 채권자, ③ 배분요구종기까지 배분요구한 채권자. 이밖에도 최고가매수신청인(낙찰자)도 열람할 수 있는데 그 기준은 압류재산 매각대행 업무처리 요령에 명시되어 있다.

③ 관할 세무서장은 제2항에 따른 열람 또는 복사의 신청을 받은 경우 이에 따라야 한다.

(2) 배분의 정확성 및 공정성 확보

한국자산관리공사는 배분의 정확성 및 공정성 확보를 위하여 배분기일 7일 전까지 배분계산서를 작성하여 위임세무서장 등에게 온라인으로 송부해야 하고, 송부 받은 위임세무서장 등은 그 내용을 검토하여 배분기일 3일 전까지 배분에 대한 의견서를 위 공사에 온라인으로 송부해야 한다. 송부가 없을 때 동의한 것으로 간주하고 배분을 진행하게 된다.

(3) 한국자산관리공사의 공매 배분 실무

이해관계인으로부터 채권원인서류·배분금지급동의서·채권 증서배서환부신청서를 받고 배분계산서 및 부기문을 교부하며, 임차인의 경우에는 매수인이 확인한 건물명도확인서를 받는다.

(4) 배분계산서의 작성과 이해관계인 등의 열람 및 복사 신청

매각재산에 대하여 전세권·질권 또는 저당권을 가진 자로부터 배분계산서의 열람청구가 있는 때에는 이에 응하여야 한다(징수법 제98조 제3항). 이해관계인 등에게 열람은 배분계산서를 배분기일로부터 7일 전에 작성하고, 그때부터 배분기일까지 열람 및 복사 신청이 가능하다.

(5) 매수인이 임차인 등의 배분금을 확인하는 방법

<u>온비드화면 입찰/이용안내 메뉴의 서식자료에서</u> 압류재산의 공매기록열람·복사신청서 또는 배분서류 등의 열람·복사 신청서를 매수인(=낙찰자)이 다운받아 작성해서 공매집행기관에 제출해서 임차인의 배분금 등을 확인하면 된다(압류재산 매각대행 업무처리요령).

◆ 배분금의 지급방법과 배분계산서에 대한 이의

(1) 배분금의 지급방법

배분계산서에 의하여 관계행정기관에게 배분금 지급 시에는 관계기관이 지정한 법인명의의 금융기관의 계좌에 입금하고, 사채권자인 경우의 배분금 지급은 무통장 온라인 이체를 원칙으로 하므로 배분기일이 지정되면 각 배분받을 사채권자들에게 통장사본과 채권원인 서류를 함께 제출할 것을 최고하고 이 계좌에 송금함으로써 채권 원인도 소멸하게 된다.

(2) 배분계산서에 대한 이의(징수법 제99조)

① 배분기일에 출석한 체납자등은 배분기일이 끝나기 전까지 자기의 채권에 관계 되는 범위에서 제98조 1항에 따른 배분계산서 원안에 기재된 다른 채권자의 채권 또는 채권의 순위에 대하여 이의를 제기할 수 있다.

② 제1항에도 불구하고 체납자는 배분기일에 출석하지 아니하였을지라도 배분계산서 원안이 비치된 이후부터 배분기일이 끝나기 전까지 서면으로 이의를 제기할 수 있다.

③ 관할 세무서장은 다음 각 호의 구분에 따라 배분계산서를 확정하여 배분을 실시하고, 확정되지 아니한 부분에 대해서는 배분을 유보한다.
  1. 제1항 및 제2항에 따른 이의제기가 있는 경우
  2. 제1항 및 제2항에 따른 이의제기가 없는 경우: 배분계산서 원안대로 확정

④ 배분기일에 출석하지 아니한 채권자는 배분계산서 원안과 같이 배분을 실시하는 데에 동의한 것으로 보고, 그가 다른 체납자등이 제기한 이의에 관계된 경우 그 이의제기에 동의하지 아니한 것으로 본다.

◆ 배분금 지급절차와 그에 관한 종합적인 설명

한국자산관리공사 압류재산 공매의 경우에 낙찰자가 매수대금을 납부하면 30일 이내 배분기일 지정하고, 이해관계인(각 채권자 등) 등에게 매각한 재산의 표시, 배분요구서의 제출시한, 기타 배분절차에 필요한 안내사항의 내용을 기재하여 통지(실무상 대금납부 후 1~2일 이내)하고 있다. 배분계산서원안 작성은 배분기일로부터 7일 이내에 작성하여 이 배분계산서를 위임관서(세무관서 등) 등에게 배분기일 3일 전까지 배분계산서 원안에 대한 동의 여부를 통지하고, 위임관서는 배분기일 3일 전까지 동의여부를 결정하여 통지하는 절차가 진행된다.

이해관계인 등에게 열람은 배분계산서를 배분기일로부터 7일 전에 작성하고, 그때부터 배분기일까지 열람 및 복사 신청이 가능하다.

배분기일에 배분을 실시하게 되는데 첫째, 배분에 대한 이의가 없으면 배분계산서는 확정되어 배분금을 지급한다.

둘째, 배분계산서에 이의가 있으면 전액 배분이의가 있는지, 일부에 이의가 있는지를 판단해서 일부가 이의가 있다면 없는 부분은 확정되어 지급하고, 이의가 있는 부분은 세무서장 등이 이의신청을 심사한 후 배분계산서를 확정하게 되는데 확정된 배분계산서에 대한 불복은 위임관서(세무서장)의 장에 제기해야 한다. 이때 세무관서 등은 배분이의 소송을 제기하여 확정될 때까지 이의제기된 배분금전을 위임관서 등의 보관금 계좌에 입금하여 보관하고 있다

08 공매로 낙찰 받고 명도는 이렇게 해라!

◇ 건물명도는 사람을 내보내는 것으로 전략이 필요하다!

공매로 낙찰 받으면, 즉 낙찰자 결정 후 다다음주 월요일 14:00에 매각결정이 확정된다. 이렇게 매각결정이 확정된 때부터 낙찰 받은 주택을 방문해 점유자가 있으면 낙찰자임을 증명하는 서류(매각결정문 사본)를 보여주면서 건물명도에 관하여 협의하면 되는데, 20~30% 정도는 여기서 끝이 난다.

이때 낙찰자가 사용할 수 있는 카드는 이사비용이다. 이사비용은 건물 명도를 위해 소요되는 강제집행비용, 그리고 2~3개월 소요기간 동안 지출비용(대출이자)을 계산해서 적정선에서 이사 날짜와 이사비용에 합의하고 합의각서를 작성하면 30~40일 이내에도 건물명도를 끝낼 수 있다. 이사비용은 매수인이 점유자에게 지급할 비용은 아니지만 법률적인 비용(강제집행절차에 소요되는 비용)을 들이는 것보다 협상카드로 이사비용으로 지급한다면 사회적으로도 건전한 비용으로 사용될 수 있는 금액이 될 수 있다. 그 비용은 매각대금의 1% 정도 내에서 입찰 전에 예상지급비용으로 산정하고 입찰에 참여하면 된다.

여기서 합의가 안 된다 해도 1~2주일 이내에 다시 만나거나 유선으로 협의하면, 채무자 등도 변호사나 법무사 등의 상담을 통해서 건물명도를 계속 거부할 경우 강제집행 당하게 된다는 사실을 알고 그에 따라 이사비용이라도 조금 더 받고 이사를 가야겠다는 마음의 결정을 하고 나온다. 그러면 여기서 협의가 50~60% 결정되고 이 시기에 결정되지 못한다해도 1주일 정도 기다렸다 협의를 하면 70~80%는 합의가 이루어진다.

건물명도 협의과정은 점유자와 매수자 사이에서 협의에 의해서 결정하는 방법으로 대화의 기법이 필요하다.

이때 유의할 점은 처음 명도에서는 매수인이 긴장해서 제대로 대처하지 못하게 되므로 명도가 길어질 수도 있지만, 자주하다 보면 점유자의 생각을 알 수 있어서 대화로 쉽게 풀어 갈 수 있다. 매수인도 처음이지만 점유자도 이러한 일을 겪는 것에 대해 경험이 없기 때문에 당황하게 된다는 점을 이해하면서 접근하면 된다.

그리고 점유자도 건물을 비우고 이사를 가려면 이사할 시간과 돈도 필요하기 때문에 신속하게 협의가 이루어지지 못한다고 조급해 할 필요가 없다.

한 번 만나서 협의가 이루어지는 경우도 있지만, 한 번에 협의가 끝나는 것은 드물고 2~3번의 만남이 필요하다. 그래서 그 기간을 매각결정 이후부터 적극 대응하면 건물명도는 그만큼 빠르게 끝낼 수 있고, 금융비용도 줄일 수 있다.

명도에서 고수와 하수의 차이점은 명도 협의과정에서 냉정함을 잃지 않고, 점유자의 의도를 정확하게 파악해서 빠른 시기에 건물을 인도받느냐, 못 받느냐에 달려있다.

이때 냉정함이란 협의과정에서 웃음을 보이거나 점유자가 편하게 생각하지 못하게 하는 엄숙함이면 충분한 것이지, 점유자에게 함부로 대하는 것을 말하는 것이 아니므로 언행만큼은 조심해야 한다. 잘못된 언행으로 시비가 붙어 명도가 2~3개월 늦어지거나 대화 자체가 어려워져 강제집행할 수밖에 없는 경우가 있는데 법 집행을 좋아하면 비용절감에도 도움이 안 되며 공매 · 경매를 즐겁게 할 수도 없다. 공매와 경매를 잘 하려면 명도를 즐길 줄 알아야 한다. 명도 고수들은 명도가 건물을 인도 받는 것이지만 건물을 점유하고 있는 사람으로부터 인도받게 된다는 사실을 알고, 그 사람과 대화를 잘해서 해결하는 사람이다.

어쨌든 낙찰자가 대금납부하기 전에는 강제집행절차를 진행할 수 없는 시기이지만, 낙찰 받고 매각결정 이후부터 명도에 관한 협의를 시작한다면 그 만큼 건물을 신속하게 인도 받을 수 있다.

이 방법으로 해결이 안 되었을 경우 20~30% 정도만이 강제집행절차에 들어가게 된다.

이 경우에도 건물명도청구 소송과 점유이전금지가처분을 신청해서 명도소송 전에 가처분 고시문을 집안 거실 벽에 붙이면 20~30% 대상자 중에서 50%는 협의가 이루어진다.

그리고 나머지 50%도 명도소송을 진행해서 판결문을 만들고, 그 판결문을 보여주면서 약간의 이사비용을 주고 이사 나가도록 하는 것이 좋다. 이때 이사비용은 실제 이사비용으로 100만원 정도이면 충분하다. 점유자들이 강제집행당하는 것을 좋아할 사람은 없을 것이고, 매수인 역시 강제집행방법은 어쩔 수 없을 때 하게 되는 것이지, 이를 즐길 필요까지 없다. 강제집행절차는 가끔씩 부작용도 낳게 된다는 점을 고려한다면 더욱 그렇게 해야 한다. 혹자들은 그동안 많이 고생시켜서 강제집행한다고 하는데, 이는 어리석은 방법이다.

◇ 협의가 안 될 때 강제집행 방법은 어떻게 하면 되나?

건물을 낙찰 받았다면 점유자를 명도해야 한다. 명도 실무에서 점유자와 협의해서 명도비용을 지급하고 해결하는 방법이 많지만, 협의가 안 될 때를 대비해서 경매에서는 인도명령신청해서 그 인도명령결정문을 가지고, 공매에서는 인도명령신청 제도가 없으므로 건물명도(인도)청구소송을 통해서 그 판결문으로, 점유자를 강제집행을 해야만 한다. 공매에는 인도명령제도가 없어서 명도소송을 진행하게 되므로 경매보다 공매를 꺼리고 있지만 그것은 잘못된 생각이다. 공매든, 경매든 대부분 강제집행보다는 이사비용을 주고 내 보내고, 배분 받는 임차인이 거주하는 경우라면 별도 집행비용 없이 무혈입성하게 되니 큰 걱정 안 해도 된다.

그런데 이러한 판결문 등으로 강제 집행하기 전에 점유자가 변경되면 또다시 이 같은 절차를 반복해야 하므로, 점유이전금지가처분을 하고 건물명도(인도)청구 소송을 진행해야 한다.

(1) 경매에서 부동산의 인도명령 신청

인도명령신청은 경매로 낙찰 받고 매각대금을 납부한 경우, 그 납부일로부터 6개월 이내에 채무자, 소유자, 부동산점유자에 대하여 매수인에게 부동산을 인도하도록 법원에 인도명령을 신청하여, 그 인도명령결정문을 집행권원으로 집행관에게 인도집행을 위임하여 부동산을 인도받는 것을 말한다.

(2) 공매에서 건물명도청구 소송

건물명도(인도)청구소송은 경매나 압류재산 공매에서 매수인에게 인수되는 권리로 말소권리보다 우선하는 대항력 있는 임차권, 지상권, 유치권 등은 인도명령 신청대상이 아니므로 건물명도(인도)청구소송 대상이다.

그리고 공매의 경우 인도명령신청 제도가 없어서 건물명도청구 소송을 진행해야 한다. 그런데 인도명령신청에 대해서는 잘 알고 있지만, 건물명도(인도)청구소송에 대해서는 어렵게 생각하고, 시간도 많이 소요되므로 공매를 꺼리는 경우가 많다. 하지만, 원고(낙찰자)가 소장을 제출해서 소장부본이 피고(점유자)에게 송달되면 재판기일이 열리게 되는데, 송달만 신속하게 이루어지면 재판기일은 30일 이내에 정해지고, 그 기일에 다툼이 없으면 30일 이내에 판결 선고가 이루어지게 되므로, 소장제출부터 판결까지 3~4개월 이내에 결정이 난다.

〈건물명도(인도)청구소송과 점유이전금지가처분신청서 작성방법, 그리고 법원에 제출하는 방법은 "PART 18의 07 점유이전금지가처분신청서와 건물명도청구 소장 작성 및 강제집행 방법(567~576쪽)"을 참고하면 될 것이다〉

PART
11

압류재산 공매로 내 집 마련과 재테크로 성공하기

01 신동아리버파크로 내 집 마련하면서, 3억원의 노후자금을 마련!

송정민 가족은 어머니와 배우자, 큰아들, 작은 아들로 5인이다. 자녀들이 어릴 땐 하나에서 아들 둘이 함께 사용해서 부족함을 몰랐다. 그러나 아들이 성장하다 보니 종전에 살고 있던 34평형 아파트가 협소했다. 그래서 송정민 부부는 넓은 평형으로 이사 가는 방법에 대해서 대화를 나누고 있다.

"아들 둘이 같은 방을 쓰니 불편한 점이 많다고 하네요"

"음, 나도 그런 문제로 고민하다가 공매전문가인 김 선생님께 자문을 받아서 40평형 아파트를 찾고 있던 중이야…"

"당신도 고민을 하고 있었군요. 그런데 공매가 뭐예요. 경매도 아니고…"

"음, 세금이나 공과금을 내지 않으면, 세무서장이나 공과금기관장 등이 세금 등을 회수하기 위해서 체납자의 재산을 압류한 다음 한국자산관리공사에 공매대행을 의뢰하는 물건으로 경매보다 싸게 살 수 있다는 것이 김 선생님의 말씀이셨어…"

"그렇다면 좋겠군요." "어쨌든 다음 주에 방문하기로 했으니 자네도 함께 가보지, 집은 자네가 더 잘 보잖아…"

(그래서 이들 부부는 약속한 날짜에 김 선생을 방문해서 대화를 나누고 있다.)

"선생님 안녕하세요. 저의 집사람 홍수미입니다." "안녕하세요"

"두 분을 만나서 반갑습니다. 먼저 공매로 내 집 마련할 주택을 온비드 화면에서 찾아보았습니다. 찾아보니 서울시 동작구 노량진동에 있는 신동아리버파크 47평형(전용면적 114.75㎡) 아파트가 좋겠어요. 이 아파트 사진과 내부 평면도 및 주변 현황도는 다음과 같습니다."

◆ 이 아파트의 사진과 내부 평면도 및 주변 현황도

(1) 아파트의 사진과 내부 평면도

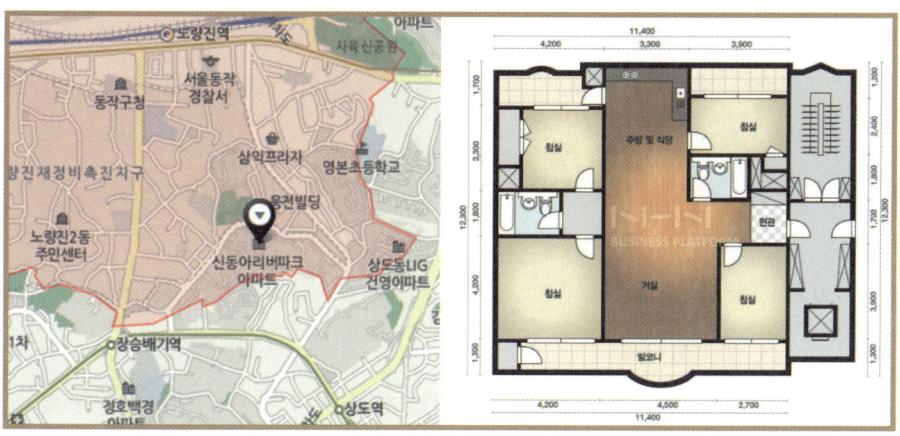

(2) 아파트 주변 현황도

"이 아파트는 방 4개와 욕실 2개로 구성되어 있고, 도보로 3~4분 거리에 버스 정류장과 지하철 7호선 장승배기역과 상도역이 있고, 7~8분 거리에 지하철 1호선과 9호선 노량진역이 위치하고 있습니다. 그리고 부근은 아파트단지, 연립주택, 다세대주택 및 근린생활시설 등이 혼재하는 지역으로 주거시설로 좋은 지역입니다."

"그렇군요. 마음에 들어요. 이 아파트는 저희들도 잘 알고 있어요. 지금 사는 주택과 가깝거든요."

"시세가 6억8,000만원 가는데, 온비드공매로 최초매각예정금액이 5억8,400만원으로 1회차에서 조금 높은 금액으로 입찰하면 될 것 같아요."

"그동안 돈이 부족해서 못 샀는데, 공매로 싸게 사는 방법이 있다니 도전해 보겠어요."

"앞으로 부동산 시장이 살아나면서 아파트 가격도 올라갈 조짐이 있습니다. 이런 아파트를 내 집 마련으로 거주하다가 팔면, 가격도 오르고, 양도세도 9억까지 비과세 되니, 내 집도 마련하면서 돈도 벌 수 있습니다. 다른 분들도 이러한 방법으로 내 집 마련하면서 돈을 벌고 있어요."

"그렇군요. 그런데 경매나 공매로 사면 권리분석을 잘해야 한다던데 문제가 없을까요?" "선생님이 분석해 주시면 안전하니 그 부분은 걱정하지 말아요."

"그래도 분석을 잘해야 하니 지금부터 함께 낙찰 받고 인수할 권리가 있는지 분석해 보겠습니다. 먼저 공매물건에 대한 입찰정보내역과 공매재산명세서, 공매담당자, 그리고 등기부와 건축물대장, 전입세대열람 등의 공부를 발급 받아서 권리를 분석해 보겠습니다."

◆ 송정민이 입찰할 주택의 정보내역

(1) 온비드 입찰정보 내역

| 물건 세부 정보 | 압류재산 정보 | 입찰 정보 | 시세 및 낙찰 통계 | 물건 문의 | 부가정보 |

공고 후 수정내용

수정일	항목	수정 전	수정 후
2017-07-06	유의사항	-	유치권 신고 있으므로 사전조사 후 입찰바람 2017.07.06 엠아이디 22,500,000원 유치권신고 있음.

(2) 공매재산명세서

압류재산 공매재산 명세

처 분 청	동작세무서	관 리 번 호	2017-00717-001
공매공고일	2017-05-24	배분요구의 종기	2017-07-10
압류재산의 표시	서울특별시 동작구 노량진동 325 신동아리버파크 제000동 제12층 제0000호 대 지분 40.95 ㎡ 건물 114.75 ㎡		
매각예정가격/입찰기간/개찰일자/매각결정기일		온비드 입찰정보 참조	
공 매 보 증 금		매각예정가격의 100분의 10	
점유관계	[조사일시 : 2017-07-13 /정보출처 : 현황조사서 및 감정평가서		

점유관계	성 명	계약일자	전입일자 (사업자등록신청일자)	확정일자	보증금(원)	차임(원)	임차부분
전입세대주	박OO (최초전 입자 김OO)	미상	2007-03-16	미상	미상	미상	미상

공매재산의 현황 이용현황(감정평가서)	아파트
위치 및 부근현황 (감정평가서) 공매재산기타	1. 본건 개요 및 현황 - 본건 서울특별시 동작구 상도2동 소재 "상도2동주민센터" 북동측 인근에 위치하는 부동산으로 확인됨. 2. 관공서 열람내역 - 삼전동 주민센터 : 전입세대열람 내역 상 "박OO , 김OO " 등록됨. 3. 점유관계 현황 - 본건 체납자 김OO 로부터 전화받아 문의한 바, 별도의 임차 계약관계는 존재하지 않으며, 전입세대 열람내역 상 등록된 김OO (최초전입자)는 가족이라고 진술함. - 본건 점유관계 및 임대차 내역은 체납자 "김OO "의 구두 진술 사항으로 점유관계 및 임대차내역은 매수자 책임하에 입찰 전 재확인 후 입찰 요함.

■ 배분요구 및 채권신고 현황

번호	권리관계	성명	압류/설정(등기)일자	설정금액(원)	배분요구채권액(원)	배분요구일
1	근저당권	한화생명(구 대한생명보험 주식회사)	2001-11-09	162,500,000	0	배분요구없음
2	근저당권	한화생명(구 대한생명보험 주식회사)	2006-06-27	227,500,000	0	배분요구없음
3	위임기관	동작세무서	2013-04-02	0	1,454,748,380	2017-02-01

* 채권신고 및 배분요구현황은 배분요구서를 기준으로 작성하였으며 신고된 채권액은 변동될 수 있습니다.
* 배분요구채권액 중 체납액(위임기관,압류,교부청구)은 담보채권자와 우선순위를 비교하는 법정기일을 표시하지 않으므로 입찰 전 별도로 확인하셔야 합니다.

■ 공매재산에 대하여 등기된 권리 또는 가처분으로서 매각으로 그 효력을 잃지 아니하는 것

■ 매각에 따라 설정된 것으로 보게 되는 지상권의 개요

■ 기타 유의 사항

기타 (유치권 신고 있으므로 사전조사 후 입찰바람
2017.07.06 엠아이디 22,500,000원 유치권신고있음.)

2017. 07. 21
한국자산관리공사 서울서부지역본부

◆ 이 공매물건 분석에서 유의할 점에 대해서 알아보자!

① 말소기준권리와 기준일자는 어떻게 되는가?

이 공매물건은 한국자산관리공사가 서울시 동작세무서로부터 공매를 위임받아 매각하는 공매물건으로 말소기준권리는 한화생명 근저당권으로 2001. 11. 09.이다.

② 점유자의 권리신고 및 배분요구와 대항력 유무

체납자겸 소유자 이외에 다른 임차인이 거주하지 않으므로 낙찰자가 인수할 임차인은 없다. 그러나 체납자 이외에 임차인이 거주하는 경우에는 말소기준권리를 기준으로 대항력 유무를 판단해서 인수할 보증금 등을 확인해야 한다.

③ 유치권자에 대한 권리분석

유치권자의 채권액(금 2,250만원)은 공매공고등기(2017. 05. 24.) 전에 공매대상물건에서 발생된 채권이고, 공매공고등기 전부터 유치권자로 점유를 하고 있었다면 낙찰자에게 대항력이 있어서 낙찰자가 인수해야 한다. 그러나 이 공매물건은 2017년 07월 06일에 아파트 리모델링 비용으로 유치채권액 2,250만원을 신고 했다가 공매 집행기관의 재차 확인하는 과정에서 스스로 유치권 포기 의사를 밝혀서 유치권을 매수인이 인수하지 않아도 된다.

설령 유치채권이 있다고 해도 유치권자가 점유하는 것이 아니라 체납자겸 소유자가 거주하는 경우에는 매수인에게 대항력을 갖는 유치권채권이 아니다. 왜냐하면 매수인에 대항력 있는 유치채권이 되려면 공매공고등기 전부터 점유를 하고 있어야 하는데, 체납자가 점유하거나 임차인이 점유하고 있는 경우에는 인정되지 못하기 때문이다.

◇ 종합적인 권리분석 후 입찰가격을 정해서 입찰하는 방법

매각대금을 가지고 배분표를 작성하고 인수할 권리에 대해 분석

매각금액이 616,409,800원+매각대금이자 359,500원이고, 공매비용이 19,108,700원으로 배분금은 597,660,600원이 된다.

- **1순위** : 서울시 동작구 재산세 507,120원(당해세 우선변제 1)
- **2순위** : 한화생명 근저당권 162,500,000원(근저당권 우선변제 2)
- **3순위** : 한화생명 근저당권 227,500,000원(근저당권 우선변제 3)
- **4순위** : 서울시 동작세무서 207,153,480원(조세채권의 우선변제 2) 순으로 배분절차가 마무리 될 것이다.

"이 아파트는 앞에서 분석한대로 매수인이 인수할 임차인이나 인수할 유치권 등의 권리가 없습니다. 그리고 송정민 부부가 필요한 방 4개와 욕실 2개, 인근에 버스 정류장과 지하철 7호선 장승배기역과 상도역이 있고, 7~8분 거리에 지하철

1호선과 9호선 노량진역이 위치하고 있어서 주거시설로 좋은 아파트입니다.

시세가 6억8,000만원 정도 가고, 온비드공매 최초매각예정금액이 5억8,400만원이니 1회차에서 조금 높은 금액인 616,409,800원으로 입찰하면 될 것 같아요."

"감사합니다. 그렇게 입찰하겠습니다."

◆ 송정민 부부가 낙찰 받아 내 집 마련에 성공하다!

송정민 부부가 다음과 같이 2대 1의 경쟁을 뚫고 낙찰 받았다.

상세입찰결과

물건관리번호	2017-00000-001		
재산구분	압류재산(캠코)	담당부점	서울서부지역본부
물건명	서울특별시 동작구 노량진동 325 신동아리버파크 제000동 제00층 제0000호		
공고번호	201705-17976-00	회차 / 차수	030 / 001
처분방식	매각	입찰방식/경쟁방식	최고가방식 / 일반경쟁
입찰기간	2017-07-24 10:00 ~ 2017-07-26 17:00	총액/단가	총액
개찰시작일시	2017-07-27 11:00	집행완료일시	2017-07-27 11:15
입찰자수	유효 2명 / 무효 3명 (인터넷)		
입찰금액	616,409,800원/ 585,201,505원		
개찰결과	낙찰	낙찰금액	616,409,800원
감정가 (최초 최저입찰가)	584,000,000원	최저입찰가	584,000,000원
낙찰가율 (감정가 대비)	105.55%	낙찰가율 (최저입찰가 대비)	105.55%

대금납부 및 배분기일 정보

대금납부기한	2017-08-30	납부여부	납부
납부최고기한	-	배분기일	2017-09-20

"선생님 저희 부부가 낙찰 받았습니다."

"축하드립니다. 앞으로도 더 열심히 공매공부를 해서 재테크에서 성공하시기 바랍니다."

이 아파트는 2020년 1월에 매물로 나온 시세를 확인했더니 다음과 같이 9억 5,000원이다. 그러니 매수당시보다 3억3,400만원이 오른 셈이다.

이렇게 현재적 가치 6,400만원(매수당시와 시세차익=6억8,000만원-6억 1,600만원)뿐만 아니라 미래적 가치 2억7,000만원(오른 시세차익)이 있는 주택으로 내 집 마련하면서 부족한 노후생활자금을 마련할 수 있다.

신동아리버파크 702동 매매 **9억 5,000** 아파트 · 144A/114㎡, 23/28층, 남동향 세안고매매,대단지,1.7.9호선이용편리,생활환경쾌적 두산위브공인중개사사무소 ǀ 매경부동산 제공 확인 20.01.08.	신동아리버파크 702동 매매 **9억 5,000** 아파트 · 144A/114㎡, 23/28층, 남동향 43내부상태 깨끗 확트인 조망권 세안고 매매 삼성공인중개사 ǀ 부동산뱅크 제공 확인 20.01.07.
신동아리버파크 702동 매매 **9억** 아파트 · 144A/114㎡, 5/28층, 남동향 43P 채광좋고 깔끔해요 입주가능하고 전세안고 매매도가능 서울(단지내상가)공인중개사사무소 ǀ 매경부동산 제공 확인 20.01.08.	신동아리버파크 702동 매매 **9억** 아파트 · 144A/114㎡, 5/28층, 남동향 43p 깨끗 채광굿 입주가능 부동산뉴스만남공인중개사 ǀ 한경부동산 제공 확인 20.01.07.
신동아리버파크 705동 매매 **9억 7,000** 아파트 · 144A/114㎡, 23/28층, 남서향 43 탁트인 뷰 한강조망권 샷시까지 교체한 수리 삼성공인중개사 ǀ 부동산뱅크 제공 확인 20.01.07.	신동아리버파크 702동 매매 **9억 5,000** 아파트 · 144A/114㎡, 23/28층 43p 조망좋고 내부깔끔 전세안고 매매 21년 4월만기 리버파크공인중개사사무소 ǀ 부동산뱅크 제공 확인 20.01.07.

그리고 2022년 4월 네이버 매물 시세가 14억원으로 오른 것을 확인할 수 있었다.

 **김선생의 특별과외**

부동산투자로 소득이 발생하면 부족한 연봉과 월봉으로 계산해라

부동산을 투자해서 수익이 발생하면 무조건 연단위로 소득을 나누어(3억3,400만원/2년) 연봉 1억6,700만원으로 만들고, 그 연봉을 월단위로 나누어(1억6,700만원/12개월) 월봉 13,916,666원으로 계산하면 부족한 연봉도 채울 수 있지만, 월급과 같이 월봉으로 여겨지기 때문에 씀씀이를 줄일 수 있다. 그래야 쉽게 번 돈 같아서 씀씀이가 커져가는 것을 줄이면서 부자가 될 수 있다.

부동산으로 돈을 버는 것은 이어질 수도 있고, 아닐 수도 있다. 그래서 벌었을 때 노후생활자금을 위해 씀씀이를 줄여야 한다.

 광장3단지 현대아파트를 7억원에 샀는데, 12억원으로 오르다!

이민수 부부는 모두 국가공무원으로 근무 중이다. 이들 부부는 주변 지인들이 온비드 공매로 내 집을 마련도 하고, 비과세 혜택을 보면서 팔아서 돈을 벌고 있다는 이야기를 많이 들었다고 한다. 그래서 공매공부를 하고자 필자를 찾아 왔다. 그 과정에서 서울시 광장 현대아파트를 온비드 공매로 낙찰 받아 성공한 사례이다.

(이민수 부부와 김 선생이 입찰할 아파트에 관해서 대화를 나누고 있다)
"선생님 안녕하세요. 저의 집사람 박유라입니다." "안녕하세요"
"두 분을 만나서 반갑습니다. 공매로 나온 아파트를 온비드 화면에서 찾아보았습니다. 찾아보니 광장3단지 현대아파트가 좋겠어요.

이 광장현대아파트는 지하철 2호선 강변역과 5호선 광나루역이 도보로 7분 거리에 있고, 학군으로는 광남중학교와 광남고등학교가 아파트 단지와 붙어 있으면서, 도보로 5분 거리에 한강 고수부지가 있어서 거주환경으로 우수한 지역입니다. 그리고 재건축이 예상되는 아파트로 아파트 시세가 계속해서 오르고 있고, 방 내부 평면도는 다음 사진과 방 3개와 거실, 욕실 1개로 구성되어 있습니다."

"그리고 이 광장3단지 현대아파트는 30평형(전용면적 $74.92m^2$)로 아파트 사진과 주변 현황도는 다음과 같습니다."

◆ 아파트의 사진과 주변 현황도

"그렇군요. 재건축도 기대되니 입주해서 살다보면 많이 오르겠군요. 당신도 맘에 들어요?" "그래요 좋습니다. 그런데 얼마에 입찰하면 될까요."

"아파트 시세가 7억원 정도 가니까, 6억2천만원으로 입찰하면 되겠어요." "그렇게 시세보다 8,000만원을 싸게 살 수 있나요?"

"한번 해보죠. 먼저 인수할 권리 등이 있는가를 확인해야 하는데, 권리분석은 입찰정보내역과 공매재산명세서, 공매담당자, 그리고 등기부와 건축물대장, 전입세대열람 등의 공부를 발급 받아서 다음과 같이 분석해 보겠습니다."

◆ 이민수 부부가 입찰할 주택의 정보내역

(1) 온비드 입찰정보 내역

(2) 공매재산명세서

압류재산 공매재산 명세

처분청	광명세무서	관리번호	2017-00000-001
공매공고일	2017-06-28	배분요구의 종기	2017-07-24
압류재산의 표시	서울특별시 광진구 광장동 484 000동제000호 대 33.9 ㎡ 건물 74.92 ㎡		
매각예정가격/입찰기간/개찰일자/매각결정기일		온비드 입찰정보 참조	
공매보증금		매각예정가격의 100분의 10	

■ 점유관계 [조사일시: 2017-06-09 /정보출처: 현황조사서 및 감정평가서]

점유관계	성명	계약일자	전입일자 (사업자등록신청일자)	확정일자	보증금(원)	차임(원)	임차부분
체납자	이**	미상	2004-09-14	미상	미상	미상	미상

공매재산의 현황 이용현황(감정평가서)	아파트
위치 및 부근현황 (감정평가서) 공매재산기타	1. 본건 현황 - 본건은 서울특별시 광진구 광장동 소재 "광남초등학교" 서측 인근에 위치하며, 아파트로 이용중인 것으로 관찰되므로, 정확한 용도 및 이용상태는 별도 재확인을 요함. 2. 관공서 열람내역 - 주민센터 : 전입세대주 "이**" 등록됨. 3. 점유관계 현황 - 본건은 체납자가 사용중인 것으로 탐문조사되었으나, 정확한 점유관계 및 임차내역, 관리비 미납여부 등은 별도 재확인을 요함.

■ 배분요구 및 채권신고 현황

번호	권리관계	성명	압류/설정 (등기)일자	설정금액(원)	배분요구채권액(원)	배분요구일
1	위임기관	광명세무서	2015-10-30	0	627,504,210	2017-05-23
2	근저당권	하나은행	2012-11-22	78,000,000	0	
3	물건지지방자치단체	광진구청		0	0	

■ 공매재산에 대하여 등기된 권리 또는 가처분으로서 매각으로 그 효력을 잃지 아니하는 것

■ 매각에 따라 설정된 것으로 보게 되는 지상권의 개요

■ 기타 유의 사항

전입세대주(본건은 점유자의 주민등록 등재사실에 의하여 대항력 있는 임차인이 있을 수 있사오니 사전조사 후 입찰바람)

2017. 08. 04
한국자산관리공사 서울동부지역본부

◇ 종합적인 권리분석 후 입찰가격을 정해서 입찰하는 방법

매각대금을 가지고 배분표를 작성하고 인수할 권리에 대해 분석

매각금액이 626,509,800원+매각대금이자 350,500원이고, 공매비용이 19,503,500원으로 배분금은 607,356,800원이 된다.

- **1순위** : 서울시 광진구 재산세 405,200원(당해세 우선변제 1)
- **2순위** : 하나은행 근저당권 78,000,000원(근저당권 우선변제 2)
- **3순위** : 경기도 광명세무서 528,951,600원(조세채권의 우선변제 3) 순으로 배분절차가 마무리 될 것이다.

"이 아파트에는 체납자겸 소유자가 거주하고 있어서 매수인이 인수할 권리가 없습니다. 다만 명도 비용으로 이사비 200만원 정도만 예상하면 되겠어요. 두분은 지금부터 아파트 주변 중개업소에서 정확한 시세를 조사해 오세요. 시세는 4~5개 중개업소에서 조사해야 합니다"

"주변 중개업소에서 확인해 보았더니 선생님 말씀대로 7억원 정도입니다. 그래서 저희는 626,509,800원으로 입찰하겠습니다."

◆ 이민수 부부가 낙찰 받아 내 집 마련에 성공하다!

이민수 부부가 다음과 같이 단독으로 낙찰 받았다.

상세입찰결과

물건관리번호	2017-00000-001		
재산구분	압류재산(캠코)	담당부점	서울동부지역본부
물건명	서울특별시 광진구 광장동 484 000동 000호		
공고번호	201706-22682-00	회차 / 차수	032 / 001
처분방식	매각	입찰방식/경쟁방식	최고가방식 / 일반경쟁
입찰기간	2017-08-07 10:00 ~ 2017-08-09 17:00	총액/단가	총액
개찰시작일시	2017-08-10 11:00	집행완료일시	2017-08-10 11:10
입찰자수	유효 1명 / 무효 0명(인터넷)		
입찰금액	626,509,800원		
개찰결과	낙찰	낙찰금액	626,509,800원
감정가 (최초 최저입찰가)	583,000,000원	최저입찰가	583,000,000원
낙찰가율 (감정가 대비)	107.46%	낙찰가율 (최저입찰가 대비)	107.46%

대금납부 및 배분기일 정보

대금납부기한	2017-09-13	납부여부	납부
납부최고기한	-	배분기일	2017-09-28

"선생님 저희 부부가 낙찰 받았습니다."

"내 집 마련에 성공하신 것에 대해서 축하드립니다."

이 아파트는 2020년 1월에 매물로 나온 시세를 확인했더니 다음과 같이 12억원이다. 그러니 매수 당시보다 5억7,300만원이 오른 셈이다.

광장현대3단지 309동	광장현대3단지 306동	광장현대3단지 309동
매매 11억 8,000	매매 12억	매매 11억 5,000 ↓
아파트 · 91/74㎡, 중/21층, 상태 깨끗	아파트 · 91/74㎡, 중/21층, 남동향	아파트 · 91/74㎡, 중/21층, 남향
단지내 로열동으로 채광 굿, 상태 깨끗	확장수리 입주협의	쾌적하고 좋은 주거환경.안정적인 교육환경.편리한 교통
부동산랜드공인중개사사무소　부동산뱅크 제공	서울공인중개사사무소　부동산뱅크 제공	평강공인중개사사무소　매경부동산 제공
확인 20.01.11.	확인 20.01.10.	확인 20.01.09.
광장현대3단지 309동	광장현대3단지 309동	광장현대3단지 309동
매매 11억 5,000	매매 12억	매매 12억
아파트 · 91/74㎡, 고/21층	아파트 · 91/74㎡, 중/21층, 남동향	아파트 · 91/74㎡, 중/21층, 남서향
수리깨끗,입주정상	로열동으로 내부깨끗하고, 앞트여 채광좋아요,정상입주	햇빛좋고 환한집,강남학군 초역세권,교통편리
대신공인중개사사무소　부동산뱅크 제공	부동산랜드공인중개사사무소　부동산뱅크 제공	우리들공인중개사사무소　부동산뱅크 제공
확인 20.01.11.	확인 20.01.09.	확인 20.01.09.

그리고 전용면적 74㎡를 2022년 4월에 시세조사해 보니 15억5,000만원으로 올랐다.

이렇게 오를 수 있는 아파트를 온비드 공매로 낙찰 받으면 매수당시 시세차익과 올라서 수익을 보는 두 마리 토끼를 잡을 수 있는 것이다. 이러한 아파트로 내 집 마련하면서 부족한 노후생활자금을 마련할 필요가 있다.

03 재건축대상 아파트를 내 집 만들고, 2년 보유 후 매각했다!

이 아파트는 서울시 서초구 잠원동에 있는 신반포18차 아파트로 재건축이 추진 중에 있는 아파트로 필자의 지인 박 소령에게 낙찰 받아준 아파트이다. 학군은 신동초, 신동중, 반포고, 세화고 등 강남서초 인근의 고교로 배정되고, 편의시설은 잠원한강시민공원, 잠원스포츠파크, 신세계백화점, 면세점, 뉴코아 강남점, 강남성모병원 등이 있다. 이렇게 주변 학군과 교통상황이 좋고 특히 아파트 단지 근처가 한강이 위치하고 있어서 재건축이 이루어지면 한강 조망권 등으로 실수요자들이 선호하는 위치에 있다. 그래서 지인은 매수하고, 입주해서 2년 이상 살다가 재건축 등으로 아파트 가격이 상승하면 비과세 혜택을 보면서 매각할 생각으로 입찰하기로 결정했다.

이 아파트의 사진과 주변 현황도, 입찰정보 및 입찰결과 내역은 다음과 같다.

◆ 신반포 아파트의 사진과 내부 평면도 및 주변 현황도

(1) 아파트의 사진과 내부 평면도

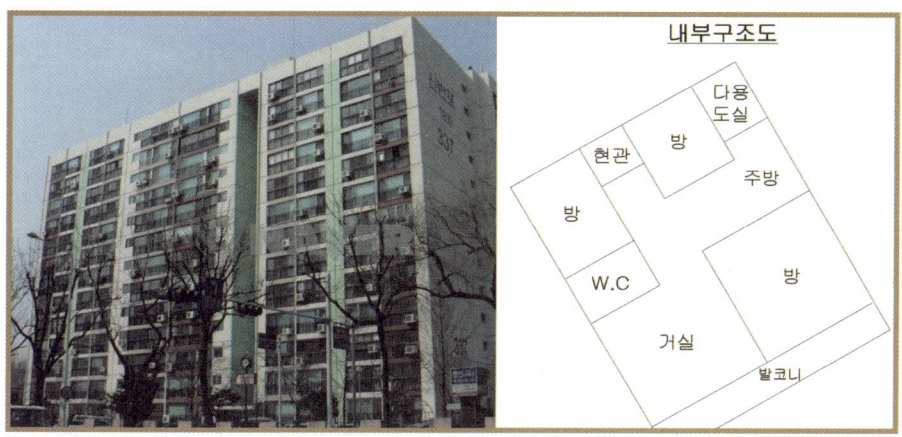

(2) 아파트 주변 현황도

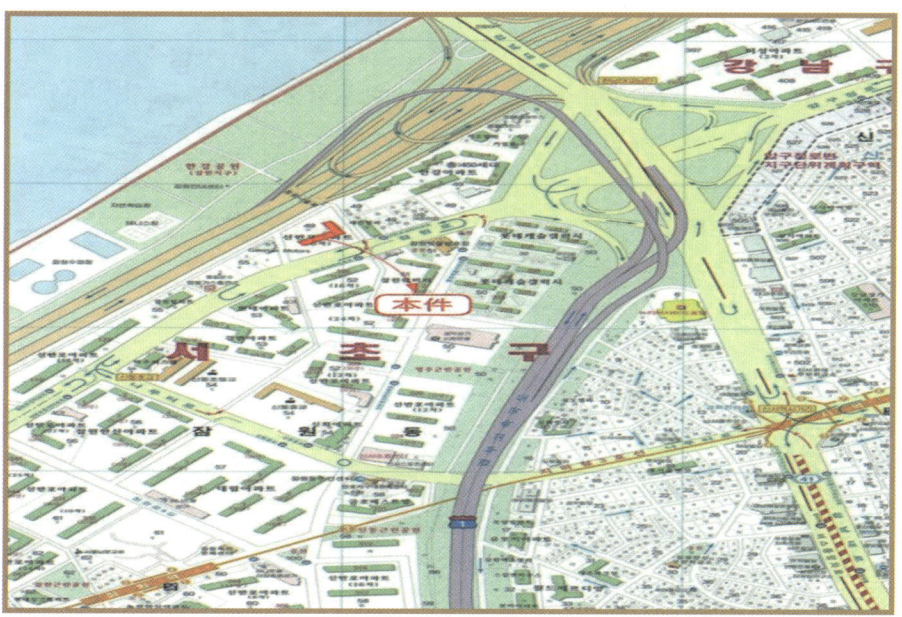

"박 소령님이 아파트를 공매로 낙찰 받아 2년 이상 거주하다가 비과세로 팔면 좋겠어요. 재건축할 때까지 기다렸다가 조합원분양권으로 입주해도 좋고…"

"이 아파트 좋은데요. 그런데 인수할 권리는 없을까요?"

"자, 지금부터 함께 낙찰 받고 인수할 권리가 있는지 분석해 보겠습니다. 먼저 공매물건에 대한 입찰정보내역과 공매재산명세서, 공매담당자 그리고 등기부 등의 공부를 발급받아서 다음 공매물건을 분석해 보겠습니다. 특히 <u>조세채권이 있다면 공매담당자에게 문의해서 체납된 세금과 당해세 유무, 그리고 법정기일을 확인해야 합니다.</u>

이들 조세채권은 등기부에 채권금액이 기재되지 않아서 잘못하면 배분에서 혼란을 가져올 수 있고 그로 인해서 낙찰 받고 나서 인수금액이 발생될 수 있게 됩니다. 그래서 조세채권과 등기부에 등기된 채권, 주택에 점유하고 있는 임차인 등의 채권금액을 확인하고 그 우선순위에 따라 배분해서 대항력이 있는 임차인이 미배분금이 발생하게 되는가, 대항력은 없더라도 배분금이 없다면 명도가 어려워지고 그에 따라 명도비용이 추가로 발생할 수 있다는 사실을 이해하고 입찰에 참여해야 합니다."

"알겠습니다."

"입찰정보내역과 공매재산명세서, 그리고 공매담당자에게 문의해서 인수할 권리가 있는가를 확인해 보면 다음과 같습니다."

◆ 신반포 아파트의 입찰정보 내역

 "이 아파트는 감정가 8억9,000만원으로 7억1,503만원에 입찰에 참여하게 된다면 낙찰 받고 인수할 권리가 없습니다. 왜냐하면 임차인인 박 병장이 전입신고를 하고 있었으나 공매위임관서인 성동세무서가 2007. 04. 12. 압류하고 나서 입주

를 했기 때문에 대항력이 없기 때문이죠. 그런데 이상하게도 임차인 박 병장이 권리신고 및 배분요구를 하지 않은 점입니다. 어쨌든 임차인은 매수인이 인수하지 않아도 되니 낙찰 받고 나서 확인하면 됩니다."

"선생님 말씀대로 715,309,800원으로 입찰하겠습니다."

◇ 박 소령이 단독으로 입찰에 참여해서 낙찰 받았다!

상세입찰결과

물건관리번호	2011-00000-001		
재산구분	압류재산(캠코)	담당부점	조세정리부
물건명	서울 서초구 잠원동 49-17 신반포아파트 제000동 제6층 제000호		
공고번호	201205-01028-00	회차 / 차수	030 / 001
처분방식	매각	입찰방식/경쟁방식	최고가방식 / 일반경쟁
입찰기간	2012-08-06 10:00 ~ 2012-08-08 17:00	총액/단가	총액
개찰시작일시	2012-08-09 11:01	집행완료일시	2012-08-09 11:09
입찰자수	유효 1명 / 무효 0명(인터넷)		
입찰금액	715,309,800원		
개찰결과	낙찰(매각결정(낙찰자))	낙찰금액	715,309,800원
감정가 (최초 최저입찰가)	890,000,000원	최저입찰가	712,000,000원
낙찰가율 (감정가 대비)	80.37%	낙찰가율 (최저입찰가 대비)	100.46%

대금납부 및 배분기일 정보

대금납부기한	2012-09-12	납부여부	납부
납부최고기한	2012-09-24	배분기일	2012-10-16

필자와 지인 박 소령이 아파트를 낙찰 받고 방문해서 확인한 사실은, 아파트 내부공사를 하기 위해서 임차인 박 병장을 내보내고 공사를 완료했고, 새로운 임차인을 입주시키는 과정에서 공매가 진행되어 공실로 비워두고 있었다. 그래서 소유주가 살고 있는 금호동 ○○아파트를 방문했는데, 부재중이어서 메모지를 남겨놓고 돌아왔고 2일 후에 연락이 와서 만났었다. 그 과정에서 아파트 내부공사를 하게 된 동기와 이사비 200만원을 요구해서 지급하고 아파트를 인도 받았던 사례이다.

"선생님 2년 이상 보유하다가 비과세로 10억원에 팔면 양도소득세를 납부하지 않아도 되나요?"

"네, 1가구 1주택자(일시적 2주택자 포함)는 2년 이상 보유한 경우 9억까지 비과세지만 9억을 초과하는 금액은 다음 산출산식과 장기보유특별공제를 참조해서 일반세율로 양도세를 계산해야 합니다."

 **알아 두기**

고가주택의 양도소득세 과세 기준

양도가액 9억원 초과 주택을 '고가주택'이다. 이러한 고가주택은 1세대 1주택이라도 양도소득세가 비과세 되지 않는다. 그렇다고 전체 양도차익에 과세되는 것은 아니고, 9억원 초과분의 비율만큼의 양도차익에 대해서만 과세된다.

<u>만약 아파트를 8억원에 사서 10억원에 판다면</u> 전체 양도차익은 2억원이지만, 9억원까지는 비과세 되므로 다음과 같이 계산한다. 1세대 1주택자 고가주택의 양도소득세 계산 = 양도차익 2억원×[양도가액-9억원/10억원] = 2,000만원이 된다. 이 금액에서 장기보유특별공제 후 양도소득 일반세율(6~42%)을 곱해서 계산하면 된다. 따라서 1주택자로 3년 이상 거주하다가 비과세로 판다면 양도소득세는 양도차익 2,000만원-장기보유특별공제 480만원(24%) = 1,520만원-기본공제 250만원 = 1,270만원×15%-누진공제 108만원으로 825,000원이고, 지방소득세 10%인 82,500원을 함께 납부해야 한다.

"그렇군요. 9억원 초과분에 대해서만 고가주택 양도소득세 과세기준처럼 계산하면 되겠군요."

"그렇습니다."

이 아파트를 소개해줄 당시에도 실제로 입주해서 2년 거주하다가 팔면 양도세도 절세가 되면서 아파트가격으로 높은 수익을 보게 될 것이라고 해서 낙찰 받고 입주했던 것인데, 매도 시점에서 아파트 시세가 10억원으로 올랐다. 이렇게 미래가치가 있는 아파트를 공매로 낙찰 받아서 2년 거주하다가 팔면 내 집 마련을 통해서 재테크로 성공할 수 있다. 물론 2020년 1월 시점에는 매물이 없는 관계로 시세 분석을 정확하게 할 수 없었지만, 시세를 20억원으로 판단한다면 오르는 아파트는 팔지 말고 오랫동안 보유하는 것 역시 재테크로 으뜸이라는 것을 알 수 있다.

04 후곡마을아파트를 낙찰 받아 3년 거주 후 비과세 받은 사례

이 아파트는 경기도 고양시 일산에 소재하는 후곡마을아파트로 요즘 들어 상한가를 치고 있는 24평형인 소형평형 아파트이다.

아파트 내부는 방 3개와 주방겸 거실 1개, 그리고 욕실 1개로 구성되어 있고 인근에 신일중학교와 율동초등학교가 위치하고 있고, 인근에 버스정류장 등의 대중교통이 발달되어 있어서 실수요자들이 거주를 희망하는 아파트이다. 그래서 이철민 부부도 공매로 낙찰 받아서 입주하기로 결정했다.

이 아파트의 사진과 주변 현황도, 입찰정보 및 입찰결과 내역은 다음과 같다.

◆ 일산 후곡마을아파트의 사진과 내부 및 주변 현황도

(1) 아파트의 사진과 내부 및 평면도

(2) 아파트 주변 현황도

　이들 부부 역시 공매로 낙찰 받고 입주해서 3년 동안 살다가 비과세로 매각해서 양도차익에 대한 세금 없이 수익을 올릴 계산이었는데 거주하는 동안 양도소득세법이 개정되어 1주택자가 거주하지 않고도 2년만 보유하면 비과세되는 조건으로 비과세 요건이 완화되었다. 어쨌든 지금은 2년만 보유해도 9억까지 양도세가 없다는 사실만 기억하면 된다. 그러나 조정대상지역이라면 2년 거주요건을 갖추고 있어야 비과세 혜택을 받을 수 있다.

◈ 일산 후곡마을아파트의 입찰정보 내역

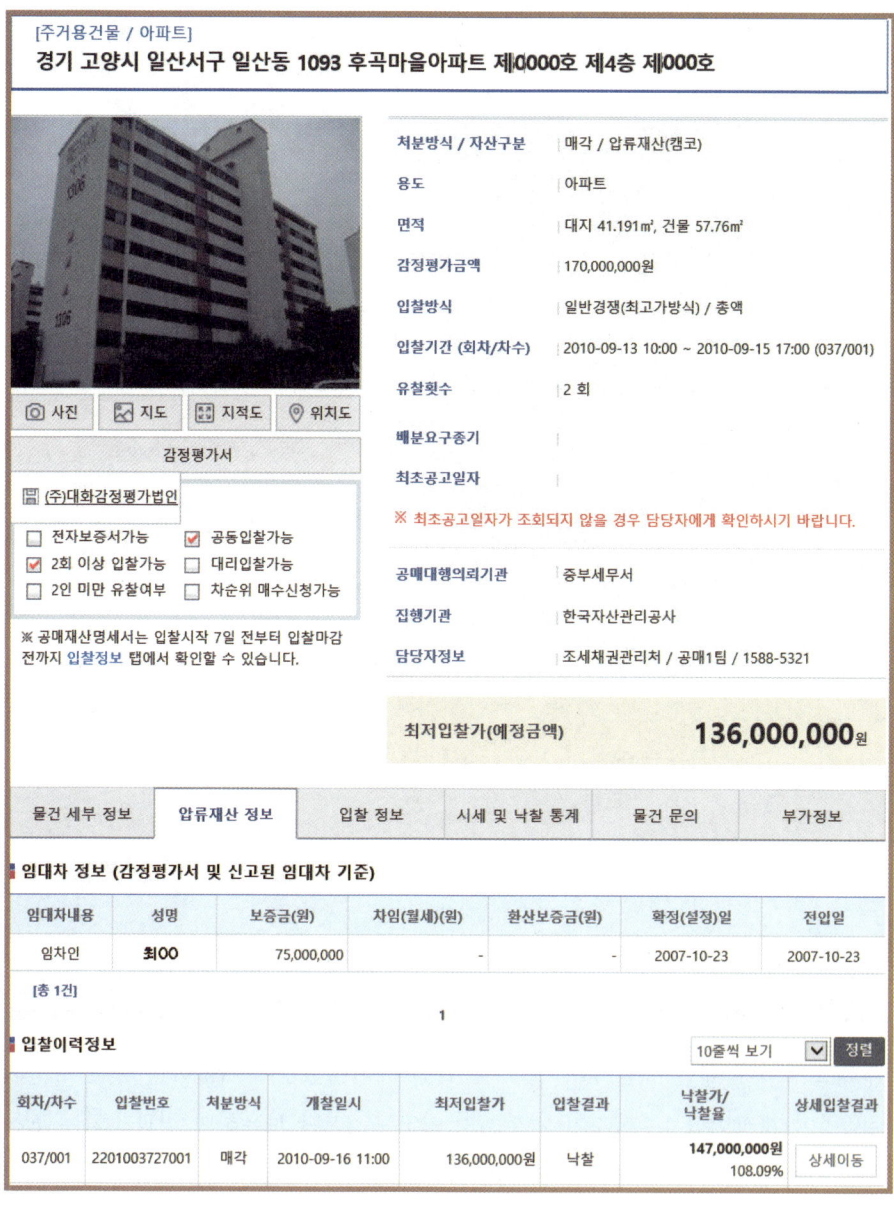

이 아파트는 감정가 1억7,000만원이었는데, 입찰하기 전에 시세를 조사해보니 시세도 1억7,000만원을 형성하고 있어서 1억4,700만원에 입찰했다. 왜냐하면 임차인이 점유하고 있었으나 말소기준권리인 신한은행 근저당권(2002. 09. 03. 배분 요구한 금액 103,259,734원)보다 후순위로 대항요건을 갖추고 있어서 낙찰자가 인수하지 않고 공매로 소멸되는 임차인이기 때문이다. 문제는 임차인의 배분금이 적다는 점은 있지만, 매각대금 1억4,700만원에서 공매비용 441만원을 공제하고 1순위로 신한은행이 103,259,734원 배분받고, 2순위로 임차인이 39,330,266원을 일부라도 배분받게 되기 때문에 큰 어려움 없이 약간의 이사비를 지급하면 임차인을 내보낼 수 있다는 판단이 섰기 때문이다.

◆ 이철민이 3대 1의 경쟁률을 뚫고 아파트를 공매로 낙찰 받다!

상세입찰결과

물건관리번호	2010-00000-001		
재산구분	압류재산(캠코)	담당부점	조세정리부
물건명	경기 고양시 일산서구 일산동 1093 후곡마을아파트 제0000호 제4층 제000호		
공고번호	201007-00950-00	회차 / 차수	037 / 001
처분방식	매각	입찰방식/경쟁방식	최고가방식 / 일반경쟁
입찰기간	2010-09-13 10:00 ~ 2010-09-15 17:00	총액/단가	총액
개찰시작일시	2010-09-16 11:02	집행완료일시	2010-09-16 11:36
입찰자수	유효 3명 / 무효 0명(인터넷)		
입찰금액	147,000,000원/ 138,170,000원/ 136,123,000원		
개찰결과	낙찰(매각결정(낙찰자))	낙찰금액	147,000,000원
감정가 (최초 최저입찰가)	170,000,000원	최저입찰가	136,000,000원
낙찰가율 (감정가 대비)	86.47%	낙찰가율 (최저입찰가 대비)	108.09%

이철민 부부가 3대 1의 경쟁을 뚫고 일산에 있는 후곡마을아파트 24평형을 낙찰 받았고, 낙찰 받고 나서 명도하는 과정에서 임차인이 보증금 상당부분 손해를

보게 돼 안타까워는 했지만, 명도는 어려움은 없이 마칠 수 있었던 사례이다.

"선생님 이 아파트는 3년 거주하고 얼마에 팔았어요?"

"이분들은 아직까지 거주하고 있어요. 그러나 여러분들이 알고 있듯이 1억 7,000만원 짜리 아파트를 1억4,700만원에 낙찰 받았고, 등기비용 300만원을 포함해 취득비용이 1억5,000만원 소요되었으니 낙찰 받을 때 이미 2,000만원은 벌고 들어간 셈이죠. 팔 때도 비과세로 양도세가 없으니…"

"소형평형 아파트가 요즘 오르고 있는데 이 아파트는 어떻게 되었답니까?"

"이 아파트도 소형이라 그런지 2020년 1월 현재 시세가 3억3,000만원 가고 있답니다. 그러니 팔 때 9억까지 양도세가 없으니 지금 팔면 1억8,000만원은 번 셈입니다."

"선생님 그분들은 파실 생각이 없으신가 봐요?"

"자녀들 문제로 2~3년 더 사실 생각입니다."

05 중원빌라 4분의 3 매수 후 나머지 지분을 매수해서 성공한 사례

이 물건은 경기도 성남시 중원구 은행동 0000번지 중원빌라 제3층 제000호로 전용면적 총면적 48.21㎡(18평형) 중에서 4분의 3인 36.157㎡이 지분공매로 매각되는 사례이다. 이 주택은 은행1동 행정복지센터 북동측 인근에 위치하며, 주변은 다세대주택과 다가구주택 등이 밀집한 열악한 주거지역으로, 재개발사업이 예정되어 있다. 그래서 주택가격이 최근 들어 계속해서 상승하고 있다.

◇ **재개발 예상 중원빌라 사진과 내부 및 주변 현황도**

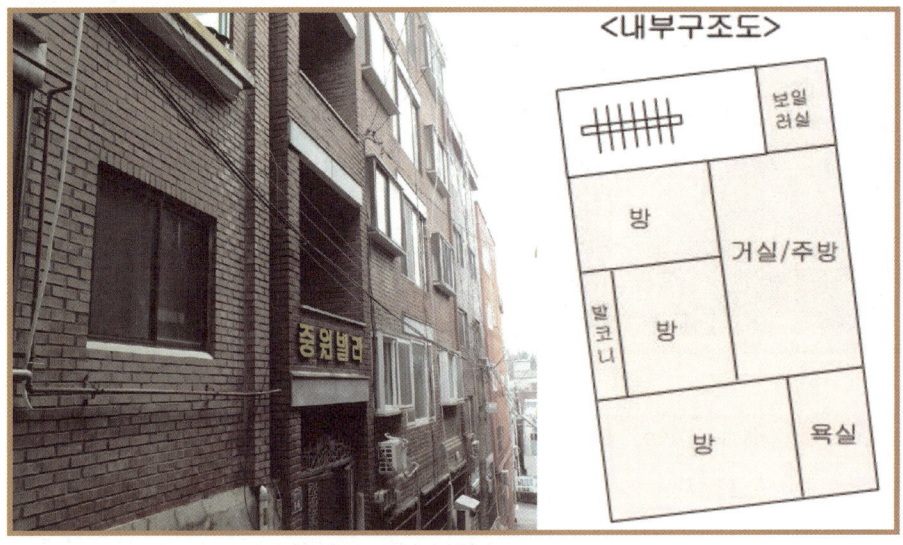

◇ 중원빌라 4분의 3 지분공매 입찰정보 내역

[주거용건물 / 다세대주택]
경기도 성남시 중원구 은행동 0000 제3층 제000호

처분방식 / 자산구분	매각 / 압류재산(캠코)
용도	다세대주택
면적	대 11.317㎡, 건물 36.157㎡
감정평가금액	109,000,000원
입찰방식	일반경쟁(최고가방식) / 총액
입찰기간 (회차/차수)	2020-05-18 10:00 ~ 2020-05-20 17:00 (018/001)
유찰횟수	3 회

감정평가서 — 대원감정평가사사무소
☑ 2회 이상 입찰가능 ☑ 공동입찰가능
☐ 2인 미만 유찰여부 ☑ 대리입찰가능
　　　　　　　　　　☑ 차순위 매수신청가능

※ 공매재산명세서는 입찰시작 7일 전부터 입찰마감 전까지 입찰정보 탭에서 확인할 수 있습니다.

배분요구종기	2020-04-06
최초공고일자	2020-02-19
공매대행의뢰기관	기흥세무서
집행기관	한국자산관리공사
담당자정보	서울동부지역본부 / 조세정리2팀 / 1588-5321
최저입찰가(예정금액)	**76,300,000원**

▌면적 정보

번호	종별(지목)	면적	지분	비고
1	토지 > 대	11.317㎡	-	지분(총면적 76.2㎡)
2	건물 > 건물	36.157㎡	-	지분(총면적 48.21㎡)

▌임대차 정보 (감정평가서 및 신고된 임대차 기준)

임대차내용	성명	보증금(원)	차임(월세)(원)	환산보증금(원)	확정(설정)일	전입일
임차인	임차인	-	-	-	-	-
전입세대주	이**	-	-	-	-	2000-05-18
전입세대주	이**	-	-	-	-	2012-07-24

▌입찰이력정보

회차/차수	입찰번호	처분방식	개찰일시	최저입찰가	입찰결과	낙찰가/낙찰율	상세입찰결과
018/001	0001	매각	2020-05-21 11:00	76,300,000원	낙찰	91,609,900원 120.07%	상세이동

이 중원빌라 제3층 제000호는 전용면적 총면적 48.21㎡(18평형) 중에서 4분의 3인 36.157㎡이 지분공매로 매각되는 사례이다.

그래서 4분의 3지분을 매수 후 나머지 4분의 1지분까지 취득해야만 추후 재개발사업이 진행되면 조합원분양권까지 기대할 수 있다.

이 주택은 임차인이 거주하는 것이 아니라 4분의 1을 상속 받은 이OO가 거주하고 있어서 인수할 권리는 없다. 그리고 4분의 3만 매수해도 현재 거주 중인 4분의 1지분권자를 민법 제265조에 따른 관리행위로 주택인도를 청구할 수 있고, 새로운 임차인을 입주시키는 임대차 계약도 가능하다.

따라서 주변 개업공인중개사 등을 통해서 주택 시세를 확인해보니, 전체지분 48.21㎡(18평형)이 2억원 정도였고, 계속적으로 오를 것으로 예측하고 있었다. 그래서 4분의 3을 환산해보니 1억5,000만원(2억원×¾)이라 다음과 같이 91,609,900원으로 입찰했다.

◆ **박OO가 7대 1의 경쟁률을 뚫고 중원빌라를 낙찰 받았다!**

상세입찰결과

물건관리번호	2019-00000-001		
재산구분	압류재산(캠코)	담당부점	서울동부지역본부
물건명	경기도 성남시 중원구 은행동 0000 제3층 제000호		
공고번호	202002-06158-00	회차 / 차수	018 / 001
처분방식	매각	입찰방식/경쟁방식	최고가방식 / 일반경쟁
입찰기간	2020-05-18 10:00 ~ 2020-05-20 17:00	총액/단가	총액
개찰시작일시	2020-05-21 11:01	집행완료일시	2020-05-21 11:11
입찰자수	유효 7명 / 무효 0명(인터넷)		
입찰금액	91,609,900원/ 85,800,000원/ 85,411,000원/ 80,888,880원/ 78,780,000원/ 78,685,680원/ 77,600,000원		
개찰결과	낙찰	낙찰금액	91,609,900원
감정가 (최초 최저입찰가)	109,000,000원	최저입찰가	76,300,000원
낙찰가율 (감정가 대비)	84.05%	낙찰가율 (최저입찰가 대비)	120.07%

대금납부 및 배분기일 정보

대금납부기한	2020-06-24	납부여부	미납

박OO가 중원빌라 4분의 3을 낙찰 받고 필자와 함께 명도하러 주택을 방문했는데, 연로하신 분만 계셔서 연락처만 남기고 돌아왔다. 다음날 점유자로부터 전화가 왔다. 본인이 나머지 4분의 1 지분권자 이OO로 점유하고 있다. 본인 이외에 임차인이 없다고도 했다. 그래서 필자 사무실이 있는 강남역으로 방문해주길 부탁 드렸고, 흔쾌히 방문하겠다고 해서 만났다. 이 자리에서 본인의 4분의 1지분을 3,300만원에 팔겠다고 해서 다음과 같이 매매계약서를 작성하고 계약금으로 500만원을 지급했다. 그리고 주택인도 즉시 또는 7월 24일 중 빠른 날을 기준으로 주택인도와 동시이행으로 잔금을 지급하기로 계약서를 작성했다.

◆ 이OO의 4분의 1지분 매수 당시 작성했던 계약서

다세대주택 매매 계약서

매도인과 매수인 쌍방은 아래 표시 부동산에 관하여 다음과 같이 매매계약을 체결한다.

1. 부동산의 표시

소재지	경기도 성남시 중원구 은행동 0000 제3층 제000호					
토 지	지 목	대	대지권	소유권의 대지권	면 적	3,773㎡(총 76.2㎡ m²중 15.09㎡의 4분의 1 지분)
건 물	구 조	철근콘크리트조	용 도	다세대주택	면 적	12.053㎡(총 48.21㎡ 중 4분의 1 지분)

2. 계약내용
제1조 [목적] 위 부동산의 매매에 있어 매도인과 매수인은 매매대금을 다음과 같이 지불키로 한다.

매매대금	금	삼천삼백만 원정 (₩33,000,000)
계약금	금	오백만 원정은 계약시 지불하고 영수함. 영수자 O O O (인)
중도금	금	〈없음〉 원정은 2020년 06월 05일에 지급한다.
융자금	금	〈없음〉 원정은 승계하지 않고 말소하고, 그 내용은 특약사항란에 명기한다.
임차보증금	금	〈없음〉 원정은 승계하고 그 내용은 특약사항란에 별도 명기한다.
잔 금	금	이천팔백만 원정은 2020년 07월 24일에 지급한다.

제2조 [소유권이전등] 매도인은 매매대금의 잔금을 수령함과 동시에 매수인에게 소유권이전등기에 필요한 모든 서류를 교부하고 등기절차에 협력하며, 위 부동산에 대하여 2020년 07월 24일 인도하기로 한다.
제3조에서 제9조 부동문자로 된 계약내용은 지면상 생략함.

3. 특약 사항 – 계약당사자간에 합의한 내용을 다음과 같이 특약으로 기재한다.

① 본 계약은 매수인이 매매대상 주택을 현장답사해서 이상이 없음을 직접 확인하고 현 시설상태로 매수하는 계약이다.

② 본 계약은 성남시 중원구 은행동 2008 제3층 중원빌라 제301호 전용면적 48.21㎡ 중 4분의 1 지분인 12.053㎡와 대지지분 3.773㎡(총 76.2㎡ 중 15.09㎡의 4분의 1 지분)을 매매하는 계약이다.

③ 매매대금 잔금일은 주택명도 즉시 또는 2020년 07월 24일 중 빠른 날이다. 이는 매도인이 위 주택을 매도하고 매수인에게 인도를 원활하게 하고자 하는 조건으로 둘 중 빠른 날이 잔금일이다. 왜냐하면 위 주택 4분의 3지분(매매 계약에서 제외된 부분)을 매수인이 공매절차로 매수하고 그 나머지 4분의 1지분을 매수하는 것으로 그 절차에서 매도인 가족분이 1,500만원 배분 받고, 주택을 인도하는 조건으로 매매 계약하는 계약이기 때문이다.

④ 위 기간까지 주택 전체를 인도하지 못할 시에는 위약금으로 2,000만원을 지급하기로 한다.

⑤ 주택인도 시기까지 제세공과금을 정산해서 매수인에게 중원빌라 301호 전체를 매수인에게 인도하기로 한다.

위 계약조건을 확실히 하고 훗일에 증하기 위하여 본 계약서를 작성하고 각 1통씩 보관한다
2020년 06월 08일

매도인	주 소	경기도 성남시 중원구 은행로81번길 0-0, 000호 (은행동, 중원빌라)					
	주민등록번호	520903-0000000	전 화	010-0000-0000	성 명	이○○ (인)	
	대리인	주민등록번호		전 화		성 명	
매수인	주 소	경기도 양주시 ○○38번길 00, 2층 0000호 (○○동)					
	주민등록번호	280211-0000000	전 화	010-0000-0000	성 명	박○○ (인)	
	대리인	주민등록번호		전 화		성 명	

    이렇게 지분공매로 4분의 3을 낙찰 받고, 나머지 4분의 1을 매수함과 동시에 주택을 인도 받아서 재임대하는 방법으로 장기보유하다가 재개발사업이 진행되면, 조합원분양권을 받을 수가 있어서 높은 수익을 기대할 수 있는 물건이다.

06 여의도 에스트레뉴 오피스텔을 낙찰받아 임대소득 올리기

◆ 여의도 에스트레뉴 오피스텔 사진 및 주변 현황도

이 오피스텔은 지하철 9호선과 5호선 더블역세권인 여의도역 3번 출구에 있다. 그래서 임대 수요가 높고 공실률도 적어서 임대 수익을 올리기에 좋은 오피스텔이라 입찰하기로 결정했다.

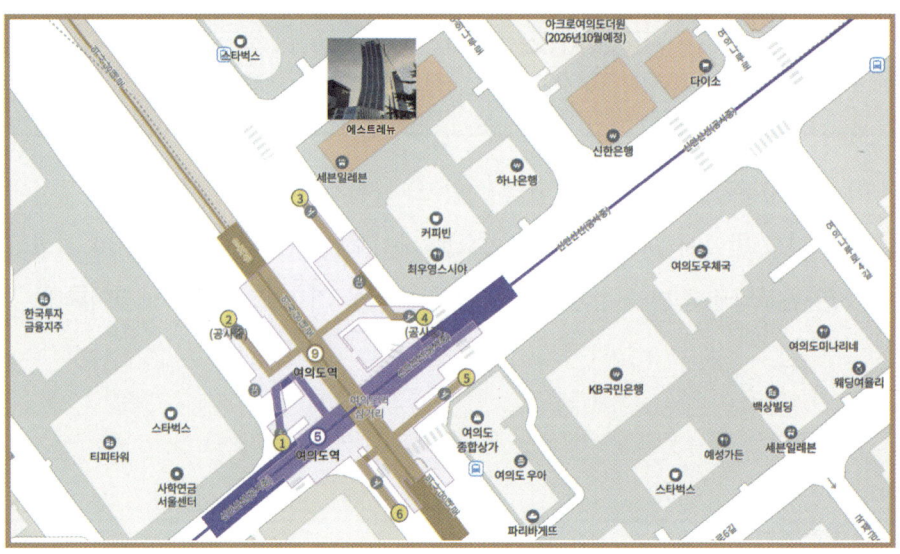

◆ 에스트레뉴 오피스텔 매매 시세 및 임대 시세

이 오피스텔은 60평형 오피스텔(전용면적 109㎡, 분양면적 265㎡)로 룸 1개와 나머지 부분은 업무용으로 사용할 수 있는 시설을 갖추고 있다. 매매 시세는 주변 부동산 중개업소를 방문해서 조사해 본 결과 ① 한강이 보이는 고층 오피스텔은 다음 네이버 부동산 매물 시세와 같이 최고가 22억원에서 최저가 19억원 선이고, ② 한강이 안 보이는 저층 등은 17억원 선이라고 했다. 그리고 ③ 임대 시세는 보증금 5,000만원에 월세 450만원이고, 현재 임대 수요가 많아서 공실 걱정 없이 임대 수익을 계속 올릴 수 있다고도 했다.

이 공매 오피스텔은 34층으로 한강이 보이므로 매매 시세를 보수적으로 18억 5,000만원으로 판단하고 임대 시세는 5,000만원에 450만원 정도로 분석했다.

그리고 이 오피스텔에서 입찰자가 인수할 권리 등이 있는 가를 다음 입찰정보 내역과 공매재산 명세서, 등기사항증명서, 건축물대장, 전입세대 열람 등을 통해서 확인해야 한다.

◆ 여의도 에스트레뉴 오피스텔 입찰정보 내역

이 공매물건은 마포세무서가 한국자산관리공사에 공매대행을 의뢰해서 매각절차가 진행되는 압류재산 공매물건으로 상단 해당 공매보기를 검색해서 공매공고문을 확인하고, 공매입찰정보 내역에서 감정평가서를 확인해서 물건 현황을 확인하고, 등기부와 건축물대장, 전입세대열람 등을 발급 받고 다음 공매재산명세서를 확인하는 절차로 권리분석을 하면 된다.

◆ 에스트레뉴 오피스텔 공매재산 명세서

압류재산 공매재산 명세

처분청	마포세무서	관리번호	2024-11023-002
공매공고일	2024-10-23	배분요구의 종기일자	2024-10-28
공매재산의 표시	서울특별시 영등포구 여의도동 26 외 1필지 에스트레뉴 제34층 제0000호 대 19.45㎡ 지분(총면적 2,931㎡ 2931분의19.45 지분) 건물 109.95㎡		
공매(매각)예정가격/입찰서제출(입찰)기간/개찰일자/매각결정기일		온비드 입찰정보 참조	
공매보증금		공매(매각)예정가격의 100분의 10	

■ 공매재산 이용 및 점유현황   [조사일자: 2024-09-10 / 정보출처: 현황조사서]

공매재산의 현황	오피스텔
공매재산 기타	1. 본건 개요 및 현황 - 본건은 서울특별시 영등포구 여의도동 소재 "여의도역" 북측 인근에 위치하는 부동산으로 확인됨. 2. 관공서 열람내역 - 상가건물임대차 현황서 열람내역 상 "○○○○○○" 등록됨. 3. 점유관계 현황 - 본건 1회차 방문하였으나 폐문부재 됨. (2024.09.10) - 임차인 안내문, 채권신고 및 배분 요구서 부착하였음. - 본건 점유(임차)중인 회사의 직원과 유선면담결과 보증금 5천만원/월세378만원의 임대차 계약관계 존재한다고 구두진술하며,

점유관계	성명	계약일자	전입신고일자 (사업자등록 신청일자)	확정일자	보증금	차임	임차부분	비고
사업자 등록자	○○○○○○ 주식회사	2018-11-19	2018-12-10	미상	50,000,000	3,600,000	S-TRENUE .0000호	상가건물임대차 현황서 등 록사항

■ 임차인 배분 요구 및 채권신고 현황

임차 구분	성명	계약일자	전입신고일자 (사업자등록 신청일자)	확정일자	보증금	차임	임차부분	배분요구 일자	채권신고 일자	비고
신고된 내역이 없습니다.										

■ 배분요구 및 채권신고 현황

번호	권리관계	성명	압류/설정 (등기)일자	법정기일 (납부기한)	설정금액(원)	배분요구 채권액(원)	배분요구일
1	근저당권	(주)○○컨설팅대부 (○○○ 지분)	2024-02-06		2,200,000,000	1,139,071,038	2024-08-26
2	질권	○○○ (근저당권부채 권질권)	2024-03-05		50,000,000	0	배분요구 없음
3	질권	○○○ (근저당권부채 권질권)	2024-03-05		250,000,000	0	배분요구 없음
4	질권	○○○ (근저당권부채 권질권)	2024-03-05		50,000,000	0	배분요구 없음

5	질권	OOO (근저당권부채권질권)	2024-03-05		250,000,000	0	배분요구 없음
6	질권	OOO (근저당권부채권질권)	2024-03-05		140,000,000	0	배분요구 없음
7	질권	OOO (근저당권부채권질권)	2024-03-05		80,000,000	0	배분요구 없음
8	질권	OOO (근저당권부채권질권)	2024-04-04		210,000,000	0	배분요구 없음
9	물건지지방자치단체	영등포구청			0	0	배분요구 없음
10	위임기관	마포세무서	2023-11-21	2023-09-04 ~ 2024-11-15	0	12,579,573,020	2024-08-16

* 채권신고 및 배분요구현황은 배분요구서를 기준으로 작성하였으며 신고된 채권액은 변동될 수 있습니다.
* 배분요구일자 미등록 건에 대해서는 담당자를 통해 배분요구 여부를 반드시 확인하여 주시기 바랍니다.

이 공매재산 명세서와 등기사항증명서, 전입세대 열람, 현장답사를 통해서 관리비 연체 내역을 확인해서, <u>대항력 있는 선순위임차인이 보증금 5,000만원에 월세 375만원</u>(권리신고 내역은 360만원이지만 임차인 회사 직원으로부터 375만원에 부가세 별도임을 확인했기 때문에 375만원으로 판단함)<u>으로 임차중인 사실과 배당요구하지 않아서 낙찰자가 선순위임차인은 인수해야 한다.</u> 이때 인수는 보증금 5,000만원과 계약갱신요구권 10년 중 남아 있는 4년 정도 임차인이 더 사용할 수 있다는 점을 생각하고 입찰하면 된다. 그래서 다음 상세 입찰결과 내용처럼 입찰에 참여했으나 필자는 낙찰받지 못하고 다른 사람이 낙찰받았다.

◆ 에스트레뉴 오피스텔 상세입찰 결과와 임대 수익분석

상세입찰결과

항목	내용	항목	내용
물건관리번호	2024-00000-002		
재산구분	압류재산(캠코)	담당부점	서울서부지역본부
물건명	서울특별시 영등포구 여의도동 26 외 1필지 에스트레뉴 제34층 제0000호		
공고번호	202410-41813-00	회차 / 차수	053 / 001
처분방식	매각	입찰방식/경쟁방식	최고가방식 / 일반경쟁
입찰기간	2024-12-30 14:00 ~ 2024-12-31 17:00	총액/단가	총액
개찰시작일시	2025-01-02 11:00	집행완료일시	2025-01-02 11:04
입찰자수	유효 7명 / 무효 1명(인터넷)		
입찰금액	1,393,000,000원/ 1,353,000,000원/ 1,309,600,000원/ 1,299,999,999원/ 1,288,000,000원/ 1,260,000,000원/ 1,228,000,000원		
개찰결과	낙찰	낙찰금액	1,393,000,000원
감정가 (최초 최저입찰가)	1,740,000,000원	최저입찰가	1,218,000,000원
낙찰가율 (감정가 대비)	80.06%	낙찰가율 (최저입찰가 대비)	114.37%

대금납부 및 배분기일 정보

항목	내용	항목	내용
대금납부기한	-	납부여부	-
납부촉구(최고)기한	-	배분기일	-

    이 오피스텔은 7명이 입찰해서 1등이 1,393,000,000원이다. 앞에서 이야기한 것처럼 34층으로 한강이 보이므로 매매 시세를 보수적으로 18억5,000만원으로 보고, 임대 시세는 5,000만원에 450만원 정도로 분석할 수 있다. 그러니 법인사업자 명의로 낙찰 받았다면 투자 대비 임대 수익은 5,400만원(450만원×12개월/14억5,750만원(1,393,000,000원+6,450만원)이므로 3.7%가 예상된다. 법인이 세금을 절세하면서 바로 팔는 경우에도 3억원의 시세 차익을 예상할 수 있어서 성공적인 투자로 볼 수 있다. 어쨌든 이 오피스텔은 업무용으로 사용하기 때문에 주택 수에 포함되지 않고 종합부동산세 부담도 없어서 장기적인 임대수익을 바라볼 수 있다는 것이 장점이다.

PART
12

국유재산 공매로 투자해서 성공한 이야기!

01 국유재산 개념과 용도에 따른 분류

◆ 국유재산이란?

국유재산은 협의의 국유재산과 광의의 국유재산으로 구분된다. 협의의 국유재산은 국유재산법 제5조 제1항(국유재산의 범위)에 해당하는 재산을 말하며, 광의의 국유재산은 국가가 국가의 목적을 수행하기 위하여 사용하거나 소유하는 일체의 재산으로 협의의 국유재산을 포함한 현금, 물품, 그 밖의 동산 및 국가채권 국가가 소유하고 있는 모든 재산을 말한다.

◆ 국유재산의 범위

국유재산의 범위는 총 6가지로 분류하여 정의할 수 있다.
(1) 부동산과 그 종물(從物)
(2) 선박, 부표(浮漂), 부잔교(浮棧橋), 부선거(浮船渠)및 항공기와 그들의 종물
(3) "정부기업예산법" 제2조에 따른 정부기업이나 정부시설에서 사용하는 기계와 기구 중 궤도차량
(4) 지상권, 지역권, 전세권, 광업권, 그 밖에 이에 준하는 권리
(5) "자본시장과 금융투자업에 관한 법률" 제4조에 따른 증권
(6) 특허권, 실용실안권, 디자인권, 상표권, 저작권, 품종보호권 등 지식재산

◆ 국유재산의 용도에 따른 분류

국유재산은 그 용도에 따라 "행정재산"과 "일반재산"으로 구분한다. 그리고 주된 국유재산에 인접하여 있거나 부속되는 국유재산은 주된 국유재산에 포함하여 분류할 수 있다. 한국자산관리공사(캠코)는 총괄청(기획재정부)으로부터 국유일반재산을 위탁받아 관리하고 있다.

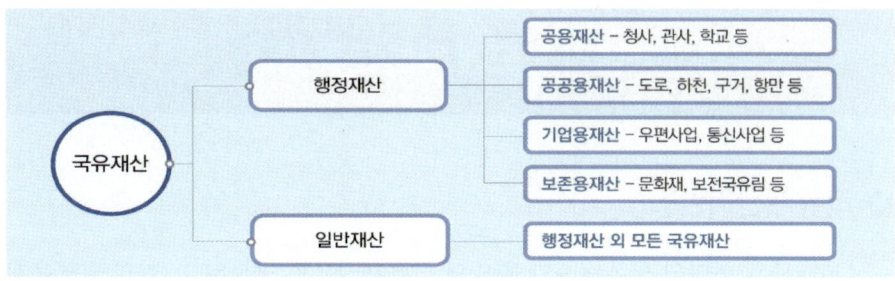

02 국유재산 매각공매 방법

◇ 매각공매 방법과 공매공고

(1) 매각공매 방법

한국자산관리공사는 국유 일반재산의 위치, 규모, 형태, 용도 등으로 보아 보존이 부적합하고 장래 행정목적으로의 활용가치가 없는 재산에 대하여 매각하는 것이 필요하다고 판단되는 경우에 '국유재산관리계획'에 계상하여 매각하고 있다. 매각방법은 온비드에 의하여 공고 후 공매 또는 유찰계약 방법으로 매각하고 있다.

(2) 공매공고

공매공고는 입찰 전일부터 역산하여 15일 전에 온비드에 게재한다. 그래서 응찰자는 onbid.co.kr 사이트를 방문하여 입찰금의 최저매매가격, 물건내용, 감정가격, 입찰방법, 계약체결 및 부대조건(국유재산 입찰공고문 참조) 등을 확인할 수 있다.

◆ 매각재산 입찰예정 가격결정 방법

입찰예정 가격은 국유재산법시행령 제42조(처분재산의 예정 가격)에 따라 대장가격이 3천만원 이상인 경우에는 두개의 감정평가법인의 평가액을 산술평균한 금액을 적용하고, 대장가격이 3천만원 미만인 경우에는 하나의 감정평가법인의 평가액을 적용한다.

◆ 국유재산과 공유재산 등의 매각예정금액과 유찰 시 체감율

① 국유재산법 시행령 제42조(처분재산의 예정가격) 제3항 중앙관서의 장등은 일반재산에 대하여 <u>일반경쟁입찰을 두 번 실시하여도 낙찰자가 없는 경우에는 세 번째 입찰부터 최초 매각 예정가격의 100분의 50을 최저한도로 하여 매회 100분의 10의 금액만큼 그 예정가격을 낮출 수 있다.</u>

② 공유재산 및 물품관리법 시행령 제33조(대부료의 체감) 지방자치단체의 장은 <u>대부를 위한 일반입찰을 두 번 실시하여도 낙찰되지 않은 공유재산에 대해서는 세 번째 일반입찰부터 최초 대부료 예정가격의 100분의 20을 최저한도로 하여 매회 그 최초 대부료 예정가격의 100분의 10 이내의 금액만큼 그 예정가격을 낮추는 방법</u>으로 조정할 수 있다.

③ 공유재산 및 물품관리법 시행령 제40조(매각대금의 체감) 지방자치단체의 장은 매각을 위한 <u>일반입찰을 두 번 실시하여도 낙찰되지 않은 일반재산에 대해서는 세 번째 입찰부터 최초 매각 예정가격의 100분의 80(지방자치단체가 활용할 가치가 없는 재산으로서 관리계획에 따라 일반재산을 매각하는 경우에는 100분의 50)을 최저한도로 하여 매회 그 최초 매각예정가격의 100분의 10 이내의 금액만큼 그 예정가격을 낮출 수 있다.</u>

④ 공기업·준정부기관 계약사무규칙 제6조의3(처분 부동산의 예정가격) 제3

항 기관장 또는 계약담당자는 **경쟁입찰을 두 번 실시하여도 낙찰자가 없는 경우에는 세 번째 입찰부터 최초 매각 예정가격의 100분의 50을 최저한도로 하여 매회 100분의 10의 금액만큼 그 예정가격을 낮출 수 있다.**

◇ 입찰방법과 유찰계약(수의계약)

(1) 입찰참가 전에 준비할 사항과 입찰 방법

입찰에 참여하려면 온비드(www.onbid.co.kr)에 회원가입과 실명확인을 위한 공동인증기관의 공동인증서를 등록해야 한다. 그 다음 온비드화면에서 로그인하고 입찰대상 공매 물건을 찾아서 입찰하는 과정에서 공동인증서로 실명을 확인하고 입찰서를 제출하면 된다.

(2) 국유재산 처분 방법

국유재산법 시행령 제40조(처분의 방법) 제1항 법 제43조 제1항에 따른 **경쟁입찰은 1개 이상의 유효한 입찰이 있는 경우 최고가격으로 응찰한 자를 낙찰자로 결정하는 방법**과 제2항 법 제43조 제1항 단서에 따라 **제한경쟁이나 지명경쟁의 방법으로 처분하는 방법**, 그리고 제3항에 따른 **수의계약으로 처분하는 3가지 방법이 있다.**

(3) 입찰참가 자격

① **입찰참가 자격은** 내국인, 외국인, 법인 포함한 모든 사람이 입찰참여가 가능하다.

② **대리인이 입찰자를 대리하여 입찰에 참여하는 경우에는** 대리입찰신청서 및 입찰자의 인감증명서 또는 본인서명 사실확인서를 인터넷 입찰기간 마감시간 전까지 즉 입찰기간의 마감일 17:00까지 한국자산관리공사 국유재산기획처에 제출해야 한다. (48400) 부산광역시 남구 문현금융로 40 부산국제금융센터 42층 국유재산기획처

③ 2인 이상이 공동명의로 입찰하는 경우에는 '전자서명'과 '서류제출' 중에 선택할 수 있다. 서류제출 방식에 의해 공동입찰을 진행 할 경우에는 공동입찰 참가신청서 및 공동입찰자의 인감증명서 또는 본인서명사실확인서를 입찰기간의 마감일 17:00까지 서면의 원본을 한국자산관리공사 국유재산기획처에 제출하고, 대표 입찰자 명의로 입찰에 참여해야 한다.

(48400) 부산광역시 남구 문현금융로 40 부산국제금융센터 42층 국유재산기획처

④ 민법상 만19세 미만의 미성년자 명의로 입찰에 참고하고자 하는 경우에는 법정대리인의 미성년자 입찰참가동의서 및 법정대리인의 인감증명서와 주민등록등본 원본을 입찰기간의 마감일 17:00까지 한국자산관리공사 국유재산기획처에 제출해야 한다.

알아두면 좋은 내용

1. 대리입찰신청서, 공동입찰참가신청서, 미성년자입찰참가동의서는 온비드(http://www.onbid.co.kr)의 입찰/이용안내 → 자료실 → 서식자료 메뉴의 국유재산 서식을 참조하면 된다.
2. 날인 및 인감증명은 이와 동일한 효력을 가진 서명 및 본인서명사실확인서로 대체할 수 있습니다. (본인 서명사실 확인 등에 관한 법률 제13조)

(4) 입찰보증금과 입찰보증금 납부 및 유찰자에게 반환하는 방법

① 입찰보증금은 입찰금액의 10% 이상을 인터넷입찰 마감시간 전까지 온비드 지정 예금계좌에 입금해야 유효하다(이렇게 입찰보증금은 10%로 정하는 것이 일반적이지만, 국유일반재산을 관리하고 있는 한국자산관리공사가 공고문에서 입찰할 때 보증금을 5%와 계약할 때 5%를 추가 납부하는 조건으로 매각하기도 한다. 이 내용은 공매공고문을 통해서 확인하면 된다).

② 입찰보증금이 1,000만원을 초과하는 경우에는 분할납부가 가능하다(인터넷 입찰 마감시간 전까지 여러 번 나누어 납부할 수 있다).

③ 입찰결과 무효 또는 유찰된 경우 입찰보증금은 입찰자가 지정한 환불계좌로 이자없이 반환되며 별도의 송금수수료가 발생될 경우에는 입찰보증금에서 이를 공제하고 반환한다.

(5) 입찰기간 및 개찰일자, 그리고 계약체결일

일반경쟁입찰을 두 번 실시하여도 낙찰되지 아니한 재산에 대하여는 세 번째 입찰부터 최초 매각 예정.

가격의 100분의 50을 최저한도로 하여 매회 100분의 10의 금액만큼 그 예정가격을 저감하여 다음과 같이 매각절차를 진행하게 된다.

회차	차수	입찰기간	개찰일자	계약체결일	적용율
28	51	2024.12.23 10:00~2024.12.26 17:00	2024.12.27 09:30	2025.01.06 한	100%
28	1	2024.12.30 10:00~2025.01.02 17:00	2025.01.03 09:30	2025.01.10 한	100%
28	2	2025.01.06 10:00~2025.01.08 17:00	2025.01.09 09:30	2025.01.16 한	90%
28	3	2025.01.13 10:00~2025.01.15 17:00	2025.01.16 09:30	2025.01.23 한	80%
28	4	2025.01.20 10:00~2025.01.22 17:00	2025.01.23 09:30	2025.02.04 한	70%
28	5	2025.02.03 10:00~2025.02.05 17:00	2025.02.06 09:30	2025.02.13 한	60%
28	6	2025.02.10 10:00~2025.02.12 17:00	2025.02.13 09:30	2025.02.20 한	50%

※ 낙찰자발표 : 한국자산관리공사 전자자산처분시스템(http://www.onbid.co.kr)

(6) 유찰계약(수의계약)

국유재산법 시행령 제40조(처분의 방법) 제3항 일반재산이 다음 각 호의 어느 하나에 해당하는 경우에는 법 제43조 제1항 단서에 따라 수의계약으로 처분할 수 있다. 이 경우 처분가격은 예정가격 이상으로 한다.

1. 외교상 또는 국방상의 이유로 비밀리에 처분할 필요가 있는 경우
2. 천재지변이나 그 밖의 부득이한 사유가 발생하여 재해 복구나 구호의 목적으로 재산을 처분하는 경우
3. 해당 재산을 양여받거나 무상으로 대부받을 수 있는 자에게 그 재산을 매각하는 경우

4. 지방자치단체가 직접 공용 또는 공공용으로 사용하는 데에 필요한 재산을 해당 지방자치단체에 처분하는 경우

5. 공공기관이 직접 사무용 또는 사업용으로 사용하는 데에 필요한 재산을 해당 공공기관에 처분하는 경우

6호~24호 내용은 지면상 생략하였으니 이 내용에 대한 자세한 내용은 법률을 검색해서 확인하기 바란다.

25호 두 번에 걸쳐 유효한 입찰이 성립되지 아니하거나 뚜렷하게 국가에 유리한 가격으로 계약할 수 있는 경우

- 2회에 걸쳐 유효한 입찰이 성립되지 아니한 경우 입찰종료 후 차기 입찰기일 전까지 공고된 매각예정가격 이상으로 수의계약이 가능하다. 계약보증금의 납부 전에 수의계약 신청인이 2인 이상 경합하는 경우에는 매수희망가격을 제출받아 최고가격을 제시한 자를 계약당사자로 결정한다.

26호~28호 내용은 지면상 생략함.

◆ 낙찰자 결정과 계약체결 방법

(1) 낙찰자결정 방법

매각예정가격 이상인 최고액의 입찰자를 낙찰자로 정하고, 동일가격 입찰자가 2인 이상인 때에는 즉시 온비드에 의한 무작위 추첨으로 낙찰자를 결정하게 된다.

(2) 계약체결 방법과 계약보증금 처리

매수인인 낙찰자는 입찰공고에서 정한 기일인 5일 이내에 신분증과 주민등록등본 1통을 지참하여 매매계약을 체결해야 한다. 낙찰일로부터 5일 이내 매매계약을 체결하지 않을 경우에는 낙찰을 무효로 하고 입찰보증금은 국가에 귀속된다. 이때 계약보증금은 입찰할 때 납부한 입찰보증금 10%를 계약금으로 하고, 입찰보증금이 10% 미만인 경우 즉 입찰보증금이 5%인 경우에는 5%가 계약보증금으로 자동 전환되므로 나머지 부족분(계약보증금과 차액) 5%를 추가 납부

해야 매매계약을 체결할 수 있다.

(3) 계약체결 후 부동산실거래신고

① 매수자는 부동산 거래의 신고(부동산 거래신고 등에 관한 법률 제3조) 의거 계약체결일로부터 30일 이내에 부동산의 소재지를 관할하는 기초자치단체의 장에게 부동산거래내용을 신고하고 그 신고필증 사본을 공사에 제출해야 한다.

② 외국인 등이 「부동산 거래신고 등에 관한 법률」 제9조의 규정에 의하여 토지거래허가를 받아야 하는 경우에는 시장·군수 또는 구청장에게서 토지취득허가증을 교부받는 날로부터 5영업일 이내에 매매계약을 체결하여야 하며, 외국인 등이 토지취득허가증을 받지 못한 경우에는 낙찰취소 또는 수의계약 요청을 무효로 하고 보증금은 낙찰자 또는 수의계약 요청자에게 반환된다

③ 농지법 등 관계 법령에 의하여 농지취득자격증명이 필요한 경우 등 취득(소유권 등기)이 제한되는 사항은 매수자가 갖추어야 할 요건이므로 사전확인 후 입찰해야 한다.

(4) 토지거래 허가구역 내 토지거래에 대한 허가(부동산 거래신고 등에 관한 법률 제11조)

제1항 허가구역에 있는 토지에 관한 소유권·지상권을 이전하거나 설정하는 계약을 체결하려는 당사자는 공동으로 대통령령으로 정하는 바에 따라 시장·군수 또는 구청장의 허가를 받아야 한다. 허가받은 사항을 변경하려는 경우에도 또한 같다. 토지거래허가구역 내에서 일정 면적 이상의 토지를 거래할 때 사전에 관할 관청의 허가를 받아야 하며, 허가 없이 거래하면 법적으로 무효가 된다.

◆ 잔금납부기한과 국유재산 소유권이전

(1) 매각잔금 납부

① 국유재산법 시행령 제54조(매각대금의 납부기한) 제1항 법 제50조에 따른

매각대금은 계약 체결일부터 60일의 범위에서 중앙관서의 장등이 정하는 기한까지 전액을 내야 한다. 다만, 제55조제1항부터 제4항까지의 규정에 해당하는 경우에는 그러하지 아니하다.

② 국유재산법 시행령 제55조(매각대금의 분할 납부) 제1항 법 제50조 제2항에 따라 매각대금이 500만원을 초과하고 3천만원 이하인 경우에는 그 매각대금을 3년 이내의 기간에 걸쳐 나누어 내게 할 수 있다(분할 납부시 국유재산법 시행령 제55조 제5항에서 정한 이자를 추가로 납부해야 한다).

제2항 법 제50조 제2항에 따라 다음 각 호의 어느 하나에 해당하는 경우에는 매각대금을 5년 이내의 기간에 걸쳐 나누어 내게 할 수 있다.

제1호 매각대금이 3천만원을 초과하는 경우(이하 각호 지면상 생략).

제3항 법 제50조 제2항에 따라 다음 각 호의 어느 하나에 해당하는 경우에는 매각대금을 10년 이내의 기간에 걸쳐 나누어 내게 할 수 있다. (각호 지면상 생략).

제4항 법 제50조 제2항에 따라 다음 각 호의 어느 하나에 해당하는 경우에는 매각대금을 20년 이내의 기간에 걸쳐 나누어 내게 할 수 있다. (각호 지면상 생략)

제5항 법 제50조 제2항에서 "대통령령으로 정하는 이자"란 제1항부터 제4항까지의 규정에 따른 매각대금 잔액에 고시이자율을 적용하여 산출한 이자를 말한다.

(2) 대금 미납 시에 연체료

① 매수자가 납부기한이 지난 후 잔대금을 내는 경우에는 그 잔대금에 대하여 「국유재산법」 제73조에 따라 연체료를 함께 내야 한다.

② 연체기간별 연체료는 1개월 미만은 연 7%, 1개월 이상 3개월 미만은 연 8%, 3개월 이상 6개월 미만은 연 9%, 6개월 이상은 연 10%이다(국유재산법 시행령 제72조).

(3) 국유재산공매에서 소유권이전

① 매각재산의 소유권이전은 매각대금이 완납된 이후 이전함을 원칙으로 한다.

② 도시재개발구역 안의 토지매각 시 분할납부의 경우 매각대금 완납 전에 이전 가능. 단, 저당권설정 등 채권확보가 필수

③ 계약체결일로부터 60일 이내에 관할 시·군·구청장에게 부동산거래신고를 하고 그 신고필증 사본을 제출해야 한다. 그러나 압류재산공매나 법원경매절차에서는 부동산거래신고가 면제 된다.

④ 국유재산공매에서 소유권이전등기를 하는 방법은 Part 09의 07. 공매종류별로 매수대금 납부와 소유권이전등기 방법(290~291쪽)을 참고하면 된다.

03 국유재산 대부(임대)공매 방법

◆ 대부계약의 개념과 대부계약체결 방법

① "대부계약"이란 일반재산을 국가 외의 자가 일정 기간 유상이나 무상으로 사용하거나 이를 통해 수익을 얻을 수 있도록 체결하는 계약으로 민법상 "임대차계약"과 동일한 의미이다.

② 국유일반재산의 대부계약을 체결하는 방법에는 '경쟁입찰의 방법'과 '수의의 방법'이 있다.
국유재산법에서는 일반경쟁을 원칙으로 하고 있으나 예외적으로 제한경쟁·지명경쟁, 수의의 방법을 허용하고 있다.

◇ 대부공매 방법과 공매공고

(1) 대부공매 방법

국유재산 중 일반재산의 관리와 처분을 한국자산관리공사가 담당하고 있다. 그래서 한국자산관리공사가 국유일반재산을 일반인에게 **임대하고(대부공매)** 있다. 이때 임대방법은 온비드에 의하여 공고 후 공매 또는 유찰계약 방법으로 임대하고 있다.

(2) 공매공고

공매공고는 입찰 전일부터 역산하여 15일 전에 온비드에 게재한다. 그래서 응찰자는 onbid.co.kr 사이트를 방문하여 일시금의 최저매매가격, 물건내용, 감정가격, 입찰방법, 계약체결 및 부대조건(국유재산 입찰공고문 참조) 등을 확인할 수 있다.

◇ 대부(임대)기간 및 대부료 산정방법

경쟁입찰에 의하여 낙찰된 대부물건의 첫 해 대부료는 최고입찰가로 결정되고, 대부 계약기간은 대부계약 체결일로부터 5년 이내이며, 대부기간을 초과하지 아니하는 범위에서 종전의 대부계약을 1회에 한해서 갱신할 수 있다. 이때 1년 단위로 재산정된 대부료를 납부해야 한다. 따라서 2차년도 이후의 연간대부료는 국유재산법의 관련 규정에 의하여 결정되며 매 차년도 시작 1개월 전에 피대부자에게 공지하고 있다. 그러나 **주거용이나 농지 그리고 수의계약으로만 대부할 수 있는 경우에는 갱신 횟수가 1회의 제한이 없이 계속해서 갱신하여 사용이 가능하다.** 갱신을 요청하는 경우에는 종전 대부기간이 끝나기 1개월 전에 신청해야 된다. 이러한 대부 계약기간 종료 후에는 재산을 반납하고 다시 입찰을 통하여 낙찰받아야 한다.

(1) 대부(임대)기간

① 20년 이내 – 조림을 목적으로 하는 토지와 그 정착물
② 10년 이내 – 대부 받은 자의 비용으로 시설을 보수하는 건물(대통령령으로 정하는 경우에 한정)
③ 5년 이내 : 위 ①과 ② 외의 토지와 그 정착물
④ 1년 이내 : 그 밖의 재산

(2) 대부계약의 갱신

대부계약은 대부 기간이 끝난 일반재산에 대하여 갱신 불허 사유에 해당하지 않는 한, 기존 대부 기간을 초과하지 아니하는 범위에서 종전의 대부계약을 갱신할 수 있다.

① 수의계약의 방법으로 대부할 수 있는 경우 갱신 횟수 제한 없다.
② 수의계약의 방법으로 대부할 수 없는 경우 1회만 갱신할 수 있다.
※ 갱신 계약을 희말할 경우에는 대부 기간이 끝나기 1개월 전에 신청해야 한다.

(3) 대부료 산정 방법

① 대부계약에 따른 연간 대부료는 해당 재산가액에 사용용도에 따른 요율을 곱한 금액으로 하되, 월할 또는 일할 계산할 수 있다. 경쟁 입찰 시 최초년도 대부료는 '낙찰가액'이며, 2차 연도 이후 대부료 산출은 대부기간을 갱신하지 아니한 대부기간 중으로 한정한다.

㉠ 주거용 – 재산가액의 2% 이상(기초 수급자의 경우 1%)
㉡ 경작용 – 경작용재산가액의 1% 이상과 최근 공시된 해당 시도의 농가별 단위면적당 농업총수익의 10분의 1에 해당 하는 금액 중 적은 금액으로 한다.
㉢ 기타(상업용) – 재산가액의 5% 이상

② 공유재산 및 물품관리법 시행령 제33조(대부료의 체감) 지방자치단체의 장

은 **대부를 위한 일반입찰을 두 번 실시하여도 낙찰되지 않은 공유재산에 대해서는 세 번째 일반입찰부터 최초 대부료 예정가격의 100분의 20을 최저한도로 하여 매회 그 최초 대부료 예정가격의 100분의 10 이내의 금액만큼 그 예정가격을 낮추는 방법으로 조정할 수 있다.**

◆ 입찰방법과 유찰계약(수의계약)

(1) 입찰방법

① 입찰에 참여하려면 온비드에 회원가입과 실명확인을 위한 공인인증기관의 공인인증서를 등록해야 한다. 그 다음 온비드화면에서 로그인하고 입찰대상 공매물건을 찾아서 입찰하는 과정에서 공인인증서로 실명을 확인하고 입찰서를 제출하면 된다.

② 대리인이 입찰자를 대리하여 입찰에 참여하거나 공동명의로 인터넷입찰에 참가하고자 하는 경우에는 인터넷 입찰기간 마감시간 전까지 공동입찰신청서 또는 대리입찰신청서를 공사에 제출해야 하고, 대표입찰자 또는 대리인 명의로 인터넷입찰에 참가해야 한다.

③ 입찰보증금은 대부하고자하는 금액의 10% 이상을 인터넷입찰 마감시간 전까지 온비드 지정 예금계좌에 입금해야 유효하다.

④ 입찰보증금이 1,000만원을 초과하는 경우에는 분할납부가 가능하다(인터넷입찰 마감시간 전까지 여러 번 나누어 납부할 수 있다).

(2) 유찰계약(수의계약)

① 입찰결과 유찰된 물건 중 전, 답, 주거용 건물에 대해서는 입찰종료 후 차기 입찰기일 전까지 금번 공고한 대부예정가격 이상으로 수의계약을 신청할 수 있으

며, 기타물건에 대하여는 2회 이상 유찰된 물건에 한하여 동일한 조건으로 수의계약을 신청할 수 있다.

② 개찰 일 이후부터 차기 입찰기일 전일 사이에 수의계약체결을 희망하는 자는 금번 입찰공고 내용에서 정한 연간대부예정가격의 10% 이상을 계약보증금으로 지정계좌에 입금하고 대부신청서를 제출하여야 하며, 우선 입금·납부한 자를 당사자로 선정한다.

③ 계약보증금의 납부 전에 수의계약 희망자가 2인 이상 경합하는 경우에는 입찰의 방법으로 대부받을 자를 결정한다.

④ 계약대상자로 선정된 자는 입금일로부터 5영업일 이내에 대부료 잔금납입 후 신분증, 주민등록등본 1통 및 인장을 지참하여 대부계약을 체결하여야 하며 이에 응하지 않을 경우에는 수의계약 의사가 없는 것으로 간주하여 계약보증금은 국고에 귀속된다.

◆ 낙찰자 결정과 잔금납부

(1) 낙찰자결정 방법

온비드 시스템에서 전자적 방법으로 일괄개찰하여 대부예정가격 이상의 유효한 입찰이 성립한 경우에 한하여 그 중 최고가액의 입찰자를 낙찰자로 결정한다. 동일한 최고가격으로 입찰한 자가 2인 이상인 경우에는 온비드 시스템에 의한 무작위 추첨으로 낙찰자를 결정한다.

(2) 대부료 납부방법

연간 대부료는 전액 선납하는 것이 원칙(시행령 제27조 1항)이다. 다만 연간 대부료가 100만원 초과하는 경우에는 연 4회 이내에서 분할납부할 수 있으며 이 경우 잔액에 대하여 연 1.31%의 이자가 추가되며 또한 연간 대부료가 1,000만원 이상의 경우에는 연간 대부료의 100분의 50에 해당하는 금액을 대부계약일까지 보증금으로 예치하거나 이행보증조치를 하여야 한다(분할납부 시 이자적용은 전국은행연합회에서 신규취급액 기준금리로 공시하는 이자율로, 2019년 12월에 공시한 이자율은 1.6%이다).

◆ 잔금납부 후 대부계약 체결과 사용방법

(1) 잔금납부 후 대부계약 체결

① 낙찰자는 낙찰일로부터 5영업일 이내에 대부료 잔금 납입 후 신분증, 주민등록등본 1통 및 인장을 지참하여 대부계약을 체결하여야 하며, 이에 응하지 않을 경우에는 낙찰을 무효로 하고 입찰보증금은 국고에 귀속된다.

② 부가가치세법 시행령개정으로 2007년 1월 1일부터 국유재산 대부료에 대하여 대부료의 10%가 부가가치세로 과세되는 바, 연간대부료 이외에 부가가치세를 추가로 부담하여야 한다. 다만, 실제 사용용도가 전, 답, 과수원, 목장용지, 임야, 염전 및 상시 주거용 주택(사업을 위한 주거용은 제외)과 이에 부수되는 토지(주택의 연면적 또는 건물이 정착된 면적의 5배(도시지역 밖의 토지의 경우 10배 중 넓은 면적에 한함)는 면세대상이므로 제외된다.

(2) 대부계약 체결과 사용방법

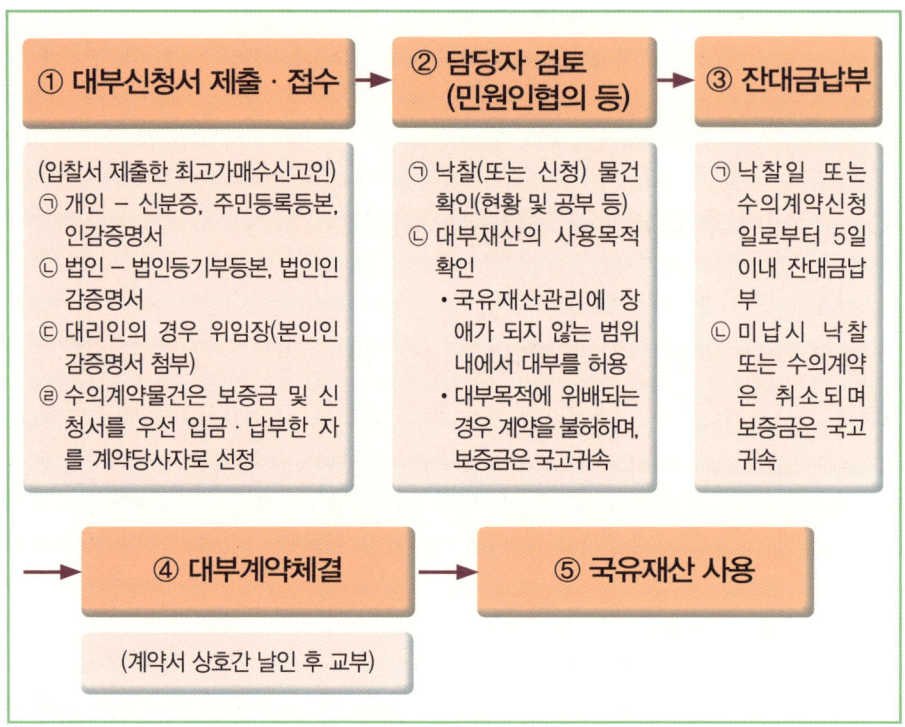

◈ 변상금의 의미와 변상금 징수 방법

(1) 변상금이란?

　국유재산을 사용허가나 대부계약 없이 사용·수익하거나 무단으로 점유한 자(사용허가나 대부계약 기간이 끝난 후 다시 사용허가나 대부계약 없이 국유재산을 계속 사용·수익하거나 점유한 자를 포함)에게 부과하는 금액을 말한다.

(2) 변상금의 징수

　국유재산·이나 다른 법률에 따라 국유재산의 사용허가나 대부계약 없이 국유재산을 사용·수익하거나 점유한 자(사용허가나 대부계약 기간이 끝난 후 다시 사용허가나 대부계약 없이 국유재산을 계속 사용·수익하거나 점유한 자를 포함한다)에 대하여 그 재산에 대한 사용료나 대부료의 100분의 120에 상당하는 변상금을 징수한다(국유재산법 제72조).

(3) 변상금 분할 납부

변상금이 100만원을 초과하는 경우에는 변상금 잔액에 고시이자율을 적용하여 산출한 이자를 붙이는 조건으로 3년 이내의 기간에 걸쳐 나누어 낼 수 있습니다. 이 경우 분할납부신청서를 제출하여야 한다.

04 국유재산 유가증권 공매 절차는 어떻게 진행되나?

◆ 국세물납이란?

조세는 금전납부가 원칙이나 일정요건을 충족할 경우 금전 이외의 재산으로 조세를 납부할 수 있는데, 이를 물납이라 한다. 물납이 가능한 조세에는 국세 중에는 상속세, 증여세, 법인세, 양도소득세 및 종합부동산세가 있으며, 지방세 중에는 재산세가 있다. 부동산과 유가증권의 가액이 2분의 1을 초과하고 납부세액이 1천만원을 넘는 경우 그 부동산과 유가증권으로 현금 대신 세금을 낼 수 있도록 하고 있는데 이 납부한 정부 소유 부동산 또는 증권을 한국자산관리공사가 정부로부터 위탁받아 관리하고 있는데 부동산인 경우 앞에서 설명한 1번 내용이고, 이번에는 유가증권 공매에 관해서 알아보는 시간이다.

◆ 국세물납 유가증권의 종류

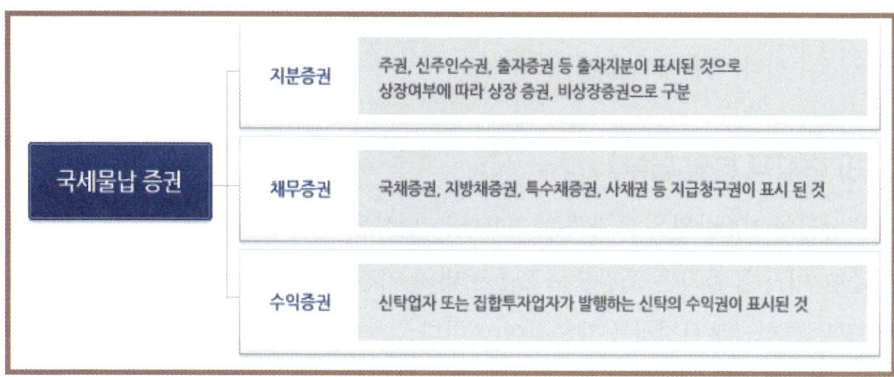

◆ 국세물납 유가증권 관리기관

① 납세자가 물납한 유가증권은 국유잡종재산(주주 : 國)(기획재정부)으로서 기획재정부는 국세물납유가증권의 관리 및 처분을 한국자산관리공사에 위임·위탁

② 한국자산관리공사는 관할세무서로부터 해당 유가증권 및 관련 서류를 인계받아 국세물납 유가증권의 관리 및 처분 업무를 수행

③ 유가증권 물납(납세자) ⇒ 유가증권 수납(국세청) ⇒ 유가증권 관리/처분(한국자산관리공사)

◆ 국세물납 증권 관리 · 처분 흐름도

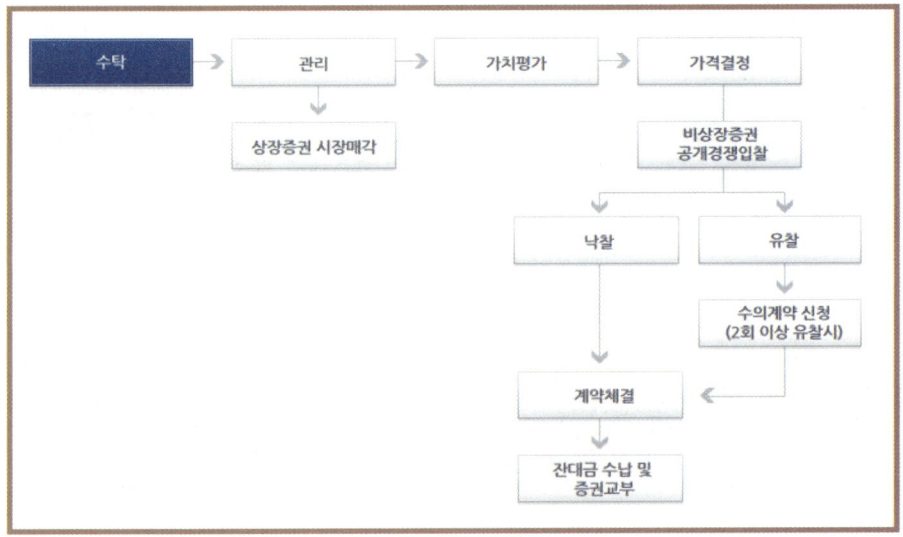

◆ 국세물납 증권 매각방법

(1) 상장증권

- 증권시장(유가증권시장 및 코스닥시장)을 통하여 시장가격으로 매각한다.

(2) 비상장증권

① 원칙 : 온비드를 이용한 경쟁입찰방식으로 매각한다.

② 예외 : 수의계약방식(2회에 걸쳐 유효한 입찰이 성립되지 아니한 경우)

2회에 걸쳐 유효한 입찰이 성립되지 아니한 경우 최종회차 매각 예정가액 이상으로 수의계약이 가능하다. 이때 차기 공고 전일까지 수의계약이 가능하며, 차기 매각예정가격(평가가액) 결정 후 수의계약은 불가능하다.

◇ 비상장증권 매각절차와 준비서류

(1) 일반경쟁입찰 절차

(2) 유찰(수의계약) 절차

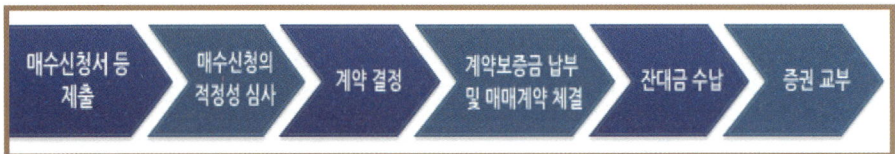

◇ 잔대금 납부 및 증권 교부

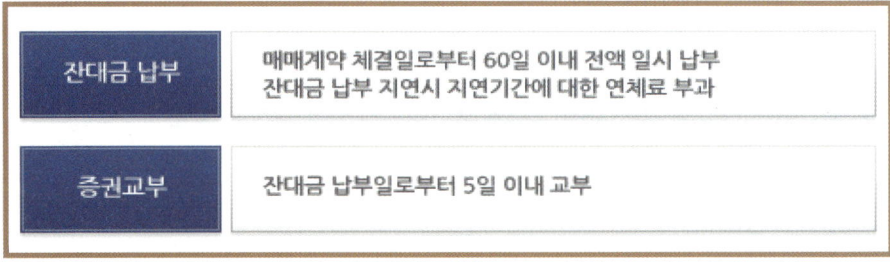

05 국유재산 매각공매와 임대공매 입찰대상물건 검색방법

◆ **온비드 화면에서 용도별검색 방법을 통한 공매물건 검색하는 방법**

온비드 홈페이지 상단 부동산 또는 동산/기타자산[자동차와 운송장비, 물품(기계), 물품(기타)] 등의 메뉴에서 용도를 부동산 을 선택해서 검색하면 ⇨ 좌측메뉴에 부동산 HOME이 나타나는데 이 타이틀에는 ⇨ 물건, 공고, 테마물건, 입찰결과 등이 나타난다. 여기서 물건을 선택하면 ⇨ 물건검색, 신규물건, 캠코 국유재산 전용관, 캠코 압류재산 전용관, 캠코 수탁·유입자산 전용관, 수의계약 가능물건 등의 세부항목을 확인할 수 있다. ⇨ 이 세부항목에서 물건검색을 선택해서 상세조건검색을 검색하면 다음과 같은 화면이 나타난다.

Part 12 국유재산 공매로 투자해서 성공한 이야기! **383**

이 화면에서 ① 처분방식으로 매각 또는 임대, ② 입찰기간, ③ 소재지(서울시, 경기도, 인천광역시… 등) 등을 선택하고, ⇨ ④ 자산구분(■캠코물건 – 압류재산, 국유재산, 수탁재산, 유입자산과 ■이용기관 – 국유재산, 공유재산, 기타일반재산, 금융권담보재산)에서 국유재산 매각공매 또는 임대공매를 선택해서 입찰할 국유재산 공매물건을 검색할 수 있다.

06 영종주공아파트를 국유재산 공매로 낙찰 받아 성공한 사례

◆ 영종주공아파트의 입찰정보 내역

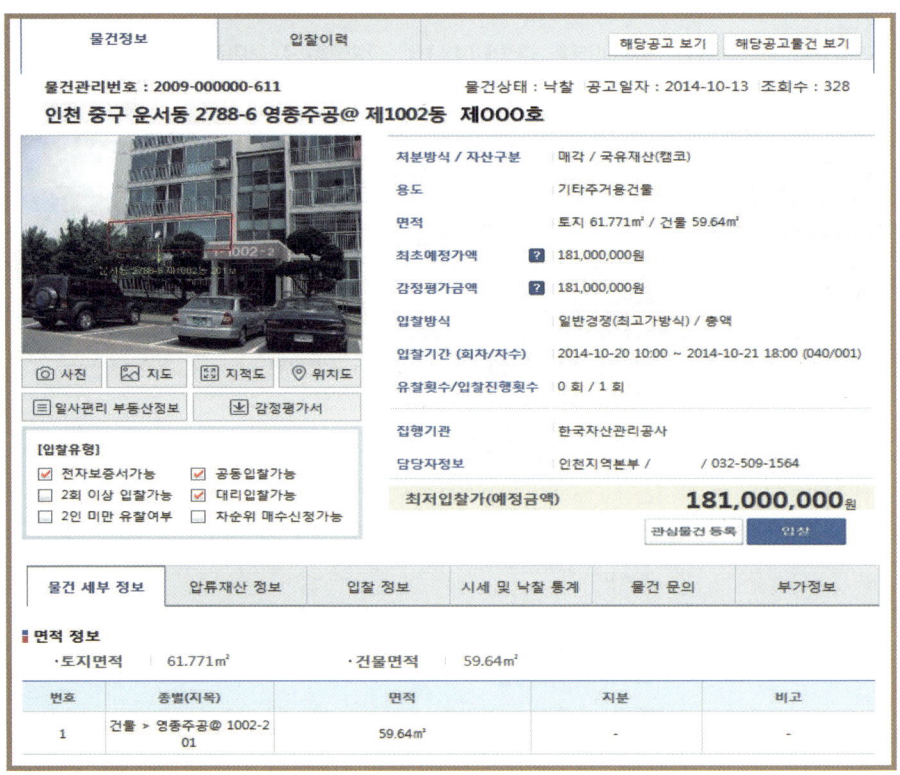

위치 및 이용현황

소재지	지번	인천 중구 운서동 2788-6 영종주공@ 제1002동 제000호
	도로명	-

위치 및 부근현황	영종도 공항신도시에 위치함.
이용현황	주거용으로 이용중임.
기타사항	기타(특기)사항 : 현황대로 매각하므로 필히 현장확인을 요하며 담당자에게 연락하신분에 한하여 입찰 전주 금요일 1회에 한하여 현장개방(잔대금완납후 입실가능하며, 잔대금은 일시납임)-아파트 관리비선수금 있음 건축년도 : 2001 총수 : 10 구조형태 : 철근콘크리트조
조사일자	2013-09-11

감정평가정보

감정평가기관	평가일	-	평가금액(원)	감정평가서
조회된 데이타가 없습니다.				

명도이전책임 및 부대조건

명도책임	매수자

| 물건 세부 정보 | 입찰 정보 | 시세 및 낙찰 통계 | 물건 문의 | 부가정보 |

입찰 방법 및 입찰 제한 정보

: :   중간생략함   : :

회차별 입찰 정보

입찰번호	회차/차수	구분	대금납부/납부기한	입찰기간	개찰일시	개찰장소	최저입찰가(원)
041	040/001	인터넷	-/60	2014-10-20 10:00~ 2014-10-21 18:00	2014-10-22 10:30	지정정보처리장치(온비드):입찰진행자 PC	181,000,000
041	041/001	인터넷	-/60	2014-10-27 10:00~ 2014-10-28 18:00	2014-10-29 10:30	지정정보처리장치(온비드):입찰진행자 PC	181,000,000
041	042/001	인터넷	-/60	2014-11-03 10:00~ 2014-11-04 18:00	2014-11-05 10:30	지정정보처리장치(온비드):입찰진행자 PC	162,900,000
041	043/001	인터넷	-/60	2014-11-10 10:00~ 2014-11-11 18:00	2014-11-12 10:30	지정정보처리장치(온비드):입찰진행자 PC	144,800,000
041	044/001	인터넷	-/60	2014-11-17 10:00~ 2014-11-18 18:00	2014-11-19 10:30	지정정보처리장치(온비드):입찰진행자 PC	126,700,000
041	045/001	인터넷	-/60	2014-11-24 10:00~ 2014-11-25 18:00	2014-11-26 10:30	지정정보처리장치(온비드):입찰진행자 PC	108,600,000
041	046/001	인터넷	-/60	2014-12-01 10:00~ 2014-12-02 18:00	2014-12-03 10:30	지정정보처리장치(온비드):입찰진행자 PC	90,500,000

이 같이 입찰대상 아파트를 찾았으면 캠코공매물건 입찰정보 내역에서 첫 번째로 이 아파트가 어디에 위치하고, 면적 등은 적당한 크기인가를 소재지와 아파트 면적 그리고 아파트 사진정보, 위치도 및 지도를 통해 확인해야 합니다.

◇ 아파트의 사진과 지도 및 주변 현황도

① 아파트의 사진과 내부 현황도

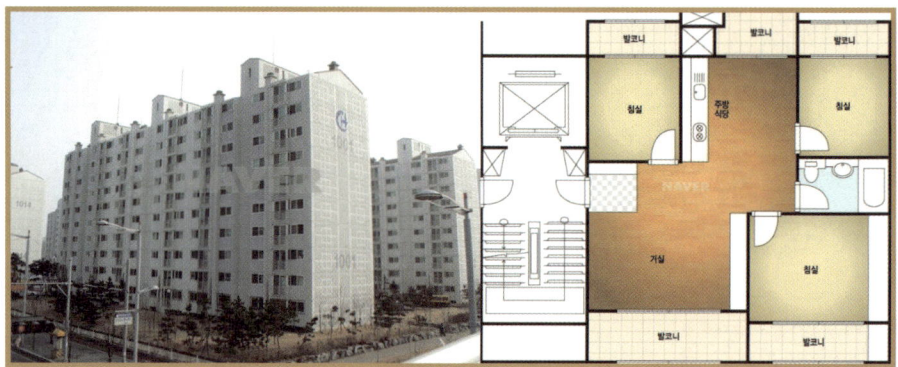

② 아파트 지도 및 주변 현황도

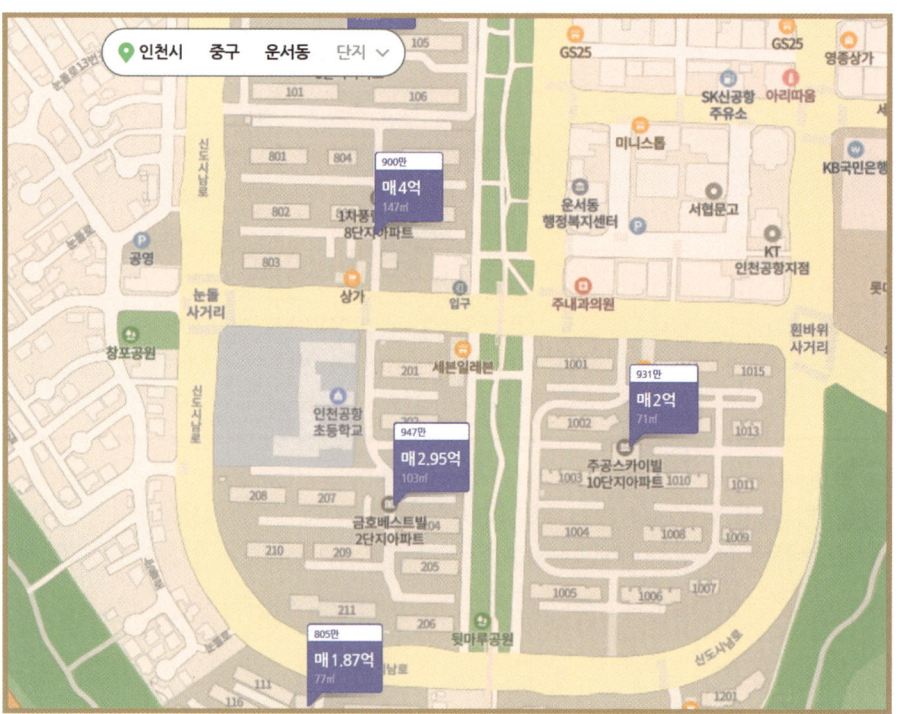

주공아파트 내부는 확인할 수 없나요?

있습니다. 두 번째로 아파트 내부를 확인하려면 아파트의 입찰정보 내역에서 중간부분을 보면 ⇨ 기타 사항란 "현황대로 매각하므로 필히 현장 확인을 요하며 담당자에게 연락하신 분에 한하여 입찰 전주 금요일 1회에 한하여 현장 개방 (잔대금 완납 후 입실 가능하며, 잔대금은 일시납임) 그리고 아파트 관리비 선수금이 있음" 이 표시되어 있으니, 입찰하실 분들은 이 담당자와 연락해서 아파트 내부를 확인하면 되고, 그리고 이밖에도 매각절차에서 궁금한 내용이 있다면 상단 메뉴 오른쪽 공매담당자를 통해서 문의하면 됩니다.

아하 그렇게 하면 되는 군요.

"세 번째로 어떠한 조건으로 공매가 진행되는가를 확인해야 합니다. 왜냐하면 공매는 매각기관마다 다른 조건으로 매각하는 경우가 많기 때문에 일반적으로 매각된다고 생각하고 공매공고 내용을 확인하지 않고 낙찰 받았다가 낭패를 볼 수 있기 때문이죠. 그래서 온비드 아파트의 입찰정보 내역 좌측 상단 공매공고 메뉴를 검색해서 공매공고 내역을 다음과 같이 확인해야 합니다."

◆ 2014년 제21회 국유재산 매각공고문과 매각조건 확인하기

 <u>온비드화면 우측상단 "해당공고 보기"를 검색해서 다음과 같이 공매공고문을 확인해 보니</u> 이 아파트는 국가소유 재산이기 때문에 국유재산 공매로 매각되고 있군요.

2014년 제21회 국유재산 매각 입찰 공고

1. 입찰물건의 표시
물건의 목록과 같음

2. 입찰참가 자격

가. 모든 사람(내외국인 및 법인포함)의 참여가 가능합니다.

나. 대리인이 입찰에 참가하고자 하는 경우에는 입찰마감일까지 대리입찰신청서(입찰자의 날인 및 인감증명이 첨부된 위임장)를 작성하여 한국자산관리공사 재산관리부에 제출하여야 합니다.

다. 2인 이상이 공동명의로 입찰에 참여하고자 하는 경우에는 입찰마감일까지 공동입찰참가신청서(공동입찰자의 날인 및 인감증명이 첨부된 위임장)를 한국자산관리공사 재산관리부에 제출하고 대표입찰자 명의로 입찰에 참여해야 합니다.

라. 민법상 만 19세 미만의 미성년자 명의로 입찰에 참가 하고자 하는 경우에는 입찰마감일까지 법정대리인의 미성년자 입찰참가동의서를 한국자산관리공사 재산관리부에 제출하여야 합니다.

3. 입찰 및 개찰

회차	차수	입찰기간	개찰일자	계약체결일	적용율
40	01	2014.10.20 10:00~2014.10.21 18:00	2014.10.22 10:00	2014.10.29한	100%
41	01	2014.10.27 10:00~2014.10.28 18:00	2014.10.29 10:00	2014.11.05한	100%
42	01	2014.11.03 10:00~2014.11.04 18:00	2014.11.05 10:00	2014.11.12한	90%
43	01	2014.11.10 10:00~2014.11.11 18:00	2014.11.12 10:00	2014.10.19한	80%
44	01	2014.11.17 10:00~2014.11.18 18:00	2014.11.19 10:00	2014.10.26한	70%
45	01	2014.11.24 10:00~2014.11.25 18:00	2014.11.26 10:00	2014.12.03한	60%
46	01	2014.12.01 10:00~2014.12.02 18:00	2014.12.03 10:00	2014.12.10한	50%

※ 낙찰자발표 : 한국자산관리공사 전자자산처분시스템(http://www.onbid.co.kr)

4. 입찰방법

〈~이하 본문 내용은 지면상 생략함〉

5. 입찰 참가 전 준비사항

입찰자는 입찰 참가 전까지 온비드(www.onbid.co.kr) 회원가입 후 공인인증기관으로부터 전자입찰용(범용) 공인인증서를 발급받아 온비드에 등록하여야 합니다.

6. 입찰예정가격 및 입찰보증금

가. 일반경쟁입찰을 두 번 실시하여도 낙찰되지 아니한 재산에 대하여는 세 번째 입찰부터 최초 매각 예정가격의 100분의 80(국가가 활용할 가치가 없는 재산으로서 보존하기에 적합하지 않은 재산의 경우에는 100분의 50)을 최저한도로 하여 매회 100분의 10의 금액만큼 그 예정가격을 낮추는 방법으로 조정합니다.

〈나항 ~ 다항은 지면상 생략함〉

7. 입찰의 무효 및 취소

〈가항 ~ 다항은 지면상 생략함〉

8. 낙찰자 결정방법

가. 온비드 시스템에서 전자적 방법으로 일괄개찰하여 매각예정가격 이상의 유효한 입찰이 성립한 경우에 한하여 그 중 최고가액의 입찰자를 낙찰자로 결정합니다.

나. 동일한 최고가격으로 입찰한 자가 2인 이상인 경우에는 온비드 시스템에 의한 무작위 추첨으로 낙찰자를 결정합니다.

9. 계약체결 및 대금납부방법

가. 낙찰자는 낙찰일로부터 5영업일 이내에 신분증, 주민등록등본1통 및 인장을 지참하여 매매계약을 체결해야 하며 이에 응하지 않을 경우에는 낙찰을 무효로 하고 입찰보증금은 국고에 귀속됩니다.

나. 매매계약 체결일로부터 60일 이내에 잔대금 전액을 납부해야 하며, 미납시 매매 계약은 해지(해제)되고 입찰보증금은 국고에 귀속됩니다. 다만, 토지에 한하여 매각대금이 1천만원을 초과하는 경우에는 그 매각대금을 3년 이내의 기간에 걸쳐 나누어 낼 수 있으나, 개별 물건정보에서 매매계약 조건이 일시납 조건(계약일로부터 60일이내 잔금 납부)일 경우는 분할납부가 되지 않습니다. 또한, 분할납부시에는 매각대금 잔액에 대해서는 국유재산법에서 정한 이자가 추가되며, 연부취득(2년이상 분할납부)하는 경우, 계약금 납부시 포함하여 분할 대금 납부시마다 60일이내 취득세 신고 및 납부를 하여야 합니다.

〈다항~라항은 지면상 생략함〉

10. 물건별 부대조건

〈~이하 본문 내용은 지면상 생략함〉

11. 공통조건

〈가항 ~ 마항은 지면상 생략함〉

바. 매매계약의 당사자는 공인중개사의 업무 및 부동산거래신고에 관한 법률 제27조에 의거 매매계약 체결일로부터 60일 이내에 부동산의 관할 기초자치단체의 장에게 부동산거래내용을 신고할 의무가 있습니다.

12. 수의계약 안내

가. 금번 매각 입찰결과 2회에 걸쳐 유효한 입찰이 성립되지 아니한 물건에 대해서는 입찰종료 후 차기 입찰기일 전까지 공고된 매각 예정가격 이상으로 수의계약이 가능합니다.

나. 개찰일 이후부터 차기 입찰기일 전일 사이에 수의계약 체결을 희망하는 자는 금번 입찰공고내용에서 정한 매각예정가격의 10% 이상을 계약보증금으로 지정계좌에 입금하고 매수신청서를 제출하여야 하며, 우선 입금·납부한 자를 당사자로 선정합니다.

다. 계약보증금의 납부 전에 수의계약 신청인이 2인 이상 경합하는 경우에는 매수희망가격을 제출받아 최고가격을 제시한 자를 계약당사자로 결정합니다.

〈라항~마항 내용은 지면상 생략함〉

2014년 10월 13일

한국자산관리공사 국유재산기획실장

"이 공매 공고문 중에서 꼭 알고 있어야 할 내용만 정리하고 나머지는 생략했으니 참고하세요. 이렇게 입찰 및 개찰방식, 입찰참가 전에 준비할 사항, 입찰예정가격 및 입찰보증금, 낙찰자결정방법, 그리고 낙찰 받고 나서 계약체결 및 대금납부방법을 확인하고 나서 입찰에 참여해야 합니다."

 잠깐만! 선생님 이 국유재산 공매물건도 권리분석과 수익분석을 해야지요?

"국유재산 공매물건은 압류재산 공매와 같이 권리분석이 필요하지 않아요, 국가소유 재산을 매각하는 것이므로 권리에 하자가 있을 수는 없어요. 다만 각 물건의 매각조건마다 다를 수 있으니 방금 분석했던 것처럼 공매공고문을 자세히 분석하고 입찰하면 됩니다. 그리고 수익분석 방법은 앞에서 여러 번 거론했으니 생략하겠습니다."

이 아파트의 시세를 조사해 보니 2억원 정도입니다. 그리고 최저매각예정금액이 1억8,100만원이니 1억8,600만원으로 입찰에 참여하겠습니다.

"박 사장님도 이제 선수가 되셨군요."

"선생님 온비드 회원 가입과 범용공인인증서 등록하고 입찰서도 제출했습니다. 그리고 입찰보증금도 납부하고요."

"수고했습니다. 입찰결과를 기다려 봅시다."

◆ **박 사장이 주공아파트를 단독으로 낙찰 받아서 축하받고 있다!**

상세입찰결과

물건관리번호	2009-072016-611		
재산구분	국유재산(캠코)	담당부점	물건정보참조
물건명	인천 중구 운서동 2788-6 영종주공@ 제1002동 제000호		
공고번호	201410-00750-00	회차 / 차수	040 / 001
처분방식	매각	입찰방식/경쟁방식	최고가방식 / 일반경쟁
입찰기간	2014-10-20 10:00 ~ 2014-10-21 18:00	총액/단가	총액
개찰시작일시	2014-10-22 10:33	집행완료일시	2014-10-22 13:08
입찰자수	유효 1명 / 무효 1명(인터넷)		
입찰금액	186,000,000원		
개찰결과	낙찰	낙찰금액	186,000,000원
감정가 (최초 최저입찰가)	181,000,000원	최저입찰가	181,000,000원
낙찰가율 (감정가 대비)	102.76%	낙찰가율 (최저입찰가 대비)	102.76%

선생님 제가 낙찰 받았어요.

 축하드립니다. 5일 이내에 한국자산관리공사에 가서 계약하는 것 잊지 마세요.

07 물납 국유재산 연립주택을 수의매매 계약으로 매수한 사례

이 그랜드하우스 연립주택은 상속세 및 증여세법 제73조에 따라 국가에 납부하여야 할 세금을 물납(현금 대신 다른 재산으로 세금을 내는 것을 물납이고, 이 경우 국유재산이 된다)으로 납부해서 국유재산 공매로 매각되는 것이다. 이런 공매에서는 물납자 본인과 그 이해관계인이 물납 재산을 저렴하게 다시 취득하는 것을 방지하기 위하여 물납자 본인과 그 이해관계인(물납자 본인의 직계혈족, 형제자매, 직계혈족의 배우자, 배우자, 배우자의 직계혈족, 배우자의 형제자매를 의미함)은 본 재산을 물납가액 미만으로는 낙찰 받을 수 없으며, 낙찰 받더라도 그 입찰은 무효 사유에 해당된다(국유재산법 제44조의2, 같은 법 시행령 제47조의2 준용).

연립주택의 분양면적은 306.49㎡(94평형)[전용면적 196.59㎡(59.4평)+공용면적 109.9㎡]이고 대지지분은 104.58㎡(31.6평)이다. 감정평가액이 1,790,000,000원인데 매매 시세는 22억원~24억원이고, 전세 시세는 18억원 정도라는 사실을 주변 부동산을 통해서 확인할 수 있었다.

◆ 그랜드하우스 연립주택 입찰정보 내역

[주거용건물 / 연립주택]
서울특별시 서초구 방배동 000 - 00 (그랜드하우스 A동 0층 000호)

처분방식 / 자산구분	매각 / 국유재산(캠코)
용도	연립주택
면적	토지 - / 건물 196.59㎡
최초예정가액	1,795,000,000원
감정평가금액	1,795,000,000원
입찰방식	일반경쟁(최고가방식) / 총액
입찰기간 (회차/차수)	2024-10-28 10:00 ~ 2024-10-30 17:00 (043/001)
유찰횟수/입찰진행횟수	2 회 / 4 회
집행기관	한국자산관리공사
담당자정보	서울동부지역본부 / 1588-5321

최저입찰가(예정가격) : 1,615,500,000원

[입찰유형]
- ☑ 전자보증서가능
- ☑ 공동입찰가능
- ☐ 2회 이상 입찰가능
- ☑ 대리입찰가능
- ☐ 2인 미만 유찰여부
- ☐ 차순위 매수신청가능

▌입찰 방법 및 입찰 제한 정보

전자보증서 사용여부	사용 가능	차순위 매수신청 가능여부	신청 불가능
공동입찰 가능여부	공동입찰 가능	2인 미만 유찰여부	1인이 입찰하더라도 유효한 입찰로 성립
대리입찰 가능여부	대리입찰 가능	2회 이상 입찰 가능여부	동일물건 2회 이상 입찰 불가능

- 전자보증서 입찰이 가능한 물건입니다.
※ 전자보증서 발급을 위해서는 입찰마감 전 영업일 18시까지 발급신청을 완료하여야 하며, 전자보증서 발급 및 입찰서 제출은 입찰마감 전까지 가능합니다.

▌회차별 입찰 정보

입찰번호	회차/차수	구분	대금납부/납부기한	입찰기간	개찰일시	개찰장소	최저입찰가(원)
0012	040/001	인터넷	-/60	2024-10-07 10:00~ 2024-10-10 17:00	2024-10-11 09:30	전자자산처분시스템 (www.onbid.co.kr)	1,795,000,000
0012	041/001	인터넷	-/60	2024-10-14 10:00~ 2024-10-16 17:00	2024-10-17 09:30	전자자산처분시스템 (www.onbid.co.kr)	1,795,000,000
0012	042/001	인터넷	-/60	2024-10-21 10:00~ 2024-10-23 17:00	2024-10-24 09:30	전자자산처분시스템 (www.onbid.co.kr)	1,615,500,000
0012	043/001	인터넷	-/60	2024-10-28 10:00~ 2024-10-30 17:00	2024-10-31 09:30	전자자산처분시스템 (www.onbid.co.kr)	1,436,000,000

이 공매물건은 다음 등기사항증명서와 같이 4형제가 4분의 1씩 공유로 소유하

다가 체납한 세금을 납부하기 위해서 부동산으로 물납해서 국유재산으로 공매가 진행되는 것이다.

따라서, 물납자 본인과 그 이해관계인은 본 입찰에 참가하더라도 물납가액 미만으로는 응찰 및 낙찰 받을 수 없으며, 만일 물납가액 미만으로 낙찰 시 낙찰자가 물납자 본인과 그 이해관계인에 해당하는지를 확인하기 위하여 낙찰자는 반드시 아래의 서류를 매매계약을 체결하기 전까지(낙찰일로부터 5영업일 이내) 담당자에게 제출하여야 한다.

① 본인, 본인의 직계혈족·형제자매의 가족관계증명서(상세), ② 본인의 배우자, 배우자의 직계혈족·형제자매의 가족관계증명서(상세), ③ 그 밖에 제적부(등본) 등 매수신청인의 가족관계를 확인할 수 있는 서류, **다만 최종 낙찰가격이 물납가액 이상인 경우에는 위 서류를 제출할 필요가 없다.**

10	소유권이전	2024년5월27일 제89488호	2024년5월27일 신탁재산의귀속	공유자 지분 4분의 1 박OO 000000-******* 　부산광역시 동래구 사직로 36,000동 　000호 (사직동,OO자이) 지분 4분의 1 박OO 000000-******* 　서울특별시 서대문구 수색로 100,000동 　000호 　(북가좌동,OOOOOOOOO에상아파트) 지분 4분의 1 박OO 000000-******* 　호주 퀸슬랜드주 올드 클리블랜드 로드 　000, 000 지분 4분의 1 박OO 000000-******* 　서울특별시 강남구 영동대로000, 000호 　(청담동,더 리버스 OO)
	9번신탁등기말소		'1탁등기말소	
11	공유자전원지분전부이전	2024년6월28일 제109911호	2024년6월20일 국세물납	소유자 국(기획재정부)

이 주택 사진과 내부 구조, 그리고 주변 현황은 다음과 같다.

◆ 그랜드하우스 연립주택 사진과 아파트 내부 평면도

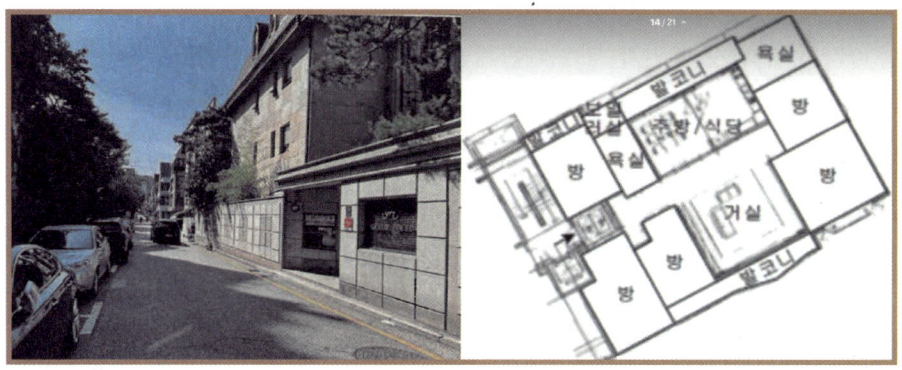

◆ 그랜드하우스 연립주택 주변 현황도

◆ 이 공매물건을 어떻게 분석하고 입찰하면 되나?

　이 국유재산 공매물건은 1회차, 2회차는 감정가인 1,790,000,000원으로 매각 예정가액을 정해서 매각하다가 3회차부터 10% 저감하여 1,615,500,000원에 매각절차를 진행하고 있었다.

이는 **국유재산법 시행령 제42조 제3항 중앙관서의 장 등은 일반재산에 대하여 일반경쟁입찰을 두 번 실시하여도 낙찰자가 없는 경우에는 세 번째 입찰부터 최초 매각예정가격의 100분의 50을 최저한도로 하여 매회 100분의 10의 금액만큼 그 예정가격을 낮출 수 있다는 규정에 따른 것이다.**

이 연립주택 내부 현장 개방 일정은 2024년 09월 26일 목요일 15:00~16:00이다(이 내용은 공매입찰기록에 표시되어 있으니 참고하면 된다). 입찰에 참여하는 분들은 이 기간 동안 주택 내부를 확인하고 입찰여부를 결정하면 된다.

그리고 공매 공고문에서 매각조건 즉 입찰 및 개찰방식, 입찰참가 전에 준비할 사항, 입찰예정가격 및 입찰보증금, 낙찰자결정 방법, 낙찰 받고 나서 계약체결 및 대금납부 방법을 확인해야 한다. 필자가 확인해 보았더니 인수할 내용이 없어서 공매 공고문을 별도로 책에 기술하지 않고 생략했다.

마지막으로 시세 조사(매매와 전세)를 주변 부동산을 방문해서 확인하고 입찰해야 한다.

필자가 주변 부동산 3~4군데를 방문해서 확인했더니 6개월 전에 이 공매 연립주택이 일반 매매로 22억원에 나왔다가 매물을 걷어 들였다고 한다. 그래서 매물 시세를 22억원으로 보고 전세 시세는 18억원으로 판단했다. 그래서 1,615,500,000원으로 저감된 상태에서 17억2,000만원에 입찰하기로 결정했다.

그런데 입찰기일 하루 전에 다른 사람이 감정가 즉 1차 가격으로 수의 매매계약을 체결해서 필자는 입찰에 참여할 수 없었고, 수의매매계약을 체결한 사람이 1,795,000,000원으로 매수하게 된 사례이다. 이 주택은 서래마을에 있고 강남역까지 버스로 15분 거리에 있어서 매수 후 직접 거주하거나 임대하는 방법으로 투자금을 전부 회수할 수 있는 우량한 물건이다. 5년 정도 보유하다가 비과세 혜택을 보면서(장기보유특별공제 40%+고가주택양도소득세 계산 방법), 25억원 정도에 매도하면 높은 시세차익도 얻을 수 있을 것이다.

08 민기가 대부공매로 아파트를 낙찰 받아 신혼집을 마련하다!

◇ 대부(임대)공매 아파트의 입찰정보 내역

면적 정보

- 토지면적   37.67㎡
- 건물면적   72.94㎡

번호	종별(지목)	면적	지분	비고
1	토지 > 대	37.67	-	-
2	건물	72.94	-	-

위치 및 이용현황

소재지	지번	인천 부평구 산곡동 293 우성아파트 제116동 제OOOO호
위치 및 부근현황		인천시 부평구 산곡동에 위치해 있으며, 주택/상가혼재지역으로 부평시장역에서 도보로 10분 거리에 위치.
이용현황		주거용(우성아파트116동 제OOOO호)-공실
기타사항		기타(특기)사항 : 현황대로 인도하는 조건이며, 반드시 현장확인 후 입찰하시기 바랍니다. 현장확인은 매주 목요일 3시까지로 사전연락(담당자:박도호 509-1572) 요함 건축년도 : 1990 층수 : 15 구조형태 : 철근콘크리트조 인입시설정보 : 전기 가스승강상수도하수도난방
조사일자		2013-05-08

감정평가정보

감정평가기관	평가일	평가금액(원)	감정평가서
조회된 데이타가 없습니다.			

명도이전책임 및 부대조건

명도책임	물건별상이(기타사항참조)

물건 세부 정보 | **입찰 정보** | 시세 및 낙찰 통계 | 물건 문의 | 부가정보

입찰 방법 및 입찰 제한 정보

:   :   중간생략함   :   :

회차별 입찰 정보

입찰번호	회차/차수	구분	대금납부/납부기한	입찰기간	개찰일시	개찰장소	최저입찰가(원)
155	024/001	인터넷	-/5	2014-06-23 10:00~ 2014-06-24 18:00	2014-06-25 10:00	지정정보처리장치(온비드):입찰진행자 PC	2,660,000

입찰대상 아파트를 찾았으면 캠코공매물건 정보내역에서 첫 번째로 이 임대아파트가 어디에 위치하고, 면적 등은 적당한 크기인가를 소재지와 아파트 면적 그리고 아파트 사진정보, 위치도 및 지도를 확인해야 합니다.

◆ 대부(임대)아파트의 사진과 지도 및 주변 현황도

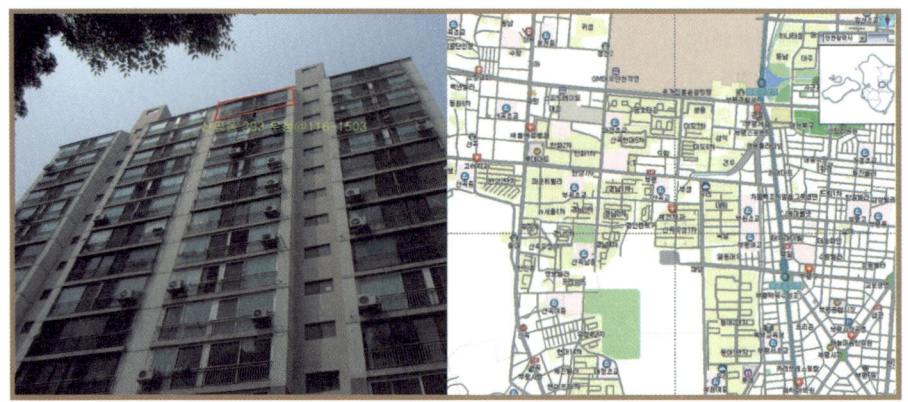

임대아파트 내부는 확인할 수 없나요?

있습니다. 두 번째로 아파트 내부를 확인하려면 아파트의 입찰정보 내역에서 중간부분을 보면 ⇨ 기타 사항란 "현황대로 인도하는 조건이며 반드시 현장을 확인하고 입찰에 참여하시기 바랍니다. 현장 확인은 매주 목요일 3시까지로 사전연락(담당자 박○○ 509-1572) 요함"이 담당자가 임대공매물건 담당자로 내부 확인을 위해 전화했다고 말을 하면 내부를 확인할 수 있는 열쇠를 가지고 있는 분에게 연락해서 확인할 수 있도록 합니다. 그리고 이밖에도 매각절차에서 궁금한 내용이 있다면 상단 메뉴 오른쪽 공매담당자를 통해서 문의하면 되고요.

"그렇게 하면 되는군요. 제가 공매담당자에게 연락해서 아파트 내부를 확인하고 오겠습니다." "결혼할 분과 함께 가는 것도 잊지 마시고요."

"여자 친구와 함께 다녀왔는데 마음에 든다는군요. 지금부터는 어떻게 해야 되죠?"

"세 번째로 어떠한 조건으로 공매가 진행되는가를 확인해야 합니다. 왜냐하면 공매는 매각기관마다 다른 조건으로 매각하는 경우가 많기 때문에 공매공고 내용을 확인하지 않고 낙찰 받았다가 낭패를 볼 수 있기 때문입니다. 그래서 온비드 아파트의 입찰정보 내역 좌측 상단 공매공고 메뉴를 검색해서 공매공고 내용을 다음과 같이 확인해야 합니다."

◇ 2014년 제12회 국유재산 대부 입찰 공고문과 대부조건 확인하기

온비드화면 우측상단 "해당공고 보기"를 검색해서 다음과 같이 공매공고문을 확인해 보니 이 아파트는 국가소유 재산이기 때문에 국유재산 대부공매로 매각되고 있군요.

2014년 제12회 국유재산 대부 입찰 공고

1. 입찰물건의 표시
~이하 본문 내용은 생략함.

2. 입찰참가 자격

가. 모든 사람(내외국인 및 법인포함)의 참여가 가능합니다.

나. 대리인이 입찰에 참가하고자 하는 경우에는 입찰마감일까지 대리입찰신청서(입찰자의 날인 및 인감증명이 첨부된 위임장)를 작성하여 한국자산관리공사 재산관리부에 제출하여야 합니다.

다. 2인 이상이 공동명의로 입찰에 참여하고자 하는 경우에는 입찰마감일까지 공동입찰참가신청서(공동입찰자의 날인 및 인감증명이 첨부된 위임장)를 한국자산관리공사 재산관리부에 제출하고 대표입찰자 명의로 입찰에 참여해야 합니다.

라. 민법상 만 19세 미만의 미성년자 명의로 입찰에 참가하고자 하는 경우에는 입찰마감일까지 법정대리인의 미성년자 입찰참가동의서를 한국자산관리공사 재산관리부에 제출하여야 합니다.

3. 입찰 및 개찰

회차	차수	입찰기간	개찰일자	계약체결일	적용율
23	01	2014.06.16 10:00~2014.06.17 18:00	2014.06.18 10:00	2014.06.25한	100%
24	01	2014.06.23 10:00~2014.06.24 18:00	2014.06.25 10:00	2014.07.02한	100%
25	01	2014.06.30 10:00~2014.07.01 18:00	2014.07.02 10:00	2014.07.09한	90%
26	01	2014.07.07 10:00~2014.07.08 18:00	2014.07.09 10:00	2014.07.16한	80%
27	01	2014.07.14 10:00~2014.07.15 18:00	2014.07.16 10:00	2014.07.23한	70%
28	01	2014.07.21 10:00~2014.07.22 18:00	2014.07.23 10:00	2014.07.30한	60%
29	01	2014.07.28 10:00~2014.07.29 18:00	2014.07.30 10:00	2014.08.06한	50%
30	01	2014.08.04 10:00~2014.08.05 18:00	2014.08.06 10:00	2014.08.13한	40%
31	01	2014.08.11 10:00~2014.08.12 18:00	2014.08.13 10:00	2014.08.21한	30%
32	01	2014.08.18 10:00~2014.08.19 18:00	2014.08.20 10:00	2014.08.27한	20%

※ 낙찰자발표 : 한국자산관리공사 전자자산처분시스템(http://www.onbid.co.kr)

4. 입찰방법

~이하 본문 내용은 생략함.

5. 입찰 참가 전 준비사항

입찰자는 입찰 참가 전까지 온비드(www.onbid.co.kr) 회원가입 후 공인인증기관으로부터 전자입찰용(범용) 공인인증서를 발급받아 온비드에 등록하여야 합니다.

6. 입찰예정가격 및 입찰보증금

가. 대부 입찰 예정가격은 대부받고자 하는 최저 연간대부료이며, 최고가격으로 낙찰된 연간대부료 해당 국유재산에 대한 연간사용료로서 대부계약 만료 시 전세 또는 임대보증금과 같이 반환되는 것이 아니므로 유의하시기 바랍니다. 일반경쟁입찰을 두 번 실시하여도 낙찰

되지 아니한 재산에 대하여는 세 번째 입찰부터 최초 대부료 예정가격의 100분의 20을 최저한도로 하여 매회 100분의 10의 금액만큼 그 예정가격을 낮추는 방법으로 조정합니다.

〈나항 ~ 다항 내용은 지면상 생략함〉

7. 입찰의 무효 및 취소
~이하 본문 내용은 생략함.

8. 낙찰자 결정방법
~이하 본문 내용은 생략함.

9. 계약체결 및 대금납부방법
가. 낙찰자는 낙찰일로부터 5영업일 이내에 대부료 잔금 납입 후 신분증, 주민등록등본 1통 및 인장을 지참하여 대부계약을 체결해야 하며 이에 응하지 않을 경우에는 낙찰을 무효로 하고 입찰보증금은 국고에 귀속됩니다.

나. 부가가치세법 시행령개정으로 2007년 1월 1일부터 국유재산 대부료에 대하여 대부료의 10%가 부가가치세로 과세되는 바, 연간대부료 이외에 부가가치세를 추가로 부담하여야 합니다. 다만, 실제 사용용도가 전, 답, 과수원, 목장용지, 임야, 염전 및 상시 주거용 주택(사업을 위한 주거용은 제외)과 이에 부수되는 토지(주택의 연면적 또는 건물이 정착된 면적의 5배(도시지역 밖의 토지의 경우 10배 중 넓은 면적에 한함)는 면세대상이므로 제외됩니다.

〈다항 ~ 바항 내용은 지면상 생략함〉

사. 대부료는 일시불 선납이 원칙이나, 연간대부료가 100만원을 초과

하는 경우에는 연 6회 이내에서 나누어 낼 수 있으며 이 경우 남은 금액에 대해서는 국유재산법에서 정한 이자가 추가됩니다.
- 연간대부료가 1,000만원 이상의 경우에는 연간대부료의 100분의 50에 해당하는 금액을 대부계약일까지 보증금으로 예치하거나 이행보증조치를 하여야 합니다. ~ 이하 내용은 생략함.

10. 물건별 부대조건 – 생략함

11. 공통조건
〈가항 ~ 차항은 지면상 생략함〉

12. 수의계약 안내
가. 입찰결과 유찰된 물건 중 전, 답, 주거용 건물에 대해서는 입찰종료 후 차기 입찰기일 전까지 금번 공고한 대부예정가격 이상으로 수의계약을 신청할 수 있으며, 기타물건에 대하여는 2회 이상 유찰된 물건에 한하여 동일한 조건으로 수의계약을 신청할 수 있습니다.
〈나항 ~라항은 지면상 생략함〉

2014년 6월 9일

한국자산관리공사 국유재산기획실장

이렇게 공매공고 정보내역에서 입찰 및 개찰방식, 입찰참가 전에 준비할 사항, 입찰예정가격 및 입찰보증금, 낙찰자결정방법, 그리고 낙찰 받고 나서 계약체결 및 대금납부방법을 확인하고 나서 입찰에 참여해야 합니다.

알겠습니다. 이제 입찰에 참여해야겠는데 입찰가는 얼마를 쓰면 될까요?

"전에 입찰했던 금액이 있으니 참고해 볼까요? 2010년 10월 13일에 낙찰되었던 금액은 다음 입찰결과와 같이 7,139,800원이었습니다."

물건관리번호	2010-091592-137	조회수	843
물건명	인천 부평구 산곡동 293 우성아파트 제116동 제OOOO호		
입찰자수	유효 13 명 / 무효 3 명 (인터넷)		
입찰금액	7,139,800원, 6,240,000원, 6,000,000원, 5,410,000원, 5,201,000원, 5,100,000원, 4,800,000원, 4,700,000원, 4,680,000원, 4,550,000원, 4,500,000원, 4,250,000원, 4,200,000원		
개찰결과	낙찰	낙찰금액	7,139,800원
물건누적상태	유찰 0 회 / 취소 0 회 입찰이력보기		
감정가격 (최초 최저입찰가)	4,100,000원	낙찰가율 (감정가격 대비)	174.1%
최저입찰가	4,100,000원	낙찰가율 (최저입찰가 대비)	174.1%
공매정보			
자산구분	국유재산	담당부점	국유재산기획실
회차/차수	020 - 001	개찰일시	2010/10/13 11:15
집행완료일시	2010/10/13 11:17		
입찰일시	2010/10/11 10:00 ~ 2010/10/12 18:00		
입찰방식	일반경쟁		

"그러니 이번엔 6,020,000원으로 입찰해 보세요. 한 달에 50만원 정도 월세를 내고 산다고 생각하면 괜찮은 것 같습니다."

"네, 저희들도 그렇게 생각했어요. 선생님! 온비드 회원가입과 범용공인인증서 등록하고 입찰서도 제출했습니다. 그리고 입찰보증금도 납부하고요"

"수고했습니다. 입찰결과를 기다려 봅시다."

◇ 민기가 아파트를 대부공매로 낙찰 받아 기뻐하고 있다!

입찰결과

물건관리번호	2010-091592-137	조회수	1115
물건명	인천 부평구 산곡동 293 우성아파트 제116동 제0000호		
입찰자수	유효 16명 / 무효 1명 (인터넷)		
입찰금액	6,020,000원, 5,210,000원, 4,360,000원, 4,089,000원, 4,010,000원, 3,890,000원, 3,780,000원, 3,711,000원, 3,270,000원, 3,210,000원, 3,165,000원, 3,111,000원, 3,070,000원, 3,010,000원, 2,718,000원, 2,700,000원		
개찰결과	낙찰	낙찰금액	6,020,000원
물건누적상태	유찰 0회 / 취소 0회 [입찰이력보기]		
감정가격(최초 최저입찰가)	4,100,000원	낙찰가율(감정가격 대비)	146.8%
최저입찰가	2,660,000원	낙찰가율(최저입찰가 대비)	226.3%

공매정보

자산구분	국유재산	담당부점	국유재산기획실
회차/차수	023 - 001	개함일시	2014/06/18 10:17
집행완료일시	2014/06/18 10:29		
입찰일시	2014/06/16 10:00 ~ 2014/06/17 18:00		
입찰방식	일반경쟁		

"선생님 저희들이 임대공매로 낙찰 받았습니다. 무려 16대 1의 경쟁률을 뚫고 낙찰 받았어요."

"축하합니다. 그 다음 계약체결과 잔금납부는 공매공고 내용을 분석할 때 살펴 본 내용 "9. 계약체결 및 대금납부방법"을 참고하면 됩니다."

PART
13

수탁재산과 유입자산 공매는 어떻게 찾아서 입찰하면 되나?

잠깐만, 수탁재산 공매와 유입자산 공매란?

수탁재산 공매는 금융기관 및 공공기관 등의 비업무용 재산을 한국자산관리공사가 수탁 받아 공매를 진행하는 물건과 양도소득세 감면대상 물건을 수탁 받아 공매를 진행하는 물건이 있다. **유입자산 공매는** 한국자산관리공사 명의로 유입한(낙찰 받은) 재산을 한국자산관리공사가 직접 일반인에게 공개경쟁 입찰방식으로 공매를 진행하는 물건이다.
이들 공매물건은 소유자들이 명도까지 책임지고 매각하게 되므로 매각조건만 공매공고문과 공매담당자를 통해서 확인하고 낙찰 받으면 되므로 압류공매보다 안전한 공매이다.

01 금융기관과 공공기관 등의 수탁재산 공매

◆ 수탁재산 공매란?

금융기관이 연체대출금을 회수하기 위하여 법원경매를 통해 금융기관 명의로 유입(경매로 낙찰 받음)한 후 한국자산관리공사(KAMCO)에 매각 의뢰한 재산과 공공기관이 소유하고 있는 비업무용 재산으로 한국자산관리공사에 매각 의뢰한 재산이다. 즉, 금융기관소유 비업무용 재산과 공공기관소유 비업무용 재산 등을 금융기관 또는 공공기관 등으로부터 위임을 받아 한국자산관리공사가 일반인에게 공개경쟁 입찰방식으로 매각하는 부동산을 수탁재산 공매라 한다.

◆ 금융기관과 공공기관 등의 수탁재산 매각방법

(1) 매각방법

공매부동산의 소재지, 종별, 공매예정가격과 개별적인 부대조건을 일간지 신문에 공고한 후 일반경쟁입찰을 통하여 처분하는 제도이다. 그런데 이러한 업무를 한국자산관리공사가 위탁받아 온비드(위임기관 요청 시 신문 등)에 의하여 공고 후 공매 또는 유찰계약 방법으로 매각하고 있다.

(2) 공매공고

공매공고는 입찰 전일부터 역산하여 10일 전에 온비드(위임기관 요청시 일간신문 등에 공고)에 게재한다. 그래서 응찰자는 onbid.co.kr 사이트를 방문하여 일시금의 최저매매가격, 물건내용, 감정가격, 입찰방법, 계약체결 및 부대조건(수탁재산 입찰공고문 참조) 등을 확인할 수 있다.

(3) 매각예정가격 책정기준

최초에는 감정가격으로 하고 2회차 이후로는 매 공매 시 최초매각예정 가격의 10/100에 해당하는 금액을 저감하여 실시한다. 그러나 위임기관에 따라 체감율을 5% 또는 10%로 정해서 다르게 진행할 수도 있다. 이 내용은 온비드 입찰정보와 공매공고문을 통해서 확인하면 된다.

(4) 입찰방법

① 입찰에 참여하려면 온비드에 회원가입과 실명확인을 위한 공인인증기관의 공인인증서를 등록해야 한다. 그 다음 온비드화면에서 로그인하고 입찰대상 공매물건을 찾아서 입찰하는 과정에서 공인인증서로 실명을 확인하고 입찰서를 제출하면 된다. 입찰 방법에 어려움이 있다면 온비드 고객센터(1588-5321)를 통해서 자세하게 확인하고 입찰하면 된다(본인 입찰뿐만아니라 대리입찰, 공동입찰, 미성년입찰 모두 상담이 가능하다).

② 대리인이 입찰자를 대리하여 입찰에 참여하거나 공동명의로 인터넷입찰에 참가하고자 하는 경우에는 인터넷 입찰기간 마감시간 전까지 〈온비드 자료실〉에 게시된 우리 공사의 〈공동입찰신청서〉 또는 〈대리입찰 신청서〉를 공사에 제출하여야 하며, 대표입찰자 또는 대리인 명의로 인터넷입찰에 참가해야 한다. 이때 서

류제출은 입찰 마감시간 전까지 직접 방문하여 제출하거나 우편송달(입찰마감시간 전까지 도달해야 함), 이메일 송부(yuseoplee@kamco.or.kr) 등으로 제출하면 되는데 자세한 내용은 공매 공고문과 공매집행기관에 전화(051-794-3912)로 문의해서 제출하면 된다. (신분증 사본 및 인감증명서 동봉 필요)

③ 미성년자가 입찰에 참여하려는 경우 친권자(법정대리인)의 동의서를 인터넷 입찰기간 마감시간 전까지 제출하여야 한다. 서류제출 방법은 ②번과 같이 하면 된다.

④ 입찰보증금은 입찰금액의 10% 이상을 인터넷입찰 마감시간 전까지 온비드 지정 예금계좌에 입금해야 유효하다(입찰보증금은 10%로 정하는 것이 일반적이지만, 위임기관에 따라 공고문에서 입찰할 때 보증금을 5%와 계약할 때 5%를 추가 납부하는 조건으로 매각할 수도 있다. 이 내용은 공매공고문을 통해서 확인할 수 있다.).

⑤ 입찰보증금이 1,000만원을 초과하는 경우에는 분할납부가 가능하다(인터넷 입찰 마감시간 전까지 여러 번 나누어 납부할 수 있다).

⑥ 공매입찰결과 유찰자의 입찰보증금은 입찰서 제출시 지정한 환불예금계좌로 이자 없이 환불되며, 별도의 송금수수료가 발생될 경우에는 입찰보증금에서 이를 공제한다.

⑦ 온비드화면에서 입찰하는 방법은 **Part 09의 03. 입찰할 공매물건에서 입찰서 제출과 입찰보증금 납부(278쪽)와 이 파트 다음 04번(430쪽)에 자세하게 기술되어 있으니 참고하면 된다.**

(5) 유찰계약(수의계약)

① 입찰을 실시해도 매각되지 아니한 경우

전 회차 공매조건 이상으로 입찰절차를 종료한 후 다음 공매공고 전까지 할 수 있다.

② 낙찰자가 계약을 체결하지 아니한 경우

낙찰조건 이상으로 낙찰취소 후 다음 공매공고 전까지 할 수 있다.

◇ 낙찰자 결정과 계약체결 방법

(1) 낙찰자결정 방법

일반경쟁입찰 방식이며 매각물건별 매각예정가격 이상인 최고액의 입찰자를 낙찰자로 정하고, 동일가격 입찰자가 2인 이상인 때에는 즉시 온비드에 의한 무작위 추첨으로 낙찰자를 결정하게 된다.

(2) 계약체결 방법과 계약보증금 처리

① 낙찰자는 낙찰일로부터 5일 이내에 신분증과 주민등록등본 1통을 지참하여 매매계약을 체결하여야 하며, 이에 응하지 않을 경우에는 낙찰은 무효로 하고 입찰보증금은 매도자에게 귀속된다. 이때 계약보증금은 입찰할 때 납부한 보증금을 계약금으로 하고, 입찰보증금을 10% 미만으로 납부한 경우에는 계약체결 시에 추가 납부해야 한다.

② 입찰보증금을 전자보증서로 제출한 낙찰자는 계약체결시 현금 또는 당일 교환결제가 가능한 금융기관(우체국 포함) 발행 자기앞수표로 전자보증서의 보험가입금액을 계약보증금으로 납부하여야 한다.

③ 부동산 거래신고 등에 관한 법률에 따른 토지거래허가 대상과 토지취득신고 물건에 대하여는 **계약일로부터 10영업일 이내에** 토지거래허가 또는 신고 절차를

완료하여야 하며 동 절차를 이행하지 않을시 낙찰은 무효로 하고 입찰보증금은 매도자 귀속으로 처리된다.

④ 〈부동산 거래신고〉는 매수자 책임으로 하며 계약체결일로부터 〈30일 이내〉에 신고절차를 완료하여야 한다. (공공기관 소유 부동산의 경우 매도자 책임)

⑤ 계약 후 소유권이전 전까지 매수자 명의변경이 불가능하다.

◇ 매각대금 납부기한과 대금완납 전 점유사용 및 소유권이전

(1) 매각대금 납부방법과 할부납부조건

① 매각대금 납부방법

㉠ 6개월 일시불이란 – 매매계약체결일로부터 6개월 이내에 계약보증금을 제외한 잔금을 전액 납부하는 방법.

㉡ 6개월 균등(할부금)이란 – 매매잔금을 매매계약체결일로부터 소정의 할부기간 내에 최장 6개월마다 균등하게 납부하는 방법이다. 예) 2년 6개월 균등이란 – 4회에 분할 납부한다.

② 매각대금 할부납부조건(매각예정가격기준)

㉠ 5억 미만 – 주택·임야(2년 이내), 상가빌딩(3년 이내), 공장·선박 등(5년 이내)

㉡ 5억~30억 미만 – 주택·임야(3년 이내), 상가빌딩(5년 이내), 공장·선박 등(7년 이내)

㉢ 30억 이상 – 주택·임야(5년 이내), 상가빌딩(7년 이내), 공장·선박 등(10년 이내)

(2) 대금납부 전 점유사용

① 매매대금의 1/3 이상 선납할 경우 점유사용(사전사용)이 허용된다. 단 공장 내의 기계, 기구대금은 전액 선납 또는 사용에 대한 별도의 담보제공이 필요하다.

② 사전입주가 허용되지 않는 경우

기업소유의 부동산, 금융기관이 현재 임대 중이거나 점유자를 상대로 소송 중인 경우이다.

(3) 대금완납 전에도 소유권이전이 가능하다

금융기관의 지급보증서, 예금·적금증서, 국공채·금융채 이행보증보험증권으로 담보제공시 ⇨ 소유권 이전하여 사용·처분할 수 있고 은행담보로도 활용이 가능하다.

(4) 매수자 명의변경(대금완납 전 명의 변경가능)

① 할부대금이 완납 전이라도 매수자 명의를 다른 사람으로 변경할 수 있다. 그러나 위임기관에 따라서 명의변경을 불허가하는 경우도 있다.

② 명의변경 승낙기준

㉠ 신청일 현재 최초 도래하는 할부금의 납부기일이 3개월 이후인 경우 명도책임을 매수자로 하고 최초 도래하는 할부금 선납

㉡ 신청일 현재 최초 도래하는 할부금의 납부기일이 3개월 미만인 경우 명도책임을 매수자로 하고 최초 도래하는 할부금의 선납과 최종할부금의 납부기일을 3개월 단축한다.

㉢ 일시급 재산의 경우 : 할부급 재산에 준한다.

③ 명의변경시점에서 매수희망인은 당초 계약자가 지급한 금액에 대한 취득세를 납부하여야 하며 그 이후부터는 할부금 지급일마다 30일 이내에 할부금 금액

에 대한 취득세를 납부하여야 한다.

④ 명의변경 시 토지거래허가, 임야매매증명, 농지취득자격증명 등의 규제가 있는 경우에는 허가절차를 다시 밟아야 한다.

⑤ **매수자 명의변경 시 제출서류**
㉠ 법인 : 신청서, 정관, 대표자 및 이사의 인감증명서, 이사회회의록
㉡ 개인 : 신청서, 계약 탈퇴자 및 잔류매수자의 인감증명서

(5) 대금 선납 시 감면

잔대금의 전액 또는 일부를 3개월 이상의 할부금을 선납하면 정기예금 이자상당액을 대금에서 감액해준다.

(6) 담보대출융자 가능

공매 의뢰자가 금융기관일 때 당해금융기관에서 융자도 가능하다.

(7) 매수대금 지연이자와 매매 계약해제

① 매수대금 납부기한까지 대금을 지급하지 아니할 때에는 그 익일부터 지급지연액에 대하여 매각위임 금융기관의 연체이율을 적용한 지연손해금을 위임기관(=매도인)에게 가산 지급해야 한다.

② 매수대금 납부기한을 30일 이상을 연체한 때에는 위임기관(=매도인)은 계약을 해제할 수 있다. 다만, 대금 미납에 따른 계약해제 시기는 위임기관의 재산매매계약 해제기준에 의한다.

◆ 낙찰 받고 나서 소유권을 취득하는 방법

(1) 낙찰 받았을 때(수의계약 포함) 매매 계약체결과 계약보증금 처리

낙찰 후 5일 이내에 주민등록등본, 주민등록증, 도장을 갖추어서 매매계약서를 작성한다. 이 기간 내에 체결하지 않으면 계약보증금은 위임기관에 귀속된다.

(2) 토지거래 허가구역 내 토지거래에 대한 허가(부동산 거래신고 등에 관한 법률 제11조)

부동산 거래신고 등에 관한 법률에 따른 토지거래허가 대상과 토지취득 신고 물건에 대하여는 **계약일로부터 10영업일 이내에** 토지거래허가 또는 신고 절차를 완료하여야 하며 동 절차를 이행하지 않을시 낙찰은 무효로 하고 입찰보증금은 매도자 귀속으로 처리된다.

(3) 농지취득자격증명

등기신청 시 필요한 것이므로 계약체결 후에 받는다. 단 증명을 발급받지 못하면 소유권이전등기가 되지 못하므로 입찰하기 전에 취득가능 여부를 확인해야 한다. 농지취득자격증명서를 발급 받지 못하면 소유권이전등기가 불가하므로 소유권을 취득할 수 없다.

(4) 부동산 거래의 신고(부동산 거래신고 등에 관한 법률 제3조)

부동산의 매매계약을 체결한 경우 그 실제 거래가격 등 대통령령으로 정하는 사항을 거래계약의 체결일부터 30일 이내에 그 권리의 대상인 부동산 등의 소재지를 관할하는 시장·군수 또는 구청장에게 공동으로 신고하여야 한다. 다만, 거래당사자 중 일방이 국가, 지방자치단체, 대통령령으로 정하는 자의 경우에는 국가 등이 신고를 하여야 한다(부동산 거래신고 등에 관한 법률 제3조).

이에 따라 부동산 거래신고는 매수자 책임으로 하며 계약체결일로부터 30일 이내에 매매계약 실거래신고를 시·군·구청에 하여야 한다.

(5) 매수대금 납부와 소유권이전등기

대금완납 후에는 매각의뢰기관에서 소유권이전에 필요한 서류를 교부받아 등기소에 소유권이전신청을 하면 모든 절차가 끝난다.

그리고 수탁재산공매에서 소유권이전등기를 하는 방법은 Part 09의 07. **공매종류별로 매수대금 납부와 소유권이전등기 방법(290~291쪽)을 참고하면 된다.**

(6) 해제된 계약의 부활

매매계약해제 이후에도 차기공고 전일까지 연체이자와 감정료 등의 부대비용을 납부할 경우 계약부활이 가능하다.

(7) 명도책임

특별한 경우를 제외하고는 명도는 위임기관(=매도인)이 책임지고 있다.

① 위임기관은 매매대금 완납 후에 매매목적물을 현존하는 상태로 매수인에게 인도한다.

② 명도 또는 인도소송이 법원에 계속 중이거나 집행관의 명도 또는 인도집행 장애로 인하여 명도가 지연되는 때에는 위임기관은 그 지체의 책임을 지지 아니한다. 다만, 최종할부금 납부기일까지 명도소송이 종료되지 아니하거나 명도집행 장애로 인하여 매매목적물의 명도 또는 인도가 지연될 경우에는 최종 잔대금 납입기일을 명도 완료 시까지 연장할 수 있다.

◇ 금융기관과 공공기관 등의 수탁재산 공매 매각수수료

(1) 온비드 온라인으로 매각되는 경우

수탁재산 공매 매각수수료는 매각금액의 1%이고, 지급 방법은 입찰보증금에서 0.5% 공제 후 지급하고, 잔금에서 0.5% 공제 후 지급하는 방식으로 진행된다.

(2) 수의매매계약(수의계약)으로 매각되는 경우

수탁재산 공매 매각수수료는 수의매매대금의 0.8%고, 지급 방법은 수의매매계약 체결 시 계약금에서 0.4% 공제 후 지급하고, 잔금에서 0.4% 공제 후 지급하는 방식으로 진행된다.

02 양도세 감면대상 물건에 대한 수탁공매

◇ 매각 위임대상 주택

한국자산관리공사에 매각을 의뢰하면 양도한 것과 동일하게 인정되어 양도소득세의 비과세 또는 중과제외 혜택을 받을 수 있을 뿐만 아니라 부동산 매각전문 공기업인 KAMCO의 공신력을 바탕으로 부동산 전문사이트인 온비드를 통해 매각되므로 일반매각보다 빠르고 유리하게 매각할 수 있다.

(1) 1세대 1주택의 특례로 비과세가 적용되는 주택

1세대 1주택자가 기존주택 취득일로부터 1년 이상 경과한 후에 새로운 주택을 취득하여 1세대 2주택이 된 경우에 **새로 취득한 주택 취득일로부터 3년 이내에 2년 이상 보유한 기존 주택을 양도하면 일시적 2주택으로 보아 양도소득세가 비과세가 된다**(소득세법 155조). 이 밖에도 **소득세법 시행규칙 제72조(1세대1주택의 특례) 제1항은** 다른 주택을 취득한 날부터 3년이 되는 날 현재 ㉠ 한국자산관리공사에 매각을 의뢰한 경우(수탁재산 공매), ㉡ 법원에 경매를 신청한 경우, ㉢ 국세징수법에 의한 공매가 진행되는 경우 등이면 보유기간에 관계없이 3년 이후에 매각되더라도 9억까지는 비과세 혜택을 받을 수 있다.

(2) 조합원입주권을 소유한 1세대 1주택의 특례로 비과세 적용되는 주택

국내에 1주택을 소유한 1세대가 그 주택을 양도하기 전에 조합원입주권을 취득함으로써 일시적으로 1주택과 1조합원입주권을 소유하게 된 경우 **종전의 주택을 취득한 날부터 1년 이상이 지난 후에 조합원입주권을 취득하고 그 조합원입주권을 취득한 날부터 3년 이내에 종전의 주택을 양도하는 경우에는 이를 1세대 1주택으로 보아 비과세 혜택을 받게 된다.**

이 밖에도 **소득세법 시행규칙 제72조(1세대 1주택의 특례) 제1항은** 조합원입주권을 취득한 날부터 3년이 되는 날 현재 ㉠ 한국자산관리공사에 매각을 의뢰한 경우(수탁재산 공매), ㉡ 법원에 경매를 신청한 경우, ㉢ 국세징수법에 의한 공매가 진행되는 경우 등이면 보유기간에 관계없이 3년 이후에 매각되더라도 9억까지는 비과세 혜택을 받을 수 있다.

(3) 부득이한 사유가 있어 비사업용 토지로 보지 아니하는 토지

소득세법 시행규칙 제83조의5 및 법인세법 시행규칙 제46조의2는 다음에 해당하는 토지에 대하여는 해당 각 호에서 규정한 날을 양도일로 보아 영 제168조의6의 규정을 적용하게 되는데 그 중에서 **한국자산관리공사에 매각을 위임한 토지는 매각을 위임한 날을 기준으로 비사업용 토지에 해당하는지 여부**를 판단하게 된다.

◇ 양도세 감면대상 수탁재산 매각방법

(1) 매각방법

한국자산관리공사가 운영하는 인터넷공매입찰 전문사이트인 온비드(www.onbid.co.kr)를 통하여 인터넷 공매방법으로 매각하고 있다. 이는 전국 어디에서나 인터넷으로 쉽게 입찰에 참여할 수 있는 편리한 제도이다.

(2) 공매공고

공매공고는 입찰 전일부터 역산하여 10일 전에 온비드(위임기관 요청시 일간신문 등에 공고)에 게재한다. 그래서 응찰자는 onbid.co.kr 사이트를 방문하여 일시금의 최저매매가격, 물건내용, 감정가격, 입찰방법, 계약체결 및 부대조건(수탁재산 입찰공고문 참조) 등을 확인할 수 있다.

(3) 매각예정가격 책정기준

① 최초에는 감정가격으로 하고 2회차 이후로는 매각의뢰자의 사전 동의를 얻어 매 공매 시 최초매각예정가격의 5/100에 해당하는 금액을 저감하여 실시하고 있다. 그래서 실무에서는 2회차 이후 저감율을 협의하여 최초매각예정금액 그대로, 또는 5%씩 저감해서 매각절차를 진행하기도 한다. 이 내용은 온비드 입찰정보와 공매공고문을 통해서 확인하면 된다.

② 인하한도는 최초가격의 50%로(단, 최초가격에서 양도세 추정세액차감금액이 최초가격의 50%보다 높을 때에는 이 금액) 한다.

(4) 입찰방법

① 입찰에 참여하려면 온비드에 회원가입과 실명확인을 위한 공인인증기관의 공인인증서를 등록해야 한다. 그 다음 온비드화면에서 로그인하고 입찰대상 공매물건을 찾아서 입찰하는 과정에서 공인인증서로 실명을 확인하고 입찰서를 제출하면 된다. 입찰 방법에 어려움이 있다면 온비드 고객센터(1588-5321)를 통해서 자세하게 확인하고 입찰하면 된다(본인 입찰뿐만아니라 대리입찰, 공동입찰, 미성년입찰 모두 상담이 가능하다).

② 대리인이 입찰자를 대리하여 입찰에 참여하거나 공동명의로 인터넷입찰에 참가하고자 하는 경우에는 인터넷 입찰기간 마감시간 전까지 〈온비드 자료실〉에 게시된 우리 공사의 〈공동입찰신청서〉 또는 〈대리입찰 신청서〉를 공사에 제출하

여야 하며, 대표입찰자 또는 대리인 명의로 인터넷입찰에 참가해야 한다. 이때 서류제출은 입찰 마감시간 전까지 직접 방문하여 제출하거나 우편송달(입찰마감시간 전까지 도달해야 함), 이메일 송부(yuseoplee@kamco.or.kr) 등으로 제출하면 되는데 자세한 내용은 공매 공고문과 공매집행기관에 전화(051-794-3912)로 문의해서 제출하면 된다. (신분증 사본 및 인감증명서 동봉 필요)

③ 미성년자가 입찰에 참여하려는 경우 친권자(법정대리인)의 동의서를 인터넷입찰기간 마감시간 전까지 제출하여야 한다. 서류제출 방법은 ②번과 같이 하면 된다.

④ 입찰보증금은 입찰금액의 10% 이상을 인터넷입찰 마감시간 전까지 온비드 지정 예금계좌에 입금해야 유효하다. 이 내용은 공매공고문을 통해서 확인할 수 있다.

⑤ 입찰보증금이 1,000만원을 초과하는 경우에는 분할납부가 가능하다(인터넷입찰 마감시간 전까지 여러 번에 거쳐서 납부하면 된다).

⑥ 공매입찰결과 유찰자의 입찰보증금은 입찰서 제출시 지정한 환불예금계좌로 이자 없이 환불되며, 별도의 송금수수료가 발생될 경우에는 입찰보증금에서 이를 공제한다.

⑦ 온비드 화면에서 입찰하는 방법은 Part 09의 03. 입찰할 공매물건에서 입찰서 제출과 입찰보증금 납부(278쪽)와 이 파트 다음 04번(430쪽)에 자세하게 기술되어 있으니 참고하면 된다.

(5) 유찰계약(수의계약)
① **입찰을 실시해도 매각되지 아니한 경우**
전 회차 공매조건 이상으로 입찰절차를 종료한 후 다음 공매공고 전까지 할 수 있다.

② 낙찰자가 계약을 체결하지 아니한 경우

낙찰조건 이상으로 낙찰취소 후 다음 공매공고 전까지 할 수 있다.

◆ 낙찰자 결정과 계약체결 방법

(1) 낙찰자결정 방법

일반경쟁입찰 방식이며 매각물건별 매각예정가격 이상인 최고액의 입찰자를 낙찰자로 정하고, 동일가격 입찰자가 2인 이상인 때에는 즉시 온비드에 의한 무작위 추첨으로 낙찰자를 결정하게 된다.

(2) 계약체결 방법과 계약보증금의 처리

① 낙찰자는 낙찰일로부터 5일 이내에 신분증과 주민등록등본 1통을 지참하여 매매계약을 체결하여야 하며, 이에 응하지 않을 경우에는 낙찰은 무효로 하고 입찰보증금은 매도자에게 귀속된다. 이때 계약보증금은 입찰할 때 납부한 보증금을 계약금으로 한다.

② 입찰보증금을 전자보증서로 제출한 낙찰자는 계약체결시 현금 또는 당일 교환결제가 가능한 금융기관(우체국 포함) 발행 자기앞수표로 전자보증서의 보험가 입금액을 계약보증금으로 납부하여야 한다.

③ 부동산 거래신고 등에 관한 법률에 따른 토지거래허가 대상과 토지취득신고 물건에 대하여는 **계약일로부터 10영업일 이내**에 토지거래허가 또는 신고 절차를 완료하여야 하며 동 절차를 이행하지 않을시 낙찰은 무효로 하고 입찰보증금은 매도자 귀속으로 처리된다.

④ 부동산 거래의 신고는 매수자 책임으로 하며 계약체결일로부터 30일 이내에 신고절차를 완료하여야 한다. (공공기관 소유 부동산의 경우 매도자 책임)

⑤ 계약 후 소유권이전 전까지 매수자 명의변경이 불가능하다.

◇ 매각대금 납부와 소유권이전등기, 그리고 명도책임은?

(1) 매수대금 납부와 소유권이전등기

매각대금은 3개월 일시불로 납부해야 한다. 매수인이 대금완납 후에는 매각의뢰기관에서 소유권이전에 필요한 서류를 교부받아 등기소에 소유권이전신청을 하면 모든 절차가 끝난다. 그리고 수탁재산 공매에서 소유권이전등기를 하는 방법은 Part 09의 07. 공매종류별로 매수대금 납부와 소유권이전등기 방법(290~291쪽)을 참고하면 된다.

(2) 명도책임은 매도자에 있다

위임자(=매도인)는 매수인이 매매대금을 완납하면 매매목적물을 현존하는 상태로 매수인에게 인도해야 된다.

◇ 양도세 감면대상 물건에 대한 수탁공매 매각수수료

(1) 온비드 온라인으로 매각되는 경우

수탁재산 공매 매각수수료는 매각금액의 1%이고, 지급 방법은 입찰보증금에서 0.5% 공제 후 지급하고, 잔금에서 0.5% 공제 후 지급하는 방식으로 진행된다.

(2) 수의매매계약(수의계약)으로 매각되는 경우

수탁재산 공매 매각수수료는 수의매매대금의 0.8%고, 지급 방법은 수의매매계약 체결 시 계약금에서 0.4% 공제 후 지급하고, 잔금에서 0.4% 공제 후 지급하는 방식으로 진행된다.

03 한국자산관리공사의 유입자산 공매

◆ 유입자산 공매란

"금융기관부실자산 등의 효율적 처리 및 한국자산관리공사의 설립에 관한 법률" 및 "동법 시행령"에 의거 금융기관의 구조개선을 위하여 부실채권정리기금으로 KAMCO(한국자산관리공사)가 인수한 금융기관 부실채권을 회수하는 과정에서 법원경매를 통해 KAMCO 명의로 유입한 재산과 부실징후기업을 지원하기 위해 기업체로부터 취득한 재산으로 이러한 재산을 KAMCO가 소유자로 일반인에게 공개경쟁 입찰방식으로 공매절차를 진행하게 된다.

◆ 유입자산의 매각방법

(1) 매각방법

한국자산관리공사가 운영하는 인터넷공매입찰 전문사이트인 온비드(www.onbid.co.kr)를 통하여 인터넷 공매방법으로 매각하고 있다. 이는 전국 어디에서나 인터넷으로 쉽게 입찰에 참여할 수 있는 편리한 제도이다.

(2) 공매공고

공매공고는 연 3회 이상 입찰집행기일을 기준으로 15일 전에 온비드에 게재한다. 그래서 응찰자는 onbid.co.kr 사이트를 방문하여 입찰금의 최저매매가격, 물건내용, 감정가격, 입찰방법, 계약체결 및 부대조건(유입자산 입찰공고문 참조) 등을 확인할 수 있다.

(3) 매각예정가격 책정기준

최초는 감정가격으로 하고 2회차 이후로는 매 공매 시 최초매각예정 가격의

10/100에 해당하는 금액을 저감하여 실시한다. 그러나 한국자산관리공사가 저감율을 5% 또는 10%로 다르게 진행할 수도 있다. 이 내용은 온비드 입찰정보와 공매공고문을 통해서 확인하면 된다.

(4) 입찰방법

① 입찰에 참여하려면 온비드에 회원가입과 실명확인을 위한 공인인증기관의 공인인증서를 등록해야 한다. 그 다음 온비드화면에서 로그인하고 입찰대상 공매물건을 찾아서 입찰하는 과정에서 공인인증서로 실명을 확인하고 입찰서를 제출하면 된다. 입찰 방법에 어려움이 있다면 온비드 고객센터(1588-5321)를 통해서 자세하게 확인하고 입찰하면 된다(본인 입찰뿐만아니라 대리입찰, 공동입찰, 미성년입찰 모두 상담이 가능하다).

② 대리인이 입찰자를 대리하여 입찰에 참여하거나 공동명의로 인터넷입찰에 참가하고자 하는 경우에는 인터넷 입찰기간 마감시간 전까지 전까지 〈온비드 자료실〉에 게시된 우리 공사의 〈공동입찰신청서〉 또는 〈대리입찰 신청서〉를 공사에 제출하여야 하며, 대표입찰자 또는 대리인 명의로 인터넷입찰에 참가해야 한다. 이때 서류제출은 입찰 마감시간 전까지 직접 방문하여 제출하거나 우편송달(입찰마감시간 전까지 도달해야 함), 이메일 송부(메일주소 공고문 참조) 등으로 제출하면 되는데 자세한 내용은 공매 공고문과 공매집행기관에 전화로 문의해서 제출하면 된다. (신분증 사본 및 인감증명서 동봉 필요)

③ 미성년자가 입찰에 참여하려는 경우 친권자(법정대리인)의 동의서를 인터넷 입찰기간 마감시간 전까지 제출하여야 한다. 서류제출 방법은 ②번과 같이 하면 된다.

④ 입찰보증금은 입찰금액의 10% 이상을 인터넷입찰 마감시간 전까지 온비드 지정 예금계좌에 입금해야 유효하다(입찰보증금은 10%로 정하는 것이 일반적이

다. 그러나 한국자산관리공사가 공고문에서 입찰할 때 보증금을 5%와 계약할 때 5%를 추가 납부하는 조건으로 매각할 수도 있다. 이 내용은 공매공고문을 통해서 확인할 수 있다).

⑤ 입찰보증금이 1,000만원을 초과하는 경우에는 분할납부가 가능하다(인터넷 입찰 마감시간 전까지 여러 번 나누어 납부할 수 있다).

⑥ 입찰의 성립 – 경쟁입찰은 1인 이상 입찰하면 유효한 입찰이다.

⑦ 공매입찰결과 유찰자의 입찰보증금은 입찰서 제출시 지정한 환불예금계좌로 이자 없이 환불되며, 별도의 송금수수료가 발생될 경우에는 입찰보증금에서 이를 공제한다

⑧ 온비드화면에서 입찰하는 방법은 **Part 09의 03. 입찰할 공매물건에서 입찰서 제출과 입찰보증금 납부(278쪽)와 이 파트 다음 04번(430쪽)에 자세하게 기술되어 있으니 참고하면 된다.**

(5) 유찰계약(수의계약)

일정한 조건을 갖춘 자에게 부동산의 매수 기회를 우선적으로 부여하여 매매계약을 체결하는 매각방법이다.

① 연고자로부터 계약요청이 있는 경우 : 공사가 정한 조건 이상

② 입찰을 실시하였으나 미 매각된 물건에 매수요청이 있는 경우 : 공고된 최저매매가격이상으로

③ 낙찰 취소된 물건에 매수요청이 있는 경우 : 낙찰조건 이상으로

④ 유찰계약기간 : 다음 공매공고 전일까지

⑤ 유찰계약절차 : 유찰계약체결요청서 제출 및 매매가격의 10% 이상 계약 보증금 납부.

㉠ 경합이 있는 경우 지명경쟁입찰에 의하며 통보 후 7일 이내에 실시

㉡ 연고자와 일반인 경합은 연고자우선, 연고자가 경합은 채무관계연고자가 우선한다.

(6) 분양

대단위 임야 및 농지 또는 집합건물, 레저, 전원주택지로서 분양에 의하는 것이 용이하다고 판단되는 경우의 매각방법이다.

◇ 낙찰자 결정과 계약체결 방법

(1) 낙찰자결정 방법

일반경쟁입찰 방식이며 매각물건별 매각예정가격 이상인 최고액의 입찰자를 낙찰자로 정하고, 동일가격 입찰자가 2인 이상인 때에는 즉시 온비드에 의한 무작위 추첨으로 낙찰자를 결정하게 된다.

(2) 계약체결 방법과 계약보증금의 처리

① 낙찰자는 낙찰일로부터 5일 이내에 신분증과 주민등록등본 1통을 지참하여 매매계약을 체결하여야 하며, 이에 응하지 않을 경우에는 낙찰은 무효로 하고 입찰보증금은 한국자산관리공사에 귀속된다. 이때 계약보증금은 입찰할 때 납부한 입찰보증금을 계약금으로 한다.

② 입찰보증금을 전자보증서로 제출한 낙찰자는 계약체결시 현금 또는 당일 교환결제가 가능한 금융기관(우체국 포함) 발행 자기앞수표로 전자보증서의 보험가입금액을 계약보증금으로 납부하여야 한다.

③ 부동산 거래신고 등에 관한 법률에 따른 토지거래허가 대상과 토지취득신고 물건에 대하여는 **계약일로부터 10영업일 이내**에 토지거래허가 또는 신고 절차를 완료하여야 하며 동 절차를 이행하지 않을시 낙찰은 무효로 하고 입찰보증금은 매도자 귀속으로 처리된다.

④ 〈부동산 거래신고〉는 매수자 책임으로 하며 계약체결일로부터 〈30일 이내〉에 신고절차를 완료하여야 한다. (공공기관 소유 부동산의 경우 매도자 책임)

⑤ 계약 후 소유권이전 전까지 매수자 명의변경이 불가능하다.

◆ 매각대금 납부기한과 대금완납 전 점유사용 및 소유권이전

(1) 매매대금의 납부기한

① 일시금 납부

계약체결일로부터 1개월 내에 납부해야 한다.

② 할부납부와 지급지연손해금

㉠ 매매대금에서 계약보증금을 차감한 금액을 납부기간에 대하여 기금채권발행금리에 해당하는 이자를 가산한 금액을 6개월 단위로 균등 분할하여 납부함(동산의 경우 일시급에 의함).

㉡ 대금연체 시 연체발생 시점의 기금채권발행금리를 기준으로 연체이율에 해당하는 지연손해금을 납부해야 한다. 지급지연손해금은 연체이율 상한금리는 연 17%로 하되, 기간별 연체이율 다음과 같다.

연체기간	연체이율
• 1개월 미만	부실채권정리기금채권발행금리 + 3%P
• 1개월 이상 3개월 미만	부실채권정리기금채권발행금리 + 6%P
• 3개월 이상	부실채권정리기금채권발행금리 + 9%P

(2) 대금납부 전 점유사용 방법

① 매매대금의 1/3 이상 선납하거나 대금완납 전 소유권이전을 위한 담보를 제시한 경우

② 기계수리비가 매매대금의 1/3 이상 소요되어 매수자가 직접 수리하여 사용하는 경우

③ 점유사용 중 매매계약이 해약되는 경우 – 점유사용료를 징수(매매대금에 부동산 10%, 기계기구 및 시설물은 14.2%의 사용료를 매 1년마다 징수한다)

(3) 대금완납 전 소유권이전(매수자 명의변경)

소유권취득 후 등기를 하지 않고 제3자에게 처분하는 미등기전매와는 구별되며 이는 공사법상 "부실자산 등의 정리촉진을 위한 특례(제45조의3)"에 의거 부동산등기 특례조치법 제2조 및 제4조를 적용받기 때문이다.

① 매수인이 매매대금의 1/2 이상을 납부하고 잔대금납부보장책으로 매매목적물에 대하여 다음 각 호의 기준에 의한 근저당권 설정을 요청할 시는 매매대금 완납 이전에도 甲은 소유권이전을 승낙할 수 있다.

1. 설정순위 : 제1순위
2. 설정금액 : 매매잔대금의 130%
3. 설정 및 말소비용 부담 : 매수인

② 매수인의 명의변경 요청은 한국자산관리공사(매도인)의 소정양식인 명의변경 신청서에 의하며, 매도인은 매수인의 명의변경요청에 대하여 명의변경승낙조건 및 기준에 적합할 경우 이를 승낙할 수 있다.

③ 매수자 명의변경계약을 체결 시에는 동법 제3조 1항 및 제4조에 의거 매수자는 원매매계약서에 매수자 명의변경계약서를 합철하여 검인받고, 공사는 동 변경내용을 부동산 소재지 관할시장, 군수, 구청장에게 통보한다.

◇ 낙찰 받고 나서 소유권을 취득하는 방법

(1) 낙찰 받았을 때(수의계약 포함) 매매 계약체결과 계약보증금

낙찰 후 5일 이내에 주민등록등본, 주민등록증, 도장을 갖추어서 매매계약서를 작성한다. 이 기간 내에 체결하지 않으면 계약보증금은 한국자산관리공사에 귀속된다.

(2) 토지거래 허가구역 내 토지거래에 대한 허가(부동산 거래신고 등에 관한 법률 제11조)

부동산 거래신고 등에 관한 법률에 따른 토지거래허가 대상과 토지취득 신고 물건에 대하여는 **계약일로부터 10영업일 이내에** 토지거래허가 또는 신고 절차를 완료하여야 하며 동 절차를 이행하지 않을시 낙찰은 무효로 하고 입찰보증금은 매도자 귀속으로 처리된다. 토지거래허가구역 내에서 일정 면적 이상의 토지를 거래할 때 사전에 관할 관청의 허가를 받아야 하며, 허가 없이 거래하면 법적으로 무효가 된다.

(3) 농지취득자격증명

등기신청 시 필요한 것이므로 계약체결 후에 받는다. 단 증명을 발급받지 못하면 소유권이전등기가 되지 못하므로 입찰하기 전에 취득가능 여부를 확인해야 한다. 농지취득자격증명서를 발급 받지 못하면 소유권이전등기가 불가하므로 소유권을 취득할 수 없다.

(4) 부동산 거래의 신고(부동산 거래신고 등에 관한 법률 제3조)

부동산의 매매계약을 체결한 경우 그 실제 거래가격 등 대통령령으로 정하는 사항을 거래계약의 체결일부터 30일 이내에 그 권리의 대상인 부동산 등의 소재지를 관할하는 시장·군수 또는 구청장에게 공동으로 신고하여야 한다. 다만, 거래당사자 중 일방이 국가, 지방자치단체, 대통령령으로 정하는 자의 경우에는 국가 등이 신고를 하여야 한다(부동산 거래신고 등에 관한 법률 제3조).

이에 따라 부동산 거래신고는 매수자 책임으로 하며 계약체결일로부터 30일 이내에 매매계약 실거래신고를 시·군·구청에 하여야 한다.

(5) 매수대금 납부와 소유권이전등기

대금완납 후에는 한국자산관리공사에 소유권이전에 필요한 서류를 교부받아 등기소에 소유권이전등기를 신청하면 된다. 그리고 유입자산공매에서 소유권이전등기를 하는 방법은 Part 09의 07. 공매종류별로 매수대금 납부와 소유권이전등기 방법(290~291쪽)을 참고하면 된다.

(6) 해제된 경우의 계약의 부활

매매계약해제 이후에도 차기공고 전일까지 연체이자와 감정료 등의 부대비용을 납부할 경우 계약부활이 가능하다.

(7) 유입자산의 명도책임

한국자산관리공사가 부담함을 원칙으로 한다. 그러나 경우에 따라서는 매수자가 부담할 수도 있으니 공매공고 내용을 확인해야 한다.

04 수탁재산과 유입자산 공매 입찰대상물건 검색방법

온비드 홈페이지 상단 부동산 또는 동산/기타자산[자동차와 운송장비, 물품(기계), 물품(기타)] 등의 메뉴에서 용도를 부동산 을 선택해서 검색하면 ⇨ 좌측메뉴에 부동산 HOME이 나타나는데 이 타이틀에는 ⇨ 물건, 공고, 테마물건, 입찰결과 등이 나타난다. 여기서 물건을 선택하면 ⇨ 물건검색, 신규물건, 캠코 국유재산 전용관, 캠코 압류재산 전용관, 캠코 수탁·유입자산 전용관, 수의계약 가능 물건 등의 세부항목을 확인할 수 있다. ⇨ 이 세부항목에서 물건검색을 선택해서 상세조건검색을 검색하면 다음과 같은 화면이 나타난다.

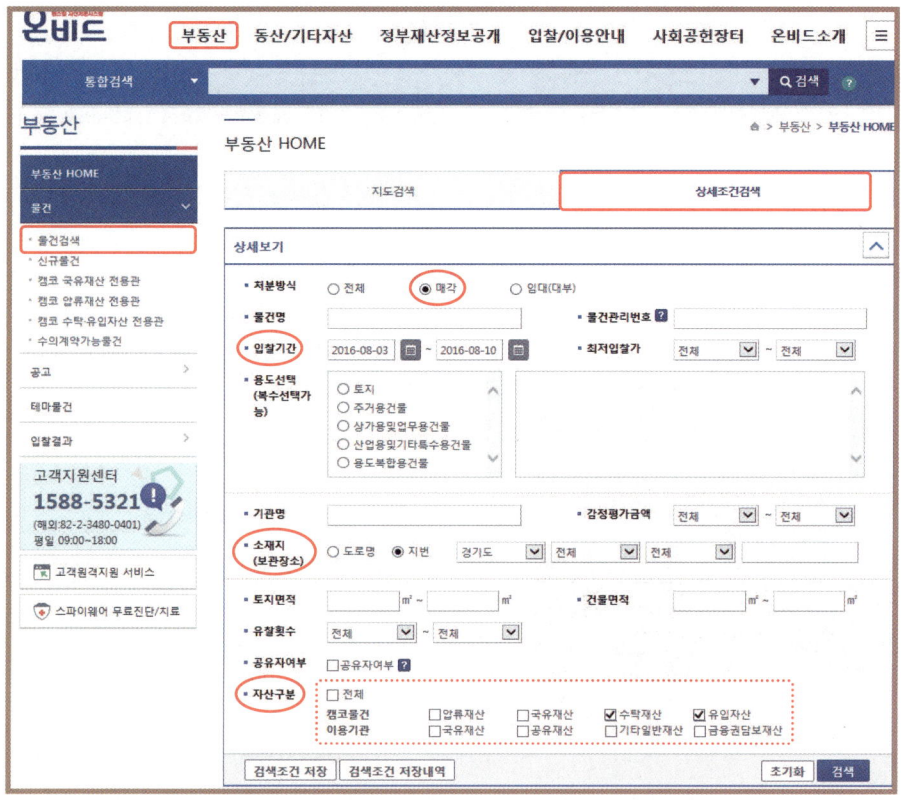

이 화면에서 ① 처분방식과 ② 입찰기간, ③ 소재지(서울시, 경기도, 인천광역시... 등) 등을 선택하고, ⇨ ④ 자산구분(■캠코물건 – 압류재산, 국유재산, 수탁재산, 유입자산과 ■이용기관 – 국유재산, 공유재산, 기타일반재산, 금융권담보재산)에서 수탁재산 또는 유입자산을 선택해서 입찰할 수탁재산 또는 유입자산 공매물건을 검색하면 된다.

05 에너지관리공단의 수탁재산 공매물건에 입찰하기

◆ 온비드 입찰정보 내역

감정평가정보

감정평가기관	평가일	평가금액(원)	감정평가서
나라감정평가법인	2013-10-17	125,000,000	↓ 감정평가서

명도이전책임 및 부대조건

명도이전책임	매도자

| 물건 세부 정보 | 입찰 정보 | 시세 및 낙찰 통계 | 물건 문의 | 부가정보 |

입찰 방법 및 입찰 제한 정보

전자보증서 사용여부	사용 불가능	차순위 매수신청 가능여부	신청 불가능
공동입찰 가능여부	공동입찰 가능	2인 미만 유찰여부	1인이 입찰하더라도 유효한 입찰로 성립
대리입찰 가능여부	대리입찰 가능	2회 이상 입찰 가능여부	동일물건 2회 이상 입찰 가능

회차별 입찰 정보

입찰번호	회차/차수	구분	대금납부/납부기한	입찰기간	개찰일시	개찰장소	최저입찰가(원)
077	006/001	인터넷	일시불/60일	2014-06-24 10:00~ 2014-06-26 17:00	2014-06-27 11:00	전자자산처분시스템(www.onbid.co.kr)	61,250,000

◇ **이 오피스텔을 입찰대상으로 선정하게 된 이유는?**

온비드 입찰정보내역 화면 중간부분에서 물건정보와 감정평가서, 매각물건의 사진정보, 위치도 및 지도를 다음과 같이 분석해서 내가 사고자하는 목적에 맞으면서도 돈이 되는 물건을 찾아야 한다.

① 오피스텔의 사진

② 오피스텔 주변 현황도

이 매각물건 오피스텔의 사진과 주변 현황도를 보면 알 수 있듯이 이 오피스텔은 창원시 마산회원구 함포로에 있고, 주변은 버스 등의 대중교통과 재래시장 및 상가 등이 발달한 상업지대이다. 그리고 우수한 학군 등이 근접해 있어서 학부모와 직장인들이 선호하는 곳으로 높은 실수요가 예상되고 그러한 실수요 증가가 미래가치를 끌어 올릴 수 있다는 판단 하에 이 오피스텔을 선정한 것으로 판단된다. 그리고 마음에 드는 것은 시세가 1억원 정도인데 공매로 매각되는 가격이 6,125만원으로 떨어져 있어서, 7,360만원에 낙찰 받으면 임대수익을 올리거나 바로 팔아도 기대수익이 예상되므로 입찰했을 것이다. 그리고 이 오피스텔을 낙찰 받으면 인수할 권리나 금액은 없는지를 확인해야 하는데 이 물건은 에너지관리공단이 소유하다가 비업무용 재산으로 분리해 한국자산관리공사에 공매를 의뢰한 수탁재산 공매이므로 압류재산 공매와 같이 권리의 하자는 발생하지 않고 안전하게 소유권을 취득할 수 있으나 매각기관마다 다른 조건으로 매각할 수도 있으니 반드시 공매공고 내용을 확인해야 한다. 그래서 그러한 조건을 확인하기 위해서 온비드 입찰정보내역 상단 공매 공고정보를 클릭해서 다음과 같이 확인하고 입찰에 참여하면 된다.

◆ 2014년 제6회 수탁재산 공매공고문과 매각조건 확인하기

<u>온비드화면 우측상단 "해당공고 보기"를 검색해서 다음과 같이 공매공고문을 확인해 보니</u> 이 오피스텔은 에너지관리공단에서 직원들의 숙소로 사용하다 그 이용가치를 다해서 비업무용 재산으로 분리해서 매각하는 재산이므로 현황은 공실로 되어 있고 명도책임도 에너지관리공단이 하는 조건이다.

2014년 제6회 수탁재산 공매공고

■ **공매재산의 표시 및 매각조건** : 공고재산의 표시 목록과 같습니다.

■ **일 반 조 건**
  ① ~ ⑤ 내용은 지면상 생략함

■ **명도책임** : 매도자의 책임
  (단, 6, 9, 10, 16~18, 29~36, 38, 42~56, 58, 60~62, 64, 66, 68, 72~74, 76, 78~80, 82~112번 물건은 매수자 책임입니다)

■ **토지거래허가 대상** : 16, 54

■ **입찰 및 개찰의 일시와 장소**

인터넷 입찰 기간	개찰 일시	입찰 및 개찰 장소	비고
2014.6.24 10:00 ~ 2014.6.26 17:00	2014. 6.27 11:00	온비드(www.onbid.co.kr)	

■ **입찰방법**
  ① 입찰에 참여하려는 자는 반드시 온비드에 회원가입 및 실명확인을 위한 공인인증기관의 공인인증서를 등록하여야 합니다.

  ② 대리인이 입찰자를 대리하여 입찰에 참여하거나 공동명의로 인터넷 입찰에 참가하고자 하는 경우에는 인터넷 입찰기간 마감시간 전까지 우리공사 소정의 공동입찰신청서 또는 대리입찰신청서를 공사에 제출하여야 하며, 대표입찰자 또는 대리인 명의로 인터넷입찰에 참가하여야 합니다.

③ 미성년자가 입찰에 참여하려는 경우 친권자(법정대리인)의 동의서를 인터넷 입찰기간 마감시간 전까지 제출하여야 합니다.

④ 입찰진행시 온비드의 장애 및 기타 사유로 인하여 입찰진행이 어려운 경우에는 입찰이 연기 또는 중지될 수 있습니다.

■ **입찰보증금**

① 입찰금액의 10% 이상을 인터넷입찰 마감시간 전까지 온비드 지정 예금계좌에 입금하여야 유효합니다.

② ~ 생략함.

③ 입찰보증금이 1,000만원을 초과하는 경우에는 분할납부가 가능합니다.

④ ~ 생략함.

■ **낙찰자 결정**

① ~ ② 생략함.

■ **계약체결**

① 낙찰자는 낙찰일로부터 5일 이내에 신분증과 주민등록등본 1통을 지참하여 매매계약을 체결하여야 하며, 이에 응하지 않을 경우 낙찰은 무효로 하고 입찰보증금은 매도자 귀속으로 합니다.

② ~ 생략함

③ 국토의 계획 및 이용에 관한 법률에 의한 토지거래허가 대상과 외국인토지법에 의한 토지취득신고 물건에 대하여는 낙찰일로부터 5일

이내에 우리공사와 토지거래허가 또는 신고 절차를 완료하여야 하며 동 절차를 이행하지 않을 시 낙찰은 무효로 하고 입찰보증금은 매도자 귀속으로 처리됩니다.

④ 토지거래허가대상 중 우리공사에서 3회 이상 유찰된 부동산은 토지거래허가가 면제됩니다.

⑤ 부동산 거래신고는 매수자 책임으로 하며 계약체결일로부터 60일 이내에 신고절차를 완료하여야 합니다.

■ **유의사항**

① ~ ⑦ 생략함.

⑧ 입찰에서 매각되지 않은 물건은 다음 공매 공고 전까지 위 공매조건 이상으로 유찰계약요청을 할 수 있습니다. 단, 양도소득세 관련 재산은 매각의뢰자의 사전 동의가 있어야 유찰계약체결이 가능합니다.

2014년 6월 12일

한국자산관리공사 금융자산관리부장

그리고 공매담당자의 도움을 받아 내부를 확인해 보았더니 공단이 수리해서 사용하다가 매각하고 있어서 내부가 깨끗해서 별 수리 없이 사용하거나 매각할 수 있다는 점이 마음에 들어 입찰에 참여한 것 같다.

잠깐만, 입찰하기 전에 이러한 내용을 확인해야 한다.

이 수탁재산 공매는 에너지관리공단의 비업무용재산을 한국자산관리공사가 매각을 의뢰 받아 공매를 진행하고 있으므로 **금융자산관리부 담당자인 이○○을 통해서 오피스텔 내부와 인수할 임차인 등이 있는가를** 공매 담당자와 공매공고문을 통해서 확인하고 입찰에 참여해야 한다.

이 공고문을 확인하니 입찰방법을 다음과 같이 정하고 있었다.

① 입찰자는 반드시 온비드에 회원가입 및 실명확인을 위한 공인인증기관의 공인인증서를 등록해야 한다.

② 입찰자를 대리하여 입찰에 참여하거나 공동명의로 인터넷입찰에 참가하고자 하는 경우에는 인터넷 입찰기간 마감시간 전까지 우리공사 소정의 공동입찰신청서 또는 대리입찰신청서를 공사에 제출해야 하며, 대표입찰자 또는 대리인 명의로 인터넷입찰에 참가해야 한다.

③ 입찰금액의 10% 이상을 인터넷입찰 마감시간 전까지 온비드 지정 예금계좌에 입금해야 한다.

④ 입찰보증금이 1,000만원을 초과하는 경우에는 분할납부가 가능.

⑤ 낙찰자는 낙찰일로부터 5일 이내에 신분증과 주민등록등본 1통을 지참하여 매매계약을 체결해야 하며, 이에 응하지 않을 경우에 낙찰은 무효로 하고 입찰보증금은 매도자 귀속한다.

⑥ 국토의 계획 및 이용에 관한 법률에 의한 토지거래허가 대상에 의한 토지취득신고 물건에 대하여는 낙찰일로부터 5일 이내에 우리공사와 토지거래허가 또는 신고 절차를 완료해야 하며 동 절차를 이행하지 않을 시 낙찰은 무효로 하고 입찰

보증금은 매도자 귀속으로 처리한다(토지거래허가대상 중 우리공사에서 3회 이상 유찰된 부동산은 토지거래허가가 면제된다).

⑦ 부동산 거래신고는 매수자 책임으로 하며 계약체결일로부터 60일 이내에 신고절차를 완료해야 한다.

⑧ 입찰에서 매각되지 않은 물건은 다음 공매 공고 전까지 위 공매조건 이상으로 유찰계약(수의계약) 요청을 할 수 있다. 단 양도소득세 관련 재산은 매각의뢰자의 사전 동의가 있어야 유찰계약체결이 가능하다.

그래서 입찰에 참여해도 인수할 권리가 없어서 다음과 같이 입찰해서 낙찰받게 되었다고 한다.

◆ 이 오피스텔은 5대 1의 경쟁을 뚫고 홍길동이 낙찰 받았다!

■ 상세입찰결과

물건관리번호	2012-00000-001		
재산구분	수탁재산(캠코)	담당부점	금융자산관리부
물건명	경남 창원시마산회원구 양덕동 153-8번지 한진오피스텔 0000-0		
공고번호	201406-00873-00	회차 / 차수	006 / 001
처분방식	매각	입찰방식/경쟁방식	최고가방식 / 일반경쟁
입찰기간	2014-06-24 10:00 ~ 2014-06-26 17:00	총액/단가	총액
개찰시작일시	2014-06-27 11:04	집행완료일시	2014-06-27 11:09
입찰자수	유효 5명 / 무효 0명(인터넷)		
입찰금액	73,600,000원/ 69,000,000원/ 68,235,000원/ 63,333,333원/ 63,320,000원		
개찰결과	낙찰	낙찰금액	73,600,000원
감정가 (최초 최저입찰가)	125,000,000원	최저입찰가	61,250,000원
낙찰가율 (감정가 대비)	58.88%	낙찰가율 (최저입찰가 대비)	120.16%

06 양도세 감면대상 우남아파트 수탁재산 공매에 입찰하기

◆ 우남아파트 온비드 입찰정보 내역

물건정보 | 입찰이력 | 해당공고 보기 | 해당공고물건 보기

물건관리번호 : 2011-00000-002　　물건상태 : 낙찰 공고일자 : 2013-04-11 조회수 : 256

서울 성북구 상월곡동 55-56번지 우남아파트 101동 제OOOO호 (양도소득세관련재산)

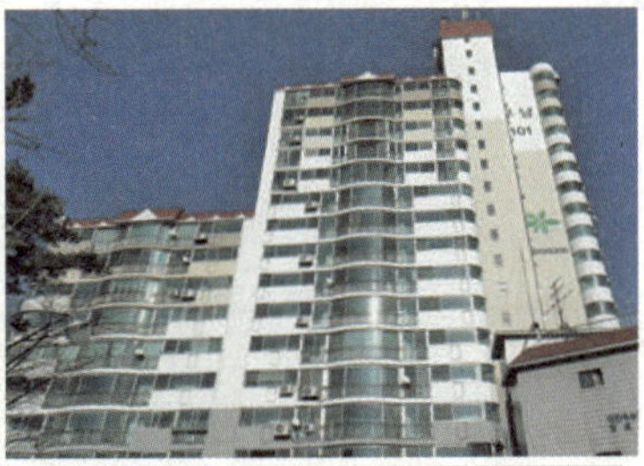

처분방식 / 자산구분	매각 / 수탁재산(캠코)
용도	아파트
면적	대지 61.36㎡, 건물 162.3㎡
감정평가금액	580,000,000원
입찰방식	일반경쟁(최고가방식) / 총액
입찰기간 (회차/차수)	2013-04-23 10:00 ~ 2013-04-25 17:00 (004/01)
공매대행의뢰기관	양도소득면제
집행기관	한국자산관리공사
담당자정보	금융자산관리부 / / 02-3420-5626

사진 | 지도 | 지적도 | 위치도

일사편리 부동산정보 | 감정평가서

[입찰유형]

- ☐ 전자보증서가능
- ☑ 공동입찰가능
- ☑ 2회 이상 입찰가능
- ☑ 대리입찰가능
- ☐ 2인 미만 유찰여부
- ☐ 차순위 매수신청가능

최저입찰가(예정금액) **493,000,000원**

관심물건 등록 | 입찰

물건 세부 정보 | 입찰 정보 | 시세 및 낙찰 통계 | 물건 문의 | 부가정보

면적 정보

번호	종별(지목)	면적	지분	비고
1	토지 > 대지	61.36㎡	-	-
2	건물 > 건물	162.3㎡	-	-

위치 및 이용현황

소재지	지번	서울 성북구 상월곡동 55-56번지 우남아파트 101동 제OOOO호

위치 및 부근현황	성북구 상월곡동 소재 월곡중학교 남서측에 위치하며, 제반 대중교통 이용여건은 무난함.
이용현황	아파트(방5,거실1,주방1,욕실겸화장실2,발코니3,다용도실1,보일러실1)
기타사항	-

감정평가정보

감정평가기관	평가일	평가금액(원)	감정평가서
대일에셋감정평가법인	2011-07-28	580,000,000	감정평가서

명도이전책임	매도자
	- 본건은 양도소득세 감면적용을 위해 소유자의 의뢰로 매각하는 물건입니다. - 소유자가 제시한 매각물건의 특징 : 6호선 상월곡역 1분 거리 초역세권. 최고편리, 천사백이(1,402호)의 길조가 어린 살기좋은 집, 매각시 현 소유자가 매수자와 전세계약(보증금 2억3천만원) 할 수 있는 조건도 가능함. ※ 유의사항-입찰에서 매각되지 않을 경우 다음 공매공고 전까지 위 공매조건 이상으로 유찰 계약 요청할 수 있으나, 매각의뢰자의 사전동의가 있어야 유찰계약 체결이 가능합니다.

| 물건 세부 정보 | 입찰 정보 | 시세 및 낙찰 통계 | 물건 문의 | 부가정보 |

입찰 방법 및 입찰 제한 정보

전자보증서 사용여부	사용 불가능	차순위 매수신청 가능여부	신청 불가능
공동입찰 가능여부	공동입찰 가능	2인 미만 유찰여부	1인이 입찰하더라도 유효한 입찰로 성립
대리입찰 가능여부	대리입찰 가능	2회 이상 입찰 가능여부	동일물건 2회 이상 입찰 가능

회차별 입찰 정보

입찰번호	회차/차수	구분	대금납부/납부기한	입찰기간	개찰일시	개찰장소	최저입찰가(원)
056	004/001	인터넷	일시불/3개월	2013-04-23 10:00~ 2013-04-25 17:00	2013-04-26 11:00	전자자산처분시스템(www.onbid.co.kr)	493,000,000

◇ 우남아파트의 사진과 주변 현황도

(1) 우남아파트의 사진과 내부현황

(2) 우남아파트 주변 현황도

◆ 수탁재산 공매가 유찰된 후 재매각 시 유찰계약을 할 수 있는 시기

입찰에서 매각되지 않은 물건은 다음 공매 공고 전까지 위 공매조건 이상으로 유찰계약(수의계약) 요청을 할 수 있는데, 단 **양도소득세 관련재산은 매각의뢰자의 사전 동의가 있어야 유찰계약체결이 가능**하다.

따라서 매각의뢰자의 동의를 얻어 유찰계약을 체결할 수 있는 시기는 2013. 03. 29. 유찰된 날로부터 다음 공고일(2013. 04. 11.) 이전까지인 2013년 04월 10일까지 신청할 수 있다.

◆ 이 아파트를 입찰대상으로 선정하게 된 이유는?

공고문을 확인해 보니 이 아파트는 양도소득세 감면적용을 위해 소유자의 의뢰로 매각하는 물건으로 **소유자가 제시한 매각조건은 매각 시 현 소유자가 매수자와 전세계약(보증금 2억3,000만원) 할 수 있는 조건도 가능하다고 함**. 매수자가 입주를 원할 때 언제든지 이사 가기로 하는 조건까지 달고 있고, 공매담당자의 도움을 받아 아파트 내부를 확인해 보았더니 소유자가 거주하고 있던 집이고 매도의사가 강한 탓인지 수리해 놓고 있어서 깨끗한 집이 마음에 들었다고 한다. 그리고 주변 부동산에서 문의해 본 결과 아파트 시세가 5억5,000만원 정도여서 4억9,300만원에 낙찰 받더라도 2년 거주 후 팔게 되면 양도차익에 대한 비과세 혜택을 볼 수 있고, 역세권이라 아파트 가격 상승도 예상할 수 있어서 입찰하기로 결심을 했다고 한다.

잠깐만, 입찰하기 전에 이러한 내용을 확인해야 한다.

이 양도세 감면대상 수탁재산 공매물건을 한국자산관리공사가 매각을 의뢰 받아 공매를 진행하고 있으므로 **금융자산관리부 담당자인 OOO을 통해서 우남 아파트 내부와 매매조건을** 공매 담당자와 공매공고문, 그리고 매도자를 통해서 확인하고 입찰에 참여해야 한다.

◇ 2013년 제4회 수탁재산 공매공고문과 매각조건 확인하기

〈앞의 05 에너지관리공단의 수탁재산 공매물건에 입찰하기의 공매공고문을 참고하면 되므로 지면상 생략했지만, 입찰자는 온비드화면 우측상단에서 "해당공고보기"를 클릭해서 확인하고 입찰에 참여하는 것을 잊지 말아야 한다〉

◇ 이 아파트를 단독으로 강감찬이 낙찰 받았다!

상세입찰결과

물건관리번호	2011-00000-002		
재산구분	수탁재산(캠코)	담당부점	담보채권정리부
물건명	서울 성북구 상월곡동 55-56번지 우남아파트 000동 0000호 (양도소득세관련재산)		
공고번호	201304-00731-00	회차 / 차수	004 / 001
처분방식	매각	입찰방식/경쟁방식	최고가방식 / 일반경쟁
입찰기간	2013-04-23 10:00 ~ 2013-04-25 17:00	총액/단가	총액
개찰시작일시	2013-04-26 11:07	집행완료일시	2013-04-26 11:12
입찰자수	유효 1명 / 무효 0명(인터넷)		
입찰금액	493,000,000원		
개찰결과	낙찰	낙찰금액	493,000,000원
감정가 (최초 최저입찰가)	580,000,000원	최저입찰가	493,000,000원
낙찰가율 (감정가 대비)	85%	낙찰가율 (최저입찰가 대비)	100%

PART
14

다양한 이용기관재산 공매에서 실전투자는 어떻게 해야 하나?

01 이용기관으로는 어떠한 기관 등이 있나?

이용기관의 매각 물건의 분류는 기본적으로 국유재산, 공유재산, 기타일반재산, 금융권담보재산 이상 4가지로 분류하며, 매각 물건에 대한 실질적인 분류 결정은 공고를 등록하는 이용기관에서 결정하게 된다.

① 국유재산 공매 – 국가기관(국유재산), 지방자치단체(시·군·구·읍·면·주민센터 등의 재산) 등이 소유하고 있는 비업무용 재산 등을 온비드에 이용기관으로 회원가입해서 직접 매각하는 것을 말한다.

② 공유재산 공매 – 국가 또는 지방자치단체가 출자·출연한 기관과 기타의 공공기관 등이 있으며 이들 이용기관 등을 보면 행정자치부, 기획재정부, 정보통신부, 국방부, 경찰청 등의 중앙행정기관과 서울특별시 등의 지방자치단체 및 교육기관, 한국전력공사, 서울메트로, 한국철도공사, 한국가스공사 등의 이용기관 등이 있다. 이들 공공기관 등의 비업무용 재산을 이용기관으로 회원가입해서 직접 매각하는 것을 말한다.

③ 기타일반재산 공매 – 이용기관이 보유하고 있던 불용품(업무용 자동차, OA기기, 사무용 가구 등) 및 불용품을 제외한 모든 기타재산(동산)을 온비드에 이용기관으로 회원가입해서 직접 매각하는 절차를 말한다. 그러나 이용기관 등이 공매물건을 등록하는 절차에서 □국유재산, □공유재산 등으로 구분하여 등록할 수 없는 물건에 대해서 기타일반재산 공매로 등록 후 매각절차를 진행하고 있다.

그래서 기타일반재산 공매로 매각절차를 진행하는 이용기관에는 ① 신탁기관, ② 공공기관, ③ 법인단체(주식회사 등의 사기업), ④ 개인회생·파산재단, ⑤ 예금보험공사 파산재단 등이 있다.

④ 금융권담보재산 – 금융기관 소유의 동산 및 양도담보재산 등으로 금융기관이 담보로 잡은 물건 중 온비드에 이용기관으로 회원가입해서 직접 매각하는 것을 말한다(보통 중장비, 공장기계설비 등).

이밖에도 이용법인으로 금융기관, 한국증권선물거래소 유가증권·코스닥시장 상장법인 등 공사가 온비드 이용을 승인한 법인인데 이러한 법인 중에서 인터넷 입찰공고의 등록 가능 법인은 은행, 증권, 보험, 한국금융주택공사, 신탁회사[대한토지신탁, 교보자산신탁(구 생보부동산신탁), 한국자산신탁, 한국토지신탁, KB부동산신탁, 코람코자산신탁, 우리자산신탁(구 국제자산신탁), 하나자산신탁, 아시아신탁, 무궁화신탁 등]가 있다. 그리고 **개인회생·파산재단 공매와 예금보험공사의 파산재단 공매(예보공매)가** 있다.

특히 최근 인기가 높아진 **신탁재산공매와 개인회생·파산재단 공매, 예금보험공사의 파산재단 공매(예보공매)는** ① 온비드사이트에서 이용기관 등록 후 매각절차를 진행하기도 하고, ② 이용기관 등의 본사 또는 관재인(법원이 전한 파산재단 관재인)이 정한 장소에서 직접 매각절차를 진행하기도 한다.

온비드에서 매각절차를 진행하는 방법에도 이용기관이 온비드에서 공매공고 후 입찰절차를 진행하는 방법(온비드에서 낙찰자까지 결정한다)과 온비드에서 공매공고만 하고 그 다음 입찰절차는 이용기관 본사에서 현장 입찰방식으로 입찰절차를 진행하는 방법이 있다. 어쨌든 이 이용기관 등이 온비드를 통해서 입찰하는 방법은 Part 15 희망임대리츠와 공무원연금공단의 공매물건 실전투자(469~499쪽)와 Part 17 온비드에서 신탁공매물건을 찾아서 재테크로 성공한 사례(516~555쪽), 그리고 개인회생·파산재단 공매와 예금보험공사의 파산재단 공매는 Part 19(577~610쪽)와 Part 20(611~644쪽)을 참고하면 된다.

02 이용기관재산 매각공매 방법

◆ 매각공매 방법 및 공매공고 방법

(1) 매각공매 방법

이용기관 등이 한국자산관리공사 온비드사이트에 자신의 정보를 제공하기 위하여 이용기관 회원 가입 후 온비드사이트의 전자처분시스템을 이용하여 보유 또는 관리 중인 재산과 물품의 관리·처분을 위한 입찰공고를 등록하고, 전자입찰을 통해서 이용기관 재산에 대해 매각하는 공매절차이다.

(2) 공매공고 방법

이용기관에 따라 차이가 있으나 온비드사이트에 전자공고만으로 공고하는 이용기관이 대부분이나 전자공고·신문공고·자체홈페이지 등에 공고를 병행하는 이용기관 등이 있다. 실무적으로 이용기관 등의 공매 공고는 온비드사이트에서만 공고하는 것으로 공매절차를 진행하는 것이 대부분이다.

◆ 감정평가에 따른 최초 매각예정가격 결정

2개 이상의 감정평가기관의 평가액을 산술평균하여 최초 매각예정가격으로 정하여 매각하는 것이 대부분이나 이용기관에 따라 다르게 평가할 수도 있다. 즉 500만원 이상은 2개 이상의 감정평가기관, 500만원 미만은 1개의 감정평가기관에서 평가한 금액을 가지고 매각금액으로 정할 수도 있다.

실무상으로는 2개 이상의 감정평가기관의 평가액으로 계산한 산술평균금액으로 최초매각예정금액을 정하고 있으나 이용기관에 따라서 감정평가 비용까지 계산하여 최초매각예정금액으로 하는 경우도 있고, 그 밖에 감정가액이 시세보다 많은 차이를 보이면 이 금액에 시가를 반영하여 최초매각예정금액을 정하여 매각하기도 한다.

이러한 감정평가서는 온비드 화면의 입찰대상물건 정보에 첨부하여 공개하는 경우가 대부분이나 이용기관에 따라서 이용기관 등이 자체적으로 보관하고 열람을 원하는 입찰 대상자에 한해서 제공하는 이용기관도 있다.

◆ 입찰방법 및 유찰계약(수의계약)

(1) 입찰참가 전 준비사항

입찰에 참여하려면 온비드(www.onbid.co.kr)에 회원가입과 실명확인을 위한 공인인증기관의 공인인증서를 등록해야 한다. 그 다음 온비드화면에서 로그인하고 입찰대상 공매 물건을 찾아서 입찰하는 과정에서 공인인증서로 실명을 확인하고 입찰서를 제출하면 된다.

(2) 입찰참가 자격

① 입찰에 참여하려면 온비드에 회원가입과 실명확인을 위한 공인인증기관의 공인인증서를 등록해야 한다. 그 다음 온비드화면에서 로그인하고 입찰대상 공매 물건을 찾아서 입찰하는 과정에서 공인인증서로 실명을 확인하고 입찰서를 제출하면 된다. 입찰 방법에 어려움이 있다면 온비드 고객센터(1588-5321)를 통해서 자세하게 확인하고 입찰하면 된다(본인 입찰뿐만아니라 대리입찰, 공동입찰, 미성년입찰 모두 상담이 가능하다).

② 대리인이 입찰자를 대리하여 입찰에 참여하거나 공동명의로 인터넷입찰에 참가하고자 하는 경우에는 인터넷 입찰기간 마감시간 전까지 〈온비드 자료실〉에 게시된 우리 공사의 〈공동입찰신청서〉 또는 〈대리입찰 신청서〉를 공사에 제출하여야 하며, 대표입찰자 또는 대리인 명의로 인터넷입찰에 참가해야 한다. 이때 서류제출은 입찰 마감시간 전까지 직접 방문하여 제출하거나 우편송달(입찰마감시간 전까지 도달해야 함), 이메일 송부(메일주소 공고문 참조) 등으로 제출하면 되는데 자세한 내용은 공매 공고문과 공매집행기관에 전화로 문의해서 제출하면 된다. (신분증 사본 및 인감증명서 동봉 필요)

③ 미성년자가 입찰에 참여하려는 경우 친권자(법정대리인)의 동의서를 인터넷입찰기간 마감시간 전까지 제출하여야 한다. 서류제출 방법은 ②번과 같이 하면 된다.

④ 입찰보증금은 입찰금액의 10% 이상을 인터넷입찰 마감시간 전까지 온비드 지정 예금계좌에 입금해야 유효하다(이렇게 입찰보증금은 10%로 정하는 것이 일반적이지만, 국유일반재산을 관리하고 있는 한국자산관리공사가 공고문에서 입찰할 때 보증금을 5%와 계약할 때 5%를 추가 납부하는 조건으로 매각하기도 한다. 이 내용은 공매공고문을 통해서 확인하면 된다).

⑤ 입찰보증금이 1,000만원을 초과하는 경우에는 분할납부가 가능하다(인터넷 입찰 마감시간 전까지 여러 번 나누어 납부할 수 있다).

⑥ 공매입찰결과 유찰자의 입찰보증금은 입찰서 제출시 지정한 환불예금계좌로 이자 없이 환불되며, 별도의 송금수수료가 발생될 경우에는 입찰보증금에서 이를 공제한다.

⑦ 온비드화면에서 입찰하는 방법은 Part 09의 03. 입찰할 공매물건에서 입찰서 제출과 입찰보증금 납부(278쪽)와 이 파트 다음 04번(460쪽)에 자세하게 기술되어 있으니 참고하면 된다.

(3) 유찰계약(수의계약)

① 2회에 걸쳐 유효한 입찰이 성립되지 아니한 경우 입찰종료 후 차기 입찰기일 전까지 공고된 매각예정가격 이상으로 수의계약이 가능하다(이용기관에 따라 수의계약 방법도 다를 수 있으니 공매 공고문을 확인해야 한다). 계약보증금의 납부전에 수의계약 신청인이 2인 이상 경합하는 경우에는 매수희망가격을 제출받아 최고가격을 제시한 자를 계약당사자로 결정한다(이용기관에 따라 차이가 있음).

② 종전 최저매각금액이상으로 다음 공매공고 전까지 매수신청을 수의계약으로 체결하는 절차이다.

③ 수의계약절차 – 수의계약체결요청시 신청서 제출 및 입찰보증금 납부 후 수의계약 체결

◆ 입찰기간, 개찰일시 및 개찰장소

① 입찰기간은 이용기관에 따라 7일~30일 이내의 기간이 주어진다.

② 개찰일시는 입찰기간 익일 또는 일정기일 이후로 이용기관이 정한 기일에 개찰하고 있다.

③ 개찰장소는 이용기관의 회계과 입찰집행관 PC 또는 재무과 입찰집행관 PC에서 하고 있다.

◆ 입찰보증금 납부와 낙찰자 결정 방법

(1) 입찰보증금 납부 방법

입찰참가자는 입찰금액의 10% 이상의 입찰보증금을 납부(보증금액은 이용기관에 따라 다소 차이가 있음)하여야 한다. 그러나 이용기관에 따라서 입찰 시에 5%의 입찰보증금으로 매각하는 이용기관 등이 있을 수 있다. 그리고 유의할 점은 2010.04.부터는 온비드 전자처분시스템 변경에 따라서 1,000만원 이하의 입찰보증금은 일시 입금해야 되나 1,000만원 초과되는 입찰보증금은 여러 번에 거쳐서 입찰 마감시한까지 입찰보증금을 입금할 수 있도록 변경되었다. 이는 국유재산, 압류재산, 유입자산, 수탁재산, 이용기관 등의 재산 공매절차에서 모두가 해당된다.

(2) 낙찰자 결정 방법

일반경쟁입찰 방식이며 매각물건별 매각예정가격 이상인 최고액의 입찰자를 낙찰자로 결정하되(1인 입찰도 유효하지만, 이용기관에 따라 2인 이상 입찰한 경우만 유효한 입찰로 정하고 1인 입찰 시 무효로 정하는 매각절차를 진행하기도 한다), 최고액입찰자가 2인 이상 동가인 때에는 온비드에 의한 무작위 추첨으로 최고액입찰자를 결정하게 된다. 입찰결과는 한국자산관리공사 전자자산처분시스템 온비드에서 확인할 수 있으며 낙찰·유찰결과여부 확인은 입찰자 본인의 책임사항이다.

◆ 계약체결 방법과 대금납부 후 소유권이전 방법

(1) 계약체결 방법과 계약보증금의 처리

① 계약체결 기간은 낙찰일로부터 5일 이내(이용기관에 따라 5일에서 10일로 다르게 정함)에 신분증과 주민등록등본 1통을 지참하여 매매계약을 체결하여야

하며, 이에 응하지 않을 경우에는 낙찰은 무효로 하고 입찰보증금은 매도자(이용기관)에게 귀속된다.

② 계약보증금은 입찰할 때 납부한 보증금을 계약금으로 한다. 다만 입찰보증금이 10% 미만인 경우에는 계약할 때 추가로 납부해야 한다.

③ 계약체결 장소는 이용기관의 회계과 사무실 등에서 계약을 체결하게 된다.

(2) 부동산 거래의 신고와 신고대상이 아닌 경우

① 부동산 거래의 신고(부동산 거래신고 등에 관한 법률 제3조)

부동산의 매매계약을 체결한 경우 그 실제 거래가격 등 대통령령으로 정하는 사항을 거래계약의 체결일부터 30일 이내에 그 권리의 대상인 부동산 등의 소재지를 관할하는 시장·군수 또는 구청장에게 공동으로 신고하여야 한다. 다만, 거래당사자 중 일방이 국가, 지방자치단체, 대통령령으로 정하는 자의 경우에는 국가 등이 신고를 하여야 한다(부동산 거래신고 등에 관한 법률 제3조).

이에 따라 부동산 거래신고는 매수자 책임으로 하며 계약체결일로부터 30일 이내에 매매계약 실거래신고를 시·군·구청에 하여야 한다.

② 부동산 실거래신고대상이 아닌 사례(국토해양부고시 2009-719호)

㉠ 법원경매로 취득하는 경우 ㉡ 체납압류부동산을 공매로 취득하는 경우이다. 그러나 압류재산매각 이외에 국유재산이나 수탁재산 또는 다른 재산 등을 자산관리공사에 위탁하여 온비드사이트를 통해 매각하는 경우와 이용기관 등의 재산 공매절차에서 낙찰 받은 경우는 계약 체결일로부터 30일 이내에 실거래 신고해야 된다. 이밖에 신탁회사 또는 개인 사기관 등의 공매로 취득하는 경우도 마찬가지이다.

(3) 토지거래허가 구역과 농지취득자격증명

① 토지거래 허가구역 내 토지거래에 대한 허가(부동산 거래신고 등에 관한 법률 제11조)

부동산 거래신고 등에 관한 법률에 따른 토지거래허가 대상과 토지취득 신고

물건에 대하여는 계약일로부터 10영업일 이내에 토지거래허가 또는 신고 절차를 완료하여야 하며 동 절차를 이행하지 않을시 낙찰은 무효로 하고 입찰보증금은 매도자 귀속으로 처리된다. 토지거래허가구역 내에서 일정 면적 이상의 토지를 거래할 때 사전에 관할 관청의 허가를 받아야 하며, 허가 없이 거래하면 법적으로 무효가 된다.

② 농지취득자격증명

등기신청 시 필요한 것이므로 계약체결 후에 받는다. 단 증명을 발급받지 못하면 소유권이전등기가 되지 못하므로 입찰하기 전에 취득 가능 여부를 확인해야 한다. 농지취득자격증명서를 발급 받지 못하면 소유권이전등기가 불가하므로 소유권을 취득할 수 없다.

(4) 매각대금 납부와 소유권이전등기, 그리고 명도책임은?

① 매각대금은 계약체결일로부터 30일~60일 이내(이용기관에 따라 다소 차이가 있다.) 매각대금을 납부해야 한다.

② 소유권이전은 매각대금 완납 후 매수자의 신청에 의거 소유권이전 서류를 교부하되, 소유권이전에 따른 일체의 비용은 낙찰자가 부담하며 낙찰자 이외의 자에게 소유권이전은 불가하다.

③ 소유권이전등기를 하는 방법은 Part 09의 07 공매종류별로 매수대금 납부와 소유권이전등기 방법(290~291쪽)을 참고하면 된다.

④ 명도는 공고문이나 입찰대상 물건정보 란에는 매수자 책임으로 되어 있는 경우가 대부분이나 이용기관 등의 재산을 매각하는 공매절차에서는 이용기관 등이 보유하고 있으므로 특별한 경우를 제외하고는 이용기관 등이 인도하여 주는 경우가 대부분이다. 이러한 내용은 공매공고문을 통해서 확인하면 된다.

◇ 이용기관 수수료는 두 가지로 분류할 수 있다!

이용기관 수수료 확인은 온비드 화면에서 이용기관 전용 홈페이지를 검색 후 수수료 메뉴를 클릭하면 다음과 같은 수수료를 확인할 수 있다.

① 현장등록 수수료 : 온비드에 공고 등록하고 이용기관이 지정하는 현장에서 입찰절차를 진행하는 경우, 온비드에 물건을 등록할 때 물건별로 등록수수료 100,000원을 납부해야 한다.

② 낙찰 수수료 : 온비드에 공고 등록과 전자입찰을 진행하여 낙찰된 물건에 대해 낙찰 금액별 부과기준(이용기관회원 온비드이용약관 제23조 제1항 제2호 참조)에 따라 청구되는 금액이다.

< 낙찰수수료 부과 기준 >

낙찰금액	낙찰수수료
1백만원 이하	면 제
1백만원 초과 ~ 5백만원 이하	(낙찰금액 - 1백만원) × 1.7% + 30,000원
5백만원 초과 ~ 1천만원 이하	(낙찰금액 - 5백만원) × 1.2% + 98,000원
1천만원 초과 ~ 3천만원 이하	(낙찰금액 - 1천만원) × 0.8% + 158,000원
3천만원 초과 ~ 5천만원 이하	(낙찰금액 - 3천만원) × 0.7% + 318,000원
5천만원 초과 ~ 1억원 이하	(낙찰금액 - 5천만원) × 0.6% + 458,000원
1억원 초과 ~ 3억원 이하	(낙찰금액 - 1억원) × 0.2% + 758,000원
3억원 초과 ~ 5억원 이하	(낙찰금액 - 3억원) × 0.1% + 1,158,000원
5억원 초과 ~ 25억원 이하	(낙찰금액 - 5억원) × 0.04% + 1,358,000원
25억원 초과 ~ 50억원 이하	(낙찰금액 - 25억원) × 0.02% + 2,158,000원
50억원 초과 ~ 150억원 이하	(낙찰금액 - 50억원) × 0.01% + 2,658,000원
150억원 초과	3,658,000원

* 낙찰수수료 천원 미만 금액은 절사함

03 이용기관재산 등의 대부(임대)공매 방법

◆ 대부(임대)공매와 공매공고 방법

(1) 대부공매 방법

이용기관 등이 한국자산관리공사 온비드사이트에 자신의 정보를 제공하기 위하여 이용기관 회원 가입 후 온비드사이트의 전자처분시스템을 이용하여 보유 또는 관리 중인 재산과 물품의 관리를 위한 입찰공고를 등록하고, 전자입찰을 통해서 이용기관 재산을 대부하는 공매절차이다.

(2) 공매공고 방법

이용기관 등에 따라 차이가 있을 수 있으나 대부분의 이용기관 등의 대부공매공고는 온비드사이트에서만 공고하는 방법으로 공매절차를 진행하고 있는 실정이다. 즉 이용기관 등이 대부료의 산정 및 납부시기를 결정하고 이러한 대부료와 대부절차 등을 온비드사이트를 이용하여(사전에 온비드사이트에 이용기관회원 가입하고 공인인증서 등록을 마친 담당자만 관리가 가능) 온비드에 물건을 등록하고, 공고하는 절차를 진행하게 된다.

◆ 대부료(사용료) 산정방법

대부계약을 체결(사용허가를 받은 자)한 자가 납부하여야 할 첫째연도 대부료(사용료)는 낙찰가격으로 하며 지정 기일 내 납부하여야 한다. 둘째연도 이후의 대부료는 다음의 산식에 의하여 산정한다.

(1) 대부료산정

연간대부료 = 재산가액(토지평가액 + 건물평가액) × 사용요율 × 사용일수(365일)

① **사용요율**

❶ 주거용 – 재산가액의 2% 이상(기초 수급자의 경우 1%)

❷ 경작용 재산가액의 1% 이상과 최근 공시된 해당 시도의 농가별 단위면적당 농업총수익의 10분의 1에 해당 하는 금액 중 적은 금액으로 한다.

❸ 행정목적의 수행에 사용하는 경우 – 2.5%

❹ 공무원의 후생목적으로 사용하는 경우 – 4%

❺ 기타(상업용) – 재산가액의 5% 이상

② **재산가액**

❶ 토지 = 면적(㎡) × 당해연도 개별공시지가

❷ 건물 = 면적(㎡) × 건물시가표준액(또는 1개의 감정평가금액)

(2) 다음해 1년 대부료 재산정 방법

당해연도 재산가액 × (입찰에 의하여 결정된 첫 해의 사용료 ÷ 입찰당시의 재산가액)

◆ 입찰 방법 및 유찰계약(수의계약) 방법

(1) 입찰 방법

① 입찰에 참여하려면 온비드에 회원가입을 하고, 실명확인을 위한 공인인증기관의 공인인증서를 등록해야 한다. 그다음 온비드화면에서 로그인하고 입찰대상 공매물건을 찾아서 입찰하는 과정에서 공인인증서로 실명을 확인하고 입찰서를 제출하면 된다.

② 대리인이 입찰자를 대리하여 입찰에 참여하거나 공동명의로 인터넷입찰에 참가하고자 하는 경우에는 인터넷 입찰기간 마감시간 전까지 공동입찰신청서 또는 대리입찰신청서를 공사에 제출해야 하고, 대표입찰자 또는 대리인 명의로 인터넷입찰에 참가해야 한다.

③ 입찰보증금은 입찰금액의 10% 이상을 인터넷입찰 마감시간 전까지 온비드 지정 예금계좌에 입금해야 유효하다(이렇게 입찰보증금은 10%로 정하는 것이 일반적이지만, 국유일반재산을 관리하고 있는 한국자산관리공사가 공고문에서 입찰할 때 보증금을 5%와 계약할 때 5%를 추가 납부하는 조건으로 매각하기도 한다. 이 내용은 공매공고문을 통해서 확인하면 된다).

④ 입찰보증금이 1,000만원을 초과하는 경우에는 분할납부가 가능하다(인터넷입찰 마감시간 전까지 여러 번 나누어 납부할 수 있다).

(2) 유찰계약(수의계약)

① 2회에 거쳐 유효한 입찰이 성립되지 않은 경우(이용기관에 따라 수의계약 방법도 다를 수 있으니 공매 공고문을 확인해야 한다).

② 종전 최저 대부금액 이상으로 다음 공매공고 전까지 대부신청을 수의계약으로 체결하는 절차이다.

③ 수의계약절차 – 수의계약체결요청시 신청서 제출 및 입찰보증금 납부 후 수의계약 체결

◆ 입찰기간, 개찰일시 및 개찰장소

① 입찰기간은 이용기관에 따라 7일~30일 이내의 기간이 주어진다.

② 개찰일시는 입찰기간 익일 또는 일정기일 이후로 이용기관이 정한 기일에 개찰함

③ 개찰장소는 이용기관의 회계과 입찰집행관 PC에서 한다.

◆ 낙찰자 결정과 입찰보증금 납부 방법

(1) 낙찰자 결정 방법

입찰은 1인 이상이 유효한 입찰을 하고, 예정가격 이상 최고액 입찰자를 낙찰자로 결정하는데, 최고액 입찰자가 2인 이상 동가인 때에는 온비드에서 무작위 추첨으로 낙찰자를 결정하게 된다. 입찰결과는 한국자산관리공사 전자자산처분시스템 온비드에서 확인할 수 있으며 낙찰·유찰결과 여부 확인은 입찰자 본인의 책임사항이다.

(2) 입찰보증금 납부 방법

입찰참가자는 입찰금액의 10% 이상의 입찰보증금을 납부(보증금액은 이용기관에 따라 다소 차이가 있음)하여야 한다. 그러나 이용기관에 따라서 입찰 시에 5%의 입찰보증금으로 대부하는 이용기관 등이 있을 수 있는데 이러한 경우는 10일 이내 계약체결 시에 나머지 5%를 추가 납부하여 계약금을 10%로 하고 있다.

◆ 계약체결(사용허가 신청)방법과 대금 납부 후 임대 개시

(1) 계약체결(사용허가 신청) 방법과 계약보증금의 처리

① 계약보증금은 입찰할 때 납부한 보증금을 계약금으로 한다. 다만 입찰보증금이 10% 미만인 경우에는 계약할 때 추가로 납부해야 한다.

② 계약체결기간은 낙찰일로부터 10일 이내(이용기관에 따라 5일에서 10일로 정함)에 신분증과 주민등록등본 1통을 지참하여 대부계약을 체결하여야 하며, 이에 응하지 않을 경우에는 낙찰은 무효로 하고 입찰보증금은 대부기관에 귀속된다.

③ 계약체결 장소는 이용기관의 회계과 사무실 등에서 계약체결하게 된다.

(2) 사용허가 기간과 허가기간 이후

대부물건의 사용기간은 이용기간 등에 따라서 1년에서 5년으로 사용허가기간이 다양한데 이는 공고문에 자세히 기재되어 있다. 보통의 경우는 2년이 많으며 1년간은 낙찰금액을 대부료로 하고 다음 해는 당해연도 재산가액 × 입찰에 의하여 결정된 첫 해의 사용료 ÷ 입찰당시의 재산가액을 가지고 산정하게 된다.

사용허가기간이 2년인 경우 이 기간 이후에는 경우 처음 대부공매 입찰당시 처럼 또다시 입찰절차에 참여해서 낙찰을 받아야하고, 기존 운영권자에게 연고권 등의 권리는 주어지지 않는다.

04 용도별검색에서 부동산 공매물건을 검색하는 방법

온비드 홈페이지 상단 부동산 또는 동산/기타자산[자동차와 운송장비, 물품(기계), 물품(기타)] 등의 메뉴에서 용도를 부동산 을 선택해서 검색하면 ⇨ 좌측메뉴에 부동산 HOME이 나타나는데 이 타이틀에는 ⇨ 물건, 공고, 테마물건, 입찰결과 등이 나타난다. 여기서 물건을 선택하면 ⇨ 물건검색, 신규물건, 캠코 국유재산 전용관, 캠코 압류재산 전용관, 캠코 수탁 · 유입자산 전용관, 수의계약 가능물건 등의 세부항목을 확인할 수 있다. ⇨ 이 세부항목에서 물건검색을 선택해서 상세조건검색을 검색하면 다음과 같은 화면이 나타난다.

　이 화면에서 ① 처분방식으로 매각 또는 임대, ② 입찰기간, ③ 소재지(서울시, 경기도, 인천광역시… 등) 등을 선택하고, ⇨ ④ 자산구분(■캠코물건 – 압류재산, 국유재산, 수탁재산, 유입자산과 ■이용기관 – 국유재산, 공유재산, 기타일반재산, 금융권담보재산)에서 이용기관재산의 매각공매 또는 임대공매를 선택해서 입찰할 이용기관재산 공매물건을 검색하면 된다.

05 한국감정원의 소유 아파트가 이용기관 매각공매로 진행되고 있다!

다음 상계주공아파트는 한국감정원이 이용기관으로 매각공매 절차가 진행되는 물건으로, 어느 시기에 어떻게 입찰해서 낙찰 받으면 되는가를 분석하면 된다.

◆ 상계주공아파트가 이용기관 공매로 매각되고 있다!

(1) 상계주공아파트의 입찰정보 내역

물건정보	입찰이력		해당공고 보기	해당공고물건 보기

물건관리번호 : 2014-1011-000000 　　　물건상태 : 유찰　공고일자 : 2014-10-20　조회수 : 571

서울 노원구 상계동 720번지 625동 제000호 아파트

처분방식 / 자산구분	매각 / 기타일반재산
용도	아파트
면적	토지 39.11㎡ / 건물 58.01㎡
감정평가금액	-
입찰방식	일반경쟁(최고가방식) / 총액
입찰기간 (회차/차수)	2014-10-14 10:00 ~ 2014-10-21 11:30 (2/1)
유찰횟수	1 회
집행기관	주식회사 한국감정원
담당자정보	재무관리부 / 　/ 053-663-8354

[입찰유형]
- 전자보증서가능
- 공동입찰가능
- 2회 이상 입찰가능
- 대리입찰가능
- 2인 미만 유찰여부
- 공유자 여부
- 차순위 매수신청가능

최저입찰가(예정금액) 　　252,500,000원

물건 세부 정보	입찰 정보	시세 및 낙찰 통계	부가정보

■ 면적 정보
· 토지면적　39.11㎡　　· 건물면적　58.01㎡

번호	종별(지목)	면적	지분	비고

조회된 데이타가 없습니다.

위치 및 이용현황

소재지	지번	서울 노원구 상계동 720번지 625동 000호
	도로명	서울특별시 노원구 노해로 508, 625동 000호 (상계동 , 상계주공6단지아파트)
위치 및 부근현황		상계중학교 북서측 인근, 부근은 대단위 아파트단지 및 근린생활시설 등이 소재하는 주거지대
이용현황		주거용
기타사항		담당자전화번호 : 053-663-8354

감정평가정보

감정평가기관	평가일	평가금액(원)	감정평가서
조회된 데이타가 없습니다.			

명도이전책임 및 부대조건

명도책임	매수자(낙찰자)
부대조건	현 임대차계약 승계, 기타조건 입찰공고문 참조

| 물건 세부 정보 | 입찰 정보 | 시세 및 낙찰 통계 | 부가정보 |

입찰 방법 및 입찰 제한 정보

: : 중간생략함 : :

회차별 입찰 정보

입찰번호	회차/차수	구분	대금납부/납부기한	입찰기간	개찰일시	개찰장소	최저입찰가(원)
001	002/001	인터넷	분할납부/계약일로부터 1개월	2014-10-14 10:00~ 2014-10-21 11:30	2014-10-22 09:30	한국감정원 입찰집행관 PC	252,500,000

이와 같이 입찰대상 아파트를 찾았으면 캠코공매물건 입찰정보 내역에서 첫 번째로 이 아파트가 어디에 위치하고, 면적 등은 적당한 크기인가를 소재지와 아파트 면적 그리고 아파트 사진정보, 위치도 및 지도를 통해 확인해야 한다.

(2) 아파트의 사진과 지도 및 주변 현황도

① 아파트의 사진과 내부 현황도

② 아파트 지도 및 주변 현황도

 주공아파트 내부는 확인할 수 없나요?

있습니다. 두 번째로 아파트 내부를 확인하려면 아파트의 입찰정보 내역에서 중간부분을 보면 ⇨ 기타 사항란 "현 임대차계약 승계, 기타조건 입찰 공고문 참고"라고 기재되어 있으니 다음과 같이 공매공고정보와 그 하단에 첨부된 공매공고문을 확인해 봐야 합니다.

(3) 한국감정원 소유 부동산 매각공고문

한국감정원 소유 부동산 매각공고문(2회차)

1. 입찰에 부치는 사항, 2. 부가가치세 관련 사항, 3. 입찰방법 등은 지면상 생략함.

4. 대금납부방법

물건번호	매매대금 납부방법					
	계약보증금		중도금		잔금	
	금액	납부	금액	납부	금액	납부
1~14	매매대금의 10%	계약체결시	매매대금의 40%	계약일로부터 15일	매매대금의 50%	계약일로부터 1개월

5. 입찰일정, 6. 입찰참가자격, 7. 입찰서 제출 – 이 내용은 생략함.

8. 입찰보증금
① 입찰하실 금액의 10/100 이상에 해당하는 입찰보증금을 입찰서 제출 마감시간까지 온비드에서 부여하는 가상계좌로 일시납부(분할납부 불가)하여야 합니다.

② – 생략함.

9. 입찰보증금의 귀속 – 이 내용은 생략함.

10. 계약체결
낙찰자는 낙찰일로부터 7일 이내에 우리 원이 정하는 계약서 서식에 의하여 계약을 체결하여야 하며, 기한 내에 계약체결하지 아니할 경우에는 낙찰을 무효로 하고 입찰보증금은 우리 원에 귀속됩니다.

11. 계약체결 시 구비서류 ~ 17. 기타사항은 생략함

18. 특약사항
① 매각재산 중 현재 임대중인 부동산에 대하여 낙찰자는 잔금일로부터 10일 이전에 임대차 계약내용 등을 우리 원 및 임차인과 협의하여 승계하여야 하며, 인도 이후 이와 관련한 행정사항 등에 대하여 우리 원은 어떠한 책임을 지지 아니합니다.
② 임대차 내역은 공고문에 첨부된 매각대상 부동산 내역의 임대차내역에서, 임대차기간 2014년 5월 16일부터 2016년 5월 15일까지 승계하는 조건이고 임차보증금 1억3,000만원은 매각대금에서 공제 후 잔금을 지불하는 조건임을 확인할 수 있습니다.

확인해 보니 알 수 있지요. 그리고 현황대로 매각하므로 필히 아파트 내부를 확인하고 입찰에 참여해야 합니다. 아파트 내부 확인을 위해서는 공매담당자와 협의해서 확인하면 됩니다.

 아하 그렇게 하면 되는군요.
"세 번째로 어떠한 조건으로 공매가 진행되는 가를 공매공고문과 공매담당자를

통해서 확인해야 합니다. 왜냐하면 공매는 매각기관마다 다른 조건으로 매각하는 경우가 많기 때문에 일반적으로 매각된다고 생각하고 공매공고 내용을 확인하지 않고 낙찰 받았다가 낭패를 볼 수 있기 때문이죠. 공매공고 정보내역을 보니 이 아파트는 한국감정원 소유 아파트로 이용기관 공매로 매각되고 있군요. 이렇게 입찰 및 개찰방식, 입찰참가 전에 준비할 사항, 입찰예정가격 및 입찰보증금, 낙찰자결정방법, 그리고 낙찰 받고 나서 계약체결 및 대금납부 방법을 확인하고 나서 입찰에 참여해야 합니다."

잠깐만! 선생님 이 이용기관 공매도 국유재산 공매처럼 권리분석은 생략해도 되는 거지요? 이용기관이 자기들 물건을 파는 것이니…

"이용기관재산 공매물건은 국유재산공매처럼 권리분석이 필요하지 않아요. 이용기관이 한국감정원으로 사옥으로 사용하다가 필요하지 않게 된 물건을 공매로 매각하는 것이므로 권리에 하자가 있을 수는 없어요. 다만 매각조건에서 다를 수 있으니 방금 분석했던 것처럼 공매공고문을 자세히 분석하고 입찰하면 됩니다. 그리고 수익분석은 앞에서 여러 번 거론했으니 이제 생략해도 되고…"

이 아파트는 감정가가 2억5,250만원인데 요즘 소형평형이고 9.1 부동산대책으로 인해서 가격이 많이 올라 2억8,000만원에서 2억9,000만원 갑니다. 그래서 임차인을 안고 사면 보증금 1억3,000만원을 제외하고 잔금을 납부하게 되니 1억2,250만원만 있으면 되고요. 큰아들 명의로 사면 무주택자로 비과세 혜택도 볼 수 있을 것 같아서 입찰에 참여하고 싶습니다.

"그래요. 2년만 보유해도 비과세 혜택을 보니 좋은 선택인 것 같습니다. 입찰가는 감정가에서 조금 높여 2억5,508만원 쓰세요."

"네, 끝에 700원도 더 써야지요. 선생님 말씀처럼 10원 차이로 떨어진 사람도 있으니, 그리고 뭐니 뭐니 해도 동순위가 나오면 기분 나쁠 것 같아요."

"박 선생님은 교직에서 평생 몸담아서 그런지 꼼꼼하시군요. 지나가는 말로 한 내용도 놓치지 않고 챙기고 있으니, 정 사장님도 배워야겠어요."

 알겠습니다.

"선생님 온비드 회원가입과 범용공인인증서 등록하고 입찰서도 제출했습니다. 그리고 입찰보증금도 납부하고…."

"수고했습니다. 입찰결과를 기다려 봅시다."

◇ 박 사장이 상계주공아파트를 단독으로 낙찰 받았다!

상세입찰결과			
물건관리번호	2014-1011-000000	기관명	주식회사 한국감정원
물건명	서울 노원구 상계동 720번지 625동 제OOO호 아파트		
공고번호	201410-00816-02	회차 / 차수	002 / 001
처분방식	매각	입찰방식/경쟁방식	최고가방식 / 일반경쟁
입찰기간	2014-10-14 10:00 ~ 2014-10-21 11:30	총액/단가	총액
개찰시작일시	2014-10-22 09:34	집행완료일시	2014-10-22 09:35
입찰자수	유효 1명 / 무효 0명(인터넷)		
입찰금액	255,080,700원		
개찰결과	낙찰	낙찰금액	255,080,700원
감정가 (최초 최저입찰가)	252,500,000원	최저입찰가	252,500,000원
낙찰가율 (감정가 대비)	101.21%	낙찰가율 (최저입찰가 대비)	101.21%

 선생님 제가 단독으로 낙찰 받았어요.

 축하합니다. 박 사장님, 좋은 아파트를 낙찰 받으셨어요.

PART
15

희망임대리츠와
공무원연금공단의
공매물건 실전투자

01 온비드에서 공매물건 검색 후 권리분석하는 방법

◇ 온비드에서 공매물건을 검색하는 방법

온비드 홈페이지 상단 부동산 또는 동산/기타자산[자동차와 운송장비, 물품(기계), 물품(기타)] 등의 메뉴에서 용도를 부동산 을 선택해서 검색하면 ⇨ 좌측메뉴에 부동산 HOME이 나타나는데 이 타이틀에는 ⇨ 물건, 공고, 테마물건, 입찰결과 등이 나타난다. 여기서 물건을 선택하면 ⇨ 물건검색, 신규물건, 캠코 국유재산 전용관, 캠코 압류재산 전용관, 캠코 수탁·유입자산 전용관, 수의계약 가능물건 등의 세부항목을 확인할 수 있다. ⇨ 이 세부항목에서 물건검색을 선택해서 상세조건검색을 검색하면 다음과 같은 화면이 나타난다.

470 부동산 투자의 숨은 보물찾기 온비드 공매 실전투자의 비밀

이 화면에서 ① 처분방식으로 매각 또는 임대, ② 입찰기간, ③ 소재지(서울시, 경기도, 인천광역시… 등) 등을 선택하고, ⇨ ④ 자산구분(■캠코물건 – 압류재산, 국유재산, 수탁재산, 유입자산과 ■이용기관 – 국유재산, 공유재산, 기타일반재산, 금융권담보재산)에서 위 화면과 같이 〈이용기관 전부〉를 선택하거나 상단 통합검색란에 〈희망임대리츠〉 또는 〈공무원연금공단〉을 입력해서 이용기관 전체 공매물건 또는 다음과 같이 입찰할 희망임대리츠와 공무원연금공단 공매물건을 찾으면 된다.

◆ 이용기관재산 등의 공매에서 권리분석 방법

이용기관의 매각 물건의 분류는 기본적으로 국유재산, 공유재산, 기타일반재산, 금융권담보재산 이상 4가지로 분류하며, 매각 물건에 대한 실질적인 분류 결정은 공고를 등록하는 이용기관에서 결정하게 된다.

이러한 이용기관재산 등의 매각공매와 임대(대부)공매는 KAMCO(한국자산관리공사) 온비드 사이트에 이용기관 회원 가입 후 온비드사이트의 전자처분시스템을 통해서 이용기관 등이 직접 매각절차를 진행하게 되니 〈희망임대리츠〉 또는 〈공무원연금공단〉 공매물건 역시 매각조건만 공매공고문과 공매담당자를 통해 확인하면 압류재산 공매처럼 예측하지 못한 손실은 발생하지 않게 돼 안전하다.

이용기관 공매는 매각기관마다 다른 조건으로 매각하는 경우가 많기 때문에 인수하는 권리가 있는가를 공매공고문과 공매담당자를 통해서 확인하고 입찰해야 한다.

02 희망임대리츠 공매로 명일중앙하이츠아파트 실전투자 비법!

◆ 희망임대리츠 공매는 어떻게 발생하나?

　희망임대리츠 공매는 희망임대리츠2호가 하우스푸어의 부동산을 매입하여 5년 이상 임대하였던 주택을 일반인에게, 추첨 및 공개경쟁입찰 방법으로 매각하는데, 한국토지주택공사 홈페이지 및 한국자산관리공사 전자자산처분시스템(온비드)에서 확인할 수 있다. 입찰 방법은 한국자산관리공사 전자자산처분시스템(온비드)에서 입찰할 물건을 찾아 입찰하면 된다.

　매각 조건은 공매 공고문에서 확인할 수 있는데, 주택이 ① 공가 : 장·단기간 공가상태임을 인지하고 주택상태 미확인에 따른 불이익을 신청인이 지게 되므로 공매담당자와 협의해서 주택 내부를 확인하고 입찰해야 한다. ② 임차인 거주주택 : 임차인의 비협조 등으로 주택내부를 확인하지 못한 상황임에도 매입신청서를 제출하는 경우 이로 인한 불이익을 신청인이 부담해야 한다. 이때 종전 임대차 기간과 임차보증금을 인수해야 한다.

　여기서 임차보증금 인수는 낙찰 금액과 별도로 지급하는 방식이 아니라, 낙찰대금에서 잔금을 지급할 때 이미 지급한 계약금과 인수한 임차보증금을 공제하고 지급하는 방식이다.

◆ 온비드에서 희망임대리츠 공매 입찰대상목록을 검색

온비드 통합검색창에 희망임대리츠를 입력해서 다음과 같이 희망임대리츠 공매 입찰대상목록을 검색 후 입찰할 공매물건을 선택한다.

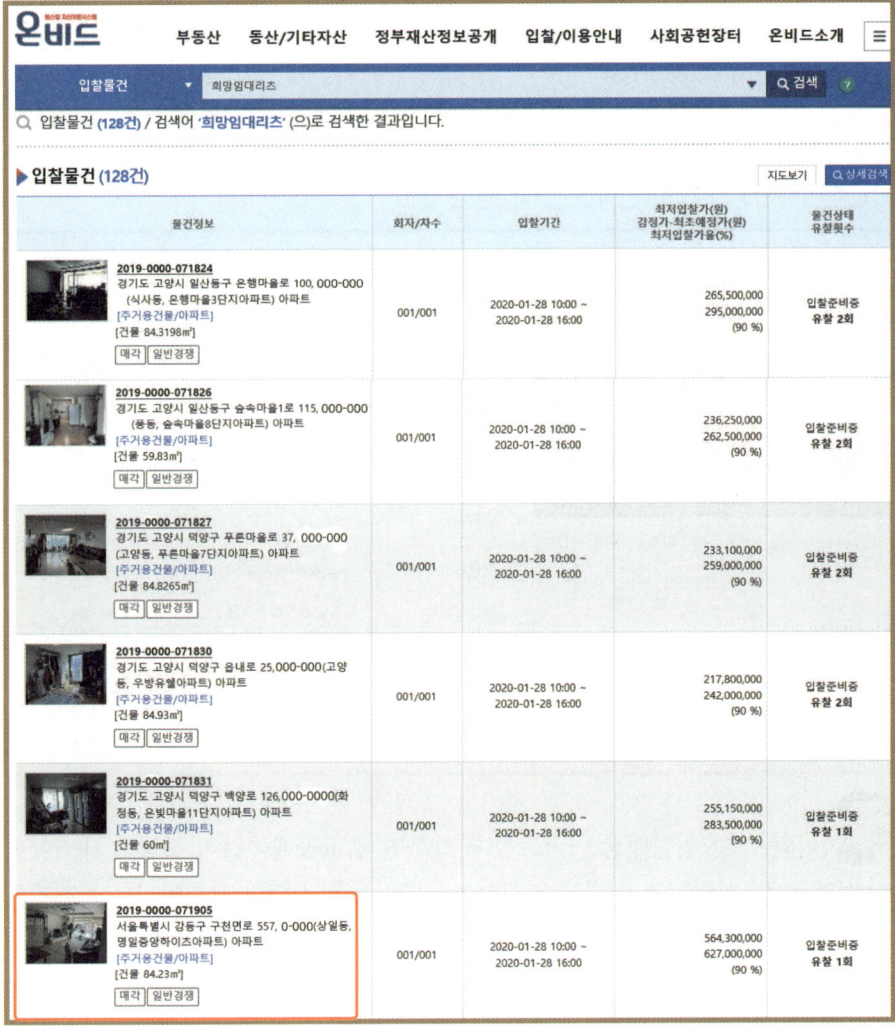

이렇게 희망임대리츠 공매 입찰대상목록에서 입찰하고자 하는 **명일중앙하이츠아파트를 검색**하면 다음과 같은 화면이 나타난다.

◆ 명일중앙하이츠아파트가 이용기관 공매로 매각되고 있다!

(1) 명일중앙하이츠아파트의 입찰정보 내역

이와 같이 입찰대상 아파트를 찾았으면 캠코공매물건 입찰정보 내역에서 **첫 번째로**, 이 아파트가 어디에 위치하고, 면적 등은 적당한 크기인가를 소재지와 아파트 면적 그리고 아파트 사진정보, 위치도 및 지도를 통해 확인해야 한다.

(2) 아파트의 사진과 지도 및 주변 현황도

① 아파트의 사진과 내부 현황도

② 아파트 지도 및 주변 현황도

둘째로, 명일중앙하이츠 입찰정보내역 화면에서 어떠한 매각조건으로 공매가 진행되는 가를 상단 메뉴 해당공고 보기를 검색해서 확인해야 한다. 따라서 해당공고 보기를 선택하면 다음과 같은 화면을 확인할 수 있다.

◆ 희망임대리츠 제2호 주택매각공고(3차)

이 화면에서 첫째, 공고문 전문을 확인하고, 둘째, 첨부파일에서 1. 희망임대리츠제2호 주택매각 공고(3차)를 확인해야 한다.

희망임대리츠제2호 주택매각 공고(3차)

■ 매각대상 주택은 한국토지주택공사가 자산관리업무 수행중인 ㈜희망임대주택제2호위탁관리부동산투자회사(이하 '희망임대리츠제2호'라 함)에서 2014년 1월 정부정책에 따라 주택도시기금 등을 재원으로 한계차주(하우스푸어)로부터 매입한 주택으로써 <u>현재 일부는 임차인이 거주중인 상태로 현 임대차계약을 승계하는 조건으로 매각되며 공가주택의 경우 권리상 하자 및 융자금이 전혀 없습니다.</u>

■ 주택의 내/외부에 대한 별도의 보수 공사 없이 현 상태 그대로 매각하며, 매수인은 시설물(보일러, 싱크대, 샷시 등)의 파손, 노후화, 누수, 미비(세대열쇠, 카드 등) 및 청소 불량 등을 사유로 희망임대리츠에 하자보수를 요구할 수 없습니다. 입찰 전 반드시 현장을 방문하여 주변 및 단지 여건, 세대내부 상태 등을 충분히 확인하시기 바랍니다. **다만, 임차중인 주택은 임차인의 비협조로 세대내부 확인이 불가능한 경우도 발생할 수 있으니 이점 양지하시기 바랍니다.**
〈~이하 중간 본문 내용은 지면상 생략하였음〉

■ 입찰은 한국자산관리공사의 전자자산처분시스템, 온비드(http://www.onbid.co.kr)를 통해서만 가능하며, 현장 및 공사 방문, 전화 신청은 불가능합니다.

■ 매각대상 주택은 국토교통부 "부동산거래 전자계약시스템(https://irts.molit.go.kr)"을 이용하여 전자로만 매매계약을 체결(한국토지주택공사를 방문할 필요 없음)하고, 전자등기로만 소유권 이전이 가능하오니 유

의하시기 바랍니다. 전자등기시 법무법인 선임에 따른 비용은 매수자가 부담하여야 합니다.
〈~이하 중간 본문 내용은 지면상 생략하였음〉

1. **매각물건** 〈~이하 본문 내용 생략〉

2. **세대개방 및 방문**
   임차인 거주주택의 내부확인은 직접 해당 주택에 방문하여 내부확인을 요청할 수밖에 없으나 임차인의 협조가 있어야 가능한 점 주의하시기 바랍니다. 다만, 공가의 경우 세대개방 및 방문은 2020.01.17(금)부터 2020.01.23(목)까지 가능하며, 개방시간은 매일 11시부터 17시까지입니다. 개방시간에 자유롭게 공가세대 확인 가능하며 이후 시간에는 출입문을 잠금 처리하여 세대확인이 불가 하오니 이점 양지하여 주시기 바랍니다.

3. **입찰 및 매각방식** 〈~이하 본문 내용 생략〉

4. **공인인증서 등록, 입찰서 제출 및 입찰보증금 등 납부기간**
   〈~이하 중간 본문 내용은 지면상 생략하였음〉

6. **입찰 참가자격** 〈~이하 본문 내용 생략〉

7. **입찰서의 제출** 〈~이하 본문 내용 생략〉

8. **입찰보증금의 납부 및 귀속**
   - 입찰보증금은 입찰할 금액의 100분의 5 이상에 해당하는 (부족할 경우 입금 처리가 되지 않으며, 입찰보증금이 1,000만원을 초과하는 경

우 분할 납부 가능) 현금 또는 입금창구 은행이 발행한 수표로 입찰 마감시간까지 온비드 입찰화면에서 입찰자별로 부여된 하나은행, 신한은행, 부산은행 또는 우리은행 납부계좌에 납부하여야 하며 입찰보증금 납부에 따른 수수료는 신청자가 부담하여야 합니다.

〈~이하 중간 본문 내용은 지면상 생략하였음〉

9. 입찰보증금 등의 처리 〈~이하 본문 내용 생략〉

10. 낙찰자 결정 〈~이하 본문 내용 생략〉

〈11~13항 본문 내용은 지면상 생략하였음〉

14. 계약체결(전자계약) 〈~이하 본문 내용 생략〉

15. 잔금납부 〈~이하 본문 내용 생략〉

16. 소유권이전서류 교부 〈~이하 본문 내용 생략〉

17. 기타 사항 〈~이하 본문 내용 생략〉

2020년 01월 16일

㈜희망임대주택제2호위탁관리부동산투자회사

셋째로, 2. 희망임대리츠제2호 3차 공고세대(128호)를 확인해서 인수할 임차보증금이 있는가와 공가로 인수할 임차보증금이 없고 매수 후 즉시 입주가 가능한 가를 분석해야 한다.

흥망임대리츠 제2호 온비드 3차 매각공고 물건

주택소재지	전용면적	기존매각액(감정평가액)	3차입찰 공급예정금액	4차입찰 공급예정금액	~이하 생략~	보증금	임대료	임대차 개시일	임대차 만료일
서울특별시 강동구 구천면로 557, 0-000(성내동, 명일중앙하이츠아파트)	84.23	627,000,000	564,300,000	507,870,000	〃				공가
경기도 고양시 일산동구 숙속마을1로 115, 000-000(풍동, 숙속마을8단지아파트)	59.83	262,500,000	236,250,000	212,625,000	〃	120,000,000	170,000	2019-01-01	2020-12-31
경기도 고양시 일산동구 숙속마을1로 55, 000-000(풍동, 숙속마을2단지아파트)	84.79	338,500,000	304,650,000	274,185,000	〃				공가
경기도 고양시 일산서구 탄현로 64, 000-000(탄현동, 숙속마을7단지아파트)	59.86	156,500,000	140,850,000	126,765,000	〃	57,000,000	260,000	2019-01-01	2020-12-31
경기도 고양시 일산서구 탄현로 487, 0000-000(일산동, 후곡마을18단지아파트)	72.36	278,500,000	250,650,000	225,585,000	〃	100,500,000	345,000	2019-01-01	2020-12-31
경기도 고양시 일산동구 산현로17번길 38, 0000-000(탄현동, 탄현마을11단지아파트)	84.98	286,500,000	257,850,000	232,065,000	〃	31,000,000	635,000	2020-12-31	
경기도 고양시 일산동구 백양로 126, 0000-000(휴정동, 오빛마을11단지아파트)	60.00	283,500,000	255,150,000	229,635,000	〃	34,000,000	720,000	2018-07-09	2020-07-08
경기도 고양시 일산동구 은내로 25, 000-0000(고양동, 구암우성아파트)	84.93	242,000,000	217,800,000	196,020,000	〃				공가
경기도 고양시 일산동구 중장로152번길 39, 000-0000(행신동, 햇빛마을20단지아파트)	59.56	235,000,000	211,500,000	190,350,000	〃				공가
경기도 고양시 덕양구 토단로 123, 000-000(토당동, 대림아파트)	84.93	367,000,000	330,300,000	297,270,000	〃				공가
경기도 고양시 덕양구 프른마을로 37, 000-000(고양동, 프른마을7단지아파트)	84.83	259,000,000	233,100,000	209,790,000	〃				공가
경기도 고양시 덕양구 고골로 44-25, 000-000(풍동, 성암아파트)	59.76	215,000,000	193,500,000	174,150,000	〃				공가
경기도 고양시 일산동구 숙속마을 65, 000-0000(풍동, 숙속마을3단지아파트)	84.95	309,500,000	278,550,000	250,695,000	〃	200,000,000	65,000	2018-10-31	2020-10-30
경기도 고양시 일산동구 은행마을로 100, 000-000(사사동, 은행마을3단지아파트)	84.32	295,000,000	265,500,000	238,950,000	〃	100,000,000	400,000	2018-08-13	2020-08-12
경기도 고양시 일산동구 탄중로 385, 000-0000(중산동, 중산마을11단지아파트)	84.36	274,500,000	247,050,000	222,345,000	〃	40,000,000	500,000	2018-04-16	2020-04-15
: (이하 생략)					: (이하 생략)				

이 사례에서 어느 시기에 어떻게 입찰해서 낙찰 받으면 되는가를 다음 03번과 같이 분석하고 입찰해야 한다.

03 어떻게 권리분석하고 입찰해야 하나?

어떠한 조건으로 공매가 진행되는가를 공매공고문과 공매담당자를 통해서 확인해야 한다. 왜냐하면 공매는 매각기관마다 다른 조건으로 매각하는 경우가 많기 때문에 일반적으로 매각된다고 생각하고 공매공고 내용을 확인하지 않고 낙찰 받았다가 낭패를 볼 수 있기 때문이다.

따라서 공매공고 정보내역을 보니 이 아파트는 ㈜희망임대리츠 소유 아파트인데 이용기관 공매로 매각하고 있다. 이렇게 입찰 및 개찰방식, 입찰참가 전에 준비할 사항, 입찰예정가격 및 입찰보증금, 낙찰자결정방법, 그리고 낙찰 받고 나서 계약체결 및 대금납부 방법을 확인하고 나서 입찰에 참여해야 한다.

이 ㈜희망임대리츠 소유 아파트 공매는 입찰하기 전에 1. 희망임대리츠제2호 주택매각 공고와 2. 희망임대리츠제2호 3차 공고세대(128호)를 확인해서 인수할 권리나 인수할 임차인(임대차기간, 임차보증금) 등이 있는가를 확인해야 한다.

임차인이 있는 상황에서 인수 조건으로 매각되고 있다면 임대차보증금을 낙찰대금에서 공제하고 승계하면 된다.

그러나 이 아파트와 같이 임차인이 없는 공가 상태라면 인수할 임차인이 없어서 낙찰 받고 매매대금을 납부하면 즉시 입주가 가능하다.

그래서 주변 현황을 앞에서와 같이 확인하고, 현장답사를 통해서 아파트 내부와 학군, 교통 등을 확인하고 주변 중개업소를 방문해서 시세를 조사했다.

◇ 아파트 내부 확인 방법과 아파트를 방문해서 확인한 현장사진

(1) 아파트 내부 확인 방법

아파트 내부 확인 방법은 희망임대리츠제2호 주택매각 공고에 있는 대로 "임차인 거주주택의 내부확인은 직접 해당 주택에 방문하여 내부확인을 요청할 수밖에 없으나 임차인의 협조가 있어야 가능한 점 주의하시기 바랍니다. 다만, 공가의 경우 세대개방 및 방문은 2020. 01. 17(금)부터 2020. 01. 23(목)까지 가능하며, 개방시간은 매일 11시부터 17시까지입니다. 개방시간에 자유롭게 공가세대 확인 가능하며 이후 시간에는 출입문을 잠금 처리하여 세대확인이 불가하오니 이점 양지하여 주시기 바랍니다." 공매공고문과 공매담당자에게 문의해서 확인하면 된다.

(2) 아파트를 방문해서 확인한 현장사진

◇ 네이버 부동산 매물시세 현황

아파트 시세조사는 1차 네이버 매물 시세와 2차 주변 부동산 매물 시세로 확인했는데, 다음과 같이 7억6,000만원에서 8억원이다.

명일중앙하이츠 1동	명일중앙하이츠 1동	명일중앙하이츠 5동
매매 7억 6,000	매매 7억 7,000	매매 8억
아파트 · 100/84㎡, 1/13층, 남향	아파트 · 100/84㎡, 1/13층, 남향	아파트 · 100/84㎡, 중/13층
리모델링진행중,입주가능,아이들 맘껏 뛸수있어요	학군최고,9호선역예정지,남향,울수리,입주가	역세권,최고학군,전망굿
삼원공인중개사 | 부동산써브 제공	한화공인중개사 | 한경부동산 제공	신흥공인중개사사무소 | 부동산뱅크 제공
확인 20.01.17.	확인 20.01.17.	확인 20.01.02.

그리고 주변 부동산중개업소를 방문해서 확인해 보았는데, 역시 7억6,000만원에서 7억8,000만원 정도였다.

따라서 최저가 5억6,430만원에서 1억1,400만원을 올려서 678,709,900원에 입찰했다. 왜냐하면 이렇게 입찰해도 시세보다 8,000만원 정도 싸게 취득하게 되기 때문이다.

◆ 온비드 화면에서 입찰결과를 확인하면 다음과 같다!

상세입찰결과

물건관리번호	2019-0000-071905	기관명	(주)희망임대주택제2호위탁관리부동산투자회사
물건명	서울특별시 강동구 구천면로 557, 3-000 (상일동, 명일중앙하이츠아파트) 아파트		
공고번호	202001-01479-01	회차 / 차수	001 / 001
처분방식	매각	입찰방식/경쟁방식	최고가방식 / 일반경쟁
입찰기간	2020-01-28 10:00 ~ 2020-01-28 16:00	총액/단가	총액
개찰시작일시	2020-01-29 09:36	집행완료일시	2020-01-29 11:03
입찰자수	유효 90명 / 무효 12명(인터넷)		
입찰금액	734,890,000원/ 710,000,000원/ 703,567,000원/ 702,010,000원/ 697,000,000원/ 685,000,000원/ 684,600,000원/ 682,250,000원/ 678,709,900원/ 670,600,000원/ 670,000,000원/ 668,570,100원/ 666,350,000원/ 664,390,000원/ 658,600,000원/ 654,577,999원/ 647,001,000원/ 646,580,000원/ 640,000,000원/ 638,721,115원/ 637,100,000원/ 636,600,000원/ 635,899,900원/ 635,500,000원/ 635,000,000원/ 631,500,000원/ 631,000,000원/ 630,001,000원/ 630,000,000원/ 630,000,000원/ 630,000,000원/ 630,000,000원/ 630,000,000원/ 628,320,000원/ 627,200,000원/ 625,678,998원/ 621,110,100원/ 620,011,000원/ 618,000,000원/ 615,087,000원/ 615,000,000원/ 612,222,000원/ 611,600,000원/ 611,000,000원/ 610,000,000원/ 609,999,999원/ 609,112,100원/ 607,000,000원/ 605,100,000원/ 603,899,000원/ 601,111,000원/ 601,110,000원/ 601,110,000원/ 601,000,000원/ 600,500,000원/ 600,010,000원/ 600,000,100원/ 600,000,000원/ 600,000,000원/ 599,999,999원/ 599,999,999원/ 599,999,999원/ 599,999,999원/ 591,000,000원/ 589,355,000원/ 588,000,001원/ 585,458,000원/ 585,110,000원/ 584,111,000원/ 584,000,000원/ 582,000,000원/ 580,020,000원/ 580,010,000원/ 580,000,000원/ 580,000,000원/ 576,150,300원/ 575,419,230원/ 575,000,999원/ 573,737,000원/ 572,999,990원/ 572,008,414원/ 572,000,000원/ 571,000,000원/ 571,000,000원/ 570,200,000원/ 570,000,990원/ 570,000,000원/ 567,100,000원/ 565,000,010원/ 564,310,000원		
개찰결과	낙찰	낙찰금액	734,890,000원
감정가 (최초 최저입찰가)	627,000,000원	최저입찰가	564,300,000원
낙찰가율 (감정가 대비)	117.21%	낙찰가율 (최저입찰가 대비)	130.23%

　이 아파트는 리모델링을 추진하고 있었고, 지하철 9호선 연결, 그리고 우수한 주변학군 등으로 현재 시세차익 뿐만 아니라 앞으로 오를 수 있는 미래가치가 충분하다. 이런 요인 등으로 90명이 입찰에 참여해서 필자는 9등을 했다.

　어쨌든 이 물건은 다른 분이 734,890,000원으로 1등을 했지만, 이 가격도 경쟁력 있는 가격이다. 왜냐하면 앞으로 오를 수밖에 없는 아파트이고, 입찰할 당시 시세 8억원과 비교하더라도 시세보다 7,000만원 정도 싸게 산 셈이기 때문이다.

04 희망임대리츠 공매로 우성2단지아파트를 낙찰 받은 사례

◆ 우성2단지아파트의 입찰정보 내역

물건정보 | 입찰이력 | 해당공고 보기 | 해당공고물건 보기

물건관리번호 : 2019-0000-070751

물건상태 : 낙찰 | 공고일자 : 2019-10-31 | 조회수 : 986

[주거용건물 / 아파트]

서울특별시 동작구 동작대로29길 91, 205-000 (사당동, 사당우성아파트) 아파트

정정공고 | 매각 | 인터넷 | 기타일반재산 | 일반경쟁 | 추첨방식 | 총액

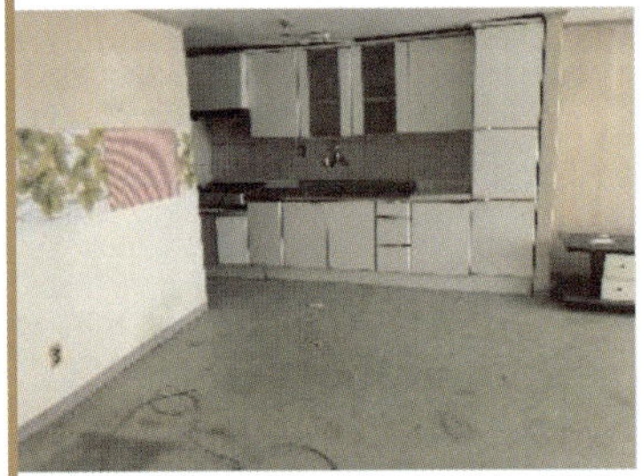

사진 | 지도 | 지적도 | 위치도

감정평가서

처분방식 / 자산구분	매각 / 기타일반재산
용도	아파트
면적	토지 - / 건물 84.66㎡
감정평가금액	816,500,000원
입찰방식	일반경쟁(추첨방식) / 총액
입찰기간 (회차/차수)	2019-11-04 10:00 ~ 2019-11-04 16:00 (1/1)
유찰횟수	1 회
집행기관	(주)희망임대주택제2호위탁관리부동산투자회사
담당자정보	금융사업관리단 / 박 OO / 031-000-0000
최저입찰가(예정금액)	816,500,000원

[입찰유형]

- ☐ 전자보증서가능
- ☑ 공동입찰가능
- ☐ 2회 이상 입찰가능
- ☐ 대리입찰가능
- ☐ 2인 미만 유찰여부
- ☐ 공유자 여부
- ☐ 차순위 매수신청가능

물건 세부 정보 | 입찰 정보 | 시세 및 낙찰 통계 | 부가정보

이와 같이 입찰대상 아파트를 찾았으면 캠코공매물건 입찰정보 내역에서 <u>첫 번째로,</u> 이 아파트가 어디에 위치하고, 면적 등은 적당한 크기인지 소재지와 아파트 면적 그리고 아파트 사진정보, 위치 및 지도를 통해 확인해야 한다.

◇ 아파트의 사진과 지도 및 주변 현황도

두 번째로, 우성2단지아파트 입찰정보내역 화면에서 어떠한 매각조건으로 공매가 진행되는가를 상단 메뉴 해당공고 보기를 검색해서 매각조건을 확인해야 한다. 어쨌든 공매공고문을 확인했지만 인수할 권리나 임차인이 없는 공실 상태였다. 필자가 현장을 방문해서 아파트 내부를 확인했더니 수리가 전혀 안된 상태로 수선비용 2,000만원 정도 추가로 계산해야 한다.

그리고 주변 부동산중개업소에서 시세 조사를 해 보았는데 1층이고 수선이 안 된 상태라면 8억8,000만원에 거래할 수 있다는 것이 동아 공인중개업소의 답변이다. 그래서 필자는 입찰에 참여하지 않았지만 다른 분이 다음과 같이 단독으로 입찰에 참여해서 낙찰 받았다.

◆ 단독으로 낙찰 받아 어떻게 성공할 수 있었을까?

상세입찰결과

항목	내용	항목	내용
물건관리번호	2019-0000-070751	기관명	(주)희망임대주택제2호위탁관리부동산투자회사
물건명	서울특별시 동작구 동작대로29길 91, 205-000 (사당동, 사당우성아파트) 아파트		
공고번호	201910-38008-02	회차 / 차수	001 / 001
처분방식	매각	입찰방식/경쟁방식	추첨방식 / 일반경쟁
낙찰자수	1	예비당첨자수	2
입찰기간	2019-11-04 10:00 ~ 2019-11-04 16:00	총액/단가	총액
개찰시작일시	2019-11-05 09:30	집행완료일시	2019-11-05 10:27
입찰자수	유효 41명 / 무효 3명(인터넷)		
입찰금액	816,500,000원		
개찰결과	낙찰	낙찰금액	816,500,000원
감정가 (최초 최저입찰가)	816,500,000원	최저입찰가	816,500,000원
낙찰가율 (감정가 대비)	100%	낙찰가율 (최저입찰가 대비)	100%

이 낙찰자는 아파트가 오르고 있었고, 당장은 시세차익이 5,000만원이지만 수선해서 팔거나 임대해서 보유하다가 팔면 높은 시세 차익을 예상할 수 있어서 낙찰 받았다고 한다. 그의 예상은 낙찰 받고 3월 후인 2020년 2월 네이버부동산 매물 시세를 보면 적중한 것 같다.

◆ 2020년 2월 네이버부동산 매물시세

집주인 **사당우성2단지 205동**	**사당우성2단지 201동**
매매 11억	매매 10억 5,000
아파트 · 111/84m², 12/15층	아파트 · 109/84m², 12/15층, 남향
특올수리,정상	귀한매물임.삼일초배정.이수역5분.남성시장5분.
한진공인중개사사무소 | 텐컴즈 제공	동아공인중개사사무소 | 매경부동산 제공
확인 20.01.11.	거래완료 20.01.30.
사당우성2단지 201동	**사당우성2단지 201동**
매매 9억 8,000	매매 10억 5,000
아파트 · 109/84m², 저/15층, 남서향	아파트 · 111/84m², 고/15층
세안고매수, 상태양호, 이수역세권	세안고 고층 내부 깔끔 삼일초
이재공인중개사사무소 | 부동산써브 제공	리치공인중개사사무소 | 부동산써브 제공
확인 20.01.23.	거래완료 20.01.30.

이렇듯 오르는 아파트라면 싸게 산다는 생각만 하지 말고, 조금 높은 가격으로 매수해도 오르는 아파트는 높은 시세차익을 기대할 수 있다. 어쨌든 3개월이 지난 2020년 2월 9억8,000만원으로 올랐다. 그러니 매수 당시보다 시세차익이 1억6,000만원 정도가 된다.

어쨌든 우리가 알아야 할 사항은 ① 희망임대리츠 이용기관 공매물건의 공급물량이 많다는 사실과 ② 입찰해서 낙찰 받으면 인수하거나 명도에 어려움이 없는 관계로 권리분석이 쉽다는 것이다. 물론 이러한 이유로 입찰 경쟁률은 높지만, 공급 물량이 많아서 좋은 위치에 있는 주택을 찾아서 낙찰 받으면 성공할 수 있다.
이러한 분석방법은 다음 05번에 소개하는 공무원연금공단 공매물건도 마찬가지이다.

05 공무원연금공단 공매로 고덕주공 9단지 아파트 실전투자 비법!

◇ 공무원연금공단 공매는 어떻게 발생하나?

공무원연금공단 공매는 공무원연금공단 임대아파트를 일반인에게 공개경쟁입찰 방법으로 매각하는 방법으로, 공무원연금공단 홈페이지 및 한국자산관리공사 전자자산처분시스템(온비드)에서 확인할 수 있다. 입찰 방법은 한국자산관리공사 전자자산처분시스템(온비드)에서 입찰할 물건을 찾아 입찰하면 된다.

매각 조건은 공매 공고문에서 확인할 수 있는데, "본 공고는 준공된 지 30년 이상 경과한 노후주택을 매각하고 있으며, 천장 및 벽면 누수, 결로, 보일러 파손 및 철거 등 여러 가지 하자로 낙찰시 보수 및 재시공 후 사용할 세대가 있을 수 있고, 낙찰세대의 시설물에 대한 누수 등 하자보수 및 재시공과 폐기물 처리는 매수인의 책임과 부담임으로 세대 공개시 반드시 시설물 상태를 확인하신 후 입찰에 참여하시기 바라며, 낙찰된 후 시설물 상태를 이유로 우리 공단에 어떠한 책임도 물을 수 없다는 조건으로 매각하고 있음에 유의해야 한다. 그리고 주택이 ① 공가 : 장·단기간 공가상태임을 인지하고 주택상태 미확인에 따른 불이익을 신청인이 지게 되므로 공매담자와 협의해서 주택 내부를 확인하고 입찰해야 한다. ② 임차인 거주주택 : 임차인 비협조 등으로 주택내부를 확인하지 못한 상황임에도 매입신청서를 제출하는 경우 이로 인한 불이익을 신청인이 부담해야 한다. 이때 종전 임대차기간과 임차보증금을 인수해야 한다." 는 내용 등이다.

여기서 임차보증금 인수는 낙찰 금액과 별도로 지급하는 방식이 아니라, 낙찰 대금에서 잔금을 지급할 때, 이미 지급한 계약금과 인수할 임차보증금을 공제하고 지급하는 방식이다.

◆ 온비드에서 공무원연금공단 공매 입찰대상목록을 검색

온비드 통합검색창에 공무원연금공단을 입력해서 다음과 같이 공무원연금공단 공매 입찰대상목록을 검색 후 입찰할 공매물건을 선택한다.

물건정보	입찰기간	회차/차수	최저입찰가(원) 감정가-최초예정가(원) 최저입찰가율(%)	물건상태 유찰횟수	조회수
2019-0500-068448 서울특별시 강동구 명일동 257, 906동 0000호 아파트 [주거용건물 / 아파트] 토지 54.86㎡ 건물 83.34㎡ 매각 일반경쟁	2019-06-19 10:00 ~ 2019-07-04 16:00	001/001	744,500,000 744,500,000 (100%)	낙찰 1회	6666
2019-0500-068452 경기도 안산시 단원구 고잔동 671, 801동 000호 아파트 [주거용건물 / 아파트] 토지 49.946㎡ 건물 64.62㎡ 매각 일반경쟁	2019-06-19 10:00 ~ 2019-07-04 16:00	001/001	164,000,000 164,000,000 (100%)	낙찰 1회	883
2019-0500-068458 경기도 안산시 단원구 고잔동 671, 801동 0000호 아파트 [주거용건물 / 아파트] 토지 49.946㎡ 건물 64.62㎡ 매각 일반경쟁	2019-06-19 10:00 ~ 2019-07-04 16:00	001/001	173,000,000 173,000,000 (100%)	낙찰 1회	1215
2019-0500-068460 경기도 안산시 단원구 고잔동 671, 801동 0000호 아파트 [주거용건물 / 아파트] 토지 42.262㎡ 건물 54.9㎡ 매각 일반경쟁	2019-06-19 10:00 ~ 2019-07-04 16:00	001/001	145,000,000 145,000,000 (100%)	낙찰 1회	1348
2019-0500-000000 경기도 안산시 단원구 고잔동 671, 801동 1507호 아파트 [주거용건물 / 아파트]	2019-06-19 10:00 ~	001/001	173,000,000 173,000,000 (100%)	낙찰 1회	949

: <이하 생략>　　　　　　　　　　: <이하 생략>

이렇게 공무원연금공단 공매 입찰대상목록에서 입찰하고자 하는 **고덕9단지 아파트**를 찾아 검색하면 다음과 같은 화면이 나타난다.

◇ **고덕9단지 아파트가 공무원연금공단 공매로 매각되고 있다!**

(1) 고덕9단지 아파트의 입찰정보 내역

위치 및 이용현황		
소재지	지번	서울특별시 강동구 명일동 257, 906동 0000호
	도로명	서울특별시 강동구 상암로 251, , 906동 0000호 (명일동, 고덕주공아파트)
위치 및 부근현황		주택
이용현황		주택, 현재 공실
기타사항		장기 공실, 현상태 매각이므로 현장공개 시 내부 확인 필요. 공개일정은 매각 공고문 참조.

감정평가정보			
감정평가기관	평가일	평가금액(원)	감정평가서
삼창/공감	2019-05-08	744,500,000	

명도이전책임 및 부대조건	
명도책임	매수자

이 같이 입찰대상 아파트를 찾았으면, 캠코공매물건 입찰정보 내역에서 이 아파트가 어디에 위치하고, 면적 등은 적당한 크기인가 등을, 소재지와 아파트 면적 그리고 아파트 사진정보, 위치도 및 지도 등을 통해서 확인해야 한다.

(2) 아파트의 사진과 지도 및 주변 현황도

① 아파트의 사진과 내부 현황도

② 아파트 지도 및 주변 현황도

이 화면에서 어떠한 매각조건으로 공매가 진행되는 가를 상단 메뉴 해당공고 보기를 선택하면 다음과 같은 화면을 확인할 수 있다.

◆ 공무원 아파트 매각공고(2019년 5차) -재공고-

공고종류	재공고	공고일자	2019-06-18
공고회차	2019년도 5회차	공고번호	201906-20231-00
처분방식	매각	자산구분	기타일반재산
공고기관	공무원연금공단	경쟁방식	일반경쟁
담당자정보	주택사업실	공무원연금공단	02-1588-4321		

이 화면에서 첫째, 공고문 전문을 확인하고, 둘째, 첨부파일에서 1. 매각공고문(공고번호 제2019-05호)를 확인해야 한다.

[공고번호 제2019-05호]

공무원 아파트 매각 [재]공고

○ 본 매각물건은 낙찰자결정 후 국토교통부 "부동산거래 전자계약시스템(https://irts.molit.go.kr)"을 이용하여 전자로 매매계약을 체결(공단을 방문할 필요 없음)하고, 전자등기로만 소유권이전이 가능하오니 유의하시기 바랍니다. 전자등기 시 법무법인 선임 및 비용은 매수자께서 부담하셔야 합니다(자세한 사항은 전자계약 및 전자등기 매뉴얼을 참고하시기 바랍니다).

○ 본 공고는 준공된 지 30년 이상 경과한 노후주택을 매각하고 있으며, 천장 및 벽면누수, 결로, 보일러 파손 및 철거 등 여러 가지 하자로 낙찰 시 보수 및 재시공할 세대가 있을 수 있습니다.

○ 낙찰세대의 시설물에 대한 누수 등 하자보수 및 재시공과 폐기물 처리는 매수인의 책임과 부담임으로 세대 공개시 반드시 시설물 상태를 확인하신 후 입찰에 참여하시기 바라며, 낙찰된 후 시설물 상태를 이유로 우리 공단에 어떠한 책임도 물을 수 없습니다.

○ 본 매각 물건은 현 상태로 매각하는 것입니다.
〈~이하 중간 본문 내용은 지면상 생략하였음〉

1-1. 고덕주공 9단지 1세대(서울특별시 강동구 명일동 257 / 준공 : '85.11.)

공매번호	동	호	층수	토지면적(㎡)	건물 전유면적(㎡)	최저매매가격(원)
63101	906	1001	10	54.86	83.34	744,500,000

1-2. 중앙주공 8단지 4세대(경기도 안산시 단원구 고잔동 671 / 준공 : '87.12.)

〈~이하 도표 본문 내용은 지면상 생략하였음〉

1-3. 용상주공 3단지 1세대(경상북도 안동시 용상동 1606 / 준공 : '84.11.)

〈~이하 도표 본문 내용은 지면상 생략하였음〉

2. 현장 공개 일정(세대 내부는 아래 일정에 따라 공개하며, 추가 세대 공개는 불가합니다.)

단 지 명	일 정	장 소
서울고덕주공(9)	2019.06.27.(목) 14:00 ~ 17:00	해당 동·호 개방
안산중앙주공(8)	2019.06.27.(목) 13:00 ~ 14:00	
안동용상주공(3)	2019.06.27.(목) 12:00 ~ 13:00	

3. 입찰방법

〈~이하 본문 내용은 지면상 생략하였음〉

4. 공인인증서 등록, 입찰서 제출 및 보증금 납부기간

4-1. 기 간 : 2019. 06. 19.(수) 10:00 ~ 07. 04.(목) 16:00 [온비드 (www.onbid.co.kr)]

4-2. 문의처 : 온비드 고객지원센터 1588-5321[공고번호 제2019-05호]

4-2. 문의처 : 온비드 고객지원센터 1588-5321

5. 낙찰자 선정(개찰) 일시 및 장소

5-1. 일시 :   2019. 07. 05.(금) 10:00
   ※ 개함 후 입찰조서 확인으로 인하여 14시 이후 개찰 결과 공개 예정

5-2. 장소 : 공무원연금공단 주택사업실 입찰담당자 PC

6. 입찰 참가자격 〈~이하 본문 내용 생략〉

7. 입찰서의 제출 〈~이하 본문 내용 생략〉

8. 입찰보증금의 납부 및 귀속 〈~이하 본문 내용 생략〉

9. 보증금 등의 처리 〈~이하 본문 내용 생략〉

10. 낙찰자 결정 〈~이하 본문 내용 생략〉
    〈11항~13항 본문 내용 지면상 생략함〉

14. 계약체결(전자계약) 〈~이하 본문 내용 생략〉

15. 잔금납부 〈~이하 본문 내용 생략〉

> 16. 소유권이전서류 교부 〈~이하 본문 내용 생략〉
>
> 17. 기타 사항 〈~이하 본문 내용 생략〉
>
> 2019년 06월 18일
>
> **공무원연금공단 이사장**

　셋째, 마지막으로 공매입찰정보내역과 공매공고문, 그리고 공매담당자를 통해서 인수할 권리, 또는 임차인의 임차보증금 등을 확인해서 인수한 임차보증금이 있는가, 또는 공가(공실)로 인수할 임차보증금이 없으므로 매수 후 즉시 입주가 가능한 가를 분석해야 한다.

06 어떻게 권리분석하고 입찰해야 하나?

　이렇게 공무원연금공단 소유 아파트 공매는 입찰하기 전에 공매 공고문과 공매입찰정보내역, 그리고 공매 담당자를 통해서 인수할 권리나 인수할 임차인(임대차기간, 임차보증금) 등이 있는가를 확인해야 한다.

　<u>임차인이 있는 상황에서 인수 조건으로 매각되고 있다면</u> 임대차보증금을 낙찰대금에서 공제하고 승계하면 된다.

　<u>그러나 이 아파트와 같이 임차인이 없는 공가(공실) 상태라면</u> 인수할 임차인이 없어서 낙찰 받고 매매대금을 납부하면 즉시 입주가 가능하다.

그래서 주변 현황을 앞에서와 같이 확인하고, 현장답사를 통해서 아파트 내부와 학군, 교통 등을 확인하고 주변 중개업소를 방문해서 시세를 조사했다.

① 아파트 내부를 공매담당자와 협의해서 반듯이 확인하고 입찰해야 한다. 왜냐하면 이 아파트는 30년 이상된 공무원 임대아파트 매각물건이고, 공매공고문에서 알 수 있듯이 **"낙찰세대의 시설물에 대한 누수 등 하자보수 및 재시공과 폐기물 처리는 매수인의 책임과 부담임으로 세대 공개시 반드시 시설물 상태를 확인하신 후 입찰에 참여하시기 바라며, 낙찰된 후 시설물 상태를 이유로 우리 공단에 어떠한 책임도 물을 수 없습니다."** 로 매각되고 있기 때문이다.

② 아파트 시세조사는 1차 네이버 매물 시세와 2차 주변 부동산 매물 시세로 확인했는데, 다음과 같이 10억원에서 10억5,000만원이다.

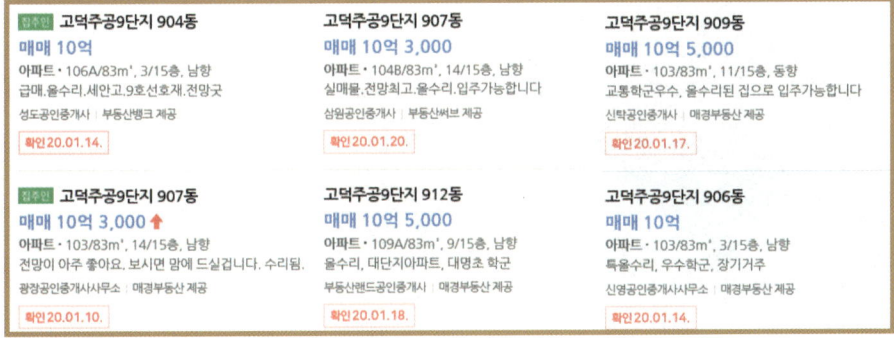

따라서 최저가 744,500,000원에서 1억2,000만원 정도 올려서 864,500,000원 정도로 입찰해도 1억5,000만원의 시세차익을 볼 수 있다. 이런 주택은 현재 시세차익 뿐만아니라 입주해서 거주하다가 비과세로 팔면 오르는 아파트로 높은 시세차익을 바라 볼 수 있는 물건이다.

PART
16

신탁기관 등의 공매는 어떻게 진행되고 있나?

01 신탁기관의 업무와 어떠한 신탁회사가 있나?

◆ 신탁기관의 업무

신탁법, 신탁업법, 증권투자신탁업법을 기초로 하여 불특정 다수인으로부터 금전 또는 부동산 등을 포함한 재산권을 수탁한 후 일정 신탁보수를 수취하고, 신탁의 목적에 따라 동 재산권을 관리·개발·처분하는 행위를 하고 있다. 이러한 신탁업을 영위하는 기관으로는 금전 등을 수탁 받는 은행, 증권사와 부동산을 전문으로 수탁 받는 부동산신탁회사가 있다. 이들 기관은 자산관리, 자금관리, 부동산금융상품, 신탁상품(토지신탁, 담보신탁, 관리신탁, 처분신탁, 투자자문, 대리사무, 분양관리신탁, 국·공유지신탁, 프로젝트대출) 등 다양한 업무를 하고 있다.

◆ 부동산 신탁이란?

부동산 신탁이란 신탁재산으로 부동산을 수탁하고, 신탁회사에서 수탁 받은 부동산을 관리·개발·처분한 후 발생한 수익 또는 잔존부동산을 위탁자가 지정한 수익자에게 교부하여 주는 제도이다. 금전을 수탁하여 이를 운용한 후 맡긴 원금과 운용수익(이자 등)을 배당하는 금전신탁과 동일한 것으로 신탁의 대상이 금전이 아닌 부동산관련 권리라는 점에 차이가 있다. 이러한 신탁은 개인, 기업, 부동산개발업자 등 모든 부동산소유자가 이용할 수 있으며, 토지신탁, 담

보신탁, 관리신탁, 처분신탁, 투자자문, 대리사무, 분양관리신탁, 국·공유지신탁, 프로젝트대출 등이 있다.

◆ 어떠한 신탁회사 등이 있나?

한국토지신탁, 우리자산신탁(구 국제자산신탁), 신한자산신탁, 한국자산신탁, 교보자산신탁(구 생보부동산신탁), 무궁화신탁, 하나자산신탁, 대한토지신탁, 한

국투자부동산신탁, 대신자산신탁, KB부동산신탁, 코리아신탁, 신영부동산신탁, 코람코자산신탁, 아시아신탁 등이 있다.

◆ 부동산 신탁재산의 종류

부동산 신탁의 종류는 담보목적, 개발목적, 관리목적, 처분목적에 따라 구분되며, 하나의 목적이 아닌 복합적으로 나타나기도 한다.

(1) 담보신탁이란?

부동산 담보를 목적으로 하는 부동산 신탁으로서(저당권을 대체하는 방법으로 활용한다), 사업시행사인 채무자 또는 제3자가 위탁자가 되고 채권자인 금융기관(대출한 은행과 대부업체 등)을 우선수익자로 하여 위탁자가 신탁부동산의 소유권을 수탁자에게 이전하고 수탁자는 담보의 목적을 위하여 신탁재산을 관리한 후, 채무자가 채무를 변제하지 아니할 때에는 신탁재산을 처분하여 그 대금으로 채권자인 우선수익자에게 변제하고 잔액이 있을 때에는 위탁자에게 반환하는 것을 목적으로 하는 신탁이다. 즉, 담보신탁의 경우 위탁자인 채무자가 사업주체로서 인·허가 명의를 유지하되, 사업부지 소유권만 담보 목적으로 신탁한다.

(2) 토지신탁이란?

신탁의 인수 시에 신탁재산으로 토지 등을 수탁하고 신탁계약에 따라 토지 등에 건물, 택지, 공장용지 등의 유효 시설을 조성하여 처분·임대 등 부동산 사업을 시행하고 그 성과를 수익자에게 교부하여 주는 신탁을 의미한다(금융투자회사의 영업 및 업무에 관한 규정 제2-65조 제6항).

① 관리형 토지신탁

수탁자인 신탁회사에게 부동산 등기명의를 신탁하는 것을 넘어서 사업시행권한을 부여하는 신탁을 의미한다. 사업시행사인 위탁자가 사업부지의 소유권뿐만 아니라 건축주 명의를 포함한 모든 인·허가 명의, 공사도급, 설계, 감리계약 등

사업 관련 계약상 지위도 수탁자에게 이전하여 수탁자가 직접 사업주체의 지위에서 사업을 진행한다는 점이 담보신탁 방식과 주요한 차이점이다. 다만, 사업비의 조달 의무는 위탁자가 부담한다.

② 차입형 토지신탁

관리형 토지신탁에서 사업비 조달 의무를 위탁자가 부담하는 것과 달리 차입형 토지신탁의 경우에는 사업비 조달 의무를 수탁자가 부담한다. 따라서 관리형 토지신탁의 경우 위탁자가 자금조달 의무를 부담하므로 사업 주체는 수탁자로 변경되어도 PF 대출 약정의 차주는 위탁자가 되는 것과 달리, 차입형 토지신탁의 경우 PF 대출 약정의 차주는 수탁자가 된다.

(3) 관리신탁이란?

신탁회사가 소유자를 대신하여 임대차관리, 시설의 유지관리, 세무관리 등 일체의 관리를 해주고 그 수익을 수익자에게 교부하거나, 수탁재산의 소유권을 관리하여 주는 것을 목적으로 하는 신탁을 의미합니다.

(4) 분양관리신탁이란?

분양사업의 시행사가 분양사업의 선분양을 위하여 신탁회사에게 부동산 소유권 및 분양대금을 보전·관리하게 하는 것을 의미한다. 분양사업의 시행사가 부담하는 채무를 불이행하는 경우 신탁회사가 신탁된 부동산을 환가, 처분하여 정산할 수 있다.

(5) 처분신탁이란?

부동산의 유리한 처분을 위해 부동산 소유자(위탁자)가 자신의 토지나 건물을 신탁회사(수탁자)에 맡기는 신탁이다. 신탁회사는 수탁받은 부동산을 시장 상황에 따라 판매하거나 교환하고, 그 수익을 수익자에게 정산하여 교부하는 것을 목적으로 한다.

02 공매대상 부동산 신탁재산은?

　부동산 신탁재산의 종류는 담보목적, 개발목적, 관리목적, 처분목적에 따라 구분할 수 있는데 이 중에서 신탁공매로 나오는 것은 ① 부동산 담보를 목적으로 하는 담보신탁과 ② 개발과 분양 및 관리를 목적으로 하는 토지신탁, 관리신탁, 분양형 관리신탁, ③ 부동산의 유리한 처분을 위해 신탁회사에 매각을 의뢰하는 처분신탁 등이 있다.

◆ 부동산 담보신탁이란?

　① 부동산소유자(위탁자)가 자신 또는 타인의 채무 내지는 책임의 이행을 보장하기 위해 자기소유의 부동산을 담보로 제공할 목적으로 이용하는 신탁이다. 신탁회사(수탁자)는 신탁계약을 통해 부동산소유자로부터 부동산을 수탁 받아 일정 기간 동안 채권자(우선수익자)를 위하여 수탁부동산의 담보가치가 유지·보전되도록 관리하다가 위탁자가 채무를 상환하면 수탁부동산을 위탁자에게 환원하게 된다. 그러나 채무가 불이행되면 대출금융기관(우선수익자)이 환가를 요청하게 되고, 이 경우 신탁회사가 부동산을 환가하여 그 처분대금으로 채권자에게 채무를 변제하고 잔여금은 위탁자에게 교부한다.

　② 신탁계약에 의해 위탁자가 수탁자에게 소유권이전 신탁등기를 하면 소유권이 넘어가면서 발생하는 수익자 개념으로, 이와 같이 수탁자에게 부동산소유권을 맡기고 수탁자는 위탁자에게 수익증권(또는 수익권증서로 부르기도 한다)을 발급해주고 위탁자는 이를 신탁회사와 협약이 체결된 금융기관에 담보로 제공하여 대출을 받게 되므로 위탁자가 채무자가 되어 대출을 받게 된다.

③ 우선수익자의 채권회수금액은 신탁부동산의 매각대금에서 우선수익권 한도 범위 내에서 이루어지는데 담보신탁에 의한 대출금액은 통상 감정평가액의 70% 정도가 대출금액이며 이 대출금액의 130% 정도가 담보가액이 된다.

④ 신탁회사가 발행하는 수익증권의 효력은 일종의 담보부채권으로서 우선수익자의 지위를 증명하고 증거증권의 효력이 있다. 여기에는 채권최고액이 표시된다.

◆ 분양관리신탁과 토지신탁이란?

① 우리나라는 피분양자의 보호를 위해 「건축물의 분양에 관한 법률」에 의거 공동주택을 제외한 오피스텔, 상가 등의 건축물을 선 분양하기 위한 요건을 정하고 있다. 여기서 선 분양하기 위한 요건은 ① 금융기관으로부터 분양보증을 받는 경우와 ② 신탁회사와 분양관리신탁 및 자금관리대리사무계약을 체결하는 경우를 말한다. 이때 신탁에도 불구하고 분양사업자의 지위는 위탁자에게 그대로 계속 유지할 수 있다. 따라서 오피스텔, 상가 등의 건축물을 신축하여 분양하고자 한다면 ○○신탁회사 등과 분양관리신탁 및 자금관리대리사무계약을 체결하고 건물을 신축 후 분양하면 된다.

② 위탁자가 소유하고 있는 토지를 신탁회사에 신탁하면, 신탁회사(수탁자)는 위탁자가 원하는 개발형태(아파트, 주상복합, 오피스텔 등)에 따라 건설자금의 조달 및 건축물의 건설, 분양, 유지·관리 업무를 수행한 후 발생되는 수익을 위탁자에게 지급하는 방식이다.

토지신탁은 건설자금의 조달주체에 따라 차입형토지신탁(신탁회사가 자금조달)과 관리형토지신탁(위탁자가 자금조달)으로 구분하고 있다.

◆ 부동산 처분신탁이란?

　부동산의 처분방법이나 절차에 어려움이 있는 부동산 또는 대형 고가의 부동산을 효율적으로 처분할 필요가 있을 때 신탁회사에 부동산 매각을 의뢰하면 신탁회사가 일정 처분신탁 비용을 받고 부동산을 처분하여 그 처분대금을 수익자에게 교부하는 제도이다.

　이와 같이 처분신탁으로 등기된 경우 위탁자를 채무자로 하는 채권자는 더이상 신탁등기 이후에 가처분이나 가압류 압류 등의 등기를 할 수가 없어서 소유권을 안전하게 보전할 수 있다.

03 부동산 담보신탁 신청 방법과 신탁재산의 환원 및 공매 실행 과정

◆ 부동산 담보신탁 신청 방법

　① 금융기관 등에 대출상담 및 신청서 접수(대출금융기관과 채무자겸 소유자간에 대출 가부와 조건 등을 상담 후 신청서 접수) ⇨

　② 담보부동산 가격조사 및 평가(대출 승낙 시 신탁회사가 감정평가사 등에게 담보부동산 가격조사 의뢰) ⇨

　③ 조사분석서 작성(감정평가사 등이 가격조사 및 평가 내용을 기초로 유효담보금액 파악하여 조사분석서 대출금융기관에 교부) ⇨

　④ 금융기관과 대출조건 확정 후 금전대출계약서 작성 ⇨

　⑤ 수익증권 발행 의뢰(대출조건 확정 후 신탁계약조건 확인하여 수탁자에게 수익증권 발행의뢰) ⇨

⑥ 부동산 담보신탁계약체결 및 신탁등기(위탁자와 수탁자인 신탁회사 간 서면으로 부동산 담보신탁 계약서를 작성 후 위탁자에게 계약서 원본 교부하고, 관할 등기소에 부동산 담보신탁 계약서를 첨부하여 신탁등기를 마친다) ⇨

⑦ 수익증권 발행하여 금융기관에 교부(대출금융기관에 수익증권과 등기필 부동산 담보신탁 계약서 원부 복사본을 첨부하여 교부한다) ⇨

⑧ 금융기관이 위탁자에게 담보신탁대출 실행(대출내용을 신탁회사에 통지한다) ⇨

⑨ 수탁자의 담보신탁 부동산 관리(매 1년에 2회 점검하여 그 내용을 대출금융기관에 통지하고 있다)

◆ **담보신탁이 이루어지는 과정**

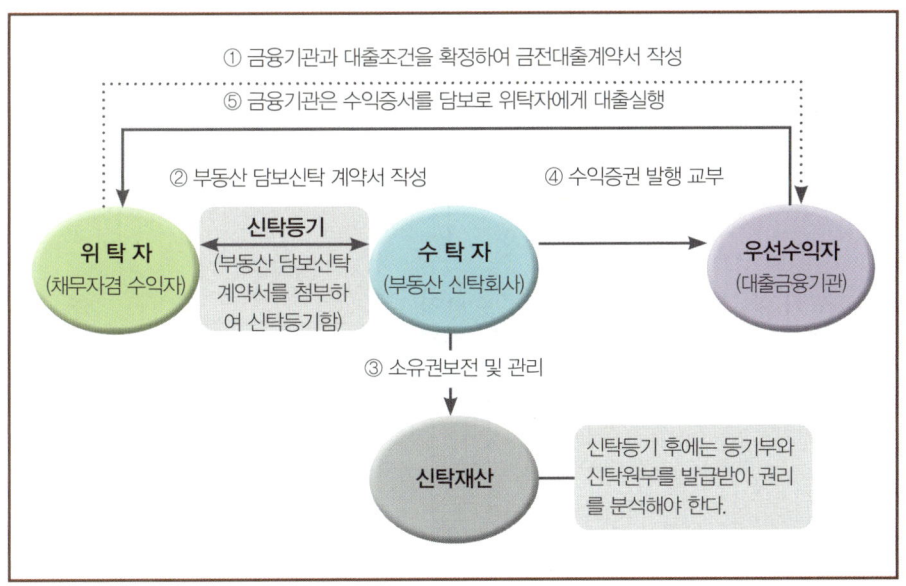

이렇게 위탁자(채무자)가 대출금융기관(우선수익자)에 담보신탁 대출을 요청 시 대출금융기관이 담보감정을 통하여 평가액의 60~70%의 수익증권을 약정된

신탁회사에 요청하면서 위탁자와 수탁자간의 신탁계약을 체결하는 절차로 이어진다.

◆ 신탁재산의 환원과 공매가 실행되는 과정

(1) 채무 상환 시 신탁재산의 환원 절차

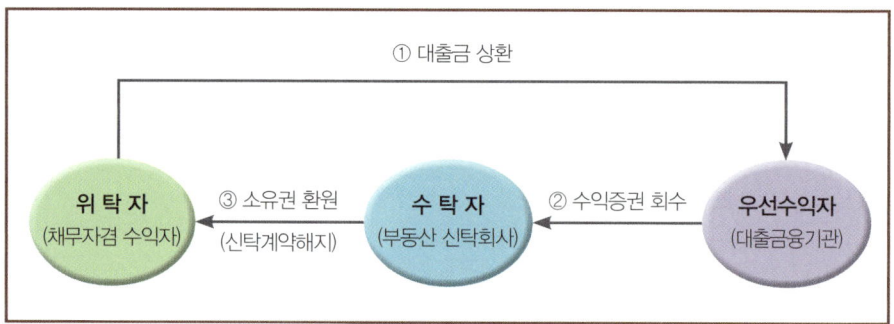

(2) 채무 불이행 시 우선수익자의 환가요청으로 공매 실행 절차

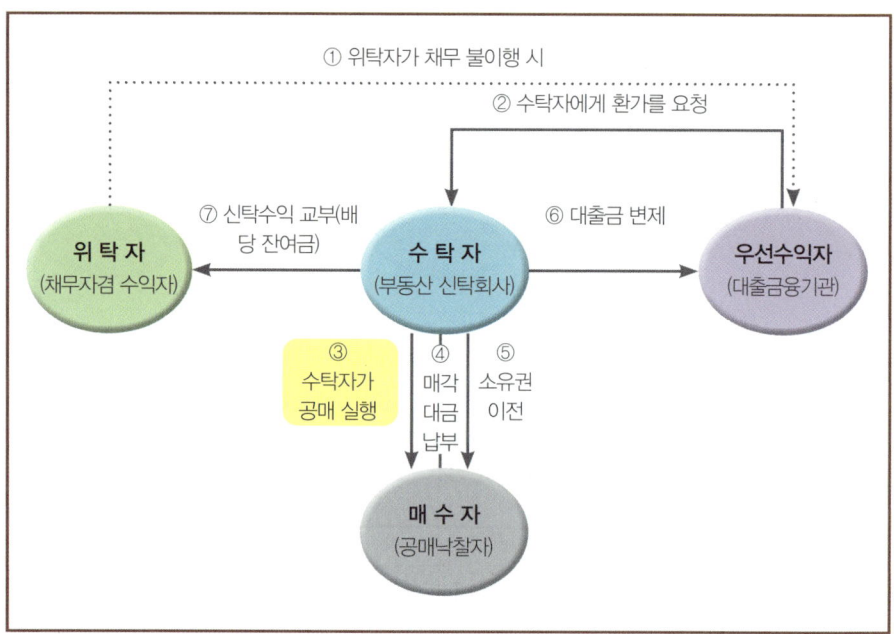

⇨ 공매실행 후 배분잉여금이 있는 경우 위탁자에게 지급해야 한다. 따라서 위탁자에게 받을 채권이 있는 자 등은 배당잉여금에 대해서 가압류(압류)할 수 있다.

04 분양관리신탁 절차와 분양관리 후에 PF대출금 상환 및 사업정산

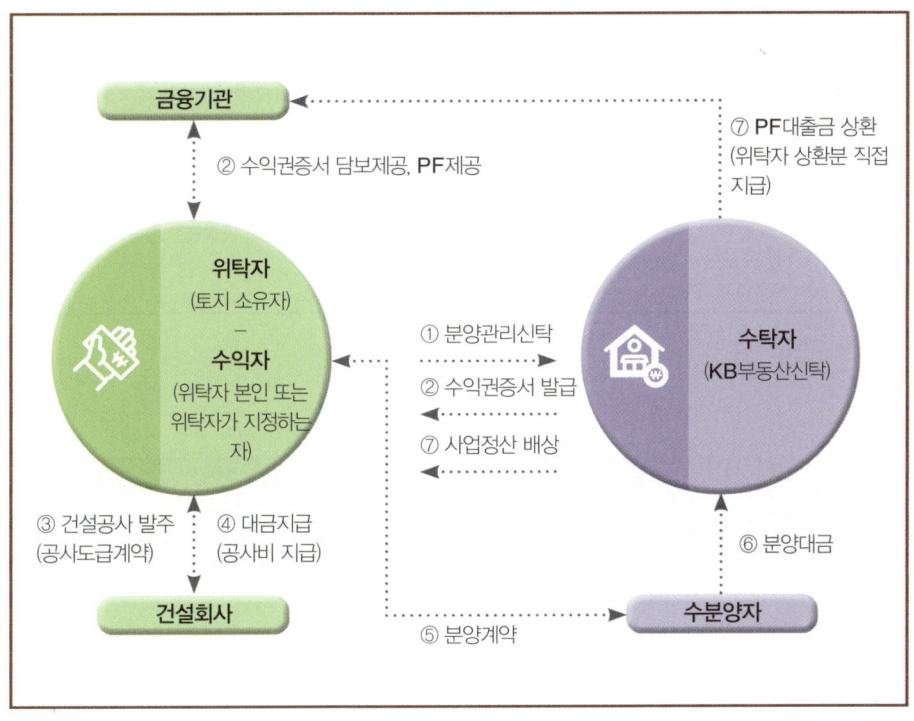

05 처분신탁 절차와 수탁사가 매각 후 매매대금으로 수익교부

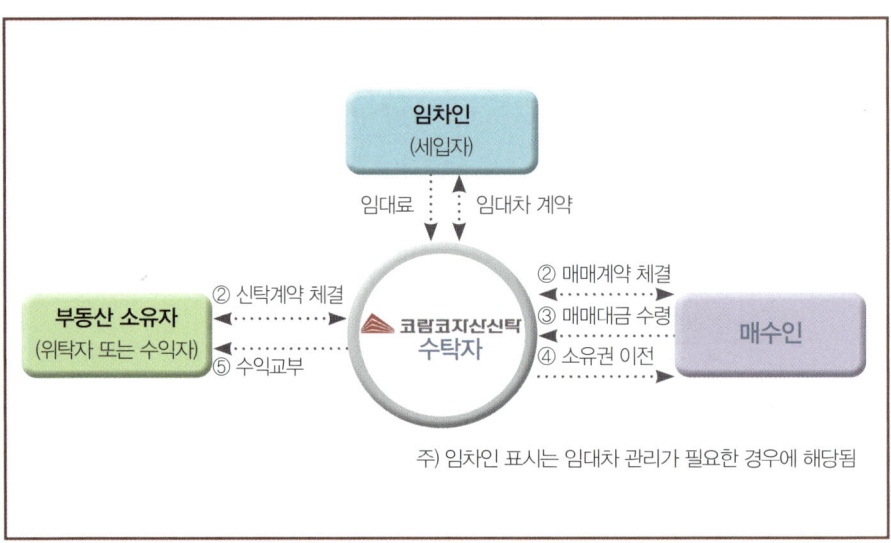

06 신탁재산 공매투자는 어떤 장점과 단점이 있나?

◇ 신탁재산 공매투자의 장점

① 신탁공매는 입찰 경쟁률이 낮아서 경매나 압류재산 공매보다 10%~30% 정도 낮은 금액으로 구입할 수 있다. 투자의 기본은 좋은 물건을 싼 가격으로 낙찰받아 높은 가격으로 파는 것이다.

② 신탁공매가 공신력 있는 기관에 의해 투명하게 매각절차가 진행되므로, 공정한 경쟁을 통해 안전하게 부동산을 취득할 수 있다.

③ 매각절차가 신속하게 진행된다. 하루에 몇 회씩 또는 격일, 주단위로 빠르게 매각절차가 진행되어 계속적으로 관심을 가지고 준비하면 저렴하게 매입할 수 있다.

④ 온비드 신탁공매는 공매는 경매와 같이 현장 입찰이 아니라 인터넷으로 온비드에 접속해서 입찰하는 방법이다. 이 같이 공매는 인터넷으로 입찰절차가 진행되므로 시간과 장소에 구애됨이 없이 인터넷이 가능한 장소라면 제주도나 부산지역에서도 서울이나 수도권 지역의 공매물건 등에 입찰참여가 가능하다.

⑤ 신탁재산 공매를 통해 확보한 부동산은 일반적인 부동산과 법원경매, 압류재산공매로 취득하는 것보다 매입절차가 단순하다는 것이 장점이다.

⑥ 대금기한은 연장할 수 도 있다. 공매집행기관에 따라 매매대금 납부기한을 지연이자를 납부하는 방식으로 연기할 수도 있다.

◆ 신탁재산 공매투자의 단점

① 공매 집행기관에서 제공되는 정보가 부족해서 입찰자 본인이 모든 조사와 분석을 직접 수행해야 한다.

② 현장 신탁재산 공매는 입찰자가 직접 신탁회사를 방문해 입찰해야 하므로, 시간과 비용이 추가로 소요된다.

③ 낙찰 받고 나서도 선순위임차인, 유치권자, 소유권다툼 가처분 신청 등의 예상하지 못한 문제가 발생하기도 한다. 특히 소유권 다툼 등의 소송이 진행되는 물건은 낙찰 받고 나서 소송을 승계해서 진행해야 하는데 패소하면 소유권을 상실할 수도 있다.

④ 명도가 매수인 책임으로 진행되므로 명도에 어려움이 많이 발생한다. 법원경매처럼 인도명령 신청제도가 없어서 명도소송을 진행해야 한다.

이렇게 신탁공매는 정보의 부족과 명도의 어려움이라는 단점도 많지만, 신탁재산에 대한 사전 공부와 입찰 전에 정확한 분석 등을 통해서 저렴한 가격에 부동산을 매입할 수 있는 좋은 기회가 될 수 있다. 본인의 지식이 부족하다면 전문가의 도움을 통해 이러한 애로사항을 해결하면 될 것이다. 이렇게 준비된 사람만 신탁공매 투자로 높은 수익을 얻을 수 있다.

07 신탁공매의 비공개성과 명도 및 부수 처리의 난이도

◇ 신탁공매의 비공개성과 특성

신탁공매는 위탁자의 상황변화에 따라 공매절차가 바로 중지되거나(문서 한 장으로 당일 중지도 가능하다) 또 한달 뒤 다시 공매절차를 개시하거나 하는 가변성이 있기 때문에, 이 시장에서 우리 투자자들의 발걸음을 돌리게 하는 요인이 되기도 하는데, 이 또한 신탁공매의 비공개성이 커지는데 일조를 하고 있다. 그리고 진행 물건이 적고, 정보도 적고, 매각이 진행되면 그 절차가 전광석화 같이 빠르게 진행된다. 그래서 지속적인 관심을 가지지 않으면 어느 순간 나왔다가 이미 낙찰이 되어 버린다. 이러니 법원경매나 캠코공매보다 비공개성의 구조를 가질 수밖에 없다.

◇ 신탁공매는 볼륨에서 극단적인 차이를 보인다!

앞에서와 같은 비공개성을 극복하기 위해 매일같이 신문들을 챙겨보고, 사이트를 들락거려본 투자자라면 더 상황이 절망적이라는 것을 깨닫게 된다. 최근 담보신탁의 경우, 아파트 한 채를 근저당하는 대신 신탁하는 신탁회사들도 생기긴 했지만, 이는 신탁회사 내부에서는 그다지 좋아하는 상품은 아니다. 신탁기관 직원

인건비가 얼마인데, 수수료도 얼마 되지 않는(100만원~300만원 신탁수수료) 아파트 담보신탁 업무에 고급인력을 투입하고 싶겠는가?

전통적으로 부동산신탁제도의 도입자체가 개발사업의 안정적 진행과 맥을 같이 하므로 개발신탁, 관리형토지신탁, 분양관리신탁 등이 신탁회사가 주력하는 상품이다(물론 수수료도 높다). 이런 PF와 연관된 신탁상품들의 공통점은 무엇일까? 우선 토지(나대지)에 신탁을 진행한다는 점이다. 향후 토지 위에 올라갈 분양 대상 건물까지 담보로 PF를 일으켜 사업을 진행한다. 그렇다면, 이 사업이 준공 된다면 복수의 집합건물(적게는 100개 많게는 수천 개의 주거/상업시설)이 구분등기하게 되고 건설사가 부도나지 않는 이상, 건설사는 책임준공의무에 기해 꼭 준공은 하게 된다.

그렇다면 이런 건물들이 신탁공매에 등장하는 순간을 크게 둘로 나눠보면,

① 건물 준공 전에 시행사가 부도나는 경우이다. 이 상태로 공매가 진행되면, 분양대금반환문제부터, 공사대금처리 문제 등 복합적인 문제가 상존하게 된다. 즉, 일반투자자들은 접근할 수 없는 물건이라 보면 된다.

② 시행사가 부도가 났던 안 났던, 건물 준공은 낸 뒤에 시장에 나오는 경우이다. 이런 경우에는 크게 처리방법이 둘로 다시 나뉘게 되는데, ⅰ) 통매각, ⅱ) 개별매각이다. 보통 PF금융기관 입장에서는 통매각을 선호해서 오래 전에는 대부분 통매각으로 공매를 진행하였다. 하지만, 이는 공매를 진행하는 신탁회사, 또 채권을 회수하여야하는 금융기관의 원샷으로 처리하려는 업무적 편의 때문이지, 환가성에는 아무래도 개별매각이 수월하다. 따라서 요즘은 준공집합건물의 개별매각 공매공고가 빈번하게 보인다.

◇ 개발사업 자체와의 연관성 등을 분석하고 입찰 참여

신탁공매물건은 동시에 개발 사업을 진행했고, 동시에 분양을 진행했고, 또 동시에 중도금대출을 받았고, 같은 집합성 때문에 개발사업 자체와의 연관성을 가진다.

따라서 입찰부동산에 하나의 미납관리비, 하나의 명도대상, 하나의 유치권자 등 포커스가 명확한 경매와 공매(캠코)절차와 다르게, 신탁공매는 부동산 자체가 해당 개발사업 전체의 상황과 밀접한 관계를 가진다. 그래서 이러한 문제 등을 분석하고 나서 그 해결능력을 가지고 입찰에 참여해야 한다.

◇ 명도 및 부수 처리의 난이도

위 개발사업 자체와의 연관성에서 기인되는 특성이다. 다양한 케이스들이 존재한다. 그리고 우리 투자자들이 이 처리를 위해서 만나게 되는 사람들은 경매/공매 때와는 다른 사람들일 가능성이 많다. 딱히 공포를 가질 필요는 없지만, '특수관계인'이 대부분이다. 입찰장에서도, 명도를 위한 만남에서도, 진행되는 소송에서도 시행사나 해당 개발사업의 주체들과 밀접한 관련성을 가지는 이 '특수관계인'들과의 사이에서 정보의 비대칭성으로 인해 일반 투자자들은 밀릴 수밖에 없다.

결론적으로, 명도 및 부수처리의 난이도가 높은 편이다. 물론 아닌 경우도 있지만, 철저히 준비하고 입찰해야 한다.

◇ 대출의 어려움과 감정가가 높게 평가되어 있다!

신탁공매를 위한 감정평가는 어느 정도 평가액이 상향되어 있는게 사실이다. 이는 추후 부도난 시행사와의 분쟁에 대비한 어쩔 수 없는 일이다. 높은 가격에 시작해서 낙찰가가 낮아서 정산액이 적다면 이는 아무 문제가 안 되지만, 처음 시작한 감정가액이 낮은 금액이고, 낙찰가도 낮다면 개발사업이 좌초돼 무엇 하나라도 트집을 잡고 싶은 시행사나 채무자 입장에서는 시작가가 낮았다는 분쟁을 제기할 확률도 높다. 따라서 신탁공매에 첨부된 감정평가액 역시, 은행이 곧이곧대로 받아들이는 경우가 잘 없고, 대출 진행시 예상과 다른 너무 낮은 담보감정평가가 우리 투자자들의 예산에 중대한 문제를 초래하는 경우도 많다.

PART
17

온비드에서 신탁공매 물건을 찾아 재테크로 성공한 사례

01 신탁공매는 온비드 인터넷공매와 현장공매가 있다!

◆ 온비드 신탁공매

신탁기관 등이 한국자산관리공사 온비드사이트에 자신의 정보를 제공하기 위하여 이용기관 회원 가입 후 온비드사이트의 전자처분시스템을 이용하여 보유 또는 관리 중인 재산 등의 처분을 위해 입찰공고를 등록하고, 전자입찰을 통해서 신탁재산 등을 매각하는 공매절차이다.

◆ 현장 신탁공매

신탁기관 본사 회의실에서 입찰절차를 진행하는 현장 신탁공매로 정해진 입찰시간에 매각을 실시한다는 선언을 한 다음 매각물건의 공고문과 별도 매각조건 등을 입찰자 등에게 주지시키고 입찰절차를 진행한다. 이러한 현장 신탁공매는 법원경매와 같이 매각절차를 진행하지만 공매물건이 많지 않은 관계로 신속하게 진행된다.

02 온비드 화면에서 신탁재산 공매물건을 찾는 방법

온비드 홈페이지 상단 부동산 또는 동산/기타자산[자동차와 운송장비, 물품(기계), 물품(기타)] 등의 메뉴에서 용도를 부동산 을 선택해서 검색하면 ⇨ 좌측메뉴에 부동산 HOME이 나타나는데 이 타이틀에는 ⇨ 물건, 공고, 테마물건, 입찰결과 등이 나타난다. 여기서 물건을 선택하면 ⇨ 물건검색, 신규물건, 캠코 국유재산 전용관, 캠코 압류재산 전용관, 캠코 수탁·유입자산 전용관, 수의계약 가능물건 등의 세부항목을 확인할 수 있다. ⇨ 이 세부항목에서 물건검색을 선택해서 상세조건검색을 검색하면 다음과 같은 화면이 나타난다.

이 화면에서 ① 처분방식으로 매각 또는 임대, ② 입찰기간, ③ 소재지(서울시, 경기도, 인천광역시... 등) 등을 선택하고, ⇨ ④ 자산구분(■캠코물건 – 압류재산, 국유재산, 수탁재산, 유입자산과 ■이용기관 – 국유재산, 공유재산, 기타일반재산, 금융권담보재산)에서 **기타일반재산**을 선택해서 **입찰할 신탁재산 공매물건을 찾아 다음과 같이 권리분석 후 입찰에 참여**하면 된다.

03 신탁재산 등의 공매에서 권리분석 방법은?

◆ 압류재산 공매와 법원경매는 소멸주의를 택하고 있다!

매각절차가 국세징수법으로 진행되는 압류재산 공매와 민사집행법으로 진행되는 법원경매는 낙찰 받고 나서 매각결정 확정(매매계약 체결 효력 발생) 후 30일 이내에 잔금을 납부하면 소멸하는 소멸주의를 택하고 있다. 그래서 말소기준권리를 기준으로 선순위의 권리(임차인, 전세권등기, 지상권, 가등기, 가처분 등)는 매수인의 부담으로 남고, 후순위의 권리나 채권 등은 소멸한다. 그러나 이 두 매각절차를 제외하고 **국유재산 공매, 수탁재산 공매, 유입자산 공매, 이용기관재산 등의 공매와 다음 신탁재산 공매 등은 낙찰 받고 나서 5일 이내에 매매계약을 체결하는 계약체결 방식을 택하고 있어서 소멸주의가 아닌 인수주의를 택하고 있다.**

◆ 신탁재산 공매 등에서 인수주의란 어떤 의미일까?

여러분이 부동산 중개업소에서 부동산을 살 때 매수대상 아파트에 거주하는 임차인과 등기부에 등기된 채권이 있다면 매매계약서를 작성할 때 어떻게 하겠는가?

첫 번째, 별도 특약으로 매수인이 인수하기로 하고 매매대금에서 그만큼 공제하고 잔금을 지급하기로 한다는 내용을 계약서 특약사항란에 명기하고 계약을 그대로 이행할 수 있다. **두 번째,** 별도 특약으로 매수인이 잔금을 지급하기 전에 말소하는 조건 또는 매매대금으로 상환하고 말소하기로 한다는 내용을 계약서 특약사항란에 명기하고 계약을 그대로 이행할 수 있다. 이러한 내용이 신탁재산 공매에서 인수주의라 이해하면 된다.

◇ 신탁재산 공매에서 매수인의 부담으로 남는가, 아닌가는 성공을 좌우한다!

대부분은 신탁등기 전 선순위 채권자 등을 소멸시키고 신탁등기하고 우선수익자 등이 위탁자에게 대출하므로 매수인 부담으로 매각되는 사례는 그리 많지 않다.

그러나 간혹 소멸하지 아니하고 신탁등기 전의 임차인이나 채권자 등이 존재하는 경우에도 신탁등기를 하는 경우가 있어서 유의해야 한다. 특히 담보신탁에 의한 신탁등기로 수탁자가 된 것이 아니라 분양형 관리신탁에 의해 신탁등기권자(수탁자)가 직접 분양하는 과정에서 미분양물건이 발생하고, 이 미분양물건에 대해서 신탁공매를 진행하는 경우에는 신탁등기 전에 등기된 근저당권이나 임차인 등이 발생할 수도 있다.

이렇게 신탁등기 이전에 대항요건을 갖춘 임차인과 등기된 선순위 채권자 등이 있으면 신탁재산 공매에서는 매수인(=낙찰자) 인수조건으로 매각하는 경우가 대부분이다. 그리고 신탁등기 이후에 신탁회사(수탁자)가 임대인으로 계약한 임차인도 낙찰자 승계조건으로 매각하기도 한다. 이렇게 인수조건으로 매각하게 된다면 공매기관에서는 매각금액에서 그 부분(임차보증금 인수금액)만큼 공제하고 잔금을 납부하는 방식으로 매각하기도 하고, 그러한 조건 없이 매수인 인수조건으로 매각하기도 하니 매각조건을 자세하게 확인해야 한다.

신탁재산 공매에서 권리분석은 첫 번째로 앞에서와 같은 매각조건은 공고문과 공매담당자를 통해서 확인해야 한다. 두 번째로 등기사항증명서와 주택에서 수탁사에 대항할 수 있는 권리가 있는 데도 불구하고 모든 책임을 매수인 부담으로 매각했다면 그 모든 책임은 매수인의 부담으로 남는다. 이러한 손해를 예방하려면 권리분석할 때 수탁사에 대항할 수 있는 권리가 있는가를 분석해야 한다. 물론 그러한 권리가 있더라도 매각대금에서 지급하고 말소하는 매각조건으로 공매를 진행했다면 인수하지 않아도 된다.

◆ **신탁공매에도 말소기준과 유사한 권리가 있다?**

　신탁재산 공매에서는 압류재산 공매와 같이 말소기준권리는 없지만 신탁등기 이후의 권리는 등기된 권리이든, 부동산을 점유하고 있는 권리이든 특별한 사정(수탁사와 계약 또는 수탁사와 우선수익자의 동의를 얻어 위탁자가 계약한 경우 등)이 없는 한 수탁사에 대항할 수 없으므로 신탁공매 절차에서 말소 또는 명도대상이다. 이러한 내용은 신탁원부와 법률 그리고 대법원 판례를 통해서 확인할 수 있도록 다음에 기술해 놓았으니 참고하면 된다.

◆ **신탁재산 등의 공매에서 권리분석은 어떻게 하면 되나?**

(1) 권리분석이란?

　권리분석은 신탁공매로 <u>낙찰을 받았을 경우에 내가 입찰서에 기재한 매수희망가격 이외에 추가로 인수하게 되는 권리나 금액 등이 있는가 등을 분석</u>하는 것이다. 그래서 인수할 권리 등이 없다면 매수희망가가 취득가가 되지만, 있다면 그만큼 부담을 안고 사게 된다는 사실을 이해하고 매수희망가를 정해야 한다. 신탁재산 등의 공매에서 권리분석 방법은 1차적으로 공매공고문과 공매 입찰정보 내역을 통해서 확인하고, 2차적으로 공적장부인 신탁원부를 포함한 등기부, 건축물대장(위반건축물 등), 주민센터에서 전입세대 열람 등을 통해서 인수할 권리 등을 확인하고, 3차적으로 수탁자(공매담당자)와 우선수익자(대출금융기관)를 통해서 분석하는 방법으로 진행하면 된다.

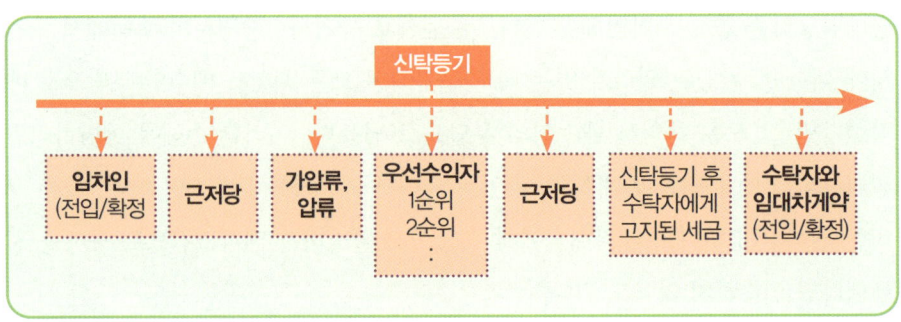

(2) 공적장부를 통해서 권리를 분석하는 방법

① 등기사항증명서와 신탁원부를 통해서 인수할 권리 분석

등기소에서 등기사항증명서를 발급받을 때 신탁원부를 포함해서 발급 받아 첫번째로 수탁사로 등기된 신탁등기일과 그 이전에 소유자(위탁자)를 확인한다. 그리고 신탁원부에서 대출을 실행한 금융기관(우선수익자) 등의 채권금액과 이자 등을 확인한다.

부동산등기법 제124조에 의하면 신탁원부는 등기부의 일부로 보고 그 기재는 등기로 본다고 규정하고 있으며 동법 제21조에 의하면 누구든지 수수료를 내고 등기부(=등기사항증명서와 신탁원부)를 열람 또는 그 등본이나 초본의 발급을 청구할 수 있다고 규정되어 있다.

신탁원부를 포함한 등기부를 제출용으로 발급받기 위해서는 등기소를 방문해서 발급받아야 하지만, **권리분석만을 위해서 열람용으로 발급받는 것은** 2025년 1월 31일부터 대법원 인터넷등기소에서 간단하게 발급받을 수 있도록 개정되어 시행하고 있다.

신탁공매에서 유의할 점 **첫번째**, 신탁등기 전에 등기된 근저당, 가압류, 압류, 가등기, 가처분과 주택에 거주하는 임차인 등이 있는 경우 인수하는 것이 원칙이다. 물론 이러한 경우에도 공매 공고문에서 매각대금으로 말소하는 조건으로도 매각하기도 하지만 특별매각 조건이 없으면 인수해야 한다.

두번째, 신탁등기 이후에 등기된 근저당과 압류 등이 수탁자를 대상으로 등기된 경우, 신탁등기 이후에 수탁자와 우선수익자의 동의를 얻어 위탁자와 계약하고 입주한 임차인 등이 있는 경우 특별한 매각조건이 없으면 낙찰자가 인수해야 한다. 특히 신탁등기 이후에 세무서 등이 압류한 경우 인수 여부는 ◇신탁재산 납세의무와 신탁재산 수탁자의 물적 납세의무(524쪽)를 참고하기 바란다

그러나 동의를 얻지 못하고 입주한 임차인이나 수탁자의 책임이 없는 채권자(수탁자가 아닌 위탁자를 채무자로 해서 청구한 채권자) 등의 가압류, 압류 등은 무효로 낙찰자가 인수하지 않아도 되는 채권자이므로 낙찰자가 잔금 납부 후 말소를 청구할 수 있다.

② 주민센터 등에서 전입세대열람과 신탁등기일을 기준으로 대항력 유무 판단

전입세대열람 등을 통해서 공매대상 주택에 거주하는 세대원을 확인한다. ⇨ 전입세대원이 위탁자 본인이거나 그 가족구성원이라면 신탁사에 대항할 수 없다. 그러나 제3자가 대항요건을 갖추고 있다면 대항력이 있을 수 있다. 신탁등기일을 기준으로 신탁등기 전에 대항요건을 갖춘 임차인은 대항력이 있어서 매수자가 인수해야 한다. 이후에 갖추고 있으면 대항력이 없어서 명도대상이다.

③ 신탁등기 후에 수탁사 등과 계약한 임차인은 어떻게 분석해야 하나?

첫번째, 신탁등기 후에 대항요건을 갖추고 있더라도 이러한 경우에는 두 가지로 나누어 볼 수 있다. 첫째로 수탁사가 임대인이 되면서 임대차보증금을 수탁사 법인계좌에 보관하는 방법, 또는 1순위 우선수익자의 채권을 상환하는 방법이다. 둘째로, 신탁등기 후에 수탁사와 우선수익자의 동의를 얻어 위탁자를 임대인으로 계약한 경우에 대항력이 있어서 매수인의 부담으로 남게 된다.

<u>첫 번째 방법은</u> 신탁기관이 보관하고 있다면 신탁재산인 임대차보증금으로 반환하게 되므로 신탁재산 공매와 무관하다. 임차보증금으로 1순위 우선수익자의 채권을 상환한 경우에는 임차인이 대항력을 주장할 것인지(매수인 인수조건으로 매각), 아니면 계약을 해지하고 보증금을 반환받고 이사 나갈 것인지의 문제만 남는다. <u>그러나 두 번째의 경우도</u> 임차인은 주택임대차보호법상 대항력이 있어서 대항력으로 계속 거주하는 방법을 택할 수도 있고, 대항력을 스스로 포기하고 배당요구해서 배당에 참여가 가능하다(이러한 법적 근거는 임대차기간 중에도 소유자가 변경되면 임차인은 계약해지권을 가지고 있기 때문이다). 이렇게 대항력을 주장하느냐와 매각대금으로 변제 받고 소멸되느냐에 따라 매수인이 인수하느냐? 인수하지 않고 소멸되느냐가 결정된다. 따라서 공매 공고문과 공매담당자를 통해서 매각조건을 정확하게 판단하고 입찰에 참여해야 한다.

④ 건축물대장과 건물 현황도 및 평면도를 확인해라!

이러한 서류는 정부24와 주민센터 등에서 발급받아 확인할 수 있다. 이렇게 분석하는 것은 신탁공매에서 감정평가서를 확인할 수 없는 경우가 많고, 확인이 가능하더라도 약식감정서로 인해서 자세하게 확인할 수 없는 경우가 많다. 그리고 불법건축물 등으로 인해서 이행강제금 등의 부과가 따를 수도 있기 때문이다.

(3) 수탁사의 공매담당자, 그리고 우선수익자를 통해서 확인하는 방법

앞에서와 같은 방법으로 확인할 수 없을 때에는 수탁사의 공매담당자와 우선수익자(대출금융기관 등)를 통해서 확인해서 권리를 분석하면 된다. 특히 우선수익자는 대출심사단계에서 전입세대 열람 등을 통해서 대항력 유무를 판단하고 대출을 실행하게 되므로 공매대상 부동산에 대해서 자세한 내용을 알고 있다. 우선수익자의 전화번호는 수탁사에 문의하거나 등기부에 등기된 상호와 주소를 통해서 확인하면 된다.

그리고 담보신탁에 의한 신탁등기로 수탁자가 된 것이 아니라 분양형 관리신탁에 의해 신탁등기권자(수탁자)가 직접 분양하는 과정에서 미분양물건 발생하고 이 미분양물건에 대해서 신탁공매를 진행하는 경우에는 신탁등기 전에 등기된 근저당권이나 임차인 등이 발생할 수도 있으니 더욱 주의가 필요하다.

◆ 신탁재산 납세의무와 신탁재산 수탁자의 물적 납세의무

(1) 신탁설정 등기 및 해지 시에 취득세, 양도세, 부가세 부과 여부

신탁설정으로 인해 위탁자로부터 수탁자로 재산이 이전되거나 신탁해지로 수탁자로부터 위탁자로 재산이 이전되는 것은 새로운 취득 및 양도로 보지 않는다(지방세법 9조 ③)(소득세법 88조 1호 다목)(부가법 10조 ⑨4호).

다만, 위탁자가 신탁을 해지할 수 없거나 수익자를 변경할 수 없는 등 신탁재산을 실질적으로 지배하고 소유하는 것으로 볼 수 없는 경우는 양도소득세가 부과될 수도 있다(소득세법 88조 1호 다목).

⇨ 따라서 신탁설정 등기 및 해지하는 경우 취득세, 양도세, 부가세 등은 부과대상이 아니다.

(2) 법 개정 전 지방세법, 종합부동산세법, 부가가치세법에 따른 판례

① **대법원 2012. 7. 12. 선고 2010다67593 판결**

신탁법 제21조 제1항 단서에서 예외적으로 신탁재산에 대하여 강제집행 또는 경매를 할 수 있다고 규정한 '신탁사무의 처리상 발생한 권리'에 위탁자를 채무자로 하는 경우도 포함되는지 여부(소극)

② 대법원 2017. 8. 29. 선고 2016다224961 판결

신탁 이후에 신탁재산에 대하여 위탁자를 납세의무자로 하는 재산세가 부과된 경우, 위 조세채권에 기하여 수탁자 명의의 신탁재산을 압류하거나 신탁재산에 대한 집행법원의 경매절차에서 배당을 받을 수 있는지 여부(소극)

(3) 법 개정 후 지방세법, 종합부동산세법, 부가가치세법상 신탁재산 수탁자의 물적 납세의무

① 지방세법 제119조의 2[신탁재산 수탁자의 물적 납세의무(2020. 12. 29 제목개정)]

제1항 신탁재산의 위탁자가 다음 각 호의 어느 하나에 해당하는 재산세·가산금 또는 체납처분비를 체납한 경우로서 그 위탁자의 다른 재산에 대하여 체납처분을 하여도 징수할 금액에 미치지 못할 때에는 해당 신탁재산의 수탁자는 그 신탁재산으로써 위탁자의 재산세 등을 납부할 의무가 있다(2020. 12. 29. 개정).

② 종합부동산세법 제7조의 2[신탁주택 관련 수탁자의 물적 납세의무(2020. 12. 29 신설)]

③ 종합부동산세법 제16조의2[물적납세의무에 대한 납부특례]

④ 부가가치세법 제3조의 2[신탁 관련 제2차 납세의무 및 물적 납세의무(2020. 12. 22. 제목 개정)]

(4) 부동산신탁과 수탁자의 신탁관련 물적 납세의무

가. 수탁자에게 물적 납세의무 부과 시행 시기

처음으로 2018년 부가가치세에 도입되었다가 현재는 재산세 및 종합부동산세까지 그 적용 범위가 확대되었다. 수탁자의 물적 납세의무는 부가가치세법, 지방세법, 종합부동산세법에 규정되어 있는데, 그 내용은 모두 같다.

즉 부가가치세법은 2018년 도입되었고, 지방세법과 종합부동산세법은 2021년 1월 1일부터 적용된다.

나. 수탁자에게 신탁관련 물적 납세의무 부담 요건

① 신탁 설정일 이후에 ② 국세기본법 제35조 제2항 또는 지방세기본법 제71조

제1항 제3호에 따른 법정기일이 도래하는 부가가치세, 재산세, 종합부동산세와 그 납부지연가산세로 ③ 해당 신탁재산과 관련하여 발생한 것이 체납되어야 하고 ④ 납세의무자에게 신탁재산이 있어야 하며, ⑤ 그 납세의무자의 다른 재산에 대하여 강제징수를 하여도 징수할 금액에 미치지 못하여야 하고, ⑥ 그 신탁재산으로써만 신탁법 제2조에 따른 수탁자는 납세의무자의 부가세 등을 납부할 의무를 부담한다.

다. 물적 납세의무를 지우기 위해서는 매각되기 전까지 수탁자에게 통지해야 한다!

신탁등기 이후에 위탁자에게 부과된 세금을 가지고, 세무서장 등이 납부통지서를 수탁자에게 고지하여야 한다. 납부통지서가 수탁자에게 송달되기 전까지는 수탁자는 물적 납세의무를 지지 않는다. 따라서 세무서장 등은 신탁공매로 매각되기 전까지 수탁자에게 위탁자가 체납한 재산세, 종부세, 부가가치세 등을 통지해야만 배당에 참여할 수 있다. 이 경우 수탁자의 주소 또는 거소를 관할하는 세무서장 등과 위탁자에게 그 사실을 통지하여야 한다. 통지 이후에 수탁자의 지위를 승계한 자 역시 위탁자의 체납세액을 승계한 것으로 본다.

라. 따라서 신탁공매 물건에 입찰하거나 우선수익권을 NPL로 매수하는 경우

신탁공매 공고문과 신탁공매 담당자를 통해서 수탁자의 물적 납세의무로 납부고지서가 수탁자에게 통지된 사실 여부를 확인하고, 있다면 매각대금에서 2순위로 공제해서 매수인이 인수하지 않아도 되는지 또는 매수인 부담으로 매각되는지 등을 확인하고 입찰해야 한다.

필자가 신탁기관에 확인한 결과 대부분 신탁공매로 매각되기 전에 세무서장 등으로부터 납부고지서를 수령한 경우, 매각대금에서 공제한다는 이야기를 들을 수 있었다. 하지만, 신탁공매를 진행하는 매각기관마다 다를 수 있으니 신탁공매 집행기관과 신탁공매 공고문을 확인하고 입찰해야 한다.

왜냐하면 세무서장과 시·군·구청장 등이 납부고지서를 수탁자에게 통지 후,

새로이 소유권을 취득한 자는 위탁자의 체납세액을 인수하는 것으로 법으로 정하고 있기 때문이다.

◇ 수탁자가 신탁공매 처분대금으로 정산하는 순서

1순위 : 신탁계약과 관련된 비용 및 보수

가. 비용 : 전기 · 수도 · 관리비 · 보험료 · 신문공고료 등

나. 보수 : 수탁자에게 지급하여야 하는 재산 처분 수수료(신탁공매 집행 비용) 및 미지급 재산 관리 수수료

2순위 : 처분 잔대금 수납약정일까지 수탁자 명의로 고지된 재산세 등 조세 · 공과금

3순위 : 신탁등기 전 소액임대차보증금(주택임대차보호법 제8조, 상가건물임대차보호법 제14조)

4순위 : 신탁등기 전 임대차보증금(주택임대차보호법 제3조의 2, 상가건물임대차보호법 제5조), 근저당권(채권최고액 범위 내), 전세권, 등기된 임차권 등의 피담보채권. 단, 이들 간의 순위는 민법의 규정에 의한다.

5순위 : 수탁자에게 반환의무 있는 임대차보증금 중 제3호 및 제4호에 해당하지 않는 것(신탁회사에 대항력 있는 임차인의 임대차보증금으로 신탁등기 이후에 수탁자와 우선수익자의 동의를 얻어 위탁자와 임대차계약을 체결한 경우 발생되는 채권 등)

6순위 : 우선수익자의 채권(지연손해금, 이자, 원금의 순서로 충당) : 이 채권도 1순위 우선수익자의 채권, 2순위 우선수익자의 채권, 3순위 우선순위자의 채권 순으로 정산한다.

7순위 : 순차 변제하고 잔여액이 있을 경우 그 잔여분을 수익자(수익자가 없으면 위탁자)에게 지급하는 순서로 진행된다.

이 처분대금 정산 시기는 처분 잔대금 수납 이후로 하고 위 7순위에 따른 금액은 위탁자 또는 수익자가 매수인에게 신탁부동산을 명도한 후에 양수인의 인수확인서를 수탁자에게 제시하였을 때 지급한다.

04 벽산아파트를 신탁공매로 낙찰 받아 재테크로 성공한 사례

이 사례는 서울시 도봉구 방학동에 있는 아파트로 감정가 3억4800만원인데 신탁공매로 매각되는 물건이다. 현장답사를 통해서 아파트 시세를 조사해 보았더니 3억2,000만원 정도로 감정가가 시세보다 높게 형성되어 있다는 사실을 확인할 수 있었다(신탁재산 공매감정가는 시세보다 10% 정도 높게 평가된 사례가 많음). 그래서 268,788,000원에 입찰하기로 결정했다. 이 아파트의 사진과 주변 현황도, 입찰정보 및 입찰결과 내역은 다음과 같다.

◇ 도봉구 벽산아파트의 주변 현황도

◆ 공매 입찰정보내역 물건분석

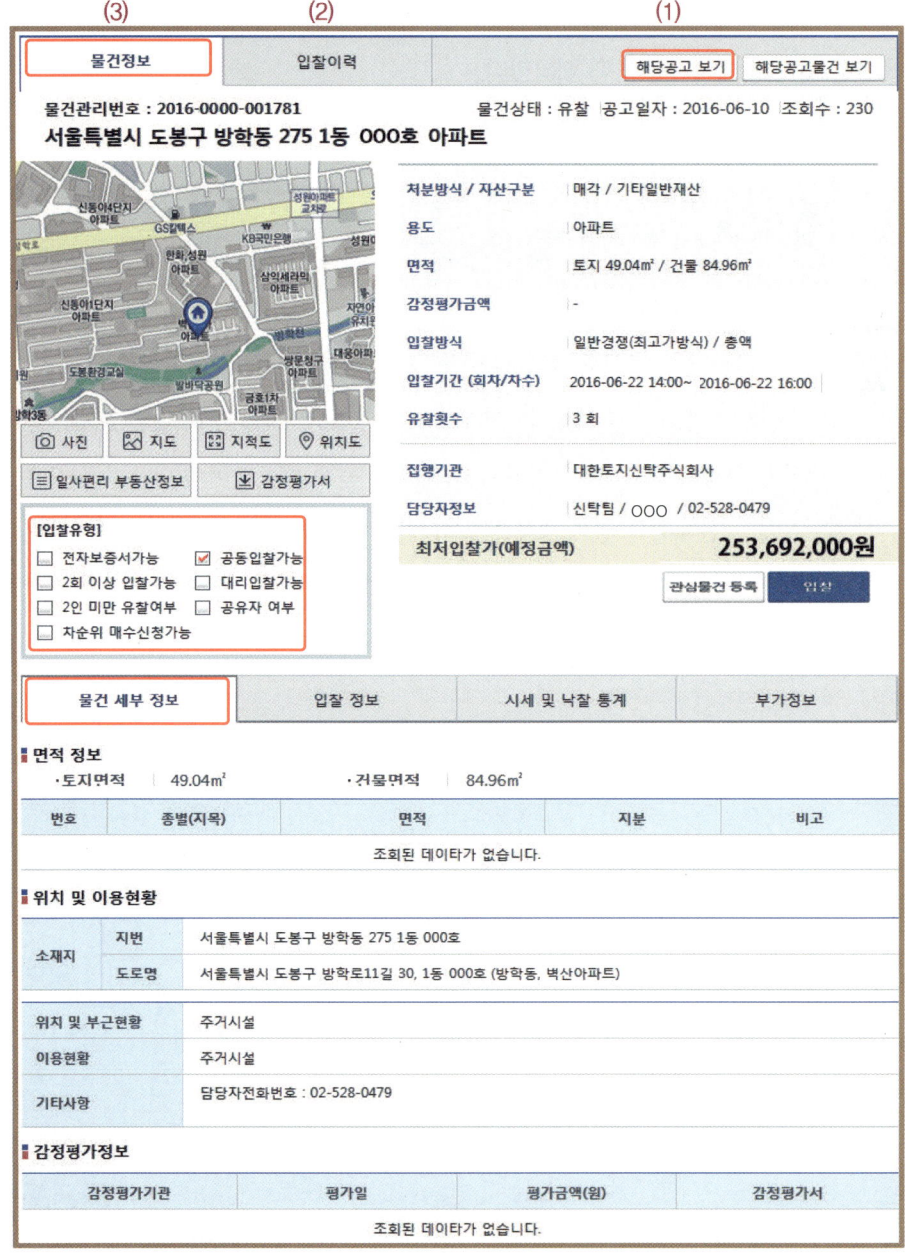

명도이전책임 및 부대조건							
명도책임		매수인 책임					

물건 세부 정보		**입찰 정보**		시세 및 낙찰 통계		부가정보	

입찰 방법 및 입찰 제한 정보

전자보증서 사용여부	사용 불가능	차순위 매수신청 가능여부	신청 불가능
공동입찰 가능여부	공동입찰 가능	2인 미만 유찰여부	1인이 입찰하더라도 유효한 입찰로 성립
대리입찰 가능여부	대리입찰 불가능	2회 이상 입찰 가능여부	동일물건 2회 이상 입찰 불가능

회차별 입찰 정보

입찰번호	회차/차수	구분	대금납부/납부기한	입찰기간	개찰일시	개찰장소	최저입찰가(원)
0001	001/001	인터넷	일시불/계약일로부터30일내	2016-06-20 10:00~ 2016-06-20 12:00	2016-06-21 10:00	온비드	348,000,000
:	:	:	:	:			:
0001	004/001	인터넷	일시불/계약일로부터30일내	2016-06-22 14:00~ 2016-06-22 16:00	2016-06-23 10:10	온비드	253,692,000
0001	005/001	인터넷	일시불/계약일로부터30일내	2016-06-24 10:00~ 2016-06-24 12:00	2016-06-27 10:00	온비드	248,000,000

◆ 신탁재산 공매에서 권리를 분석하는 방법

신탁공매물건에 입찰하기 위해서 <u>1차적으로</u> 공매공고문을 통해서 인수할 권리 등 매각조건을 다음과 같이 분석해야 한다.

<u>2차적으로</u> 입찰 정보내역을 확인해서 과거 입찰 사례에서 공매 입찰자가 잔금 미납으로 공매가 취소되거나 무잉여로 공매가 취소된 사실 등, 아니면 정상적으로 공매가 유찰되어 왔는지 등을 분석한다.

<u>3차적으로</u> 신탁공매 물건 입찰정보 내역과 공매 담당자를 통해서 인수할 권리나 매각조건, 그리고 입찰할 때 주의할 사항 등을 확인하고,

<u>4차적으로</u> 공적장부인 신탁원부를 포함한 등기부를 발급 받고, 건축물대장상 위반건축물, 그리고 주민센터에서 전입세대 열람을 통해서 주택에서 인수할 임차인과 등기부에서 인수할 권리가 있는가를 분석해야 한다(<u>신탁원부를 포함한 등기</u>

부를 제출용으로 발급받기 위해서는 등기소를 방문해서 발급받아야 하지만, 권리분석만을 위해서 열람용으로 발급받는 것은 2025년 1월 31일부터 대법원 인터넷 등기소에서 간단하게 발급받을 수 있도록 개정되어 시행하고 있다).

5차적으로 4차에 확인한 사항을 바탕으로 등기부상 등기된 채권과 신탁등기 전에 입주한 전입세대원 등이 있는 경우 공매 담당자와 우선수익자(대출금융기관) 등을 통해서 인수 여부를 판단하고 수익분석(취득세와 보유세, 양도세 등) 후 입찰하면 된다.

◆ 신탁기관 등이 온비드로 공매절차를 진행하는 입찰공고 내용

신탁공매 공고는 신탁기관에 따라서 ① 온비드사이트와 신탁기관 자체 홈페이지에 공고만하는 신탁기관과 ② 온비드사이트와 신탁기관 자체 홈페이지의 공고와 병행해서 신문에 공고하는 신탁기관도 있다. 실무적으로 신탁기관 등의 공고는 온비드사이트와 자체 홈페이지에 공고하고 공매절차를 진행하고 있다. 공고문을 반드시 확인해야 하는 이유는 공매가 어떠한 매각조건으로 매각되는가를 확인하기 위해서다. 그러한 입찰 공고문은 다음과 같이 확인할 수 있다.

신탁부동산 공매공고

1. 공매대상물건 및 최저매매가격

1) 목적부동산 : 서울특별시 도봉구 방학동 275 벽산아파트 제1동 제OOO호

구 분	층	호 수	전유 면적(㎡)	용 도
1	제3층	제OOO호	84.96	공동주택

2) 공매일시 및 최저매매가격

(단위 : 원, 부가가치세 없음)

구 분	공매일시(응찰가능일시)	온비드 개찰일시	최저매매가격
1차 공매	2016. 06. 20. 10:00 ~ 12:00	2016. 06. 21. 10:00	348,000,000

2차 공매	2016. 06.20. 14:00 ~ 16:00	2016. 06. 21. 10:10	313,200,000
3차 공매	2016. 06.22. 10:00 ~ 12:00	2016. 06. 23. 10:00	281,880,000
4차 공매	2016. 06.22. 14:00 ~ 16:00	2016. 06. 23. 10:10	253,692,000
5차 공매	2016. 06.24. 10:00 ~ 12:00	2016. 06. 27. 10:00	248,000,000

※ 인터넷 공매의 특성상, 각 일자별 공매가 유찰된 경우에 한하여 다음 차수 공매실시 전 영업일 18시까지 전차 공매조건이상으로 수의계약이 가능합니다.

2. 공매 관련 사항

1) 공매장소 : 인터넷 전자입찰(www.onbid.co.kr)
2) 명도책임 : 공매목적물에 대한 인도 및 명도 책임은 매수자 부담
3) 공매공고 : 온비드 게시판(www.onbid.co.kr) 및 당사 홈페이지(www.reitpia.com)
4) 공매방법 – 이하 생략함.
5) 입찰보증금
- 입찰금액의 10% 이상을 인터넷입찰마감시간 전까지 "온비드" 지정계좌에 입금하여야 합니다(공매개찰 결과 유찰자의 입찰보증금은 입찰서 제출 시 지정한 환불예금계좌로 입찰일 익일에 이자 없이 환불되며, 별도의 송금수수료가 발생될 경우에는 입찰보증금에서 이를 공제합니다).

6) 토지거래허가 등과 제세공과금 – 이하 생략함.
7) 계약체결 및 대금납부
- 낙찰자는 당사가 정한 계약서에 의하여 낙찰일로부터 5영업일 이내에 매매계약을 체결하여야 하며, 계약 시 입찰보증금을 전액 계약금보증금으로 대체하고, 계약을 체결하지 않을 경우에는 낙찰을 취소하고, 입찰보증금은 매도자에게 귀속됩니다.
- 대금납부방법

구 분	금 액	시 기	비 고
계약금	매매금액의 10%	계약 체결시(입찰보증금 대체)	–
잔 금	매매금액의 90%	계약체결일로부터 30일 이내	–

8) 입찰의 무효 및 취소 – 이 내용은 지면상 생략함.
9) 공매목적물 인도 및 명도 책임과 소유권 이전 – 이 내용은 지면상 생략함.
10) 기타사항 – 이 내용은 지면상 생략함.

3. 안내사항 – 이 내용은 지면상 생략함.

공매관련 세부사항 문의처 : TEL (02)528-0508 FAX (02)528-0472

◆ 이 신탁기관 아파트공매에서 권리분석은 어떻게 하면 되나?

입찰할 공매대상 아파트를 찾았다면 앞에서와 같이 1차적으로 신문에 게재되었던 신탁공매 공고문과 온비드에서 제공하는 신탁공매 입찰정보 내역을 분석하여 매각조건을 확인하고, 2차적으로 등기부 등의 공적장부 등과 현장답사를 통한 권리분석을 해야 한다. 이 과정에서 부족한 내용이 있다면 수탁사의 공매담당자, 그리고 우선수익자(대출금융기관)를 통해서 확인하면 된다.

(1) 공적장부 등을 통해서 권리를 분석하는 방법

가) 등기사항증명서와 신탁원부 확인

등기소에서 등기사항증명서를 발급받을 때 신탁원부를 포함해서 발급 받아 첫 번째로 수탁사로 등기된 신탁등기일과 그 이전에 소유자(위탁자)를 확인한다. 그리고 신탁원부에서 대출을 실행한 금융기관(우선수익자) 등의 채권금액과 이자 등을 확인한다.

① 등기사항전부증명서

【갑 구】(소유권에 관한 사항)				
순위번호	등기목적	접 수	등기원인	권리자 및 기타사항
1	소유권 이전	1995년 04월08일 제19420호	1995년 02월20일 매매	소유자 남기영 ○○○○○○-******* 서울시 강남구 서초동 ○○○
2	소유권 이전	2014년 05월13일 제30353호	2014년 04월14일 매매	소유자 진수미 ○○○○○○-******* 서울시 도봉구 방학로11길 36, 1동 ○○○호 (방학동, 벽산아파트)
3	소유권 이전	2015년 09월07일 제77979호	2015년 09월07일 신탁	수탁자 대한토지신탁주식회사 ****-***** 주소 서울시 강남구 영동대로 517, ~이하 주소생략
				신탁 신탁원부 제2115-1103호

② 신탁원부에서 위탁자와 수탁자, 그리고 우선수익자를 확인하고, 이들 간에 부동산 담보신탁계약과 대출금액과 이자내역 등을 확인한다.

부동산 담보신탁 계약서

제1조 (신탁목적)

~ 이하 본문 내용은 지면상 생략하기로하고, 신탁공매에서 꼭 확인해야 할 다음 [별지 2] 만 기술해 놓았다. 여기서 위탁자와 수탁자, 우선수익자를 확인할 수 있고, 대출금액도 확인할 수 있다.

[별지 2]

1. 신탁기간 : 신탁계약 체결일로부터 우선수익자에 대한 채무변제 시까지

2. 수익자

	신탁원본 및 신탁수익의 우선수익자	
1순위	법인명(성명)	경인파이낸스대부(주)
	법인(주민)등록번호	110111-*******
	주 소	서울특별시 서초구 남부순환로 OO길 OO
	우선수익한도액	316,680,000원

신탁원본 및 신탁수익의 수익자	
법인명(성명)	진수미
법인(주민)등록번호	○○○○○○-*******
주 소	서울시 도봉구 방학로11길 36, 1동 ○○○호 (방학동, 벽산아파트)

3. 채무자
   법인명(성명) : 진수미
   법인(주민)등록번호 : ○○○○○○-*******
   주   소 : 서울시 도봉구 방학로11길 36, 1동 ○○○호 (방학동, 벽산아파트)

4. 계약일자 : 2015년 OO월 OO일

5. 계약당사자
   (가) 위탁자
      법인명(성명) : 진수미
      법인(주민)등록번호 : ○○○○○○-*******
      주   소 : 서울시 도봉구 방학로11길 36, 1동 ○○○호 (방학동, 벽산아파트)

   (나) 수탁자
      법인명(성명) : 대한토지신탁 (주)
      법인(주민)등록번호 : 110111-*******
      주   소 : 서울시 강남구 영동대로 517, - 이하 주소 생략.

(다) 우선수익자
　법인명(성명) : 경인파이낸스대부 (주)
　법인(주민)등록번호 : 1101114-*******
　주　소 : 서울특별시 서초구 남부순환로 OO길 OO
— 이 하 여 백 —

나) 주민센터 등에서 전입세대열람과 신탁등기일을 기준으로 대항력 유무 판단

전입세대열람 등을 통해서 공매대상주택에 거주하는 세대원을 확인한다. ⇨ 전입세대원이 위탁자 본인이거나 그 가족구성원이라면 신탁사에 대항할 수 없다. 그러나 제3자가 대항요건을 갖추고 있다면 대항력이 있을 수 있다. 신탁등기일을 기준으로 신탁등기 이전에 대항요건을 갖춘 임차인은 대항력이 있어서 매수자가 인수해야 한다. 이후에 갖추고 있으면 대항력이 없어서 명도대상이 되는 것이 원칙이지만, 예외적으로 수탁자와 우선수익자의 동의를 얻어 계약 후 입주했다면 대항력이 있어서 매수인이 인수해야 한다.

전입세대열람

행정기관 : 서울특별시 서초구 서초 4동　　　작업일시 : 2016년 6월 22일
　　　　　　　　　　　　　　　　　　　　페 이 지 :
주소 : 서울시 도봉구 방학로11길 36, 1동 ○○○호 (방학동, 벽산아파트)

순번	세대주 성명	전입일자	거주상태	최초전입자	전입일자	거주상태	동거인수
			주　　소				
1	최**	2010-05-10	거주자	최**	2010-05-10	거주자	
	서울시 도봉구 방학로11길 36, 1동 ○○○호 (방학동, 벽산아파트)						

이 아파트는 전입일자가 2010년 05월 10일로 신탁등기일 2015년 09월 07일보다 빨라서 임차인 등이 거주하고 있었다면 대항력이 있는 임차인이다. 선순위 임차인인 경우에는 매각조건으로 인수하느냐, 아니면 매각대금으로 변제하고 소멸시키느냐를 확인하고 입찰에 참여해야만 한다. 다행히도 대항력 있는 임차인

이 거주하는 것이 아니라 채무자겸 위탁자 진수미의 남편 최○○이 배우자 진수미와 함께 거주하고 있어서 매수인이 인수할 권리가 없었다. 그러나 확인할 수 없는 경우에는 우선수익자 등을 통해 확인하고 입찰에 참여해야 한다.

다) 건축물대장과 건물 현황도 및 평면도를 확인해라!

이러한 서류는 정부24와 주민센터 등에서 발급받아 확인할 수 있다. 이렇게 분석하는 것은 신탁공매에서 감정평가서를 확인할 수 없는 경우가 많고, 확인이 가능하더라도 약식감정서로 인해서 자세하게 확인할 수 없는 경우가 많다. 그리고 위반건축물 등으로 인해서 이행강제금 등의 부과가 따를 수도 있기 때문이다.

(2) 현장답사를 통한 시세조사와 물건분석

앞에서와 같이 공적장부 등을 분석했다면, 현장답사를 통한 권리분석을 해야 한다. 현장답사를 통해서 이 아파트의 시세를 조사해 보았더니 3억2,000만원 정도로 감정가가 시세보다 높게 형성되어 있었다(감정가는 부동산경기가 호경기에는 시세보다 낮고, 불경기에는 시세보다 높다는 사실을 이해해야 한다. 이는 감정가가 과거 거래사실을 기준으로 판단하는 경향이 있기 때문이다). 그리고 임대시세는 2억6,000만원 정도였다. 이 아파트의 사진과 주변 현황도, 입찰정보 등은 앞의 내용을 참고하면 되므로 생략했다.

그리고 이 과정에서 부족한 내용을 다음 수탁사의 공매담당자, 그리고 우선수익자(대출금융기관)를 통해서 확인해야 한다.

(3) 수탁사의 공매담당자, 우선수익자를 통해서 확인하는 방법

앞에서와 같은 방법으로 확인할 수 없을 때에는 수탁사의 공매담당자와 우선수익자(대출금융기관 등)를 통해서 확인해서 권리를 분석하면 된다. 특히 우선수익자는 대출심사단계에서 전입세대 열람 등을 통해서 대항력 유무를 판단하고 대출을 실행하게 되므로 공매대상 부동산에 대해서 자세한 내용을 알고 있다. 우선수익자의 전화번호는 수탁사에 문의해서 확인하면 된다.

(4) 신탁재산 공매 매각대금에서 배당 우선순위 결정 방법

신탁재산을 공매로 매각했다면 다음과 같은 순서로 배당하면 된다.

〈여기서 배당순위는 앞의 526쪽에 기술한 바 있고, 채무자겸 위탁자 가족들이 거주하고 있어서 배당의 의미가 없어서 지면상 생략했다〉

◆ 지금까지 조사한 자료로 수익분석 후 입찰에 참가해야 한다!

어쨌든 이 공매사례에서는 채무자겸 위탁자 가족들이 거주하고 있어서 낙찰자가 인수할 권리가 없었다. 이렇게 권리에 문제가 없다면 현장답사를 통해서 확인한 시세 등을 종합적으로 분석하여 기대수익이 확보되는 수준으로 입찰가를 결정하면 된다. 그래서 268,788,000원에 입찰하기로 결정했고, 입찰서는 PART 17 온비드에서 신탁공매물건을 찾아 권리분석 후 입찰하는 방법(515쪽)을 참고해 제출했다.

◆ 박해정이 5대 1의 경쟁률을 뚫고 벽산아파트를 낙찰 받다!

상세입찰결과

물건관리번호	2016-0000-001781	기관명	대한토지신탁주식회사
물건명	서울특별시 도봉구 방학동 275 1동 OOO호 아파트		
공고번호	201606-07251-00	회차 / 차수	004 / 001
처분방식	매각	입찰방식/경쟁방식	최고가방식 / 일반경쟁
입찰기간	2016-06-22 14:00 ~ 2016-06-22 16:00	총액/단가	총액
개찰시작일시	2016-06-23 11:30	집행완료일시	2016-06-23 11:31
입찰자수	유효 5명 / 무효 1명(인터넷)		
입찰금액	268,788,000원/ 266,730,000원/ 263,600,000원/ 254,720,000원/ 254,560,000원		
개찰결과	낙찰	낙찰금액	268,788,000원
감정가 (최초 최저입찰가)	-	최저입찰가	253,692,000원
낙찰가율 (감정가 대비)	-	낙찰가율 (최저입찰가 대비)	105.95%

이 아파트는 박해정이 3억2,000만원 정도 가는 아파트를 268,788,000원에 낙찰 받았다. 낙찰 받고 나서 채무자겸 위탁자 가족들을 만나 수차례 협의를 거쳤으나 협의가 이루어지지 않아서 점유이전금지 가처분과 부당이득을 포함해서 명도소송을 진행하게 되었다. 그 과정에서 명도도 이루어졌다. 그리고 명도하자마자 매수자가 있어서 바로 팔아 높은 시세차익을 볼 수 있었던 사례이다.

05 현대리버티하우스아파트가 신탁공매로 매각된 사례

서울특별시 용산구 한남동 000외 1필지 현대리버티하우스 0000호로 감정가 27억8,020만원으로 ㈜무궁화신탁에서 신탁공매로 매각하는 물건이다.

이 아파트는 용산구 한남동 유엔빌리지 내에 있는 것으로 위치는 다음 주변 현황도와 같다. 아파트 내부 구조는 방 4개, 욕실 2개이고, 분양면적은 255.82㎡(77평형)이고, 전용면적은 217.42㎡(65.76평)이다.

◆ 현대리버티하우스아파트의 주변 현황도

◆ 현대리버티하우스아파트의 내부 구조도

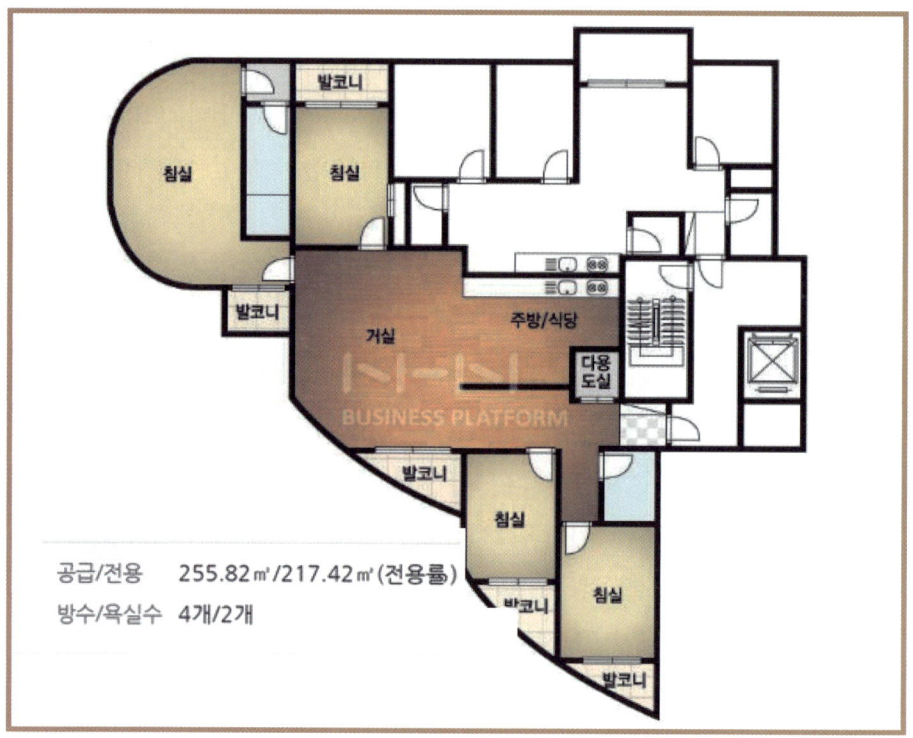

◆ 현대리버티하우스 네이버 매물(매매, 전세) 시세 현황

이 현대리버티하우스 아파트와 같은 평형이 전세로 나와서 실제 내부를 확인해 보았는데 한강이 보이는 관계로 네이버 매물 시세처럼 매매 시세는 30억~32억 원, 전세 시세는 20억~21억원선이었다.

그래서 2,030,800,000원으로 저감된 상태에서 2,040,000,000원으로 입찰하면 시세보다 9억원 정도 낮은 금액으로 취득할 것으로 분석했다.

◆ 신탁공매 입찰정보내역 물건분석

신탁공매 물건에 입찰하기 위해서 1차적으로 신탁공매 공고문을 통해서 인수할 권리 등 매각조건을 분석해야 한다.

입찰이력정보

10줄씩 보기 | 정렬

회차/차수	입찰번호	처분방식	개찰일시	최저입찰가	입찰결과	낙찰가/낙찰율	상세입찰결과
004/001	0001	매각	2024-11-15 09:00	2,030,800,000원	낙찰	**2,040,000,000원** 100.45%	상세이동
003/001	0001	매각	2024-11-13 09:00	2,255,000,000원	유찰	-	상세이동
002/001	0001	매각	2024-11-08 09:00	2,503,800,000원	유찰	-	상세이동
001/001	0001	매각	2024-11-06 09:00	2,780,200,000원	유찰	-	상세이동

◇ 신탁기관 등이 온비드 공매로 진행하는 입찰공고 내용

신탁부동산 공매 공고

1. 공매 대상 물건
[별지1] 참조

2. 매각 방법
[■ 일괄매각 / ㅁ 개별매각]

3. 인터넷 입찰일시 및 각 차수별 최저입찰금액

(단위: 원, V.A.T 포함)

구분	입찰일시	개찰일시	최저입찰가격			
			토지가격	건물가격	건물부가세	합계
1차	2024-11-05 10:00~16:00	2024-11-06 09:00	1,898,539,187	801,460,813	80,146,081	2,780,200,000
2차	2024-11-07 10:00~16:00	2024-11-08 09:00	1,709,824,392	721,795,608	72,179,561	2,503,800,000
3차	2024-11-12 10:00~16:00	2024-11-13 09:00	1,539,867,847	650,049,125	65,004,913	2,255,000,000
4차	2024-11-14 10:00~16:00	2024-11-15 09:00	1,386,804,983	585,434,242	58,543,424	2,030,800,000
5차	2024-11-19 10:00~16:00	2024-11-20 09:00	1,273,525,205	537,613,631	53,761,363	1,865,000,000

가. 각 차수별 최저입찰가격은 전차 최저입찰가격에서 10% 이하 차감한 가격이며, 10만원 이하는 절상합니다.

나. 공매가 유찰된 경우는 다음 차 공매 개시 전까지 직전 차 최저입찰가격 이상으로 수의계약을 체결할 수 있습니다. 다만, 본 공고의 마지막 공매가 최종 유찰된 후 12개월이 초과한 경우에는 본 조항이 적용되지 않습니다.
〈이하 다항에서 바항 내용은 지면상 생략함〉

4. 공매 사항
가. 공매 장소 : 인터넷 전자입찰(www.onbid.co.kr)
나. 입찰 방법
 (1) 본 공매 입찰은 한국자산관리공사(KAMCO)가 관리 · 운영하는 전자자산처분시

스템(온비드)을 이용한 인터넷 전자입찰로, 입찰 참가자는 입찰 참가 전에 반드시 온비드에 회원가입 및 실명확인을 위한 공인인증서를 등록하여야 하며, "온비드" 이용방법 및 인터넷 입찰 참가자 준수규칙 등을 준수하여야 합니다.
(2) 입찰의 성립 : 공개경쟁입찰 방식으로 1인 이상의 유효한 입찰로서 성립합니다.
(3) 낙찰자 결정 : 최저입찰가격 이상 응찰자 중 최고 금액 응찰자에게 낙찰합니다.
다. 입찰 보증금
입찰금액의 10% 이상을 인터넷 입찰 마감시간 전까지 "온비드"지정 계좌에 입금하여야 합니다.
라. 입찰(낙찰)의 무효 및 취소
마. 계약체결 및 대금납부
(1) 낙찰자는 당사가 정한 계약서에 의하여 낙찰일로부터 5영업일 이내(단, 토지거래허가구역일 경우 20영업일 이내)에 매매계약을 체결하여야 하며, 계약 시 입찰보증금을 전액 계약보증금으로 대체하고, 계약을 체결하지 않을 경우에는 낙찰을 취소하고, 입찰보증금은 매도자에게 귀속됩니다.
〈이하 (2)번에서 (4)번 내용은 지면상 생략함.〉
(5) 토지거래계약 불허가 통지를 받은 때에는 낙찰을 취소하고, 입찰보증금은 낙찰자에 반환됩니다.
(6) 이하 내용은 지면상 생략함.
(7) 대금납부방법

구분	금액	시기	비고
계약금	매매금액의 10%	계약 체결시(입찰보증금 전액으로 대체)	
잔 금	매매금액의 90%	계약체결일로부터 60일 이내	

바. 소유권 이전
(1) 매매계약 체결에 따른 소유권이전등기 비용과 책임은 매수자가 부담합니다.
(2) 이하 내용은 지면상 생략함.
(3) 거래계약 체결일부터 30일 이내 매수자는 '부동산거래신고 등에 관한 법률' 제3조에 의거 당해 토지 건축물 소재지 관할 시장·구청장·군수에게 부동산실거래가 신고를 해야 하며, 이를 위반하여 매도자에 발생한 손해에 대해 손해배상 책임을 부담합니다.
사. 명도 책임 : 공매목적물에 대한 인도 및 명도 책임은 매수자 부담
아. 제세공과금
(1) 당사는 어떠한 경우에도 고유재산으로 일체의 제세공과금 및 각종 부담금, 관리비 등 일체의 비용에 대한 납부 의무를 부담하지 않습니다.
(2) 공매 대상 목적물과 관련하여 위탁자가 체납한 제세공과금 등으로 인하여 사실상·법률상 불이익(인허가 변경 등)이 발생할 수 있고 이를 매수자가 부담할 수 있으며, 이에 대하여 당사는 어떠한 책임도 부담하지 않음.
(3) 본 매매 목적물에 대한 잔금 납부기한 만료일과 실제 잔금 지급일 중 빠른 날 이후에 발생되는 각종 제세공과금은 매수인 부담으로 합니다.
(4) 매매 목적물의 공용부분 체납관리비가 존재하는 경우, 잔금일자와 관계없이 매수인이 전부 부담합니다.

이 공매공고문을 통해서 매각조건을 확인하니 ① 입찰 방법은 온비들 통해서 입찰해야 한다는 것과 ② 입찰보증금은 매수희망가의 10%, ③ 계약체결은 낙찰자 결정 후 5일이내, ④ 잔금 납부기한은 계약체결일로부터 60일이내 납부하는 조건이다. ⑤ 토지허가구역 내에서 토지거래계약 불허가 통지를 받은 때에는 낙찰을 취소하고, 입찰보증금은 낙찰자에 반환한다. ⑥ 매수인은 거래계약 체결일부터 30일 이내 매수자는 '부동산거래신고를 해야 한다. ⑦ 명도 책임은 매수자의 부담이고, ⑧ <u>공매물건에 대한 제세공과금 및 각종 부담금, 관리비 등 일체의 비용에 대한 납부 의무는 수탁자가 책임지지 않고 매수인의 책임으로 매각하는 조건이다.</u>

<제세공과금 낙찰자 인수여부 판단>
이 신탁공매물건은 다음 등기부에서 확인한 것과 같이 신탁등기 후에 용산구청 지방세 압류가 있다. 이렇게 신탁등기 후에 압류한 조세채권 등은 수탁사가 매각대금으로 우선적으로 지급 후 소멸시키는 것이 일반적이지만 위 공매공고문을 보면 알 수 있듯이 매수인 부담으로 매각하는 조건이다. 설령 이런 조건으로 매각되더라도 실무에서는 매각대금에서 신탁관리비용으로 먼저 지급하고 말소하기도 하니, 인수 여부에 관한 판단은 신탁사 공매담당자와 상의해서 인수 여부를 판단하고 입찰에 참여하면 된다.

◆ 등기사항증명서와 신탁원부 확인

[집합건물] 서울특별시 용산구 ○○동 258의 1필지 현대리버티하우스 제10층 제0000호					
순위번호	등 기 목 적	접 수	등 기 원 인	권리자 및 기타사항
4	소유권이전	2020년7월23일 제117417호	2020년7월23일 신탁재산의 귀속	소유자 주식회사 ○○○○○○ 000000-******* 서울특별시 용산구 ○○대로 .00(○○동, 제이에이치빌딩)
	3번신탁등기말소		신탁재산의 귀속	
5	소유권이전	2020년7월23일 제117418호	2020년7월22일 신탁	수탁자 주식회사무궁화신탁 110111-2867418 서울특별시 강남구 테헤란로 134, 22층(역삼동,포스코피앤에스타워)
	<s>신탁</s>		<s>신탁원부 제2020-5200호</s>	
6	압류	2024년 5월17일 제61865호	2024년 5월17일 압류(세무관리과-5734)	권리자 용산구(서울특별시) 1113

7	소유권이전	2025년1월10일 제3205호	2024년11월21일 매매	소유자 ○○○ 000000-******* 경기도 ○○시 ○○구 ○○○○○○ 000, 000동 제0000호 ○○동,○○ ○○-○○○) 거래가액 금2,040,000,000원
	5번신탁등기말소		신탁재산의 처분	

등기소에서 등기사항증명서를 발급받을 때 신탁원부를 포함해서 발급 받아 첫 번째로 수탁사로 등기된 신탁등기일과 그 이전에 소유자(위탁자)를 확인한다. 그리고 신탁원부에서 대출을 실행한 금융기관(우선수익자) 등의 채권금액과 이자 등을 확인한다(신탁원부는 지면상 생략함). 이 등기부와 신탁원부를 통해서 수탁자는 ㈜ 무궁화신탁이고, 위탁자는 주식회사○○○○○○이다. 따라서 위탁자 또는 주민등록상 위탁자와 동일세대원으로 가족구성원이 거주하는 경우에는 대항력이 없어서 명도대상이다. 그래서 다음과 같이 전입세대 열람을 확인해 보았다.

◆ 주민센터에서 전입세대 열람과 신탁등기일을 기준으로 대항력 분석

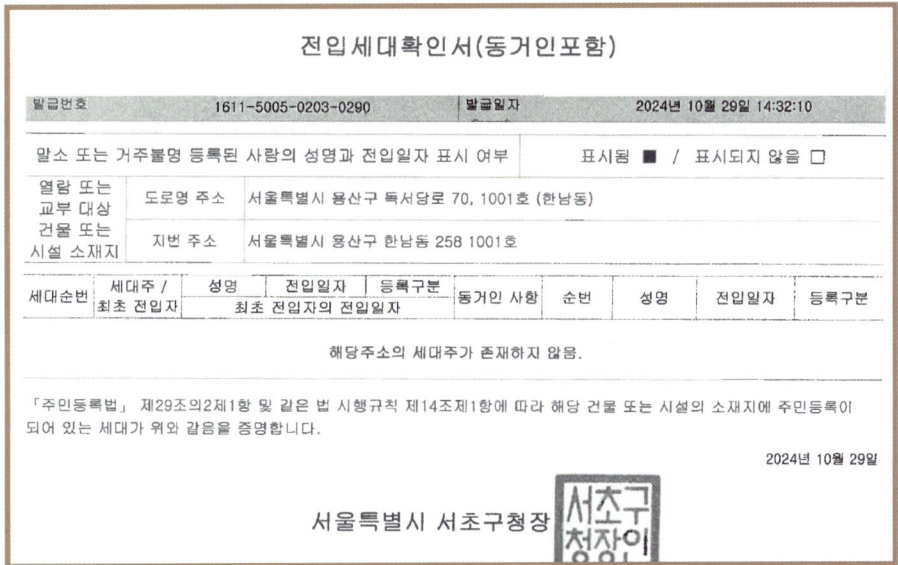

전입세대열람을 통해서 누가 거주하고 있는 가를 확인했는데 해당 주소지에 전입세대가 존재하지 않는다. 그리고 공매 집행기관에서 조사한 내역을 보면 상임

법상 대항요건을 갖춘 상가임차인도 존재하지 않는다고 기록되어 있었다. 그래서 매수인이 인수하는 권리는 없다고 분석할 수 있었다. 다음으로는 관리비 연체내역을 확인해야 하는데 금액이 크지 않았다. 본인은 분석만 하고 입찰에 참여하지 않았지만 다음과 같이 경기도에 거주하시는 분이 단독으로 입찰해서 낙찰 받았다.

◆ **박소령이 단독으로 낙찰 받았는데, 수익분석은?**

■ 상세입찰결과

물건관리번호	2024-0000-080231	기관명	주식회사 무궁화신탁
물건명	서울특별시 용산구 한남동 258 외1필지 0000호 아파트		
공고번호	202410-42214-01	회차 / 차수	004 / 001
처분방식	매각	입찰방식/경쟁방식	최고가방식 / 일반경쟁
입찰기간	2024-11-14 10:00 ~ 2024-11-14 16:00	총액/단가	총액
개찰시작일시	2024-11-15 09:10	집행완료일시	2024-11-15 09:11
입찰자수	유효 1명 / 무효 1명(인터넷)		
입찰금액	비공개		
개찰결과	낙찰	낙찰금액	2,040,000,000원
감정가 (최초 최저입찰가)	-	최저입찰가	2,030,800,000원
낙찰가율 (감정가 대비)	-	낙찰가율 (최저입찰가 대비)	100.45%

박소령이 단독으로 2,040,000,000원에 낙찰 받았다. 앞에서 분석한 것과 같이 대항력 있는 권리가 없으므로 낙찰가가 총 취득가가 된다. 앞의 네이버 매물 시세처럼 한강이 보이는 관계로 매매 시세는 30억~32억원, 전세 시세는 20억~21억원선이다.

그래서 2,040,000,000원으로 입찰하면 시세보다 9억원 정도 낮은 금액으로 취득할 것으로 분석할 수 있다. 독자분들도 이렇게 분석하고 입찰하면 성공할 수 있을 것이다.

06 선순위저당권 인수조건으로 갑을아파트를 낙찰 받아 성공한 사례

이 사례는 서울시 관악구 신림동에 있는 아파트로 1회차 최초매각예정금액은 3억9,000만원에 시작되었지만 아파트 시세는 3억원 정도였다. 그런데 1회차 최초매각예정금액이 높은 가격에서 시작되었다는 사실을 알 수 있다. **이러한 이유로 최초매각예정금액과 감정평가금액 등을 시세로 판단해서는 안 된다**(유의할 점은 ① 신탁재산 공매의 50% 정도는 감정가를 1회차 최초매각예정금액으로 정해서 매각하기도 하지만, ② 신탁재산 공매의 50% 정도는 감정가에서 10%~30% 정도 높여서 1회차 최초매각예정금액으로 정해서 매각하기도 한다는 사실을 이해하고 있어야 한다). 어쨌든 하루에 2회차씩 이틀 간격으로 매각하다 보니 시세보다 높은 가격으로 1회차를 시작하였더라도 입찰자 분들은 낮은 금액으로 낙찰 받을 수 있으니 걱정할 필요가 없다. 필자가 이 아파트 조사했을 때에 4억1,000만원에서 4억2,000만원 정도 가고 있고, 주변 교육학군과 버스, 지하철, 교통 역시 우량한 편이어서 2년 거주하다가 팔면 높은 기대수익을 노려볼 수 있을 것이라 예상했다. 그런데 유의할 점은 선순위저당권을 낙찰자가 인수해야 되므로 그 인수할 저당권의 채권최고액과 채권원금, 그리고 지연이자 등이 있는가 등을 1순위 저당권을 설정한 금융기관에 확인하고 입찰해야 한다. 인수조건이란 낙찰가에 인수하는 저당권 금액을 더해서 총취득가로 부동산 실거래신고를 하는 조건이다.

이 주택의 사진과 주변 현황도, 입찰정보 및 입찰결과 내역은 다음과 같다.

◆ 관악구 신림동 아파트의 주변 현황도

◆ 공매 입찰정보내역 물건분석

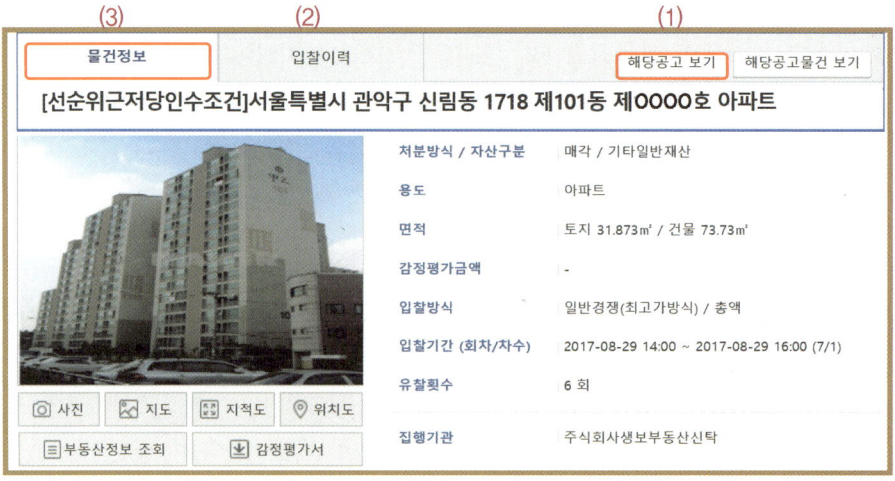

		담당자정보	사업관리팀 /	/ 02-3404-3579	
[입찰유형] ☐ 전자보증서가능　☑ 공동입찰가능 ☐ 2회 이상 입찰가능　☐ 대리입찰가능 ☐ 2인 미만 유찰여부　☐ 공유자 여부 ☐ 차순위 매수신청가능		최저입찰가(예정금액)		207,270,000 원	

물건 세부 정보	입찰 정보	시세 및 낙찰 통계	부가정보

■ 입찰 방법 및 입찰 제한 정보

전자보증서 사용여부	사용 불가능	차순위 매수신청 가능여부	신청 불가능
공동입찰 가능여부	공동입찰 가능	2인 미만 유찰여부	1인이 입찰하더라도 유효한 입찰로 성립
대리입찰 가능여부	대리입찰 불가능	2회 이상 입찰 가능여부	동일물건 2회 이상 입찰 불가능

■ 회차별 입찰 정보

입찰번호	회차/차수	구분	대금납부/납부기한	입찰기간	개찰일시	개찰장소	최저입찰가(원)
0001	001/001	인터넷	일시불/매매계약체결일로부터 30일 이내	2017-08-25 10:00~ 2017-08-25 12:00	2017-08-28 09:00	온비드	390,000,000
:	:		:	:	:		:
0001	005/001	인터넷	일시불/매매계약체결일로부터 30일 이내	2017-08-29 10:00~ 2017-08-29 12:00	2017-08-30 09:00	온비드	255,880,000
0001	006/001	인터넷	일시불/매매계약체결일로부터 30일 이내	2017-08-29 12:00~ 2017-08-29 14:00	2017-08-30 09:00	온비드	230,300,000
0001	007/001	인터넷	일시불/매매계약체결일로부터 30일 이내	2017-08-29 14:00~ 2017-08-29 16:00	2017-08-30 09:00	온비드	207,270,000

◇ 신탁기관 등이 온비드로 공매절차를 진행하는 입찰공고 내용

신탁부동산 공매공고

1. 공매대상 부동산의 표시

소재지	건물면적(㎡)	대지권비율	선순위근저당설정
서울특별시 관악구 신림동 1718 보라매갑을아파트 101동 제○○○호	73.73	4704.9분의 31.873	채권최고액 : 168,000,000원 근저당권자 : 신림새마을금고

2. 공매일시 및 차수별 최저 입찰 금액

구 분	공매일시(응찰가능일시)	온비드 개찰일시	최저매매가격
1차 공매	2017. 08. 25. (금) 10:00 ~ 13:00	2017. 08. 28. (월) 9:00	660,000,000
2차 공매	2017. 08. 25. (금) 14:00 ~ 17:00	2017. 08. 28. (월) 9:00	594,000,000
3차 공매	2017. 08. 29. (화) 10:00 ~ 13:00	2017. 08. 30. (수) 9:00	552,000,000
4차 공매	2017. 08. 25. (금) 16:00 ~ 18:00	2017. 08. 28. (월) 9:00	284,310,000
5차 공매	2017. 08. 29. (화) 10:00 ~ 12:00	2017. 08. 30. (수) 9:00	255,880,000
6차 공매	2017. 08. 29. (화) 12:00 ~ 14:00	2017. 08. 30. (수) 9:00	230,300,000
7차 공매	2017. 08. 29. (화) 14:00 ~ 16:00	2017. 08. 30. (수) 9:00	207,270,000
8차 공매	2017. 08. 29. (화) 16:00 ~ 18:00	2017. 08. 30. (수) 9:00	200,000,000

3. 공매장소
1) 공매장소 : 인터넷 전자입찰(www.onbid.co.kr)
2) 계약장소 : 서울특별시 서초구 강남대로 299 매트로빌딩 9층 교보자산신탁(구 생보부동산신탁),
3) 공매공고 : 온비드 게시판(www.onbid.co.kr) 및 당사 홈페이지(www.reitpia.com)
4) 문 의 처 : 02) 3404-3579

4. 입찰방법 : 일반경쟁입찰(단독입찰가능)
　- 이 본문 내용도 지면상 생략했음.

> 5. 계약 체결
>
> 1) 낙찰자는 낙찰 후 5영업일 이내에 당사에 방문하여 소정의 매매계약서로 계약을 체결하여야 하며, 입찰 보증금은 매매계약금으로 대체하고, 낙찰일로부터 5영업일 이내에 계약을 체결하지 않을 경우 낙찰은 무효로 하고, 입찰보증금은 당사 신탁원본으로 귀속됩니다.
>   - 개인 : 본인확인 신분증(주민등록증 등), 인감도장 및 인감증명서, 주민등록초본
>   - 법인 : 대표자 확인서류 (법인등기부등본 및 대표이사 신분증), 사용인감제(인감증명서 포함)
>   - 대리인의 경우 위임장 및 위임용 인감증명서, 대리인 신분증 지참
>
> 2) 에서 10)번 본문 내용은 지면상 생략했음.
>
> 6. 유의사항
>   - 이 본문 내용도 지면상 생략했음.

◆ 이 신탁기관 아파트에서 권리분석은 어떻게 하면 되나?

신탁재산 등의 공매에서 권리분석은 공적장부를 통해서 확인하는 방법과 수탁사의 공매담당자, 그리고 우선수익자(대출금융기관)를 통해서 확인하는 방법이 있다.

(1) 공적장부 등을 통해서 권리를 분석하는 방법

가) 등기사항증명서와 신탁원부 확인

등기소에서 등기사항증명서를 발급받을 때 신탁원부를 포함해서 발급 받아 첫 번째로 수탁사로 등기된 신탁등기일과 그 이전에 소유자(위탁자)를 확인한다. 그리고 신탁원부에서 대출을 실행한 금융기관(우선수익자) 등의 채권금액과 이자 등을 확인한다.

① 등기사항전부증명서

【갑　구】(소유권에 관한 사항)

순위번호	등기목적	접　수	등기원인	권리자 및 기타사항
6	소유권 이전	2011년 03월22일 제10167호	2011년 03월22일 증여	소유자 김명기 ○○○○○○-******* 서울시 중구 청구로 64, 109동 ○○○호 (신당동, 청구이편한세상)
:	:	:	:	:
32	소유권 이전	2016년 11월07일 제232579호	2016년 01월07일 신탁	수탁자 교보자산신탁(주) (구 생보신탁), ****-***** 주소 서울시 서초구 강남대로 299 (서초동) 신탁 　신탁원부 제2016-16038호

【을　구】(소유권이외의 권리에 관한 사항)

순위번호	등기목적	접　수	등기원인	권리자 및 기타사항
6	근저당권 설정	2014년 11월10일 제258594호	2014년 11월10일 설정계약	채권최고액 금168,000,000원 채무자 김명기 　서울시 중구 청구로 64, 109동 ○○○호 　(신당동, 청구이편한세상) 근저당권자 신림새마을금고 ****-***** 　서울시 관악구 신림동길 21-1(신림동)

② 신탁원부에서 위탁자와 수탁자, 그리고 우선수익자를 확인하고, 이들 간에 부동산 담보신탁계약과 대출금액과 이자내역 등을 확인한다.

부동산 담보신탁 계약서

제1조 (신탁목적)

　~ 이하 본문 내용은 지면상 생략하기로하고, 신탁공매에서 꼭 확인해야 할 다음 [별지 2] 만 기술해 놓았다. 여기서 위탁자와 수탁자, 우선수익자를 확인할 수 있고, 대출금액도 확인할 수 있다.

[별지 2]
1. 신탁기간 : 신탁계약 체결일로부터 우선수익자에 대한 채무변제 시까지

2. 수익자

신탁원본 및 신탁수익의 우선수익자		
1순위	법인명(성명)	오케이캐피탈대부(주)
	법인(주민)등록번호	110111-*******
	주　소	서울특별시 강남구 ㅇㅇㅇ로 ㅇㅇ길 ㅇㅇ, (삼성동, 프러스원)
	우선수익한도액	230,000,000원

신탁원본 및 신탁수익의 수익자	
법인명(성명)	김명기(가명임)
법인(주민)등록번호	ㅇㅇㅇㅇㅇㅇ-*******
주　소	서울시 중구 청구로 64, 109동 ㅇㅇㅇ호(신당동, 청구이편한세상)

3. 채무자
　　법인명(성명) : 김명기
　　법인(주민)등록번호 : ㅇㅇㅇㅇㅇㅇ-*******
　　주　소 : 서울시 중구 청구로 64, 109동 ㅇㅇㅇ호(신당동, 청구이편한세상)

4. 계약일자 : 2016년 11월 7일

5. 계약당사자
　　(가) 위탁자
　　　　법인명(성명) : 김명기
　　　　법인(주민)등록번호 : ㅇㅇㅇㅇㅇㅇ-*******
　　　　주　소 : 서울시 중구 청구로 64, 109동 ㅇㅇㅇ호(신당동, 청구이편한세상)

　　(나) 수탁자
　　　　법인명(성명) : 교보자산신탁(주) (구 생보신탁),
　　　　법인(주민)등록번호 : 110111-*******
　　　　주　소 : 서울시 서초구 강남대로 299(서초동)

　　(다) 우선수익자
　　　　법인명(성명) : 오케이캐피탈대부(주)
　　　　법인(주민)등록번호 : 1101114-*******
　　　　주　소 : 서울특별시 강남구 ㅇㅇㅇ로 ㅇㅇ길 ㅇㅇ, (삼성동, 프러스원)

- 이 하 여 백 -

나) 주민센터 등에서 전입세대열람과 신탁등기일을 기준으로 대항력 유무 판단

전입세대열람 등을 통해서 공매대상주택에 거주하는 세대원을 확인한다.
⇨ 전입세대원이 위탁자 본인이거나 그 가족구성원이라면 신탁사에 대항할 수 없다. 그러나 제3자가 대항요건을 갖추고 있다면 대항력이 있을 수 있다. 신탁등기일을 기준으로 신탁등기 이전에 대항요건을 갖춘 임차인은 대항력이 있어서 매수자가 인수해야 한다. 이후에 갖추고 있으면 대항력이 없어서 명도 대상이다.

전 입 세 대 열 람

행정기관 : 서울특별시 서초구 서초 4동   작업일시 : 2017년 8월 28일
페 이 지 :
주소 : 서울시 관악구 신림동 (일반+산) 1718, 101동 제○○○○호

순번	세대주 성명	전입일자	거주상태	최초전입자	전입일자	거주상태	동거인수
			주 소				
1	-	-	-	-	-	-	-
	해당주소의 세대주가 존재하지 않음						

이 아파트는 전입세대원이 존재하지 않았고, 신탁등기일 2016년 11월 7일이다. 전입신고한 세대주 등은 없었지만 채무자겸 위탁자 김명기와 그의 가족이 거주하고 있는 것으로 판단되므로, 매수인이 인수할 권리는 없었다. 그러나 확인할 수 없는 경우에는 다음과 같이 우선수익자 등으로부터 확인하고 입찰에 참여해야 한다.

다) 건축물대장과 건물 현황도 및 평면도를 확인해라!

이러한 서류는 정부24와 주민센터 등에서 발급받아 확인할 수 있다. 이렇게 분석하는 것은 신탁공매에서 감정평가서를 확인할 수 없는 경우가 많고, 확인이 가

능하더라도 약식감정서로 인해서 자세하게 확인할 수 없는 경우가 많다. 그리고 위반건축물 등으로 인해서 이행강제금 등의 부과가 따를 수도 있기 때문이다.

(2) 수탁사의 공매담당자, 그리고 우선수익자를 통해서 확인하는 방법

앞에서와 같은 방법으로 확인할 수 없을 때에는 수탁사의 공매담당자와 우선수익자(대출금융기관 등)를 통해서 확인해서 권리를 분석하면 된다. 특히 우선수익자는 대출심사단계에서 전입세대 열람 등을 통해서 대항력 유무를 판단하고 대출을 실행하게 되므로 공매대상 부동산에 대해서 자세한 내용을 알고 있다. 우선수익자의 전화번호는 수탁사에 문의해서 확인하면 된다.

◆ 신탁재산 공매 매각대금에서 배당 우선순위 결정 방법

신탁재산을 공매로 매각했다면 다음과 같은 순서로 배당하면 된다.
〈여기서 배당순위는 앞의 526쪽에 기술한 바 있으므로 지면상 생략했다〉

◆ 인터넷과 주변부동산에서 시세조사 후 입찰에 참여하다!

이 아파트는 채무자겸 위탁자 가족들이 거주하고 있어서 권리분석에 문제가 없을 것 같지만 앞의 신탁공매 공고 내역을 확인한 바와 같이 선순위저당권(신림새마을금고) 채권최고액 168,000,000원을 인수해야 한다. 그래서 금융기관에 확인해보니 채권최고액은 130% 설정한 것이라고만 알려주고 나머지는 개인정보법으로 인해 알려 줄 수 없다고 했다. 그래서 원금 1억3,000만원과 지연이자 1,000만원을 인수하는 조건으로 입찰하면 될 것으로 분석해본 사례이다. 그러니 인수할 선순위저당권은 1억4,000만원이고 입찰가를 207,421,100원으로 하면 총취득가는 347,421,100원으로 시세차익을 6,000만원 정도 볼 수 있는 물건이다. 그래서 지인이 207,421,100원에 입찰하기로 결정했다.

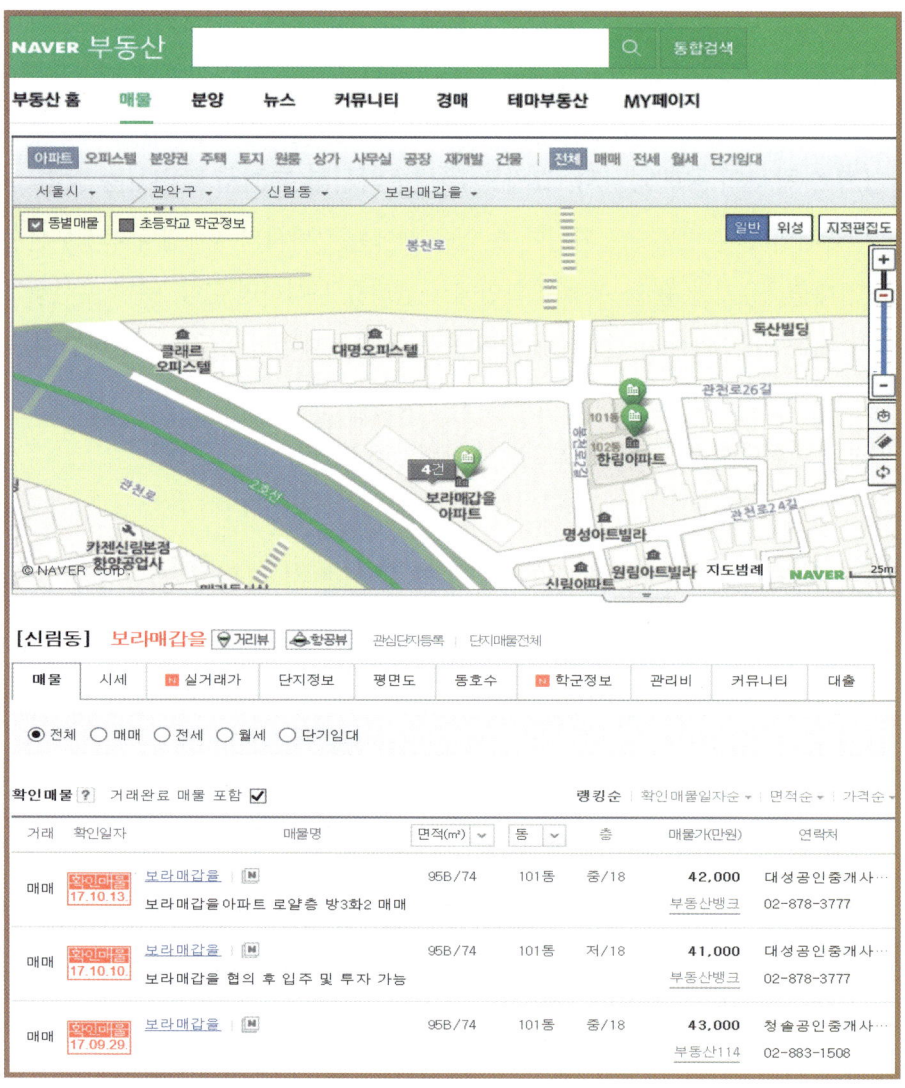

◇ 관악구에 있는 보라매갑을아파트를 낙찰 받다!

상세입찰결과

물건관리번호	2017-0000-030141	기관명	주식회사생보부동산신탁
물건명	[선순위근저당인수조건]서울특별시 관악구 신림동 1718 제101동 제0000호 아파트		
공고번호	201708-29093-00	회차 / 차수	007 / 001
처분방식	매각	입찰방식/경쟁방식	최고가방식 / 일반경쟁
입찰기간	2017-08-29 14:00 ~ 2017-08-29 16:00	총액/단가	총액
개찰시작일시	2017-08-30 09:10	집행완료일시	2017-08-30 09:11
입찰자수	유효 1명 / 무효 1명(인터넷)		
입찰금액	비공개		
개찰결과	낙찰	낙찰금액	207,421,100원
감정가 (최초 최저입찰가)	-	최저입찰가	207,270,000원
낙찰가율 (감정가 대비)	-	낙찰가율 (최저입찰가 대비)	100.07%

이 아파트는 서울시 관악구 신림동에 위치하고 있다. 시세는 4억1,000만원 정도인데 207,421,100원에 낙찰 받아 싸다고 생각할 수 있지만 선순위저당권 채권금액 1억4,000만원을 인수하게 되므로 총취득가는 347,421,100원으로 시세차익을 6,000만원 정도 볼 수 있는 물건이다. 이러한 물건을 취득해서 팔게 되면 특히 매매 사업자 등으로 취득했다가 팔면 세금을 공제하더라도 4,000만원 정도 단기 수익이 예상되는 아파트이다. 그래서 필자의 지인이 낙찰 받은 사례이다.

PART
18

온비드 공매로 낙찰 받고 명도는 이렇게 해라!

01 공매물건에 누가 거주하고 있는지에 따라 명도 문제 해결 방법이 다르다!

(1) 체납자겸 소유자 및 그의 가족구성원이 거주 시

낙찰자가 인수하지 않지만 명도 소송을 통해서 명도하거나 명도비용 등이 예상된다.

(2) 선순위임차인이 거주하는 경우

① 대항력을 주장하는 경우 ⇨ 매수인이 인수, 즉 매수인이 임대인의 지위를 승계한다.

② 대항력을 포기하고 우선변제권으로 배당요구하면 -〉 전액 배당받으면 배당시점으로 임차권이 소멸되지만(낙찰자의 명도확인서가 있어야 배당받음), 미배당금이 발생하면 매수인 인수(임차인이 배당받을 때 명도확인서 필요가 없고, 미배당금 지급 시까지 주택인도를 거부할 수 있다).

(3) 말소기준권리보다 후순위임차인이 거주하는 경우

배당금이 얼마가 되는가를 분석 ⇨ 후순위임차인은 낙찰자가 잔금 납부 즉시 임차권이 소멸되므로, 미배당금을 매수인이 인수하지 않지만, 최우선변제금 정도는 배당 받아야만 명도를 쉽게 해결할 수 있다(보증금 중 일부라도 배당받으려면 무조건 명도확인서가 필요하다).

공매는 법원경매처럼 인도명령 신청제도가 없어서 이사가지 않고 버티면 부동산 소재지 관할 법원에 명도소송을 제기해야 한다. 이때에도 점유이전금지가처분을 함께 신청하면서 점유이전금지가처분 결정문을 적극 활용하는 전략으로 진행하면 명도를 쉽게 해결할 수 있다.

02 임차인 명도도 전략이 필요하다!

공매로 낙찰 받으면, 압류재산 공매는 개찰 후 다다음 주 월요일 14:00에 매각 결정되고, 압류재산공매 이외의 공매물건은 5일 이내에 매매 계약을 체결하는 방법으로 최고가매수신고인의 지위에서 매수인의 지위로 변경된다(법원경매는 낙찰 받고 7일 이내에 매각허가결정). 이렇게 매각결정 이후부터 낙찰 받은 부동산(주택)을 방문해 점유자가 있으면 낙찰자임을 증명하는 서류(매각결정문 사본)를 보여주고 건물명도에 관하여 협의를 시작하면 되는데, 20~30% 정도는 여기서 명도가 끝이 난다.

이때 낙찰자가 사용할 수 있는 카드는 이사비용이다. 이사비용은 건물 명도를 위해 소요되는 강제집행비용, 그리고 2~3개월 소요기간 동안 지출비용(대출이자)을 계산해서 적정선에서 이사 날짜와 이사비용에 합의하고 명도합의각서를 작성하면 30~40일 이내에도 건물명도를 끝낼 수 있다. 이사비용은 매수인이 점유자에게 지급할 비용은 아니지만 법률적인 비용(강제집행절차에 소요되는 비용)을 들이는 것보다 협상카드로 이사비용으로 지급한다면 사회적으로도 건전한 비용으로 사용될 수 있는 금액이 될 수 있다. 그 비용은 매각대금의 1% 정도 내에서 입찰 전에 예상 지급비용으로 산정하고 입찰에 참여하면 된다.

여기서 합의가 안 된다 해도 1~2주일 이내에 다시 만나거나 유선으로 협의하면 채무자 등도 변호사나 법무사 등의 상담을 통해서 건물명도를 계속 거부할 경우 강제집행 당하게 된다는 사실을 알고 그에 따라 이사비용이라도 조금 더 받고 이사를 가야겠다는 마음의 결정을 하고 나온다. 그러면 여기서 협의가 50~60% 결정되고, 이 시기에 결정되지 못한다해도 1주일 정도 기다렸다 협의를 하면 70~80%는 합의가 이루어진다.

건물명도 협의과정은 점유자와 매수자 사이에서 협의에 의해서 결정하는 방법으로 대화의 기법이 필요하다.

이때 유의할 점은 처음 명도(명도 경험이 많지 않은 경우)에서는 매수인이 긴장해서 제대로 대처하지 못하게 되므로 명도가 길어질 수도 있지만, 자주하다 보면 섬유자의 생각을 알 수 있어서 대화로 쉽게 풀어 갈 수 있다. 매수인도 처음이지만 점유자도 이러한 일을 겪는 것에 대한 경험이 없기 때문에 당황하게 된다는 점을 이해하면서 접근하면 된다.

그리고 점유자도 건물을 비우고 이사를 가려면 이사할 시간과 돈도 필요하기 때문에 신속하게 협의가 이루어지지 못한다고 조급해 할 필요가 없다.

한 번 만나서 협의가 이루어지는 경우도 있지만 한 번에 협의가 끝나는 것은 드물고 2~3번의 만남이 필요하다. 그래서 그 기간을 매각결정 이후부터 적극 대응하면 건물명도는 그만큼 빠르게 끝낼 수 있고, 금융비용도 줄일 수 있다.

<u>명도에서 고수와 하수의 차이점은</u> 명도 협의과정에서 냉정함을 잃지 않고, 점유자의 의도를 정확하게 파악해서 빠른 시기에 건물을 인도받느냐, 못 받느냐에 달려있다.

이때 냉정함이란 협의과정에서 웃음을 보이거나 점유자가 편하게 생각하지 못하게 하는 엄숙함이면 충분한 것이지, 점유자에게 함부로 대하는 것을 말하는 것이 아니므로 언행만큼은 조심해야 한다. 잘못된 언행으로 시비가 붙어 명도가 2~3개월 늦어지거나 대화 자체가 어려워져 강제집행 할 수밖에 없는 경우가 있는데 법 집행을 좋아하면 비용절감에도 도움이 안 되며 공매를 즐겁게 할 수도 없다.

공매나 경매를 잘 하려면 명도를 즐길 줄 알아야 한다. 명도란, 건물을 인도받는 것이지만 건물을 점유하고 있는 사람으로부터 인도받게 된다는 사실을 알고, 그 사람과 대화를 잘해서 해결하는 사람이 고수다.

어쨌든 낙찰자가 대금납부하기 전에는 강제집행절차를 진행할 수 없지만, 낙찰받고 매각결정 이후부터 명도에 관한 협의를 계속 시도하면 건물을 신속하게 명도 받을 수 있다.

<u>앞에서와 같은 협의과정에서 해결이 안 되었을 경우</u> 20~30% 정도만이 강제집

행절차에 들어가게 되는데 이 경우에도 건물명도소송과 점유이전금지가처분을 신청해서 명도소송 전에 가처분 집행문을 집안 거실 벽에 붙이면 20~30% 대상자 중에서 50%는 협의가 이루어진다. 그리고 나머지 50%도 명도소송을 진행해서 판결문을 받고, 그 판결문을 보여주면서 약간의 이사비용을 주고 이사 나가도록 하는 것이 좋다. 이때 이사비용은 실제 이사비용으로 100만원 정도면 충분하다. 점유자들도 강제집행당하는 것을 좋아할 사람은 없을 것이고, 매수인 역시 강제집행방법은 어쩔 수 없을 때 하게 되는 것이지 이를 즐길 필요까지는 없다. 강제집행절차는 가끔씩 부작용도 낳게 된다는 점을 고려한다면 더욱 그렇게 해야 한다. 혹자들은 그동안 많이 고생시켜서 강제집행한다고 하는데 이는 어리석은 행동이다. 필자가 최근에 낙찰 받고 협의가 안되어 점유이전금지 가처분을 주택 거실에 붙이고, 명도소송 판결문으로 주택인도를 청구했던 사례가 다음 06번 사례이다.

03 점유자가 없거나 있어도 문을 열어주지 않으면 어떻게 하나?

주택에 점유자가 없거나 있어도 대화 자체를 거부하는 경우에는 점유자에게 연락 바란다는 내용을 1통은 편지함에, 1통은 대문 밑에 꽂아둔다. 이렇게 해도 연락이 오지 않는다면 1~2주일 이내에 내용증명을 발송해야 한다. 이때에도 1통은 등기우편으로, 1통은 일반우편으로 발송한다. 등기우편은 사람이 없으면 반송되지만 일반우편은 우편함에 꽂혀있어서 언제든지 점유자가 볼 수 있기 때문이다. 이렇듯이 대금납부 전부터 적극적으로 대응하면 시간적인 비용도 줄일 수 있어서 잔금납부 전에도 건물을 인도 받을 수도 있다.

이때 유의할 점은 점유자와 협의하는 과정과는 별도로 강제집행절차는 계속 진행시켜야 되므로 대금납부와 동시에 명도소송과 점유이전금지 가처분 등을 함께 진행해야 한다.

(1) 주택명도 이행에 관한 내용증명 통보서

주택명도 이행 통보서

수신 : 전소유자 홍 길 동

　　　　주소지 : 서울시 동작구 노량진동 225-285, 삼성아파트 제101동 10층 제○
　　　　○○○호 우편번호 ○○○-○○○

발신 : 현소유자 왕 수 철

　　　　서울시 ○○○구 ○○○동 ○○○번지
　　　　우편번호 ○○○-○○○

제목 : 삼성아파트 제101동 제○○○○호 주택명도에 관한 건

　안녕하십니까? 상기 현소유자 왕수철은 수신인이 점유하고 있는 삼성아파트 제101동 제○○○○호를 신탁공매(물건관리번호 2016-0411-001315호)로 낙찰 받고 2017년 05월 15일 매매대금을 납부하여 적법하게 소유권을 취득한 사람입니다.

　따라서 전소유자이신 홍길동 사장님은 점유하고 계신 아파트를 현소유자가 소유권을 취득한 2017년 05월 15일부터 명도해야 할 의무가 있습니다.

　그런데 주택명도를 위해서 수차례 방문했으나 만나지 못했고, 점유자 연락 바란다는 내용으로 전화번호를 남겼으나 연락이 없는 관계로 부득이 내용증명을 보내게 되었습니다. 본인이 현재 법적으로 명도이행 절차를 진행하고 있으나 강제집행하는 것보다 현재 점유하고 계신 분과 원만한 합의로 주택을 인도 받기를 희망합니다.

　그동안 많은 시간을 드렸고 생각을 많이 해 보셨을 줄 압니다.

　2017년 05월 25일까지 이에 대한 답변 바랍니다(전화번호: ○○○-○○○○-○○○○).

　이 기한까지 답변이 없을 시 부득이하게 주택을 인도 받기 위해서 강제집행 절차를 진행할 수밖에 없음을 통지하는 바입니다.

2017년 05월 17일

발신인(소유자) : 왕 수 철　(인)

전소유자 : 홍 길 동　귀하

04 협의가 이루어져 명도합의각서를 작성하는 방법

명도합의가 이루어지는 경우 다음과 같이 명도이행에 관한 합의서를 작성해두어야 다툼을 줄일 수 있다. 합의서가 없고 명도비용으로 ○○○만원을 지급하기로 하면 관리비나 제세공과금 선수관리비 등을 공제하느냐, 마느냐에 따라 다툼이 발생할 수 있다.

주택명도 합의 각서

갑(현소유자) : 왕 수 철 (주민번호 :   )
　　　　　　　서울시 ○○구 ○○동 ○○○번지
　　　　　　　(전화번호 :   )

을(전소유자) : 홍 길 동 (주민번호 :   )
　　　　　　　주소지 : 서울시 동작구 노량진동 225-285, 삼성아파트 제101동 10층 제
　　　　　　　○○○○호
　　　　　　　(전화번호 :   )

제목 : 삼성아파트 제101동 제○○○○호 주택명도 합의에 관한 건
　상기 갑과 을은 삼성아파트 제101동 제○○○○호 명도에 관한 다음과 같은 사항을 합의한다.

　　　　　　　　　　　－ 다　　　음 －

1. **명도시기** : 2017년 06월 10일로 한다.
2. 명도에 대한 비용으로 갑은 을에게 ○○○만원을 지급하고 을은 이 날에 갑에게 주택을 인도해야 하며, 이에 대한 모든 책임을 진다.
3. 을은 1항 기간까지 주택을 갑에게 인도하기로 하고, 이 기간에 인도하지 못하면 계약은 해제된 것으로 보고 계약 위반에 따른 손해배상금 1,000만원을 지급하기로 한다.

4. 을이 갑에게 주택을 인도 시에, 그 주택에 전입되어 있는 이형준(주민번호 :   )과 정화수(주민번호 :   ) 등을 책임지고 명도해야 한다.
5. 위 명도비용 지급은 관리비(도시가스, 수도료, 전기료 등) 및 제세공과금 등의 정산 여부를 확인하고, 미납한 금액이 있을 때에는 우선 공제 후 잔금을 지급하기로 한다. 이는 주택인도와 동시이행 관계에 있다.
6. 선수관리비는 명도비용에 포함된 금액이므로 별도 지급하지 않고 승계하기로 하는 약정이다.
7. 위 1항에서 6항 내용은 갑과 을이 합의하였고, 이를 위반하는 상대방은 민·형사상 책임을 지기로 한다.

2017년 05월 20일

갑(현소유자) : 왕 수 철   (인)

을(전소유자) : 홍 길 동   (인)

영 수 증

일금 ○○○원정을 명도비용으로 영수하였음을 확인한다.

입금방법 : 은행계좌번호 ○○○○○-○○○○○○   예금주 : ○○○

입금일시 : 2017년 ○○월 ○○일

영 수 자 : 홍 길 동   (서명날인)

주택명도 합의금은 점유자가 매수인에게 주택을 인도할 때 지급하는 것으로 주택을 인도받기 전에 지급해서는 안 됩니다.

05 반드시 이사비용을 지급하거나 강제집행을 하는 것은 아니다!

선생님, 주택을 인도 받기 위해서 입찰 전에 이사비용을 염두에 두고 입찰해야 하나요? 그래야 명도가 깔끔해지고요.

아닙니다. 반드시 이사비용이나 강제집행절차가 필요한 것이 아니고, 무혈입성하게 되는 경우도 있습니다.

 네, 그런 경우도 있어요?

이사비용을 지급하거나 강제집행이 필요한 점유자는 대항력이 없는 임차인으로 배당금이 없는 경우와 채무자가 점유하는 경우가 그렇지요. 배당 받을 금액이 없어서 버티고자 하고, 조금만 버티면 이사비용을 준다는 소문이 공매시장에 퍼져 있어서 그렇습니다. 이러한 경우에는 명도가 어려워지므로 협상카드로 이사비용을 쓰게 되는 것이지요.

그러나 대항력 있는 임차인이 전액 배당 받는 경우와 대항력이 없는 임차인이 배당 받게 되는 경우에는 낙찰자의 명도확인서가 필요하기 때문에 이사비용 없이 무혈 입성할 수 있습니다.

아하, 그런 경우도 있군요. 임차인이 대항력이 없어도 소액임차인으로 최우선변제금을 받아야 명도가 쉬워지므로,… 그래서 선생님이 권리분석의 마지막 장식이 배분이라고 하셨군요. 저는 그때 이해가 안 갔습니다. 배분은 공매담당자나 배당은 법원관계자가 짜면 되고 입찰자들은 그 배분계산서대로 받아들이면 되는 것 정도만 알았거든요. 정 사장님도 그랬죠?

나도, 이상하다고 생각했어, 대항력이 있는 임차인은 낙찰자가 인수하게 되므로 알아야 하지만, 대항력이 없는 임차인은 알 필요가 없을 텐데, 하면서도 물어보지 못 했는데 그게 아니었구나, …

그러게요. 배분(경매에서는 배당) 공부도 열심히 해야겠어요.

06 협의가 안 될 때 법적으로 어떻게 하면 되나?

건물을 낙찰 받았다면 점유자를 내보내야 하는데 실무에서 점유자와 협의해서 이사비용을 지급하고 해결하는 방법이 많지만, 협의가 안 될 때를 대비해서 경매에서는 인도명령신청해서 그 인도명령결정문을 가지고, 공매에서는 인도명령신청 제도가 없어서 건물명도(인도)청구 소송을 진행해서 그 판결문으로 점유자를 강제집행을 해야만 됩니다. 공매에서 인도명령제도가 없어서 명도소송을 진행하게 되므로 경매보다 공매를 꺼리고 있지만 그것은 잘못된 생각입니다. 공매든, 경매든 점유자를 강제집행 절차로 내보내기 보다는 이사비용을 주고 내 보내고, 배당받는 임차인이면 앞에서 설명한 바와 같이 무혈입성하게 되니 걱정을 안 해도 되지요. 그런데 법원에 명도소송을 진행해서 그 판결문 등으로 강제 집행하기 전에 점유자가 변경되면, 또다시 이와 같은 절차를 반복해야 하므로 점유이전금지가처분 신청방법과 건물명도(인도)청구소장 작성 방법에 대해서 기술한 것입니다.

◇ 경매에서 부동산의 인도명령 신청

인도명령신청은 경매로 낙찰 받고 매각대금을 납부한 경우 그 납부일로부터 6개월 이내에 채무자, 소유자, 부동산점유자에 대하여 매수인에게 부동산을 인도하도록 법원에 인도명령을 신청하여 그 인도명령결정문을 집행권원으로 집행관에게 인도 집행을 위임하여 부동산을 인도받는 것을 말한다.

〈인도명령신청서 작성 방법과 인도명령신청서를 법원에 제출하는 방법은 지면상 생략했지만 네이버 카페 '김동희 부사모'와 홈페이지 'kdh114.com'에 있으니 참고해서 작성하시기 바란다〉

◆ 공매에서 건물명도(인도)청구 소송

법원경매에서 소멸되는 채권과 후순위임차인 등은 인도명령대상자가 되지만, 말소권리보다 우선하는 선순위 임차권, 지상권, 유치권 등은 인도명령신청대상이 아니므로 건물명도(인도)청구 소송을 통해서 명도를 청구해야 한다.

그러나 공매의 경우 인도명령 신청제도가 없으므로, 건물명도청구 소송을 진행해야 한다.

이렇게 법원경매에서 인도명령신청에 대해서는 잘 알고 있지만 명도(인도)청구 소송에 대해서는 어렵게 생각하고, 시간이 많이 소요되는 것으로 판단해서 공매를 꺼리는 경우가 있다. 하지만, 원고(낙찰자)가 소장을 제출해서 소장부본이 피고(점유자)에게 송달되면 재판기일이 열리게 되는데 송달만 신속하게 이루어지면 재판기일은 30일 이내에 정해지고, 그 기일에 다툼이 없으면 30일 이내에 판결 선고가 이루어지게 되므로 보통 명도소송은 2개월~3개월 이내에 결정이 나온다. 그리고 소장 작성 방법은 다음 06번과 같이 작성하면된다.

◆ 점유이전금지가처분이란?

인도명령 신청이나 명도청구 소송이 진행되는 과정에서 점유가 타인에게 이전되면 결정문이나 판결문을 득해도 강제집행이 불가능하게 되어 또다시 판결을 득해야 하는 사례가 발생한다. 그래서 매수인은 소유권이전 등기 이후 인도명령 신청, 명도소송과 동시에 점유이전가처분을 신청해 놓아야 한다. 그래야만 가처분 이후 점유자가 변경되어도 승계집행문을 부여받아 간단하게 강제집행을 할 수 있다.

명도 실무에서 점유이전금지 가처분을 집행하는 과정(낙찰 받은 주택에 전유이전금지 가처분 결정문을 부착하는 과정)이 강제집행으로 오인하거나 점유자가 압박감을 느껴서 주택인도가 쉽게 이루어지기도 한다. 그리고 점유이전금지가처분 신청서 작성 방법은 다음 06번과 같이 작성하면 된다.

07 점유이전금지가처분 신청서와 건물명도청구 소장 작성 및 강제집행 방법

이 사례는 앞의 "PART 2의 01 내가 대방2차 e-편한세상아파트를 수의계약으로 3억원을 벌다!(64쪽)"와 같이 수의계약으로 매수하고, 아파트를 명도하는 과정에서 협의가 안 되어 작성했던 점유이전금지가처분 신청서와 건물명도청구 소장 작성 방법이다.

◆ 점유이전금지가처분 신청서 작성과 집행과정

(1) 점유이전금지가처분 신청서 작성

〈표지 정면〉

부동산 점유이전금지 가처분 신청서

채권자 주식회사 채움모닝
채무자 1. 박 O O
　　　　2. 김 O O

목적물가액　35,147,079원정
첨용인지액　　　10,000원정
송달료　　　　　28,800원정

서울중앙지방법원 귀중

〈표지 뒷면〉

〈과표 계산서〉

서울시 동작구 대방동 507, 대방2차 이-편한세상 제000동 0000호

[도로명주소] 서울시 동작구 OOO길 00 (대방동)

공시지가 : 6,906,000원

건축연도 : 2003년

구　　조 : 철근콘크리트조

용　　도 : 공동주택(아파트)

㎡당 가격 : 1,068,000원

면　　적 : 131,637㎡

1,068,000원 × 131,637㎡ × 0.5 × 0.5 = 35,147,079원

부동산 점유이전금지 가처분 신청서

채권자 주식회사 OO모닝(160111-0000000)

　　　　대전시 서구 둔산중로 00번길 00, 비동 000호(OO동, 동화빌딩)

　　　　〈송달장소〉 서울시 서초구 OOO로 00길 1, 3층 (서초동)

　　　　대표자 O O O

　　　　〈전화〉 010-0000-0000

채무자 1. 박 O O(000000-*******)

　　　　2. 김 O O(000000-*******)

　　　　〈피고들 주소〉 서울시 동작구 대방동 000, 대방2차 이-편한세상 제000동 0000호

　　　　[도로명주소] 서울시 동작구 OOO길 00

1. 목적물의 가격 : 금 35,147,079원
    (내역은 별지와 같음)
1. 목적물의 표시 : 별지목록기재와 같음
1. 피보전권리의 요지 : 소유권에 기한 건물명도 청구권

신 청 취 지

1. 채무자의 별지목록기재 부동산에 대한 점유를 풀고 채권자가 위임하는 집행관에게 인도하여야 한다.
2. 집행관은 현상을 변경하지 아니할 것을 조건으로 하여 채무자에게 사용을 허가하여야 한다.
3. 채무자는 그 점유를 타에 이전하거나 또는 점유명의를 변경하여서는 아니된다.
4. 집행관은 위 취지를 적당한 방법으로 공시하여야 한다.
    라는 재판을 구합니다.

신 청 원 인

1. **당사자 지위**
    가. 채권자는 별첨 부동산등기사항전부증명서(갑제1호증) 및 이 사건 부동산(서울시 동작구 대방동 000, 대방2차 이-편한세상 제000동 0000호)의 위탁자인 채무자 부부로부터 이 사건 공유(각 1/2) 부동산을 수탁받은 신청 외 수탁자 국제자산신탁 주식회사(변경후 : 우리자산신탁 주식회사)의 물건관리번호 : 2020-0000-000000호 이 사건 부동산 공매공고문(갑제2호증의 1-2)과, 동 입찰정보지(갑제3호증)와, 채권자와 위 우리자산신탁 주식회사 간 공매부동산 2020. 02. 07.자 수의매매계약서(갑제4호증)와 2020. 03. 09.자 매매대금 985,608,000원 완납확인서(갑제5호증)와 2020. 02. 05.자 근저당권자겸 우선수익자인 신청외 주식회사 OOOOOO대부의 매매대금 실거래 신고확인서(갑제6호증)에서도 보는 바와 같이,
    나. 채권자는 위 부동산을 채무자 부부의 수탁자인 위 우리자산신탁 주식회사와의 공매수의계약에 의해 2020. 03. 09. 서울중앙지방법원 등기국 접수 제 43294호 2020. 02. 07. 매매를 원인으로 소유권을 취득한 현재의 소유자이고,
    다. 채무자들은 부부간으로서 위 부동산에 대해 각 1/2씩 공유로 부동산을 소유하다 위와 같이 수탁자인 우리자산신탁 주식회사에 부동산을 위 근저당권자겸 우

선수익자인 위 주식회사 OOOOOO대부를 우선수익자로 하여 2017. 07. 10. 같은 등기로 접수 제127991호 2017. 07. 10. 신탁등기하였다가,
라. 위와 같이 수탁인 위 우리자산신탁 주식회사가 채권자에게 2020. 03. 09. 공매수의계약으로 매각하였음에도 불구하고 채권자에게 동 부동산에 대해 일체의 차임이나 임대차의 계약도 없이 동 부동산을 무단점유하고 있는 불법행위자들입니다.

2. **채무자들의 명도 불응으로 인한 채권자의 이 사건 가처분의 긴급성**
    가. 따라서 채권자는 그간 2020. 02. 07. 매매계약 및 2020. 03. 09. 공매대금 완납 이후 채무자들에게 이 사건 부동산에 대한 임대차계약의 체결 내지 차임 내지 명도 등을 의논하였으나,
    나. 채무자들은 채권자의 위 실시와 같은 합법적인 방법의 모색이나 해결책을 전혀 제시치 않은 채 채권자를 상면조차 거부하며 무작정 불법점유를 계속하고 있는 실정입니다.
    다. 이에 채권자는 부득이 채무자를 상대로 건물명도와 차임청구의 본안소송을 준비중에 있으나(이 사건 가처분신청과 동시에 제기하였습니다) 동 소송은 채무자들의 저간의 사정으로 보아 장시간을 요할 것으로 예상되는 반면,
    라. 그 사이 채무자가 의도적으로 점유변경 등을 시도할시 채권자는 본안소송의 실익이 없을 것이 분명하므로 채권자는 본안소송의 집행보전을 위하여 시급히 이 건 가처분 신청에 이른 것입니다.
    마. 단지, 이 건 가처분 신청에 따른 담보제공방법은 채무자들로 인해 다대한 손해 속에 있는 채권자의 어려운 형편을 감안하시어 보증보험과의 계약을 체결한 증권으로 대체할 수 있도록 허락하여 주시기 바랍니다.

입증 및 첨부서류

1. 부동산등기사항전부증명서(갑제1호증).. 1부
1. 소외 수탁자 국제자산신탁 주식회사(변경후 : 우리자산신탁 주식회사)의 물건관리번호 : 2020-0000-000000호 이 사건 부동산 공매공고문(갑제2호증의 1-2) 각1부
1. 동 입찰정보지(갑제3호증) 1부
1. 채권자와 위 우리자산신탁 주식회사 간, 공매 부동산 2020. 02. 07.자 수의매매계약서(갑제4호증) 1부
1. 동 2020. 03. 09.자 매매대금 985,608,000원 완납증명서(갑제5호증).......... 1부
1. 2020. 02. 05.자 근저당권자겸 우선수익자인 신청외 주식회사 OOOOOO대부의

매매대금 실거래 신고확인서(갑제6호증) 1부
1. 2020.02.05.자 채권자의 수의계약확인서(갑제7호증) 1부
1. 토지대장 1부
1. 건축물관리대장 1부
1. 법인등기부등본 1부

2020. 03.

위 채권자

주식회사 OO모닝

대표자 O O O

서울중앙지방법원 귀중

(2) 점유이전금지가처분 결정문 집행과정

이렇게 점유이전금지가처분 결정문을 가지고 명도대상 아파트 거실에 부착 게시하고, 명도소송을 진행했다. 왜냐하면 명도소송은 시간이 많이 소요되지만, 점유이전금지가처분은 짧은 시간에 결정문을 받아서 명도대상 아파트를 열고 거실에 부착하는 방법으로, 필자가 명도 협상력을 높일 수 있었던 경험이 많기 때문이다.

나의 사건검색

기본내용   청사배치

사건번호	2020카단0000	사건명	부동산점유이전금지가처분
채권자	주식회사 OO모닝	채무자	박OO외 1명
재판부	제57-2단독 (전화:02-3415-0000(결정),530-0000(이의,취소),0000(전자해제),530-0000(종이해제))		
접수일	2020.03.16	종국결과	2020.03.23 인용

일자	내용	결과	공시문
2020.03.16	신청서접수		
2020.03.18	담보제공명령		
2020.03.18	채권자1 주식회사 OO모닝에게 담보제공명령등본 발송	2020.03.23 도달	
2020.03.20	채권자 주식회사 OO모닝 열람및복사신청 제출		
2020.03.23	결정		
2020.03.23	채권자1 주식회사 OO모닝에게 결정정본(채권자+채무자) 발송	2020.03.23 도달	

◆ 건물명도청구 소장 작성 및 강제집행 방법

(1) 건물명도청구 소장 작성 방법

〈표지 정면〉

소 장

원고 주식회사 OO모닝
피고 1. 박 O O
     2. 김 O O

건물명도 등 청구의 소

목적물가액 35,147,079원정
첨용인지액   163,100원정
송달료   216,000원정

서울중앙지방법원 귀중

〈표지 뒷면〉

〈과표 계산서〉

서울시 동작구 대방동 507, 대방2차 이-편한세상 제000동 0000호
[도로명주소] 서울시 동작구 OOO길 00 (대방동)

공시지가 : 6,906,000원
건축연도 : 2003년
구 조 : 철근콘크리트조
용 도 : 공동주택(아파트)
㎡당 가격 : 1,068,000원
면 적 : 131.637㎡
1,068,000원 × 131.637㎡ × 0.5 × 0.5 = 35,147,079원

소 장

원고 주식회사 OO모닝(160111-0000000)
　　대전시 서구 둔산중로 00번길 00, 비동 000호(OO동, 동화빌딩)
　　〈송달장소〉 서울시 서초구 OOO로 00길 1, 3층 (서초동)
　　대표자 O O O
　　〈전화〉 010-0000-0000

피고 1. 박 O O(000000-*******)
　　2. 김 O O(000000-*******)
　　〈피고들 주소〉 서울시 동작구 대방동 000, 대방2차 이-편한세상 제000동 0000호
　　[도로명주소] 서울시 동작구 OOO길 00

건물명도 등 청구의 소

신 청 취 지

1. 피고들은 각자 원고에게 별지목록기재 부동산을 명도하고 2020.03.09.부터 명도완료일까지 월 2,000,000원의 비율에 의한 금원을 각자 지급하라.
2. 소송 비용은 피고들의 부담으로 한다.
3. 위 제 1항은 가집행할 수 있다.
라는 판결을 구합니다.

신 청 원 인

1. 당사자 지위
　가. 원고는 별첨 부동산등기사항전부증명서(갑제1호증) 및 이 사건 부동산(서울시 동작구 대방동 000, 대방2차 이-편한세상 제000동 0000호)의 위탁자인 피고 부부로부터 이 사건 공유(각 1/2) 부동산을 수탁받은 소외 수탁자 국제자산신탁 주식회사(변경후 : 우리자산신탁 주식회사)의 물건관리번호 : 2020-0000-000000호 이 사건 부동산 공매공고문(갑제2호증의 1-2)과, 동 입찰정보지(갑제3호증)와, 원고와 위 우리자산신탁 주식회사 간 공매부동산 2020. 02. 07.자 수의매매계약서(갑제4호증)와 2020. 03. 09.자 매매대금

985,608,000원 완납확인서(갑제5호증)와 2020. 02. 05.자 근저당권자겸 우선수익자인 소외 주식회사 ○○○○○○대부의 매매대금 실거래 신고확인서(갑제6호증)에서도 보는 바와 같이,

나. 원고는 위 부동산을 피고 부부의 수탁자인 위 우리자산신탁 주식회사와의 공매수의계약에 의해 2020. 03. 09. 서울중앙지방법원 등기국 접수 제 43294호 2020. 02. 07. 매매를 원인으로 소유권을 취득한 현재의 소유자이고,

다. 피고들은 부부간으로서 위 부동산에 대해 각 1/2씩 공유로 부동산을 소유하다 위와 같이 수탁자인 우리자산신탁 주식회사에 부동산을 위 근저당권자겸 우선수익자인 위 주식회사 ○○○○○○대부를 우선수익자로 하여 2017. 07. 10. 같은 등기로 접수 제127991호 2017. 07. 10. 신탁등기하였다가,

라. 위와 같이 수탁자인 위 우리자산신탁 주식회사가 원고에게 2020. 03. 09. 공매수의계약으로 매각하였음에도 불구하고 원고에게 동 부동산에 대해 일체의 차임이나 임대차의 계약도 없이 동 부동산을 무단점유하고 있는 불법행위자들 입니다.

2. 피고들의 명도 불응으로 인한 원고의 이 사건 소외 이익.

가. 따라서 원고는 그간 2020. 02. 07. 매매계약 및 2020. 03. 09. 공매대금 완납 이후 피고들에게 이 사건 부동산에 대한 임대차계약의 체결 내지 차임 내지 명도 등을 의논하였으나,

나. 피고들은 원고의 위 실시와 같은 합법적인 방법의 모색이나 해결책을 전혀 제시치 않은 채 원고를 상면조차 거부하며 무작정 불법점유를 계속하고 있는 실정입니다.

3. 월 차임 200만원씩의 청구

가. 그렇다면, 피고들은 원고가 이 사건 부동산을 매매로 인한 소유권이전등기한 2020. 03. 09.부터 명도완료일까지 월 차임을 부당이득하고 있다할 것입니다.

나. 따라서, 자세한 월 차임은 차후 임료감정을 통해서 정확히 밝혀지겠지만, 이 사건 부동산(아파트)의 시세 및 면적 등을 감안해 볼 때 아무리 검소히 산정하더라도 우선 월 200만원씩이 적당하다할 것입니다.

4. 결 론

따라서 원고는 청구취지와 같이 피고들에게 건물명도와 함께 2020. 03. 09.부터 명도완료일까지 월 200만원씩의 차임을 구하기 위하여 부득이 이 건 청구에 이른 것입니다.

입증 및 첨부서류

1. 부동산등기사항전부증명서(갑제1호증) 1부
1. 소외 수탁자 국제자산신탁 주식회사(변경후 : 우리자산신탁 주식회사)의 물건관리번호 : 2020-0000-000000호 이 사건 부동산 공매공고문(갑제2호증의 1-2) 각1부
1. 동 입찰정보지(갑제3호증) 1부
1. 원고와 위 우리자산신탁 주식회사 간, 공매 부동산 2020. 02. 07.자 수의매매계약서(갑제4호증) 1부
1. 동 2020. 03. 09.자 매매대금 985,608,000원 완납증명서(갑제5호증) 1부
1. 2020. 02. 05.자 근저당권자겸 우선수익자인 소외 주식회사 OOOOOO대부의 매매대금 실거래 신고확인서(갑제6호증) 1부
1. 2020. 02. 05.자 원고의 수의계약확인서(갑제7호증) 1부
1. 토지대장 1부
1. 건축물관리대장 1부
1. 법인등기부등본 1부
1. 소장부본 1부

2020. 03

위 원고

주식회사 OO모닝

대표자 O O O

서울중앙지방법원 귀중

(2) 건물명도청구 소송 판결문으로 아파트를 강제집행하는 과정

이렇게 신속하게 건물 명도청구 소송을 진행해서 70일 만에 명도 판결문을 득하고 강제집행 절차를 다음과 같은 순서로 진행할 수 있었다.

나의 사건검색
기본내용

사건번호	2020가단0000	사건명	[전자] 건물명도 등 청구의 소
원고	주식회사 OO모닝	피고	박OO외 1명
재판부	민사86단독		
접수일	2020.03.17	종국결과	2020.05.19 원고승

일자	내용	결과
2020.03.17	소장접수	
2020.03.23	전자기록화명령	
2020.03.23	피고1 박OO에게 소장부본/소송안내서/답변서요약표 송달	2020.03.26 도달
2020.03.23	피고2 김OO에게 소장부본/소송안내서/답변서요약표 송달	2020.03.26 도달
2020.03.23	원고 주식회사 OO모닝에게 과오납명지서 송달	2020.03.25 도달
2020.03.26	원고 주식회사 OO모닝 소송인지환급청구서 제출	
2020.05.01	원고 주식회사 OO모닝에게 판결선고기일통지서(무변론) 송달	2020.05.04 도달
2020.05.01	피고1 박OO에게 판결선고기일통지서(무변론) 송달	2020.05.04 도달
2020.05.01	피고2 김OO에게 판결선고기일통지서(무변론) 송달	2020.05.04 도달
2020.05.19	원고 주식회사 OO모닝 주소보정서 제출	
2020.05.19	판결선고기일 (동관 352호 법정(①번 법정출입구 이용) 09:55)	판결선고
2020.05.19	원고 주식회사 OO모닝에게 판결정본 송달	2020.05.22 도달
2020.05.19	피고1 박OO에게 판결정본 송달	2020.05.21 도달
2020.05.19	피고2 김OO에게 판결정본 송달	2020.05.21 도달
2020.05.19	종국 : 원고승	
2020.05.26	원고 주식회사 OO모닝 집행문및송달증명	2020.05.26 발급
2020.05.26	원고 주식회사 OO모닝 판결정본	2020.05.26 발급
2020.05.26	원고 주식회사 OO모닝 집행문및송달증명	2020.05.26 발급
2020.05.26	원고 주식회사 OO모닝 판결정본	2020.05.26 발급

 첫째 명도 판결문에 집행문을 부여 받아 법원에 강제집행을 신청 후 7일 이내 법원 집행관과 동행하여(반드시 동행할 필요는 없지만 동행해서 점유자와 만남의 기회를 갖기 위함이다. 이 과정에서 명도 협의가 성사되는 사례가 많기 때문이다) 계고장을 점유자에게 전달하거나 현관문에 게시한다. ⇨ 게시 후 1주일이 지나도 점유자가 협조해 주지 않으면 ⇨ 둘째로 독자분들이 잘 알고 있는 바와 같이 매수자가 법원에 강제집행비용을 납부하고, 집행관과 별도 기일을 정해서 명도대상 아파트를 방문해서 강제집행 절차를 진행한다.

 이같이 발 빠른 대처로 신속하게 명도를 진행했고, 그 사이 아파트 가격이 14억으로 올랐다. 이렇게 오르는 아파트는 장기보유해야 높은 기대수익을 올릴 수 있다.

 명도 실무에서 독자분들에게 어려움이 발생하면 이 내용을 참고하면 도움이 될 듯해서 이번 개정판에 추가로 기술한 것이다.

PART
19

회생과 파산절차에서 매매계약과 경·공매 물건 투자 비법

01강 회생 절차와 인가 결정 후 부동산 매수 어떻게 하면 되나?

01 회생관리인의 업무와 개인회생 결정 후 채무자의 재산 관리와 처분

◆ **회생위원 및 회생관리인의 선임과 주요 업무**

① <u>회생위원은 개인회생 절차에서</u> 채무자의 재정 상태를 면밀히 분석하여 회생 계획이 현실적으로 실행 가능한지 검토한다. 또한, 변제 계획이 인가된 후에는 채무자가 계획을 성실히 이행하는지 감독하는 역할도 한다.

② <u>회생관리인은 기업회생 절차에서</u> 중요한 역할을 하는 인물로, 법원이 선임하여 채무자의 업무 수행권과 재산 관리 처분권을 갖는다. 일반적으로 기존 경영자(회사 대표이사나 이사 등)가 관리인으로 선임되지만, 특정 상황에서는 제3자가 관리인으로 지정될 수도 있다.

③ <u>회생위원, 회생관리인은</u> 채무자 등의 회생 신청 후 법원에서 선임하나 <u>파산관재인</u> 파산선고 후 채무자가 예납금을 납부하면 법원이 선임한다.

④ 이러한 회생위원, 회생관리인. 파산관재인은 변호사나 회계사, 법무사 등 법률 및 재무 전문가 중에서 법원의 채용절차를 거쳐서 선임하게 된다.

◆ **회생 결정 후 채무자 재산의 관리와 처분할 권리는 관리인 등에 있다!**

① 회생절차개시결정이 있는 때에는 채무자의 업무의 수행과 재산의 관리 및 처분을 하는 권한은 관리인에게 전속한다(채무자회생법 제56조 제1항). 즉 회생절차 개시결정이 있게 되면 채무자는 사업의 경영과 재산의 관리처분권을 상실하게 되고, 이러한 권한은 관리인에게 있다.

따라서 채무자가 회생절차 개시 후 채무자 재산에 대하여 매매, 임대차, 채무승인 등의 법률행위를 할 경우 회생절차와의 관계에서 그 효력을 주장하지 못한다.

② 개인인 채무자 또는 개인이 아닌 채무자의 이사는 제1항에 규정에 의한 관리인의 권한을 침해하거나 부당하게 그 행사에 관여할 수 없다(제56조 제2항).

◈ 회생결정 후 등기부에 등기된 채권과 통장 압류를 해제하는 방법

(1) 채무자회생법 제58조(다른 절차의 중지 등)

제1항 회생절차개시결정이 있는 때에는 다음 각호의 행위를 할 수 없다. 1. 파산 또는 회생절차개시의 신청, 2. 회생채권 또는 회생담보권에 기한 강제집행 등, 3. 국세징수의 예에 의하여 징수할 수 있는 청구권으로서 그 징수 우선순위가 일반 회생채권보다 우선하지 아니한 것에 기한 체납처분,

제2항에서는 회생절차개시결정 후 제1항 제1호~제3호를 중지하는 규정이다.

(2) 채무자회생법 제256조(중지 중의 절차의 실효)

제1항 회생계획인가의 결정이 있은 때에는 제58조 제2항의 규정에 의하여 중지한 파산절차, 강제집행, 가압류, 가처분, 담보권실행 등을 위한 경매절차는 그 효력을 잃는다.

따라서 회생 인가결정이 확정되면, 회생절차개시 기입등기가 이루어지는데, 채무자는 이때부터 법적으로 보호받으며, 채권자의 압류를 해제할 수 있다. 하지만 자동으로 해제되는 것이 아니라, 채무자, 회생관리인 등이 법원에서 발급한 인가결정문, 채권자목록, 압류결정문 정본 등을 준비해서 법원에 압류 해제 신청서를 제출해야 한다. 법원 검토 후 등기된 채권자의 관할 등기소와 통장 압류한 금융기관 등에 압류 해제 통지서를 보내는 방법으로 해제하면 된다.

02 회생절차에서 법원경매나 압류재산공매가 진행되면 중지할 수 있을까?

◈ 회생 신청 이후에도 강제경매가 진행될 수 있을까?

회생 신청 이후에도 강제경매가 진행되는 경우, 채무자는 회생법원에 강제경매 중지 결정을 법원에 신청할 수 있다. 이렇게 회생법원에서 강제경매 중지 결정문을 받아 경매법원에 제출하면 경매가 중지된다. 이 강제경매 중지는 개인회생개시결정

전까지 임시적인 조치이므로, 개인회생개시 결정 이후에는 별도로 회생법원에서 강제집행(경매)의 취소명령을 받아서 경매법원에 제출해야 종국적으로 경매가 취소된다. 이때 부동산 압류 등도 해제된다.

◇ 회생 신청 이후에도 임의경매나 압류재산공매를 중지할 수 있나?

(1) 회생을 신청하고 나서도 임의경매를 신청할 수 있을까?

채무자회생법 제586조는 파산절차의 별제권 규정(채무자회생법 제411조~제415조)을 개인회생 절차에도 준용하고 있다. 이 경우 "파산재단"은 "개인회생재단"으로, "파산선고"는 "개인회생절차개시결정"으로 본다.

따라서 부동산에 설정된 근저당권은 채무자가 개인회생을 신청하더라도 해당 부동산에 대해서 임의경매를 신청할 수 있다.

그러므로 채무자가 임의경매 절차를 중지하려면 회생법원에 중지 명령을 신청하여 개인회생 인가결정일까지 경매를 중지해야 한다. 그러나 이는 개인회생 인가결정일 전까지 일시적인 중지 조치에 불과하다.

개인회생 인가결정 이후에는 개인회생절차의 변제계획과 관계없이 임의경매를 신청하거나 진행 중에 있던 경매절차를 속행하여 경매 배당절차에서 채권최고액까지 배당받을 수 있다. 근저당권의 채권최고액을 초과하는 부분은 회생재단에 포함되어 개인회생채권자로 권리를 행사해야 하므로 채무자에게 배당한다.

(2) 회생 신청 이후에도 압류재산 공매를 신청할 수 있을까?

회생절차 개시 전에 이미 압류가 완료된 조세채권은 회생채권으로 분류되더라도 압류 자체는 유효하다. 따라서 압류된 재산에 대한 공매 처분도 가능하다.

이는 채무자 회생법 제58조 제3항에서 회생개시 이후의 체납처분은 중지되지만, 회생개시 전에 이미 행한 압류는 중지되지 않는다는 점에서 비롯된다.

하지만, 언제든지 가능한 것은 아니다. 개인회생 결정 전에 국세와 지방세 등의 압류, 압류재산 공매 등의 체납처분 절차는 회생법원의 금지·중지명령으로 개인회생 인가결정일까지 일시적으로 중지된다.

① 회생계획 인가일, ② 회생절차 종료일, ③ 회생 개시일로부터 2년 중 가장 먼저 도래하는 날 이후에는 별제권을 가진 담보권자와 마찬가지로 공매 등의 체납처

분 절차를 다시 진행될 수 있다. 또한 회생계획에서 해당 조세채권에 대해 기한 유예나 분할변제가 명시되어 있다면, 그 유예기간 동안은 공매가 제한될 수도 있다.

채무자회생법 제600조 제1항 단서 규정으로, "제4호 국세징수법 또는 지방세징수법에 의한 체납처분, 국세징수의 예(국세 또는 지방세 체납처분의 예를 포함한다)에 의한 체납처분 또는 조세채무담보를 위하여 제공된 물건의 처분" 조항에 의해 개인회생절차에서 채권자목록에 기재된 채권인 경우에는 압류재산공매 등의 체납처분 절차가 중지되지만, 채권자목록에 기재되지 않은 채권에 대해서는 체납처분 절차가 중지되지 않고 진행될 수 있다.

따라서 채무자가 개인회생을 신청할 때 체납된 세금을 채권자목록에 정확하게 신고하고, 변제계획을 세우는 것이 중요하다.

국세와 지방세 등의 압류가 법원 임의경매절차에 배당요구한 경우 또는 직접 압류재산 공매절차를 진행해서 배분받는 금액은 개인회생개시결정 전 또는 파산선고 결정 전에 압류한 세금이면서 압류 당시 체납세액인 경우에만 별제권으로 우선해서 배당 받을 수 있고, 초과하는 부분은 회생재단에 포함되어 개인회생채권자로 권리를 행사해야 하므로 채무자에게 배당한다.

> 〈대법원 2024. 6. 13. 선고 2023두63079 판결〉
> 회생절차에서 조세채권자가 회생절차에 관하여 알지 못함으로써 회생계획안 심리를 위한 관계인집회가 끝날 때까지 채권신고를 하지 못하고, 관리인이 그 조세채권의 존재 또는 그러한 조세채권이 주장되는 사실을 알고 있거나 이를 쉽게 알 수 있었음에도 회생채권자 목록에 기재하지 아니한 경우, 회생계획이 인가되더라도 그 조세채권은 실권되지 않는다. 따라서 회생절차가 종결한 후에도 실권되지 않은 조세채권자는 체납처분 등을 하거나 중지된 체납처분을 속행할 수 있다.

03 회생 결정 후 채무자 부동산을 매수할 때 매매계약과 법원의 매각허가결정

◇ 회생 결정 후 법원에서 선임된 관리인 확인과 매매계약을 체결하는 경우

회생개시결정이 인가되면 재산의 관리와 처분권은 회생위원 또는 회생관리인에게 있다.

이는 회생관리인 등이 회생계획을 이행하고 채권자들에게 최대한 많은 돈을 회수할 수 있도록 하기 위함이다. 따라서 회생절차 기간동안 채무자는 원칙적으로 자신의 재산을 처분할 수 없다.

그러나 ① 채무자가 생계 유지를 위한 필수적인 재산(주거, 음식, 의료비 등)이거나 ② 채무자가 회생 계획을 이행하는 데 필요한 재산은 법원의 허가를 얻어서 처분할 수 있다.

이는 개인회생절차 개시결정이 내려져도 파산절차와 달리 채무자는 개인회생재단을 관리하고 처분할 권한을 가진다(채무자회생법 제580조 제2항).

따라서 매매계약서상 매도인은 개인회생에서는 채무자이고, 파산재단에서는 파산관재인이다.

첫째, **채무자가 회생인가 결정 후 보유한 재산을 처분하려면** ① **재산 처분 신청서** (부동산뿐만 아니라 차량, 금융자산 등 다양한 유형의 재산을 포함하는 경우) 또는 ② **부동산 매각 허가 신청서**(특정 부동산을 매각하기 위해 법원에 제출하는 신청서) **를 작성해서 회생관리인에게 제출해야 한다.** 신청서에는 처분하려는 재산의 종류, 처분 방법, 예상 매각금액, 처분 목적 및 처분 대금의 사용 방법이 포함되어야 한다.

회생관리인은 신청서를 심사하여 채무자의 생계 유지나 채무 반환에 필요한지 여부를 확인한 다음, 법원에 신청서를 제출해서 허가를 받아 처분하면 된다.

실무에서는 채무자가 재산을 처분하기 전에 회생관리인과 사전에 협의를 거쳐서 재산처분 신청서 또는 부동산 매각 허가 신청서를 작성해서 회생관리인을 통해서 법원의 허가를 얻는 순서로 진행한다.

부동산 매각 허가 신청서는 다음과 같이 작성해서 법원에 제출하면 된다!

① 신청서에는 매각하려는 부동산의 주소, 면적, 현재 시세 등 필요한 정보를 정확하게 기재하고, 특히 매각 목적을 명확하게 기재해야만 법원에서 허가를 해 줄 가능성이 높다.

② 법원에서는 부동산의 시세를 확인하기 위해 감정평가서를 요구하는 경우가 많으니 제출할 때 감정평가서를 미리 받아 제출하는 방법이 좋다.

③ 매수인과 계약을 체결했다면, 법원에 매매계약서도 함께 제출해야 한다.

④ 부동산 매각으로 인해 채권자들에게 어떻게 배분할지도 계획을 세워서 제출해야 한다.

이러한 매각허가 신청서는 부동산을 매각하기 전에 사전 허가를 받아서 매각하는 절차로 담보권자가 있는 경우 동의를 얻어서 신청하고(사전허가), 그 매각허가대로 매매계약을 체결한 후에도 또다시 계약서를 첨부해서 법원의 매각허가를 받아야 한다(매매계약 후 허가결정). 법원은 매각 계약이 적절한지, 채무 변제계획에 부합하는지 등을 검토한 후 최종적으로 매각허가결정을 내린다.

이렇게 회생절차 중에서 부동산을 매각할 때는 법원 허가를 두 번 받아야 한다.

둘째, 매매계약할 때 확인하고 첨부할 서류

① 회생법원의 회생계획인가결정의 등본 또는 초본, ② 부동산 사전 매각허가 결정, ③ 관리인의 자격을 증명하는 정보, ④ 관리인의 인감증명서, ⑤ 관리인 신분증, ⑥ 법원에 신고된 관리인 은행계좌 통장 등을 확인하고, 증빙으로 매매계약서에 이들 서류 등을 첨부해야 한다. 그리고 법원(www.scourt.go.kr) ⇨ 대국민서비스 ⇨ 나의사건 검색을 통해서 회생절차가 진행되는 내용을 확인 또는 서울회생법원 등에 접속해서 진행되는 내용을 확인하고 매매계약서를 작성해야 한다.

셋째, 매매계약을 체결한 후 ⇨ 법원의 매각허가를 신청해서 부동산 매각허가결정이 확정된 후 ⇨ 법원에서 지정한 대금납부 기한 내에 법원에 신고된 관리인 은행계좌로 계약금을 이체하는 순서로 진행하면 된다. 중도금과 잔금 또한 이 계좌로 이체해야 한다.

그래서 채무자, 관리인과 계약할 때 계약서 특약사항란에 "① 법원의 매각결정이 불허가되면 매매계약은 무효로 하고, 수수한 계약금은 아무 조건 없이 반환하기로 한다. ② 매각허가 결정 후 매수인의 잔금 납부와 동시이행으로 등기부에 등기된 채권 및 보전처분과 회생절차개시 기입등기 및 부인등기 등을 촉탁으로 말소하기로 한다."라는 조항을 명기해 놓아야 한다.

넷째, 매매대금 잔금 납부가 완료된 후 소유권이전등기 등의 등기를 법원의 촉탁등기 절차를 통해 진행하면 된다.

다섯째. 부동산 매각이 완료되면 관리인 등이 법원에 매각 결과를 보고하고, 매각 대금은 법원의 변제계획에 따라 채권자들에게 배분하게 된다.

◇ 회생 인가 결정 후 채무자가 부동산을 매각할 때 필요한 서류와 매도 방법

(1) 부동산 매매계약서 : 채무자와 매수인 간에 체결한 매매계약서
(2) 부동산 매각 허가서 : 회생 인가 결정 후 법원이 매각을 허가했음을 증명하는 문서
(3) 회생 인가 결정문 : 회생 재단에 속함을 증명하는 문서
(4) 매도용 인감증명서 : 해당 재산을 매각할 때 채무자가 매도자로 인감증명서 발급
(5) 부동산 거래 계약 신고필증과 토지거래허가서, 농지취득자격증명서
  ① 부동산의 매매계약을 체결한 경우 계약체결일로부터 30일 이내 부동산 거래 신고
  ② 토지거래허가구역 내에서 일정 면적 이상의 토지를 거래할 때 사전에 관할 관청의 허가를 받아야 하며, 허가 없이 거래하면 법적으로 무효가 된다.
  ③ 농지를 매수할 때 농지취득자격증명서를 발급받지 못하면 소유권이전등기가 불가하므로 소유권을 취득할 수 없다.
(6) 등기신청 위임장 : 등기 절차를 대리인이 수행할 수 있도록 위임하는 문서
(7) 취득세 신고 관련 서류 : 매수인이 취득세를 신고하고 납부하는 데 필요한 문서
이 외에도 매각 방식에 따라 추가 서류가 필요할 수 있다.

회생인가 후 회생물건 매도자는 부동산 소유자인 채무자이므로, 회생관리인과 무관하게 법원의 부동산 매각 허가서를 받아서 채무자명의로 매도하면 된다. **이렇게 계약하면 매수인 측에서 부담감을 느끼게 되므로** 매도자란은 ○○○(채무자 명의), 대리인란은 ○○○(회생관리인 명의)으로 회생관리인이 채무자를 대리해서 계약하는 형식으로 하면 채무자만을 매도인으로만 계약하는 것보다 안전하게 매수할 수 있으니 참고하기 바란다. 이 방법은 대리로 계약하는 것이 아니라 채무자와 회생관리인 모두 참석해서 채무자와 대리인으로 계약서를 작성하는 방법이다.

마지막으로 채무자 또는 매수인 등은 회생절차개시 기입등기 등을 법원에 말소촉탁하는 절차도 함께 진행해야 한다. 매수 이후에도 남아 있다면 매수인이 신청해서 말소하면 된다.

04 매각으로 인한 회생절차개시 등기의 말소와 매수인에게 소유권이전등기

【갑 구】(소유권에 관한 사항)

순위번호	등기목적	접수	등기원인	권리자 및 기타사항
3	보전처분	2006년4월14일 제3787호	2006년4월10일 서울중앙지방법원의 재산보전처분 (2006회단20)	금지사항 양도,저당권 또는 임차권의 설정 기타 일체의 처분행위의 금지
4	회생절차개시	2006년5월4일 제3987호	2006년5월1일 서울중앙지방법원의 회생절차개시결정(2006회단25)	
5	3번보전처분등기말소			4번회생절차개시등기로 인하여 2006년4월13일 등기
6	회생계획인가	2006년11월26일 제5178호	2006년11월20일 회생계획인가	
7	소유권이전	2006년11월28일 제6887호	2006년11월26일 매각	소유자 이도령 550505-1089321 서울시 서대문구 홍은동 9
8	4번회생절차개시,6번 회생계획인가등기말소	2006년11월28일 제6987호	2006년11월26일 매각	

① **3번 보전처분 등기는** 4번 회생절차개시 기입등기로 인해 말소되고(보전처분은 회생절차개시 기입등기로 그 효력을 잃게 되므로, 회생절차개시결정의 기입등기를 촉탁하는 경우 보전처분 등의 등기에 대한 말소촉탁을 동시에 신청해야 한다), ② **4번 회생절차개시, 6번 회생계획인가 등기는** 회생법원에 부동산 매각허가 신청을 통해서 허가를 얻어 매각하는 과정에서 촉탁으로 말소하고, 7번 소유자 이도령 명의로 소유권이전등기를 경료한 사례이다.

02강 회생 인가 결정 후 채무자로부터 직접 매수해서 성공한 사례

01 법원의 허가를 받아야 하는 행위(채무자 회생법 제61조)

제1항 법원은 필요하다고 인정하는 때에는 관리인이 다음 각 호의 어느 하나에 해당하는 행위를 하고자 하는 때에 법원의 허가를 받도록 할 수 있다.

1. 재산의 처분, 2. 재산의 양수, 3. 자금의 차입 등 차재, 4. 제119조의 규정에 의한 계약의 해제 또는 해지, 5. 소의 제기, 6. 화해 또는 중재계약, 7. 권리의 포기, 8. 공익채권 또는 환취권의 승인, 9. 그 밖에 법원이 지정하는 행위

02 회생개시결정 이후 채무자의 재산처분 및 소유권이전 등기 방법

(1) 신청인

회생절차개시결정이 있는 때에는 채무자의 업무 수행과 재산의 관리 및 처분을 하는 권한은 관리인에게 전속하고(채무자회생법 제56조 제1항), 관리인이 선임되지 아니한 경우에는 채무자의 대표자가 관리인으로 간주되므로(채무자회생법 제74조 제4항), 개시결정 등기 후의 채무자 소유부동산에 관한 등기신청권자는 관리인 또는 관리인으로 간주되는 자이다(표시방법 : 등기의무자 ○○○ 관리인○○○ 또는 채무자 겸 관리인○○○). 권리의무의 귀속주체는 여전히 채무자 본인이므로 신청 정보에 채무자를 등기의무자로 표시하여야 한다.

(2) 첨부 정보

관리인이 회생계획에 따라 채무자 명의의 부동산 등을 처분하고 그에 따른 등기를 상대방과 공동으로 신청하는 경우 회생계획인가결정의 등본 또는 초본을 회생계획에 의하지 아니하고 처분한 경우에는 ① 법원의 허가서 또는 법원의 허가를 요하지 아니한다는 뜻의 증명을 제공하여야 한다. 이 경우 등기신청의 진정성이 담보되므로 등기의무자의 등기필정보는 제공할 필요가 없으나 ② 관리인의 자격을 증명하는 정보(채무자가 법인인 경우에는 법인등기사항증명서, 개인인 경우에는 결정문 등본 등)와 ③ 관리인의 인감증명을 제공하여야 한다.

03 회생개시결정된 아파트를 관리인과 매매 계약해서 성공한 사례

◆ 상봉프레미어스엠코 아파트를 어떤 과정으로 매수하게 되었나?

회생절차개시결정이 있는 상봉프레미어스엠코 아파트 65평형이 매물로 나온 것을 신문 공고를 통해서 확인할 수 있었다. 법원에서 선정한 관리인을 통해 아파트 내부를 확인하고 시세를 확인했는데 시세가 25억원 정도로, 매수해서 직접 거주하면 좋을 것 같아 필자가 지인에게 계약서를 작성해 준 사례이다. 독자분들도 이런 계약서를 작성할 때 도움이 될 수 있도록 법 조문과 계약서 작성 방법을 알기 쉽게 기술한 것이다.

회생절차개시결정이 있는 때에는 채무자의 업무 수행과 재산의 관리 및 처분을 하는 권한은 관리인에게 있다(채무자회생법 56조①). 따라서 관리인과 매매 계약서는 다음과 같이 확인하고 작성하면 된다.

회생절차개시결정 후 법원에서 선임된 관리인 확인과 매매계약을 체결하는 경우
첫째, 법원에서 선임된 관리인임을 증명하는 ① 회생계획인가결정의 등본 또는 초본, ② 관리인의 자격을 증명하는 정보, ③ 관리인의 인감증명서, ④ 관리인 신분증, ⑤ 법원에 신고된 관리인 은행계좌 통장 등을 확인하고, 증빙으로 계약서에 이들 서류 등을 첨부해야 한다.

그리고 법원(www.scourt.go.kr) ⇨ 대국민서비스 ⇨ 나의사건 검색을 통해서 회생절차가 진행되는 내용을 확인 또는 서울회생법원 등에 접속해서 진행되는 내용을 확인하고 매매계약서를 작성해야 한다.

둘째, ① 회생절차개시결정 물건을 매매하기 위해서 우선적으로 관리인과 매각금액의 범위 등을 협의하고 사전에 법원의 허가를 받아서 진행해야 한다. 그리고 ② 계약서 작성 후 매매 계약이 적법하게 효력을 발생하기 위해서는 또다시 법원의 매각허가결정이 있어야 한다.

그래서 관리인과 계약할 때 계약서 특약사항란에 "법원의 매각결정이 불허가되면 매매 계약은 무효로 하고, 매도인과 관리인의 책임하에 수수한 계약금은 아무 조건 없이 반환하기로 한다"는 조항을 명시해 놓아야 한다.

셋째, 매매계약 체결 후 법원의 매각허가결정이 나오면 법원에 신고된 관리인 은행계좌로 계약금을 이체하는 순서로 진행하면 된다.

넷째, 필자가 회생개시결정 후에 매수하는 방법을 기재한 것은 개인회생 또는 파산선고 결정 후에 일반 매매로 취득하는 경우뿐만아니라 경매나 공매절차가 진행되는 과정에서도 이렇게 분석하고 투자하면 안전하게 소유권을 취득할 수 있기 때문이다.

◆ 회생절차개시결정문과 관리인으로 선임된 심○○

서 울 회 생 법 원

제 2 부

결 정

정본입니다.
2021. 8. 25.
법원사무관 김경선

사 건	2021회합00000 회생
신 청 인 겸 채 무 자	주식회사 ○○○○○○○ 서울 영등포구 국회대로 000, 0층(여의도동, ○○○○) 대표이사 ○○○ 신청대리인 법무법인 ○○○○○○ 담당변호사 ○○○, ○○○, ○○○

주 문

1. 채무자에 대하여 회생절차를 개시한다.
2. 심○○ 를 채무자의 관리인으로 선임한다.
3. 관리인의 임기를 이 사건 회생계획안의 인가결정일로부터 60일까지로 한다.
4. 회생채권자, 회생담보권자 및 주주의 목록 제출기간을 2021. 8. 25.부터 2021. 9. 24.까지로 한다.
5. 회생채권, 회생담보권 및 주식의 신고기간을 2021. 9. 27.부터 2021. 10. 15.까지로 한다.

이 유

1. 인정사실

이 사건 기록과 채무자의 대표자 심문결과에 의하면 다음 사실을 인정할 수 있다.

가. 채무자는 이 사건 회생절차개시신청 무렵 회생절차개시신청을 한 주식회사 ○○○○○○씨의 자금으로 2020. 1. 15. 설립된 회사로, 부실채권 매입, 처분, 중개업 등을 주된 사업목적으로 하고 있으며 주식회사 ○○○○○씨대부로부터 자금을 조달하여 부실채권을 매입한 후 담보부 채권에 대한 경매, 채권 매각 등으로 자산을 처분하고 그 처분대금을 정산하여 주식회사 ○○○○○씨대부에 지급하는 방식의 영업을 하고 있다. 채무자의 대주주로 51%의 주식을 소유한 ○○○의 모 ○○○과 사실혼 관계에 있는 ○○○가 회장직함을 사용하면서 채무자를 사실상 지배하고 있다.

나. 채무자의 주식과 관련하여 위 ○○○가 채무자 전체 주식 중 51%(510,000주), ○

나. 채무자의 주식과 관련하여 위 ○○○가 채무자 전체 주식 중 51%(510,000주), ○○○의 누나인 ○○○이 16%(16,000주), ○○○이 17%(170,000주), ○○○가 16%(160,000주)를 소유하고 있는데 위 주주들은 채무자에 대한 회생절차 혹은 청산절차에서 채무자에 대한 어떠한 권리주장도 하지 않겠다는 서약서를 제출하고 있다.

다. 주식회사 ○○○○○씨대부를 지배하고 있던 ○○○, ○○○은 다수의 투자자들에게 '채무자에게 투자를 하면 투자금으로 부실채권 및 부동산에 투자하여 수익을 낸 후 약정기일에 30내지 40%의 고수익과 투자원금을 지급하겠다'고 홍보하면서 투자금을 유치하였다. 수사기관은 ○○○, ○○○의 위 행위는 유사수신행위 및 사기행위에 해당한다는 이유로 부산지방법원 동부지원에 위 ○○○ 등을 사기 및 유사수신행위의 규제에 관한 법률위반죄로 기소하였고, 현재 위 ○○○, ○○○, ○○○에 대해서는 형사재판 절차가 진행중이다.

라. 수사기관은 위 ○○○ 등을 기소하면서 채무자 및 주식회사 이노에이엠씨대부와 그 관계회사 소유의 부동산과 금융계좌에 대하여 몰수 및 부대보전, 추징보전청구를 하여 법원으로부터 인용결정을 받았다. 위와 같은 채무자 및 주식회사 ○○○○○씨대부와 그 운영자들에 대한 수사기관의 수사, 채무자 재산에 대한 몰수 및 부대보전결정, 추징보전결정 등으로 채무자는 주식회사 ○○○○○씨대부로부터 자금 유치를 하거나 보유한 자산을 매각을 하는 것이 불가능하게 되었고 이로 인하여 채무자는 정상적인 영업을 할 수 없게 되었다.

마. 이 사건 회생절차개시신청 당시를 기준으로 실사조정한 채무자의 자산은 118억 7,868만 원, 부채는 101억 5,610만 원이다.

2. 판 단

위 인정사실에 의하면, 채무자는 사업의 계속에 현저한 지장을 초래하지 아니하고는 변제기에 있는 채무를 변제할 수 없는 상황에 처해 있을 뿐만 아니라, 채무자에게 파산의 원인인 사실이 생길 염려가 있다. 한편 채무자의 설립, 운영은 주식회사 ○○○○○씨대부의 자금으로 이루어진 것이다. 채무자의 설립 및 운영자금을 제공한 주식회사 ○○○○○씨대부의 자금이 법률상 용납되지 않는 유사수신행위 및 사기에 해당하는 영업행위로 취득한 것이어서 채무자의 자산 및 예금도 범죄피해재산에 해당할 수 있다는 이유로 채무자의 자산 등에 몰수 및 부대보전, 추징보전결정이 내려져 채무자의 자산을 매각하거나 처분할 수 없는 상태이다.

채무자의 자산이 사실상 주식회사 ○○○○○씨대부의 자금을 원천으로 이루어져 있으므로 주식회사 ○○○○○씨대부의 피해자인 채권자들에게 채무자의 자산을 매각하여 주식회사 ○○○○○씨대부의 채권자들에게 공정하고 합리적인 방법으로 분배할 필요성이 있다.

산의 원인인 사실이 생길 염려가 있다. 한편 채무자의 설립, 운영은 주식회사 ㅇㅇㅇㅇㅇ씨대부의 자금으로 이루어진 것이다. 채무자의 설립 및 운영자금을 제공한 주식회사 ㅇㅇㅇㅇㅇ씨대부의 자금이 법률상 용납되지 않는 유사수신행위 및 사기에 해당하는 영업행위로 취득한 것이어서 채무자의 자산 및 예금도 범죄피해재산에 해당할 수 있다는 이유로 채무자의 자산 등에 몰수 및 부대보전, 추징보전결정이 내려져 채무자의 자산을 매각하거나 처분할 수 없는 상태이다.

채무자의 자산이 사실상 주식회사 ㅇㅇㅇㅇㅇ씨대부의 자금을 원천으로 이루어져 있으므로 주식회사 ㅇㅇㅇㅇㅇ씨대부의 피해자인 채권자들에게 채무자의 자산을 매각하여 주식회사 ㅇㅇㅇㅇㅇ씨대부의 채권자들에게 공정하고 합리적인 방법으로 분배할 필요성이 있다.

채무자에게 채무자 회생 및 파산에 관한 법률 제34조 제1항에서 정한 회생절차 개시 원인이 있고, 한편 법 제42조 각 호에서 정한 회생절차개시신청의 기각사유가 있다고 볼 만한 자료가 없다.

3. 결 론

그렇다면 이 사건 신청은 이유 있으므로 채무자에 대하여 회생절차를 개시하기로 하고, 법 제50조 제1항, 제74조 제1항에 따라 제3자인 ㅇㅇㅇ를 관리인으로 선임하기로 하며, 회생채권자·회생담보권자·주주 목록의 제출기간, 회생채권·회생담보권·주식의 신고기간, 회생채권·회생담보권의 조사기간, 회생계획안 제출기간에 관하여는 법 제50조 제1항을 적용하여 주문과 같이 결정한다.

2021. 8. 25. 14:00

재판장   판사   ㅇㅇㅇ

         판사   ㅇㅇㅇ

         판사   ㅇㅇㅇ

◆ 회생개시결정된 아파트 매매 계약서와 별도로 특약으로 정한 약정서

(1) 회생개시결정된 아파트 매매 계약서

부동산매매계약서

매도인과 매수인 쌍방은 아래 표시 부동산에 관하여 다음 내용과 같이 매매계약을 체결한다.
1. 부동산의 표시

소재지	서울특별시 중랑구 상봉동 000, 상봉프레미어스엠코 제○동 제43층 제0000호				
토 지	지 목	대		면 적	28.6041㎡
건 물	구 조	철근콘크리트조	용 도	아파트	전용면적	175.05㎡

2. 계약내용
제 1 조 위 부동산의 매매에 한하여 매수인은 매매대금을 아래와 같이 지불하기로 한다.

매매대금	금	이십억팔천만원정 (₩ 2,080,000,000)
융 자 금	금	243,671,766 (이자별도)원정은 매도자가 근저당권자에게 상환함.
계 약 금	금	이억팔백만원(₩ 208,000,000) 원정은 계약시 지급하고 영수함.
중 도 금	금	원정은 년 월 일에 지불하며
잔 금	금	십팔억칠천이백만원(₩ 1,872,000,000) 원정은 2022년 00월 00일에 지급한다.

제 2 조 매도인은 매수인으로부터 매매대금의 잔금을 수령함과 동시에 매수인에게 소유권 이전등기에 필요한 모든 서류를 교부하고 소유권 이전등기에 협력하며, 위 아파트를 2022년 00월 00일에 인도한다.
제 3 조 매도인은 소유권의 행사를 제한하는 사유가 있거나 조세공과 기타 부담금의 미납금 등이 있을 때에는 잔금 지급일 이전까지 그 권리의 하자 및 부담 등을 제거하여 완전한 소유권을 매수인에게 이전 한다. 다만, 승계하기로 합의하는 권리 및 금액은 그러하지 아니한다.
제 4 조 위 부동산에 관하여 발생한 수익의 귀속과 제세공과금 등의 부담은 위 부동산의 인도일을 기준으로 하되 지방세의 납부의무 및 납부책임은 지방세법의 규정에 의한다.
제 5 조 매수인이 매도인에게 중도금(중도금이 없을 때는 잔금)을 지불하기 전까지 매도인은 계약금의 배액을 상환하고 매수인은 계약금을 포기하고 본 계약을 해제할 수 있다.
제 6 조 매도자 또는 매수자가 본 계약상의 내용을 불이행시 그 상대방은 불이행한자에 대하여 서면으로 최고 하고 계약을 해제할 수 있다. 그리고 계약당사자는 계약해제에 따른 손해보상을 각각 상대방에게 청구할 수 있으며, 손해배상에 대하여 별도의 약정이 없는 한 계약금을 손해배상의 기준으로 본다.
제 7 조 본 계약체결은 쌍방간 계약으로 중개수수료 및 기타수수료는 없는 것으로 한다.

3. 특약사항란 – 계약당사자 간에 합의한 내용을 다음과 같이 특약으로 기재한다.
① 특약사항은 지면상 별도 약정서를 작성하여 첨부하기로 한다.
② 본 계약 대상 물건은 회생 결정된 물건으로 법원에서 선임된 관리인 심○○ 입회하에 작성하고, 매매대금도 법원에서 정해진 계좌로 입금하기로 한다.

본 계약에 이의가 없음을 확인하고 증명하기 위해 계약서를 작성하고 서명 · 날인하여 각자 1통씩 보관한다.
2021년 12월   00일

매도인	주 소	서울특별시 중구 ○동 000, 제000호					(인)
	법인번호	000000-0000000	전 화	051-000-0000	성 명	(주)서울○○○	
대리인	주민번호	000000-0000000	전 화	010-0000-0000	성 명	관리인 심○○	
매수인	주 소	부산광역시 북구 ○○동 000, 백양산동문굿모닝힐 ○○○동 ○○○호					(인)
	주민번호	000000-0000000	전 화	010-0000-0000	성 명	주○○	
대리인	주민번호		전 화		성 명		
중개업자	상 호				상 호		
	전 화				전 화		
	등록번호		대 표	(인)	등록번호	대 표	(인)
	소속공인			(인)	소속공인		(인)
	주 소						

(2) 회생개시결정된 아파트 매매 계약서에 특약으로 첨부한 약정서

계약서 특약으로 첨부한 약정서

1. 본 부동산 매매계약은 법인 회생(서울회생법원 2021회합000000) 중에 있는 (주)서울○○○○ 소유 부동산에 대한 매매로서 원칙적으로 법원의 매각허가결정 이후에나 매매계약을 체결할 수 있음을 매도인 매수인은 익히 잘 알고 하는 계약이다.

2. 따라서 그 이전 매매계약을 하였으나 매각허가결정을 법원으로부터 받지 못할 시 본 매매계약은 성립하지 못하여 무효이고, 이 경우 매도인과 관리인은 매수인에 대한 모든 손해를 연대해서 부담한다.

3. 만약 매각허가결정이 법원으로부터 허가되어 매매계약이 성사되더라도 보전처분등기말소와 회생절차에서 등기 등이 법원 직권으로 말소 촉탁되지 않을 시도 전2조와 같이 매매계약은 무효이고, 위 매도인들은 매수인에게 기 지급한 계약금을 지급하기로 한다(이 경우 위 손해배상금은 회생채권이 아닌 공익채권으로 회생채무자와 관리인이 연대하여 회생 변제계획안과 상관없이 100% 수시 변제하기로 한다).

4. 이 건 매매계약은 중소기업은행의 근저당권채무를 매수인이 인수하는 부담부 매매계약으로서, 이 건 근저당권 채무액(채권최고액 492,000,000원)을 제외한 나머지 상계 매매 잔대금을 법원에 신고된 관리인의 계좌(국민은행 000000-00-000000 예금주: 주식회사 서울○○○○)로 직접 입금 조치하여 향후라도 매수인이 부인권의 대상이 되지 않을 의무를 부담한다.

5. 채무자(매도인) 대표이사가 법원의 허가 없이 보전처분 위반행위를 하였을 경우 매수인은 공익채권자로 보호됨을 채무자(매도인)와 관리인은 이의 없이 인정한다.

6. 본 매매계약은 회생결정으로 선임된 관리인이 처분하는 것으로 관리인임을 증명하는 ① 회생계획 인가결정의 등본 또는 초본, ②관리인의 자격을 증명하는 정보, ③관리인의 인감증명서, ④법원에 신고된 관리인 은행계좌 신고 통장 사본, ⑤관리인 신분증을 첨부하기로 한다.

◆ 법원의 (주)서울○○○○ 부동산매각허가결정문

서울회생법원

제2부

동본입니다.
2022. 1. 6.
법원사무관 김제석

문 서 명	재-보유부동산 매각 허가 신청(회생 제 2021-1230-014호)

사 건   2021회합100114 회생

채 무 자   주식회사 서울○○○○○

　　　　주소 서울 영등포구 국회대로 000, 4층(여의도동, ○○타워)

위 신청을 허가합니다.

2022. 1. 3.

재판장   판사   ○○○

　　　　　판사   ○○○

　　　　　판사   ○○○

주식회사 ○○○○○○○

재판부 허가사항

우)04522 서울시 중구 다동 000 218호 / 전화 (051)784-0000 / FAX (051)784-0000

문서번호 : 회생 제2021-0000-00호
문서일자 : 2021.12.30
사　 건 : 2021회합0000000 회생
수　 신 : 서울회생법원 제12부(다)
참　 조 : 김인수 관리위원
제　 목 : 보유 부동산 매각 허가 신청

담당자 : 관리팀 권기태(010-7758-7103)

CRO

1. 채무자는 2021년 06월 29일 회생절차개시를 신청하여 2021년 07월 05일 보전처분, 2021년 08월 25일 개시결정을 받은 회사입니다.

2. 채무자회사 등은 다수의 채권자들로부터 유사수신행위를 하여 많은 투자자에게 금전적 손해를 입힌 바 있어 동 손해액 변제를 위한 변제재원 확보를 위하여 보유자산 매각, 임원에 대한 손해배상청구, 수당 과다 수령자에 대한 수당환수를 위한 조치 등을 진행하고 있습니다.

3. 본건은 채무자회사가 2020년 3월 20일 매입(대물변제)하여 보유하고 있는 서울 상봉동 소재 아파트를 매각하여 채권변제재원으로 확보하고자 하는 것으로서, 인근 아파트의 현재 시세를 반영하여 시장가로 매각하고자 하는 것으로 감정가격 이상으로 매각하는 것이며, 아울러 현재 동 부동산에 설정된 근저당권 채권액을 차감한 매각대금은 향후 회생계획에 따라 변제재원으로 사용하고자 하오니, 이를 허가하여 주시기 바랍니다.

- 아　래 -

1. 매각 대상 부동산

(단위 : 원)

부동산 소재지	종류 및 면적	매입일자	매입금액	감정평가액	비고
서울시 중랑구 상봉동 500, 상봉프레미어스 엠코 제○동 제○동제00층 제0000호	• 종류 : 아파트 • 면적 -전유 : 175.05㎡ -공용 : 191.34㎡ -대지권 : 28.6041㎡ • 사용승인일 : 2013.11.18	2020년 03월 20일	1,490,000,000	2,050,000,000 (주1)	

(주1) ㈜두요감정평가법인(평가 기준일 : 2021.11.04.)

2. 매각계약 체결 및 금액

가. 매각 계약 체결 : 2021. 12. 29. (아래의 특약사항을 기재하여 매각계약을 체결하였습니다.)

＜특약사항＞
1. 본 부동산매매계약은 법인회생(서울회생법원 2021회합000000) 중에 있는 ㈜○○○ ○○○○ 소유 부동산에 대한 매매로서 원칙적으로 법원의 매각허가결정 이후에나 매매계약을 체결할 수 있음을 매도인 매수인은 익히 잘 알고 있는 계약이다.

2. 따라서, 그 이전 매매계약을 하였으나 매각허가결정을 법원으로부터 받지 못할 시 본 매매계약은 성립하지 못하여 무효이고, 이 경우 매도인과 관리인은 매수인에 대한 모든 손해를 연대해서 부담한다.
   3. 만약 매각허가결정이 법원으로부터 허가되어 매매계약이 성사되더라도 보전처분등기 말소와 회생절차에서 등기 등이 법원 직권으로 말소 촉탁되지 않을 시도 전2조와 같이 매매계약은 무효이고, 위 매도인들은 매수인에게 기 지급한 계약금을 지급하기로 한다.
   4. 이 건 매매계약은 중소기업은행의 근저당채무를 매수인이 인수하는 부담부 매매계약으로서, 이 건 근저당권 채무(채권최고액 492,000,000원)액을 제외한 나머지 상계매매 잔대금을 법원에 신고된 관리인의 계좌(국민은행 000000-00-000000, 예금주 : 주식회사 ○○○○○○○)로 직접 입금조치하여 향후라도 매수인이 부인권의 대상이 되지 않을 의무를 부담한다.
   5. 채무자(매도인) 대표이사가 법원의 허가없이 보전처분 위반행위를 하였을 경우 매수인은 공익채권자로 보호됨을 채무자(매도인)와 관리인은 이의없이 인정한다.
   6. 본 매매계약은 회생결정으로 선임된 관리인이 처분하는 것으로 관리인임을 증명하는 ① 회생계획 인가결정의 등본 또는 초본 ② 관리인의 자격을 증명하는 정보 ③ 관리인의 인감증명서 ④ 법원에 신고된 관리인 은행계좌 신고통장 사본 ⑤ 관리인 신분증을 첨부하기로 한다.

나. 매각금액
  (1) 매각금액 : 금 이십억 팔천만 원(2,080,000,000원)
  (2) 매각대금 수령 일자 및 금액

(단위: 원)

구 분	지급(예정)일자	계약금액	근저당권 채권액 상환(잠정)	수령(예상)금액
계약금(10%)	2021.12.29	208,000,000		208,000,000 주1)
중도금(-)				
잔금(90%)	2022.02.28	1,872,000,000	247,070,744 주2)	1,624,929,256
계		2,080,000,000	247,070,744	1,832,929,256

   주 1. 계약금 예치 : 국민은행 주식회사 ○○○○○○ 예금계좌(000000-00-000000)
      2. 근저당권 채권액 상환(잠정) : 1순위 근저당권자 기업은행의 회생담보권 신고액을 기준으로 원금 243,671,766 및 개시전이자 3,398,978 합계 247,070,744원임
         동 금액에는 개시후이자 6.304%를 포함하지 않은 것으로 향후 채권변제금액은 근저당권자인 기업은행과의 협의 및 법원의 허가로 확정될 것으로 판단됨
      3. 본건 부동산에 가해진 압류, 가압류 내용은 없음

3. 매수인 인적사항
   가. 매수자 성명 : ○○○
   나. 주민등록번호 : 000000-0000000
   다. 주 소 : 부산광역시 북구 ○○○동 ○○○호 백양산동문굿모닝힐 ○○○동 ○○○호
   라. 연락처 : 010-0000-0000
   라. 채무자회사와의 관계 : 타인

4. 매각 과정 및 매각 방법
   본건 매각대상 부동산은 아파트로서 최근 주택 공급 부족에 따른 매수 심리의 상승과 특히 서울 주택에 대한 매수 수요증가 등으로 수도권 주택가격이 급등한 바 있어, 이를 활용하여 매매를 추진하여 왔습니다.
   본건 매수의향자는 채권자가 부동산중개업체에 의뢰하여 발굴한 개인이며, 채무자회사의 전•현직 임직원과는 무관합니다.
   매수의향자는 법원의 매각허가 후 효력발생 등을 특약사항으로 정하는 것에 대해 수용하였는 바, 2021년 12월 29일 매매계약을 체결하였습니다.

5. 매각대금 사용 계획

가. 매각후 잔금액 : 1,832,929,256원
- 중개수수료 등 매각부대비용은 없습니다.
- 현재 본건 부동산에 가해진 다른 압류, 가압류 내용은 없습니다.

(단위: 원)

구분	금액	비고
1) 매각금액	2,080,000,000	
2) 부대비용	-	
3) 선순위 근저당채권액(잠정) 상환액	247,070,744	주)
4) 매각후 잔금(1-2-3)	1,832,929,256	

주) 선순위 근저당권 채권액 상환(잠정) 관련
- 선순위 근저당권자 기업은행의 회생담보권 신고액은 원금 243,671,766 및 개시전이자 3,398,978 합계 247,070,744원과 개시후이자 6.304% 임
- 본건 상환금액은 개시후이자를 포함하지 않은 것으로 향후 실제채권변제금액은 근저당권자인 기업은행과의 협의 및 법원의 허가로 확정될 것으로 판단됨

나. 매각대금의 사용
본건 매각대금은 우선 동사 명의의 국민은행 예금계좌(000000-00-000000)에 예치(예치계좌에 대해서는 추후 결정) 했다가, 향후 진행될 회생계획에 따라 회생계획안이 확정되면 회생담보권 및 회생채권의 변제재원으로 사용할 계획입니다.

6. 기타 (선순위 근저당권 채권액 사전변제 허가)

본 건 부동산 매매계약에 대한 법원의 매각허가 후 선순위 근저당권 채권액 변제에 대해서는 별도로 재판부에 회생담보권 사전변제허가를 신청할 계획입니다.

첨부 1. 부동산(공장) 매매 계약서 1부
    2. 특약사항 명세서 1부
    3. 회생담보권 시·부인 명세서 1부
    4. 담보물 배분 상세명세서 1부
    5. 벌금·조세 등의 목록·신고 명세서 발췌 1부
    6. 감정평가서 1부
    7. 본건 부동산등기부 등본 사본 1부

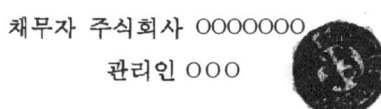

채무자 주식회사 ○○○○○○○
관리인 ○○○

04 법원 나의사건 검색 후 회생과 파산절차가 진행되는 과정을 확인해라!

◆ 법원 나의사건 검색을 통해서 회생 및 파산 사건 검색 방법

　회생 또는 파산 사건번호는 법원에 회생 및 파산절차를 신청하면 부여되는 고유한 번호로 ① 회생 사건은 2025개회12345, 2025회합12345 등으로, ② 파산 사건은 2025하단12345, 2025하합12345 등으로 부여된다. 따라서 사건 당사자, 매매계약 당사자 또는 공매 물건에 입찰할 때 사건의 진행 상황을 확인해야 한다. 확인 방법은 첫째, 법원 나의 사건검색(하단 화면처럼 검색), 둘째, 서울회생법원 사건검색(회생법원 사이트를 검색해서 회생 사건번호 또는 파산 사건번호, 이름, 주민등록번호 등으로 검색)을 통해서 확인하면 된다. 이 장에서는 법원(www.scourt.go.kr) ⇨ 대국민서비스 ⇨ 나의사건 검색을 통해서 회생절차가 진행되는 내용을 확인하는 방법으로 기술해 놓았다.

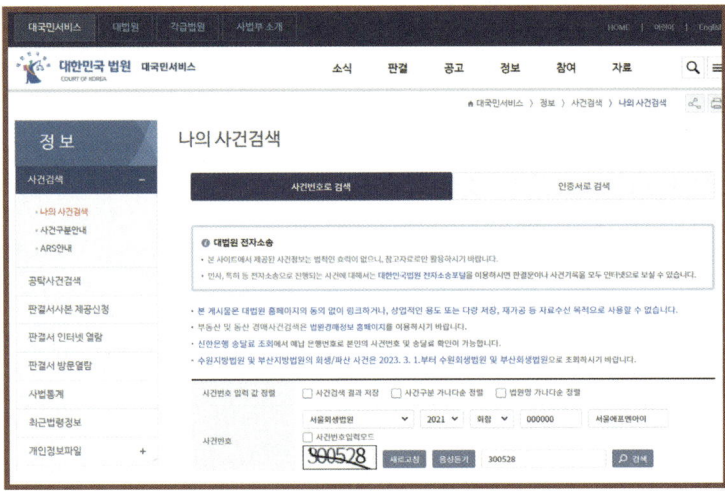

　이 화면에서 ① 회생법원, ② 회생사건번호(2021회합000000), ③ 당사자명을 입력해서 회생절차가 진행되고 있는 내용을 다음과 화면과 같이 확인하면 된다.
　파산절차가 진행되고 있는 사건도 같은 방법으로 파생사건번호를 입력해서 확인하면 된다.

 **알아두면 좋은 내용**

01 회생사건번호 구분
① 개회(개인회생 사건으로 2025개회12345로 기재), ② 개확 (개인회생 채권조사 확정 사건), ③ 개보(개인회생 보전처분 사건), ④ 개기(기타 개인회생 사건), ⑤ 간회단(간이회생 단독판사 사건), ⑥ 간회합(간이회생 합의부 사건), ⑦ 회단(회생 단독판사 사건), ⑧ 회합(회생 합의부 사건), ⑨ 회확(회생채권/회생담보권 조사확정 사건), ⑩ 회기(기타 회생관련 신청 사건)

02 파생사건번호 구분
① 하단(파산 단독 사건으로 2025하단12345로 기재), ② 하합(파산 합의부 사건), ③ 하확(파산 채권 조사 확정 사건), ④ 하면(면책 사건), ⑤ 하기(기타파산/면책 관련사건) 등 다양한 파생사건번호 구분이 있으나 지면상 생략했음.

◆ **나의사건 검색을 통해서 회생 및 파산 사건의 진행내용 확인**

이 화면을 통해서 개인회생 또는 파산절차에서 ① 법원에 부동산 매각허가 신청서 접수 여부, ② 부동산 매각허가가 결정되었는지, ③ 대금 납부 후 소유권이전등기 촉탁, ④ 보전처분 절차, 개인회생절차 기입등기, 파산선고 기입등기 등이 말소 촉탁 대상으로 진행되고 있는가를 확인하면 된다.

이밖에도 법원(www.scourt.go.kr)사이트 방문 ⇨ 대국민서비스 선택 ⇨ 회생, 파산 자산 매각안내 선택 ⇨ 회생, 파산 자산 매각안내에서 공고게시판을 클릭하여 관심물건을 다운 받아 확인하는 절차를 진행하면 된다.

03강 파산선고 절차와 인가 결정 후 부동산 매수 어떻게 하면 되나?

 파산관재인의 업무와 파산선고 결정 후 파산관재인의 재산 관리와 처분

◇ 법원의 파산관재인 선임과 주요 업무

파산선고 후 채무자가 예납금을 납부하면 법원은 파산절차를 개시하고 파산관재인을 선임한다. 이 예납금은 파산절차를 진행하는 데 필요한 비용으로 사용되며, 이를 납부해야만 절차가 계속된다. 법원이 필요하다고 판단되는 경우, 파산 선고 전이라도 예납금을 납부하도록 할 수도 있다.

법원은 채무자에 대하여 파산선고를 하면서 관리위원회의 의견을 들어 파산관재인을 선임한다(채무자회생법 제355조 제1항). 파산관재인은 법원의 감독을 받는다(제358조).

이런 파산관재인은 변호사나 회계사 등 법률 및 재무 전문가 중에서 법원이 선정하게 된다.

<u>법률에 명시된 파산관재인의 주요 업무는</u> ① 채무자의 모든 재산을 조사해 자산목록을 작성하고, 이를 바탕으로 매각이나 현금화를 진행한다. ② 채권자들이 제출한 채권 신고서를 검토하고, 법원에 의해 인정된 채권자에게 자산을 분배한다. ③ 파산 절차 중 필요한 각종 법적 서류 작성과 제출을 대행하며, 법원에서 요구하는 보고서를 작성한다. ④ 채무자가 재산을 숨기거나 불법적으로 처분하는 것을 방지하고, 필요한 경우 법적 조치를 취하게 된다.

◆ 법원 파산선고 결정 후 파산재단에 대한 관리·처분권은 파산관재인에게 있다!

파산선고가 있는 때에는 채무자는 파산재단을 구성하는 재산에 관한 관리·처분권을 잃고, 이 관리·처분권은 파산관재인에게 전속하며(채무자회생법 제384조), 파산관재인은 파산재단에 관한 소송에 관하여 당사자가 된다(제359조). 또한 파산선고 당시 계속 중이던 '파산재단에 관한 소송'은 파산선고에 의하여 중단되고 파산관재인 또는 상대방이 수계할 수 있다(민사소송법 제239조, 채무자회생법 347조). 따라서 파산재단 주택의 매매계약 당사자는 파산관재인이 매도자가 된다.

한편 파산선고에 의하여 파산채권자는 개별적인 권리행사가 금지되고, 파산절차에 참가하여서만 그 만족을 얻을 수 있다(채무자회생법 제424조). 파산선고 전에 파산채권에 기하여 파산재단 소속의 재산에 대하여 한 강제집행, 가압류, 가처분은 파산재단에 대하여는 그 효력을 잃는다. 다만, 파산관재인은 파산재단을 위하여 강제집행 절차를 속행할 수 있다(제348조 제1항).

◆ 파산선고 결정 후 등기부에 등기된 채권 등과 통장 압류 해제 방법

채무자회생법 제348조(강제집행 및 보전처분에 대한 효력) 제1항에 따르면 파산채권에 기하여 파산재단에 속하는 재산에 대하여 행해진 강제집행·가압류 또는 가처분은 파산재단에 대하여는 그 효력을 잃는다. 제557조(강제집행의 정지) 제1항 면책신청이 있고, 파산폐지결정의 확정 또는 파산종결결정이 있는 때에는 면책신청에 관한 재판이 확정될 때까지 채무자의 재산에 대하여 파산채권에 기한 강제집행·가압류 또는 가처분을 할 수 없고, 채무자의 재산에 대하여 파산선고 전에 이미 행하여지고 있던 강제집행·가압류 또는 가처분은 중지된다. 제2항 면책결정이 확정된 때에는 제1항의 규정에 의하여 중지한 절차는 그 효력을 잃는다.

따라서 파산선고 결정이 확정되면, 파산선고 기입등기가 이루어지는데, 파산관재인 등은 이때부터 법적으로 보호받으며, 채권자의 압류를 해제할 수 있다. 하지만 자동으로 해제되는 것이 아니라, 파산관재인 등이 법원에서 발급한 면책결정문을 근거로 법원에 압류 해제 신청서를 제출해야 한다. 법원이 검토 후 등기된 채권자의 관할 등기소와 통장 압류한 금융기관 등에 압류 해제 통지서를 보내는 방법으로 해제하면 된다.

02 파산선고 결정 이후에도 임의경매나 압류재산공매를 중지할 수 있나?

◆ 파산선고 결정 이후에도 임의경매를 신청할 수 있을까?

채무자회생법 제586조는 파산절차의 별제권 규정(채무자회생법 제411조~제415조)을 개인회생절차에도 준용하고 있다. 법 제411조에서 유치권, 질권, 저당권, 전세권, 동산·채권 등의 담보에 관한 법률에 따른 담보권 등은 그 목적인 재산에 관하여 별제권을 가진다고 규정하고 있다. <u>따라서 근저당권자는 채무자가 파산절차를 신청하더라도 해당 부동산에 대해서 임의경매를 신청할 수 있다.</u>

그러므로 채무자가 임의경매절차를 중지하려면 파산신청 법원에 경매 중지 명령을 신청하여 파산선고 결정이 확정될 때까지 경매를 중지해야 한다. 그러나 이는 파산선고 결정 전까지 일시적인 중지 조치에 불과하다.

따라서 부동산에 설정된 근저당권자는 파산선고 결정 이후에는 임의경매를 신청하거나 진행 중에 있었던 경매절차를 속행할 수도 있다. 이렇게 근저당권자가 별제권을 행사하여 파산과 별개로 임의경매 절차를 진행해서, 그 매각대금에서 채권최고액을 한도로 배당받을 수 있다. 근저당권자의 채권최고액을 초과하는 배당금이 있는 경우에는 파산재단으로 귀속된다.

◆ 파산선고 결정 이후에도 압류재산공매를 신청할 수 있을까?

① 파산선고 전 압류된 조세채권으로 공매처분 가능 여부

채무자회생법 제349조 제1항 파산선고 전에 파산재단에 속하는 재산에 대하여 국세징수법 또는 지방세징수법에 의하여 징수할 수 있는 청구권(국세징수의 예에 의하여 징수할 수 있는 청구권으로서 그 징수우선순위가 일반 파산채권보다 우선하는 것을 포함한다)에 기한 체납처분을 한 때에는 파산선고는 그 처분의 속행을 방해하지 아니한다.

<u>따라서 조세채권자가 파산선고 전에 체납자의 부동산을 압류한 경우</u> 이후에 체납자가 파산선고를 받더라도 해당 체납처분의 우선권이 인정되어 별제권 행사로 압류

재산 공매를 신청하거나 압류물의 제3자 경매 절차에서 교부청구하여 직접 배당받을 수도 있다.

다만, 배당받을 수 있는 조세채권의 범위는 파산선고 결정 전에 압류한 세금이면서 압류 당시 체납세액인 경우에만 별제권으로 우선해서 배당받을 수 있고, 나머지 배당금은 파산재단에 포함되어 파산채권자에게 배당하게 된다. 파산선고 결정 후에 법정기일이 발생한 체납세금은 파산재단에서 배당받을 수 있는 파산채권자에 해당한다.

② 파산선고 후에는 조세채권자도 압류 등의 체납처분을 할 수 없다!

채무자회생법 제349조 제2항 파산선고 후에는 파산재단에 속하는 재산에 대하여 국세징수법 또는 지방세징수법에 의하여 징수할 수 있는 청구권(국세징수의 예에 의하여 징수할 수 있는 청구권을 포함한다)에 기한 체납처분을 할 수 없다. 여기서 체납처분에는 압류, 공매, 교부청구 등이 포함된다.

이 대법원 2018다294162 판결은 개인회생 인가결정 또는 파산선고 결정이 확정되고 나서는 ① 근저당권자가 별제권을 선택해서 경매를 계속 진행할 수 있고, ② 이 때 별제권으로 채권최고액까지 집행법원에서 직접 배당받을 수 있고, 나머지 금액에 대해서는 채무자에게 배당해서 개인회생 또는 파산재단에 포함될 수 있도록 해야 한다는 사실과 ③ 조세채권이 압류 후 개인회생개시 결정 또는 파산선고 결정이 나온 경우, 압류 당시의 체납세액만 별제권으로 우선해서 배당받을 수 있다는 사실을 알려주고 있다.

03 파산선고 결정 후 채무자의 부동산 매수 시 매매계약서 작성 방법

◆ 파산선고 후 법원에서 선임된 관재인 확인과 부동산 매매계약을 체결하는 경우

첫째, 매매계약할 때 확인하고 첨부할 서류

① 파산선고 결정문, ② 부동산 사전 매각허가 결정, ③ 관재인의 자격을 증명하는 ○○파산재단 법원의 관재인 선임증, ④ 관재인의 인감증명서, ⑤ 관재인 신분증,

⑥ 법원에 신고된 관재인 은행계좌 등을 확인하고, 증빙으로 계약서에 이들 서류 등을 첨부해야 한다.

그리고 앞의 02강 05번처럼 법원(www.scourt.go.kr) ⇨ 대국민서비스 ⇨ 나의 사건 검색을 통해서 파생절차가 진행되는 내용을 확인 또는 서울회생법원 등에 접속해서 진행되는 내용을 확인하고 매매계약서를 작성해야 한다.

둘째, 파산재단 물건을 매매하기 위해서 먼저 관재인과 매각 금액의 범위 등을 협의하고, 파산관재인과 매매계약서를 작성하면 되는데, 이 매매 계약이 적법하게 효력을 발생하기 위해서는 법원에 "파산재단 부동산에 대한 임의매각 허가신청"을 해서 매각허가결정을 받아야 한다.

그래서 관재인과 계약할 때 매매계약서 특약사항란에 "① 법원의 매각결정이 불허가되면 매매계약은 무효로 하고, 수수한 계약금은 아무 조건 없이 반환하기로 한다. ② 매각허가 결정 후 매수인이 잔금 납부와 동시이행으로 등기부에 등기된 채권 및 보전처분과 파산선고 기입등기 및 부인등기 등을 촉탁으로 말소하기로 한다."는 조항을 명기해 놓아야 한다.

셋째, 매매계약 후 법원의 매각허가결정이 나오면 매매 계약이 적법한 효력을 갖게 되므로, 법원에 신고된 관재인 은행계좌로 계약금을 이체하는 순서로 진행하면 된다. 중도금과 잔금 또한 이 계좌로 이체해야 한다.

넷째, 매매대금 잔금 납부가 완료되면 소유권이전등기 등의 등기를 법원의 촉탁등기 절차를 통해 진행하면 된다.

다섯째, 부동산 매각이 완료되면 관재인 등이 법원에 매각 결과를 보고하고, 매각대금은 법원의 변제계획에 따라 채권자들에게 배분하게 된다.

◆ 파산관재인이 부동산을 매각할 때 필요한 소유권 이전 서류와 매도 방법

파산관재인은 부동산을 매각하는 과정에서 중요한 역할하고, 다음과 같은 서류가 필요하다.

(1) 부동산 매매계약서 : 관재인이 매수인과 체결한 매매계약서

(2) 부동산 임의매각 허가서 : 법원이 매각을 허가했음을 증명하는 문서
(3) 파산선고 결정문 : 해당 부동산이 파산재단에 속함을 증명하는 문서
(4) 관재인 선임증 : 파산관재인이 해당 부동산을 매각할 권한이 있음을 증명하는 문서
(5) 부동산 매도용 인감증명서 : 이 서류로 매각의 진정성과 매도인의 신원을 확인
  ① 채무자가 법인인 경우 : 등기소에서 발급받은 파산관재인의 인감증명서
  ② 채무자가 개인인 경우 : 인감증명법에 따라 발급받은 파산관재인 개인의 인감증명서
  등기원인이 매매인 경우, 파산관재인의 인감증명은 매도용 인감증명서로 발급받아야 한다.
(6) 부동산 거래 계약 신고필증과 토지거래허가서, 농지취득자격증명서
  이 내용은 01강 03번에서 ◆ 회생 인가 결정 후 채무자가 부동산을 매각할 때 필요한 서류와 매도 방법(584쪽)을 참고하면 되므로 지면상 생략했다.
(7) 등기신청 위임장 : 등기 절차를 대리인이 수행할 수 있도록 위임하는 문서
(8) 취득세 신고 관련 서류 : 매수인이 취득세를 신고하고 납부하는 데 필요한 문서
이 외에도 매각 방식에 따라 추가 서류가 필요할 수 있다.
마지막으로 관재인은 계좌해지 신청과 파산선고 기입등기와 부인등기 등을 법원에 말소 촉탁하는 절차도 함께 진행해야 한다. 이러한 등기 등이 매수 이후에도 남아 있으면 매수인이 신청해서 말소하면 된다.

04 매각으로 인한 파산등기의 말소와 매수인에게 소유권이전등기

【갑　구】(소유권에 관한 사항)

순위번호	등기목적	접 수	등기원인	권리자 및 기타사항
3	보전처분	2006년4월14일 제3787호	2006년4월10일 서울중앙지방법원의 재산보전처분 (2006회단20)	금지사항 양도,저당권 또는 임차권의 설정 기타 일체의 처분행위의 금지

4	파산선고	2006년4월28일 제4778호	2006년4월27일 서울중앙지방법원 의 파산선고결정 (2006하단35)	
5	3번보전처분 등기말소			4번파산선고등기로 인하여 2006년4월28일 등기
6	소유권이전	2006년6월2일 제6888호	2006년6월1일 매각	소유자 이도령 550505-1089321 서울시 서대문구 홍은동 9
7	4번파산선고 등기말소	2006년6월7일 제6988호	2006년6월1일 매각	

① **3번 보전처분 등기**는 4번 파산선고 기입등기로 인해 말소되고(보전처분은 파산선고 기입등기로 그 효력을 잃게 되므로, 파산선고의 기입등기를 촉탁하는 경우 보전처분 등의 등기에 대한 말소촉탁을 동시에 신청해야 한다), ② **4번 파산선고 등기**는 파산선고 법원에 부동산 임의 매각허가 신청을 통해서 허가를 얻어 매각하는 과정에서 촉탁으로 말소하고, 6번 소유자 이도령 명의로 소유권이전등기를 경료한 사례이다.

05 임대인이 개인회생 또는 파산 신청을 한 경우 임차인이 대처하는 방법

◆ **임대인이 개인회생 신청하면 보증금을 떼이게 되나?**

최근 대법원 2017. 3. 15. 선고 2015다252501 판결에서 "임대인으로서는 임대차보증금 없이도 부동산 임대차계약을 유지할 수 있으므로, 임대차계약이 존속 중이라도 임대차보증금 반환채무에 관한 기한의 이익을 포기하고 임차인의 임대차보증금 반환채권을 수동채권으로 하여 상계할 수 있고, 임대차 존속 중에 그와 같은 상계의 의사표시를 한 경우에는 임대차보증금 반환채무에 관한 기한의 이익을 포기한 것으로 볼 수 있다고 판결한 바 있다. 그러니 임차인은 임대인에게 임대차보증금 반환을 요청하면 임대인은 그러한 사실을 회생위원과 상의해서 회생법원의 허가를 얻어 임대차보증금을 반환할 수 있다는게 대법원의 판단이다.

◆ 임대인이 파산 신청하면 보증금을 떼이게 되나?

법원이 파산신청을 받아들여 파산결정을 내리면, 채무자의 재산에 매매, 임대차, 근저당권설정 등의 처분행위를 금지하는 처분을 하고, 그 재산을 관리하고 처분하는 일을 담당할 파산관재인을 선임한다. 그러니 그 주택에 권리를 가지고 있는 근저당권자나 임차인 등은 자신의 권리를 그 파산관재인에게 신고해야 한다. 물론 그 전에 신청단계에서도 파산 신청절차를 대리하는 변호사 등이 조사하는 절차로 신고해 달라는 연락이 온다. 어쨌든 파산결정이 나면 파산관재인이 관리하거나 처분하게 되니 그 기간 동안 임대차계약을 갱신하거나 이사를 나가는 것 역시 파산관재인의 통제에 따라야 한다.

그렇다고 하더라도 임차인은 대항력과 우선변제권이 있으므로 그 순서에 따라 보호받을 수가 있어서 임차보증금을 손해 보는 사례는 발생하지 않지만, 이사를 나가려면 파산관재인이 재산을 처분해서 나누는 과정 동안 어려움을 겪을 수도 있다. 그리고 후순위임차인의 경우에는 손해를 볼 수밖에 없다. 자세한 내용은 파산관재인이 선임되면 이러한 내용을 파산관재인과 상의해서 결정하면 될 것이다.

◆ 임대인의 회생 및 파산 절차에서 임차인의 차임, 보증금 상계

(1) 채무자회생법 제144조 제2항 회생채권자 또는 회생담보권자의 회생절차개시 후의 차임채무에 관하여는 당기(當期)와 차기(次期)의 것에 한하여 제1항의 규정에 의하여 상계할 수 있다. 다만, 보증금이 있는 때에는 그 후의 차임채무에 관하여도 상계할 수 있다.

(2) 채무자회생법 제421조 제1항 파산채권자가 임차인인 때에는 파산선고시의 당기(當期) 및 차기(次期)의 차임에 관하여 상계를 할 수 있다. 보증금이 있는 경우 그 후의 차임에 관하여도 또한 같다.

이렇게 회생채권자 또는 파산채권자인 임차인이 보증금이 있는 경우 '임대인에 대한 파산선고 이후의 차임'에 대해서도 임차인이 상계할 수 있도록 상계권을 확대하여 인정하고 있다.

이러한 상계권의 행사를 통하여 파산 등의 절차에서 사실상 임대차보증금의 우선변제를 받을 수 있다. 다만 임차인이 이러한 상계권을 행사하기 위해서는 파산관재인에게 상계의 의사표시를 해야 한다(대법원 2016다211309 판결). 이러한 상계는 적법한 권리 행사이므로 파산관재인은 이를 이유로 임대차계약을 해지할 수 없다.

◇ 임대인이 개인회생 또는 파산 신청 시 임차인은 어떻게 대처하면 될까?

임대인이 개인회생 또는 파산절차를 밟는 경우, 임차인이 별도로 신청하거나 동의하지 않아도 임차인의 보증금 반환청구권은 회생채권 또는 파산채권으로 간주되어, 임대인이 제출하는 채권자 목록에 포함되어야 하며, 그에 따라 변제계획안에 반영되고 있다. 이는 임대인이 자신의 채무(보증금 포함)를 변제계획안에 기재해서 신청할 때 임차인의 동의 없이도 임차보증금을 포함해서 신청하고 법원은 이를 심사해서 인가하고 있기 때문이다.

임차인은 일반적으로 담보권자가 아니므로 원칙적으로는 별제권자가 아니다.
그러나 주임법 제3조 1항의 대항력과 확정일자를 받은 후 임대인이 개인회생 또는 파산선고 절차에서 별제권자와 유사한 지위(담보물권에 준하는 지위)를 갖는다. **담보권자는 별제권자로 개인회생과 파산선고 결정 전후 어느 때든 경매신청이 가능하지만, 별제권에 준하는 우선변제권을 가진 임차인은 회생결정 또는 파산선고 결정 이후 면책이 확정되기 전까지는 경매를 진행할 수 없다는 차이가 있다.**

그러므로 시기를 놓쳐 집주인이 인가를 받은 단계라면, 다른 근저당권자가 임의경매를 신청했을 때 배당요구해서 배당받고 빠져나가면 되지만, 해당 건물에 근저당권자가 없다면 아무런 조치도 할 수가 없다.

대법원 2016다223456 판결은 주택임차인이 주택임대차보호법 제3조 제1항의 규정에 의한 대항요건을 갖추고 임대차계약증서상의 확정일자를 받은 후 임대인이 파산한 경우에, 주택임차인은 채무자회생법 제415조 제1항에 따라 파산채권인 임대차보증금 반환채권에 관하여 파산재단에 속하는 주택(대지를 포함한다)의 환가대금에서 후순위권리자 그 밖의 채권자보다 우선하여 변제받을 권리가 있으며, **우선변제권의 한도 내에서는 파산절차에 의하지 아니하고 위 주택에 대한 경매절차 등에서**

만족을 받을 수 있다고 판단했다.

대법원 2014다32014 판결은 주택임차인은 구 개인채무자회생법 제46조 제1항에 의하여 인정된 우선변제권의 한도 내에서는 임대인에 대한 개인회생절차에 의하지 아니하고, 자신의 임대차보증금 반환채권의 만족을 받을 수 있으므로, 설혹 주택임차인의 임대차보증금 반환채권 전액이 개인회생 채무자인 임대인이 제출한 개인회생 채권자목록에 기재되었더라도, **주택임차인의 임대차보증금 반환채권 중 우선변제권이 인정되는 부분을 제외한 나머지 채권액만이 개인회생절차의 구속을 받아 변제계획의 변제대상이 되고 면책결정의 효력이 미치는 개인회생 채권자목록에 기재된 개인회생 채권에 해당한다.**

그렇다면 임대인에 대한 개인회생절차의 진행 중에 임차주택의 환가가 이루어지지 않아 주택임차인이 환가대금에서 임대차보증금 반환채권을 변제받지 못한 채 임대인에 대한 면책결정이 확정되어 개인회생절차가 종료되었더라도 특별한 사정이 없는 한 주택임차인의 임대차보증금 반환채권 중 구 개인채무자회생법 제46조 제1항에 의하여 인정된 우선변제권의 한도 내에서는 같은 법 제84조 제2항 단서 제1호에 따라 면책이 되지 않는 '개인회생 채권자목록에 기재되지 아니한 청구권'에 해당하여 면책결정의 효력이 미치지 않는다고 판단했다.

따라서 면책이 확정되고 나서 임차인이 우선변제권으로 보호받을 수 있는 보증금 중 미회수한 채권이 있으면 집행권원을 얻어 경매를 신청해서 배당받는 절차를 진행해야 한다.

그리고 임대인이 개인회생 또는 파산을 신청하면 소송도 못하고 경매나 강제집행도 못하는 것으로 알고 있지만, 경매나 강제집행만 못하고, 법원에 임차보증금 지급명령 신청과 전세보증금반환 청구 소송은 가능하다. 그래서 회생 또는 파산절차와 별도로 지급명령 신청 또는 전세보증금 반환청구 소송을 제기해서 판결문을 받아 두었다가 면책이 확정되면 미회수채권을 회수하기 위해서 강제경매를 신청하면 된다.

◆ 파산절차에서 파산면책의 효력은 우선변제권 있는 임차보증금에도 미친다!

대법원 2025. 6. 12. 선고 2022다247378 판결은 우선변제권 있는 임차인의 임대차보증금도 파산면책의 효력이 미친다고 판시하였다. 따라서 법 제415조에서 주택임차인의 보증금반환채권에 관하여 우선변제권을 규정하였음에도 불구하고 주택임차인이 보증금반환채권 중 우선변제권이 인정되는 부분조차 변제받지 못한 상태에서 파산절차가 폐지되었다고 하더라도, 법 제564조에 의한 면책결정이 확정된 이상 **주택임차인으로서는 이후 주택이 환가되는 경우 그 환가대금에 관하여 자신의 우선변제권을 주장할 수 있을 뿐 채무자를 상대로 보증금반환채권의 이행을 소구할 수 없다.** 이는 파산면책 채권에 보증금반환채권이 기재되어 있었다면 해당 보증금반환채권은 면책이 되었기에, 파산절차에서 변제받은 금액을 제외하고는 더 이상 임차인 등이 임대인을 상대로 보증금반환채권의 이행을 소구할 수 없다. 임차권을 양도받은 주택도시보증공사도 마찬가지이다. 따라서 다음과 같은 행위만 가능하다.

① 임차한 주택을 제3자가 별제권으로 임의경매 신청 시, 임차인이 배당요구해서 우선순위에 따라 배당받을 수 있다(근저당권자 등은 회생결정 또는 파산선고 결정 이후에 별제권으로 임의경매를 신청할 수 있기 때문이다),

② 회생절차 또는 파산절차에서 면책이 확정되고 나서, 회생절차 등에서 회수하지 못한 보증금은 임차주택에 직접 경매 신청하는 방법으로 보증금을 회수할 권리가 있다. 그런데 선순위 임차인은 우선변제권 범위 내에서 ①번과 ②번 경매절차에서 배당요구해서 우선변제 받고, 미배당금은 낙찰자가 인수하므로 손해가 없겠지만, 후순위임차인은 대항력이 없어서 임차보증금을 손해볼 수밖에 없다.

이러한 이유로 전세보증보험제도의 적극적인 활용 필요성이 대두되고 있는 것이다. 그리고 보증금을 대출을 받았는데 임대인의 파산 등으로 돌려받지 못해서 큰 채무를 떠안게 되는 경우 임차인도 개인회생을 통해 일부 채무를 상환하고 나머지를 면책받는 방법을 고려해 볼 필요가 있다.

이렇게 별제권자는 담보물(근저당 설정 부동산, 임차인의 임차주택)에 대해서만 별제권을 행사할 수 있지만, 그 초과금액에 대해서는 회생재단 또는 파생재단에서 회수할 수는 있고, 회수를 못했더라도 면책된 채무자에게 청구할 수 없다는 의미이다.

PART
20

일반 파산재단과
예보 파산재단 공매투자 이야기

01강 일반 파산재단 공매물건을 법원과 온비드사이트에서 찾아 투자하는 방법

01 회생 · 파산재단 자산 매각이란?

 채무자회생법에 의해 이루어지는 공매로 법원사이트(www.scourt.go.kr)에서 확인할 수 있는데 부동산(토지, 건물), 동산, 자동차, 채권, 특허권 등 다양한 물건이 있다.

 우리들이 기존에 알고 있었던 온비드 공매물건과 법원 경매물건에 비해 세부적인 정보가 부족하므로 매수할 때 주의해야 한다.

 이러한 물건에 입찰하기 위해서 **Part 19 회생과 파산절차에서 매매계약서와 경·공매 물건 투자 비법**에 대해서 알고 있어야 하기 때문에 기술한 것이니 참고하기 바란다.

 이러한 파산재단 물건은 크게 2가지로 나누어 볼 수 있다.

 첫째, 개인과 법인 등의 일반 파산재단 공매물건은 ① 법원사이트에서 찾아서 매수하거나 ② 온비드사이트에서 파산재단을 검색해서 입찰하는 방법이 있다(01강에 기술한 내용이다).

 둘째, 예금보험공사의 파산재단 공매물건이 있다. 이 물건을 찾는 방법도 ① 예보 공매정보사이트에서 찾아 매수하거나 ② 온비드사이트에서 예금보험공사 파산재단으로 검색해서 입찰하는 방법이 있다(02강에 기술한 내용이다).

02 개인과 법인 등의 일반 파산재단 공매물건 알아보기

◆ **법원사이트(www.scourt.go.kr)에서 대국민서비스 선택 후 공고메뉴 검색한 화면**

이 공고 메뉴란에서 회생·파산 자산매각안내의 "공고게시판"을 검색하면 다음 화면이 나타난다.

◆ **공고게시판에서 각 관할법원에서 매각하는 회생·파산자산매각 공고문 확인**

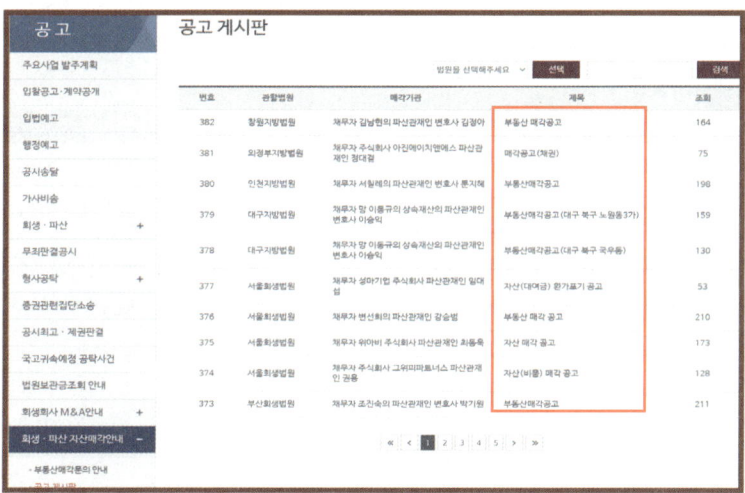

Part 20 일반 파산재단과 예보 파산재단 공매투자 이야기 613

이 화면에서 각 법원에서 매각되는 부동산(토지, 건물), 동산, 자동차, 채권, 특허권 등의 파산재단 자산매각공고를 검색해서 다음과 같이 매각 공고문을 확인하면 된다.

◇ 매각공고문에서 매각조건, 입찰 방법, 계약체결 및 대금 납부 방법 등을 확인

공고게시판에서 각 관할법원에서 매각되는 ① 파산재단 자산매각공고(부동산), ② 파산재단 자산매각공고(동산), ③ 파산재단 자산매각공고(자동차), ④ 파산재단 자산매각공고(특허권), ⑤ 파산재단 자산매각공고(채권) 등을 검색해서 다음과 같이 부동산 매각공고문을 확인할 수 있다. 여기서 매각조건, 입찰 방법, 입찰 장소, 계약체결 및 대금납부 방법 등을 확인하고 입찰해야 한다.

파산재단 자산(토지) 매각 공고

대전지방법원 2024하단00000 파산선고 사건의 채무자 피상속인 망 전OO 상속재산의 파산관재인은 파산재단이 소유하고 있는 부동산의 매각을 위하여 아래와 같이 공고합니다.

아 래

1. 매각대상 자산

- 매각대상 목적물에 대한 실물조사 및 현황파악을 위한 현장 개방은 사정상 따로 실시하지 않을 예정입니다.
- 매각대상물

물건번호	구분	소재지번	지목, 면적
1	토지	충청남도 공주시 유구읍 문금리 000	하천 556㎡
2	토지	충청남도 공주시 유구읍 문금리 000-1	하천 16㎡
3	토지	충청남도 공주시 유구읍 문금리 000-3	전 24㎡
4	토지	충청남도 공주시 유구읍 문금리 000-4	전 22㎡
5	토지	충청남도 공주시 유구읍 문금리 000-12	도로 66㎡

2. 입찰방법 및 일시, 장소

가. 입찰방법 : 일반 경쟁입찰(단독 입찰도 가능하며, 우편입찰만 가능합니다.)

나. 매각방법 : 채무자 망 전창규 파산에 따른 파산관재인에 의한 부동산 매각

다. 매각조건 : ① 입찰기간 내에 요건을 갖추어 하기의 최저입찰금액 이상의 입찰서를 제출한 자 중 최고가 입찰자를 낙찰자로 함 ② 최고가 입찰자가 2인 이상인 경우 즉석에서 최고가 이상으로 재입찰을 실시하여 결정

라. 개찰장소 : 대전광역시 서구 둔산중로 74, 000호(둔산동, 인곡타워)
  채무자 망 전OO의 파산관재인 변호사 원OO 법률사무소

3. 입찰의 성립

가. 입찰기한까지 위 파산관재인 사무소의 주소지(개찰장소)로 우편제출

나. 최저입찰가 및 입찰기한

회차	입찰기일	개찰일시	최저입찰가	입찰보증금
1차	2025. 06. 18.까지	2025. 06. 20. 14:00	3,000,000	(최저입찰가의 10%)
2차	2025. 06. 25.까지	2025. 06. 27. 14:00	2,000,000	〃
3차	2025. 07. 02.까지	2025. 07. 04. 14:00	1,000,000	〃

다. 최저 입찰 가격 이상 최고가 응찰자를 낙찰자로 결정하되, 최고가 응찰자가 2인 이상인 경우에는 최고가 응찰자만을 대상으로 재입찰로 낙찰자를 결정.

라. 입찰서는 입찰서 제출 마감일자까지의 우체국 소인이 찍히고, 개찰일시까지 제출 장소에 도달한 것에 한하여 유효하며, 반드시 봉투표면에 '채무자 망 전창규 [ ]회차 입찰서 재중'이라 표시하여야 함.

마. 입찰보증금은 각 회차 별 입찰서 제출 마감일까지 **파산관재인 원철희 계좌(신한은행 110-487-343053)**로 입금이 완료되어야 하며, 입찰보증금이 입금되지 않은 입찰은 무효 처리됨.

바. 낙찰자를 제외한 입찰 참가자의 입찰보증금은 낙찰자 확정 후 별도의 이자 없이 해당 입찰 참가자에게 반환함.

4. 계약체결 및 대금납부

가. **위 낙찰에 따른 매매계약은 대전지방법원 회생6단독 파산(2)의 허가를 받는 것을 효력발생의 정지조건으로 하고, 허가를 득하지 못할 경우 입찰보증금은 별도의 이자 없이 낙찰자에게 반환함.**

나. 낙찰자는 낙찰 결과를 통지 받은 후 즉시 파산관재인과 매매계약을 체결하여야 하며, 정당한 사유 없이 이에 응하지 않을 경우에는 낙찰을 무효로 하고, 계약보증금은 파산재단에 귀속됨.

다. 계약 체결 시 입찰보증금은 계약금으로 전환되며, 계약 체결 후 매매대금은 파산관재인과 협의하여 계약서에 명시한 방법에 따라 납부하되, 파산관재인의 지정계좌 [신한은행 110-487-000000 예금주: 원OO]로 이체하여야 함.

라. 낙찰자는 낙찰 선언 후 즉시 입찰금액의 10% 이상을 계약금으로 파산관재인의 지정계좌 [신한은행 110-487-000000 예금주: 원OO]로 이체 납부하고 계약을 체결하여야 하며, 이에 응하지 않을 경우 낙찰은 무효가 되며, 추후 입찰 자격이 상실됨.

5. 입찰서류

가. 개인 : 입찰서, 신분증 사본, 인감증명서, 인감도장
나. 법인 : 입찰서, 법인등기부등본, 법인인감증명서, 법인인감도장
다. 대리인일 경우 위임장 및 대리인 신분증 사본, 도장

6. 유의사항

가항~바항은 지면상 생략했음.

7. 기타사항

기타 자세한 사항은 파산관재인 사무실(070-4272-0000)에 문의하시기 바랍니다.

채무자 망 전OO의

파산관재인 변호사 OO

◆ 파산재단 공매절차와 낙찰받고 나서 소유권이전등기까지 마무리

(1) 공매 물건을 찾아서 권리를 분석하는 방법

① 회생/파산 자산매각안내의 공고 게시판에 파산관재인 사무실에서 채무자의 물건매각 관련 공고문을 올리면 그 내용을 보고 공매물건을 분석하면 된다.

② 공매 입찰절차, 권리분석 또는 유찰 여부에 대해 궁금한 사항은 공매 공고문과 공고문에 기재된 파산관재인 사무실로 전화해서 문의하면 된다.

③ 보통 공매 공고문이 게재된 지 2주 정도 후에 첫 입찰기일이 주어지기 때문에 권리분석과 필요할 경우 임장까지 시간이 다소 촉박하고, 파산관재인 사무실이 먼 경

우 등기우편 등으로 입찰서를 제출해야 하는 시간까지 고려하면 서둘러서 진행해야 한다.

④ 마지막으로 공적장부와 현장 답사를 통한 시세 등을 분석해야 한다.
㉠ 등기부에 등기된 채권, ㉡ 전입세대 열람(주택 등에 누가 거주하고 있는지 확인), ㉢ 건축물대장에 위반건축물 등, ㉣ 관리비 연체 내역, ㉤ 부동산 시세조사, ㉥ 취득세와 양도소득세 등을 확인하여 수익분석까지 마친 상태에서 입찰해야 한다.

⑤ 파산재단 공매물건에서 권리분석은 기본적으로 앞의 ②번과 같이 분석하면 되지만, 추가로 ④번과 같이 분석해야 몰라서 손해보는 일이 발생하지 않는다.

(2) 파산재단 공매절차 입찰 방법과 매수 후 소유권이전등기

① 일반 경매의 경우 법원에서 집행관 감독하에 경매가 진행되는데 반해, 파산재단 공매는 파산관재인 사무실에서 개찰을 진행하게 된다.

② 입찰보증금도 입찰서 제출할 때 동봉하라는 경우도 있으나 <u>대부분은 낙찰받고 나서 파산관재인 계좌로 입찰보증금을 입금하라는 연락이 오게 되는데 이때 입금하면 된다.</u> 이러한 방법으로 파산재단 공매 절차를 진행하는 것은 모든 입찰자에게 보증금을 받았다가 낙찰받지 못한 사람들에게 일일이 돈을 돌려주는 것도 번거로운 일이기 때문이다.

③ 낙찰자는 낙찰 선언 후 즉시 입찰금액의 10% 이상의 계약금을 법원에서 허가한 파산관재인 계좌 [신한은행 110-487-000000 예금주: 원○○]로 이체 납부하고 계약을 체결하여야 하며, 이에 응하지 않을 경우 낙찰은 무효가 되며, 추후 입찰 자격이 상실된다.

④ 파산관재인은 그 계약서를 근거로 법원에 부동산 매각허가를 신청해서 부동산 매각허가 결정문을 받는 절차를 진행한다. 매각허가를 득하지 못할 경우 입찰보증금은 별도의 이자 없이 낙찰자에게 반환한다.

⑤ 이 부동산 매각허가 결정문 등의 서류(Part 19장 03강에서 03번 참조)를 첨부해서 소유권이전등기를 촉탁신청해야 한다.

⑥ 그리고 파산공매의 경우 채무자의 등기필증이 필요 없다(아래 법조문 참조).

등기필정보가 없는 대신 법원 매각허가결정문과 채무자의 파산관재인 임을 증명하는 서류 등을 추가해야 한다(자세한 내용은 Part 19장 03강에서 03번 파산선고 결정 후 채무자의 부동산 매수 시 매매계약서 작성 방법 603~605쪽 참조).

> **채무자 회생 및 파산에 관한 법률에 따른 부동산 등의 등기 사무처리지침 제22조(임의매각에 따른 등기신청)**
> 제1항 파산관재인이 법 제492조의 규정에 따라 부동산에 관한 물권이나 등기하여야 하는 국내선박 및 외국선박을 매각하고, 이에 대한 등기를 신청하기 위하여는 법원의 허가서 등본 또는 감사위원의 동의서 등본을 첨부하여야 한다.
> 제4항 <u>파산관재인이 제1항 내지 제3항에 의해 소유권이전등기를 신청하는 경우에는 등기필증은 첨부할 필요가 없다.</u>

알아두면 좋은 내용

거리가 먼 경우 등기우편으로도 계약서 작성 및 관련 서류를 주고 받아 처리할 수도 있다. 즉 파산관재인 사무실에서 메일로 발송해 오면 출력 후 도장을 날인해서 등기우편으로 계약서를 다시 보내는 방법으로 계약을 체결하면 된다. 그리고 소유권이전등기에 필요한 서류도 다시 등기우편을 통해서 수령하여 소유권이전등기 절차를 마치면 된다.

03 회생·파산재단 매각물건 어떻게 분석하고 매수하면 되나?

◆ **회생 결정 후 법원에서 선임된 관리인 확인과 매매계약을 체결하는 경우**

◆ **회생 인가 후 채무자가 부동산을 매각할 때 필요한 서류와 매도방법**

- 이 내용은 Part 19, 1강의 03 회생 결정 후 채무자의 부동산 매수할 때 매매계약과 법원의 매각허가결정을 참고하기 바란다(581~585쪽).

04 회생개시결정된 아파트를 관리인과 매매 계약해서 성공한 사례

◇ **상봉프레미어스엠코 아파트를 어떤 과정으로 매수하게 되었나?**
◇ **회생절차개시결정문과 관리인으로 선임된 심○○**
◇ **회생개시결정된 아파트 매매 계약서와 별도로 특약으로 정한 약정서**
◇ **법원의 (주)서울○○○○ 부동산매각허가결정문**

– 이 내용은 19, 2강의 03 회생개시결정된 아파트를 관리인과 매매 계약해서 성공한 사례를 참고하기 바란다(587~597쪽).

05 온비드사이트에서 매각절차가 진행되는 일반 파산재단 공매

◇ **일반 파산재단 공매는 어떻게 온비드를 통해서 매각되나?**

이 일반 파산재단 공매물건은 우리가 평소 알고 있던 압류재산 공매나 법원 경매와 같이 정해진 매각절차에 따라 매각되는 것이 아니고, 이용기관 공매물건으로 온비드 전자입찰시스템에 의해 매각절차가 진행된다. 즉 법원에서 선정된 파산관재인이 온비드사이트에 이용기관으로 회원가입과 물건등록 절차를 거쳐서 매각되는 물건으로 이해하면 된다.

온비드사이트에서 개인과 법인 등의 일반 파산재단 공매물건을 찾는 방법도 2가지로 분류할 수 있다.

첫째, 온비드 화면에서 용도별검색[부동산 ⇨ 매각(처분방식) ⇨ 부동산 소재지 ⇨ 자산구분(이용기관에서 기타일반재산을 체크)]을 통해서 파산재단 공매물건을 찾아 입찰하는 방법이다.

둘째, 온비드 화면에서 통합검색란에서 파산재단으로 검색해서 파산재단 공매물건을 찾아 입찰하는 방법이다.

◆ 온비드사이트에서 용도별 물건검색으로 공매물건 알아보기

(1) 온비드 화면에서 용도별 물건검색으로 파산재단 공매물건 찾기

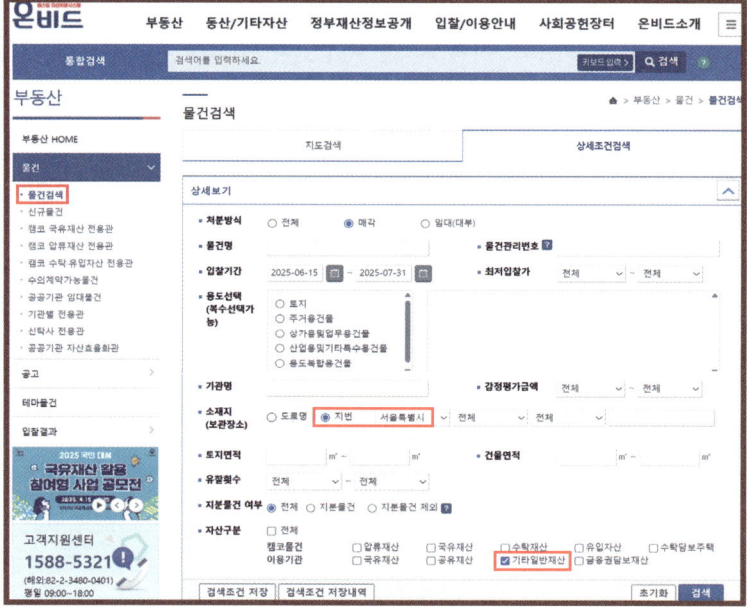

(2) 용도별 물건검색으로 찾아낸 근린생활시설 공매물건

이렇게 온비드사이트 용도별 물건 검색 방법으로 입찰할 근린생활시설을 찾아서 입찰하면 된다. 권리분석 방법은 다음 통합검색으로 입찰할 물건을 찾아서 분석하는 방법을 참고하면 되므로 생략했다.

◇ 온비드사이트 통합검색란에 "파산재단"으로 검색 후 입찰물건 메뉴를 선택한 화면

온비드사이트 통합검색란에 "파산재단"으로 검색하면 ① 파산재단 공매 입찰물건, ② 파산재단 공매 공고와 마감된 공고, ③ 파산재단 공매 공매 입찰결과(낙찰 또는 유찰)를 확인할 수 있다. 그리고 우리들이 잘 알고 있는 ④ 예금보험공사의 파산재단 공매도 게시판(게시판/FAQ/자료실) 등을 통해서 확인할 수 있다.

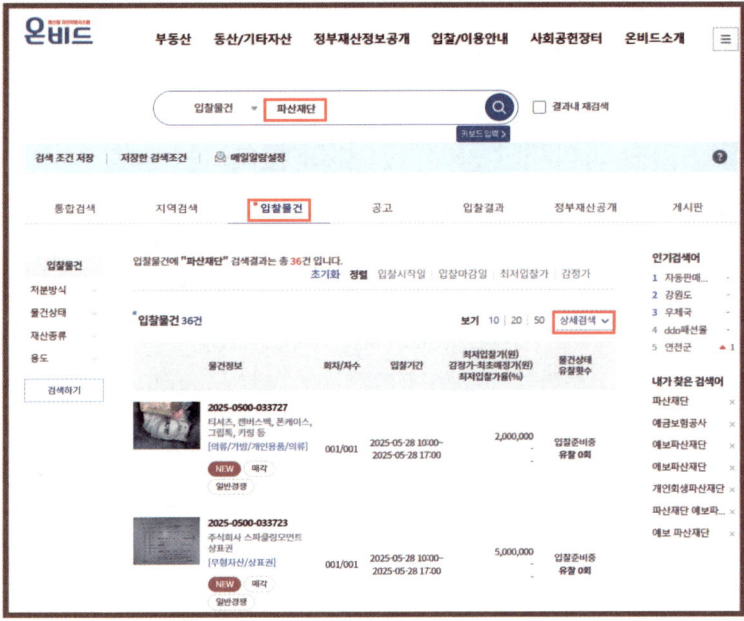

이 입찰물건 메뉴 화면의 우측 상단 상세검색를 클릭하면 다음 화면이 나타난다.

◆ 입찰물건 메뉴에서 상세검색란 선택 후 상세조건을 입력한 화면

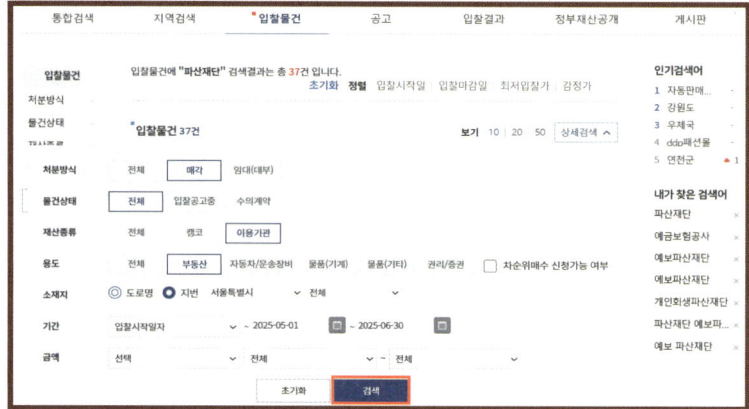

이 입찰물건 메뉴 화면의 우측 상단 상세검색를 클릭하면 다음 화면이 나타난다. 이렇게 상세조건을 입력 후 검색하면 다음과 같은 입찰물건을 확인할 수 있다.

◆ 입찰할 일반 파산재단 공매물건 찾아 분석하는 방법

▮ 위치 및 이용현황		
소재지	지번	서울특별시 영등포구 양평동6가 8 제2층 제000호
	도로명	서울특별시 영등포구 양평로28길 11, 제2층 제000호 (양평동6가, 펫앤스테이)
이용현황		N
기타사항		엘리베이터 : 있음 , 주차장 : 있음 1. 본 매각 부동산의 상태, 이용현황, 권리제한 현황, 농지취득 자격증명 필요 여부를 포함한 행정관계 사항 등 제반사항은 입찰자가 직접 확인하여야 함 2. 본 매각 부동산의 지적은 각종 공부 및 지적도 상에 표시된 면적으로 하며, 재산은 현 상태로 매각하는 것이므로 공부와 지적 상의 하자, 타인점유, 재산활용에 관한 관계법규의 제한사항 및 매각 토지상의 건물, 구축물, 지하 매장물 등으로 인한 토지활용 제약 및 민원사항 등 제반 문제는 매수자의 부당과 책임으로 처리하여야 함 3. 본 매각 부동산의 거래와 관련하여, 대외기관 및 행정청 등을 상대로 매도자와 매수자가 공동으로 진행하는 업무(부동산 거래 및 그 해제 등의 신고, 소유권 이전등기 등)는 법무사 등 자격이 있는 전문가에 위임하는 방법으로만 그 업무를 진행할 수 있으며, 매수자가 직접 수임받는 방법으로는 진행할 수 없고, 법무사 등 선임 등에 대한 비용은 매수자(낙찰자)가 부담하여야 함 4. 입찰 후 소유권 이전 전까지는 매수자의 명의변경이 불가능하며 대금을 선납하여도 매매대금을 감면하지 아니함 5. 입찰에 참여한 경우, 유의사항 전부에 대해 동의한 것으로 간주되어 매수자나 제3자의 법률적 해석을 근거로 매매계약 등 공매 조건을 부인 및 변경을 요청할 수 없음 6. 토지에 관한 매매이므로 부가세는 없을 것으로 보이나, 이에 관하여 입찰자의 부당으로 사전에 확인하여야 함(세금계산서 등은 발행하지 아니함) 7. 본 매각은 파산재단의 사정에 의해 변경될 수 있으며, 변경사항은 별도의 공고를 하지 않음 *입찰보증금의 경우, 낙찰자의 단순변심, 부주의, 고의지연 등 낙찰자의 사정으로 매매계약에 장애가 발생되는 경우에는 해당 입찰보증금은 낙찰자에게 반환하지 아니함 **해당 부동산의 경우, 임차보증금 1억 9,500만원의 임차권등기가 설정되어 있으며(2024. 12. 06. 접수번호 제228890호),위 임차보증금의 인수를 매매 조건으로 함**

▮ 감정평가정보

감정평가기관	평가일	평가금액(원)	감정평가서
		조회된 데이타가 없습니다.	

▮ 낙찰 후 인도/인수 책임 및 부대조건

인도/인수 책임	낙찰자
부대조건	***해당 부동산의 경우, 임차보증금 1억 9,500만원의 임차권등기가 설정되어 있으며(2024. 12. 06. 접수번호 제228890호),위 임차보증금의 인수를 매매 조건으로 함**

 이 일반 파산재단 공매물건은 우리가 평소 알고 있던 압류재산 공매나 법원 경매와 같이 정해진 매각절차에 따라 매각되는 것이 아니고, 이용기관 공매물건으로 온비드를 통해 매각절차가 진행된다. 즉 법원에서 선정된 파산관재인이 온비드사이트에서 이용기관으로 회원가입과 물건등록 절차를 거쳐서 매각되는 물건으로 이해하면 된다. 그러므로 다음과 같이 분석 후 입찰하면 된다.

 첫째, 이 오피스텔에 거주하고 있는 임차인과 임차보증금 1억9,500만원은 매수인이 승계하는 조건으로 매각하는 것으로 낙찰 금액에서 1억9,500만원을 잔금 납부 시 공제하고 잔금을 납부하는 조건이다.

 둘째, 개인과 법인 등의 일반 파산재단 공매물건이므로 관재인을 통해서 법원에서 부동산 매각허가결정을 받아야만 소유권을 취득할 수 있다는 점과 매매대금도 법원이 허가한 파산관재인 계좌로만 이체해야 유효하게 소유권을 취득할 수 있다는 것이다.

그밖에 주의할 점은 공매공고문과 Part 19, 3강의 03번(603쪽)과 04번(605쪽)을 참고하면 된다.

그리고 선순위 임차인이 있는 경우에는 Part 19의 05 임대인이 개인회생 또는 파산 신청을 한 경우 임차인이 대처하는 방법을 참고해서 분석하고 입찰하면 될 것이다.

셋째, 권리분석 방법과 낙찰받고 나서 소유권이전등기는 앞의 02번에서 ◆ 파산재단 공매절차와 낙찰받고 나서 소유권이전등기까지 마무리(616쪽)를 참고하면 된다.

06 도시형생활주택이 온비드에서 개인회생·파산재단 공매로 매각되다!

◆ 파산재단 공매로 매각되는 도시형생활주택의 시세와 주변현황도

이 도시형생활주택은 서울시 서초구 반포동에 위치하고 있고 지하철 9호선과 7호선, 그리고 3호선이 위치하고 트리플역세권이다. 주변에 강남성모병원이 근접해 있고, 강남역과도 버스로 10분거리에 있는 곳으로 수요가 많은 곳으로 미래가치가 높은 곳이다. 시세는 8억~8억5,000만원 정도이다.

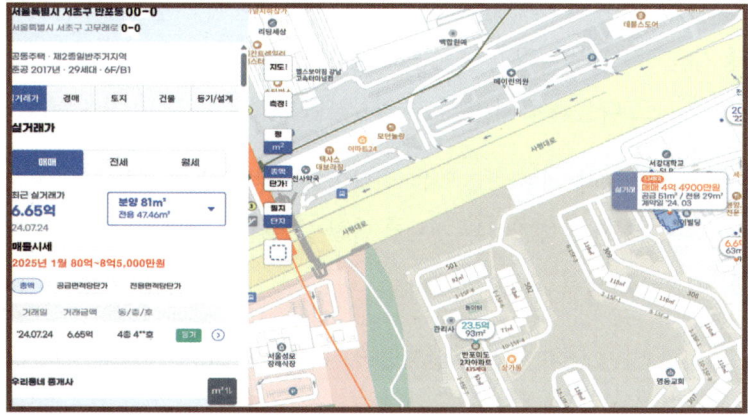

◇ 파산재단 공매로 매각되는 도시형생활주택 입찰정보 내역

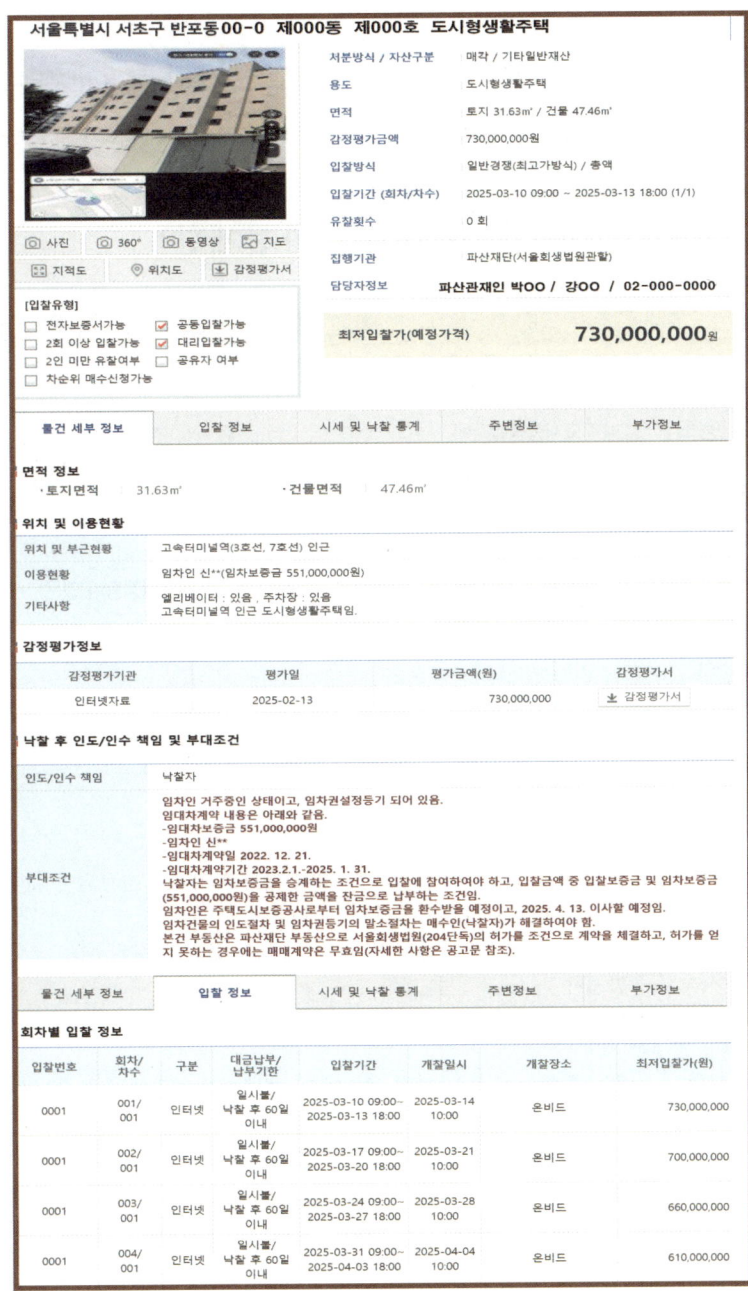

◆ 파산재단 공매로 매각되는 도시형생활주택 매각공고문의 매각 조건과 입찰 방법

이 매각 공고문을 통해 매각조건, 입찰 방법, 입찰 장소, 계약체결 및 대금납부 방법 등을 확인하고 입찰에 참여해야 한다.

매각정정공고문(파산재단)

I. 매각대상

재산종류	파산재단
부동산의 표시	서울 서초구 반포동 58-1 외 1필지 제102동 제000호 [채무자 김OO 소유 부동산]
용도	도시형생활주택
매각기관	채무자 김OO의 파산관재인 변호사 박OO
연락처	전화) 02-585-0000, 팩스) 02-585-0000
비고	• 매각부동산은 임차인의 임차보증금을 승계하는 조건임. • 매각부동산의 임차인 현황은 아래와 같음(임차권설정등기 있음). 　- 임대차보증금 551,000,000원 　- 임차인 신** 　- 임대차계약일 2022. 12. 21. 　- 임대차계약기간 2023. 2. 1. ~ 2025. 1. 31. • 임차인은 주택도시보증공사로부터 임차보증금을 반환받을 예정임. • 매각부동산의 인도절차 등은 매수인이 해결해야 함.

II 유의사항

1. 입찰보증금은 입찰 마감일시까지 입찰보증금 납부계좌로 입금이 완료되어야 하며, 입찰보증금이 입금되지 않은 입찰은 무효처리 됩니다.
2. 입찰은 일반경쟁입찰 방식으로 진행하며 최고가 입찰자(단독입찰의 경우 포함)를 낙찰자로 결정합니다.
3. 최고가 입찰자가 2인 이상인 경우에는 최고가 입찰자만을 대상으로 재입찰하여 낙찰자를 결정합니다.
4. <u>개찰결과는 낙찰자에 한하여 즉시 개별 통지하고, 매매계약 체결에 대한 안내를 드리게 됩니다.</u>
5. 낙찰자는 낙찰결과를 통지 받은 후 즉시 파산관재인과 매매계약을 체결하여야 하며, 만약 5일 이내에 특별한 사정없이 계약체결을 하지 않거나 대금 납부를 하지 않을 경우 낙찰은 무효가 되고, 파산관재인은 차순위 입찰자를 낙찰자로 변경 결정할 수 있습니다.
6. <u>낙찰자의 귀책사유로 낙찰이 무효인 경우, 낙찰자가 납부한 입찰보증금 전액은 파산</u>

재단에 속하게 되며 어떠한 경우에도 반환되지 않습니다.
7. 계약체결 시 입찰보증금은 계약금으로 전환되며, 매매잔금은 계약에서 정한 기일까지 전부 납부하여야 합니다.
8. 위 낙찰에 따른 매매계약은 서울회생법원 제204파산단독의 허가를 필수적인 유효조건으로 이루어지므로, 허가를 받지 못할 경우 입찰보증금(계약금)은 별도의 이자 없이 낙찰자에게 반환되고 낙찰자는 이에 관해 어떠한 이의도 제기할 수 없습니다.
9. 본 입찰절차는 파산재단의 사정에 의하여 변경될 수 있으며, 변경사항은 별도의 공고를 하지 않습니다.
10. 기타 유의사항
    가. 낙찰자는 파산관재인과의 계약 체결 후 즉시 위 매각대상을 입찰 당시의 현황대로 인수하여야 하고, 위 매각대상에 관한 권리이전에 따른 절차 및 비용 등은 낙찰자가 부담합니다.
    나. 파산관재인은 매각대상에 관한 하자 등 흠결사항에 대하여 일체의 책임을 부담하지 않습니다.
    〈다항~마항은 지면상 생략했음.〉
    바. 매각기일(1회차 또는 그 이후 회차)에서 유찰되는 경우 수의계약 방식으로 전환되거나 매각절차가 중지될 수 있습니다.
    〈사항은 지면상 생략했음.〉
    아. 입찰부동산의 매매계약과 관련하여 세금계산서는 발행되지 않습니다.
    〈자항~차항은 지면상 생략했음.〉

◆ 도시형생활주택을 단독으로 7억6,200만원에 낙찰받다!

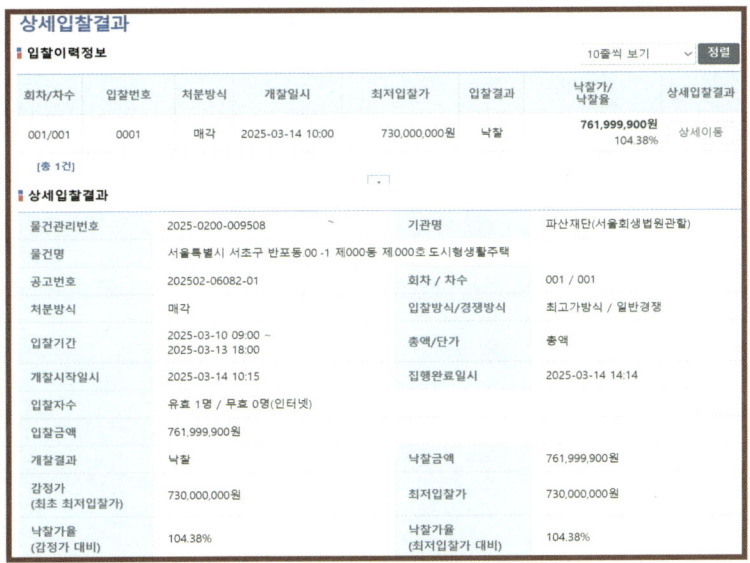

이 공매물건은 낙찰자가 임차보증금을 승계하는 조건으로 입찰하는 것으로, 낙찰받은 금액 761,999,900원에서 입찰보증금 76,199,990원(입찰금액의 10%)과 임차보증금(551,000,000원)을 공제한 134,799,910원을 잔금으로 납부하는 조건이다(공매 공고문 참조).

따라서 공매 낙찰자는 회생법원의 부동산 매각허가결정을 받아서 134,799,910원을 잔금으로 납부하고 소유권이전등기를 촉탁하는 절차를 진행해야 한다.

그런데 승계한 임차인은 주택도시보증공사로부터 임차보증금을 환수받을 예정이고, 2025. 4. 13. 이사갈 예정이다. 따라서 매수인은 금융기관에서 대출을 받아서 대위변제한 주택도시보증공사의 임차보증금을 변제 후 직접 입주하거나 새로운 임차인의 임차보증금 등으로 상환하는 절차를 진행해야 한다.

이렇게 법원에서 선정한 파산관재인이 온비드에 이용기관으로 물건을 등록해서 매각되는 물건을 분석 후 입찰해서 낙찰 받은 사례이다. 독자분들도 이와 같이 분석하고 입찰하면 된다.

그리고 권리분석 방법과 낙찰받고 나서 소유권이전등기는 앞의 02번에서 ◆ 파산재단 공매절차와 낙찰받고 나서 소유권이전등기까지 마무리(616쪽)를 참고하면 된다.

다음은 예금보험공사의 파산재단 공매물건에 입찰하는 방법에 대해서 알아보기로 한다.

02강 예금보험공사 파산재단 공매물건을 예보공매정보와 온비드에서 찾아 투자하는 방법

01 예금보험공사의 파산금융회사 관리와 그 현황

◆ **일반 파산과 파산금융회사에서 파산관재인 선임과 그 업무**

<u>일반 파산에서는</u> 법원이 파산선고와 동시에 파산관재인을 선임하게 되는데 재판상의 절차인 파산절차를 원활하게 진행하기 위하여 일반적으로 법률 지식이 풍부한 변호사 등을 파산관재인 등으로 선임하는 경우가 많다.

<u>금융회사가 파산한 경우에는 예금보험공사가 공적자금을 신속하고 효율적으로 회수할 필요성 등이</u> 제기되므로, 공적자금관리특별법에 의거 공적자금이 투입된 금융회사의 파산관재인으로 예금보험공사 또는 그 임직원이 선임되어 직접 파산재단을 관리하고 있다.

예금보험공사는 금융과 채권회수에 관한 전문 인력을 직접 파견하여 자산별 특성에 맞는 환가방법을 사용함으로써 파산재단 자산 환가의 극대화를 도모하고, 파산재단 관리 효율화 및 비용 절감을 통해 최대한의 파산배당이 이뤄질 수 있도록 최선을 다하고 있다.

◆ **예금보험공사의 파산금융회사 관리 현황과 매각기관**

<u>예금보험공사가 자금을 지원한 곳은 488개인데, 파산금융회사 중 457개는</u> 파산절차가 종결되었으며, 2024년 12월말 현재 파산절차가 진행 중인 31개 파산재단에 예금보험공사 또는 그 임직원이 파산관재인(청산인 포함)으로 선임되어 파산재단을 관리하고 있다.

(1) 신탁기관과 예보공매

예금보험공사는 파산재단 자산 중 일부를 신탁회사에 위탁하여 관리·매각을 진행하기도 한다. 이 경우 자산은 신탁기관 명의로 등기되지만, 실질적으로는 파산재단 자산으로 간주되어 공매 절차를 진행한다. 공매 공고에는 "신탁재산" 또는 "신탁계약에 의한 자산"이라는 문구가 명시되며, 온비드나 신탁사 자체 플랫폼을 통해 입찰이 이뤄지기도 한다.

(2) 금융기관과 예보공매

예보공매의 자산은 대부분 ○○파산한 금융기관(예: 저축은행, 신협 등)○○이 보유했던 자산이다. 예보는 이들 금융기관의 채권자이자 파산관재인으로서 자산을 환가하고, 회수된 자금으로 채권자에게 배당한다.

이와 같이 금융기관이 보유했던 부동산, 비상장 주식, 회원권 등이 공매 대상이 되며, 일부는 신탁기관을 통해 매각되기도 한다.

02 금융회사 파산과 지원자금 회수에 따른 공매절차

◇ 예금보험공사의 파산금융회사 지원자금 회수

예금보험공사가 부실한 금융회사에 예금대지급 등으로 지원한 자금은 원칙적으로 금융회사가 예금자에게 지급해야 할 예금 등을 공사가 대신 지급한 것이므로 파산한 금융회사에 대하여 공사의 채권이 발생하게 되며, 공사는 금융회사 파산 시 동 채권을 근거로 파산절차에 참여하여 파산배당을 수령함으로써 지원자금을 회수하는 절차를 진행하게 된다.

◆ 예금보험공사의 파산재단 공매의 절차

예금보험공사의 파산재단 공매는 파산한 금융기관의 자산을 매각하여 공적자금을 회수하고 채권자에게 배당하기 위한 절차이다. 이 자산에는 부동산, 비상장 유가증권, 회원권, 미술품 등이 포함될 수 있으며, 공매는 주로 ① 예보공매정보 사이트(https://www.kdic.or.kr/kasset)와 ② 한국자산관리공사의 온비드 시스템(https://www.onbid.co.kr)을 통해 진행된다. 따라서 공매 입찰 참여 방법을 다음과 같이 2가지로 분류한 것이다.

◆ 예금보험공사 파산금융기관 매물(부동산) 현황

파산절차에 의하여 총파산채권자에게 배당되어야 할 파산금융회사의 재산 중 공매 대상 매물(부동산)에 관한 정보이다.

부동산고유번호	문의처	문의처 연락처	소재지 시도	소재지 구군	소재지 지번주소	용도	토지면적	건물면적
65	광주은행	062-239-5402	충청남도	서산시	동문동 313-3 외 13필지	유통쇼핑센터	2101.18	5277.13
66	교보자산신탁	02-3404-3567	경기도	수원시 팔달구	구천동 10-24 외 디자이너크럽 6개호	문화및집회시설	836.16	4869.65
110	한국자산신탁	02-2112-6311	인천광역시	미추홀구	숭의동 42-130	대지	36.00	
140	교보자산신탁	02-3404-3458	경기도	남양주시	진접읍 금곡리 산140-7	임야	31984.00	
162	교보자산신탁	02-3404-3914	경상남도	함양군	서하면 다곡리 23 외 740필지	임야	6939260.00	
191	KB부동산신탁	02-2190-7668	충청남도	아산시	배방읍 공수리 87-8	상업용빌딩	1509.00	5164.23
204	KB부동산신탁	042-472-2069	경상남도	진주시	상평동 216-14 외	대지	162.00	
211	하나자산신탁	02-3287-4730	충청남도	금산군	추부면 서대리 29-8	기타건물	3147.00	3021.28
278	하나자산신탁	02-3287-4746	경상남도	김해시	장유면 삼문리 445	대지	4834.00	
300	코리아신탁	02-6190-3848	경상북도	포항시 북구	용흥동 266-9 등 19필지	대지	24835.00	
314	교보자산신탁	02-3404-3565	울산광역시	중구	남외동 407-20 등 2필지	대지	13.02	
352	아시아신탁	02-3490-5813	경상남도	사천시	송포동 958-1 외 1	현황 도로	86.00	
356	교보자산신탁	02-3404-3559	서울특별시	동작구	신대방동 344-233	대지	149.00	
376	하나자산신탁	02-3287-4730	부산광역시	영도구	청학동 92-2	빌라	59.43	
380	우리자산신탁	02-6202-3029	경기도	용인시 처인구	양지면 남곡리 156-7 외	현황 도로	464.00	

03 예보공매정보 소개와 예보공매정보사이트에서 공매물건 찾는 방법

◆ 예보공매정보 소개

예보공매정보는 국민에게 예금보험공사가 주관하는 공매정보 및 공매 자산정보를 제공하는 시스템이다. 그래서 다음과 같은 정보를 제공하고 있다.

① 예보공매정보는 예금보험공사가 주관하여 공매 중인 파산재단 보유자산 및 케이알앤씨 보유자산의 공매 일정, 물건 정보, 행사 정보, 기타 매각 관련 알림 사항 등을 담고 있다.

② 예보공매정보 사이트(https://www.kdic.or.kr/kasset)에 회원가입을 통해 관심 매물 선택 및 비교, 메일링 서비스 제공 등 수요자 중심 메뉴로 구성되어 있는 시스템이다. 또한 검색기능 다양화, 검색결과 정렬, 지도 서비스 등 수요자의 편의성을 고려하여 메뉴가 구성되어 있다.

③ 예보공매정보는 수요자 니즈에 따른 공공정보 개방에 초점을 맞추어, 국민이 주로 궁금해 하는 정보들을 담고 있다.

◆ 예보공매정보 홈페이지 화면

◆ 예보공매정보 홈페이지에서 통합매물검색 방법

이 통합매물검색 화면에서 부동산 선택 후 소재지를 선택해서 검색하면 다음과 같은 화면이 나타난다.

◆ 통합매물검색으로 확인한 금융기관별 공매물건 현황

이 금융기관별 공매물건 현황에서 서울특별시 중구 황학동 물건을 검색하면 다음과 같은 화면을 찾아볼 수 있다.

Part 20 일반 파산재단과 예보 파산재단 공매투자 이야기 633

◇ 금융기관별 공매물건 현황에서 입찰할 공매물건 찾아 분석하는 방법

◇ 입찰할 공매물건 정보의 공매 공고문에서 매각조건과 입찰 방법 알아보기

(1) 입찰할 공매 정보는 공매 공고문과 감정평가서 확인, 공적장부 열람

이 공매물건은 관리기관이 한국저축은행(전화 02-519-7041)이고 공매입찰 관련 문의처는 KB부동산신탁(전화 02-2190-7697)이다. 따라서 KB부동산신탁에 문의해서 공매공고문과 감정평가서 등을 확인해야 한다.

① 공매 공고문에서는 매각조건과 입찰방법 그리고 낙찰 후 매매계약 체결과 소유권이전등기 절차를 확인할 수 있다. 그리고 궁금한 사항은 공고문과 공고문에 기재된 파산관재인 사무실로 전화해서 문의하면 된다.

② 감정평가서를 통해서 물건현황과 임대차 내역 등을 확인하면 된다.

③ 마지막으로 공적장부와 현장 답사를 통한 시세 등을 분석해야 한다.
㉠ 등기부에 등기된 채권, ㉡ 전입세대 열람(주택 등에 누가 거주하고 있는지 확인), ㉢ 건축물대장에 위반건축물 등, ㉣ 관리비 연체 내역, ㉤ 부동산 시세조사, ㉥ 취득세와 양도소득세 등을 확인하고 입찰해야 한다.

④ 파산재단 공매물권에서 권리분석은 기본적으로 앞의 ①번과 같이 분석하면 되지만, 추가로 ③번과 같이 분석해야 몰라서 손해보는 일이 발생하지 않는다.

(2) 공매 공고문에서 매각조건과 입찰하는 방법 알아보기

① 예금보험공사에서 진행하는 합동공매는 파산한 금융기관이 보유한 자산을 모아 매월 공개경쟁입찰을 통해 매각하는 절차이다.

② 통상적으로 매월 두번째 목요일에 공고하고, 네번째 목요일에 입찰을 실시하고 있다.

③ 합동공매 공고문은 예보공매정보 홈페이지에서 공매 공고를 확인한 후, 공매기일에 지정된 공매장소(주로 파산재단)에 직접 입찰서를 제출하지만 입찰 장소가 먼 경우에는 우편으로 입찰서를 제출하는 방법도 가능하다.

④ 입찰에 참여하기 위해서는 공매 입찰기일에 입찰보증금, 본인임을 증명할 수 있는 신분증, 도장을 지참하고, 전국에 있는 공매장 중 편리한 곳으로 방문하면 된다.

⑤ 보통 입찰은 오전 11시와 오후 2시 두 차례 진행되며 입찰보증금은 최저공매가의 10%에 해당하는 현금이나 자기앞수표로 납부하면 된다. 낙찰 여부는 현장에서 즉시 결정되며, 낙찰받지 못한 분의 입찰보증금은 바로 돌려받는다.

⑥ **수의계약(유찰계약) 체결**은 예보공매 입찰에서 입찰자가 없어서 유찰된 경우 다음 공매 공고일 전일까지 전회차 입찰 조건 이상으로 공고기관(파산재단)과 협의해서 수의매매계약(=유찰매매계약)을 체결하는 방법이다. 자세한 내용은 공매 공고문과 파산관재인에게 문의해서 확인하면 된다.

⑦ 최고가를 낙찰받은 사람은 5영업일 이내에 매매계약을 체결해야 한다.

⑧ 권리분석 방법과 낙찰받고 나서 소유권이전등기는 앞의 02번에서 ◆ 파산재단 공매절차와 낙찰받고 나서 소유권이전등기까지 마무리(616쪽)를 참고하면 된다.

04 예보 파산재단 온비드 전자입찰 방법과 수의매매계약

◆ 예보 파산재단 공매 온비드 전자입찰 방법

공매 공고를 확인하고 한국자산관리공사 전자자산처분시스템인 온비드(www.onbid.co.kr)를 통해서 입찰에 참여하면 된다.

온비드에서 예보 파산재단 공매물건에 입찰하기 위해서는 먼저 온비드에 회원가입 및 범용 공동인증서를 등록해야 한다. 최저공매가 이상으로 입찰한 사람 중에서 가장 높은 가격으로 응찰한 사람이 낙찰자로 결정되며, 낙찰받지 못한 유찰자의 입찰보증금은 입찰서에 기재한 환불계좌로 환불 처리된다.

그리고 온비드에서 내가 입찰할 공매 물건을 찾은 다음 권리분석은 공매 공고문과 공매 담당자인 파산관재인을 통해서 확인하고 입찰하면 된다. 낙찰받고 나서 5일 이내에 매매계약을 체결하면 된다.

◆ **수의매매계약(유찰매매계약) 체결 방법**

　온비드 입찰에서 입찰자가 없어서 유찰된 경우 다음 공매 공고일 전일까지 전회차 입찰 조건 이상으로 공고기관(파산재단)과 협의해서 수의매매계약(=유찰매매계약)을 체결하는 방법이다. 먼저 매수의향서를 보내고 나서 수의매매계약서 작성 후 법원의 매각허가결정문 득해서 잔금 납부 후 소유권이전등기 절차를 진행하게 된다. 자세한 내용은 공매 공고문과 파산관재인에게 문의해서 확인하면 된다.

05 예금보험공사 파산재단 온비드 입찰 공고

◆ **파산재단 보유 부동산 등 온비드 입찰 공고(입찰일자 2월 25일)**

1. 공고 게재 일자 : 2021. 2. 10. (수)
2. 입찰 접수 일시 : 2021. 2. 25.(목) 9:00 ~ 16:00
3. 개찰일시 : 2021. 2. 26. (금) 10:00 (개찰장소 : 예금보험공사 자산회수부 입찰담당자 PC)
4. 입찰방법 : 온비드를 통한 전자입찰 방식
5. 공매물건 : 부동산 등 9건
6. 기타 세부사항 : 첨부 공고문 및 온비드(www.onbid.co.kr) 참조
   - 입찰일정 등 공고관련 문의 : 02-758-0677
   - 개별물건관련 문의 : 물건 소유 해당 파산재단 (첨부 공고문 참조)

첨부1 : 파산재단 보유 부동산 등 온비드 입찰 실시 공고
첨부2 : 봉은사 대출채권 온비드 공매입찰 유의사항

◆ 2025년 6월 파산재단 보유 부동산 온비드 개별공매 공고

2025년 6월 파산재단 보유 부동산 등 온비드 개별공매 공고

1. 입찰에 부치는 사항

가. 입찰물건 : 파산재단 보유 부동산 등 매각

나. 매각대상 자산(7건 개별입찰)

(금액단위: 천원)

목록	광역시도	시군구	소재지	공매대상 물건 내역				임대(점유) 현황	감정가격	최저입찰가	감정가대비 최저입찰가 비율(%)	VAT 대상	대금납부 사항		공고기관	전화번호
				용도	총면적 및 수량(㎡)		기타	임대(점유)물건대금					납부기한	납부방법		
					토지	건물										
미대-1	광주시도	대덕구	송촌동 510 송촌프라우(동1102~1103, 104, 105, 107, 108, 110, 111, 112, 113, 114, 117, 120호~15호)	근린생활시설	688.50	999.71		공실등	3,050,000	915,000	30.0	X	6개월	일시불 또는 3개월 균등	미대지축은행	02-6711-5563
미대-2		대덕구	송촌동 510 송촌프라우(202~203호)	근린생활시설	560.06	813.22		공실	1,421,000	426,300	30.0	X	3개월	일시불 또는 3개월 균등	미대지축은행	02-6711-5563
미대-3		대구	송촌동 510 송촌프라우(301,302,303,304,305호~5개호)	근린생활시설	1,034.80	1,502.55		공실	2,404,000	721,200	30.0	X	6개월	일시불 또는 3개월 균등	미대지축은행	02-6711-5563
미대-4		대구	송촌동 510 송촌프라우(401,402,403호~3개호)	근린생활시설	905.51	1,314.81		공실	2,104,000	631,200	30.0	X	6개월	일시불 또는 3개월 균등	미대지축은행	02-6711-5563
미대-5		대구	송촌동 510 송촌프라우(501,502,503호~3개호)	공실	493.01	715.85		공실	944,000	283,200	30.0	X	3개월	일시불	미대지축은행	02-6711-5563
충청북도			양성면 지정리 717-1 외1단관(단필포함)	물건(기타 3건)			법인회원 1구좌		135,000	128,250	95.0	O	일시불	상지저축은행	02-326-5705
대경광역시		대구														
전광-1		연수구	[토지] 상문면 국평리 410, 411, 412-1, 412-4, 776-55, 776-56, 776-57, 334-1, 334-2, 334-3, 344-5, 407-1, 407-2, 409-2, 776-58, 776-59, 776-207, 776-54, 405, 776-180, 400-2, 400-9, 44, 481-5, 481-12 등 27필지 약 소유권 [토지] 상문면 국평리 367-4, 400-5, 406-5, 427-4, 474, 776-102, 47-1 등 7필지 일가 [건물] 상문면 국평리 (65339 공부상) [건물] 상문면 국평리 4336(목록6) [건물] 상문면 국평리 4346(목록4) [건물] 상문면 국평리 4318(목록8) [건물] 상문면 국평리 4312(대)	공장 (목적동 동)	30,631.00	16,618.29			10,713,195	3,906,000	36.5	X	6개월	3개월 균등	연수저축은행	063-270-7718

다. 계별매각물건에 해당하는 유의사항

목록

상문-1

본 공고건은 공장 시설용(W770,000원)는 매수인이 매수 후 경매에 의한 인도에 부합하며, 경락 인도시 점유자 명도는 매수인 부담이며, 인도일은 경락인이 2030년 개발계획안내 의의 도시계획(063-290-2843)의 주무과로 이와 관련된 모든 인허가 등 사용면허 장소는 내수시 자치가관과 모든 관련법 등을 확인하신 후 사업에 참여하시기 바랍니다. 농기소하 도점소도구 운장용품은 매도지역에 계속되며, 낙찰받은 자기계속은 후 매매계약에 이행하는 경우 자기계속이 공공기관에 의거되다.

전광-1

본 공고서 시 양성면 계부리(W143,500,000원)는 인활보결시 인물물 거래와 금의 연장된 2030년 개발계획안내 의의 도시계획(063-290-2843)의 주무과로 이와 관련된 모든 인허가 등 사용면허 장소는 내수시 자치가관과 모든 관련법 등을 확인하신 후 사업에 참여하시기 바랍니다.

2. 입찰서 제출 : 한국자산관리공사 전자자산처분시스템(이하 "온비드"라 한)을 통한 전자입찰 방식

3. 입찰 참가자격

한국자산관리공사의 「전자자산처분시스템 이용수수료」, 제4조의 서약에 해당되지 않는 자

4. 입찰 참가자 자격 제한

「파산자등의금융정보제공자기준수수료」(예 금고보호법), 최근3호2의 제1항에 의한 부실정리, 등 서약에 해당하고 사용이 먹으지 부사 낙찰이 경우 낙찰을 취소하고 공정매출을 매도자에게 귀속되며, 낙찰받이 계약체결 후 매매계약 제3자에 대하여 경우 입찰보증금을 포함하여 납부한 모든 납부금을 공정매출을 매도자에게 귀속되며 위약금으로 간주합니다.

라. 입찰일 : 2025. 06. 26(목) 9:00~16:00

마. 개찰일시 : 2025. 06. 27(금) 10:00(개찰장소 : 세종보증공사 파산부 입찰담당자 PC)

온비드에서 예금보험공사 파산재단 공매물건 찾아 분석 후 입찰하는 방법

◆ **온비드사이트에서 예금보험공사 파산재단 공매물건 검색 방법**

(1) 온비드 화면에서 용도별 물건검색으로 파산재단 공매물건 찾기

◆ **온비드사이트 통합검색란에 "예금보험공사 파산재단"으로 검색하는 방법**

온비드사이트 통합검색란에 "예금보험공사 파산재단"으로 검색하면 ① 개인회생·파산재단 입찰물건, ② 개인회생·파산재단 공고와 마감된 공고, ③ 개인회생·파산재단 공매 입찰결과(낙찰 또는 유찰)를 확인할 수 있다. 그리고 우리들이 잘 알고 있는 ④ 예금보험공사의 파산재단 공매도 게시판(게시판/FAQ/자료실) 등을 통해서 확인할 수 있다.

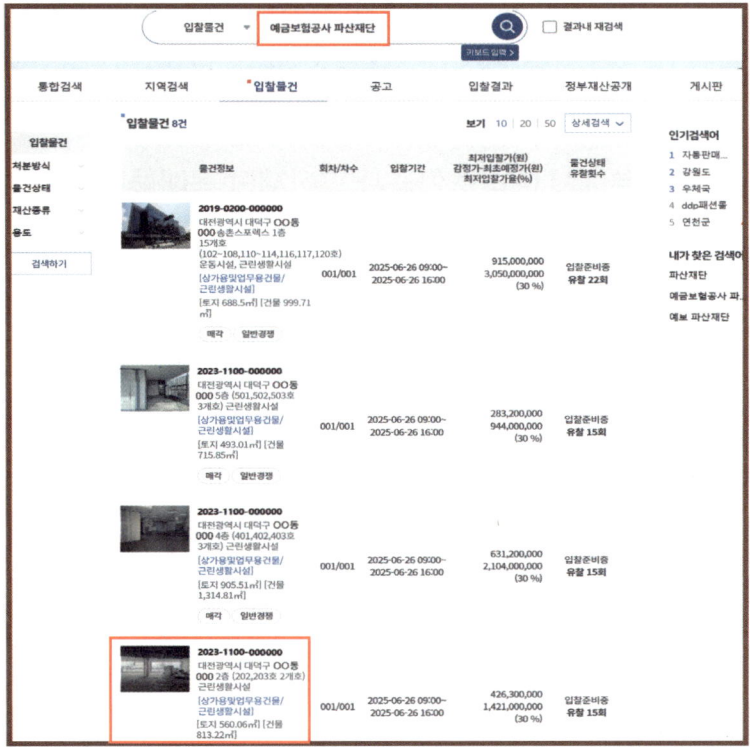

이 입찰물건 메뉴 화면에서 입찰할 물건을 검색하면 다음 화면이 나타난다.

◇ 입찰할 예금보험공사 파산재단 공매물건 찾아 분석하는 방법

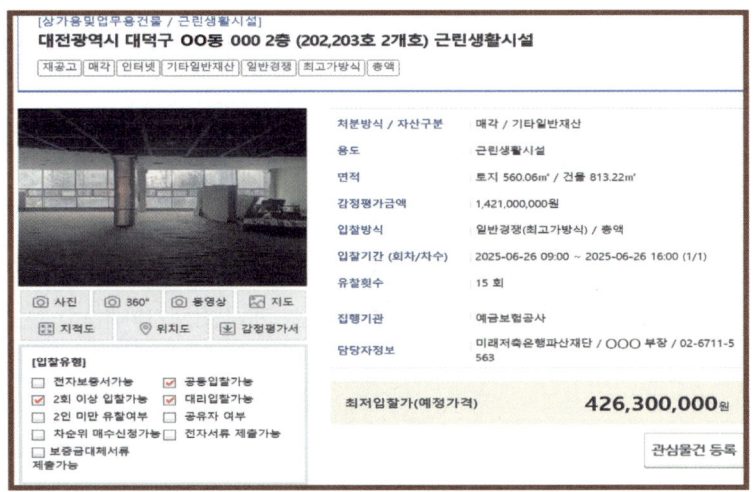

이 예금보험공사 파산재단 공매물건은 우리가 평소 알고 있던 압류재산 공매나 법원 경매와 같이 정해진 매각절차에 따라 매각되는 것이 아니고, 이용기관 공매물건으로 온비드 전자입찰시스템을 통해 매각절차가 진행된다. 즉 예금보험공사에서 선정한 파산관재인이 온비드사이트에 이용기관으로 온비드에 회원가입과 물건등록 절차를 거쳐서 매각되는 물건으로 이해하면 된다. 그래서 다음과 같이 분석 후 입찰하면 된다.

첫째, 공매 입찰절차, 권리분석 또는 유찰 여부에 대해 궁금한 사항은 공매 공고문과 공고문에 기재된 파산관재인 사무실로 전화해서 문의하면 된다.

둘째, 공적장부와 현장 답사를 통한 시세 등을 분석해야 한다.
㉠ 등기부에 등기된 채권, ㉡ 전입세대 열람(주택 등에 누가 거주하고 있는지 확인), ㉢ 건축물대장에 위반건축물 등, ㉣ 관리비 연체 내역, ㉤ 부동산 시세조사, ㉥ 취득세와 양도소득세 등을 확인하고 입찰해야 한다.
예보 파산재단 공매물권에서 권리분석은 기본적으로 첫째와 같이 분석하면 되지만, 추가로 둘째와 같이 분석해야 몰라서 손해보는 일이 발생하지 않는다.

셋째, 예보 파산재단 공매물건이므로 관재인을 통해서 법원에서 부동산 매각허가 결정을 받아야만 소유권을 취득할 수 있다는 점과 매매대금도 법원이 허가한 파산 관재인 계좌로만 이체해야 유효하게 소유권을 취득할 수 있다는 것이다.
그밖에 주의할 점은 공매공고문과 Part 19, 3강의 03번(603쪽)과 04번(605쪽)을 참고하면 된다.
그리고 선순위 임차인이 있는 경우에는 Part 19, 3강의 05 임대인이 개인회생 또는 파산 신청을 한 경우 임차인이 대처하는 방법(606쪽)을 참고해서 분석하고 입찰하면 될 것이다.

넷째, 권리분석 방법과 낙찰받고 나서 소유권이전등기는 앞의 02번에서 ◆ 파산재단 공매절차와 낙찰받고 나서 소유권이전등기까지 마무리(616쪽)를 참고하면 된다.

03강 회생과 파산절차에서 채권 상호 간에 우선순위 결정 방법

01 회생 및 파산재단 재산이 별제권에 의해 경매되는 경우 배당 순위

별제권자는 담보물에 대해 우선적으로 변제받을 수 있는 권리를 가지며, 회생절차 또는 파산절차와 무관하게 담보권을 실행해서 임의경매를 신청할 수 있다.

재단채권은 파산재단 전체에서 수시로 변제되는 채권으로, 일반 파산채권보다 우선하지만, 담보권이 설정된 부동산 등에 대해서는 별제권자보다 후순위로 변제받게 된다.

구분	우선권대상	우선순위
별제권자	담보물(예 근저당 설정된 부동산)	1순위
재단채권자	담보물이 아닌 일반 재산	1순위(파산채권보다 우선)
파산채권자	잔여재산	재단채권 변제 후 안분배당

개인회생과 파산선고 절차에서 채권 간의 변제 우선순위는 별제권 ⇨ 재단채권 ⇨ 우선권 있는 파산채권 ⇨ 일반 파산채권 ⇨ 후순위 파산채권 순이다.

따라서 회생재단 및 파산재단에 속하는 재산을 매각하는 방법은 ① 별제권자가 직접 경매를 신청한 경우 경매집행 법원은 별제권자 등에게 우선순위에 따라 직접 배당하지만, ② <u>별제권자가 경매를 신청하지 않고 있는 상태에서 파산관재인 등이</u> 온비드사이트를 통해서 파산재단 공매로 매각절차를 진행하거나 일반 매매 등으로 직접 환가를 진행하는 경우, 매각대금 전액이 파산관재인에게 교부되며, 별제권자 등의 몫은 그 중에서 우선적으로 배당하는 절차를 진행하게 된다. 이 경우 별제권(근저당권, 주택임차인 등) 등과 협의를 통해 ① 매수인이 인수하는 조건으로 매각하고, 그 인수금액은 매각대금에서 공제하고 잔금을 납부하는 형식으로 하거나 ② 인수조건 없이 배당받고 말소하는 조건으로 매각해서 ⇨ 매각대금 전액이 파산관재인에게 교부되면 그 대금을 가지고 별제권자 등에게 우선순위에 따라 변제하고, 나머지 금액을 회생재단 또는 파산재단 채권자에게 배당하는 절차를 진행하기도 한다.

02 파산관재인 등이 온비드사이트에서 공매로 매각하는 경우 배당에서 우선순위

◆ 파산재단에 별제권을 포함해서 매각 시 파산재단 배당에서 우선순위

별제권자가 경매를 신청하지 않고 있는 상태에서 파산관재인 등이 별제권(근저당권, 주택임차인 등) 등과 협의(매각대금에서 우선 변제받고 소멸되는 조건)를 거쳐서 온비드사이트를 통해서 파산재단 공매로 매각절차를 진행하거나 일반 매매 등으로 직접 환가를 진행할 수도 있다.

이 경우 매각대금 전액이 파산관재인 등에게 교부되며, 그 대금을 가지고 별제권자 등에게 우선순위에 따라 변제하고 나머지 금액을 회생재단 또는 파산재단 채권자에게 배당하는 절차를 진행한다.

첫째, 별제권과 법률상 우선권 있는 채권자에게 우선순위에 따라 배당한다!

1순위 온비드공매 수수료와 파산절차 등의 비용

> ① 온비드 이용기관 수수료는 ㉠ 현장등록수수료: 온비드에 물건을 등록할 때 물건별로 등록수수료 100,000원과 ㉡ 낙찰 수수료: 부과기준(이용기관회원 온비드이용약관 제23조 제1항 제2호 참조)에 따라 청구되는 금액[예, 5억원 초과 25억원 이하 = (낙찰금액−5억원)×0.04%+1,358,000원]이다.
> ② 파산절차 등의 비용은 파산관재인의 보수, 공고비, 소송비용, 송달료. 변호사 수임료 등

2순위 최우선변제금(임차인의 최우선변제금, 근로자의 임금 최우선변제금)
　　　　① 주택과 상가건물 임차인의 소액보증금 중 일정액
　　　　② 근로자의 최종 3개월분의 임금채권과 최종 3년간의 퇴직금, 재해보상금 등
3순위 국세 당해세(상속세, 증여세, 종부세 등), 지방세 당해세(재산세, 자동차세 등)
4순위 별제부채권보다 법정기일이 빠르거나 같은 조세채권
5순위 별제부채권보다 납부기한이 빠르거나 같은 법률상 우선권 있는 6대 공과금
　　　　① 국민건강보험료, ② 국민연금보험료, ③ 고용보험료, ④ 산재보험료,
　　　　⑤ 장애인 고용부담금, ⑥ 개발이익환수에 관한 법률상의 개발부담금 등
6순위 별제부채권(근저당, 담보가등기, 전세권등기, 확정일자부 임차권, 등기된 임차권)

7순위 일반임금채권(3개월 초과 임금채권, 3년 초과 퇴직금 등)
8순위 별제부채권보다 법정기일이 늦은 조세채권
9순위 별제부채권보다 납부기한이 늦은 법률상 우선권 있는 6대 공과금 순으로 배당한다.

둘째, 회생채권과 파산채권
1순위 회생채권과 파산채권(우선권 있는 파산채권 등)
2순위 회생채권과 파산채권(우선권 없는 일반 파산채권 등)

셋째, 후순위 회생채권과 후순위 파산채권 등(후순위 채권)
이러한 순서로 배당절차가 마무리하게 된다.

◆ 별제권을 인수하는 조건으로 매각 시 파산재단 배당에서 우선순위

별제권자가 경매를 신청하지 않고 있는 상태에서 파산관재인 등이 온비드사이트를 통해서 파산재단 공매로 매각절차를 진행하거나 일반 매매 등으로 직접 환가를 진행하는 경우에도 별제권(근저당권, 주택임차인 등) 등과 협의를 통해 매수인이 인수하는 조건으로 매각하고, 그 인수금액은 매각대금에서 공제하고 잔금을 납부하는 방법이다.

이 과정에서는 매각대금을 가지고 회생위원 또는 파산관재인이 다음 순으로 변제절차를 진행한다.

1순위 온비드공매 수수료와 파산절차 등의 비용
2순위 근로자의 최종 3개월분의 임금채권과 최종 3년간의 퇴직금, 재해보상금 등
3순위 일반임금채권(3개월 초과 임금채권, 3년 초과 퇴직금 등)
4순위 국세 당해세와 지방세 당해세
5순위 법률상 우선권 있는 6대 공과금
6순위 회생채권과 파산채권(우선권 있는 파산채권 등)
7순위 회생채권과 파산채권(일반 파산채권 등)
8순위 후순위 회생채권과 후순위 파산채권 등(후순위 채권)

이러한 순서로 회생절차 또는 파산선고 절차에서 배당절차가 마무리된다.

PART
21

공매 함정에서 탈출한 사례와 특수한 공매 물건 투자비법

01 재건축대상 단독주택 2분의 1은 공매, 2분의 1은 경매로 매각되는 경우

 김선생 말풍선

2분의 1지분은 공매로, 2분의 1지분은 경매로 동시에 매각되고 있다면?
① 한국자산관리공사 압류공매[관리번호 2005-21048-001] 이철민의 2분의 1지분과 ② 법원경매[고양지원 2005타경25898] 이철수 2분의 1지분이 동시에 매각되는 경우인데, …등기부를 열람해 보면 알 수 있듯이 단독주택 재건축 사업을 주식회사 에임피앤디가 시행하여 아파트부지로 개발 중인 지역으로 먼저 공매로 2분의 1 매수하고 나서 고양지원의 경매절차에서 공유자우선매수신청한 사례로 경매와 공매가 동시에 진행될 때와 지분경매 투자에 좋은 사례이다.

◆ **단독주택 재건축대상 주택의 사진과 주변 현황도**

◇ 단독주택의 2분의 1 온비드공매 입찰정보 내역

캠코공매물건

상담전화 : 1588-5321

[물건명/소재지] : 경기 고양시 일산서구 일산동 655-119

기본정보

물건종류	부동산
처분방식	매각
물건상태	낙찰
조회수	584

기관정보

- 입찰집행기관 : 한국자산관리공사
- 담당자 : 조세정리1부 / 김자경
- 연락처 : 02-3420-5174 /

물건정보

소재지(지번)	경기 고양시 일산서구 일산동 655-119
소재지(도로명)	
물건관리번호	2005-21048-001
재산종류	압류재산
위임기관	인천광역시
물건용도/세부용도	단독주택
입찰방식	일반경쟁
면적	대지 61㎡ 지분(총면적:122.000㎡), 건물 22.025㎡ 지분(총면적:44.050㎡)
배분요구종기	
최초공고일자	2006/01/18

감정정보

감정평가금액	183,000,000 원
감정평가일자	2006/01/03
감정평가기관	코리아감정평가법인
위치 및 부근현황	일산구 일산동 소재 "일산역"
이용현황	주거용(폐가옥)으로 이용중임.

임대차정보

임대차내용	이름	보증금	차임(월세)	환산보증금	확정(설정)일	전입일

감정서상 표시내용 또는 신고된 내용이 없습니다.

등기사항증명서 주요 정보

순번	권리종류	권리자명	등기일	설정액(원)
1	공유자	최재훈	2003/05/15	0 원
2	근저당권	농협(중앙회)	2004/12/31	80,089,956 원
3	가압류	농업협동조합중앙회	2006/02/24	0 원
4	압류	의정부세무서		미표시

입찰이력정보

입찰번호	처분방식	물건관리번호	개찰일시	최저입찰가	낙찰가	낙찰율	입찰결과	입찰상세
200521048001	매각	2005-21048-001	2006/03/22 11:00	109,800,000	125,090,000	113.9%	낙찰	보기

◆ 2분의 1 지분경매와 2분의 1 지분공매 물건 정보내역

주 소	면 적	공매가 진행과정	1) 임차인조사내역 2) 기타청구	등기부상의 관리관계

경기도
고양시
일산서구
일산동
○○○
 	
이철수
지분 강제
경매신청
: 신희경
(고양지원2005-
25898)
 	
이철민
지분 압류공매 :
인천광역시(2005
-21048
-001)
	대지
	122㎡중
	이철민지
	분 61㎡
	
	건물
	44.05㎡중
	이철민
	지분
	22.025㎡
		감정가
		183,000,000원
		최저가
		1차
		183,000,000원
		유찰
		2차(10% 저감)
		164,700,000원
		유찰
		3차(10% 저감)
		146,400,000원
		유찰
		4차(10% 저감)
		128,100,000원
		유찰
		5차(10% 저감)
		109,800,000원
		낙찰
		125,090,000원
		〈2006.3.22〉
			1) 임차인
			주변일대가 재개발을
			위하여 폐가옥 상태임
			따라서 임차인 없음
			2) 기타청구
			① 인천광역시 취득세
			   (법정 04.11.30)
			   2,850만원
			② 의정부세무서 상속세
			   (법정 05.3.30)
			   1,450만원
			③ 북인천세무서 재산세
			   (법정 05.7.10)
			   64만원
			④ 부천세무서 재산세
			   (법정 05.7.10) 25만원
			〈①~④는 당해세가 아닌
			 일반 조세채권임〉
				공유자 지분의 1/2
				이철수 610140-1***
				공유자 지분의 1/2
				이철민 590430-1***
				• 근저당 농업협동조합
				  2004.12.31.
				  104,000,000원
				• 이철민지분압류
				  인천광역시
				  2005.4.6.
				• 이철민지분압류
				  의정부세무서
				  2005.5.23.
				• 이철민지분압류
				  북인천세무서
				  2005.10.31.
				• 이철수지분 강제경매
				  신청 신희경
				  2005.10.31.
				• 이철민 지분압류공매
				  : 인천광역시
				  청구 2,850만원
				  〈공매공고 06.1.18〉

◆ 공매물건에 대한 분석 및 배분표 작성

이 공매사건에서 말소기준권리는 전체 지분에 설정된 농업협동조합 근저당권이다.

그런데 압류공매는 이철민 지분 1/2이고, 나머지 1/2지분권자인 이철수 지분은 강제경매가 진행되고 있는 것을 알 수 있다. 이러한 경우 농협은 근저당권을 각 지분권자에 대하여 공동저당권자와 같은 지위로 볼 수 있어서, 먼저 진행된 매각절차(선행된 공매 또는 경매절차)에서 전액 우선 변제받고, 그 매각대상 지분공매 후순위채권자 등은 나머지 지분매각절차에서 동시매각 시 배당받을 수 있었던 금액을 한도로 하여 이철수 지분 경매절차에서 민법 제368조 제2항에 따라 선순위 농협저당권을 대위행사(농협저당권 52,000,000원에 대하여)하여 후순위저당권자 등의 채권을 만족시킬 수 있다.

이 공매사례를 가지고 배분표를 작성하면, 배분액이 123,340,000원이므로
1순위 : 인천광역시 28,500,000원(우선변제 1)
2순위 : 농협근저당 94,840,000원(우선변제 2)으로 배분이 종결된다.

상세입찰결과

물건관리번호	2005-21048-001		
재산구분	압류재산(캠코)	담당부점	조세정리1부
물건명	경기 고양시 일산서구 일산동 655-119		
공고번호	200601-00232-00	회차 / 차수	021 / 001
처분방식	매각	입찰방식/경쟁방식	최고가방식 / 일반경쟁
입찰기간	2006-03-20 10:00 ~ 2006-03-21 17:00	총액/단가	총액
개찰시작일시	-	집행완료일시	2006-03-22 11:30
입찰자수	유효 2명 / 무효 0명(인터넷)		
입찰금액	125,090,000원/ 109,800,000원		
개찰결과	낙찰	낙찰금액	125,090,000원
감정가 (최초 최저입찰가)	183,000,000원	최저입찰가	109,800,000원
낙찰가율 (감정가 대비)	68.36%	낙찰가율 (최저입찰가 대비)	113.93%

대금납부 및 배분기일 정보

대금납부기한	2006-05-21	납부여부	납부
납부최고기한	-	배분기일	2006-05-02

지분압류공매로 이철민지분 소유자가 된 대산투자(필자 투자법인)는 나머지 지분권자 이철수지분의 고양지원 강제경매절차에서 공유자우선매수를 신청하였다. 나머지 지분까지 매수하고 근생건물을 신축할 예정이었는데, 이 지역 단독주택 재건축사업 시행자인 (주)에임피앤디로부터 계속적으로 매수요청이 들어와 필자도 부동산을 하는 입장에서 더 이상 거절해서는 안 되겠다고 생각해 대산투자 지분 1/2지분을 (주)에임피앤디에 높은 가격에 매각했다. (주)에임피앤디가 나머

지 지분을 매수해 재개발 사업을 했다. 이러한 지분경매나 지분공매는 권리분석과 매수가격을 잘 결정해서 입찰에 참여하면 이 사례와 같이 성공적인 결과를 가져올 수 있다. 재미있는 사실은 양천구 신정동에 있는 새마을금고에 가서 재개발로 현재가치가 많이 올라 있어서 70% 대출을 하더라도 시세와 비교하면 50% 정도 밖에 안 된다는 사실을 설명하는 방법으로 대출받아 잔금을 지급했다. 지급 후 얼마 안 되어 3배 이상 받았으니 성공적인 투자라고 할 수 있다.

02 선순위보증금 1억원을 낙찰자가 인수하게 돼 실패한 사례

서울시 구로구 구로동에 위치하고 있는 로제리움2차 오피스텔을 최초 매각예정가 1억2,000만원인데 1차에서 단독으로 1억2,300만원으로 낙찰 받아서 잔금까지 납부했다. 왜냐하면 2호선 대림역과 7호선 대림역이 교차하는 더블역세권으로 실수요자가 많았기 때문에 거래되는 가격이 1억4,000만원 정도 형성되어 있었기 때문이다. 그래서 매수인은 임대수익을 목적으로 낙찰 받았다고 한다.

그런데 낙찰 받고 나서 잔금까지 납부한 상태로 오피스텔을 인도 받는 과정에서 임차보증금 1억원을 인수해야 한다는 청천벽력과도 같은 이야기를 듣게 된 것이다. 이러한 상황은 낙찰자가 잔금을 납부하지 않은 상황이었다면 입찰보증금 1,200만원만 손해 보면 될 것을 잔금까지 납부한 상태에서 명도를 위해서 임차인을 만나는 과정에서 알게 되었으니… 그래서 잔금을 납부하기 전에 반드시 명도대상 건물을 방문해서 점유 현황을 분석하고 이상이 없을 때만 잔금을 납부해야 된다. 권리분석에 자신이 있는 분들도 자만하지 말고 99%는 입찰 전에 했다고 생각하고, 1%는 명도까지 마친 상태에서 마무리가 된다는 생각을 갖고 입찰해야 한다.

◆ 기본적인 권리분석을 간과해서 발생하는 일들!

공매물건은 경매와 달리 다양한 기관에서 매각절차가 진행된다. 그 중 기본적으로 말소기준권리 이후에 설정된 권리나 채권 등은 소멸하지만, 간혹 말소기준권리 전에 설정된 권리(전세권, 임차권, 가등기, 가처분 등)가 있어서 매수인의 부담으로 남게 될 수도 있는데, 소멸하는 것으로 잘못 알고 입찰하는 사례가 발생한다. 따라서 입찰에 참여하기 전에 인수할 권리 및 금액 등이 있는가를 ① 공매공고문과 ② 공매재산명세서, ③ 공매담당자의 도움을 받아서, 기본적으로 분석하고 입찰해야 한다. 그러한 노력 없이 나홀로 잘못된 분석하에 입찰하면 이 사례와 같이 실수해서 손해를 보게 되는 사례도 발생할 수 있는 것이다.

어쨌든 이 오피스텔의 사진과 위치 그리고 매각절차가 진행되는 온비드 입찰정보 내역은 다음과 같다.

◆ 오피스텔 사진과 주변 현황도

◆ 오피스텔 온비드 입찰정보 내역

[입찰유형]			
☐ 전자보증서가능	☑ 공동입찰가능	공매대행의뢰기관	반포세무서
☑ 2회 이상 입찰가능	☑ 대리입찰가능	집행기관	한국자산관리공사
☐ 2인 미만 유찰여부	☑ 차순위 매수신청가능	담당자정보	서울서부지역본부 / 조세정리1팀 / 1588-5321

최저입찰가(예정금액)　　120,000,000원

| 물건 세부 정보 | 압류재산 정보 | 입찰 정보 | 시세 및 낙찰 통계 | 물건 문의 | 부가정보 |

■ 입찰 방법 및 입찰 제한 정보

전자보증서 사용여부	사용 불가능	차순위 매수신청 가능여부	신청 가능
공동입찰 가능여부	공동입찰 가능	2인 미만 유찰여부	1인이 입찰하더라도 유효한 입찰로 성립
대리입찰 가능여부	대리입찰 가능	2회 이상 입찰 가능여부	동일물건 2회 이상 입찰 가능

■ 회차별 입찰 정보

입찰번호	회차/차수	구분	대금납부/납부기한	입찰기간	개찰일시	개찰장소	매각결정일시	최저입찰가(원)
0057	030/001	인터넷	일시불/낙찰금액별 구분	2017-07-24 10:00~ 2017-07-26 17:00	2017-07-27 11:00	전자자산처분시스템 (www.onbid.co.kr)	2017-07-31 10:00	120,000,000

◆ 이 오피스텔은 어떻게 권리분석하고 입찰해야 하나?

　온비드 입찰정보 내역과 주변 현황 등을 분석하면 겉으로는 권리에 하자가 없는 듯하다. 왜냐하면 오피스텔 위치로 봐서는 지하철 2호선과 7호선이 교차하는 더블역세권으로 우수한 입지조건이다. 이러한 물건은 실수요들이 좋아하는 곳으로 계속적인 임대수요가 발생하게 될 것이다. 그리고 입찰정보 내역만 보면 1차 1억2,000만원에 매각되고 시세가 1억4,000만원이면 입찰해도 괜찮은 물건이다. 그러나 권리분석에 하자가 있는가를 분석해 봐야 한다. 권리에 하자가 발생한다는 것은 내가 입찰한 금액보다 총취득가가 증가되는 것을 말한다. 공매에서 인수할 권리가 있는가 등은 공매공고문과 다음에 첨부된 <u>압류재산 공매재산 명세서</u>를 확인해야 한다.

압류재산 공매재산 명세

처 분 청	반포세무서	관 리 번 호	2017-03154-001
공매공고일	2017-05-24	배분요구의 종기	2017-07-10
압류재산의 표시	서울특별시 구로구 구로동 97 로제리움2차 제10층 제OOOO호 대 지분 3 ㎡ 건물 19.74 ㎡		
매각예정가격/입찰기간/개찰일자/매각결정기일		온비드 입찰정보 참조	
공매보증금		매각예정가격의 100분의 10	

■ 점유관계 [조사일시: 2017-05-18 /정보출처 : 현황조사서 및 감정평가서]

점유관계	성 명	계약일자	전입일자 (사업자등록신청일자)	확정일자	보증금(원)	차임(원)	임차부분
임차인	김OO	미상	2014-07-01	미상	100000000	미상	미상

공매재산의 현황 이용현황(감정평가서)	오피스텔
위치 및 부근현황 (감정평가서) 공매재산기타	1. 본건 개요 및 현황 - 본건 서울특별시 구로구 구로동 소재 "동구로초등학교" 북서측 인근에 위치하는 부동산으로 확인됨. 2. 관공서 열람내역 - 삼전동 주민센터 : 전입세대열람 내역상 "김OO" 등록됨. 3. 점유관계 현황 - 본건 1회차 방문당시 폐문부재 됨. (2017.05.16) - 본건 2회차 방문당시 폐문부재 됨. (2017.05.18) - 문 앞에 임차인 안내문, 채권신고 및 배분요구서 부착하였음. - 점유자라고 밝히는 "김OO" 전화받아 문의한 바, 전세보증금 1억원의 임대차 계약관계 존재한다고 구두 진술함. - 본건 공매내용 설명 하였으며 공매 안내문, 채권신고 및 배분요구서 수령 확인하였음. - 본건 점유관계 및 임대차 내역은 임차인 "김OO"의 구두 진술사항으로 정확한 임대차 내역 및 점유관계는 입찰자 책임하에 재확인 후 입찰 요함.

■ 배분요구 및 채권신고 현황

번호	권리관계	성명	압류/설정 (등기)일자	설정금액(원)	배분요구채권액(원)	배분요구일
1	위임기관	반포세무서	2016-06-10	0	28,009,750	2017-03-29
2	물건지지방자 치단체	구로구청		0	200,390	
3	교부청구	성동구청		0	27,810	2017-07-03
4	교부청구	국민건강보험공단 성동지사		0	1,757,230	2017-05-26

이 공매재산 명세서를 분석해 보면 알 수 있는데, 분석하는 방법을 모르면 그것도 하자가 발생하는 이유가 될 수밖에 없다. 공매재산 명세서는 **첫 번째**로 공매위임관서와 관리번호, 공매공고일, 배분요구종기일 등이 표시된다. **두 번째**로 점유관계는 현황조사관이 공매대상 건물에서 조사한 임대차 등의 정보 내역

이고, 세 번째는 임차인 등이 직접 권리를 신고한 내역이다. 이렇게 네 번째로 권리를 신고한 임차인 등이라도 네 번째로 배분요구종기일까지 배분요구를 하지 않았다면 배분에 참여하시 못한다. 그래서 선순위임차인은 낙찰자가 인수하게 되고, 후순위임차인은 배분에 참여하지 못하고 소멸되는 임차인으로 낙찰자에게 대항할 수 없다.

필자가 설명한 내용을 가지고 공매재산 명세서를 분석해보면 말소기준권리는 2016년 6월 10일 반포세무서 압류일자가 되는데 임차인은 2014년 7월 1일 대항요건을 갖추고 있고 보증금은 1억이라고 권리 신고한 내용을 확인할 수 있다. 그리고 다섯 번째 항목에서 배분 요구한 내역을 찾아볼 수가 없다. 임차인이 권리 신고는 했지만 배분요구를 하지 않고 대항력을 주장하는 것으로 임차기간동안 더 거주하겠다는 의사표시이다. 그러니 낙찰자는 남은 임대차 기간과 임차보증금 1억원을 인수한다는 분석을 하고 그 1억만큼 싸게 낙찰 받아야 한다.

◆ 오피스텔을 단독으로 1억2,300만원에 낙찰 받았다!

■ 상세입찰결과

물건관리번호	2017-03154-001		
재산구분	압류재산(캠코)	담당부점	서울서부지역본부
물건명	서울특별시 구로구 구로동 97 로제리움2차 제10층 제OOOO호		
공고번호	201705-17976-00	회차 / 차수	030 / 001
처분방식	매각	입찰방식/경쟁방식	최고가방식 / 일반경쟁
입찰기간	2017-07-24 10:00 ~ 2017-07-26 17:00	총액/단가	총액
개찰시작일시	2017-07-27 11:00	집행완료일시	2017-07-27 11:15
입찰자수	유효 1명 / 무효 0명(인터넷)		
입찰금액	123,000,000원		
개찰결과	낙찰	낙찰금액	123,000,000원
감정가 (최초 최저입찰가)	120,000,000원	최저입찰가	120,000,000원
낙찰가율 (감정가 대비)	102.5%	낙찰가율 (최저입찰가 대비)	102.5%

■ 대금납부 및 배분기일 정보

대금납부기한	2017-08-30	납부여부	납부
납부최고기한	-	배분기일	2017-09-06

◆ 매수인이 잔금 납부하고 어떻게 탈출할 수 있었나?

이 사례는 지인이 오피스텔 소유자인데 어쩌다 보니 공매 당하게 된 사례이다. 어느 날 지인으로부터 전화가 왔다. 본의 아니게 공매 당하게 되었는데 매수인이 임차인을 인수하는 것을 간과하고 낙찰 받아 잔금까지 납부해서 예상하지 못했던 배분금 8,000만원을 받게 되었다는 말을 했다. 그러면 잘된 것이 아니냐고 했더니 낙찰자가 모르고 했으니 배분금을 돌려주면 안 되느냐고 떼를 쓴다고 어쩌면 좋겠냐? 하면서 걱정을 했다. 돈이란 들어오면 쓰고 싶은 것이고 체납자겸 소유자 과실 없이 낙찰자 실수로 비싸게 입찰한 것이니 체납자겸 소유자의 잘못은 없었다. 그래서 필자는 어차피 예상하지 못했던 돈이니 절반에 해당하는 4,000만원은 돌려주고 합의하는 방법을 제안했다. 그래서 체납자와 낙찰자간에 합의서를 작성하고 4,000만원을 반환하는 방법으로 낙찰자도 손해를 줄일 수 있었던 사례이다. 만일 지인이 그나마 4,000만원을 돌려주지 않았다면 8,000만원을 손해 보는 어처구니없는 사례가 된다. 그래서 독자분들도 이러한 사례에 대비하기 위해서라도 권리분석에 자만하지 말고 99%는 입찰 전에 했다고 생각하고, 1%는 명도까지 마친 상태에서 마무리가 된다는 생각을 갖고 점유자를 만나보고 이상이 없을 때 잔금을 납부하는 지혜가 필요하다.

03 소액임차인으로 잘못 판단해서 낙찰자가 인수할 뻔 했다가 탈출한 사례

경매의 덫에서 탈출

상가임차인을 주택과 같이 생각해서 확정일자가 없는데도 소액임차인으로 전액 배당받는 것으로 오인해서 낙찰 받았으나 환산보증금으로 계산하니 소액임차인이 아니어서 낙찰자가 인수할 뻔했던 사례이다. 다행히도 증액 전에 확정일자가 있어서 필자가 배당기일 하루 전에 배당요구를 정정하게 해 보증금 인수에서 탈출하게 해준 사례이다.

◇ 입찰대상 물건정보와 입찰결과 내역

2012타경0000호 • 수원지방법원 성남지원 • 매각기일 : 2012.06.11(月)(10:00) • 경매 5계(전화:031-737-1325)

소재지	경기도 성남시 분당구 정자동 24, 분당인텔리지2 21층 씨-0000호							
물건종별	오피스텔	감정가	245,000,000원	오늘조회: 1 2주누적: 0 2주평균: 0				
				구분	입찰기일	최저매각가격	결과	
대지권	6.69m²(2.024평)	최저가	(80%) 196,000,000원	1차	2012-05-14	245,000,000원	유찰	
건물면적	42.97m²(12.998평)	보증금	(10%) 19,600,000원	2차	2012-06-11	196,000,000원		
				낙찰 : 209,050,000원 (85.33%)				
매각물건	토지·건물 일괄매각	소유자	이○○	(입찰5명, 낙찰: 이○옥 / 2등입찰가 206,200,000원)				
개시결정	2012-02-01	채무자	강○○	매각결정기일 : 2012.06.18 - 매각허가결정				
				대금지급기한 : 2012.07.18				
사건명	임의경매	채권자	서○○	대금납부 2012.07.10 / 배당기일 2012.08.17				
				배당종결 2012.08.17				

매각물건현황 (감정원 : 수람감정평가 / 가격시점 : 2012.02.10 / 보존등기일 : 2005.02.03)

목록	구분	사용승인	면적	이용상태	감정가격	기타
건물	35층중 21층	04.12.24	42.97m² (13평)	오피스텔	171,500,000원	*열병합 지역난방
토지	대지권		7784.5m² 중 6.69m²		73,500,000원	

매각물건현황 (감정원 : 수람감정평가 / 가격시점 : 2012.02.10 / 보존등기일 : 2005.02.03)

목록	구분	사용승인	면적	이용상태	감정가격	기타
건물	35층중 21층	04.12.24	42.97m² (13평)	오피스텔	171,500,000원	*열병합 지역난방
토지	대지권		7784.5m² 중 6.69m²		73,500,000원	

현황위치
- "정자역" 서측 인근에 위치하며, 주위는 오피스텔, 상업용 및 업무용 빌딩, 근린생활시설 등이 혼재하는 지역임
- 차량접근 가능하며, 대중교통사정은 정류장까지의 거리 및 운행빈도 등으로 보아 보통임
- 인접지와 등고 평탄한 사다리형의 토지로서 오피스텔 건부지로 이용중임
- 동측으로 노폭 약 20미터 남측으로 노폭 약80미터의 포장도로와 각각 접하며, 서측으로 분당수서간고속화도로와 접함

임차인현황 (말소기준권리 : 2008.07.04 / 배당요구종기일 : 2012.04.09)

임차인	점유부분	전입/확정/배당	보증금/차임	대항력	배당예상금액	기타
(주)○○	점포	사업자등록: 2005.01.01 확 정 일 : 미상 배당요구일: 2012.03.05	보10,000,000원 월730,000원 환산8,300만원	있음	전액낙찰자인수	현황조사서서 확:2007.8.23

등기부현황 (채권액합계 : 308,000,000원)

No	접수	권리종류	권리자	채권금액	비고	소멸여부
1	2005.03.07	공유자전원지분전부이전	이○○		매매	
2	2008.07.04	근저당	우리은행 (분당파크타운지점)	108,000,000원	말소기준등기	소멸
3	2011.10.14	근저당	서○○	200,000,000원		소멸
4	2012.02.01	임의경매	서○○	청구금액: 203,484,931원	2012타경0000호	소멸

◇ 매수인의 잘못된 판단으로 보증금을 인수할 뻔한 사례

성남시 분당구에 있는 오피스텔로 2~3분 거리에 정자역이 있어서 임대수요가 높은 곳이다. 그래서 매수인이 감정가 2억4,500만원 인데 2억905만원에 낙찰받았다. 낙찰받고 매각허가결정이 나서 현재 거주하고 있는 임차인 (주)이○○를 만나게 되었는데 경매기록과 다른 점이 없었고 재 임대하게 해달라는 말을 들어 그렇게 하라고 편하게 말을 하고 돌아 왔다고 한다. 잔금을 납부하고 배당기일 3일 전에 배당표가 작성돼 경매계장의 도움을 받아 배당표 원안을 확인해 보니 예상하지 않았던 일이 발생했고 매수인이 놀라서 필자에게 전화를 걸어왔다.

그 내용은 임차인에게 배당된 금액이 없다는 내용이었다. 임차인이 최우선변제금으로 1,000만원 전액 배당받았어야 하는데 배당금이 없다니 이럴 때 어떻게 대처하면 되느냐는 것이다.

그 말을 듣고 경매사건을 조회해본 결과 임차인이 상가 임차인으로 환산보증금이 8,300만원으로 소액임차인이 아니어서 최우선변제 대상이 아니고 확정일자도 없어서 배당에 참여하지 못하고 매수인이 보증금 1,000만원을 인수해야 한다고 말을 건네니 당황했다.

◇ 이러한 상황에서 어떻게 탈출할 수 있었을까?

이 내용을 기술하게 된 동기는 독자분들도 알아두면 좋은 지식이기 때문이다. 알아두면 돈을 벌 수 있는 틈새시장이기도 하다.

필자가 고민하다가 이상한 점을 발견했다. 정상적인 임차인이라면 사업자등록과 점유를 하면서 계약서에 확정일자를 부여받아 두는 것이 보통인데 이 상가임차인은 2년 후 재계약하면서 확정일자를 받아 놓지 않은 이유가 있을 것 같아서 매수인에게 임차인에게 전화를 걸어 최초 계약당시 계약서에 확정일자를 부여받았는가를 확인하라고 했다. 다행히도 최초 계약당시에 계약서에 확정일자를 부여받아둔 것이 있어서 배당기일 하루 전에 최초 계약당시 확정일자로 정정해서 배당요구를 했고 임차인은 1,000만원 전액 배당받고 매수인은 인수에서 탈출하게 되었다.

 **김선생 한마디**

임차인이 배당요구를 잘못했다면 매수인과 임차인이 알고 있어야 할 내용

- 첫 번째로 배당요구종기 전까지 배당요구한 임차인이 배당요구를 잘못했다면 배당기일 전까지 정정해서 배당요구할 수 있는 권리가 있다.
- 두 번째로 임차인은 배당요구할 때 최초 임차권(대항력 있는 임차권)과 증액한 임차권(대항력 없는 임차권)을 함께 배당요구할 수도 있고, 분리해서 배당요구할 수도 있어서 위 사례와 같이 임차인이 미배당금이 발생하면 매수인의 부담으로 남게 된다는 사실이다.
- 세 번째로 전입신고 또는 사업자등록이 2년 전으로 빠른데 확정일자가 2년 후로 늦게 되어 있다면 기본적으로 매수인은 대항력 있는 임차인을 인수하게 된다. 그러나 입찰 전에 또는 낙찰받고 나서 임차인이 최초 계약서에도 확정일자를 부여받은 사실을 알았다면 배당기일까지 배당 요구하도록 해서 배당에 참여하게 하는 방법만으로 매수인의 인수금액을 줄일 수 있고 그 만큼 다른 경쟁자보다 높은 수익을 올릴 수 있는 틈새가 될 수 있다. 이러한 상황이 발생하는 것은 임차인이 배당요구시 최초 계약서와 증액한 계약서 모두를 가지고 배당요구해야 하는데 증액한 계약서만 가지고 배당요구했기 때문이다.

04 조세채권을 몰라서 3번씩 입찰보증금을 포기하게 된 사례

  공매의 덫에서 탈출

공매나 경매에서 입찰자가 간과하기 제일 쉬운 부분이 세금 분야다.

이 사례는 공매로 3번에 거쳐 낙찰 받았으나 낙찰자들이 잔금납부를 못하고 입찰보증금을 떼이게 된 사례다. 서류상으로는 대항력 있는 임차인이 1등으로 배당받을 것 같았지만 조세채권의 법정기일이 빨라서 1순위와 2순위로 배당받고, 3순위로 임차인에게 배당될 금액이 없었고 그에 따라 낙찰자가 임차보증금 5,000만원 정도를 인수하게 되는 상황이 발생했기 때문이다. 이러한 상황은 앞으로도 계속적으로 몇 명이나 더 나올지 몰라서 기술하게 된 사례이다. 우리들이 몰라서 그렇지 이러한 사례는 경매에서 더 취약하다.

◇ 채권 상호간의 우선순위

(1) 특별우선채권인 경우 물권에 우선해서 변제받는다.

1순위 필요비·유익비 상환청구권, 2순위 임차인과 근로자의 최우선변제금, 3순위 당해세 등은 물권과 채권에 우선해서 변제받는다.

(2) 담보물권과 저당권부 채권 간의 우선순위

담보물권인 근저당권, 전세권은 저당권부 채권인 담보가등기, 임대차등기, 확정일자부 임차권과의 우선순위에서 등기된 저당권부 채권과는 등기된 순위에 따라, 확정일자부 임차권과는 그 효력발생 시기를 기준으로 우선순위가 정해진다.

(3) 조세채권과 저당권부 채권 간의 우선순위

당해세가 아닌 일반조세채권은 법정기일을 기준으로 저당권부 채권 등과 우선순위를 정한다. 그러나 조세채권은 공과금과 일반채권에 항상 우선한다.

(4) 공과금채권과 저당권부 채권 간의 우선순위

공과금채권(4대보험료)은 납부기한을 기준으로 저당권부 채권 등과 우선순위를 정한다. 이러한 공과금은 조세채권에 항상 후순위가 되지만 일반채권에는 항상 우선한다.

(5) 일반임금채권과 저당권부 채권 간의 우선순위

일반임금채권(최우선변제금 제외)은 저당권부 채권 등(근저당권, 전세권, 담보가등기, 임대차등기, 확정일자부 임차권)보다는 언제나 후순위 이지만, 조세(당해세 포함), 공과금, 일반채권에 우선한다. 다만 저당권부 채권 등에 우선하는 조세(당해세 포함)·공과금에 대해서는 우선하지 못하고 후순위가 된다.

(6) 우선변제권이 없는 가압류 등의 일반채권

우선변제권이 없는 일반채권(가압류, 강제경매신청채권, 집행권원 등으로 배분요구한 일반채권)은 위 (1)과 (3) ~ (5) 채권에 항상 후순위가 된다. 그리고 물권우선주의에 따라 (2)에 대해서도 후순위가 되는 것이 원칙이지만 (2)의 담보물권과 저당권부 채권보다 먼저 등기된 일반채권(가압류나 압류, 강제경매신청채권)이라면 후순위의 (2)의 담보물권 등과 동순위가 되어 안분배당하게 된다.

(7) 일반채권 상호 간의 우선순위

원칙적으로 채권자 평등의 원칙에 따라서 우열이 없이 그 채권의 성립시기를 불문하고 동순위로서 안분배당(=평등배당)하게 된다.

◆ 조세채권과 저당권부 채권이 혼재 시 우선순위 결정방법

1차적으로 1순위 필요비·유익비, 2순위 임차인과 근로자의 최우선변제금, 3순위로 당해세 등의 특별우선채권을 배당하고 나서, 2차적으로 저당권부 채권(근저당, 담보가등기, 전세권, 확정일자부 임차권, 등기한 임차권)보다 법정기일이 빠른 조세채권 ⇨ 저당권부 채권 ⇨ 저당권부 채권보다 법정기일이 늦은 조세채권 순으로 배당하고, 3차적으로 조세채권 중에서 2차에서 법정기일에 따라 배분받은 조세채권 합계금액에서 1등으로 납세담보된 조세채권이 흡수하고(납세담보된 채권은 압류된 채권 보다 우선하여 변제받게 되기 때문) ⇨ 납세담보된 조세채권을 배당하고 남은 배분금을 가지고 압류선착주의를 적용하여 압류한 조세채권이 흡수하고 ⇨ 최초압류권자에 흡수되고 남은 배분금을 가지고, ① 법원경매는 참가압류권자와 교부청구권자가 동순위로 안분배분 받게 됨으로 배분절차가 종결하면 된다(국세기본법 제36조). ② KAMCO 압류재산공매는 참가압류권자에게 우선배분하고 교부청구권자간에는 동순위로 안분하게 된다.

◆ 극동아파트의 온비드공매 입찰정보 내역

사진	지도	지적도	위치도		
일사편리 부동산정보		감정평가서		배분요구종기	2012-04-09
				최초공고일자	2012-02-22

[입찰유형]
- ☐ 전자보증서가능   ☑ 공동입찰가능
- ☑ 2회 이상 입찰가능   ☐ 대리입찰가능
- ☐ 2인 미만 유찰여부   ☐ 차순위 매수신청가능

공매대행의뢰기관	도봉세무서
집행기관	한국자산관리공사
담당자정보	조세정리부 / 공매1팀 / 1588-5321

최저입찰가(예정금액)   **62,500,000**원

관심물건 등록   입찰

| 물건 세부 정보 | 압류재산 정보 | 입찰 정보 | 시세 및 낙찰 통계 | 물건 문의 | 부가정보 |

: : < 물건세부정보 내용은 위온비드화면에서 기본적인 내용을 확인할 수 있으므로 지면상 생략함 > : :

| 물건 세부 정보 | 압류재산 정보 | 입찰 정보 | 시세 및 낙찰 통계 | 물건 문의 | 부가정보 |

■ 임대차 정보

임대차내용	성명	보증금(원)	차임(월세)(원)	환산보증금(원)	확정(설정)일	전입일
임차인	고정민	70,000,000	0	70,000,000	2011-03-07	2011-03-07

■ 등기사항증명서 주요정보

번호	권리종류	권리자명	설정일자	설정금액(원)
1	위임기관	도봉세무서	-	미표시
2	압류	강북구청	2011-08-09	미표시

■ 공매재산에 대하여 등기된 권리 또는 가처분으로서 매각으로 효력을 잃지 아니하는 것

■ 공매재산의 매수인으로서 일정한 자격을 필요로 하는 경우 그 사실

■ 유의사항
본건은 권리신고 임차인의 서류에 의하여 대항력 있는 임차인이 있을 수 있으므로 사전조사 후 입찰바람

■ 권리분석 기초정보 (권리분석 기초자료는 입찰시작 7일전부터 제공됩니다)   권리분석 기초정보 인쇄

• 배분요구 및 채권신고현황 (배분요구서를 기준으로 작성하였으며, 신고된 채권액은 변동될 수 있습니다.)

번호	권리종류	권리자명	설정일	설정금액(원)	배분요구일	배분요구채권액(원)	말소가능 여부	기타
:	:	:	:	<이하 내용은 지면상 생략했음>	:	:		

| 물건 세부 정보 | 압류재산 정보 | 입찰 정보 | 시세 및 낙찰 통계 | 물건 문의 | 부가정보 |

■ 회차별 입찰 정보

입찰번호	회차/차수	구분	대금납부/납부기한	입찰기간	개찰일시	개찰장소	매각결정일시	최저입찰가(원)
2201122794001	050/001	인터넷	일시불/낙찰금액별 구분	2013-12-16 10:00~ 2013-12-18 17:00	2013-12-19 11:00	전자자산처분시스템(www.onbid.co.kr) 공매재산명세	2013-12-23 10:00	62,500,000

■ 입찰이력정보

10줄씩 보기   정렬

회차/차수	입찰번호	처분방식	개찰일시	최저입찰가	입찰결과	낙찰가/낙찰률	상세입찰결과
050/001	2201122794001	매각	2013-12-19 11:00	62,500,000원	낙찰	62,510,000원 <재매각절차에서 낙찰받음>	상세이동
016/001	2201122794001	매각	2013-04-18 11:00	75,000,000원	낙찰	81,000,000원 <잔금미납으로 보증금 몰수>	상세이동
048/001	2201122794001	매각	2012-12-13 11:00	75,000,000원	낙찰	85,699,000원 <잔금미납으로 보증금 몰수>	상세이동
030/001	2201122794001	매각	2012-08-09 11:00	75,000,000원	낙찰	83,400,000원 <잔금미납으로 보증금 몰수>	상세이동

◇ 입찰대상물건에 대한 분석과 실패한 낙찰

이 공매물건에서 3명씩이나 낙찰 받고 나서 잔금을 납부하지 않고 입찰보증금을 포기했다. 그러한 연유는 기본적인 권리분석과 공매재산명세서를 확인하지 않고 아파트가 절반 이하로 떨어졌으니 낙찰만 받으면 돈을 벌 수 있다는 생각에 치우쳐 제대로 된 분석을 하지 못해서였다. 아무리 그래도 공매를 입찰할 정도 수준이라면 그러한 실수를 할까 하시는 독자분들도 있겠지만 이러한 상황에 부딪치면 아마도 함정에 빠지지 않기가 쉽지 않을 것이다.

그러면 왜 이러한 실수를 하게 되었는가를 분석해 보기로 하자!

첫 번째로 공매입찰정보내역을 살펴보면 임차인은 말소기준권리인 도봉세무서의 2011. 06. 03. 압류 이전에 대항요건을 갖추고 있어서 임차인에게 미배분금이 발생하면 낙찰자가 인수해야 한다.

둘째로 공매재산명세서로 예상 배분표를 작성해 보면 다음과 같다.

2013년 4월 18일에 8,100만원에 낙찰 받고 공매비용 240만원 빼고 나면 실제로 배분할 금액은 7,860만원이 된다.

간단하게 공매재산명세서를 보고 배분하면 1순위 의정부시 당해세 201,160원, 2순위 고정민 임차인 확정일자부 우선변제금 7,000만원을 배분받고 공매위임관서인 도봉세무서가 8,398,840원을 압류선착주의로 강북구청보다 우선변제 받을 수 있어서 임차인이 전액 배분받고 낙찰자 인수금액 없다고 판단하고 3번씩이나 낙찰 받았던 것으로 예상된다.

그나마 잔금납부 전에 알아서 다행이지, 잔금까지 납부하고 그러한 사실을 알게 되었다면 어쩔 수 없이 임차보증금 7,000만원을 인수해야 한다. 이러한 이유는 도봉세무서 조세채권을 압류날짜로 계산해서 임차인의 확정일자와 우선순위로 배분순위를 예상한 결과다. 그러나 조세채권은 압류하든 하지 않든 법정기일에 따라 계산하게 된다는 점을 알고 있어야 하는 이유가 여기에 있다.

◇ 정확한 배분표 작성과 어떻게 해야 성공적인 낙찰자가 되는가?

압류재산 공매재산 명세

처 분 청	도봉세무서	관 리 번 호	2011-0000-001
공 매 공 고 일	2013-10-10	배분요구의 종기	2012-04-09
압류재산의 표시	경기도 의정부시 신곡동 669 극동아파트 105동 2층 000호 대 지분 26.09㎡ / 건물 47.88㎡		
매각예정가격/입찰기간/개찰일자/매각결정기일		온비드 입찰정보 참조	
공 매 보 증 금		입찰가격이 100분의 10 이상	

■ 점유관계   [조사일시 : 2012-02-21 / 정보출처 : 현황조사서 및 감정평가서]

점유관계	성명	계약일자	전입신고일자 (사업자등록 신청일자)	확정일자	보증금	차임	임차부분
임차인	고정민		2011-03-07		70,000,000	0	

■ 임차인 신고현황

번호	성명	권리신고일	전입신고일자 (사업자등록 신청일자)	확정일자	보증금	차임	임차부분
1	고정민	2012-02-22	2011-03-07	2011-03-07	70,000,000	0	

■ 배분요구 및 채권신고 현황

번호	권리관계	성명	설정일자	설정금액	배분요구 채권액	배분요구일
1	임차인	고정민	2011-03-07	0	70,000,000	2012-02-22
2	압류	강북구청	2011-08-09	1,764,430	1,764,430	2012-01-16
3	교부청구	국민건강보험공단 강북지사		0	6,322,730	2013-10-14
4	물건지지방 자치단체	의정부시청		0	201,160	2013-03-13
5	위임기관	도봉세무서	2011-06-03	0	70,140,030	2011-11-23

(1) 종전 낙찰자들이 인수해야할 임차보증금

임차인의 확정일자 효력발생일시보다 빠른 도봉 세무서 조세채권(법정기일 2009. 07. 25.)이 5,600만원이고 나머지 14,140,030원은 임차인의 확정일자 보다 법정기일이 늦다. 그래서 배분절차에서 공매비용을 빼고 나서 7,860만원을 가지고 1순위로 당해세 201,160원 ⇨ 2순위 도봉세무서 5,600만원 ⇨ 3순위로 임차인 22,398,840원이 된다.

그래서 종전 낙찰자들은 임차보증금 47,601,160원을 인수해야 했다.

(2) 이 물건을 또 6,251만원에 낙찰 받았는데 성공했을까?

3번씩이나 잔금을 납부하지 않았던 이 물건을 2013. 12. 19. 에 6,251만원에 단독으로 낙찰 받았는데 이 낙찰자는 성공했을까?

배분절차에서 공매비용 241만원을 빼고 나서 6,010만원을 가지고 1순위로 최우선변제금 2,700만원을 배분받게 된다(∵ 2014. 01. 01. 부터 과밀억제권역은 8,000만원 이하인 임차인이 최우선변제금 2,700만원을 받을 수 있도록 개정되었기 때문이다. 담보물권이 없다면 소액임차인을 결정하는 시기는 채권이 소멸되는 시점이 배분 시점으로 봐야 한다) ⇨ 2순위 당해세 201,160원 ⇨ 3순위 도봉구청 32,898,840원으로 종결된다. **따라서 낙찰자는 임차인의 미배분금 4,300만원을 인수해야 하므로 총 취득금액은 낙찰금액 6,251만원 + 인수금액 4,300만원으로 1억551만원이 된다.** 독자분들이 이 금액이 비싸다고 생각하면 그 다음 5,625만원 아니면 그 다음번 5,000만원에 낙찰 받는 것을 생각해 봐야 투자수익을 올릴 수 있는 것이지 앞에서 3번씩이나 낙찰 받았다가 입찰보증금을 몰수당한 사람들 같이 준비되지 않은 사람은 성공적인 투자수익을 올릴 수 없다.

이러한 이유로 공매에서 조세채권에 대한 연구가 필요한 이유이다. 왜냐하면 공매의 대부분이 세금 체납에 의해 체납자의 재산을 압류해서 KAMCO가 공매를 진행하고 있기 때문이다.

05 전 경매에서 배당요구한 선순위임차인이 공매에서도 배당요구해 손해 볼 뻔한 사례에서 탈출!

 공매의 덫에서 탈출

선행된 경매절차에서 배당요구한 선순위 임차인은 대항력만 있고 배당요구할 수 있는 권리가 없는데도 공매절차에서도 권리신고 및 배분요구를 해서 두 번에 걸쳐 낙찰자들이 보증금을 포기하는 상황이 발생했다. 그러나 마지막에 낙찰 받은 매수인은 필자의 도움으로 공매를 해제하고 보증금을 반환받을 수 있었던 사례이다.

◆ 선순위 임차인이 선행된 경매절차에서 배당요구를 했었다!

서울 북부지원 98타경51787호와 99타경51787호가 중복해서 경매가 진행되었고 그 과정에서 선순위 임차인 윤정수가 4,200만원으로 배당요구했으나 확정일자가 늦어서 미배당금 4,200만원이 발생했다.

서울 북부지원 경매1계 98타경00000호

소재지	서울시 도봉구 도봉동 575-15 석천하이츠빌000호					
경매구분		경매신청자	국민은행	매각기일		
용도	다세대	채무/소유자	박○○	다음예정	미정	
감정가	76,000,000 (…)	청구액	25,250,000	경매개시일	98.11.02	
최저가	0 (0%)	토지총면적	0㎡(0평)	배당종기일		
우편번호 및 주소/감정서	물건번호/면적(㎡)	감정가/최저가/과정	임차조사	등기권리
---	---	---	---	---
132-010 서울시 도봉구 도봉동 575-15 석천하이츠빌라 000호 ● 감정평가서 정리 - 벽돌조 슬래브지붕 - 가든APT 남측 200m - 버스(정)도보5~6분 - 도시가스보일러 - 남서측 폭6m도로 접함 - 지하주차장 설비 12.20 제일감정	물건번호 : 단독물건 대 30.69/213.1 (9.28평) · 건 51.78(20평형) (15.7평-방3) 3층-96.02.22보존	감정가 76,000,000 ● 경매진행과정 (1) 유찰 1999-04-03 (2) 유찰 1999-05-10 (3) 유찰 1999-06-07 (4) 유찰 1999-07-05 (5) 유찰 1999-08-02 (6) 유찰 1999-08-30 (7) 유찰 1999-09-27 낙찰 1999-10-25 16,250,000 (8) 유찰 2000-01-24 (9) 유찰 2000-02-21 낙찰 2000-03-20 10,203,000	● 법원임차조사 윤정수 전입 1996.01.22 배당요구 1998.11.23 확정 1996.11.11 보증금 4,200만원 총보증금 : 4,200만원 ● 지지옥션세대조사 96.01.22 윤정수 주민센터 확인 : 99.01.09	저당권 국민은행 갈음동 1996.05.29 36,000,000 저당권 소흘농협 1996.09.13 120,000,000 가압류 수협중앙 1998.08.14 6,380,000 임 의 국민은행 1998.11.04 채권총액 162,380,000

◆ 공매입찰물건 내역과 입찰결과

그러나 낙찰자 역시 해결하지 않고 방치하고 있어서 계속적으로 매수인에게 대항력을 주장하고 있었는데 10년 후 다음과 같이 공매절차가 진행돼 권리신고 및 배분요구를 또 다시 하게 되었다.

등기사항증명서 주요정보

번호	권리종류	권리자명	설정일자	설정금액(원)
1	위임기관	도봉세무서	-	미표시
2	가압류	남건우	2002-02-25	66,808,900
3	가압류	김영수	2002-03-11	25,000,000
4	압류	중구청(교통지도과)	2009-05-29	미표시
5	압류	도봉구청(징수과)	2012-04-03	미표시
6	근저당권	이규창	2012-04-10	50,000,000
7	압류	강북구청	2012-04-25	미표시

■ 공매재산에 대하여 등기된 권리 또는 가처분으로서 매각으로 효력을 잃지 아니하는 것

■ 공매재산의 매수인으로서 일정한 자격을 필요로 하는 경우 그 사실

■ 유의사항
권리신고및배분요구한임차인은대항력이있는임차인으로서낙찰자가인수하는조건이오니입찰시유의하여참가하시기바랍니다.

■ 권리분석 기초정보 (권리분석 기초자료는 입찰시작 7일전부터 제공됩니다)   권리분석 기초정보 인쇄

▪ 배분요구 및 채권신고현황 (배분요구서를 기준으로 작성하였으며, 신고된 채권액은 변동될 수 있습니다.)

번호	권리종류	권리자명	설정일	설정금액(원)	배분요구일	배분요구채권액(원)	말소가능 여부	기타
:	:	:	:	<이하 내용은 지면상 생략했음>	:	:		

| 물건 세부 정보 | 압류재산 정보 | **입찰 정보** | 시세 및 낙찰 통계 | 물건 문의 | 부가정보 |

■ 회차별 입찰 정보

입찰번호	회차/차수	구분	대금납부/납부기한	입찰기간	개찰일시	개찰장소	매각결정일시	최저입찰가(원)
220120294800 1	004/ 001	인터넷	일시불/ 낙찰금액별 구분	2013-01-21 10:00~ 2013-01-23 17:00	2013-01-24 11:00	전자자산처분시스템(www.onbid.co.kr) 공매재산명세	2013-01-28 10:00	75,000,000

임차인이 배분 요구한 사실만 가지고 최우선변제금 2,500만원과 확정일자에 의한 우선변제금으로 배분 받을 수 있다는 판단하에 낙찰받았다가 다음과 같이 탈출하게 된 사례이다.

◆ 잘못 낙찰 받게 된 사연과 그 상황에서 탈출한 방법

이 공매물건에서 유의사항을 보면 "권리신고 및 배분 요구한 임차인은 대항력이 있는 임차인으로 낙찰자가 인수하는 조건이오니 입찰시 유의하시기 바랍니다"로 기재돼 낙찰자는 임차보증금 4,200만원을 인수해야 한다. 왜냐하면

2000년 9월 21일 경매절차에서 배당요구해서 미배당금 4,200만원에 대해서는 매수인이 반환해줄 때까지 주택인도를 거부할 수 있는 동시이행항변권만 있고, 배분요구할 수 있는 권리는 소멸되었기 때문이다. 그런데도 윤정수 임차인이 권리신고 및 배분요구해서 두 번에 걸쳐 공매로 낙찰 받은 사람들이 입찰보증금을 포기하게 되는 사례가 발생하게 되었다. 이러한 현상을 공매재산명세서만 제대로 보고 입찰했더라면 알 수 있었을 텐데 임차인이 배분요구했으니 당연히 배분 받고 소멸될 것이라는 일반적인 상식에서 실패한 요인이 된 것이다.

이 문제는 필자와 지인이 이렇게 해결했다.

우선 입찰보증금이 몰수되면 경매법원은 배당재단에 포함돼 채권자들에게 배당할 때까지 공탁하게 되어 경매가 취소되면 매수인들이 몰수당한 보증금을 반환받을 수 있다. 그러나 공매절차에서는 위약금의 성격이 있어서 몰수된 보증금은 1순위로 체납처분비에 충당하고 ⇨ 2순위는 공매 위임관서의 압류금액에 충당 ⇨ 그래도 잔여금이 있다면 체납자에게 돌아가게 되는 것이지 채권자들에게 배분되는 것이 아니다. 그런데 체납자의 체납세금이 500만원 정도이고, 전 매수인의 몰수된 보증금으로 체납처분비와 공매 위임관서의 압류금액을 공제하니 부족한 금액은 120만원 정도로 체납자만 협력해 준다면 공매를 취소할 수 있는 상황이었다. 그래서 체납자를 설득해서 체납액 120만원을 대신 지급하고 공매를 취소할 수 있었고, 그에 따라 보증금을 돌려받을 수 있어서 보증금 전액 몰수당하는 것에서 120만원만 손해를 보고 늪에서 벗어날 수 있었다. 상식대로 권리분석하지 말고 메뉴얼화해서 입찰자가 놓치는 권리의 사각지대가 없어야 한다는 사실을 일깨워준 사례라 기술하게 되었다.

06 아파트를 조합이 점유하고 있다면 유치채권액을 확인해야 한다?

◆ **공매로 낙찰 받았으나 조합이 유치권을 행사하여 실패한 사례**

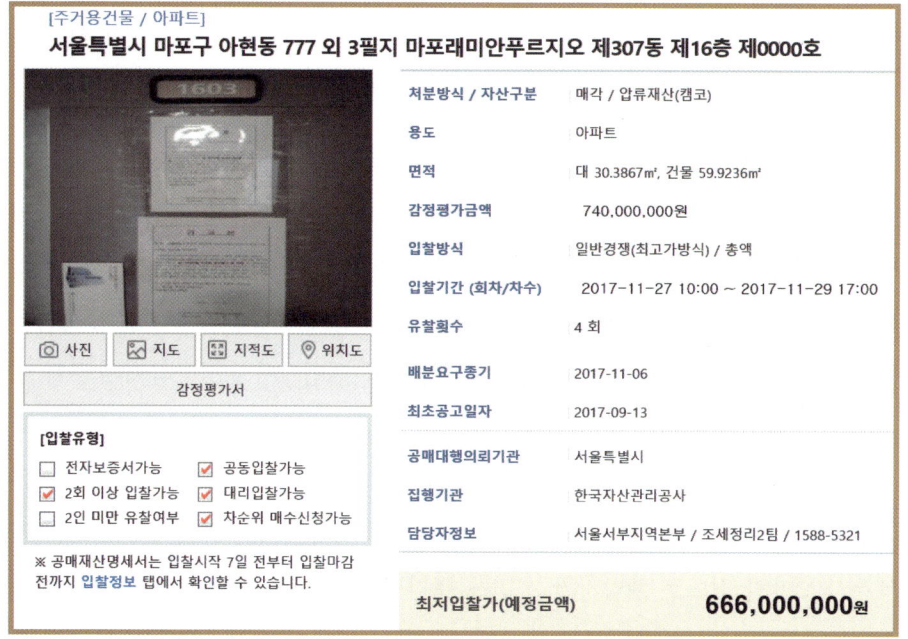

이 아파트는 재건축으로 신축한 아파트이다. 이러한 신축 아파트는 누가 점유하고 있느냐와 대지권등기 유무를 확인해야 한다.

분양권자가 전입신고 후 거주하고, 대지권등기까지 이루어진 경우라면 조합이 추가부담금(조합원분양권자) 또는 분양대금(일반분양권자)을 이유로 유치권을 주장하는 사례는 발생하지 않는다. 하지만, 추가부담금 또는 분양대금 등을 납부하지 않아 조합이 분양권자의 입주를 거부하고, 직접 점유하고 있는 경우에는 조합이 유치권자로 대항력이 있다. 분양권자가 점유하고 있는 경우에도 대지권미등기라면 유의해야 한다. 추가부담금 등을 납부하지 않아 대지권등기를 하지 못한 경우도 있다. 이런 경우에는 다른 구분호수들은 대지권등기까지 마치고 있는데, 이 아파트만 미등기상태로 남아 있는 사례이다. 다른 구분호수의 등기부를 열람해서 확인하면 될 것이다. 이렇게 분양권자가 추가부담금 또는 분양대금을 납부하지 못해 조합이 점유하거나 대지권등기를 하지 못한 사례가 신규아파트에서 자주 발생한다. 이러한 상황이 발생하면 반드시 조합 사무실에서 추가부담금 등의 미납금액과 지연이자 등을 확인하고, 입찰금액과 별도로 인수하는 금액을 포함해서 총취득가로 분석하고 매수여부를 결정해야 한다.

◆ 1등으로 낙찰 받았으나 입찰보증금을 떼이게 된 사연

상세입찰결과

물건관리번호	2017-00000-001		
재산구분	압류재산(캠코)	담당부점	서울서부지역본부
물건명	서울특별시 마포구 아현동 777 외 3필지 마포래미안푸르지오 제307동 제16층 제0000호		
공고번호	201709-33137-00	회차 / 차수	047 / 001
처분방식	매각	입찰방식/경쟁방식	최고가방식 / 일반경쟁
입찰기간	2017-11-27 10:00 ~ 2017-11-29 17:00	총액/단가	총액
개찰시작일시	2017-11-30 11:04	집행완료일시	2017-11-30 11:11
입찰자수	유효 1명 / 무효 0명(인터넷)		
입찰금액	699,999,999원		
개찰결과	낙찰	낙찰금액	699,999,999원
감정가 (최초 최저입찰가)	740,000,000원	최저입찰가	666,000,000원
낙찰가율 (감정가 대비)	94.59%	낙찰가율 (최저입찰가 대비)	105.11%

대금납부 및 배분기일 정보

대금납부기한	2018-01-03	납부여부	미납
납부최고기한	2018-01-15	배분기일	매각취소결정

이 공매물건명세서 비고란에 "아현제3구역주택재개발정비사업조합에서 유치권 행사 및 유치권 신고 있으므로 사전조사 후 입찰바람(문의 02-312-2335). 유치권자에 의하면 상당기간 공실이며, 미납 관리비 있사오니 임차인 존재여부, 미납관리비 등은 입찰자 책임 하에 필히 사전 현장 조사 후 입찰바람"으로 기술되

어 있었다.

그런데 공매재산명세서와 조합의 유치채권액을 확인하지 않고 낙찰 받아 입찰보증금을 포기할 수밖에 없었던 사연이다.

그러나 같은 물건임에도 다음에 입찰한 사람들과 그 중에 낙찰 받은 사람은 조합에서 유치채권액을 정확하게 확인하고, 입찰해서 성공한 사람이다.

◇ 조합의 유치채권액을 확인하고, 낙찰 받아 성공한 사례

(1) 공매물건 입찰정보 내역

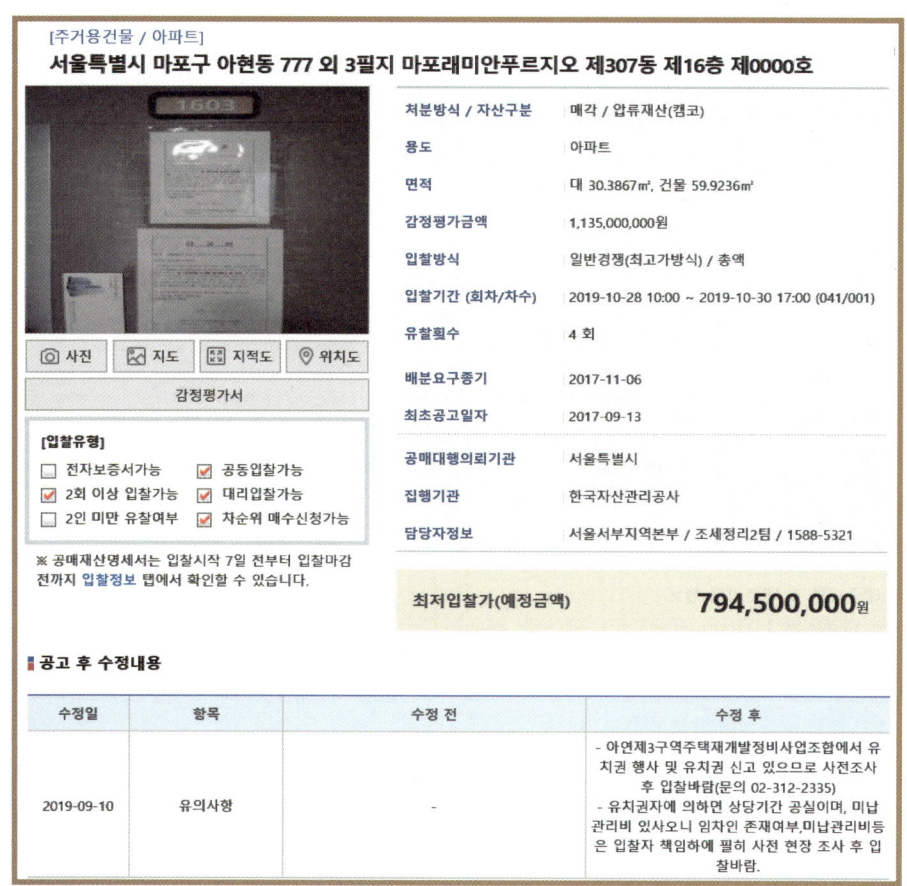

(2) 공매재산 명세 내역 확인

이 공매물건은 임차인이 거주하는 것이 아니라 조합원이 분양대금을 납부하지 않아서, 조합이 분양자를 대신해서 납부하고, 분양대금과 지연이자 등으로 아파트에 채권가압류 276,065,757원과 유치권을 행사하고 있었다. 그러던 중 공매가 진행되어 다음 공매재산명세서와 같이 권리신고 및 배분요구서를 제출한 사례이다. 따라서 유치권자가 전액 배분 받는다면 인수할 유치채권액이 없겠지만, 미배분금이 발생하면 그만큼 인수해야 한다.

압류재산 공매재산 명세

처 분 청	서울특별시	관리번호	2017-00000-001
공매공고일	2019-08-07	배분요구의 종기	2017-11-06

■ 공매재산 이용 및 점유현황 [조사일시 : 2019-08-01 / 정보출처 : 현황조사서 및 감정평가서]

점유관계	성명	계약일자	전입신고일자 (사업자등록 신청일자)	확정일자	보증금	차임	임차부분	비고
유치권	이**	미상	미상	미상	280,000,000	미상	미상	

■ 배분요구 및 채권신고 현황

번호	권리관계	성명	압류/설정 (등기)일자	법정기일(납부기한)	설정금액 (원)	배분요구 채권액(원)	배분요구일
1	임차인	임차인			0	0	배분요구 없음
2	압류	마포구청 (교통행정과)	2016-03-31	2002-02-01~2013-01-01	0	1,838,900	2017-09-13
3	압류	마포세무서	2017-07-12	2012-08-01~2016-02-01	0	213,660,310	2017-08-25
4	물건지지방 자치단체	마포구청	2015-11-06	2013-09-10~2017-07-10	0	2,691,120	2017-08-28
5	가압류	아현제3구역주택 재개발정비사업조합	2015-05-27		264,432,882	264,432,882	2017-09-06
6	가압류	양○성	2015-05-29		168,000,000	255,382,600	2017-12-06
7	가압류	한국자산관리공사 서울서부지역본부 (국유재산관리1팀)	2015-06-02		164,631,650	258,613,900	2017-10-19

8	가압류	권○구	2015-06-10			41,925,000	41,925,000	2019-08-20
9	가압류	이○복	2015-06-15			308,800,000	546,043,826	2017-10-31
10	가압류	장○덕	2015-08-26			200,000,000	200,000,000	2017-10-11
11	가압류	아현제3구역주택 재개발정비사업조합	2015-07-06			11,632,885	11,632,885	2017-09-06
12	가압류	이○성	2015-08-27			70,000,000	70,000,000	2017-09-08
13	가압류	정○자	2015-08-31			204,315,068	303,460,000	2017-09-27
14	위임기관	서울특별시	2015-11-06	2012-08-10~2016-05-10		0	29,184,520	2017-01-10
15	일반채권자	박○정 (개명전 박○관)				79,333,000	79,333,000	2017-09-07
16	일반채권자	이○복(일반채권 - 강제경매)	2015-06-23			177,249,527	433,309,650	2017-10-31

(3) 압류재산 명세서로 예상배분계산서를 작성하면 다음과 같다.

매각대금 805,820,000원에서 공매비용 2,500만원을 공제하면 실제 배분할 금액은 780,820,000원이다.

따라서 1순위로 마포구청 당해세 2,691,120원, 2순위 서울특별시 29,184,520원(압류선착주의), 3순위 마포세무서 213,660,310원이고, 나머지 채권자들은 일반채권자로 동순위로 안분배분하면 된다.

따라서 4순위로 배분잔여금 535,284,050원을 가지고 안분배분하면 다음과 같이 된다.

① 마포구청(교통행정과)=535,284,050원(배분잔여금)×1,838,900원/1,692,158,902원=581,703원

② 5번과 11번 가압류(재개발사업조합)=535,284,050원(배분잔여금)×276,065,757원/1,692,158,902원=87,328,439원

③ 6번~10번 가압류 합계=535,284,050원(배분잔여금)×883,356,650원/1,692,158,902원=279,433,997원

④ 12번~13번 가압류와 14번~15번 일반채권자 합계=535,284,050원(배분잔여금)×530,897,595원/1,692,158,902원=167,939,911원

유치권자인 조합의 미배분금은 276,065,757원-87,328,439원=188,737,318원이다. 따라서 인수금액 188,737,318원과 이 금액에 276,065,757원에 대한 지연이자 15%에 해당하는 41,409,863원×3년 분정도로 1억2,422만원 정도가 추가될 것으로 총 인수금액은 조합과 협의해서 결정하게 되나 3억원 정도로 예상된다. 그래서 아파트 시세가 12억5,000만원인 점을 감안해서 다음과 같이 입찰한 것으로 분석된다.

■ 상세입찰결과

물건관리번호	2017-00000-001		
재산구분	압류재산(캠코)	담당부점	서울서부지역본부
물건명	서울특별시 마포구 아현동 777 외 3필지 마포래미안푸르지오 제307동 제16층 제0000호		
공고번호	201908-27711-00	회차 / 차수	041 / 001
처분방식	매각	입찰방식/경쟁방식	최고가방식 / 일반경쟁
입찰기간	2019-10-28 10:00 ~ 2019-10-30 17:00	총액/단가	총액
개찰시작일시	2019-10-31 11:03	집행완료일시	2019-10-31 11:14
입찰자수	유효 3명 / 무효 5명(인터넷)		
입찰금액	805,820,000원/ 800,120,000원/ 800,100,000원		
개찰결과	낙찰	낙찰금액	805,820,000원
감정가 (최초 최저입찰가)	1,135,000,000원	최저입찰가	794,500,000원
낙찰가율 (감정가 대비)	71%	낙찰가율 (최저입찰가 대비)	101.42%

■ 대금납부 및 배분기일 정보

대금납부기한	2019-12-04	납부여부	납부
납부최고기한	2019-12-16	배분기일	2020-01-06

즉 805,820,000원+3억원으로 총취득가는 11억582만원이므로 시세 12억5,000만원과 비교하면 144,180,000원 싸게 매수한 것이다. 독자분들도 필자와 같이 분석하고, 입찰에 참여해야 성공할 수 있지, 앞에서와 같이 권리분석을 잘못하면 입찰보증금을 떼일 수도 있다.

07 집합건물의 대지 일부지분을 낙찰 받았으나 무효가 돼 실패한 사례

◇ 대지 지분을 공매로 낙찰 받았던 공매 입찰대상물건 내역

캠코공매물건

[물건명/소재지] : 서울 서대문구 북아현동 000-0

기본정보

물건종류	부동산
처분방식	매각
물건상태	낙찰
조회수	249

기관정보

- 입찰집행기관 : 한국자산관리공사
- 담당자 : 조세정리부 / 공매5팀
- 연락처 : 02-3420-5079 /

물건정보 닫기

감정정보 닫기

감정평가금액	593,319,600 원	감정평가일자	2008/02/21	감정평가기관	(주)나라감정평가법인 감정평가서 >
위치및부근현황	"추계예술대" 북서측 인근에 소재, 마을버스정류장이 도보로 3~4분거리./"망원1동사무소" 북동측 인근에 소재, 버스정류장 및 망원역이 인근에 소재.				
이용현황	공동주택부지/다가구용 단독주택부지.				
기타사항	해당사항 없음.				

임대차정보

임대차내용	이 름	보증금	차임(월세)	환산보증금	확정(설정)일	전입일

등기사항증명서 주요 정보

순번	권리종류	권리자명	등기일	설정액(원)
1	위임기관	서울특별시		미표시
2	근저당권	아현1동새마을금고	2002/08/05	341,669,296 원
3	공유자	허욱O	2002/08/08	0 원
4	공유자	김기O	2002/08/27	0 원

사진정보

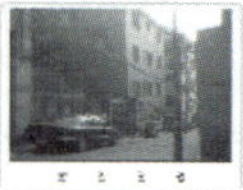

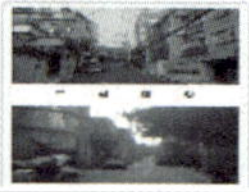

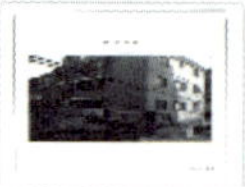

위치도 > 지적도 > 지도 >

입찰이력정보 닫기

입찰번호	처분방식	물건관리번호	개찰일시	최저입찰가	낙찰가	낙찰율	입찰결과	입찰상세
200621139001	매각	2006-21139-001	2008/11/20 11:00	296,660,000	301,781,000	101.7%	낙찰	보기

이 공매절차에서 2008. 11. 20. 이 사건 지분 소유권을 취득하고, 2008.

11. 28. 원고 김소령 앞으로 13/265.5 지분, 선정자 이소령, 박소령 앞으로 각 101.77/265.50 지분소유권 이전등기를 마쳤다.

◆ 공매낙찰자들은 다음과 같이 토지사용료 청구소송을 진행했다!

공매낙찰자는 2008. 11. 28.부터 2009. 9. 27.까지 사이의 이 사건 지분 216.54㎡에 대한 기간임료는 32,430,000원이고, 월임료는 3,243,000원으로 계산해서 각 구분소유자들(피고)에게 다음과 같이 토지 사용료 청구소송을 진행하게 되었다.

제1심 판결 서울서부지방법원 2010. 6. 29. 선고 2008가단107828 판결, 환송전 판결 서울고등법원 2010. 12. 30. 선고 2010나77899 판결, 환송판결 대법원 2012. 10. 25. 선고 2011다12392 판결, 파기환송 판결 서울고등법원 2013. 4. 4. 선고 2012나89728 판결, 다음 환송심 상고로 대법 2013. 11. 14. 선고 2013다33577 판결로 마무리가 된 사례인데 그 판결내용은 다음과 같다.

집합건물의 부지 전체에 대하여 대지권이 성립한 이후에는 구분소유자의 대지사용권은 규약으로 달리 정한 경우가 아니면 전유부분과 분리하여 처분할 수 없으므로(집합건물법 제20조), 집합건물의 분양자가 전유부분 소유권은 구분소유자들에게 모두 이전하면서도 대지는 일부 지분에 관하여만 소유권이전등기를 하고 나머지 지분을 그 명의로 남겨 둔 경우에 그 분양자 또는 그 보유지분을 양수한 양수인이 구분소유자들에 대하여 공유지분권을 주장할 수 있으려면, 전유부분과 대지사용권을 분리 처분할 수 있도록 규약에서 달리 정하였다는 등 특별한 사정이 있어야 한다(대법 2011다12392 참조).

이 사건 건물의 소유를 위하여 이 사건 대지 전체에 대하여 이미 대지사용권이 성립하였지만 그 대지사용권을 이 사건 건물 전유부분과 분리 처분할 수 있도록 정한 규약이 있음을 인정할 증거는 없다는 이유로, 이 사건 지분에 대한 서울 서대문구의 압류는 전유부분과 대지의 분리처분이라는 결과를 낳게 하는 것으로서 집합건물법 제20조 제2항에 반하여 효력이 없고, 위 압류에 따른 공매처분도 권리자의 직접적인 처분행위는 아니지만 권리자를 대신하여 세무관서 등이 하는 매매로서 금지되는 처분에 해당하므로, 결국 원고들이 위 공매를 원인으로 하여 이 사건 지분에 관하여 마친 소유권이전등기는 원인무효라고 판단하였습니다.

◇ 대지 지분을 낙찰 받아 소송을 진행했지만 무효가 되는 사례들

이 공매낙찰자들이 집합건물소유자들을 상대로 토지사용료 청구소송을 진행했으나 공매로 대지 지분을 취득한 자체가 전유분분과 분리처분하는 것을 위반한 것(집합건물법 제20조에 의한 분리처분 금지)에 해당되어 무효가 된 사례이다 (대법원 2013다33577 판결).

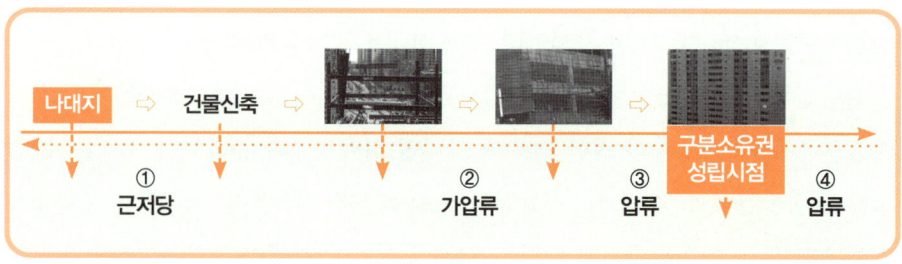

집합건물법 제20조(전유부분과 대지사용권의 일체성) ① 구분소유자의 대지사용권은 그가 가지는 전유부분의 처분에 따른다. ② 구분소유자는 그가 가지는 전유부분과 분리하여 대지사용권을 처분할 수 없다. 이 규정에 따라 구분소유권이 성립되기 전의 토지별도등기인 ①·②·③의 채권자가 경매나 공매를 신청하는 경우에는 분리처분이 가능하나 이 사례와 같이 ④가 공매를 신청하는 경우에는 무효로 소유권을 취득하지 못하게 된다.

08 신탁공매로 낙찰 받았으나 저당권인수로 실패한 사례

◇ 신탁공매물건은 어떻게 분석해야 하나?

공매물건은 매각절차를 진행하는 집행기관이 다양하고, 매각조건도 집행기관에 따라 다양하다. 이 공매물건은 신탁공매물건으로 국제자산신탁(상호변경: 우리자산신탁)이 집행기관으로 온비드에 이용기관으로 등록한 후 물건등록 및 공고절차를 통해서 매각하는 것이다.

신탁공매물건은 법원경매와 앞에서 분석한 압류재산 공매(소멸주의)와 다르게 인수주의로 매각되는 계약체결 방식이다. 따라서 신탁등기 이전에 입주한 임차인이나 근저당권, 가압류, 압류, 가등기 등은 매수인 부담으로 매각할 수밖에 없다.

그래서 공매공고문과 신탁원부(등기소에서 등기부를 발급할 때 신탁원부까지 포함해서 발급해야함), 전입세대열람, 수탁사의 공매담당자, 우선수익자(대출금융기관) 등을 통해서 인수할 권리 등이 있는가를 분석하고 입찰해야 한다.

◇ 저당권인수조건으로 매각한 입찰정보 내역

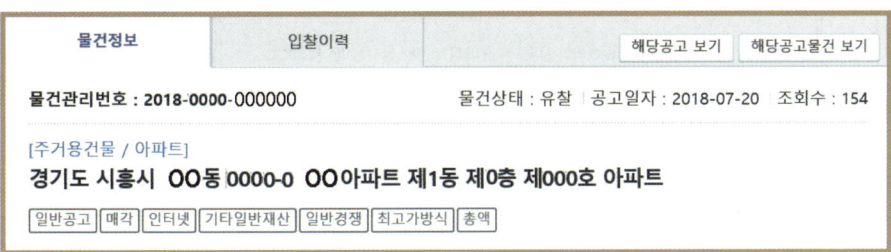

처분방식 / 자산구분	매각 / 기타일반재산
용도	아파트
면적	토지 - / 건물 84.99㎡
감정평가금액	180,000,000원
입찰방식	일반경쟁(최고가방식) / 총액
입찰기간 (회차/차수)	2018-07-31 09:00 ~ 2018-07-31 11:00 (1/1)
유찰횟수	21 회
집행기관	국제자산신탁 주식회사
담당자정보	금융서비스팀 / / 02-6202-3046
최저입찰가(예정금액)	216,000,000원

[입찰유형]
- ☐ 전자보증서가능
- ☐ 공동입찰가능
- ☑ 2회 이상 입찰가능
- ☐ 대리입찰가능
- ☐ 2인 미만 유찰여부
- ☐ 공유자 여부
- ☐ 차순위 매수신청가능

◆ 저당권인수조건으로 매각한 신탁공매 공고문

신탁부동산 공매(입찰) 공고

1. 공매목적부동산(매수하여도 근저당이 말소되지 않사오니 공매 공고를 자세히 읽어보시기 바랍니다.)

물건번호	소재지	면적(㎡)	
		전유	대지권
1	경기도 시흥시 OO동 0000-0외 1필지 녹원아파트 제1동 제0층 제000호	84.99	9291분의 40.63

주 : 공매목적부동산 및 공매관련 세부내역은 등기부등본(신탁원부) 또는 현장 확인 등을 통하여 직접 확인하시기 바랍니다.(등기부등본상 압류나 근저당 등 제한사항이 있을 수 있으므로 꼭 확인하시기 바랍니다. 신탁사를 납부의무자로 하는 본 물건 재산세 및 종합부동산세 미납에 따른 압류는 당사가 매매대금 정산시 이를 납부합니다.) 신탁 부동산 공매는 세금 체납에 따른 국세징수법에 의한 공매와 관련이 없습니다.

2. 차수별 입찰일시 및 최저 입찰가격

(근저당 등은 매수인이 입찰가격 외 별도의 금액으로 책임 처리 조건으로, 매수하여도 근저당이 말소되지 아니함)

> 6. 공매참가조건
>
> : : : : : :
>
> * 특히 등기부 등본상 2009. 6. 18.일자의 근저당권 (채권최고액 금159,600,000원 근저당권자 서대구농업협동조합)이 있으며 매수자가 입찰가격(대금)외 별도의 비용으로 이 근저당을 승계하여 책임 처리하는 조건입니다.
>
> * 매도인의 소유권 이전서류 교부 전까지, 신탁등기 전 설정된 위 근저당의 피담보채무 변제를 소명하며 이 신탁계약의 위탁자가 수탁자인 매도인에게 공매 중지 요청을 할 경우, 매도인은 이 공매의 낙찰 및 매매계약을 무효로 할 수 있으며, 무효로 할 경우 매도자는 낙찰자가 기납부한 대금을 이자 없이 원금만 반환하며 이 경우 낙찰자는 일체의 이의를 제기 하지 못합니다.

이 공매물건은 위 공매공고문과 같이 신탁등기 전에 2009년 6월 18일 서대구농업협동조합 근저당권 채권최고액 159,600,000원이 설정되어 있고, 매수인이 인수하는 조건으로 매각절차가 진행된 사례이다.

◆ 저당권인수로 신탁공매된 것을 몰라서 손해 본 사연

이 신탁공매물건은 다음과 같이 매각절차가 진행되어 2018년 8월 3일 14:00에 이도령이 단독으로 입찰에 참여해서 낙찰 받았다.

■ 입찰이력정보

회차/차수	입찰번호	처분방식	개찰일시	최저입찰가	입찰결과	낙찰가/낙찰가율	상세입찰결과
011/001	0001	매각	2018-08-07 14:00	75,314,543원	유찰	-	상세이동
010/001	0001	매각	2018-08-07 14:00	83,682,826원	유찰	-	상세이동
009/001	0001	매각	2018-08-07 14:00	92,980,917원	유찰	-	상세이동
008/001	0001	매각	2018-08-03 14:00	103,312,130원	유찰	-	상세이동
007/001	0001	매각	2018-08-03 14:00	114,791,256원	유찰	-	상세이동
006/001	0001	매각	2018-08-03 14:00	127,545,840원	낙찰	-	상세이동
005/001	0001	매각	2018-08-03 14:00	141,717,600원	유찰	-	상세이동
004/001	0001	매각	2018-08-01 14:00	157,464,000원	유찰	-	상세이동
003/001	0001	매각	2018-08-01 14:00	174,960,000원	유찰	-	상세이동
002/001	0001	매각	2018-08-01 14:00	194,400,000원	유찰	-	상세이동

[총 21건]

이도령은 낙찰 받고 나서 5일 이내에 수탁자인 국제자산신탁(상호변경: 우리자산신탁)과 계약을 체결하는 과정에서 신탁등기 전에 등기되어 있는 2009년 6월 18일 서대구농업협동조합 근저당권 채권최고액 159,600,000원을 인수해야 한다는 사실을 알았다고 한다. 그래서 어쩔 수 없이 계약을 체결하지 못하고 입찰보증금을 포기할 수밖에 없었다.

이러한 사례는 누구나 간과하기 쉬운 사례로 온비드공매에 입찰하는 분들이 함정에 빠지지 않게 도움을 주고자 기술했다. 다음은 경매사례이지만 공매에서도 똑같은 사례가 발생할 수 있고, 그러한 사례에서 대응하는 방법을 기술한 것이다.

09 주임법상 대항요건을 갖춘 선순위전세권자가 배당요구해서 소멸되는 것으로 오판한 사례

 경매의 덫에서 탈출

선순위전세권이 배당요구하면 스스로 용익권을 포기하고 우선변제권을 선택한 것이므로 경매로 소멸된다. 그러나 주임법상 대항요건을 함께 갖추고 있는 임차인은 대항력이 있어서 보증금이 전액 변제될 때까지 소멸되지 않는다. 설령 자기 전세권보다 후순위로 대항요건을 갖춘 경우도 마찬가지이다.

◆ **입찰물건 정보내역과 입찰결과**

◆ **선순위전세권은 소멸되지만 주임법상 임차권은 소멸되지 않는다!**

　임차권보다 먼저 설정된 전세권 등의 담보권이 경매로 소멸하게 되면 그보다 후순위의 임차권은 선순위 담보권의 담보가치의 보호하기 위해서 그 대항력을 상실한다. 이러한 이유는 선순위 권리가 나중에 성립된 임차권으로 인하여 담보력이 약화되는 것을 방지하기 위한 것이다. 그러나 선순위전세권이 말소기준이 되더라도 자기의 권리를 강화하기위해 후순위로 주임법상 대항요건을 갖춘 임차인은 소멸되지 않아서 임차인에게 미배당금이 발생하면 낙찰자가 인수해야 한다. 왜냐하면 이렇게 주임법상 후순위 임차권이 소멸되지 않아도 선순위전세권이 담보채권의 손실이 발생하지 않고 오히려 보호를 받을 수 있기 때문이다. 대법 2008마212는 두개의 권리를 가진 자는 별개로 배당요구할 수 있고 배당요구하지 않은 선순위전세권은 낙찰자의 인수라는 것이고, 대법 2010마900은 선순위전세권으로 배당요구하면 전세권은 당연히 소멸되지만 자신의 권리를 강화하기 위해서 주임법상 대항요건을 함께 갖춘 임차인은 후순위라도 소멸되지 않아서 미배당금이 발생하면 낙찰자가 인수하게 된다는 판례이다.

◇ 이 사례에서 매수인은 1,978만원을 인수해야 한다!

이 사례와 같이 주임법상 임차권으로 배당요구하지 않고 선순위전세권으로 배당요구하면 전세권은 소멸되지만 주임법상 대항력은 전액 배당받을 때까지 남게 돼 임차인의 미배당금을 인수하게 된다. 따라서 매각대금 3,122만원에서 경매비용 100만원을 빼고 1순위로 전세권자가 3,022만원을 배당받아 미배당금 1,978만원을 인수하게 돼 매수인의 총 취득금액은 5,100만원이 된다는 것이 전세권자들이 소송을 해서 만들어 진 대법 2010마900 판결 내용이다.

10. 지상에 다세대주택 14세대가 있는 토지만 공매로 낙찰 받았다!

 김선생이 도움을 주는 얘기

이 공매물건은 필자가 인천시 부평구 산곡동의 산곡재개발 6구역 내에 있는 토지만 낙찰 받은 사례인데 그 지상에 14세대의 다세대주택이 존재하고 있었다.

◆ 산곡재개발 6구역 내 토지 온비드공매 입찰정보 내역

캠코공매물건

상담전화 : 1588-5321

물건명/소재지 : 인천 부평구 산곡동 77-41

기본정보

물건종류	부동산
처분방식	매각
물건상태	낙찰
조회수	706

기관정보

- 입찰집행기관 : 한국자산관리공사
- 담당자 : 인천지역본부 / 조세정리팀
- 연락처 : 032-509-1577 /

물건정보

소재지(지번)	인천 부평구 산곡동 77-41
소재지(도로명)	인천광역시 부평구 산청로17번길 43-10 (산곡동)
물건관리번호	2010-05491-001
위임기관	북인천세무서
물건용도/세부용도	대지
면적	대지 646㎡
배분요구종기	
재산종류	압류재산
입찰방식	일반경쟁
최초공고일자	2010/06/30

감정정보

입찰이력정보

입찰번호	처분방식	물건관리번호	개찰일시	최저입찰가	낙찰가	낙찰율	입찰결과	입찰상세

◆ 토지만 공매가 진행된 입찰대상 물건분석표

KAMCO의 입찰정보내역과 감정평가서, 등기사항증명서, 건축물대장, 전입세대열람 등을 통해서 물건분석표를 작성하면 다음과 같다.

주 소	면 적	공매가 진행과정	1) 임차인내역 2) 기타청구	등기부상의 권리관계
인천시 부평구 산곡동 00-0 체납자 겸 소유자 : 지선미 토지만 압류공매 공매위임 관서 : 북인천 세무서 공매집행 기관 : 자산관리 공사 (관리번호 : 2010-05491-001) 압류공매 : 북인천세무서 청구 18,385만원 〈공매공고 10.12.22〉	대지 646㎡ (195.415평) 토지만 압류공매 (지상에 14세대의 다세대주택이 존재) 이 물건은 산곡동에 소재한 물건으로 마곡초등학교 남동측 인근에 위치 산곡재개발 6구역 내에 위치하고 있어서 재개발이 진행되는경우 분양자격이 예상되는 물건이다.)	감정가 729,980,000원 (2010.06.07) 최저가 1차 729,980,000원 유찰(10%저감) 2차 656,982,000원 유찰 3차(10% 저감) 583,984,000원 유찰 4차 510,986,000원 유찰 5차 437,988,000원 유찰 6차 364,990,000원 낙찰 411,690,800원 (2011.03.31.) (입찰자수 3명)	1) 임차인 토지만 매각된 경우로 임차인 없음 2) 기타청구 ① 북인천세무서 상속세 체납세액 183,850,000원 93.08.16. ② 부평구청 재산세 355만원 (법정 96~2011년분) 취득세 및 기타세금 4,800만원 96.07.20. ③ 남인천세무서 소득세 3,780만원 98.05.31. ④ 인천광역시 연수구청 취득세 3,580만원 02.07.31. ⑤ 국민건강보험 480만원 (납부기한 01~03년분)	소유권이전 박경미(가명) 92.07.02. 압류 북인천세무서 93.05.17. 근저당 북인천세무서 2,600,000,000원 공동담보목록 제411호93.07.09. 근저당 최형식 25,000,000원 공동담보목록 제606호96.09.11. 가압류 (주)서울은행 1억원. 97.08.11. 압류 남인천세무서 99.07.09. 압류 연수구청 03.01.17. 압류 국민건강 인천남부지 04.03.18. 압류 부평구청 97.01.15. 토지전체 면적을 대지권으로 14세대에14분의 1씩공유 지분등. 2009.05.13. 대지권 지분에 대한 가처분 채권자 방민기 외 10명

> 3) 지상건물내역
>   지상에 존재하는 다세대주택은 미등기 상태로 있다가 채권자 임미정의 강제경매신청(인천지법 2009-31415)으로 미등기 집합건물이 2009년 9월 18일에 각 구분소유자별로 보존등기되고 강제경매개시결정기입등기가 촉탁으로 등기되었다.
> 4) 대지권으로 공유지분등기 내역
>   이진기(101호), 김현기(102호), 임인기(103호), 김윤기(104호), 김화기(201호), 엄시기(202호), 김미기(203호), 심자기(204호), 김인기(301호), 김영기(302호), 김단기(303호), 이문기(304호), 박지기(제비01호), 백남기(제비02호)의 대지권등기

◆ 토지만 공매가 진행된 물건에 대한 권리분석과 배분표 작성

이 공매물건은 인천시 부평구 산곡동의 산곡재개발 6구역 내에 위치하고 있는 물건으로 그 지상에 14세대의 다세대주택이 존재하고 있는 물건이다. 그런데 중요한 것은 토지에 압류나 근저당권 설정 당시에 건물이 미등기 상태로 되어 있던 점 등을 고려할 때 관습법상 법정지상권이 성립된다고 봐야 한다. 그리고 토지에 압류나 근저당권 설정 당시에 미등기 건물이 존재했으므로 건물의 임차인 등은 토지만의 매각절차에서도 구분소유권의 대지지분이 매각되는 부분에 대해서는 소액보증금 중 일정액과 확정일자 우선변제금으로 배당요구가 가능할 것으로 판단할 수 있는데 배분요구한 임차인 등이 없고 대부분 소유자가 점유하고 있다는 점에서 임차인에 대한 고려 없이 배분표를 작성하도록 하였다(임차인이 몰라도 한참 몰랐다).

그리고 임차인이 있다고 하더라도 배분 요구하지 않으면 배분 절차에서 배제되고 토지만의 매각절차이므로 매수인에게는 부담이 되지 않고, 그 문제는 임차인의 권리의 문제이며 집합건물의 구분소유자들의 문제이다.

배분표를 작성하면 다음과 같다

매각대금이 411,690,800원이고 공매비용이 12,350,700원이면 실제 배분금은 399,340,100원이 된다.

1순위 : 북인천세무서 183,850,000원(상속세 우선변제 1)
2순위 : 부평구청 3,550,000원(재산세 우선변제 2)

1~2순위는 당해세에 해당되지만 동순위로 하지 않은 것은 다른 세금과의 관계에서는 압류하지 않은 경우도 당해세가 당연히 우선하지만, 같은 당해세 간에 압류를 한 경우라면 압류선착주의에 따라 압류를 먼저 한 당해세가 우선해야 한다고 보기 때문이다.

3순위 : 부평구청 취득세 4,800만원(우선변제 3), 3순위에서 북인천세무서의 근저당권을 배분하지 않은 것은 26억원은 공동담보목록 제411호에 의해서 공동담보된 채권이고 북인천세무서가 1억8,385만원만 교부청구한 것은 다른 공동담보물건의 매각절차에서 회수가 이루어지고 교부청구된 체납세액만 남아 있기 때문이다.

4순위 : 최형식 2,500만원(우선변제 4)
5순위 : 남인천세무서 3,780만원(우선변제 5)
6순위 : 연수구청 3,580만원(우선변제 6)
7순위 : 국민건강보험480만원(우선변제 7)

배분잔여금이 60,540,100원이 있어서 후순위 채권자가 있다면 배분참여가 가능하나 주식회사 서울은행의 가압류채권 등과 같은 일반채권은 국세징수법상 진행되는 공매절차에서는 배분참여가 불가하다.

다만 저당권 등의 담보물권보다 선순위이거나 동순위인 경우만 배분참여가 가능하므로 이 공매사건에서는 배제될 수밖에 없다.

배분잔여금 60,540,100원은 체납자 겸 소유자에게 배분하게 된다.

따라서 가압류채권자 서울은행은 체납자의 배분금에 대해서 사법기관에 채권가압류하고 본안소송을 거쳐서 추심하는 절차를 진행하여야 한다.

그러나 2011. 04. 04. 국세징수법의 개정으로 2012. 01. 01.부터 가압류채권자와 집행권원을 가지고 배분요구한 모든 채권자가 배분절차에 참여 가능하도록 개정되어 개정되어 시행되고 있으므로 앞의 규정은 2011. 12. 31.까지 적용되고, **2012년부터는 경매와 같이 가압류채권자와 강제경매신청채권자, 집행권원을 가지고 배분요구한 채권자 모두 배분절차에 참여가 가능**해 졌다.

◇ 공매물건의 주변현황과 사진

◇ 토지를 공매로 낙찰 받는 경우 분양대상자가 될 수 있을까?

인천지역은 구역지정공람공고일 이전에 분할된 토지로 재개발구역 내에서 90㎡ 이상이면 분양대상자가 될 수 있는데 매수면적이 646㎡(195.415평)이므로 종전자산의 권리가액으로 대형 평형의 조합원입주권을 분양받고서도 상당 부분의 초과부분이 발생되어(종전 자산의 가치와 신축건물의 가치의 차액은 현금으로 청산되기 때문이다) 나머지 부분은 현금으로 청산 받을 수 있다.

◆ 낙찰 받고 난 다음 대응방법은?

① 관습법상 법정지상권이 성립되므로 각 구분소유자에게 대지사용부분에 해당하는 지료를 청구할 수 있는데 각 구분소유자의 전유면적 비율로 안분해서 지료를 산정하면 된다.

지료는 나대지 상태에서 계산하게 되므로 공매감정보다 높게 감정될 수 있다. 왜냐하면 공매감정은 건물이 존재하는 사유 등을 감안해서 저감해서 감정하는 경우가 대부분이고 실제 현장을 방문하여 중개업소를 통한 시세조사에서도 600만 원 대를 형성하고 있다는 점을 고려할 때 감정가는 10억 정도로 예상하고 지료 청구소송에서 7%의 지료를 청구하면 높은 지료수익을 얻을 수 있다.

물론 지료청구는 7% 정도 청구하겠지만 법원이 감정평가를 통해서 판단하는 과정에서 5~6%의 지료가 결정될 가능성이 높다(이 당시 지료가 6% 정도였으나 현재는 3~4% 정도임).

10억에 대해서 연 6%의 지료를 받을 수 있다면 6,000만원이고 이는 실제 투자금액이 낙찰금액 411,690,800원과 필요제경비 2,100만원을 합해서 432,690,800원으로 계산해도 연 기대수익률(6,000만원/432,690,800원)은 13.86%이 돼 높은 수익률이 발생한다.

② ①의 방법으로 계산된 지료를 지급하지 않으면 지료 청구소송으로 득한 집행권원으로 강제경매를 신청할 수 있다.

이를 위해서 매수인은 잔금납부 즉시 지료 청구소송을 제기해서 판결문을 받아 놓아야 한다.

③ 집합건물의 구분소유자들은 대지사용권이 없어도 분양자격을 획득하는 데에는 영향을 받지 않는다. 이는 건물소유자는 분양대상자가 되는데 인천지역은 구역지정 공람공고일 이전에 분할된 토지와 건물은 토지와 별도로 분양자격이 주어진다. 그렇다고 하더라도 종전자산의 가치가 적어서 그 재개발지역의 최소 평형보다 종전자산의 권리가액이 적은 경우라면 현금청산도 가능하다는 점도 고려해야 된다.

그러나 이 재개발구역은 조합원이 적어서 그러한 문제는 발생되지 않겠지만 종전자산의 권리가액(건물평가액)이 적어서 소형 평형을 배정받을 것이 예상된다.

따라서 집합건물 구분소유자들은 대지지분을 매수하여 집합건물의 대지권으로 합체하여 주택에서 완전한 권리를 행사함(재개발사업 전의 온전한 재산권행사)과 동시에 종전자산의 권리가액을 높여서 대형 평형을 받을 수 있는 권리와 지료지급에 대비(대지지분을 매수했으므로 지료지급이 발생되지 않는다)하고자 할 것이다. 이때 적당한 가격으로 대지지분을 매도하면 된다.

④ 집합건물에 임차인 등이 있다면 건물에서만 권리가 있어서 임차보증금을 회수하는 문제점 등으로 집합건물에 대해서 전세보증금 반환청구소송으로 판결문을 득해 강제경매신청을 할 것이 예상되는데 이 과정에서 건물구분소유권을 낙찰 받아서 대지권을 등기한 후 제3자에게 매각하면 높은 수익을 얻을 수 있다.

⑤ 이 집합건물의 구분소유권은 건물만으로도 분양대상자가 되므로 ②의 사례와 ④의 사례 등에서 구분소유권을 매수할 수만 있다면 대지권을 등기하여 온전한 주택을 만들어 제3자에게 매각하면 재개발구역이므로 조합원입주권을 희망하는 수요자에게 높은 가격으로 매각할 수 있다. 그리고 재개발까지 고려하지 않아도 그동안 대지권이 없어서 저평가되었던 집합건물을 대지권까지 등기해 매각한다면 현 건물만의 가격보다 상대적으로 높은 가격으로 매도할 수 있다.

필자가 이 다세대주택 부지로 사용하고 있는 대지를 낙찰 받고 나서 14개 구분호수 현관에다 "이 다세대주택 부지 전체가 매각되었으므로 거주하시는 분들에게 알리게 되었습니다. 따라서 소유자분들과 임차인분들은 이로 인해서 손해가 발생하지 않도록 대비하셔야 합니다. 궁금한 사항이나 협의하실 상황이 있으시면 010-3735-0000로 연락바랍니다" 라고 공고문을 붙였더니, 구분소유자들이 떼고를 몇 번 반복하더니 건물구분소유자 대표자들이 강남으로 찾아와 협의를 하였고, 그 과정에서 협의가 이루어져 대지 지분을 구분소유자들에게 팔고 높은 수익을 올릴 수 있었던 사례이다. 독자분들도 이러한 방법으로 투자하면 좋겠다고 생각되어 기술해 놓은 것이다.

11 지상에 다세대주택이 있는 대지지분이 공매로 매각된 경우

◆ 한국자산관리공사의 지분공매 입찰정보 내역

캠코공매물건

상담전화 : 1588-5321

[물건명/소재지] : 서울 성북구 길음동 000-0

기본정보
- 물건종류 : 부동산
- 처분방식 : 매각
- 물건상태 : 낙찰
- 조회수 : 532

기관정보
- 입찰집행기관 : 한국자산관리공사
- 담당자 : 조세정리부 / 공매1팀
- 연락처 : 02-3420-5126 /

물건정보

소재지(지번)	서울 성북구 길음동 000-0		
소재지(도로명)			
물건관리번호	2010-12592-001	재산종류	압류재산
위임기관	성북구청		
물건용도/세부용도	대지	입찰방식	일반경쟁
면적	대지 134.8㎡ 지분(총면적 157.9㎡)		
배분요구종기		최초공고일자	2010/08/25

감정정보

감정평가금액	417,880,000 원	감정평가일자	2010/08/03	감정평가기관	(주)온누리감정평가법인
위치및부근현황	서울특별시 성북구 길음동 소재 "현대백화점" 북서측 인근에 위치하며, 대중교통사정은 보통시됨.				
이용현황	인접도로 대비 완경사진 토지로서, 현황 다세대주택의 건부지로 이용중임.				
기타사항	(1) 등기부등본상 공유자 지분 157.9분의 134.8 임승순임. (2) 본건 지상에 임승순의 소유 건물은 없는 것으로 조사됨.				

임대차정보

임대차내용	이 름	보증금	차임(월세)	환산보증금	확정(설정)일	전입일
감정서상 표시내용 또는 신고된 내용이 없습니다.						

등기사항증명서 주요 정보

순번	권리종류	권리자명	등기일	설정액(원)
1	위임기관	성북구청		미표시
2	근저당권	이정기	2006/12/04	400,000,000 원
3	가압류	이정기	2007/09/27	500,000,000 원
4	전소유자압류	성북구청(체납자 이광호)		0 원

입찰이력정보

입찰번호	처분방식	물건관리번호	개찰일시	최저입찰가	낙찰가	낙찰율	입찰결과	입찰상세
201012592001	매각	2010-12592-001	2011/05/26 11:00	208,940,000	210,160,000	100.6%	낙찰	보기

◇ 재개발구역 내의 토지 지분공매 입찰대상 물건분석표

KAMCO의 입찰정보내역과 감정평가서, 등기부등본, 건축물대장, 전입세대열람 등을 통해서 물건분석표를 작성하면 다음과 같다.

주 소	면 적	공매가 진행과정	1) 임차인내역 2) 기타청구	등기부상 권리관계
서울시 성북구 길음동 000-0번지 체납자 겸 소유자 : 임미순지분 압류공매 공매위임관서 : 성북구청 공매집행기관 : 자산관리 공사 (관리번호 : 2010-12592-001) 공매담당자 (02)3420-5126	대지 57.9㎡ 중 134.8㎡ 임미순 지분 압류공매 (토지 면적의 85.37%만 공매가 진행된 경우) (지상에 타인 소유로 추정 되는 다세대 주택 건물은 매각 대상에서 제외) 성북구 길음동 소재 "현대백화점" 북 서측에 위치하며, 주택재개발 예정지로 2종 일반주거 지역, 재정비 촉진지구	감정가 417,880,000원 (10.08.03) 최저가 1차 417,880,000원 유찰 (10%저감) 2차(10% 저감) 376,092,000원 유찰 (10%저감) : : 6차(10% 저감) 208,940,000원 낙찰 210,160,000원 (2011.05.26.)	1) 임차인 토지만 매각된 경우로 임차인 없음 2) 기타청구 ① 성북구청 재산세460만원 (법정 07.09.10.) ② 강남세무서 부가세 570만원 (법정 06.10.25.) ③ 서대문세무서 소득세 1,548만원 (법정 07.05.31.) ④ 국민건강 134만원 (납부 09.7.10.)	소유권이전 이광기 03.11.13. 소유권일부이전 157.9분의 23.1㎡ 정남기(3.3), 이종기(3.3) 정형기(3.3), 김종기(3.3) 고재기(3.3), 강귀기(3.3) 김태기(3.3) 03.12.03. 이광기 지분 압류 성북구청 05.04.26. 이광기 지분 전부이전 임미순 157.9분의 134.8 05.05.25. 임미순 지분 근저당 이정기 4억원 06.12.04. 임미순 지분 압류 강남세무서 07.09.04 임미순 지분 가압류 이정기 5억원 07.09.27. 임미순 지분 압류 성북구청 08.01.03. 임미순 지분 압류 서대문세무서 08.04.23. 임미순 지분 압류 서대문구청 08.06.24. 임미순 지분 압류 국민건강 10.01.28. 압류공매 : 성북구청 청구 460만원 〈공매공고 2011.03.03〉

◆ 토지 지분공매 물건의 현황도와 제시 외 지상의 다세대주택 사진

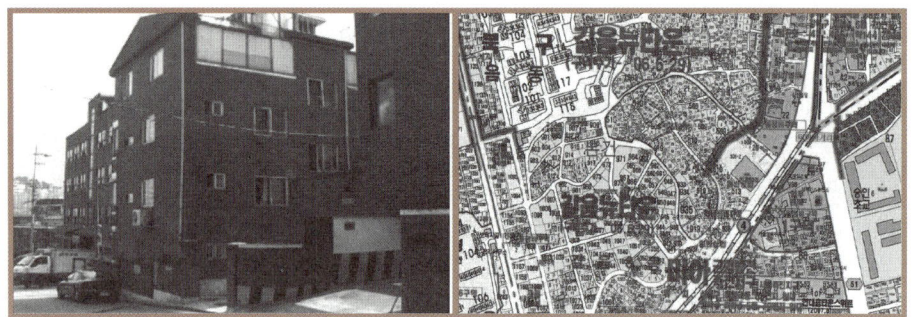

◆ 이 지분공매 물건에서 배분표를 작성하면 다음과 같다

매각대금이 210,160,000원이고 공매비용이 6,304,800원이면 배분금액은 203,855,200원이다.

1순위 : 성북구청 460만원(재산세 우선변제금 1)
2순위 : 강남세무서 570만원(우선변제금 2)
3순위 : 이정기 근저당권 193,555,200원(우선변제금 3)으로 배분절차가 종결되고 매수인은 인수권리가 없다.

◆ 공매물건을 낙찰 받는 경우 대응방법을 분석해 보자!

① 토지와 건물이 준공 시부터 소유자가 다른 경우는 물론 권리산정기준일 이후에 달라지는 경우도 건축물을 소유하는 경우는 물론 토지소유자도 일정 면적(90㎡) 이상이면 단독분양대상자가 될 수 있다. 이 토지매수지분은 134.8㎡이고 권리산정기준일 이전에 공유 분할되었으므로 분양대상자가 될 수 있고, 지분도 크므로 많은 청산금의 부담 없이 중대형의 신축아파트를 분양받을 수 있는 데 비해서 그 지분을 매수하는 210,160,000원은 적은 편이다.

② 지상의 다세대주택의 각 구분소유자 등에게 자신의 전유면적 비율에 해당되지 못하는 면적의 소유로 그 부족분에 대해서 지료청구가 가능할 것으로 판단되어, 재개발 전까지는 지료로 수익성을 창출하고 재개발 시 신축된 아파트분양권을 얻게 된다면 성공적인 투자가 될 수 있다.

③ 지료를 지급하지 않는다면 그를 원인으로 하여 그 집합건물에 대해서 강제경매를 신청하여 그 매각대금에서 채권(지료의 채권)을 회수하든가, 집합건물을 매수하면 된다.

이렇게 생각하고 투자해야 성공할 수 있다. 그래서 지인에게 소개해서 입찰해서 다음과 같이 단독으로 낙찰 받았다.

입찰결과			
물건관리번호	2010-12592-001	조회수	533
물건명	서울 성북구 길음동 000-0		
입찰자수	유효 1명 / 무효 0명 (인터넷)		
입찰금액	210,160,000원		
개찰결과	낙찰 (매각결정(낙찰자))	낙찰금액	210,160,000원
물건누적상태	유찰 5회 / 취소 18회 입찰이력보기		
감정가격 (최초 최저입찰가)	417,880,000원	낙찰가율 (감정가격 대비)	50.3%
최저입찰가	208,940,000원	낙찰가율 (최저입찰가 대비)	100.6%

대지 지분을 낙찰 받고 나서 지상 건물구분소유자들과 협의를 하게 되었다. 그 과정에서 협의가 이루어져서 대지 지분을 구분소유자들에게 매각하고 탈출할 수 있었던 사례이다.

"필자는 끝까지 정독해 주신 독자분들께 감사드립니다. 이 책을 통해서 독자분들이 재테크에 도움이 되기를 진심으로 바랍니다."